STATISTIQUE

HISTORIQUE

DU DÉPARTEMENT DE LA MARNE

TOUS DROITS RÉSERVÉS.

STATISTIQUE

HISTORIQUE

DU DÉPARTEMENT DE LA MARNE

PAR M. ADOLPHE GUERARD

MEMBRE DE LA SOCIÉTÉ DES GENS DE LETTRES.

Quod potui feci; faciant meliora potentes.
(Inscriptio porticûs palatii Tolomœi Senensis.)

CHALONS

IMPRIMERIE-LIBRAIRIE DE T. MARTIN, ÉDITEUR, PLACE DU MARCHÉ.

M.DCCCLXII

A MONSIEUR CHASSAIGNE-GOYON

PRÉFET DE LA MARNE.

Monsieur,

En daignant accepter l'hommage de ce livre, vous le placez sous la tutelle d'un bienfaiteur généreux, d'un administrateur habile, d'un protecteur éclairé de la science et des beaux-arts.

Votre nom attirera certainement sur l'ouvrage plus d'un regard bienveillant.

Puisse mon volume être digne de la haute protection dont vous voulez bien l'honorer! Il sera, du moins, le témoignage de ma plus vive reconnaissance et de mon plus respectueux dévouement.

Ad. GUERARD.

Octobre 1862.

AVANT-PROPOS.

Tous les habitants d'un même département, si modeste que soit leur condition, ont besoin, plus que jamais, de connaître les détails statistiques, géographiques et historiques qui peuvent faciliter leurs relations et leur industrie, et, par là, les intéresser à la prospérité spéciale du département. N'est-ce pas là, sinon le seul, du moins le plus sûr moyen d'entretenir partout ce sentiment patriotique, cet intérêt social qui s'affaiblit et se décolore si vite ordinairement, faute d'un aliment prochain et journalier.

La *Statistique départementale* de la France répond donc à ce besoin particulier de l'époque, à une nécessité de la civilisation actuelle.

L'universalité de l'instruction publique doit avant tout s'appliquer à la connaissance exacte et à l'intelligence parfaite des besoins et des ressources, de l'origine et des progrès de la constitution et de l'avenir de la patrie ; car la prospérité et la gloire nationale sont le vrai foyer où doivent converger tous les efforts et tous les travaux des citoyens.

La *Statistique départementale* s'adresse donc à tous ceux qui aiment et vénèrent la France ; elle s'adresse aussi, et particulièrement, à l'enseignement et à l'administration.

Un arrêté de S. Exc. M. le Ministre de l'Instruction publique, en date du 22 février 1858, annonçait qu'en 1860 un prix serait décerné à la Société savante qui aurait transmis au Ministère, avant le 1er décembre, le meilleur *Dictionnaire géographique* d'un département ou même d'un arrondissement.

C'était convoquer les travailleurs, afin d'obtenir tous les renseignements possibles pour la rédaction d'un *Dictionnaire géographique, historique et archéologique de la France*.

Ai-je été trop téméraire ? Ai-je trop présumé de moi-même, en m'associant à cette patriotique pensée, à ce noble appel, et en livrant à la publicité une *Statistique historique* complète du département de la Marne ?

Je me suis efforcé, dans ce livre, de mettre à profit et mes souvenirs, et mes découvertes, et les ouvrages de quelque importance, et les renseignements qu'on a bien voulu me communiquer, et surtout les précieuses feuilles communales que MM. les Instituteurs des 667 communes du département de la Marne ont tous fournies avec empressement à M. l'Inspecteur bien regretté du département, M. de Maiche.

J'aurais pu garder ces feuilles, présent de M. de Maiche, d'autant plus qu'un grand nombre d'entre elles sont précieuses, et presque des volumes, renfermant des détails et des particularités d'un intérêt et d'une originalité singulières.

J'ai préféré les envoyer à M. l'Inspecteur d'Académie, qui, avec M. le Préfet, dans leur bienveillante sympathie pour le vœu de M. de Maiche, trouveront par là un moyen plus sûr, en remettant ces feuilles à leurs auteurs, de leur adresser les remercîments qu'ils méritent, et que, pour ma part, je me trouve heureux de leur exprimer ici, comme à tous ceux qui me sont venus en aide de leurs renseignements et de leurs conseils.

Je n'ai pas la prétention d'avoir dit, dans mon livre, tout ce que l'on pouvait dire sur le département, encore moins de n'avoir pas commis d'erreurs. Ceux-là seuls qui ne font rien ont le privilége de ne pas se tromper. Je prie donc de ne pas me condamner avec trop de hâte.

Puisse, du reste, mon volume obtenir la sympathie qui a accueilli mes travaux précédents.

Quant à moi, je m'estimerai toujours heureux d'avoir pu consacrer mes heures de loisir à des études souvent arides, mais souvent aussi remplies de charme. Je dirai, avec un de mes savants et consciencieux collègues dans cette difficile spécialité : « Les vieux livres sont nos meilleurs amis !
» Les affections qu'on se crée parmi les morts ont cela de bon qu'elles
» ne nous trompent jamais, et qu'elles donnent à l'âme cette trempe vi-
» goureuse qui la rend inattaquable aux morsures de la jalousie mesquine
» et de l'envie. »

AD. GUÉRARD.

Octobre 1862.

LA CHAMPAGNE

NOTIONS PRÉLIMINAIRES

I.

La *Champagne*, autrefois *Champaigne*, formait un des douze grands gouvernements de la France (1). Elle tire son nom des vastes plaines ou campagnes, *campi vasti, vasti pagi, campania*, dont elle était et dont elle est encore couverte. Ce nom, toutefois, ne remonte qu'aux commencements de la monarchie française, et le premier historien qui en parle est Grégoire de Tours.

(1) Ces douze grands gouvernements étaient :
Au *Nord*, la Picardie, la Normandie, l'Ile-de-France et la Champagne ;
Au *Centre*, la Bretagne, l'Orléanais, la Bourgogne et le Lyonnais ;
Au *Sud*, la Guienne, le Languedoc, le Dauphiné et la Provence.
Située à notre frontière de l'Est, la Champagne avait pour limites, au nord, le pays de Liége et le Luxembourg, au levant la Lorraine, au midi la Bourgogne, au couchant la Picardie et l'Ile-de-France. Elle touchait donc, d'un côté, au cœur du royaume, de l'autre à la terre étrangère, et c'est dans ce double rapport qu'il faut chercher l'explication de sa haute importance historique et de son esprit profondément national. — En effet, ses points de contact avec la province de Paris, dont elle était en quelque sorte la prolongation morale jusqu'à la frontière, la pénétrèrent de bonne heure du sentiment de la nationalité française, tandis que par sa position géographique à l'égard de l'Allemagne et des Pays-Bas, elle ne pouvait manquer de devenir la route et le champ de bataille de toutes les invasions qui, de ces contrées, devaient être si souvent dirigées contre la France. On dirait aussi que la nature l'avait disposée pour la résistance et pour la guerre. — Quelle ligne de défense plus forte que ces montagnes et cette forêt des Ardennes, qui opposaient à l'ennemi un rempart presque inexpugnable ? Quel champ plus vaste au développement et aux manœuvres des armées, que ces vastes plaines auxquelles

L'histoire de cette contrée ne commence pour nous qu'au temps de César. Elle faisait alors partie de la Gaule *Chevelue* (1). Elle comptait deux nations fameuses par l'intrépidité et l'audace qu'elles avaient déployées dans leurs expéditions en Europe et en Asie. C'étaient les *Lingons*, qui avaient pour capitale *Audomatunum*, devenue plus tard la ville de Langres, et les *Senones*, dont la cité, *Agendicum*, a, par la suite, fait place à Sens. — Le territoire des Lingons comprenait une partie considérable de la Champagne et s'étendait même sur quelques portions de la Bourgogne, de la Franche-Comté et de la Lorraine.

Le pays des Senonais, beaucoup moins étendu, était entouré par les Lingons, les Rémois, les Parises, les Carnutes, les Bituriges, les Eduens. — D'autres nations, les *Tricasses* et les *Remi*, fondateurs de Troyes, *Treca*, et de Reims, *Durocortorum-Remorum*, et une partie des *Meldæ* et des *Catalauni* habitaient aussi cette province.

Les Rémois, les Catalauniens, étaient Belges ; tous les autres peuples appartenaient à la Gaule celtique. — Langres, Reims et Sens étaient des cités considérables. Les Senonais furent la seule nation de la Champagne qui s'associa aux derniers combats de la nationalité gauloise contre la tyrannie romaine. — Reims était le quartier général et Langres l'alliée fidèle des Romains. — La première de ces villes fut élevée au rang de capitale de la seconde Belgique, quand l'empereur Auguste imposa une nouvelle division à la Gaule.

Les Romains s'appliquèrent à fortifier et à embellir les cités de la Champagne, que des routes magnifiques relièrent entre elles.

elle doit son nom? Voilà pourquoi la Champagne a été, entre la race germanique et la race française, ce que la Belgique est entre la France et l'Europe. Par une sorte d'instinct, l'invasion s'est presque toujours portée vers cette province, certaine qu'elle lui offrirait les moyens de frapper les coups les plus prompts et les plus sûrs. — Chaque fois que les armées étrangères, après avoir franchi ou tourné la ligne des Ardennes, ont pénétré dans la Champagne, le cœur même de la France a été atteint.

(1) Ainsi nommée parce que ses habitants portaient une longue chevelure.

Deux voies, dont il reste encore quelques traces, conduisaient, l'une à Langres, l'autre à Reims. Ils formèrent des établissements jusque dans les montagnes des Ardennes, *Silva Arduenna,* où ils faisaient construire leurs machines de guerre et forger leurs boucliers et leurs épées.

Vers 456, Mérovée parvint à s'emparer de Reims et de Châlons. — Clovis resta maître de la Champagne après la défaite de Syagrius, 486. La plus grande partie de cette province fut ensuite comprise dans le royaume d'Austrasie ; elle échut à Thierry Ier, lors du partage de la monarchie franque entre les quatre fils de Clovis. — Celui des fils de Clotaire Ier qui eut l'Austrasie, Sigebert, posséda aussi la Champagne, 562. — Plus tard, nous la voyons successivement réunie aux royaumes de Neustrie, d'Orléans et de Bourgogne. De même que pour les autres provinces des quatre royaumes franks, le gouvernement était confié à des ducs amovibles. — Grégoire de Tours et Flodoard en nomment plusieurs, entre autres Lupus et Quintro ou Winstrio.

Lupus, investi du commandement dès l'année 570, conserva une fidélité inébranlable à Childebert, fils et successeur de Sigebert, qu'il contribua puissamment à maintenir sur son trône, ébranlé par Ursion et Berthefroy, créatures de Frédégonde.

Winstrio, qui gouverna la Champagne après Lupus, perdit contre les généraux de cette reine la mémorable bataille de Droisy, 593. — A Winstrio succédèrent Jean, fils de Lupus, Wimard, serviteur dévoué du maire du palais Ebroïn, et enfin les deux fils de Pépin d'Héristal, Dreux et Grimoald.

Avec Dreux et Grimoald, 708-714, finit la liste des ducs amovibles de Champagne, et la domination des comtes héréditaires ne s'établit, comme dans les autres provinces, que sur les ruines de la monarchie carlovingienne.

On distingue deux races de ces comtes héréditaires : l'une de la maison de Vermandois, l'autre de la maison de Blois.

Héribert II, comte de Vermandois, est considéré comme le fondateur de la première ; il ne prit cependant que le titre de comte de Troyes, *comes Tricassinus,* et mourut en 943, laissant ce domaine à Robert, son troisième fils, lequel eut pour successeur son frère Héribert III, 968. Celui-ci se qualifia comte de Troyes et de Meaux, et eut, d'Ogive d'Angleterre, fille d'Edouard et veuve de Charles-le-Simple, un fils appelé Etienne, qui lui succéda l'an 993, et dans lequel s'éteignit la maison de Vermandois, 1030 (1).

Eudes II, comte de Blois, le plus proche parent d'Etienne, car il était l'arrière petit-fils de Leudgarde, sœur de Robert I*er* et d'Héribert III, recueillit l'héritage des comtes de Champagne (2).

Les plus remarquables parmi ses successeurs furent Thibault II, l'ami de saint Bernard, et Thibault IV, dit le *posthume*, le *grand* ou le *chansonnier*, qui joua un rôle brillant sous la régence de Blanche de Castille et sous le règne de saint Louis. C'est ce même Thibault qui fut soupçonné d'avoir empoisonné Louis VIII, 1226.

Jeanne, fille de Henri III, quatorzième comte de Champagne, épousa Philippe-le-Bel en 1284, et le comté passa dans la maison de France.

Louis-le-Hutin, fils aîné de Philippe-le-Bel, prit le titre de comte de Champagne, après la mort de la reine Jeanne. Ce prince eut une fille à laquelle il donna le nom de sa mère, et qui, exclue du trône par la loi salique, ne put même retenir ce domaine particulier, sur lequel évidemment elle avait des droits non moins positifs que sur la Navarre. — En 1325, Charles-le-Bel fit ratifier par Philippe d'Evreux, mari de sa nièce, un traité dans lequel celui-ci, oncle maternel de Jeanne, renonçait, en son nom, aux droits qu'elle pouvait faire valoir sur la Navarre ainsi que sur la

---

(1) Grosley, dans ses *Ephémérides*, donne à tous les membres de cette famille, depuis Héribert, fondateur de la dynastie, le nom de *Comtes propriétaires de Champagne*.

(2) Il règne une singulière confusion dans la généalogie de ces nouveaux seigneurs, dont plusieurs étaient en même temps comtes de Blois, et portaient le nom de Thibault, qui leur est commun, avec un chiffre différent pour chacun des deux fiefs. — Ainsi, par exemple, Thibault-le-Grand, quatrième du nom comme comte de Blois, ne se trouve que le deuxième comte de Champagne. La succession des uns n'en continue pas moins, elle est toujours distincte de celle des autres. Les deux apanages sont souvent possédés par un seul titulaire, puis partagés entre ses enfants, jusqu'au moment où le fils de l'un d'eux les réunit sous sa seule autorité, pour les séparer une seconde, une troisième fois.

Champagne. Mais, à l'avènement de Philippe de Valois, 1328, Jeanne revendiqua tout ce qu'elle avait été contrainte de céder, et, par un traité nouveau, en date du 15 mars 1335, elle rentra dans la jouissance de la Navarre, moyennant la renonciation formelle à toutes ses prétentions tant sur le royaume de France que sur le comté de Champagne. — Enfin, en 1361, la Champagne et la Brie furent solennellement réunies à la couronne par le roi Jean.

A partir de ce moment, il n'y a plus d'histoire de Champagne; mais, comme les autres provinces réunies, elle conserva quelques usages particuliers, débris de son ancienne splendeur. — C'est ainsi qu'à Troyes la coutume consacrait *l'égalité des partages* et la *noblesse utérine*, ou suivant laquelle le *ventre anoblissait*, c'est-à-dire en vertu de laquelle une mère noble transmettait des fiefs à des fils nés d'un père roturier.

La Champagne forma, jusqu'en 1790, un des principaux gouvernements de France. — Elle avait neuf bailliages et siéges présidiaux ressortissant au parlement de Paris, sans parler des justices de pairies et grands fiefs de la couronne : Joinville, Rethel-Mazarin, Château-Porcien, Piney-Luxembourg, Aumont, Château-Vilain et Praslin.

Sous le rapport financier, la généralité de Champagne était divisée en douze élections :

Bar-sur-Aube.	184 paroisses.	Rethel.......	228 paroisses.
Châlons......	180 —	Sainte-Menehould......	122 —
Chaumont....	134 —	Sézanne......	76 —
Epernay.....	86 —	Troyes.......	263 —
Joinville.....	108 —	Vitry-le-François......	164 —
Langres......	295 —		
Reims.......	372 —		

Pour les gabelles et greniers à sel, la Champagne se divisait en trois départements : Châlons, Troyes et Sedan.

Le domaine du roi consistait, dans la généralité de la Champagne, en six châtellenies principales : Vitry-le-François, Saint-Dizier, Sainte-Menehould, Chaumont, Troyes et Mouzon.

Le gouvernement militaire était des plus considérables du

royaume. Troyes en était la capitale (1). Ce gouvernement comprenait un gouverneur général, quatre lieutenants de roi de la province, six lieutenants des maréchaux de France, et des gouverneurs particuliers pour chaque place ou ville importante. — Il y avait un gouverneur particulier à Beaumont-en-Argonne, à Château-Porcien, à Mézières, à Rethel et à Rocroi.

Aux termes de l'ordonnance du roi du 25 février 1729, la généralité de Champagne fournissait 3,000 hommes de milices. — Ces milices furent augmentées successivement, et, en 1743, elles montaient à 7,184 hommes.

La province de Champagne a été diversement partagée par les géographes. — Quelques-uns l'ont divisée selon les cours des principales rivières qui l'arrosent, d'autres l'ont divisée en neuf contrées; d'autres, enfin, en ont fait deux parties : la *haute* et la *basse Champagne*.

La Haute-Champagne commencerait à Vitry-le-François et em-

(1) De volumineux écrits d'hommes remarquables par leur position et leurs talents, se sont produits sur la question de savoir si Troyes a eu réellement le titre de capitale de la Champagne. Pour nous, il n'y a pas le moindre doute à cet égard. — Le mot capitale embrassait autrefois ces conditions, d'être le siège du gouvernement ou le chef-lieu administratif d'un état et la résidence d'un chef indépendant. Tant qu'il y a eu des comtes de Champagne souverains héréditaires, dont la résidence, les marques de souveraineté, le siège du gouvernement étaient à Troyes, cette ville était incontestablement la capitale du comté. Mais en 1284, le comté de Champagne ayant été réuni à la couronne de France, alors cet État devint province du royaume; de ce moment, la ville de Troyes cessa d'être capitale; elle cessa même d'être le siège de l'administration des pays composant l'ancien comté. — Si les rois, dans quelques lettres, dans quelques décrets; si les géographes et les historiens, dans leurs écrits, ont conservé à la ville de Troyes ce titre de capitale de la Champagne, c'était honorifiquement et en souvenir de ce qu'elle avait été; mais quand la France, sous François Ier, en 1542, fut divisée en 16 *généralités* ou *intendances*, la ville de Troyes n'eut plus de raisons pour conserver le titre de capitale d'un comté supprimé, ni de capitale d'une province qui n'existait plus; cette qualification n'appartenait plus qu'à l'histoire, pour rappeler les choses passées. Si l'on trouve souvent la dénomination de généralité de Champagne, c'est pour rappeler que cette division se composait d'une grande partie de l'ancienne province de ce nom.

brasserait toute la partie de l'est et du nord ; — La Basse-Champagne, tout ce qui se trouve au sud et à l'ouest. La division la plus naturelle, selon nous, est celle qui partage la Champagne en huit portions égales :

Champagne, proprement dite. — Troyes, Châlons, Sainte-Menehould, Epernay, Vertus.

Rémois. — Reims, Fismes, Château-Porcien.

Rethelois. — Rethel, Mézières, Charleville, Donchery, Sedan.

Perthois. — Vitry-le-François, Saint-Dizier.

Vallage. — Joinville, Bar-sur-Aube, Arcis-sur-Aube, Vassy.

Bassigny. — Langres, Chaumont, Montigny-le-Roi, Andelot, Gand.

Senonois. — Sens, Joigny, Tonnerre, Châblis.

Brie-Champenoise. — Meaux, Provins, Château-Thierry, Sézanne, Coulommiers, Montereau-faut-Yonne, Bray-sur-Seine.

La Champagne n'était pas *pays d'Etat* (1), le pouvoir de ses comtes était absolu, et lorsqu'elle fut incorporée à la monarchie, elle n'eut pas d'assemblées provinciales. — Toutefois elle ne fut jamais étrangère au mouvement de la liberté, et un grand nombre de chartes du xiie siècle attestent cet esprit d'indépendance.

Il y avait dans l'étendue du gouvernement de Champagne deux archevêchés : *Reims* et *Sens.* Quatre évêchés : *Langres, Châlons, Troyes* et *Meaux.* On comptait, en outre, un grand nombre d'abbayes de l'un et de l'autre sexe.

On estimait que le clergé de ce gouvernement jouissait d'au moins quatre millions et demi de rente annuelle.

D'après Herbin, la Champagne renfermait, vers la fin du xviiie siècle, une population de 1,197,120 habitants ; elle en renferme aujourd'hui près de deux millions.

II.

Autrefois la France était divisée en 40 gouvernements, dont 32

---

(1) On appelait *pays d'Etats* ceux qui, en dehors des généralités, votaient eux-mêmes leurs contributions et en réglaient la perception.

grands et 8 petits (1). Ces divisions de notre Empire subsistèrent jusqu'en 1790. Le 15 janvier de cette même année, l'Assemblée Constituante, sur la proposition de Sieyès et de Thouret, les supprima et les remplaça par des divisions purement administratives.

L'Assemblée Constituante substitua aux provinces 83 départements dont les noms furent, pour la plupart, tirés de la position géographique de ces départements, des montagnes qu'ils renfermaient ou des cours d'eau qui les traversaient.

De 1793 à 1808, trois nouveaux départements furent formés du démembrement de quelques autres, en sorte que le nombre des départements de la France s'éleva à 86.

Le traité relatif à la réunion de la Savoie et de l'arrondissement de Nice à la France, conclu le 24 mars 1860, entre la *France* et la *Sardaigne*, vient d'ajouter encore trois départements et d'en porter ainsi la totalité à 89.

La France a aujourd'hui, d'après le recensement fait en exécution du décret du 2 mars 1861 :

  89 départements.
  373 arrondissements.
  2,938 cantons.
  37,510 communes.
  37,382,225 habitants.

---

(1) Il ne faut pas confondre les gouvernements avec ce que l'on appelait vulgairement provinces. Les provinces devaient leur origine aux fiefs nombreux auxquels la conquête avait donné naissance. On comptait parmi les provinces, non-seulement de grandes contrées comme la Normandie, la Bretagne, etc., mais une foule de petits pays, tels que la Beauce, la Bresse, etc., qui, pour la plupart, étaient compris dans les grandes provinces. — Quant aux gouvernements, tantôt ils étaient formés d'une seule province, comme la Flandre, la Picardie, etc., tantôt ils en comprenaient plusieurs, comme Lorraine et Barrois, Guienne et Gascogne, etc.

Le nombre des gouvernements varia souvent; les petits furent, à l'exception de la Corse, enclavés dans les grands.

DÉPARTEMENT DE LA MARNE.

Le département de la Marne comprend une assez grande partie de l'ancienne province de Champagne, au centre de laquelle il est placé, puisque la Champagne, proprement dite, la Brie-Champenoise, le Rémois et le Perthois se trouvaient, en totalité ou en partie, dans les limites de ce département, situé dans le nord-est de la France, et qui n'est séparé de la Belgique que par les départements des Ardennes et de la Meuse.

Il tire son nom de la *Marne*, rivière qui le traverse du sud-est au nord-ouest, en passant par son chef-lieu, *Châlons*, et le divise en deux parties presque égales, l'une septentrionale, la plus considérable, l'autre méridionale, la moins étendue.

Placé entre le 48e degré 31 minutes et le 49e degré 26 minutes de latitude, et entre le 1er degré 5 minutes et le 2e degré 40 minutes de longitude à l'est du méridien de Paris, ce département a, dans sa plus grande longueur, du nord au sud, dix myriamètres et demi, depuis le village d'Auménancourt-le-Grand, au-delà de la rivière de Suippe, canton de Bourgogne, jusqu'à la commune de Clesles, près la rive gauche de la Seine, canton d'Anglure. Sa plus grande largeur, de l'est à l'ouest, est de onze myriamètres et demi, depuis la commune de Mécringes, sur le Petit-Morin, canton de Montmirail, jusqu'à celle de Belval-sur-Aisne, canton de Dommartin-sur-Yèvre.

Il contient ainsi du tiers au quart de l'ancien gouvernement de Champagne.

Sa forme est une espèce de carré irrégulier, à cause de ses angles saillants et rentrants.

Les bornes du département de la Marne sont :

Au *nord*, les départements des Ardennes et de l'Aisne ;

A *l'est*, ceux de la Meuse et de la Haute-Marne ;

Au *sud*, les départements de la Haute-Marne, de l'Aube et de Seine-et-Marne ;

A *l'ouest*, ceux de Seine-et-Marne et de l'Aisne.

Il se divise en 5 arrondissements communaux qui comprennent 32 cantons et 667 communes.

ARRONDISSEMENTS.	CANTONS.	COMMUNES.	POPULATION.	SUPERFICIE en hectares.
Châlons.........	5	105	58,007	165,342
Epernay.........	9	177	95,740	315,008
Reims...........	10	181	147,025	170,416
Sainte-Menehould.	3	80	34,074	116,359
Vitry-le-François.	5	124	50,652	153,830
	32	667	385,498 (1)	817,955

Avant 1790, on avait pris, des 12 élections qui divisaient la Champagne, Châlons, Epernay, Reims, Sainte-Menehould, Vitry et Sézanne, et l'on en avait fait six districts composant le département. Dix ans plus tard, ces six districts ne formèrent plus que les cinq arrondissements ci-dessus, celui d'Epernay s'étant agrandi de celui de Sézanne, et même du canton de Vertus, qui n'a été rendu à l'arrondissement de Châlons que depuis une trentaine d'années. En 1812, Orbais et quelques communes voisines furent distraites du département de l'Aisne et ajoutées aux cantons de Montmirail et de Montmort.

Entièrement compris dans le bassin de la Seine, le département de la Marne est sillonné par un grand nombre de cours d'eau, qui, presque tous, se dirigent de l'est à l'ouest. La *Marne*, la Seine et l'Aisne traversent son territoire ; la Suippe, la Vesle, le Surmelin, le grand et le petit Morin y prennent leur source ; l'Aube, la Chée, l'Ornain, la Saulx et la Blaise y ont leur embouchure ; les autres,

---

(1) Ces chiffres sont ceux du recensement de 1862, et ont été pris dans les bureaux du chef-lieu du département.

moins importants, sont : la Somme-Soude, la Semoigne, l'Yèvre, l'Auve, l'Ardres ou Noiron ou Nôron, la Bionne, la Py, la Moivre, la Noblette ou ruisseau de Bussy, la Coole, l'Isson, la Tourbe, la Dormoise, l'Orcomté ou Rû-d'Or, les Trois-Fontaines ou la Bruxenelle, et un nombre considérable de petits ruisseaux (1).

La MARNE, *Matrona*, rivière la plus importante du département, prend sa source, sous le nom de Fontaine-Marmotte, sur le territoire de Balesmes, à 5 kilomètres de Langres *(Haute-Marne)*, traverse ce département du sud au nord, en s'inclinant un peu vers l'Ouest; passe à un kilomètre de Chaumont, à Donjeux, Joinville, Saint-Dizier, où elle commence à être navigable; entre dans le département de son nom, y arrose *Haute-Fontaine, Hauteville, Larzicourt, Isle-sur-Marne, Moncetz, Cloyes, Norrois, Bignicourt, Frignicourt,* VITRY-LE-FRANÇOIS, *Couvrot, Loisy-sur-Marne, Drouilly, Pringy, Soulanges, Songy, Ablancourt, La Chaussée, Omey, Pogny, Vesigneul, Sogny-aux-Moulins, Coolus, Compertrix,* CHALONS-SUR-MARNE, *Saint-Martin-sur-le-Pré, Saint-Gibrien, Recy, Matougues, Aulnay-sur-Marne, Aigny, Condé-sur-Marne, Tours-sur-Marne, Bisseuil, Mareuil-sur-Ay, Ay,* EPERNAY, *Dizy, Cumières, Damery, Boursault, Venteuil, Reuil, OEuilly, Binson, Port-à-Binson, Mareuil-le-Port, Vincelles, Dormans, Soilly* et *Courthiézy;* traverse le département de l'Aisne, en passant par Château-Thierry, pénètre dans celui de Seine-et-Marne, où elle baigne Nogent-l'Artaud, la Ferté-sous-Jouarre, Meaux et Lagny; parcourt un instant le département de Seine-et-Oise, puis vient dans celui de la Seine, passe à Pont-Saint-Maur, Alfort, et se jette dans la Seine à Charenton, après un cours de 460 kilomètres, dont 120 au moins d'un cours sinueux sur le département de la Marne. La longueur de sa navigation, depuis Saint-Dizier, est de 340 kilomètres.

On compte dans le département plusieurs canaux : *le canal latéral à la Marne,* commençant à l'est de Cumières, canton d'Epernay, et se terminant, après une longueur d'environ six myriamètres, à deux kilomètres au-dessus de Vitry-le-François; le *canal de la Marne au Rhin,* qui prend naissance dans les envi-

(1) En tête de chacun des cinq arrondissements, se trouvent les cours d'eau qui les arrosent, avec l'explication de leur itinéraire.

rons de Vitry, à l'extrémité du canal latéral à la Marne, dont il est le prolongement. Il n'a que 20,381 mètres de développement jusqu'au delà de Sermaize, où il quitte le département; le *canal de l'Aisne à la Marne*, qui parcourt les arrondissements de Reims et de Châlons sur une longueur de 57,530 mètres, et quitte le département au-delà de Sapigneul, pour atteindre Berry-au-Bac *(Aisne) ; le canal de la Seine supérieure*, qui n'est sur le territoire de la Marne que pendant environ 13 kilomètres, y entrant à Clesles pour se terminer à Marcilly, canton d'Anglure.

Le département de la Marne est sillonné par huit routes impériales, dix-sept routes départementales, une infinité de chemins vicinaux et cinq chemins de fer :

Celui de Paris à Strasbourg, qui traverse le département sur une longueur de 134 kilomètres, en suivant principalement la rive gauche de la Marne, et y forme treize stations : Dormans, qui est la 16e depuis Paris, Port-à-Binson, Damery, *Epernay*, où il a de vastes ateliers ; Oiry, Jâlons, *Châlons*, Vitry-la-Ville, Loisy-sur-Marne, *Vitry-le-François*, Blesme, Pargny-sur-Saulx et Sermaize, qui est la 28e.

L'embranchement d'Epernay à Reims, sur une longueur de 33 kilomètres, part d'Epernay sur la ligne de Paris à Strasbourg, et forme trois stations : Ay, Avenay, Rilly-la-Montagne, où se trouve un superbe tunnel qui traverse, sur une longueur de 3,450 mètres, un contrefort crayeux élevé de plus de 2,000 mètres au-dessus du niveau de la mer.

Celui de Châlons au Camp, qui, long de 26 kilomètres, a une station sur le territoire de La Veuve, et aboutit à Mourmelon-le-Petit.

Celui de Reims à Sedan *(Ardennes)*, long de 104 kilomètres, et qui passe, dans le département, à Vitry-lez-Reims et à Bazancourt.

Celui de Reims à Paris, par Soissons, qui quittera Reims pour stationner dans la Marne à Jonchery-sur-Vesle et à Fismes, puis continuer par Soissons, jusqu'à la gare du Nord à Paris.

Un cinquième chemin de fer va partir de Reims pour aller par le camp de Châlons, Sainte-Menehould et Verdun, se rendre à Metz.

Le département de la Marne offre, dans sa partie centrale, entre Reims, Sainte-Menehould, Vitry-le-François, Sézanne et Epernay, de grandes plaines composées de tuf, de craie ou de grève que recouvre à peine une légère couche d'humus ou terre végétale. — La monotonie de cette vaste plaine est interrompue par quelques vallées fertiles, que limitent des collines couvertes de riches vignobles, à la hauteur d'Ay, Damery, Cumières, Bouzy, etc. — Sur les confins du département de Seine-et-Marne apparaît la Brie-Champenoise, avec des terres alluvionnelles fortes et profondes, un sol gras et fertile. — La lisière des départements de la Haute-Marne et de la Marne, depuis Vitry jusqu'à Sainte-Menehould et au-delà, en suivant le cours de l'Aisne, présente un terrain très-productif. Depuis quelques années, le sol crayeux et aride de la Marne se couvre de futaies, de pins d'Ecosse, de Genève, de pins silvestres et autres plantations qui prospèrent parfaitement.

Il existe, entre Vitry-le-François et Sainte-Menehould, et entre Montmirail et Epernay, un nombre assez considérable d'étangs. — Celui de Belval-sur-Aisne, canton de Dommartin, arrondissement de Sainte-Menehould, est regardé comme le plus grand de tous; il contient 194 hectares et est rarement en eau.

On trouve aussi dans le département, et surtout dans les parties boisées de l'est et de l'ouest, plusieurs marais dont les plus considérables sont ceux de Saint-Gond, qui couvrent une partie de l'arrondissement d'Epernay, et qui, grâce aux travaux de dessèchement, sont presque devenus des prairies fertiles.

Le sol tremblant et fangeux de ces marais est une espèce de tourbe végétale sans consistance, qui a pour base un petit gravier blanc ou jaunâtre.

Les forêts abondent à l'ouest, au sud-ouest et à l'est; ailleurs, le sol en est totalement dépourvu, ou ne présente que des bouquets de bois verts, d'arbres résineux, etc. Les essences qui dominent dans les forêts sont le chêne, le charme et le bouleau.

Le climat du département est, en général, assez tempéré; l'air y est pur, excepté dans la partie occidentale, où sont les étangs et les marais. Dans la grande plaine, il est vif et sec, rien n'y attirant et n'y arrêtant l'humidité. — La température est sujette à de brusques variations, et, à certaines époques de l'année, les lieux élevés sont enveloppés de brouillards épais. — Le pays étant principalement formé d'un plateau découvert, les vents y soufflent alternativement de toutes les directions ; néanmoins ceux du nord et du sud y sont les plus fréquents.

Le département de la Marne doit en grande partie sa richesse agricole à l'industrieuse activité de ses habitants. — L'agriculture a fait beaucoup de progrès, depuis surtout que la Société d'agriculture et les Comices agricoles existent (1). L'éducation mieux entendue des bestiaux, le grand nombre de troupeaux, de prairies artificielles, de nouvelles méthodes pour la culture et l'engrais des terres, lui ont fait faire un pas immense sous ce rapport. — Le séjour des grands propriétaires sur leurs domaines a aussi puissamment contribué à encourager l'agriculture. — Il est, du reste, facile de se rendre compte des progrès qu'a faits dans la Marne l'art agricole, si l'on considère aujourd'hui les immenses plaines de la Champagne et si on les compare à ces anciennes plaines qui ont fait donner aux plateaux crayeux le surnom de *Champagne pouilleuse*, nom vrai autrefois, et qui aujourd'hui serait une injure imméritée (2).

La Marne fournit des céréales au-delà de ce qui est nécessaire à sa consommation. — On y cultive principalement le froment, le méteil, l'orge, l'avoine, beaucoup de pommes de terre et de légumes. — Dans l'arrondissement de Sainte-Menehould, on trouve des arbres fruitiers en grand nombre. — Les melons de Châlons sont justement estimés. — Les prairies naturelles, le long

---

(1) C'est aussi une chose bien heureuse pour l'agriculture de la Marne que la création des fermes établies et régies d'après les ordres de l'Empereur. — Ces établissements en feront naître de modernes où les cultivateurs, avec leur intelligence habituelle, auront bientôt discerné ce qu'il y a de bon à imiter dans la culture et dans le choix, l'engraissement et l'élève du bétail. — C'est un bienfait dont ils seront reconnaissants à Napoléon III.

(2) « Le cultivateur a déjà, en grande partie, effacé de la carte de la » Champagne cette tache qu'on appelle la *Champagne pouilleuse*. Un effort » encore, et elle disparaîtra tout-à-fait. » (Paroles de M. le baron Thénard, à la distribution des primes et récompenses du Concours régional agricole de Châlons-sur-Marne, 9 mai 1861.)

des principaux cours d'eau, surtout sur les bords de la Marne, sont de bonne qualité ; les prairies artificielles sont dans une complète prospérité.

A ces richesses agricoles, il faut ajouter les animaux domestiques que l'agriculture élève pour son usage ou pour le commerce. Les bœufs, les vaches, les moutons (mérinos, métis, indigènes), dont la race s'est beaucoup améliorée, un grand nombre de chevaux de trait, les porcs, quelques chèvres dites cachemires et autres, les ânes et les mulets, une grande quantité d'oies et de volailles, l'éducation des abeilles, sont encore des produits importants de ce département, dans lequel se trouve assez abondamment le gibier à poil et à plume. Les rivières et les étangs sont très-poissonneux.

Quoique le département de la Marne soit un des moins favorisés pour les produits minéraux, il n'en est pas moins vrai qu'il fournit toutes les substances minérales qui peuvent accroître les produits agricoles et qui doivent servir aux besoins immédiats de la société. Des pierres de diverses sortes, de la craie en grande quantité, d'excellentes pierres meulières, des grès de la Marne, de l'argile à briques et à poterie, du marbre lumachelle champenois, etc., sont les principales matières tirées du sous-sol de la Marne.

La vigne est cultivée dans les cinq arrondissements, mais ce n'est que dans ceux de Reims et d'Epernay que l'on trouve les célèbres coteaux dont les produits sont estimés et recherchés dans tous les pays du monde (1). Nulle part on ne la cultive avec plus

(1) Les vignes, arrachées en Champagne par ordre de Domitien, qui s'imaginait que la vigne faisait négliger la culture des terres, ou qui craignait que l'espoir de boire du vin n'attirât les barbares dans la Gaule, y furent replantées avec l'autorisation de l'empereur Probus, 190 ans plus tard, vers 280. Ses meilleurs plants actuels sont, dit-on, originaires de l'Ermitage, et sont dus au cardinal de Tournon.

Le plus ancien témoignage que l'on ait des vignes a rapport aux vignes de Reims. Il se trouve dans un petit testament de saint Remi, testament par lequel il légua plusieurs pièces de vigne à son neveu, et d'autres aux prêtres et aux diacres de l'Eglise de Reims. — Les guerres qui survinrent dans les siècles suivants empêchèrent la culture et la circulation. — Les vins de Reims, conséquemment, n'ont commencé que fort tard et bien

de soin et d'activité; nulle part on n'apporte plus de précaution et d'intelligence à manipuler les vins. On distingue les vins de Champagne en deux classes : *les vins de rivière et les vins de montagne*, selon que les vignobles qui les produisent sont situés sur les bords de la Marne ou à quelque distance dans les terres.

Les vins blancs sont renommés, surtout à cause de leur délicatesse, et peut-être plus encore de cette mousse pétillante qui, si elle n'est pas ce que les vrais gourmets estiment le plus dans les vins de Champagne, est au moins ce que la foule des amateurs y recherche généralement. Les vins rouges se distinguent aussi par beaucoup de finesse, de délicatesse et d'agrément; ils occupent un rang distingué parmi les meilleurs vins de France (1).

après ceux de Bourgogne, à jouir de quelque réputation. — Au sacre de Philippe de Valois, en 1328, ce vin ne valait que six francs la pièce, tandis que celui de Beaune se vendait 28 fr. Sous François Ier, et sous Henri II, le vin de la rivière de Marne prit faveur à la cour; l'émulation se mit parmi les vignerons de la Champagne. — Au sacre de Charles IX, le vin de Reims se vendait jusqu'à 34 fr. la queue (17 fr. la pièce); mais la réputation de ce vin ne date véritablement que du siècle de Louis XIV, et c'est peut-être un des bienfaits du grand Rémois Colbert. — Le vin se vendait en gros, par queue ou demi-queue (deux ou un poinçon).

(1) Le premier *vin* mousseux.

A quelle date remonte la fabrication du vin mousseux ?

Telle a été la question qui avait été portée, sous le N° 37, au programme du Congrès archéologique de France, réuni à Reims en juillet 1861, sous la présidence de Mgr le Cardinal-Archevêque.

Il a été répondu, dans la séance du Congrès (le 27), par un Mémoire de M. Louis Perrier, ancien adjoint au maire de la ville d'Epernay, Mémoire lu par M. H. Paris, président de l'Académie Impériale de Reims.

Voici le texte de ce document, si spécialement intéressant pour la Marne :

37e QUESTION.

« *A quelle date remonte la fabrication du vin mousseux ?* »

Dom Grossard, dernier procureur de l'abbaye d'Hautvillers, semble avoir voulu répondre à cette question dès 1821. Il était, lors de la Révolution, retiré dans sa famille à Montier-en-Der (*Haute-Marne*), et de là il écrivait, le 25 octobre, à M. Dherbès, alors adjoint d'Ay, cette lettre, propriété de M. Nitot, maire de la même ville :

Le terrain du département de la Marne est très-favorable à l'établissement des excellentes caves creusées dans un roc de tuf; elles sont vastes, très-propres à la conservation et à l'amélioration

« C'est dom Pérignon qui a trouvé le secret de faire le vin blanc mous-
» seux.
» Car avant lui on ne savait faire que du vin paillé ou gris.
» C'est encore à dom Pérignon qu'on doit le bouchage actuel. Pour
» mettre le vin en bouteilles, on ne se servait que de chanvre, et l'on
» imbibait dans l'huile cette espèce de bouchon. »

Cette dernière proposition ne se rapporte que de loin à la question posée en tête de cette note; disons seulement, en ce qui la concerne, que nous n'avons rien trouvé qui la contredise.

Reprenons les deux assertions de dom Grossard, et d'abord la deuxième, pour suivre l'ordre des temps; recherchons s'il existe quelque document certain qui confirme ce qu'il y dit, qu'avant dom Pérignon on ne savait faire que du vin paillé.

Voici ce qu'on lit dans un ouvrage ayant pour titre : *L'Agriculture, Maison Rustique, de MM. Charles Etienne et Jean Liébault*, édition de 1658, page 588 : « Au vin on considère la *couleur*, saveur, odeur, faculté et
» consistance. — Quant à la *couleur*, aucun est blanc, autre flave ou fauve,
» ou jaunâtre, ou entre blanc et roux, comme couleur de miel; autre rouge,
» autre vermeil, noir ou couvert. »

Et page 558 : « Les vins d'Ay et Ysancy, probablement Yrancy (Yonne),
» canton de Coulanges-la-Vineuse, le plus souvent tiennent le premier
» rang en bonté et perfection sur tous les autres vins. Ils sont toutes les
» années, bonnes ou mauvaises, trouvés meilleurs que tous les autres, soit
» françois (de Ile-de-France), ou de Bourgogne et d'Anjou. — Les vins d'Ay
» sont *clairets et fauvelets*, subtils, délicats et d'un goût fort agréable au
» palais; par ces causes, souhaités pour la bouche des rois, princes, et
» grands seigneurs, et cependant oligophores, c'est-à-dire si délicats
» qu'ils ne portent l'eau qu'en petite quantité. — Les vins d'Ysancy sont
» de consistance médiocre, rouges de couleur, quand ils sont parvenus
» à maturité. »

Ainsi, les vins qui se faisaient alors à Ay étaient *clairets et fauvelets*; ils étaient en grande estime; on peut penser que nul, en Champagne, ne tentait d'en faire qui n'eussent pas cette teinte; tous voulaient faire du vin à l'instar d'Ay, et comme dom Pérignon n'est connu que depuis 1668, la proposition de dom Grossard est justifiée : *Avant dom Pérignon, le vin de Champagne n'était pas blanc*

des vins, et aussi solides que si elles étaient soutenues par des voûtes en pierre. Elles sont surtout remarquables par leur étendue et forment une espèce de labyrinthe dont on trouverait difficile-

Qu'était dom Pérignon ? Devancier médiat de dom Grossard. Il était procureur de l'abbaye d'Hautvillers. — La pierre que l'on voit sur sa tombe, dans l'église aujourd'hui paroissiale, ci-devant abbatiale de cette commune, nous apprend qu'il fut pendant 47 ans *cellarius*, chargé des intérêts temporels de son monastère, et qu'il mourut en 1715, âgé de 77 ans, *re familiari summâ laude administratâ*; ainsi sa gestion avait commencé en 1668 (dix ans après la publication de la *Maison Rustique*, citée plus haut), et elle avait été très-profitable à son abbaye.

Est-ce lui qui, pour me servir de l'expression de dom Grossard, a trouvé le secret de faire le vin mousseux ?

Pour élucider cette question, citons quelques extraits d'un Mémoire dont les deux éditions, 1718 et 1722, imprimées à Reims chez Barthélemy Multeau, se trouvent à la bibliothèque d'Epernay. Il a pour titre : *Manière de cultiver la vigne et de faire le vin de Champagne.*

« Il n'y a guère que 50 ans qu'ils se sont étudiés à faire du vin gris (on « appelait ainsi le vin fait avec des raisins noirs non ou peu cuvés), presque » blanc. » Ce Mémoire ajoute qu'auparavant, c'est-à-dire avant 1668, le vin rouge était fait avec plus de soin et de propreté que tous les vins du royaume.

On a vu que, d'après la *Maison Rustique*, qui est de 1658, on fabriquait, à l'époque rappelée par ce Mémoire, non-seulement du vin rouge, mais du vin *clairet et fauvelet;* le Mémoire de 1718 nous apprend que, dans la cinquantaine qui a précédé sa publication, on le faisait *presque blanc*; mais, à l'époque où le Mémoire était oublié, et bien des années après, le vin était *blanc*, et voici comment on s'y prenait :

« On commence à vendanger une demi-heure après le lever du soleil,
» et si le soleil est sans nuages, et qu'il soit un peu ardent, sur les neuf
» ou dix heures, on cesse de vendanger, et on fait *son sac*, qui est une
» cuvée, parce que, passé cette heure, le raisin étant échauffé, le vin
» serait coloré et teint de rouge, et *demeurerait trop foncé*. Dans ces oc-
» casions, on prend un plus grand nombre de vendangeurs, afin de cueillir
» *son sac* dans deux ou trois heures; si le temps se couvre, on peut ven-
» danger toute la journée, parce que, tout le jour, le raisin se conserve
» dans sa fraîcheur sur la souche; la grande attention doit être de presser
» les vendangeurs et les pressureurs, afin que le raisin ne soit ni foulé ni
» échauffé quand on le pressure. Il faut faire en sorte que le raisin ait
» encore sa fleur sous le pressoir.

ment l'issue sans guide. — Les murs sont tapissés, jusqu'à deux mètres de hauteur, de bouteilles artistement rangées et classées par treilles, c'est-à-dire par crûs. La même chose a lieu à dis-

» C'est un principe certain que, quand les raisins sont coupés, plus tôt
» ils sont pressurés, et plus le vin est *blanc* et délicat. »

Toutes ces précautions indiquent assez qu'il ne s'agissait pas de faire des vins *fauvelets*, comme on les appelle dans la *Maison Rustique*, ni presque blancs, comme étaient ceux qui leur ont succédé ; c'était des vins *blancs* qu'on voulait ; on considérait la blancheur comme une qualité essentielle.

Aussi, dans un Mémoire présenté, en 1734, à l'Intendant de Champagne, à l'occasion d'une imposition fixée au dixième denier du revenu, il est dit :

» Je suppose une abondante récolte : Si je ne réussis pas à faire du vin
» d'élite, si mon vin est rouget, *ne fut-il que taché,* ma ruine n'en est
» que plus accélérée par cette malheureuse abondance. »

Ceci est bien établi : On a pensé qu'on améliorait le vin en Champagne en l'amenant successivement à une plus grande blancheur, on peut dire à l'incolorité ; on y est parvenu dans le temps même où dom Pérignon était procureur de l'abbaye d'Hautvillers, de 1668 à 1715.

Venons à la mousse, qui est l'objet principal de la question ; c'est encore dans le Mémoire de 1718 qu'on en trouve la solution.

» Depuis plus de 20 ans (page 14), y est-il dit, le goût des François
» s'est déterminé au vin mousseux ; on l'a aimé, pour ainsi dire, jusqu'à
» la fureur ; on a commencé d'en revenir un peu dans les trois dernières
» années. »

Voici donc fixée, aussi approximativement que possible, la date qui fait l'objet de la 37e question. Quand a-t-on fabriqué les vins mousseux ? En 1718, il y avait *plus* de 20 ans ; mais cette indication ne doit pas faire remonter de beaucoup au-delà de ce chiffre ; ce serait donc vers 1695 qu'on a connu le vin *blanc mousseux*, que, plus tard, on appelait aussi pétillant, saute-bouchon, vin-diable. Puis, vers 1714 et 1715, on était revenu un peu du goût passionné qu'on avait conçu pour cette nouvelle boisson. La première édition du Mémoire reportait ce changement à trois ans, elle est de 1718 ; et la deuxième, qui est de 1722, indique sept à huit ans.

On s'était déjà demandé quelle était la cause de cette excitation, qui poussait le vin hors de son contenant. Le Mémoire de 1718 donne cette explication :

tance des murs, ce qui fait comme plusieurs rues de bouteilles dans toutes les caves.

L'industrie manufacturière est d'une très-grande activité dans le département de la Marne. La fabrication des tissus de toute espèce, dits *articles de Reims*, et celle des *vins mousseux*, dits

» Les sentiments ont été fort partagés (page 31), sur les principes de » cette espèce de vin; les uns ont cru que c'était la fureur des drogues » qu'on y mettait qui le faisait mousser si fortement; d'autres ont attribué » la mousse à la verdeur des vins, parce que la plupart de ceux qui » moussent sont extrêmement verts; d'autres ont attribué cet effet à la » lune, suivant le temps qu'on met les vins en flacons.

» Il est vrai qu'il y a des marchands de vin qui, voyant la fureur qu'on » avait pour ces vins mousseux, y ont mis souvent de l'alun, de l'esprit » de vin, de la fiente de pigeon et bien d'autres drogues pour les faire » mousser extraordinairement; mais on a une expérience certaine que » le vin mousse lorsqu'il est mis en flacons depuis la récolte jusqu'au » mois de mai..... »

On s'étonne aujourd'hui de ces expédients mis en usage pour obtenir la mousse, eh bien! en 1741, M. Bertin du Rocheret (lieutenant-criminel à Epernay, né en 1693 dans cette ville, où il mourut en 1792. Il était propriétaire de vignes à Ay, Epernay, Pierry) avait consigné, dans un de ses Recueils, un *secret pour la mousse du vin*. — La table du volume en fait foi, mais la page a été arrachée. — Que pouvait être ce secret?

Voici, au surplus, ce que pensaient certains personnages, sur l'innovation apportée dans l'usage des vins de Champagne:

M. Bertin, père de M. Bertin du Rocheret, écrivait au maréchal de Montesquiou, le 11 novembre 1711:

» Je me suis déterminé à trois poinçons de vin, le meilleur de Pierry, » du prix de 400 francs la queue (deux pièces de 180 à 185 litres cha- » cune), Ay, 600'; pour ne pas tirer en mousseux, *ce serait bien dommage*.

» Un poinçon pour tirer en mousseux, du prix de 250 fr. la queue.

» Si vous voulez ne mettre que 180 francs la queue, *il moussera aussi* » *bien ou mieux.* »

Et dans une autre lettre au même, du 18 octobre 1713, en parlant de la mousse : « C'est un mérite du petit vin, et le propre de la bière, du » chocolat et de la crème fouettée. » Et le maréchal répondait le 25 : » Je vois combien j'ai eu tort de demander que vous fissiez tirer mes » quarteaux de vin, pour qu'il pût mousser; c'est une mode qui règne » partout, surtout à la jeunesse........ En mon particulier, je me soucie » fort peu. ...... »

vins de Champagne, sont les branches les plus importantes de son industrie.

Le commerce d'exportation est la principale source de sa prospérité. Le plus considérable est celui des vins, dont les centres sont Reims, Châlons, Epernay, Ay, Mareuil, Avize, Vertus, le Mesnil-sur-Oger.

On trouve, à la bibliothèque d'Epernay, d'assez nombreux renseignements relatifs à ces jugements qu'on a portés pendant longtemps sur l'invention du vin mousseux.

Quant à dom Pérignon, sa réputation était grande; on lui attribuait les procédés qui avaient pour objet l'amélioration des vins; on le voit, dans le Mémoire déjà cité, édition de 1722, page 41; l'auteur en indique un pour donner au vin un goût délicat et friand; ce serait, dit-il, un secret révélé par le père Pérignon, sur son lit de mort. Il ajoute qu'il ne croit pas à cette communication.

Voici comment on parlait de ce religieux, devenu célèbre. Le maréchal de Montesquiou écrivait, le 9 novembre 1715 : « M. de Puisieulx m'a dit
» que le père Pérignon était mort, qui a très-fait parler de lui pendant sa
» vie ; sur les premiers vins de cette abbaye, pensez à moi, car franche-
» ment ce sont les meilleurs. »

Et l'auteur du Mémoire de 1718, avant de rapporter le secret dont il vient d'être question, le qualifie ainsi : « Jamais homme n'a été plus
» habile à faire le vin (page 41).

On en avait tant parlé, son nom avait été prononcé tant de fois pour désigner le vin de son abbaye, qu'on avait oublié qu'il était celui d'un homme, et ce nom passait pour désigner un vignoble ; on imprimait, en 1735, vingt ans après sa mort : « Les plus fameux coteaux qui produisent
» le vin de Champagne sont : Reims, *Pérignon*, Sillery, Hautvillers, Ay,
» Taissy, Verzenay et Thierry. » Note d'une édition des œuvres de Boileau, avec des *éclaircissements historiques,* tome 1er, page 59.

Quand un homme est ainsi identifié avec ce qu'il produit, n'est-il pas juste de lui en attribuer l'invention ?

Il résulte donc de ce document « qui paraît, ajoute le procès-verbal du Congrès, le fruit de consciencieuses recherches, et dans lequel on trouve des aperçus aussi piquants que son objet : 1° que ce serait vers l'année 1695 qu'on aurait commencé à faire du vin blanc mousseux ; 2° que l'invention du procédé de cette fabrication doit être attribuée à dom Pérignon, procureur à l'abbaye d'Hautvillers. »

TABLEAU DU MOUVEMENT DES VINS MOUSSEUX DE CHAMPAGNE,

Dressé à partir de l'année 1844, d'avril en avril, jusqu'au 1ᵉʳ avril 1861.

ANNÉES.	NOMBRE de bouteilles existant en charge au compte des marchands en gros (1ᵉʳ avril chaque année).	IMPORTANCE en hectolitres.	NOMBRE de bouteilles expédiées à l'étranger.	NOMBRE de bouteilles expédiées en France aux marchands en gros non fabricants, aux débitants et aux consommateurs.	IMPORTANCE réelle du commerce.	EXPÉDITION de fabricant à fabricant dans le département.	TOTAL du mouvement.
		hect. lit.					
1844–1845	23,285,818	194,049 30	4,380,214	2,255,438	6,635,652	2,577,738	9,213,390
1845–1846	22,847,971	190,399 99	4,505,308	2,510,605	7,015,913	2,153,607	9,169,520
1846–1847	18,815,367	156,780 80	4,711,915	2,355,366	7,067,281	1,708,204	8,775,485
1847–1848	23,122,994	192,692 61	4,859,625	2,092,571	6,952,196	1,234,678	8,186,874
1848–1849	21,290,185	177,418 92	5,686,484	1,473,966	7,160,450	884,025	8,044,475
1849–1850	20,499,192	170,827 11	5,001,044	1,705,735	6,706,779	1,130,960	7,837,739
1850–1851	20,444,915	170,375 15	5,866,971	2,122,569	7,989,540	1,920,435	9,909,975
1851–1852	21,905,479	182,545 42	5,957,552	2,162,880	8,120,432	3,234,985	11,355,417
1852–1853	19,376,967	161,629 35	6,355,574	2,385,217	8,740,790	4,156,718	12,897,509
1853–1854	17,757,769	147,783 67	7,878,320	2,528,719	10,407,039	5,791,180	16,198,219
1854–1855	20,922,959	174,359 10	6,895,773	2,452,743	9,348,516	5,197,094	14,545,610
1855–1856	15,957,141	133,068 »	7,137,001	2,562,039	9,699,040	4,262,265	13,961,305
1856–1857	15,228,294	126,903 34	8,490,198	2,468,818	10,959,016	4,669,683	15,628,699
1857–1858	21,628,778	180,240 27	7,368,310	2,421,454	9,789,764	3,764,445	13,554,209
1858–1859	28,328,251	236,069 »	7,666,633	2,805,416	10,472,049	3,281,010	13,753,059
1859–1860	35,648,124	279,067 35	8,265,395	3,039,621	11,305,016	4,403,830	15,708,846
1860–1861	30,235,260	251,961 89	8,488,223	2,697,508	11,185,731	5,415,599	16,601,330

On trouve dans le département de la Marne de nombreuses tuileries et briqueteries, des fours à chaux, des établissements métallurgiques, tels que forges et hauts-fourneaux, des tanneries, des faïenceries, des verreries, des fabriques de porcelaine, des brasseries, des imprimeries et lithographies dans tous les chefs-lieux d'arrondissement, ainsi qu'à Montmirail ; plusieurs fabriques de biscuits et de pain d'épice renommées, de nombreuses distilleries dans les pays vignobles, des fabriques de papier, des corderies, etc.

Outre le commerce de vins et de tissus de toutes sortes, on fait aussi celui de bois, de charbon, etc.

Quant aux eaux minérales de la Marne, la fontaine la plus importante est celle qui se trouve à un kilomètre de Sermaize, canton de Thiéblemont, arrondissement de Vitry. Cette source d'eau carbonatée, ferrugineuse, alcalino-terreuse, porte le nom de *Fontaine-des-Sarrazins*, et est en grande réputation. Une foule de malades y viennent boire ses eaux ; elles ont une vertu purgative qui agit sensiblement sur la plupart des personnes qui en font usage avec quelque suite ; elles sont limpides, agréables à boire, propres à rétablir les forces digestives de l'estomac, qu'elles ne chargent pas, et bonnes dans les maladies qui proviennent de trop de relâchement (1).

Le département de la Marne renferme un phénomène végétal, c'est une sorte de hêtre qui présente de singulières anomalies de végétation ; il existe dans la forêt de Verzy, près de Reims. Ce hêtre croît sur une étendue de plusieurs hectares, dans un sol calcaire un peu argileux et très-ferrugineux, au milieu d'autres hêtres d'une structure entièrement différente ; il affecte les formes les plus bizarres.

Le tronc, au lieu de s'élever verticalement, est replié en tous sens ; puis, à une hauteur de deux ou trois mètres, poussent de nombreuses branches qui se dirigent tantôt à droite, tantôt à gauche, forment des exubérances, se replient plusieurs fois sur

---

(1) L'exploitation de ces eaux minérales a été autorisée par arrêté de M. le Ministre de l'Agriculture et du Commerce, le 2 avril 1850.

elles-mêmes, se greffant par approche entre elles, de manière à former l'agglomération de branches la plus singulière.

On dirait que, lorsque l'arbre a été assez élevé, un poids énorme s'est abattu sur sa tête et l'a littéralement applati.

Ces hêtres sont en assez grande quantité; presque toujours leurs branches couvrent une surface dont le diamètre est égal à la hauteur. Ils se greffent par approche très-facilement. C'est ainsi que le tronc de quelques-uns est formé par la réunion de deux et même de trois brins différents. Les extrémités des rameaux sont pendantes, et, lorsqu'elles touchent la terre, elles s'enracinent très-facilement.

La croissance de ces monstres est des plus lentes; aussi vivent-ils très-longtemps, car l'un d'eux est désigné comme un arbre de ligne de coupe dans un titre du xive siècle, et il n'a pas plus de 2 mètres 50 de circonférence. Parmi ces arbres, on en trouve une vingtaine qui ont de 8 à 10 mètres de hauteur; les autres, de tout âge et de toutes dimensions, ou se sont élevés seulement à deux ou trois mètres, ou se sont étalés de manière à couvrir des surfaces de 6 à 8 mètres de diamètre.

Ces hêtres sont une variété distincte du *fagus sylvatica* (hêtre des forêts). Leurs racines paraissent avoir une disposition analogue à celle des branches.

Il est dit de tradition que la bonhomie, la simplicité et la bravoure sont les qualités distinctives du Champenois; mais, malgré sa bonhomie, malgré le proverbe célèbre, « l'habitant de la Marne » calcule ses intérêts et raisonne ses relations avec assez de saga- » cité pour être rarement la dupe de ceux qui se piquent le plus » de finesse et de ruse; malgré sa simplicité, le luxe et les jouis- » sances ont pénétré dans son asile, comme partout ailleurs, à » mesure que la fortune lui a permis de dégénérer de lui-même. » De toutes ses qualités, la bravoure est peut-être la seule que » les circonstances n'ont fait qu'exalter. »

Une partie de la population de la Marne doit à sa manière de vivre et à la nature de ses travaux, des habitudes et des mœurs particulières. « L'habitant des vignobles est en général d'un ca- » ractère franc, ouvert et obligeant; il a plus d'énergie et de

» vivacité que les autres Champenois. Naturellement gai, mais
» brusque et pétillant comme le vin que son pays natal lui four-
» nit, et dont il abuse parfois, il s'emporte et s'apaise avec la même
» promptitude. »

Division administrative de la Marne. — Le département de la Marne est divisé en trois circonscriptions électorales et nomme trois députés au Corps législatif. La première circonscription est composée des arrondissements de Sainte-Menehould, Vitry-le-François, et des cantons de Châlons, Marson et Suippes. La seconde circonscription renferme les cantons de l'arrondissement d'Epernay, ceux d'Ecury-sur-Coole et Vertus, arrondissement de Châlons, et celui d'Ay, arrondissement de Reims. La troisième circonscription contient les cantons de Reims, moins celui d'Ay (1).

Dans la nouvelle organisation militaire le département fait toujours partie de la quatrième division, dont le quartier-général est à Châlons, mais il dépend du grand commandement militaire sous les ordres du maréchal Mac-Mahon, dont la résidence est à Lille.

Son organisation religieuse n'a point changé. Reims, cinquième métropole ou province ecclésiastique, est la résidence d'un archevêque, et l'archevêché a pour suffragants les évêchés d'Amiens, Beauvais, Châlons et Soissons. Châlons est le siège d'un évêché (2).

Le département est administré par un préfet, dont le premier fut installé le 24 germinal an VIII (29 mars 1800) (3).

Reims, où la cour d'assises tient ses séances, est le chef-lieu

(1) Voir, à la fin du volume, la liste des députés qui ont représenté le département depuis l'Assemblée nationale, 1789, jusqu'à cette année, 1862.

(2) Voir, à la fin du volume, la liste complète des archevêques qui ont gouverné l'Eglise de Reims, depuis saint Sixte jusqu'au 99e, Mgr Gousset, cardinal-archevêque actuel; et aussi celle des évêques de Châlons, depuis saint Memmie ou Menge, jusqu'au 93e, Mgr Bara.

(3) Voir, à la fin du volume, la liste des notabilités qui ont administré le département depuis la création de la Préfecture, jusqu'à M. Chassaigne-Goyon, nommé le 14 mars 1854.

judiciaire du département, lequel ressortit de la cour d'appel de Paris.

Châlons est le siége de la dixième Conservation des Eaux et Forêts.

La gendarmerie fait partie de la 13e légion, dont le colonel est à Metz. — Le chef d'escadron commandant la compagnie de la Marne réside à Châlons.

Sous le rapport universitaire, le département est de l'Académie de Paris. — Il est administré par un inspecteur d'Académie, pour l'instruction secondaire, sous l'autorité du recteur, et, pour l'instruction primaire, sous l'autorité du préfet. Il y a, en outre, quatre inspecteurs de l'enseignement primaire: un à Reims, un à Epernay, un à Vitry et un à Sainte-Menehould, mais résidant à Châlons. — L'inspecteur d'Académie remplit les fonctions de l'inspecteur primaire pour l'arrondissement du chef-lieu. Il est secondé dans cette partie du service par un inspecteur d'arrondissement.

Histoire du département. — Le département de la Marne, le plus productif, le plus industriel et le plus considérable des départements formés de l'ancienne et célèbre province de Champagne, est aussi, sans contredit, le plus riche en souvenirs historiques. — Rome eut, dans les peuples de la Marne, les Rémois et les Catalauniens, des alliés fidèles. Elle les attacha à la deuxième Belgique et érigea en métropole leur antique cité *Durocortorum* (Reims). — Les races du Nord se répandirent comme un torrent destructeur sur la Champagne, province ouverte et sans limites naturelles. Malgré les succès de Julien et du Rémois Jovinus, malgré ce gigantesque duel entre la civilisation et la barbarie, qui s'appela la bataille de Châlons, 451, où Attila et Aétius se tuèrent 162,000 hommes, au rapport de Jornandès, l'empire croula, et, sur ses ruines, Clovis fonda la nationalité française. Il y fut habilement aidé par les apôtres de la religion nouvelle, et surtout par l'archevêque de Reims, saint Remi, qui le baptisa. La monarchie ne fut pas ingrate envers cette Eglise, elle la combla de priviléges. — Reims battit monnaie, resta indépendante, sacra seule les rois de France, et fut, ainsi que Châlons, érigée en pairie.

Quand la Champagne fut réunie à la couronne de France, 1284, Reims et Châlons restèrent, comme au temps des comtes, sous la juridiction ecclésiastique; cette indépendance se continua jusqu'à l'établissement définitif des bailliages royaux, en 1551.

Les grandes guerres du xive siècle amenèrent plusieurs fois les Anglais en Champagne. Reims, dont les milices furent cruellement décimées à Crécy, prit une glorieuse revanche, 1358, en forçant le roi Edouard à se retirer après un siège de trente-sept jours. Châlons s'unit avec le même bonheur à cette courageuse résistance, organisée par le connétable Gauthier de Châtillon. Le Perthois fut dévasté par les Jacques, paysans révoltés contre la tyrannie des nobles. Le traité de Troyes, 1429, livra la Champagne aux Anglais, qui démantelèrent Châlons et saccagèrent Vitry. En 1479, Charles VII se présenta devant Reims, conduit par Jeanne d'Arc, qui avait rempli sa mission. Pendant le xvie siècle, Reims échappa, par sa position géographique, aux ravages de la guerre, et plus tard aux séductions de l'hérésie, par la ferveur de son catholicisme. Mais le reste du pays eut à souffrir des deux partis à la fois : Charles-Quint, en 1554, ayant réuni une forte armée, attaqua la Champagne, et, après avoir pris Saint-Dizier, qui résista courageusement, il s'avança dans le Perthois, ravageant tout sur son passage, avec le dessein de marcher sur Paris. Vitry fut presque entièrement détruit. François Ier voulant affamer l'ennemi, ruina la campagne depuis Vitry jusqu'à Epernay, et, désespérant de défendre cette dernière ville, il y fit mettre le feu (3 septembre).

Quant à la Réforme, le combat de Dormans suffit pour débarrasser le pays de ses partisans, 1575. La Ligue, réaction catholique, agita bien plus profondément la Champagne et la partagea en deux camps : Châlons, Sainte-Menehould et Sézanne, pour Henri IV ; Reims, Vitry, Epernay, pour la Sainte-Union. Epernay ne fut rendue par les Espagnols, alliés des rebelles, qu'en 1594. — La Fronde fut marquée par la défaite de Turenne, un de ses chefs, près du bourg de Somme-Py, et la reddition de Sainte-Menehould à Louis XIV en personne, 1650-1653.

En septembre 1792, le duc de Brunswick n'était plus qu'à 160 kilomètres de Paris, et l'on conseillait à l'Assemblée législative de se réfugier à Saumur, lorsque la canonnade de Valmy releva tous les courages. Poussés vivement par Kellermann et Dumouriez, les Prussiens repassèrent nos frontières ; la France était sauvée !!! Napoléon tenta, en 1814, de renouveler le même miracle, et il inscrivit à ses plus beaux faits d'armes les noms champenois de Champaubert et de Montmirail, malgré l'épuisement du pays et des troupes harassées (1).

(1) Si nous passons si vite en revue les faits historiques du département de la Marne, c'est afin de ne pas nous répéter, le lecteur devant trouver les détails à chacune des communes intéressées.

ARRONDISSEMENT DE CHALONS.

Cet arrondissement, qui occupe à peu près le centre du département et qui est entouré par les quatre autres, a une forme quelque peu irrégulière. — Il est formé d'une partie du Rémois, de la Champagne proprement dite et du Perthois.

Les bornes de l'arrondissement de Châlons sont : au *nord-est*, l'arrondissement de Sainte-Menehould ; — au *sud*, le département de l'Aube et l'arrondissement de Vitry-le-François : — à l'*ouest*, l'arrondissement d'Epernay ; — au *nord-ouest*, celui de Reims.

Les cours d'eau qui le baignent principalement sont :

La *Marne* qui, après avoir quitté La Chaussée, canton et arrondissement de Vitry, court arroser Omey, Pogny, Vesigneul, Sogny-aux-Moulins, Coolus, Compertrix, *Châlons*, Saint-Martin-sur-le-Pré, Saint-Gibrien, Recy, Matougues, Aulnay-sur-Marne, Aigny, Condé-sur-Marne, et entre dans l'arrondissement de Reims. (Voir le cours entier de cette rivière, page 15.)

La *Suippe*, qui prend sa source au village de Somme-Suippe, canton et arrondissement de Sainte-Menehould, et coulant du sud-est au nord-ouest, arrose, dans l'arrondissement de Châlons, Suippes, Jonchery-sur-Suippe, Saint-Hilaire-le-Grand, puis entre dans l'arrondissement de Reims. (Voir à cet arrondissement.)

La *Vesle*, qui sort de Somme-Vesle, au nord-est de Châlons, canton de Marson, se dirigeant du sud-est au nord-ouest, et baignant Somme-Vesle, Courtisols, Lépine, Saint-Etienne-au-Temple, Dampierre-au-Temple, Saint-Hilaire-au-Temple, Bouy, Louvercy, Livry, puis entre dans l'arrondissement de Reims. (Voir cet arrondissement.)

La *Coole*, qui prend sa source au village du même nom, à l'ouest de Vitry, canton de Sompuis, se dirige du sud-est au nord-ouest, quitte Faux-sur-Coole pour venir dans l'arrondissement de Châlons, arroser Vesigneul-sur-Coole, Fontaine-sur-Coole, Coupetz, Cernon, Saint-Quentin-sur-Coole, Ecury-sur-Coole et Coolus, où elle se jette dans la Marne.

La *Soude*, qui, après avoir quitté Soudé-Notre-Dame, canton de Saint-Remy-en-Bouzemont, arrondissement de Vitry, baigne Bussy-Lettrée, Vatry, Soudron, Germinon, Velye, Bierges, Vouzy, Pocancy, Champagne-Champigneul, Jâlons, puis entre dans l'arrondissement d'Epernay. (Voir à cet arrondissement.)

La *Moivre*, qui prend sa source au village de Moivre, canton de Marson, arrondissement de Châlons, et se dirige généralement du nord-est au sud-ouest, et passe à Moivre, Le Fresne, Coupéville, Saint-Jean-sur-Moivre, Dampierre-sur-Moivre, Francheville, et tombe dans la Marne, à Saint-Martin-sur-le-Pré.

L'*Isson*, qui naît au sud de Saint-Remy-en-Bouzemont, arrondissement de Vitry, entre dans l'arrondissement de Châlons, pour y arroser Saint-Martin-aux-Champs, Cheppes, Vitry-la-Ville, Vouciennes, Togny-aux-Bœufs, et va se jeter dans la Marne.

La *Noblette*, qui a sa source au-dessus de Saint-Remy-sur-Bussy, canton et arrondissement de Sainte-Menehould, arrose, dans l'arrondissement de Châlons, Bussy-le-Château, La Cheppe, au sud du camp d'Attila, longe, dans l'étendue de 5 ou 6 kilomètres, le camp de Châlons, arrose Cuperly et se jette dans la Vesle, à Vadenay.

Le sol de l'arrondissement de Châlons est généralement crayeux et sec, très-varié, médiocrement fertile, mais bien cultivé. Les produits agricoles forment sa principale industrie. — Les vignes y sont en petite quantité, et le vin de qualité médiocre.

Il est composé de 5 cantons ou chefs-lieux de justices de paix, renfermant 106 communes.

Les cantons de cet arrondissement forment la première circonscription électorale, les cantons d'Ecury-sur-Coole et de Vertus exceptés. Ces deux derniers font partie de la deuxième circonscription. (Décret du 3 février 1853.)

CANTONS.	DISTANCE AU CHEF-LIEU				COMMUNES.	POPULATION.	SUPERFICIE en hectares.
	de canton	de l'arr.	du dép.	de Reims.			
	к.	к.	к.	к.		habitants.	
Châlons............	»	»	»	43	16	22,050	22,259
Ecury-sur-Coole......	»	8	8	52	29	7,202	40,683
Marson.............	»	13	13	57	18	7,332	35,603
Suippes............	»	23	23	41	16	13,002	31,362
Vertus.............	»	29	29	46	27	8,421	35,435
					106	58,007	165,342

1° CANTON DE CHALONS.

22,050 habitants, — 22,259 hectares, — 16 communes.

Ce canton, entouré de ceux d'Ay, de Suippes, de Marson et d'Ecury-sur-Coole, est arrosé par la Marne, la Vesle, la Coole, et plusieurs ruisseaux.

Toutes les terres sont grèveuses dans le bassin ou la vallée de la Marne, et crayeuses sur les pentes et les sommets des coteaux. Ce sont là les deux caractères principaux du sol. L'épaisseur de la couche végétale est le mélange de plus ou de moins de grève ou de crayon ; voilà ce qui, avec les soins, les engrais, l'exposition, motive les différences du terrain, les nuances qu'on remarque dans un même territoire.

L'industrie principale est la culture.

Les grains, les laines et les vins de Champagne sont les trois branches les plus lucratives du commerce, et constituent la richesse du canton.

COMMUNES.	DISTANCE AU CHEF-LIEU				POPULATION
	de canton.	de l'arr.	du départ.	de Reims.	
	k.	k	k	k	habitants
Châlons...............	»	»	»	43	16,675
Aigny	15	15	15	30	294
Compertrix............	3 2	3 2	3 2	47	139
Condé-sur-Marne.......	17	17	17	28	529
Coolus................	4 5	4 5	4 5	48	136
Fagnières.............	4	4	4	47	765
Isse..................	18	18	18	28	136
Juvigny...............	10	10	10	34	580
La Veuve..............	9	9	9	34	344
Les Grandes-Loges.....	13	13	13	30	232
Recy..................	5 5	5 5	5 5	40	365
Saint-Etienne-au-Temple.	9	9	9	41	291
Saint-Gibrien..........	6	6	6	49	123
Saint-Martin-sur-le-Pré.	3	3	3	42	165
Saint-Memmie..........	2	2	2	45	838
Vraux.................	13	13	13	32	438

Châlons-sur-Marne ou **Chaalons** (1), (*Catalauni, Duro-Catalaunum*), chef-lieu du département, à 173 kilomètres Est de Paris, sur la rive droite de la Marne, qui la baigne à l'Ouest, avec deux petites rivières qui la traversent ainsi que ses faubourgs, entre deux vastes plaines, au milieu de belles prairies, et sur le chemin de fer de Paris à Strasbourg. C'est une grande ville, de forme ovale. Quelques légères collines bornent son horizon. Ses remparts ont disparu, mais des murs assez bas, percés de six portes, lui forment une enceinte à laquelle on arrive par six grandes routes (2).

(1) Plusieurs savants font dériver le nom de cette ville de *Campi longi, Champs longs (Chanlons, Chaalons, Châlons),* à cause des immenses plaines qui l'entourent, et c'est pourquoi, disent-ils, on l'écrit avec un *s,* lettre indicative du pluriel, tandis que Châlon-sur-Saône, département de Saône-et-Loire, étant au singulier, ne prend point cette lettre.

(2) Primitivement, à l'époque de saint Memmie, la cité de Châlons n'avait

Châlons, chef-lieu d'arrondissement et de canton, est aussi chef-lieu de la 4e division militaire, de la 10e conservation des forêts, et se trouve à 33 kilomètres d'Epernay, 43 de Reims et de Sainte-Menehould, 32 de Vitry-le-François. Sa superficie est de 2,235 hect. — Préfecture; général de brigade commandant le département; intendant et sous-intendant militaires; chef du génie à Châlons et au Camp; commandant de gendarmerie; subsistances et lits militaires; gîte d'étape; évêché, grand séminaire, une cure et quatre succursales; congrégations religieuses; tribunaux civil, de commerce, et justice de paix; conseil de prud'hommes; chambre consultative des arts et manufactures; recette générale des finances; payeur du trésor public; directions des contributions directes et indirectes; direction de l'enregistrement et des domaines; bureaux d'enregistrement, de la conservation des hypothèques et de timbre extraordinaire; direction de la poste aux lettres; poste aux chevaux; Ponts et chaussées, navigation, service hydraulique; 10e conservation des forêts; inspection du télégraphe électrique; inspection d'académie, inspection des écoles primaires, collége communal et pensionnats divers; école impériale d'arts et métiers; école normale primaire de garçons; écoles primaires des deux sexes, écoles de dessin et de chant, salles d'asile, etc. — Société d'agri-

que l'étendue des villes de ce temps, c'est-à-dire de 3 à 400 mètres de longueur, sur 2 à 300 de largeur, non compris les faubourgs qui s'étendaient plus ou moins loin dans toutes les directions.

Elle était bornée d'un côté par le ruisseau de Nau, et de l'autre par la partie de la Marne qui passait aux Moulins-de-l'Evêque (aujourd'hui écluse et pont de la porte de Marne).

Elle était dénuée alors de murs d'enceinte et de fortifications. Trois tours furent construites successivement, dont une considérable, au confluent de la Marne et des deux ruisseaux le Mau et le Nau.

En 451, à l'approche d'Attila, la ville était si petite qu'elle ne put contenir tous ceux qui s'y réfugiaient de toutes parts. Elle s'agrandit, et en 563, Chilpéric, roi de Soissons, s'en étant emparé, en augmenta l'enceinte, la fit fortifier, et s'y défendit contre Sigebert, roi d'Austrasie, qui, à son retour, le força à se retirer.

Différents développements accompagnés de défenses eurent lieu à des époques dont il est difficile de donner les dates exactes.

C'est en 1770 que s'éleva le mur d'enceinte actuel.

culture, commerce, sciences et arts (1); bibliothèque publique et musée; cercles; comice agricole; bureau central des incendies; hôpital, hospices et bureau de bienfaisance; maison départementale de santé pour les aliénés (2); sociétés de secours mutuels; caisse d'épargne; société de charité maternelle; etc. Station du chemin de fer de Paris à Strasbourg et de Châlons à Mourmelon-le-Grand. — Commerce de grains de toutes sortes, laines, huiles, vins de Champagne mousseux et autres, osiers, bestiaux, etc.

Châlons, qui laisse passage à deux forts ruisseaux, le Mau et le

---

En 1777, les remparts avaient 10 mètres de hauteur, on les réduisit à 3 mètres 33 centimètres.

Ces remparts, garnis en dedans de cavaliers ou buttes fort élevées, destinées à recevoir du canon, et au dehors, de bastions pleins et de redoutes, étaient surmontés de courtines ou murailles percées de meurtrières et munies de tourelles. Les portes de la ville s'ouvraient dans toute l'épaisseur des remparts; elles avaient des herses, étaient flanquées de tourelles, et protégées par des ponts-levis, des bassins pleins et détachés.

En 1421, il y avait à Châlons onze ponts, un grand nombre de châteaux et bastides de bois, et, outre les neuf portes de la ville qui existaient alors, chacun des châteaux avait des poternes où l'on pouvait passer à cheval. La Marne entourait les deux faubourgs qui lui empruntaient leur nom.

Les courtines ou remparts dont la ville étaient entourée avaient un développement de 2,173 toises.

(1) Les Châlonnais se distinguent depuis longtemps par leur goût pour les belles-lettres. Ce fut le 4 juin 1756 qu'une société littéraire y tint sa première assemblée, et fut érigée en Académie des sciences, arts et belles-lettres, par lettres-patentes du mois d'août 1775, enregistrées au Parlement le 18 mars suivant. — Des académiciens honoraires, vingt titulaires, des associés libres et des agrégés pour les arts, formèrent ce corps célèbre, honoré de la protection du duc de Bourbon. — Le directeur, le chancelier et le trésorier furent nommés chaque année, mais le secrétaire était perpétuel. Cette société eut une halte et recommença en 1797.

(2) C'était une ancienne auberge, qui avait pour enseigne: *La Ville d'Ostende*. On en fit d'abord une maison de force où l'on enfermait les vagabonds et les mendiants. Depuis 1841, elle est spécialement destinée aux aliénés.

Nau (1), et qui a un canal entre la rivière et la ville, se présente au voyageur arrivant de la capitale, par le chemin de fer, avec toutes les apparences d'une grande cité. On y entre par une jolie place demi-circulaire, après avoir traversé un grand pont en pierre, de trois arches hardies (2) et sous lequel coule la Marne. Du milieu de cette place, fermée par une belle grille en fer, part, en ligne droite jusqu'à l'Hôtel-de-Ville, la longue et trop étroite rue de Marne, la plus animée de Châlons.

L'intérieur de la ville est d'un aspect agréable. — On y trouve de beaux quartiers, des rues larges, de jolies maisons, de beaux édifices, de superbes promenades, plusieurs places, dont une surtout, la place du Marché, remarquable par son étendue, etc. La propreté de la voie publique y est généralement bien entretenue.

Parmi les curiosités que les habitants de Châlons peuvent montrer aux étrangers, nous remarquerons :

La Cathédrale, dédiée à saint Etienne. La première cathédrale de Châlons fut élevée par saint Memmie, à l'endroit où se trouvait un temple consacré à Apollon (aujourd'hui la Caserne de cavalerie).

---

(1) La jonction du Nau et du Mau s'opère à l'intérieur de la ville, en amont de la porte des Mariniers, où il y avait autrefois un port assez important. Les eaux réunies de ces deux cours d'eau se jettent dans la Marne, derrière Saint-Martin, après avoir passé par des siphons établis sous le canal.

(2) Commencé en 1777, sur le plan de M. Colluel, ce pont fut terminé vingt ans après. Le 5 février 1814, nos troupes, pour retarder la marche des armées étrangères et protéger leur retraite, firent sauter, en se retirant de Châlons, une arche de ce pont, l'arche du milieu. Cette explosion ébranla de fond en comble l'arc de triomphe que la ville avait fait élever tout auprès, en 1808, avec les matériaux de l'église Sainte-Marie. Ce monument, élevé pour perpétuer le souvenir de la prospérité de l'Empire et la gloire de nos armées, avait 15 mètres 33 centimètres d'élévation et 16 mètres de largeur. D'abord figuré en bois et en toile par M. Génain, architecte et professeur à l'Ecole des Arts et Métiers de Châlons, il fut dirigé, dans sa construction, sous la surveillance de M. Durand, architecte de la ville, et de M. Lemot, l'un des sculpteurs les plus recommandables de l'Ecole des Arts et Métiers.

Ce fut d'abord une simple chapelle qui, plus tard, prit le nom de Saint-Pierre-aux-Monts.

En 450, saint Alpin, voyant cette église insuffisante pour ses fidèles, se décida à en construire une nouvelle. — L'emplacement de la chapelle Saint-Vincent, au centre de la cité, lui parut plus convenable; il y fit jeter les fondements d'une église plus vaste, qui ne fut terminée qu'en 625, sous l'épiscopat de Félix Ier, lequel en fit sa cathédrale et y transféra le siége de l'évêché.

Quoiqu'elle eut éprouvé de nombreuses vicissitudes au ixe siècle, au xe et au xie, cette cathédrale passait en 1100 pour un fort beau monument. Presque entièrement détruite par le feu du ciel, en 1138, on employa neuf années à la reconstruire.

En 1147, à la prière de Barthelemy de Senlis, 53e évêque de Châlons, le pape Eugène III, assisté de saint Bernard, en fit, le 26 octobre, la dédicace avec toute la pompe imaginable, en présence de 18 cardinaux, de 11 évêques et d'un peuple immense.

Saint Bernard, en cette occasion, prêcha au Jard, dans la chaire où peu de jours auparavant il avait prêché la deuxième Croisade en présence de Louis VII le Jeune et du pape.

Le feu du ciel, en 1230, ravagea de nouveau l'église Saint-Etienne, sans toutefois en nécessiter la reconstruction, et Philippe II de Nemours mit tous ses soins à la restaurer.

En 1520, la tour du nord reçut de Gilles de Luxembourg une flèche élégante en bois, recouverte de plomb, comme le reste de l'édifice; cette flèche était enrichie de peintures et de dorures, et passait pour la plus haute (95 mètres) et la plus belle du royaume.

En 1624, sous l'épiscopat de Henri Clausse, la cathédrale fut augmentée de deux travées à l'ouest, ce qui nécessita, en 1628, la construction d'un nouveau portail.

Un dernier incendie, causé par le feu du ciel, le 18 janvier 1668, tomba sur la belle flèche, la détruisit, fondit les cloches, fit de grands dommages au sanctuaire, consuma toute la couverture de l'édifice. Le grand autel, plusieurs châsses de saints, le beau jeu d'orgues et les stalles furent détruits. Félix Vialart de Herse se signala par d'immenses sacrifices pour la restauration de sa cathédrale. Il fit élever deux flèches à jours et en pierre.

En 1793, cette église servit alternativement d'écurie et de magasin à fourrages.

En 1814, elle eut une partie de ses vitraux brisés, tout l'édifice ébranlé par la terrible explosion de la mine qui fit sauter une arche du pont de Marne.

En 1821, les deux flèches de Félix Vialart menaçaient ruine (1); on les démolit et on les reconstruisit sur le même dessin. La dépense s'éleva à 62,000 francs.

Quoique la cathédrale de Châlons ait subi les désastreux effets des guerres et du feu du ciel, qui ont imprimé sur chaque réparation un cachet de discordance qui nuit à l'unité et à l'harmonie générales, sa physionomie ne manque pourtant ni de majesté ni de noblesse (2).

Le grand portail, qui date, comme nous l'avons dit, du XVIIe siècle, est de style grec; chacun des trois étages est d'ordre corinthien, avec piédestal, colonnes et entablement surmonté d'un acrotère.

Le portail du transept nord est de style ogival du XIIIe siècle. Son porche profond est rempli de statuettes et son tympan es tapissé de bas-reliefs. Au-dessus du porche s'élève un pignon élégant; en arrière se voient deux fenêtres ogives à lancettes, et au-dessus règne une série de six petites fenêtres qui répondent à la galerie intérieure, — Enfin, au sommet, s'épanouit une rose du travail le plus délicat.

Le portail du sud, reconstruit en harmonie par M. de Granrut, architecte de la ville, a été achevé en 1850.

Les tours, qui s'élèvent sur les bords du transept, présentent des différences dans les époques de leur construction : celle du nord est aux deux tiers du style roman primitif, tandis que celle

---

(1) Pour la même raison, elles ont disparu une seconde fois en 1859.

(2) L'ensemble est du XIIIe siècle. Elle a 96 mètres 40 centimètres de longueur, du grand portail au fond de la chapelle de la Sainte-Vierge, et 49 mètres 60 centimètres de largeur, du portail nord au portail sud. La voûte des transepts et de la grande nef a 25 mètres 8 centimètres d'élévation, et celle des nefs latérales 16 mètres 23 centimètres.

du sud est du style ogival du xiie siècle. Les parties supérieures, restaurées au xviie siècle, n'ont aucun caractère.

L'intérieur du vaisseau produit au premier aspect une impression imposante et profonde. Il forme une croix latine. La grande nef s'étend sur dix travées ogivales, suivies du transept et d'un chœur et sanctuaire de médiocre grandeur. Le système général de la construction est l'arcade ogivale du xiiie siècle, dans les travées et dans la galerie à colonnettes du triforium, dans les immenses fenêtres qui rayonnent entre les retombées des voûtes, aussi bien que dans ce dernier membre de l'édifice. Les travées de la grande nef portent sur des colonnes à chapiteaux feuillagés, à l'exception des deux premières de l'entrée de l'église et de celles du transept, qui sont des piliers munis de colonnettes, et qui ne remontent qu'au xviie siècle. Au sanctuaire, dont la voûte a été rétablie à la même époque, 1736, le triforium a l'aspect plus ancien que celui de la nef, quoique également ogival. Les bas-côtés de l'édifice sont analogues aux autres parties; il règne dans les nefs une suite de chapelles construites au xvie siècle et au xviie.

La Cathédrale était autrefois renommée par la beauté de ses vitraux, de ses pierres tumulaires et de ses tableaux. Les malheureux évènements auxquels elle a été exposée jusqu'en 1814 ont détruit un grand nombre de ces objets d'art. On en remarque cependant encore quelques-uns. Les seuls qui soient complets sont placés au-dessus du sanctuaire. Pour ne parler que des tableaux, nous citerons celui qui représente la *Consécration de l'église*, en 1147. Ce morceau, peint sur bois, a 2m 68 sur 1m 45; il a été retouché plusieurs fois; on le regarde comme étant du xve siècle. (1). Plusieurs toiles, dues au pinceau de Boullongne le jeune, premier peintre de Louis XIV, se voient encore dans quelques chapelles. Les deux plus remarquables sont à la chapelle Saint-Etienne : *Notre seigneur Jésus-Christ au jardin des Oliviers* et *Notre seigneur Jésus-Christ parlant à la Samaritaine*. Elles viennent de l'abbaye

---

(1) Il a été reproduit au trait, par une lithographie très-pure, dans le riche et excellent ouvrage de M. Barbat, *Histoire de Châlons*, à laquelle nous sommes redevable d'une foule de détails intéressants et précieux pour notre *statistique*.

des dames de Louvois. Le maître-autel, à la romaïne, a été exécuté en 1686, d'après les dessins de Jules Ardouin-Mansard, sur le modèle de Saint-Pierre de Rome. De chaque côté s'élèvent trois colonnes corinthiennes d'un beau marbre, qui soutiennent un baldaquin de bon goût.

En 1762, le chœur fut pavé en carreaux de marbre noir et blanc ; il a 19m 40 de longueur.

C'est à M. Arveuf que l'on doit le dessin du grand orgue qui a été construit en 1846.

Les stalles, d'après les dessins de M. de Granrut, et copie des anciennes, sont très-belles ; elles ont été posées en 1847.

Notre-Dame en Vaux ou en Vallée. — Cette seconde paroisse n'était primitivement, comme la cathédrale, qu'une petite chapelle que saint Memmie avait fait construire sur l'emplacement d'un souterrain où les Druides de Châlons se réunissaient le premier jour de chaque mois.

Cette chapelle s'appelait Notre-Dame en Vaux ou en Vallée, parce qu'elle était hors des murs de la ville, sur la voie des vallées et près de la porte de ce nom, dans un endroit presque entouré de marais. C'est en ce lieu que saint Alpin fit élever une église plus vaste, qu'il fit desservir par des clercs de Saint-Pierre-aux-Monts.

Une bulle du pape Pascal l'érigea en paroisse, 1107.

En 1157, cette église, qui était en bois, tombait de vétusté ; on songea à la réédifier, et, en 1185, Guy de Joinville en bénit la partie reconstruite, c'est-à-dire le chœur, les transepts et les chapelles situées derrière le chœur. Pierre de Latilly, en 1322, fit la dédicace de l'église terminée, sauf le portail principal, qui est d'une date postérieure, et quelque peu incertaine.

Les nefs latérales étaient alors éclairées par de petites fenêtres à plein cintre, étroites et allongées ; il en reste encore trois, les autres furent agrandies au XVIe siècle, pour y placer les magnifiques vitraux qui sont un des plus beaux ornements de l'édifice.

Avant la Révolution de 1789, on comptait sept chapelles dans cette église, qui possédait une multitude de magnifiques pierres tombales, dont quelques-unes ont été conservées (1).

Le maître-autel, en argent doré, fut remplacé en 1791 par un grand autel en marbre à colonnes, provenant de Saint-Denis de Reims, et qui avait coûté 1,500 fr. avec les pavés du chœur.

Le chœur était petit, fermé par une grille et par un jubé gothique du XVIe siècle.

Les quatre tours étaient surmontées de flèches en bois, recouvertes en plomb, ainsi que toute l'église. Le centre de la croix était dominé par un petit clocher, admirable d'élégance et de délicatesse. — Toutes les plomberies des combles et des flèches étaient ornées de dorures et de riches peintures du XIVe siècle, et du courant du XVe (2).

Le portail du quai, dont la porte principale est petite, peu ornée, serrée entre deux tours puissantes noircies par le temps, et dont les flèches s'élancent hardiment vers le ciel, faisait mal à voir; la maçonnerie qui fermait la rose des combles, et les trois fenêtres ogivales accolées qui surmontent cette porte produisaient le plus mauvais effet; mais depuis l'enlèvement de ces maçonneries et les réparations et changements, ce portail est une des plus belles parties du monument.

Le portail latéral, tourné vers le midi, bien exposé, d'un bel aspect, réunissait en statues (il y en avait plus de 1,440) ornées de sculptures d'une délicatesse rare, tout ce que l'on peut concevoir de plus riche. — Il souffrit horriblement en 1793, ainsi que le porche, construit en 1469 pour le préserver contre les atteintes du temps, et donner à l'entrée plus de commodité.

On a supprimé, il y a quelques années, le portail de style grec qui faisait face à la rue du Petit-Cerf, et aussi le portail de la place Notre-Dame, qui était du même style.

Les transepts, qui laissent à désirer à l'intérieur, sont fort beaux et très-riches à l'extérieur.

(1) Les plus remarquables ont été dessinées par M. Barbat, et se trouvent dans son *Histoire de Châlons*.

(2) Les flèches élégantes de Notre-Dame avaient mérité jadis à la cité de Châlons le nom de Châlons aux belles flèches.

En 1793 l'église Notre-Dame fut dévastée; trois de ses belles flèches enlevées, les statues du portail sud mutilées ; le maître-autel, les grilles, le jubé, les chapelles, les ornements anéantis, et, après avoir servi d'écurie et de magasin à fourrages, elle fut convertie en un temple dédié à la Raison, en nivôse an II de la République.

Dans les premières années de notre siècle, Notre-Dame fut rendue au culte ; le sol fut exhaussé, le chœur agrandi et pavé en marbre ; on releva le grand-autel à colonnes de marbre ; il fut reculé de quelques mètres.

En 1814 et 1815, cettte église fut de nouveau dévastée, et devint un magasin, une caserne, un bivouac.

Notre-Dame, dont l'intérieur a été trop souvent peint et badigeonné, avait vu ainsi disparaître ses moulures, ses sculptures, ses beaux chapiteaux ; pureté, élégance, délicatesse, richesse, tout avait disparu aux regards.

Grâce au zèle éclairé et infatigable de M. l'abbé Champenois, son curé, cette superbe église a été regrattée et consolidée dans toutes ses parties; le sol est relevé à son niveau primitif. Tout l'intérieur a repris son lustre ; deux des quatre flèches sont rétablies, le chevet extérieur réparé, ainsi que son portail mutilé ; un carillon complet est placé dans l'une de ses tours. Notre-Dame apparaît de nouveau resplendissante comme au temps de ses plus belles années (1).

Cette église possède une *Assomption*, d'une assez grande dimension, par Berthelemy. C'est un très-beau tableau, le plus précieux de ceux qu'elle possède, quoiqu'il ait beaucoup souffert pendant la restauration du monument. On y admire les magnifiques canons d'autel qui lui ont été donnés en 1752 par le chevalier de La Touche, et qui sont dûs au crayon et au pinceau de cet habile dessinateur. —

(1) M l'abbé Champenois a reçu un témoignage flatteur du ministre de l'intérieur, qui s'est empressé de lui remettre une médaille d'honneur, sur les fonds de son ministère. M. l'abbé Champenois est allé en personne choisir dans des carrières éloignées les pierres destinées à la restauration de Notre-Dame. — Il y a huit siècles, Suger allait dans les forêts royales faire le choix des charpentes de l'abbaye de Saint-Denis.

Des neuf verrières du xvie siècle qui sont dans cette église, deux peuvent être classées parmi les types les plus remarquables, sous le rapport du dessin, de la richesse et de l'harmonie du coloris (1).

Saint-Alpin. — Cette église ne fut aussi dans l'origine qu'une modeste chapelle consacrée par saint Memmie à saint André. Elle ne prit son nom actuel qu'en 860, lorsque Erchanré, 33e évêque de Châlons, fit la translation du corps de saint Alpin, de l'église Saint-Pierre du village de Baye (canton de Montmort, arrondissement d'Epernay), dont saint Alpin était originaire et seigneur, et où il avait été inhumé.

Saint-Alpin s'étendait alors sur tout le faubourg du marché, c'est-à-dire sur tout le terrain compris entre le Mau et le Nau, depuis le confluent de ces deux ruisseaux jusqu'au mur d'enceinte de la ville, terrain occupé aujourd'hui par le cours d'Ormesson (2).

Vers l'an 1136, l'église fut détruite entièrement et reconstruite d'un seul jet, mais beaucoup plus vaste. Il ne reste de cette construction que la grande nef entière, les deux gros piliers à l'entrée du chœur, le centre du grand portail, y compris les deux niches restaurées, il y a quelques années, et les trois fenêtres du haut, qui sont à plein-cintre ; et, au nord, le bas-côté de l'église et du transept.

Le chœur, le centre de la croix, le clocher à lourde tour carrée, ainsi que la porte qui donne sur la rue Saint-Alpin, sont du xvie siècle ; les portes de chaque côté de l'entrée principale sont de 1539 ; au midi, les bas-côtés, les petites chapelles et le transept sont de 1554.

---

(1) La longueur intérieure de Notre-Dame est de 67 mètres 60 centim.; la largeur de la nef, 20 mètres ; la longueur des transepts, 30 mètres ; la hauteur sous clef de voûte 20 mètres 75 ; la hauteur des flèches, du sol au coq, 65 mètres 30 ; des tours 32 mètres 30 ; des flèches, 33 mètres.

(2) Ce faubourg, qui contenait à cette époque tout le commerce de la ville, était autrefois habité par des marchands juifs et par des bouchers. Il renfermait la place du Marché, la place aux Bœufs, les boucheries. — C'est là que se tenaient les foires qui, pendant plusieurs siècles, furent considérables.

Saint-Alpin renferme des tombes fort curieuses (1) ; les vitraux y sont fort beaux. L'un d'eux représente saint Alpin priant Attila d'éloigner son armée des murs de Châlons. La plus belle des verrières est celle qui représente la sainte Vierge ; le panneau en est admirable. On y voit aussi quelques bons tableaux, entre autres un Christ d'Albert Durer, deux toiles des frères Basan, et d'autres belles copies de grands maîtres. Ces tableaux ont malheureusement été tous réparés, ce qui en diminue de beaucoup la valeur.

Saint-Jean. — Dans les premiers âges du Christianime, lorsque les païens embrassaient la religion du Christ, les apôtres de la foi administraient le baptême dans un lieu séparé de l'église, à un grand nombre à la fois. Cette cérémonie se faisait avec pompe, surtout la veille des solennités de Pâques et de la Pentecôte. Les évêques conféraient eux-mêmes le baptême ; cet usage durait encore dans le IXe siècle.

Saint Memmie avait choisi pour cette cérémonie un lieu élevé hors de la cité et près de sa cathédrale (Saint-Pierre-aux-Monts). Il y fit construire une simple chapelle qu'il dédia à Saint-Jean-le-Précurseur. Cette chapelle fut agrandie sous l'évêque Didier, et plus tard réunie à un oratoire plus spacieux.

Les archéologues remarquent la nef et la charpente du comble de l'église Saint-Jean, qui conserve un tableau assez remarquable, représentant le *martyre de saint Sébastien*.

Saint-Loup. — Fut d'abord dédiée à Saint-Jacques, hors de la cité, dans le bourg de Cérès. Cette église tombait en ruines vers le commencement du XIVe siècle ; elle fut reconstruite, puis consacrée par Archambault, en 1380. Il ne reste rien de cette reconstruction, sur l'emplacement de laquelle s'est élevée, dans la première moitié du XVe siècle, celle qui existe, et qui, par conséquent, est la plus moderne des églises de Châlons. Il y a, dans les chapelles des bas-côtés, quelques tableaux assez estimés, notam-

(1) M. l'abbé Hurault, ancien curé de Saint-Alpin, actuellement curé archiprêtre de Vitry-le-François, a mis sous les yeux du Congrès archéologique, tenu à Châlons-sur-Marne en 1855, les inscriptions des vingt-deux pierres tombales existant dans l'église Saint-Alpin.

ment un triptique dont la peinture intérieure est attribuée au Primatice, et qui représente *l'Adoration des Mages*. Sur les volets de ce triptique sont peintes les images de saint Jean et de saint Louis.

Ce que l'église saint Loup possède de plus remarquable, c'est la statue de *saint Christophe*, martyrisé en Lycie (Asie mineure), vers l'an 251. M. Ingres, visitant cette église, il y a quelques années, manifesta hautement son admiration pour cette statue dont le mérite est incontestable. Elle est en bois peint, et, sauf quelques modifications, semblable à la gravure en bois de 1423, conservée au cabinet des Estampes de la Bibliothèque Impériale.

Au-delà du pont de Marne, à peu de distance de la gare du chemin de fer, se trouve une chapelle bénite par Mgr de Prilly, le premier juillet 1824, et consacrée à sainte Pudentienne. C'est le lieu d'un pélerinage en grande réputation.

L'Hotel-de-Ville, au centre de Châlons, sur la place d'Armes, a remplacé, en 1771, l'ancien qui fut commencé en 1533, sous le règne de François Ier, et terminé en 1612, pendant la minorité de Louis XIII. Il est dû à l'architecte Durand. La façade est d'ordre ionien antique, couronnée de balustres, ornée au centre de six colonnes et d'un fronton dont le bas-relief représente la ville exploitant les produits de la Champagne. Aux quatre angles du perron, qui a sept marches, sont quatre lions en pierre. La vue générale de cet édifice ne manque ni d'élégance ni de beauté.

L'ordonnance intérieure en est heureuse; le goût et l'ordre règnent dans la distribution de toutes ses parties.

Le péristyle, garni de colonnes toscanes, conduit au grand escalier, qui est d'un bel effet. Le vestibule, de style ionique, et décoré des portraits de quelques Châlonnais illustres, conduit d'un côté aux bureaux de la mairie, de l'autre aux tribunaux. La grande porte du centre, ornée de deux colonnes et surmontée des armes de la ville, donne entrée dans le grand salon, qui est d'ordre corinthien, mais dénué d'élégance et de légèreté.

L'Hotel de la Préfecture, autrefois palais de l'Intendance, fut commencé en 1759, d'après les plans et devis de M. Legendre, ingénieur en chef de la Champagne. Cet édifice fut terminé en 1770, pour recevoir la dauphine, Marie-Antoinette, lors de son mariage avec Louis XVI. — Il a coûté plus de 400,000 francs.

L'entrée est ornée, du côté de la rue Sainte-Croix et de la cour, de colonnes doriques surmontées de fort beaux trophées militaires; la cour est belle; l'édifice, tout en pierres, couronné de balustrades, est d'ordre ionique. — La distribution intérieure ne laisse rien à désirer. Le salon du premier étage, au centre du bâtiment, du côté du jardin, renferme cinq dessus de porte peints par Berthélemy, et représentant les quatre Saisons, présidées par le Temps.

La position de cet hôtel, entre cour et jardin, est des plus agréables; des appartements, la vue est charmante. — Tout, en un mot, concourt à faire de cet édifice un des beaux hôtels de préfecture de France (1).

Le Collége. — En 1560, le 14 août, eut lieu une transaction entre le chapitre et le conseil de ville, portant commutation de l'hôpital Saint-Lazare, fondé par saint Memmie, en un collége du même nom. Le chapitre abandonna à cet effet la maison et tous les biens qui dépendaient de Saint-Lazare. La ville, de son côté, s'obligea à fournir un revenu équivalant au revenu net des biens dudit hôpital.

La nomination aux places de ce collége appartint aux officiers municipaux, et l'institution et la destitution au chapitre.

Le collége, confié d'abord à des prêtres séculiers et dirigé par les chanoines de la cathédrale, se composait d'un principal et de cinq régents. La libéralité de Jérome de Burgensis augmenta les revenus de cet établissement. A sa mort, en 1572, ce généreux prélat légua encore une somme de six cents livres de rente, « tant pour ajouter un séminaire à ce collége que pour autres apprentissages ès arts libéraux et mécaniques. » Ainsi, c'était tout-à-la-fois un séminaire, un collége et une école d'arts et métiers.

---

(1) En mars 1862, S. Exc. le Ministre d'Etat a adressé à M. le Préfet de la Marne, pour l'hôtel de la Préfecture, le portrait de S. A. le Prince Impérial, d'après le tableau de M. Yvon.

En 1615, sous le pontificat de Cosme Clausse, le collége de Saint-Lazare passa aux Jésuites, en vertu d'un traité entre l'évêque, le chapitre et la ville. Le prélat, dans cette circonstance, fit donation de 12,000 livres en argent, 6,000 setiers de grains, moitié froment, moitié seigle, 100 setiers de grains de rente par année, et, de plus, une assignation de rente du capital de 20,000 francs. Le chapitre abandonna de nouveau les bâtiments et tous les revenus de l'hôpital Saint-Lazare, plus une somme de 200 francs de rente qui fut, sur une réclamation des RR. PP., portée, en 1644, à 300 francs. La ville, de son côté, s'obligea à payer annuellement 750 francs de rente, somme qui fut depuis portée à 1,083 francs.

Les Jésuites promirent d'ouvrir un collége composé de cinq classes, dont trois de grammaire, une d'humanités et une de rhétorique, et de pourvoir aux classes de philosophie, en cas de besoin.

En septembre 1617, Cosme Clausse ajouta encore à ses dons une nouvelle rente de 300 livres.

En 1618, on vendit tous les bâtiments et le terrain occupé par le collége Saint-Lazare, et l'on acheta un emplacement, rue de la Charpenterie, aujourd'hui rue du Collége, et les terrains environnants.

Un M. Mathé, qui avait trois fils jésuites, donna 50,000 livres pour l'érection de la chapelle, fit construire le portail à ses frais, et ajouta 50,000 autres livres pour la bibliothèque.

Le séminaire avait suivi le collége ; en 1646, il en fut séparé.

En 1762, les Jésuites furent bannis, le collége fut gouverné par des laïques et les biens dirigés par un bureau d'administration.

Les ressources du collége s'accrurent à un point tel, qu'en 1788, il jouissait d'au moins 15,000 francs de revenus, y compris les 1,083 livres que la ville payait pour différents objets.

L'église du collége, que nous voyons aujourd'hui, fut achevée en 1678. Cette construction est peu solide, mais l'ensemble en est beau. Ornée d'un dôme élevé, surmonté d'un campanile, elle présente, à son entrée sur la rue du Collége, un portail remarquable par la pureté de son exécution et de ses détails. Il comprend trois ordres grecs : le dorique, l'ionien et le corinthien. — On arrive à la porte d'entrée par un perron assez élevé. — L'intérieur était autrefois orné de trois autels en marbre, dans le style du portail.

Les bâtiments du collége, qui datent de la même époque que la chapelle, et qui sont dus au même auteur, Paul Closse, coadjuteur de la Compagnie de Jésus, sont beaux et bien distribués. — Cet établissement réunit, en un mot, toutes les conditions d'utilité, d'agrément et de salubrité.

L'enseignement est celui des lycées. — L'administration municipale de la ville vient (1862) d'annexer à ses cours un atelier de forge et d'ajustage, et de fonder des bourses et des fractions de bourse d'une durée de deux ans, en faveur des élèves qui se préparent aux Ecoles vétérinaires et aux Ecoles d'arts et métiers. Un tiers des bourses communales est réservé aux fils d'instituteurs ou d'autres fonctionnaires appartenant à l'instruction publique, et aux élèves ayant suivi les cours du collége, l'année précédente.

La BIBLIOTHÈQUE, divisée en plusieurs salles, contient 26,000 volumes, dont 100 manuscrits, la plupart religieux, 2 missels du XVe siècle, enrichis de précieuses miniatures. — Un Châlonnais, M. Ch. Picot, mort en 1861, a laissé à la ville, qui l'a donnée à la bibliothèque, une riche collection d'objets d'art, d'antiquités, meubles, statuettes, ivoires, émaux, armes, serrurerie, tableaux, dont un, saint Jérôme méditant sur la mort, peint à l'huile sur bois, daté de 1419, et signé Van Eyck, dit Jean de Bruges, peintre flamand. Ce tableau est d'un très-grand prix, sous tous les rapports.

L'ÉCOLE DES ARTS ET MÉTIERS. — Cet édifice, grand, vaste, bien bâti, bien aéré, avec une vue charmante qui s'étend au loin, vers le couchant, sur toute la plaine arrosée par la Marne, a été exécuté sur les plans de M. Lefèvre, architecte de Reims, en 1646. La chapelle, dont l'intérieur est d'ordre corinthien, est l'œuvre de M. Poterlet. C'est dans cette école que se forment, comme disait

Napoléon Ier, son fondateur, des *sous-officiers de l'industrie*, ouvriers exercés et contre-maîtres habiles (1).

La SALLE DES SPECTACLES, bâtie en 1771, aux frais de plusieurs amateurs, et sur le plan de M. Colluel, est agréablement située et peut contenir 900 spectateurs. Restaurée en 1839 et 1840, elle renferme de fort jolies décorations, dues à M. Boulanger.

L'HÔTEL-DIEU, qui remonte au temps de saint Memmie ; les portes *Sainte-Croix*, *Saint-Jean*, *Saint-Jacques*, des *Mariniers* ou de *Saint-Antoine*, du *Jard*, la porte *Marne*, gracieux ouvrage, de 1848, d'après les plans et dessins de M. Vagny, architecte ; les nouvelles PRISONS, construites sur une partie de l'ancien pré Saint-Jacques et près de la porte de ce nom ; la CASERNE, qui occupe l'emplacement de la première cathédrale fondée par saint Memmie ; la belle et grande *place du Marché-au-Blé*, garnie de larges trottoirs et ornée de candélabres à gaz ; le *Manége*, les deux *Salles d'Asile*, pour la création desquelles une somme de 100,000 francs a été léguée par Mme Doulcet d'Egligny, née Sieyès, veuve d'un ancien receveur du département, etc., etc. ; les *Caves* de M. Jacquesson,

---

(1) L'école des arts et métiers est établie à Châlons depuis 1806. Dans cette école, des jeunes gens instruits, après avoir subi un examen, sont préparés à exercer les fonctions de contre-maîtres dans les fabriques et les manufactures. C'est en travaillant comme des ouvriers, tout en ne négligeant pas d'augmenter leur instruction, que les élèves y acquièrent les connaissances pratiques qui leur sont nécessaires. L'école renferme quatre ateliers : Le premier est consacré au travail de la forge ; le deuxième à la fonderie et aux moulages divers ; dans le troisième, on s'occupe de l'ajustage et de la serrurerie ; dans le quatrième, on tourne les métaux et le bois, et l'on y travaille la menuiserie et l'ébénisterie. Chaque année, il sort de cette école des ouvriers intelligents et capables, qui bientôt sont recherchés pour diriger les travaux dans les grands établissements industriels.

L'école des arts et métiers, aujourd'hui établie à Châlons, avait d'abord été établie à Compiègne. — C'est le 13 décembre 1803 que cette école et celle qui est encore à Angers furent créées par Chaptal, un de nos grands ministres sous Napoléon Ier. — La France compte trois écoles d'arts et métiers : Châlons, Aix et Angers.

J. Perrier, Goerg, etc; galeries immenses percées dans des carrières de craie, dans un roc de tuf; labyrinthes admirables, riches villes de vin, où sont artistement rangées et par treilles des milliers de bouteilles de champagne, et où le jour est ménagé par des réflecteurs en zinc et en ferblanc, qui permettent de les parcourir de jour sans lumière.

Le JARD, sorte de parc immense, promenade magnifique, date d'une époque fort reculée. C'étaient d'abord quelques allées plantées dans une belle et vaste prairie arrosée par la Marne et par le Nau. La partie entourée par la Marne, par le canal, par le Nau et par les murailles de la ville, s'appelait le Petit-Jard; la partie qu'on désigne sous le nom d'allées de Forêt ou des Flammiers, formait le Grand-Jard, qui fut planté par ordre et aux frais du cardinal de Noailles, pendant qu'il était évêque de Châlons.

Le Petit-Jard était divisé en deux triangles, partant tous deux de la grande porte, l'un à gauche et l'autre à droite. Il y avait, dans le milieu du triangle de droite, une haute chaire à prêcher en pierre de taille, et dont la maçonnerie était sans ornements. Elle avait été élevée en juin 1147, lorsque saint Bernard vint prêcher devant le pape Eugène III, le roi Louis VII et les Croisés, qui s'étaient réunis à Châlons, afin de conférer sur leur voyage et sur la route qu'ils prendraient pour se rendre en Terre-Sainte. Cette chaire resta entière jusqu'en mai 1681, époque à laquelle l'intendant de la Champagne, Hue de Miroménil, la fit abattre à l'insu de la ville.

En 1504, un pont fut jeté dans le Jard, sur le fossé du pré Vidame, pour relier cette partie des promenades avec les allées qui conduisaient au château de Sarry, maison de plaisance des évêques de Châlons.

En 1511, on creusa le canal, et, en 1541, on construisit, en face de la grande allée, un pont sur ce canal.

Le Jard fut peu à peu agrandi. Comme il était souvent inondé, on fit des exhaussements et des nivellements avec les terres provenant du creusement du canal de Louis XII, du fossé des remparts de la porte Saint-Jean, et d'une butte qui se trouvait sur le terrain du cours d'Ormesson. — En 1770 et les années suivantes, on replanta sur un dessin plus élégant, dont le plan est dû à M. Colluel, cette promenade immense qui se compose de trente-six allées ornées de mille sept cent quatre-vingts-dix ormes, qui bordent six bassins triangulaires.

Le Jardin-Anglais, planté en 1816, 17 et 18, fut, en 1826, séparé du Jard par un canal, sur lequel on établit un pont tournant, qui a depuis été remplacé par la jolie passerelle actuelle.

Le Jard, vanté à juste titre par tous les géographes, est une magnifique promenade où et d'où l'on jouit de tous les avantages qui peuvent charmer la vue et satisfaire l'âme. Rien n'y manque, ni jardins, ni bosquets, ni pièces d'eau, ni pont suspendu ; tout y est accumulé pour les délassements agréables et les douces distractions (1).

On vient d'ouvrir à Châlons, dans le local occupé autrefois par l'Ecole normale, une maison de refuge qui sera comme le complément de la maison du Bon-Pasteur, de Reims. Cet établissement, tenu par les sœurs de Marie-Joseph, dont on a déjà apprécié les services à la Maison départementale, porte le nom d'*Ouvroir de Nazareth.* Il reçoit toutes les pauvres filles qui ont besoin d'un asile, soit pour revenir de leurs égarements et se rendre de nouveau dignes de la confiance du public, soit pour se mettre à l'abri des dangers qu'elles pourraient courir dans le monde, soit pour

(1) C'est sur la promenade du Jard que, dans le mois de mai 1861, a eu lieu le Concours régional agricole, où étaient représentés sept départements : l'Aube, les Ardennes, la Marne, la Meuse, la Haute-Marne, l'Yonne et la Côte-d'Or. La ville de Châlons a vu arriver, sur 3,000 mètres de ce magnifique emplacement qu'elle avait ouvert aux 900 exposants, 159 animaux, 314 instruments et 73 produits agricoles de plus qu'au Concours régional tenu à Troyes, en 1860. Châlons avait organisé, suivant les expressions de M. le baron Thénard : *Un des concours les plus intéressants qu'un jury ait jamais eu à juger.* En effet, tout y a témoigné des progrès réels accomplis par les départements de la région. — La grande prime d'honneur y a été obtenue par un cultivateur de Moiremont, canton et arrondissement de Sainte-Menehould, M. Chémery.

trouver momentanément le pain et le travail qui leur feraient défaut (1).

Il est impossible, selon nous, de préciser l'époque de la fondation de Châlons ; mais l'ancienneté de l'origine de cette ville ne saurait être mise en doute. Fut-elle bâtie, comme le pensent quelques auteurs, par les *Cattes* ou *Cattuari*, peuplade Germaine transplantée par Auguste, avec les Sicambres, sur les bords de la Marne? Ce n'est qu'une conjecture basée sur des preuves insuffisantes. — Il en est de même quant à l'étymologie de son nom (2).

Lorsque les Gaules furent divisées en dix-sept provinces, par Auguste, le pays *châlonnais* ou des *Catalauni* fit partie de la se-

---

(1) Il y avait anciennement à Châlons :
Quatre couvents de religieux mendiants :
Les *Augustins*, supprimé à la Révolution ;
Les *Cordeliers*, qui était considérable, supprimé à la même époque ;
Les *Jacobins* ou *Dominicains*, que l'on appelait aussi les *Prêcheurs*, supprimé à la Révolution ;
Les *Récollets*. Les bâtiments en ont été reconstruits, et, depuis 1805, ils sont occupés par les religieuses de la Congrégation de Notre-Dame, qui se consacrent à l'instruction de la jeunesse ;
Cinq couvents de religieuses :
Les *Bénédictines*, dites de Vinetz. L'église et les bâtiments, sur la rue de Vinetz, datent de 1621, et servent au dépôt des approvisionnements militaires ;
Les *Bénédictines* de l'étroite observance, dites de Saint-Joseph. C'est une ancienne succursale de l'Hôtel-Dieu, où l'on reçoit aujourd'hui des personnes âgées, moyennant une pension ;
Dames de la Congrégation. Le Grand-Séminaire est sur l'emplacement de leur maison.
Les *Dames régentes*, qu'on appelait aussi *Nouvelles Catholiques* ;
Les *Ursulines*, maison démolie pendant la Révolution.

(2) Châlons n'apparaît véritablement dans l'histoire que sous le nom de *Catalaunum*, ainsi que la désigne, vers 353, Ammien-Marcellin, qui avait suivi, dans les Gaules, l'empereur Julien, dont il était le secrétaire. — Antonin le géographe, dans son Itinéraire, dit que le nom de Châlons était *Duro-Catalaunos*, et le nom des peuples dont elle était la capitale, *Catalauni*. — Il place Duro-Catalaunos ou Duro-Catalauni à 27 milles de Durocortorum-Remorum, c'est-à-dire Reims.

conde Belgique, ayant Reims pour métropole et siége des consuls; Châlons était gouverné par un préfet. L'an de Jésus-Christ 122, l'empereur Adrien, ayant fait une nouvelle division des Gaules, maintint le pays et la ville dans cette même province, toujours avec Reims pour capitale.

Si Châlons n'était point encore, à cette époque, une cité proprement dite, on ne saurait nier du moins qu'il n'y eût un vaste territoire auquel s'appliquait le nom donné depuis à la ville, ou plutôt, et on pourrait l'affirmer, c'était déjà une cité, c'est-à-dire le chef-lieu d'un diocèse considérable.

Sous le règne de Constantin, qui mourut en 337, la campagne de Châlons, *Ager Cathalaunensis, Campia Cathalaunica*, était gouvernée par un officier particulier, que l'empereur revêtit du titre de comte. — Ce titre devint héréditaire, et le gouverneur du pays établit sa résidence à Châlons.

Châlons fut positivement une des premières villes de la Gaule où le christianisme parvint à s'introduire, et saint Memmie, son apôtre et son premier évêque, y fonda plusieurs établissements religieux et de bienfaisance (1).

(1) A une époque très-reculée, mais dont nous ne pouvons indiquer la date précise, saint Memmie se rendit à Châlons, où sa parole ne tarda pas à convertir la majeure partie des habitants. Dès qu'il se sentit assez fort pour ne plus garder de ménagements, il dépouilla les païens d'un de leurs plus beaux temples, celui d'Apollon, bâti sur le mont Lavinien, au-delà de la porte des Monts, et il le dédia à saint Pierre. Il s'éleva, près de cette petite basilique, une chapelle sous l'invocation de saint Jean-Baptiste, et dans laquelle il plaça les fonts où l'on administrait le baptême aux premiers chrétiens.

L'église et la chapelle devinrent, en peu de temps, le centre d'un bourg assez considérable, attenant à la métropole, et qui, sans cesser d'être une de ses dépendances, jouit bientôt de certains priviléges particuliers. — Châlons était alors divisée en cinq bans ou quartiers, dont chacun avait sa porte. — A l'orient, s'élevait la porte des Monts, aboutissant à l'église Saint-Pierre, *porta Montium vel Lavinia;* à l'occident, la porte des Vallées, ou de Jupiter, *porta Vallium vel Jovis*, ainsi nommée parce qu'elle conduisait à une colline (aujourd'hui le mont Saint-Michel) sur laquelle était un temple consacré au père des dieux; au nord, la porte de Cérès, *porta Cereris*, dont elle avoisinait le temple, et dont l'entablement supportait

Les premiers faits historiques qui trouvent leur place dans les annales de cette ville présentent : la déroute de Tétricus par son compétiteur à l'empire, Aurélien, 274 (1); l'édit de l'empereur Probus, pour replanter les vignes dans la campagne de Reims et de Châlons, 284 ; la victoire remportée sur un corps d'Allemands, auprès de cette dernière ville, par Jovin ou Jovinus, général cham-

une statue de cette déesse; au midi, la porte de Mars, *porta Martis*, décorée aussi d'une statue, celle du dieu de la guerre. (Postérieurement, les noms de ces portes furent changés comme suit : *Porte Murée, porte Marne, porte Saint-Jacques, porte Sainte-Croix.*) — En-deçà de la porte de Jupiter, on entrait dans un faubourg entouré par deux ruisseaux : le Mau et le Nau, *Mauda et Nauda*, lequel, à cause de sa position, avait été nommé la Grande-Ile, *Major-Insula;* venait ensuite le faubourg du Marché, *Macelli suburbium*, situé entre ces deux ruisseaux. On appelait Château-du-Marché, *Castrum Macellarium*, la première tour que baignait le Nau ; et le Mau avait donné son nom à une autre, près de laquelle il coulait : *Maudevilla vel Castrum-Villanum*, château de la ville, parce qu'en effet, le Mau communiquait avec la cité. — Enfin, au confluent du Mau et du Nau, se trouvait une troisième tour, qui protégeait l'entrée du port de la Grande-Ile, *majoris insulæ portus*. — Il y avait également une tour des Monts, de Mars, de Cérès, près de chacune de ces portes.

Saint Memmie établit encore six autres églises, ou plutôt chapelles, qui furent agrandies ou reconstruites plus tard :

Notre-Dame, hors de la cité, près de la porte des Vallées ;

Sainte-Croix, plus tard *Saint-Eloi,* hors de la cité, dans le neuf bourg, en face du grand-séminaire actuel ;

Saint-Jacques, hors de la cité, dans le bourg de Cérès ;

Saint-André, plus tard *Saint-Alpin.* dans le faubourg du Château-du-Marché ;

Les *Saints-Innocents,* plus tard *Saint-Sulpice*, dans le petit faubourg de Marne ;

Sainte-Madeleine, dans la cité, près du temple des Sibylles, non loin de la cathédrale actuelle ;

Plus, quatre cimetières, deux hôpitaux, et des asiles pour chaque espèce de besoins.

(1) Eumène, rhéteur, mort en 311, dans un discours qu'il prononça à Trèves, devant l'empereur Constantin, y rappelle cette bataille. — Cet Eumène est, dit Adrien de Valois, historiographe de France. mort en 1692, le premier qui ait parlé de Châlons.

penois au service de Valentinien, 394; le triomphe de saint Alpin sur le féroce Attila qui, arrivé presque aux portes de la cité épiscopale, touché soudain de l'éloquence, du courage et de la douceur du magnanime évêque, consentit à rebrousser chemin avec ses hordes terribles, 450; enfin la gigantesque bataille des champs catalauniques, où vinrent se briser toute la puissance et le génie du roi des Huns, contre les efforts réunis des Francs, des Visigoths, des Burgondes et des Romains, commandés par Mérovée, Théodoric, Gundicaire et Aétius, 451.

L'histoire de Châlons, depuis les premiers temps, n'est à peu près que la biographie de ses évêques qui, dès le règne de Clovis, furent des seigneurs puissants, jouissant de pouvoirs très-étendus, ayant le nom de *comtes de Châlons*, auquel ils joignirent plus tard la dignité de *pairs du royaume*. Ils portaient l'anneau royal dans le sacre de nos rois.

Dans les commencements de l'érection de l'évêché de Châlons, le peuple concourut à la nomination de son chef apostolique. — L'exercice de ce droit ne cessa vraisemblablement que dès les premières usurpations de la féodalité. — Alors les Châlonnais obéirent à quatre seigneurs, savoir : l'évêque, le chapitre, l'abbaye de Saint-Pierre, l'abbaye de Toussaints (1). L'évêque jouissait des droits régaliens. Le roi ne s'était réservé, dans tout son diocèse, que *le fief et le ressort;* et la charte de concession portait que ni lui ni l'évêque ne pouvaient y créer de commune, ni permettre d'en établir. Comme *per* et *ber*, pair de France et baron de la couronne, l'évêque signait aux principaux actes du roi; le comte de Champagne lui rendait hommage pour certains fiefs : il était donc son vassal. Le comte n'avait que sept pairs, et l'évêque en avait douze : six ecclésiastiques et six laïques. — L'un et l'autre

(1) Cette abbaye datait de 1043. Elle fut pillée et brûlée par les Anglais, en 1392; reconstruite, elle fut en partie démolie à l'approche de l'armée de Charles-Quint, 1544. On rebâtit, dans le ban de Toussaints, un nouveau monastère qui fut consacré en 1553 par Philippe de Lenoncourt. Le ban de Toussaints commençait à l'endroit où est aujourd'hui la salle d'exposition de l'Ecole des Arts et Métiers, et s'étendait depuis la rivière jusqu'au rempart; il contenait 140 maisons.

s'étaient donné quatre officiers : un maréchal, un sénéchal, un bouteiller, un chambellan. Leurs officiers de justice civile et criminelle étaient un bailli et un prévôt. Le siége du bailli s'appelait *la Loge*, dès le XIIe siècle. La cour du prévôt se composait d'un garde, de sept conseillers ou échevins, d'un procureur fiscal et d'un greffier. Tous prêtaient serment entre les mains du prélat, à qui appartenait d'ailleurs la présidence de toutes les assemblées du corps de ville. L'évêque avait en sa possession les clefs et les chaînes de la ville. Il affranchissait les habitants moyennant redevance, en leur faisant baiser son anneau. Il avait un vidame, qui était son chancelier et le premier pair de sa cour. Louis de France, duc d'Orléans, aïeul de Louis XII, acheta cette charge de Jean III, fils de Jean de Conflans ; et Philippe, son fils puîné, fut vidame de Châlons.

Quoique les Châlonnais n'eussent point de coutume, ils étaient régis cependant par une loi municipale ou coutume, rédigée dans le XIe siècle. Ils ressortissaient au grand bailliage de Vermandois, et l'on y jugeait leurs causes suivant *les us dou fié de Châlons* (1). Les juifs avaient un quartier dans cette ville, dont leur industrie faisait fleurir le commerce : ils y étaient, comme partout, soumis à un code commun et uniforme.

Les évêques obtinrent, de Charles II le Chauve, le bénéfice sur la fabrication des espèces royales, en forme de cens. Ils ont frappé

(1) En 1235, l'évêque Philippe II de Merville ou de Nemours fit un Recueil de tous les *us* et *coutumes* de la comté-pairie de Châlons. Ce livre s'appelait *Peau-de-Veau*, sans doute parce qu'il était couvert d'une peau de veau. Tous les cas possibles y étaient prévus et décidés, tantôt selon l'usage local, tantôt suivant la décision portée, en pareil cas, à la cour du roi, où l'évêque de Châlons siégeait comme pair. — Ce Recueil était le code du comté de Châlons.

Toutes les lois de Peau-de-Veau furent observées jusqu'au moment où la royauté créa les grands bailliages, les sénéchaussées, etc. — Le code fut réduit à un Recueil intitulé : *Coutumes de Châlons*, espèce de code civil en vingt-quatre chapitres, divisés en deux cent soixante douze articles, qui se subdivisaient en plus de douze cents. — Cette coutume date de 1557.

monnaie dès le IXe siècle (1); mais leurs monnaies sont rares. A partir de Philippe-le-Bel, il n'y a plus, dans le pays châlonnais, que des monnaies royales en circulation, quoique quelques auteurs prétendent que l'église de Châlons jouit du droit de battre monnaie jusqu'au règne de Philippe-le-Long, 1320.

Sous la protection des évêques qui possédaient, nous l'avons vu, la *ville, cité, faubourgs, rivière et territoire de Châlons, avec tous les droits de fief, justice et seigneurie temporelle, et étaient seuls gouverneurs de la ville et pourvoyeurs de sa sûreté,* Châlons forma ainsi, sous leur gouvernement, une espèce d'état libre et absolu, ce qui dura jusqu'en 1361, époque à laquelle le roi Jean réunit le comté de Châlons à la couronne. Pendant tout ce temps, la ville s'accrut rapidement, devint le centre d'un commerce immense, et sa population s'éleva, assure-t-on, jusqu'à près de 60,000 habitants.

Charles VI, par lettres-patentes, datées du mois d'août 1389, avait accordé à Châlons le privilége d'une foire annuelle, dite *foire Saint-Denis,* et qui durait huit jours. — Cette foire nécessita bientôt la création d'une juridiction consulaire. Ce fut Charles IX qui l'institua au mois de décembre 1564, sur le modèle de celle qu'il avait ordonnée pour Paris, en novembre 1563.

Il serait trop long d'énumérer toutes les ordonnances, tous les arrêts ou édits enregistrés au parlement de Paris, concernant les corps de métiers, les marchands ou artisans de Châlons. Malgré les excellents débouchés ouverts au commerce des habitants par la foire annuelle, et l'heureuse situation de la ville, l'activité se ralentit peu à peu, et finit par s'éteindre. Les causes en furent la révocation de l'édit de Nantes, 1685, les guerres désastreuses de cette époque, l'augmentation du prix des laines et l'importation des étoffes indiennes; l'établissement surtout, dans la métropole

---

(1) Le 22 novembre 865, le roi Charles-le-Chauve, cédant aux prières de la reine Yrmentrude, accorda à l'évêque Erchanraus le droit de battre monnaie, à condition de célébrer un service annuel pour le repos de son âme et de celle de sa femme, et que le profit qui en reviendrait serait distribué aux chanoines de Saint-Etienne, en forme de cens, chaque année, le jour de la Cène.

châlonnaise, d'un nombre infini de siéges judiciaires, qui dérobaient à l'industrie toute l'estime et la considération publiques, pour les reporter exclusivement sur les membres de la magistrature. La population diminua considérablement, et bientôt il ne resta plus qu'un souvenir de ces belles manufactures de draps peints, qui se nommaient *châluns*, et de draps dits *espagnolettes* qui, pendant quatre siècles, avaient joui de tant de faveur à l'étranger.

Dans les premières années du VIIIe siècle, de 600 à 612, Châlons fut désolé par plusieurs disettes, par la peste et par les inondations ; puis, plus tard, par les troubles qui préludèrent à l'extinction de la première race de nos rois.

Le règne de Pépin, celui de Charlemagne, et une partie du IXe siècle furent, pour cette ville, des temps de prospérité, qui augmentèrent sa population et rendirent son commerce considérable.

Le XIIe siècle fut celui des Croisades. — Louis VII, entraîné par l'enthousiasme qui animait toute la noblesse de son temps et par saint Bernard, qui l'obligea à se croiser, en expiation de la destruction de Vitry-en-Perthois et du massacre des habitants, après avoir déployé l'oriflamme dans l'église de Saint-Denis, et reçu des mains du souverain pontife Eugène III, la pannetière, le bourdon et la bénédiction apostolique, vint à Châlons, 1147, où saint Bernard l'attendait (1). L'abbé de Clairvaux, alors, assembla les croisés au Jard, et, du haut d'une chaire élevée au milieu de cette promenade, il fit entendre son éloquente parole, et tous, saisis d'enthousiasme et pleins de confiance, se mirent en marche pour la Terre-Sainte, où de grandes déceptions les attendaient.

(1) On vit alors se déployer, dans Châlons, le spectacle le plus magnifique et le plus auguste qu'on puisse imaginer. Le Pape, dix-huit cardinaux, des archevêques, des évêques, des abbés, un clergé nombreux, le roi suivi d'une cour superbe, l'élite de la noblesse nationale, un grand nombre de seigneurs étrangers, les ambassadeurs de Conrad II, empereur et roi des Romains, toute la noblesse de Champagne, un peuple immense accouru de toutes parts, couvraient les rues, les places, les promenades. On voyait partout chevaliers et chevaux couverts d'étincelantes armures, de riches blasons, de brillants panaches et d'écharpes aux plus riches couleurs.

En 1176 et 1177, la Champagne et la ville de Châlons furent en proie aux horreurs de la plus cruelle famine ; le sexter de froment (à peu près notre setier actuel), se vendait, à Châlons, quinze sols, c'est-à-dire 110 francs de notre monnaie.

L'histoire de Châlons, durant le xiiie siècle, est peu féconde en évènements remarquables. Tous les esprits étaient alors aux édifices qui s'élevaient de toutes parts, et aux établissements religieux que l'on fondait en différents quartiers de la ville. Les améliorations et embellissements se continuèrent jusqu'en 1347, époque de l'invasion anglaise, qui fut un temps de calamités pour Châlons, où, jusqu'en 1453, on ne s'occupa que de guerres et de fortifications.

Formation de la première compagnie des Arbalétriers, à Châlons, 1357 (1).

Les Anglais essayèrent vainement de prendre Châlons, de 1430 à 1434.

---

(1) Lorsque les arquebuses remplacèrent les arbalètes, vers le XVe siècle, cette compagnie prit le nom de compagnie des Chevaliers de l'Arquebuse. Cette compagnie, qui toujours rendit d'immenses services dans les temps de calamités et de guerres, qui, aux jours d'allégresse, animait des joies de la cité et formait le plus bel ornement des fêtes de la ville, déposa son drapeau à la Révolution, lors de la formation des gardes nationales, et alla se placer dans les rangs de la garde nationale qui s'organisait pour voler à la défense de nos frontières.

Les rois favorisèrent ces associations, et en 1750 la Champagne comptait quarante-trois compagnies commandées par un capitaine en chef, qui était presque toujours celui de Châlons.

L'arquebuse est la première forme des armes à feu portatives. L'arquebuse se composait d'un long tube en fer porté par deux hommes, et que l'on appuyait, pour en faire usage, sur une fourchette fixée en terre ; on la chargeait avec de la poudre et des pierres, et l'on y mettait le feu avec une mèche. — Bayard, en 1524, fut blessé par une arquebuse. — On diminua successivement la longueur et le poids de l'arquebuse : on eut des arquebuses à croc, à rouet, à mèche, à serpentin ; enfin, on adopta la batterie à pierre. — Son usage, qui commença avec le règne de Charles VI, n'a pas dépassé le XVIIe siècle ; elle fut remplacée par le mousquet et le fusil. — Outre les arquebuses à feu, il y eut des arquebuses à vent, construites sur les mêmes principes que nos fusils à vent.

Le 16 août 1445, Marguerite, fille de Jacques Stuart Ier, roi d'Ecosse, mariée au dauphin, depuis Louis XI, en 1428, et n'ayant été réunie à lui qu'en 1436, mourut à l'âge de 26 ans, au cloître de Châlons (1).

Sous le règne de Louis XII, Châlons fut tranquille, et son histoire ne présente aucun fait marquant.

En 1507, établissement de la poste royale dans cette ville, qui est tenue d'acheter, pour ce service, un cheval de six à sept écus.

En 1517, le 16 mai, le recensement de la population accuse 9,228 habitants.

François Ier, par édit de décembre 1543, établit à Châlons une lieutenance du grand bailliage de Vermandois, qui fut remplacé par un bailliage présidial sous Louis XIII, en 1637, et par un Conseil supérieur sous Louis XV, en 1771 (2).

Sous la Ligue, Châlons, qui fut l'asile du parlement royaliste, se fit remarquer par sa fidélité à la cause de Henri IV, en brûlant sur la place publique, par la main du bourreau, deux bulles papales,

(1) Louis la rendit si malheureuse, qu'elle dit en mourant : *Fi de la vie ! qu'on ne m'en parle plus !!* Elle était belle, aimable et bonne ; elle faisait un cas particulier des gens de lettres. — Pasquier raconte qu'ayant vu endormi sur sa chaise, dans une salle du Louvre, Alain Chartier, l'homme le plus laid et le plus instruit de son temps, elle lui donna un baiser sur la bouche, pour marquer le cas qu'elle faisait de cette bouche d'où étaient sortis tant de beaux discours.

(2) L'établissement des bailliages et surtout des appels avait pour but de fortifier l'autorité royale et de la faire rentrer dans les droits que l'usurpation des seigneurs avait successivement enlevés.

A mesure que l'on avançait, l'autorité royale se faisait sentir de plus en plus. L'autorité de l'évêque de Châlons s'étendit sur les environnants assez irrégulièrement groupés autour du siége épiscopal. Le diocèse de Châlons, très-resserré au N., à l'O. et au S., par les diocèses de Verdun, de Reims, de Soissons et de Troyes, s'étendait très-loin et à l'est jusqu'à celui de Langres. Il était divisé en quatre archidiaconés, de Châlons, de Joinville, d'Astenay et de Vertus.

Le grand archidiaconé de Châlons comprenait les doyennés de Châlons, de Coole, de Bussy-le-Château et de Vitry-en-Perthois.

Le doyenné de Châlons était formé de trente-neuf paroisses et deux

1551 et 1592 ; la première était de Grégoire XIV et excommuniait Henri IV ; dans la seconde, Clément VIII convoquait les Etats-généraux du royaume pour l'élection d'un autre roi. Ce fait est attesté par la médaille frappée d'après l'ordre de Henri IV, et sur laquelle on lit en latin ces mots : *Henri IV, par la grâce de Dieu, roi de France et de Navarre. — Monument à la fidélité de Châlons* (1).

Plus tard, dans des lettres patentes datées de Tours, Henri IV récompense encore les services et l'affection des Châlonnais, en reconnaissant leur ville pour la principale cité de Champagne ; de là les savantes et nombreuses dissertations qui furent écrites pour revendiquer exclusivement cet honneur au préjudice de la ville de Troyes (2).

En 1635, la ville de Châlons devint le siége de l'Intendance, la résidence de l'intendant, le centre de toutes les administrations et la capitale administrative de la généralité de Champagne.

Durant les troubles de la Fronde, les Châlonnais montrèrent leur courage, et les Espagnols furent obligés de fuir devant eux.

L'an 1671, le mariage de Philippe de France, duc d'Orléans, second fils de Louis XIII, frère unique de Louis XIV, avec Charlotte-Elisabeth de Bavière, fut célébré à Châlons en la chapelle inférieure de Saint-Nicolas de l'évêché.

En mars 1680, Louis XIV assista, dans la cathédrale, aux céré-

---

chapelles : les paroisses de Notre-Dame en Vaux, la Trinité, Saint-Sulpice, Saint-Loup, Saint-Antoine, Sainte-Marguerite, Saint-Germain, Saint-Jean, Saint-Nicaise, Saint-Eloi, Saint-Nicolas, Sainte-Catherine, les chapelles de Saint-Maur et de l'Hôtel-Dieu, à Châlons ; les paroisses Saint-André et Saint-Martin, à Saint-Memmie, et les paroisses de Cheniers, Ecury, Soudron, Bussy, Jâlons, Thibie, Saint-Gibrien, Saint-Pierre-aux-Oies, Coolus, Compertrix, Trécon, Germinon, Villeseneux, Conflans, Villers-aux-Corneilles, Aulnay, Matougues, Champagne, Bierges, Chaintrix, Fagnières, Champigneul, Pocancy et Velye.

(1) Cette médaille est conservée dans le cabinet des archives de l'Hôtel-de-Ville, ainsi que la lettre adressée aux conseillers de ville, se terminant par ces mots : *Ne m'oubliez mie*.

(2) Voir ce que nous disons à ce sujet aux notions préliminaires, page 10.

monies du mariage de son fils unique, le Grand-Dauphin, avec la princesse Marie-Anne de Bavière.

En 1689 eut lieu à Châlons la création d'une grande maîtrise des eaux et forêts de la Champagne.

La Révolution de 1789, en détruisant les ordres religieux, qui étaient nombreux à Châlons, enleva à cette ville une partie de sa population.

En 1790, l'Assemblée Constituante, ayant égard à sa position géographique, installa l'administration centrale du département de la Marne dans la ville de Châlons (1).

Pendant la campagne de 1792, ce chef-lieu devint le dépôt de l'armée, le point vers lequel accoururent, au rendez-vous donné par la France, tous les volontaires enrôlés dans les différents districts.

Napoléon Ier, en 1814, dès l'ouverture de la campagne, établit aussi son quartier-général dans cette ville, qui fut bombardée et livrée au pillage.

Parmi les hommes remarquables auxquels la ville de Châlons a donné naissance, nous citerons :

Ablancourt (Perrot d'), membre de l'Académie française, traducteur infatigable. Perrot savait le latin, le grec, l'hébreu, l'italien et l'espagnol, et avait médité les bons auteurs dans leur propre langue. Il a fait un grand nombre de traductions, écrites d'un style libre, vif, noble et coulant. Il ne lui a manqué, pour être un traducteur parfait, que d'entendre la langue de ses originaux

(1) Le département de la Marne, démembrement de la province de Champagne et formé de 694 municipalités fut divisé, comme nous l'avons dit, en 6 districts : Châlons, Reims, Sainte-Menehould, Vitry-le-François, Epernay et Sézanne; 73 cantons et 99 assemblées primaires, qui ont nommé 541 électeurs. — Ces électeurs, réunis le 17 mai 1790, en assemblée générale, dans une des salles du collège de Châlons, approuvèrent, le 21, la formation du département et l'organisation de son administration, et décidèrent aussi que le chef-lieu du département serait permanent à Châlons.

En 1816, cette ville devint le quartier-général d'une division militaire, et l'évêché, supprimé en 1801, y fut rétabli en 1824.

aussi bien qu'il savait la sienne. Ces traductions eurent dans le temps un très-grand succès, mais elles étaient peu exactes, si bien que ses contemporains les appelaient les *Belles infidèles*. Né en 1606, Perrot mourut en 1664 au village d'Ablancourt, dont il était seigneur.

Akakia (Martin), professeur de médecine à l'Université de Paris, médecin de François Ier. — On a de lui : *Ars medica quœ est ars parva*, et *De Ratione curandi*, de Gallien. Il se nommait *Sans Malice* et changea son nom en celui d'*Akakia*, qui en est la traduction grecque. Mort en 1551.

Aubertin (Edme), savant ministre protestant, auteur du traité de l'*Eucharistie de l'ancienne Eglise*, ouvrage réfuté dans le livre : *Perpétuité de la Foi*, par Arnauld. Aubertin, né en 1591, est mort en 1652.

Aubriet (Claude), célèbre peintre de plantes, de fleurs, de papillons, d'oiseaux, de poissons. Nommé dessinateur du jardin du roi, il accompagna en cette qualité Tournefort dans le Levant. Né en 1651, il mourut en 1743.

Baugier (Edme), seigneur de Breuvery et doyen du présidial de Châlons, auteur des *Mémoires historiques de la province de Champagne*. Né en 1680.

Bayen (Pierre), illustre pharmacien-chimiste, membre de l'Institut. — Le premier, il isola et recueillit l'oxigène en le séparant d'un oxide métallique par la calcination. — Né en 1725, mort en 1798.

Becquey (François), membre du Corps législatif, inspecteur de l'Académie de Paris, chevalier de la Légion-d'Honneur, mort en 1834.

Blondel (David), ministre protestant, excellent critique dont la mémoire était un prodige. Peu de savants l'ont égalé en littérature, en théologie et en histoire civile et militaire. Il devint aveugle un an avant sa mort, qui arriva en 1655 ; il avait alors 64 ans.

Camus (Louis), général de brigade, officier de la Légion-d'Honneur, commandeur de l'ordre des Deux-Siciles ; né en 1760, mort en 1813.

Caquot (Charles-Marie), notaire, membre de la Société d'Agriculture, Commerce, Sciences et Arts de la Marne, homme d'un esprit élevé et plein de zèle et d'intégrité. Né en 1789, mort en 1856.

Châtillon (Nicolas de), habile ingénieur, célèbre sous les règnes de Henri IV et de Louis XIII. C'est lui qui fit élargir et terminer le Pont-Neuf, et qui contribua à l'achèvement de la place Royale, à Paris, etc. Mort en 1616.

Chedel (Quentin-Pierre), excellent graveur. — On admire la délicatesse de son burin pour les paysages, les minéraux, les coquillages, etc. Un de ses bons ouvrages est l'embrâsement et la prise de Troie, d'après le tableau de Brenghil d'Enfer. — Né en 1705, il mourut en 1762.

Collot (Victor), général de brigade et gouverneur de la Guadeloupe, auteur de plusieurs ouvrages, entre autres d'un *Voyage dans l'Amérique septentrionale*. — Né en 1751, mort en 1805.

Compère (Claude-Antoine), général de brigade, né en 1774, tué à la bataille de la Moscowa, en 1812.

Dagonet (Grégoire), docteur-médecin, membre de plusieurs sociétés savantes. Né en 1795, mort en 1848.

Delorme (Marion), qui partagea avec Ninon de Lenclos les suffrages de tout ce que Paris avait de plus galant et de plus spirituel. — Après une vie agitée, elle mourut dans la misère à Paris, en 1706, âgée de 91 ans, à la nouvelle, dit-on, de la perte de Ninon. La vie singulière de cette femme a fourni à MM. Dumersan et Pain le sujet d'une pièce représentée en 1804, au Vaudeville, sous le titre de la *Belle-Marie*, et à Victor Hugo l'idée du drame intéressant de *Marion Delorme*.

Deschamps (Georges-Louis), capitaine de dragons, officier de la Légion-d'Honneur. Il faisait partie du régiment où servait aussi M⁀ de Prilly, évêque de Châlons, mort le 1ᵉʳ janvier 1861. — Deschamps est mort en 1835.

Deu de Perthes (L.-Joseph), écrivain et membre de plusieurs académies. Mort en 1818.

Didiet (Claude), ingénieur des Ponts et Chaussées, membre

de plusieurs sociétés savantes. — Il a écrit plusieurs Mémoires sur différents sujets de sciences et de littérature.— Mort en 1816.

Du Moulinet (Claude), chanoine régulier de Saint-Augustin, bibliothécaire de l'abbaye de Sainte-Geneviève. Très-versé dans la connaissance des antiquités, et particulièrement de la numismatique, il établit un cabinet de curiosités dont il publia la description, et composa plusieurs ouvrages. — Né en 1620, il mourut en 1687.

Etienne, moine de Clairvaux et disciple de Saint-Bernard, puis évêque de Préneste et cardinal ; mort en 1142.

Epense (Claude Togniel d'), savant docteur de Sorbonne, recteur de l'Université de Paris, député au concile de Trente. — Il a fait un grand nombre d'ouvrages en latin et en français, et composé en latin des poésies pieuses et mystiques. — Son portrait est à l'hôtel de ville de Châlons. — Né en 1511, il mourut en 1571.

Féry (Michel), général de brigade. — On conserve à la bibliothèque de Châlons quatre pièces curieuses qu'il a léguées à cette ville : un fusil ancien et orné, un mousqueton à rouet et à incrustations, une batterie ciselée, d'un beau travail, et une arbalète. Mort en 1811.

Garinet (Claude-Joseph), ancien maire de Châlons, un des bienfaiteurs de cette ville. Né en 1766, mort en 1850.

Grangier (Jean), recteur de l'Université de Paris. Il enseigna l'éloquence latine au Collége de France, et a laissé plusieurs bons ouvrages latins. Mort en 1643.

Guériot (Jean-Baptiste-Louis), colonel d'artillerie, officier de la Légion-d'Honneur. Mort en 1824.

Henriet (Claude), habile peintre sur verre et père d'Israël Henriet, auteur des verrières de la cathédrale de Châlons; né en 1551, mort à la fin du XVIe siècle.

Herbillon (Emile), brave général, grand-croix de la Légion-d'Honneur, sénateur, dont le nom se rattache à la victoire de Tracktir, en Crimée, où il commandait les troupes françaises. —

Né en 1793. — Le musée de Châlons possède son portrait, dû au pinceau de M. L. Detouche.

Imare, moine de l'abbaye de Saint-Martin-aux-Champs, cardinal et évêque de Tusculum ; mort en l'abbaye de Cluny, en 1142.

Joppé (Adrien), chef de bataillon, mort à la suite d'une blessure reçue à la tête, à l'attaque de la tour Malakoff (Crimée), en 1855.

Lallement (Louis), jésuite, recteur de l'Académie de Bourges, né en 1578, mort en 1635.

Lambert (Antoine-Nicolas), lieutenant-colonel d'artillerie, officier de la Légion-d'Honneur, né en 1779, mort en 1844.

Lamairesse (J.-B. Cyprien), agriculteur habile et laborieux, membre de la Société d'Agriculture, Commerce, Sciences et Arts de Châlons. C'est lui qui, le premier, ou l'un des premiers, introduisit à Châlons un troupeau de mérinos de l'excellente race qui venait d'être importée à Mairy, chez M. de Loisson père. Lamairesse est né en 1799, et mort en 1861.

Leblanc (Louis-François), dessinateur distingué, ingénieur, peintre paysagiste. Il a fait des aquarelles et des sépias remarquables. Mort en 1806.

Lochet (Pierre-Charles), général de brigade et commandeur de la Légion-d'Honneur. Il fut tué d'un coup de feu au front à la bataille d'Eylau, en 1807. L'Empereur, en apprenant sa mort, après avoir exprimé quelques regrets, ajouta : « C'est un brave que j'ai connu trop tard. »

Moignon (Claude-Pierre-Narcisse), docteur-médecin des hôpitaux de Châlons, conseiller de Préfecture, chevalier de la Légion-d'Honneur, fut un des Châlonnais qui rendirent le plus de services à leur ville natale. Mort à 82 ans, en 1844.

Morel, docteur en Sorbonne, d'une bonne famille de robe. Il mourut en 1679, doyen de la faculté de Théologie et chanoine théologal de Paris. C'est à lui que Boileau a adressé, en 1667, sa huitième satire intitulée : *l'Homme*.

Papillon de la Ferté (Denis-Pierre-Jean), savant mathématicien et ancien intendant des menus-plaisirs du roi. — Né en 1727, il périt sous la hache révolutionnaire, le 19 messidor an II.

Picart (Hugues), graveur distingué. On a de lui une *grande vue de Châlons*, une *grande vue de Reims*, et une *vue de Vitry-le-François*. Picart vivait dans la première moitié du xvii⁰ siècle.

Pseaume (Nicolas), d'abord curé de la paroisse Saint-Alpin. Il assista au concile de Trente, et fut évêque de Verdun, diocèse où il rendit de grands services.

Richer de Belleval (Pierre) est regardé comme le créateur de la science botanique en France. Henri IV le nomma professeur de botanique et d'anatomie à l'Université de Montpellier, où il fonda le premier jardin des plantes connu. Ses manuscrits n'ont pas été publiés. — Né en 1558, il est mort en 1632.

Sainte-Suzanne (le comte Gilles-Joseph-Marie Bruneteau de) général de division, pair de France, grand'-croix de la Légion-d'Honneur, conseiller d'Etat, sénateur. — Né en 1760, il est mort en 1855.

Sellier, avocat, membre de la Société d'Agriculture, Commerce, Sciences et Arts de Châlons, membre du Conseil général et du Conseil départemental, chevalier de la Légion-d'Honneur, membre de plusieurs Sociétés savantes, etc., mort en 1859. — Quoique M. Sellier soit né à Sarry (canton de Marson, arrondissement de Châlons), nous le mettons au nombre des hommes distingués et surtout regrettés de la ville de Châlons, dans laquelle il a passé presque toute sa vie.

Uxelles (Nicolas du Blé, marquis d'), maréchal de France ; il se distingua dans plusieurs campagnes, notamment à Mayence, dont il soutint le siége pendant cinquante-six jours. — Mort en 1730.

Varin (Joseph), habile graveur général des Monnaies sous Louis XV. Il a laissé de nombreux ouvrages ; né en 1740, mort en 1800. — Charles *Varin*, son frère, lui survécut, continua ses travaux, mourut en 1812, à 71 ans, et laissa un fils, Joseph *Varin*, qui produisit des dessins remarquables, et mourut en 1843, laissant trois fils et une fille. De ses fils, deux, *Pierre-Amédée* et *Pierre-Adolphe*, marchent sur les traces de leurs ancêtres : l'aîné a obtenu une médaille d'or à l'exposition de 1853, et son frère a gravé quelques estampes remarquables.

Varin (Jean-Baptiste), ancien curé de Trécon (canton de Vertus), a publié un ouvrage intitulé : *Préservatif contre l'hérésie et le protestantisme.* «C'est, dit M. Chalette, comme une suite de sermons divisés en chapitres et articles, je dirais presque en points, parsemés d'objections auxquelles l'auteur fait des réponses qu'il fortifie de l'autorité des Ecritures, des Pères de l'Eglise, des décisions des conciles et même des écrits d'auteurs païens. Il traite des avantages de la nuit, des étoiles, de la lune, du firmament, de l'atmosphère, des crépuscules, de l'aurore, du lever du soleil, etc. Enfin, ce *Préservatif* est l'œuvre d'un bon prêtre. » J.-B. Varin est mort à Trécon, en 1808, à l'âge de 62 ans.

Vassé (Louis), docteur en médecine, a fait un ouvrage sur l'anatomie, où il présente, en quatre tableaux et d'une manière exacte, toutes les parties du corps humain. Il est aussi l'auteur d'un manuscrit de poésies latines, avec dessins et ornements, que possède M. Th. Martin, imprimeur-libraire, place du Marché, à Châlons. — L. Vassé exerça la médecine dans sa ville natale depuis 1520 jusqu'en 1596.

Aigny, au N.-O. de Châlons, sur la rive droite de la Marne, au confluent du ruisseau de La Veuve ou Gravelotte, est arrosé aussi par le canal latéral à la Marne, qui le traverse sur une longueur de 2 kilomètres 400 mètres. Superficie, 1,082 hectares. Succursale dédiée à saint Martin. Perception de Recy. ✉ Jâlons. Bureau de bienfaisance. Ecoles primaires des deux sexes. — Le territoire de cette commune renferme deux monticules, la Bouette et la Joyet ; de la Bouette surtout, on jouit d'une vue très-étendue et très-pittoresque. Vers l'an 1770, un sieur Delacour, notaire du pays, y établit une garancière qui réussit pendant quelque temps, mais qui ne fut pas assez encouragée. — Les religieux d'Hautvillers se prétendaient seuls maîtres d'Aigny.

Ecart: Un moulin à vent de peu d'importance, à 300 mètres.

Compertrix, au S. de Châlons, sur la rive gauche de la Marne. — Superficie, 448 hectares 50 ares. — Annexe de Coolus, l'église est dédiée à saint Nicolas. — Perception de Recy. ✉ Châlons. — Ecole primaire mixte. — La Marne, qui l'arrose; le chemin de fer de l'Est, qui la traverse, et la proximité de la ville, rendent le séjour de cette commune très-agréable. — L'église, qui n'est, à vrai dire, qu'une chapelle, semble très-ancienne. Il y reste quelques fragments de vitraux, à côté desquels M. Liénart a posé dans le chœur, il y a quelques années, un vitrail neuf, représentant la Naissance et la Mort de Jésus-Christ. — Compertrix, qui, par une inconcevable bizarrerie, suivait la coutume de Sens, avait un château dont les derniers débris ont disparu depuis peu de temps, et dont trois ou quatre maisons de culture se partagent l'emplacement. — *Ecarts :* Deux maisons, l'une à 3 kilomètres, l'autre à 800 mètres.

Condé-sur-Marne, au N.-O. de Châlons, arrosé par la Marne, sur laquelle les habitants ont jeté un pont, et par le ruisseau d'Isse, qui y a son embouchure. — Le canal latéral à la Marne y coule sur un parcours de 2,650 mètres, et celui de l'Aisne à la Marne, sur un de 2,200 mètres. C'est à Condé que le premier de ces deux canaux reçoit le second. — Superficie, 15 hect. 26 ares. — Succursale dédiée à saint Remi. — Perception de Recy. ✉ Jâlons. — Bureau de bienfaisance. — Ecoles primaires des deux sexes. — Condé, ruiné par les anciennes guerres, formait deux paroisses : Saint-Remi et Saint-Denis. — L'église Saint-Denis n'existe plus. — Le chapitre de Saint-Etienne de Châlons possédait quelques terres sur le territoire de cette commune. — La fabrique de son église, dont le clocher, bâti en pierre, est original (ce sont trois étages superposés en retrait les uns sur les autres), très-ancien et très-solide, acheta, au sortir de la Révolution de 1793, la chaire de l'abbaye de Saint-Remi, de Reims ; mais cette chaire était trop monumentale, et la fabrique dut s'en défaire au bénéfice de l'église Notre-Dame de Juvigny. — Condé, avant la Révolution, faisait partie du diocèse de Reims. — *Ecarts :* Deux moulins à vent, l'un à 800 mètres, l'autre à 900 ; la maison de Coupé, à 950 mètres; la maison du Pas, à 300 ; un moulin à eau, à 600 mètres.

Coolus, au S. de Châlons, sur un sol humide, au confluent de la Coole, qui traverse une partie de son territoire, et de la Marne, qui forme au levant la limite du pays. — Superficie,

1,204 hectares 12 ares 10 centiares. — Succursale dédiée à saint Martin. — Perception de Recy. ⊠ Châlons. — Ecole primaire mixte. — L'ancien château de ce pays a été démoli en 1722; les matériaux ont été employés à la construction de l'abbaye de Toussaints de Châlons. — Quelques auteurs prétendent que c'est dans ce village de Coolus qu'est mort le solitaire écossais, d'autres disent irlandais, saint Gibrian ou Gibrien, et qu'on y voyait, sous son invocation, une chapelle qui fut ruinée par les Normands, en 891. Son église a une nef du XVe siècle, qui est assez belle. — *Ecarts :* Une ferme au Val-d'Essais, à 5 kilomètres; le domaine de Beauregard, à 2 kilomètres, exploité par son propriétaire.

Fagnières, à l'O. de Châlons et à mi-côte, traversé par la Marne, qui limite le territoire du S.-E. au N.-O., par le canal latéral à la Marne, qui arrose la commune sur une longueur d'un kilomètre et demi, et par le chemin de fer de Paris à Strasbourg. — Superficie, 2,356 hectares. — Succursale dédiée à saint Remi. — Perception de Recy. ⊠ Châlons. — Ecole primaire mixte. — Une grande maison, accompagnée de vastes jardins, domine cette commune et contribue à lui donner un aspect fort agréable. — L'église, construite dans les proportions ordinaires, paraît être du XIIIe siècle; les transepts sont du XVe. Le chœur et le clocher viennent d'être reconstruits dans le style du XVe. Les fonts baptismaux sont remarquables; c'est une cuve en pierre fort ancienne, de forme ronde, mais carrée par en bas, comme celle où l'on baptisait les premiers chrétiens. — Fagnières possède, au nombre de ses six écarts, le mont Saint-Michel et le Petit-Fagnières, qui dépendent de la cathédrale de Châlons et font suite au faubourg de Marne. — Ces deux dépendances renferment des établissements vinicoles; ce sont des bâtiments immenses, des caves curieuses et superbes, avec de vastes celliers creusés dans la craie et où l'on fabrique une immense quantité de vins mousseux. — Ces établissements appartiennent à MM. Jacquesson, J. Perrier, Chanoine, Goerg, etc. C'est là aussi que M. Jacquesson entretenait naguère une oisellerie originale, qui a attiré l'attention toute particulière du prince Napoléon; deux fours à chaux et à ciment; deux machines à vapeur, dont l'une sert de moteur à des scies, et l'autre à différents usages, concurrement avec un moulin à vent ; une machine à rincer les bouteilles ; une forge et une mécanique à faire le pain. — Il a existé sur le territoire de Fagnières un hôpital de pestiférés, dit de Saint-Nicolas, fondé en 1043, et un Consistoire ou temple de la religion réformée, qui fut cédé aux hôpitaux de Châlons, en 1687, à la condition que les pauvres de cette religion seraient reçus dans lesdits hôpitaux. — La fête de Fagnières, saint Remi, qui est la dernière des fêtes de campagne, réunit ordinairement beaucoup de monde, surtout de la ville de Châlons. — *Ecarts :* Le moulin, la fourche, le Petit-Fagnières, le mont Saint-Michel.

Isse, au N.-N.-O. de Châlons, près du canal de l'Aisne à la Marne, qui parcourt le territoire sur une longueur de 3 kilomètres, est arrosé par le petit ruisseau d'Isse, qui y a sa source. — Superficie, 1,100 hectares. — Annexe de Condé-sur-Marne ; l'église est dédiée à saint Martin. — Perception de Recy. ✉ Jâlons. — Ecole primaire mixte. — L'église paraît remonter au xiiie siècle. — On a découvert, près de cette commune, en creusant le canal, des amphores romaines, des ossements d'un animal antédiluvien, dont l'espèce a disparu. — Ces objets ont été donnés au cabinet d'histoire naturelle de Reims.

Juvigny, au N.-N.-O. de Châlons. La Marne n'entre pas sur son territoire ; elle vient le toucher deux fois, la première, sur une longueur de 40 à 50 mètres ; la seconde, sur une étendue d'environ 500 mètres. — Le ruisseau, improprement appelé ruisseau de La Veuve et nommé à Juvigny ruisseau du Forêt, parce qu'il prend sa source au lieudit le Forêt, dépendance de cette commune, entoure le château et va se perdre entre Aigny et Condé, après avoir passé sous le canal latéral à la Marne. — Le canal a, sur Juvigny, une étendue de 5 kilomètres. — Superficie, 2,139 hectares 4 ares 18 centiares. — Succursale dédiée à Notre-Dame. — Perception de Recy. ✉ Châlons. — Bureau de bienfaisance. — Ecoles primaires des deux sexes. — Carrières de craie de bonne qualité. L'église de Juvigny a été restaurée en 1853 ; depuis cette époque, elle excite l'admiration des visiteurs. — Le sanctuaire forme un hexagone irrégulier ; il est éclairé par cinq fenêtres du xiiie siècle, dont chacune est couronnée par une ogive équilatérale. — Le chevet est séparé du chœur par deux arcades à ogives qui donnent entrée dans deux petites chapelles latérales. — Le chœur est formé de quatre arcades bien supérieures aux premières. — De chaque côté se trouvent les bras, qui sont éclairés par de grands vitraux à meneaux, avec ogives et ornementation. — Les quatre piliers qui forment les arcades du chœur sont découpés en colonnettes de diverses grosseurs ; leur effet est merveilleux ; ce sont ces piliers qui supportent la tour, dont les quatre faces sont percées de fenêtres ogivales. — La nef tient du XIIe siècle et du XIIIe ; elle comprend cinq travées qui correspondent aux côtés latéraux par des arcades à plein-cintre. — Le portail date de 1784 ; il n'est pas en rapport architectural avec le reste de l'édifice. — C'est un portail grec, avec un perron à deux rampes de chacune 13 marches. — La chaire de Notre-Dame de Juvigny provient de la célèbre abbaye de Saint-Remi, de Reims. — Elle est du style Louis XIII (1) ; son aspect est monumental ; elle mesure cinq mètres de hauteur sur un mètre quatre-vingts centimètres de largeur. — Sur la face principale et dans une niche peu profonde, apparaît la statue de saint Pierre dans l'attitude de la prédication. Cette statue, parfaitement exécutée, révèle une main de maître. — La menuiserie de la chaire est bien traitée ; les moulures et le cordon à billettes qui entoure les corniches sont d'un bon style (2). Quoi-

(1) On sait que les chaires à prêcher n'ont été d'un usage général qu'à partir du XVe siècle. — Dans les premiers temps du christianisme, l'évêque, qui seul avait la mission d'annoncer au peuple la parole de Dieu, s'asseyait sur un siége portatif, *super cathedram*, qu'on plaçait en avant de l'autel. — De cet usage a dû naître l'idée d'établir, d'une manière fixe, un lieu élevé d'où l'on pût commenter les saintes écritures, en présence d'un nombreux auditoire. — Ces premières chaires, appelées *ambons*, furent en marbre ou en pierre. — Elles étaient, en général, placées entre le chœur et la nef. — Aux ambons succédèrent les jubés, puis ceux-ci furent à leur tour remplacés par les chaires actuelles, qu'on adossa dans la nef, à un mur ou à une colonne ; elles furent alors construites en bois, comme des meubles complètement indépendants du reste de l'édifice.

(2) Cette chaire avait d'abord été achetée en 1793 par la fabrique de Condé-sur-Marne, qui l'a revendue à M. l'abbé Aubert, curé de Juvigny.

que Notre-Dame de Juvigny soit du xiiie siècle dans ses parties principales, la chaire de Saint-Remi n'est pas pour cela un anachronisme architectural dans cette église. — Elle est, du reste, du style des orgues magnifiques provenant des Cordeliers de Châlons, et qui avaient été achetées par la fabrique de Juvigny, à l'époque de la Révolution, en 1791. — Selon le savant curé de Juvigny, M. l'abbé Aubert, cette commune tirerait son nom de Jovinus ou Juvinus, de Jovin ou Juvin, qui vint, en 364, livrer une bataille près de Châlons. — Au Moyen-Age, Juvigny a été désigné sous les noms de Juvinia, Juviniacum, Juvigni, Juvignei, Juvégny, et au xvie siècle, Juvigny. — Au xiiie siècle, Juvigny ressortissait du Parlement de Paris, du bailliage de Vitry et de l'élection et subdélégation d'Epernay. — La cure de Notre-Dame de Juvigny appartenait aux chanoine de Notre-Dame-en-Vaux de Châlons. — En ce même siècle, une deuxième paroisse, détruite en 1793, fut érigée sous le vocable de saint Martin. La seigneurie de Juvigny relevait du roi. — En 1436, le roi était seigneur de Juvigny, et diverses sentences, rendues à Vitry par le maître des eaux et forêts, donnèrent aux habitants de la commune la confirmation de plusieurs priviléges royaux.—Ces priviléges soulevèrent par la suite, entre Juvigny et les seigneurs successifs, des différends qui n'ont eu leur solution qu'en 1823.

En 1786, Mme Fragnier, épouse du seigneur de Juvigny, laissa à cette commune une somme de 3,000 fr. pour l'établissement d'une école de filles, plus 2,000 fr. pour les pauvres. — L'autorité communale eut l'heureuse idée d'établir un bureau de bienfaisance, qui possède aujourd'hui 760 fr. de rentes sur l'Etat, pour venir en aide à vingt familles nombreuses et pauvres. — Juvigny a été chef-lieu de canton pendant onze ans, à partir de 1790. — *Ecarts :* Deux moulins à vent; l'un à 1,400 mètres, l'autre à 900. — L'écluse, à 4 kilomètres environ.

La Veuve, au N.-N.-O. de Châlons, commune arrosée par le ruisseau de la Gravelotte, qui y prend sa source, et dans le fond d'un vallon formé par deux monticules de craie. — Superficie, 2,433 hectares 52 ares 12 centiares. — Succursale dédiée à sainte Madeleine. — Perception de Recy. ⊠ Châlons. — Bureau de bienfaisance. — Ecole primaire mixte. — Station du chemin de fer de Châlons à Mourmelon (au Camp). — Le ruisseau de La Veuve ou Gravelotte se jette, après avoir quitté la commune, dans un autre appelé le Forêt, qui entoure le château de Juvigny comme d'une ceinture, se mêle au ruisseau de Vraux, pour aller ensuite, en passant sous le canal latéral à la Marne, se perdre dans cette rivière, entre Condé et Aigny. — Le territoire de La Veuve a de plus un étang de forme rectangulaire, d'une longeur de 150 mètres et d'une largeur de 25. — Le village de La Veuve est cité dans un titre de 1185, contenant donation d'hommes et de femmes faite à l'ordre du Temple. — L'ordre de la Rédemption des Captifs y a été établi en 1203 ; les membres de cet ordre portaient le nom de Trinitaires ; le ministre jouissait d'un revenu de 10,000 livres. — La chapelle du prieuré, fondée par Hugon de Saint-Vrain, en 1142, sert d'église depuis 1792, époque de la démolition de l'église Sainte-Madeleine. — La cure de La Veuve valait 1,200 livres ; l'abbé de Toussaints y nommait. — Cette commune fut cruellement ravagée par une trombe d'eau en 1826, et, en 1836, par de fortes gelées. — *Ecarts :* La ferme Saint-Louis, à 3 kilomètres ; le moulin, à 8 hectomètres.

Les Grandes-Loges, au N.-N.-O. de Châlons. — Superficie, 1,270 hectares. — Annexe de Bouy (doyenné de Suippes); l'église est dédiée à saint Nicolas. — Perception de Recy. ⊠ Petites-Loges. — Ecole primaire mixte. — On suppose que le nom de ce village est dû à la réunion de quelques huttes ou cabanes de bûcherons, construites dans la forêt, lorsque les bois de la montagne de Reims s'étendaient jusqu'aux environs de cette commune, réunion qui était plus nombreuse que celle d'un peu plus loin, nommée Petites-Loges.

Recy, au N.-O. de Châlons, sur le canal latéral à la Marne, qui parcourt le territoire de la commune sur une longueur de 2 kilomètres 600 mètres. — Superficie, 1,388 hectares 18 ares 10 centiares. — Succursale dédiée à Notre-Dame. — Chef-lieu de perception. ⊠ Châlons. — Ecole primaire mixte. — Le chemin de fer de Châlons au Camp coupe le territoire sur une étendue de 2 kilomètres 692 mètres. — L'église est remarquable par son antiquité et ses divers genres d'architecture : flamboyant pour le sanctuaire et les chapelles latérales; roman plus ou moins pur pour le chœur et la nef. — Il y avait autrefois à Recy un château détruit en 1822. — Le fief de cette commune relevait du vidame de Châlons et appartenait au chapitre de la cathédrale.

Saint-Etienne-au-Temple, au N.-N.-E. de cette ville, arrosé par la Vesle. — Superficie, 1,200 hectares environ. — Succursale dédiée à saint Etienne. — Perception de Recy. ✉ Châlons. — Ecole primaire mixte. — Le surnom provient à Saint-Etienne, ainsi qu'à Dampierre et à Saint-Hilaire-au-Temple, d'une commanderie voisine dépendant des Templiers, nommée la Neuville-au-Temple. — Cette commanderie existait dès le xiie siècle. — Elle avait de très-vastes propriétés et fut réunie à celle de Maucourt, village sur la Marne, à la place duquel a été bâti Vitry-le-François.

Saint-Gibrien, au N.-O. de Châlons, baigné par la Marne, qui le sépare de Recy, et par le ruisseau le Pisseleu, Pisseloup ou Gironde, qui le sépare de Matougues. — Le Pisseleu sort de la pâture de Villers-aux-Corneilles et se jette dans la Marne au-dessous de Saint-Gibrien. — Superficie, 260 hectares 35 ares 65 centiares. — Annexe de Fagnières; l'église est dédiée à saint Gibrien. — Perception de Recy. ✉ Châlons. — Ecole primaire mixte. — Ce village a reçu son nom d'un saint prêtre écossais, d'autres disent irlandais, qui y vécut au ixe siècle, et qui mourut à Coolus. — *Ecarts :* Un moulin à vent, à 500 mètres; un moulin à eau à un kilomètre.

Saint-Martin-sur-le-Pré, au N.-N.-O. de Châlons, bâti fort irrégulièrement sur une petite éminence qui le protège contre les inondations. — Cette commune est arrosée par la Marne et son ancien lit qui y a son embouchure, et par le canal latéral à la Marne, sur une étendue de 1,400 mètres. — Superficie 1,137 hectares. — Annexe et perception de Recy; l'église est dédiée à saint Martin. ✉ Châlons. — Ecole primaire mixte. — Le couvent de Saint-Pierre-aux-Monts, de Châlons, était seigneur de ce village, dès l'année 1145. — Saint-Martin-sur-le-Pré a été saccagé en 1814. — *Ecarts :* Quelques maisons isolées.

Saint-Memmie, à l'E.-S.-E. et aux portes de Châlons, dont cette commune est séparée par une route seulement. — Saint-Memmie est arrosé par le ruisseau le Mau ou de Fontenay, qui a sa source au lieu dit les *Vieilles-Fosses*, à environ 2 kilomètres, et rejoint les eaux de la Moivre aux allées Sainte-Croix. Ces deux petits cours d'eau, réunis à une branche de la Marne, desservent le centre de la ville de Châlons. — Superficie, 1,223 hectares 82 ares 69 centiares. — Succursale dédiée à saint Memmie. — Perception de Châlons. ⊠ Châlons. — Ecoles primaires des deux sexes. — Cette commune doit son nom à saint Memmie, premier évêque de Châlons. A son arrivée dans ce pays, ce bienheureux apôtre, fondateur d'un grand nombre d'édifices religieux et de bienfaisance, ayant prêché le mépris des idoles et l'adoration d'un seul vrai Dieu, fut assez mal accueilli; il se retira au bois de Bruxère, dans un modeste ermitage, sur l'emplacement duquel on voit aujourd'hui la petite chapelle dédiée à cet illustre prélat. — Sa vie sainte le fit remarquer, ses paroles évangéliques lui assurèrent d'abord quelques partisans; ses pieuses exhortations, ses douces instructions furent répétées et gagnèrent le peuple, de telle sorte, que le christianisme s'étendit rapidement dans toute cette contrée, et que l'autorité des druides fit bientôt place à celle des évêques. — Après la mort de saint Memmie, la piété des fidèles érigea à la place de l'oratoire une église qui, rasée deux fois, fut reconstruite de nouveau et servit pendant longtemps d'église abbatiale et paroissiale, au moins pour une partie du village; car il existait, à quelques mètres seulement de la première et séparée par la route, une autre église sous l'invocation de saint Martin. Cette dernière fut détruite en 1791. Il reste actuellement l'ancienne église de l'abbaye, à laquelle est adossée la chapelle renfermant le tombeau de saint Memmie, but d'un pèlerinage renommé, et dont la fête, suivie d'une neuvaine, est célébrée avec une grande solennité. — Sur l'emplacement de l'abbaye de Saint-Memmie, on a érigé de 1838 à 1839, le petit séminaire, qui, auparavant, était à Châlons. — Cet établissement, quoique inachevé, est très-spacieux et entouré d'une cour qui répond parfaitement à sa destination. Les salles y sont vastes et bien disposées, les dortoirs parfaitement aérés. — Il y a deux terrasses couvertes en plomb, servant de promenoir aux professeurs, et d'où l'œil embrasse, surtout du côté de Châlons, un vaste et magnifique panorama. — La cour des élèves est une galerie à colonnes, où les jeunes gens prennent leurs récréations quand il pleut. — Le moulin Picot est célèbre dans les fastes châlonnais de 1815; c'est de là que l'ennemi envoya 500 obus sur Châlons, où était alors le maréchal duc de Tarenté, qui, voyant le feu prendre à la ville, consentit à capituler. — *Carpion*, écart de Saint-Memmie, était un domaine important jadis; *Fontenay*, autre écart, construit par les Jésuites, près du ruisseau le Mau, détruit en 1814 et rétabli depuis, était la propriété du prédécesseur de Mgr Bara, Mgr de Prilly, mort le 1er janvier 1861. Fontenay sert de promenade aux élèves du grand séminaire, auquel le prélat, propriétaire, en a fait présent. L'abbé était seigneur du village; il passait en revue tous les habitants, le premier dimanche de Carême. — Cet usage existait encore au moment de la Révolution. — *Ecarts :* Six maisons distantes de 500 mètres à un kilomètre, parmi lesquelles : *Carpion et Fontenay, Bethléem, Truc.*

Vraux, au N.-O. de Châlons, sur le canal de l'Aisne à la Marne, qui y parcourt deux kilomètres, est encore arrosé par les trois ruisseaux, la Chaussette, la Presle ou ruisseau de l'Etang, qui y ont leur source, et la Gravelotte ou ruisseau de La Veuve. — Superficie, 1,279 hectares 56 ares 48 centiares. — Succursale dédiée à saint Laurent. — Perception de Recy. ✉ Jâlons. — Bureau de bienfaisance. — Ecole primaire mixte. — L'église est de la première moitié du xiie siècle; les transepts ont été reconstruits dans le xvie. — En 1814, quinze mille hommes de troupes alliées campèrent dans les carrières voisines du village et brûlèrent quelques maisons.

2° CANTON D'ECURY-SUR-COOLE.

7,202 habitants. — 40,683 hectares. — 28 communes.

Ce canton, borné au N. par celui de Châlons; à l'E. par les cantons de Vitry-le-François et de Marson; au S. par ceux de Sompuis et de Vitry-le-François, et à l'O. par ceux d'Avize et de Vertus, est le plus irrégulier du département.

Il borde la Marne dans les trois-quarts de sa longueur, et est arrosé par l'Isson ou la Guenelle, la Coole, la Soude et par divers autres cours d'eau moins considérables. — De ses communes, celle de Cheniers seule est sans rivière ni ruisseau.

Le sol est crayeux, sablonneux et argileux, et les communes, à cause des courants qui les baignent, sont dans une agréable et heureuse situation.

COMMUNES.	DISTANCE AU CHEF-LIEU				POPULATION
	de canton.	de l'arr.	du départ.	de Reims.	
	k.	k.	k.	k.	habitants:
Ecury-sur-Coole............	»	8	8	52	320
Athis..................	24	19	19	35	758
Aulnay-sur-Marne..........	18	14	14	33	345
Breuvery................	4 8	13	13	56	126
Bussy-Lettrée............	12	20	20	63	323
Cernon.................	8	16	16	60	182
Champigneul-Champagne.....	16	17	17	43	426
Cheniers................	7	12	12	55	141
Cheppes	14	19	19	62	411
Cherville...............	22	17	17	34	81
Coupetz................	11	19	19	62	133
Fontaine-sur-Coole.........	14	22	22	65	150
Jâlons.................	21	15	15	34	552
Mairy-sur-Marne...........	5 9	9	9	52	384
Matougues..............	15	10	10	44	428
Nuisement-sur-Coole........	3	12	12	55	170
Saint-Martin-aux-Champs	16	15	15	64	217
Saint-Pierre-aux-Oies........	10	9	9	52	152
Saint-Quentin-sur-Coole.....	6	14	14	58	121
Sogny-aux-Moulins.........	5 1	9	9	52	119
Soudron................	13	19	19	62	336
Thibie.................	10	11	11	50	284
Togny-aux-Bœufs..........	10	15	15	58	333
Vatry.................	12	18	18	61	137
Vesigneul-sur-Coole.........	15	23	23	67	117
Villers-aux-Corneilles........	11	7 3	7 3	51	159
Vitry-la-ville............	12	17	17	61	231
Vouciennes.............	12	17	17	60	66

Ecury-sur-Coole, au S.-S.-E. de Châlons, chef-lieu de canton, arrosé par la Coole, qui le divise en deux parties à peu près égales; la Marne le limite au nord-est. — Superficie 1,854 hectares 09 ares 54 centiares. — Cure dont l'église est dédiée à saint Alpin. — Chef-lieu de perception. ⊠ Châlons. — Ecole primaire mixte. — Bonnes carrières de craie; belle huilerie sur la Coole, à un kilomètre. — L'église, qui ne se fait remarquer que par le travail et l'élévation de sa flèche, est de transition et du XIIIe siècle. La dernière arcade de la nef, du côté méridional, a été refaite au XVIe siècle. Il en est de même de la voûte qui supporte le clocher. Selon toute apparence, elle a été reconstruite dans un temps assez récent, par un simple maçon qui a sculpté, sur certains chapiteaux, des têtes barbares auxquelles il a donné, sans le savoir, une physionomie vraiment égyptienne. Une galerie souterraine, creusée dans un tuf crayeux, et dont on ignore la destination, paraît longer toute l'étendue du pays, du côté Est. Les éboulements ne permettent d'en parcourir qu'une faible partie. — Des titres de l'abbaye de Saint-Basle, de 1276, citent Ecury sous le nom d'*Esquiris*. — La juridiction et les redevances de cette commune appartenaient au chapitre de la cathédrale de Châlons et à l'abbaye de Saint-Basle, près de Verzy, arrondissement de Reims. *Ecarts* : Saint-Laurent, à 2 kilomètres; La Bardolle à 3 kilomètres.

Athis, au N.-N.-O. d'Ecury, traversé de l'est à l'ouest par la rivière des Tarnauds, dérivation de la Somme-Soude, et, sur une étendue de 2 kilomètres, par un canal de décharge appelé la Noue. — Un canal principal de 4 kilomètres sert au desséchement des marais communaux, situés au sud de la commune, à une distance de 2 kilomètres. — Superficie, 1,654 hectares. — Succursale dédiée à saint Remi. — Perception de Jâlons. ⊠ de Jâlons. — Bureau de bienfaisance. — Ecoles primaires des deux sexes. — Salle d'asile. — Un grand nombre d'ouvriers sont occupés, dans ce pays, à la fabrication de paniers d'osier pour l'emballage des vins de Champagne. — L'église est du XIIIe siècle. — Château remarquable sur les bords des marais. — Dès l'an 1070, Athis payait la dîme à l'abbaye de Saint-Basle. — *Ecarts* : le château des Marais, à 3 kilomètres; le moulin de Bas, à 1 kilomètre.

Aulnay-sur-Marne, au N.-N.-O. d'Ecury, arrosé par la Marne et la Somme-Soude. Un bras de cette dernière a son embouchure dans la première. — Superficie, 911 hectares. — Succursale dédiée à saint Remi. — Perception de Jâlons. ✉ Jâlons. — Ce village est coupé en deux parties par le chemin de fer, et son territoire, étroitement resserré par la Marne et les marais, est très-fertile. — L'église, jolie et en style roman, a été construite en 1852. — Dès l'an 1211, le chapitre de la cathédrale de Châlons possédait des terres à Aulnay.

Breuvery, au S.-S.-O. d'Ecury, sur la rive gauche de la Coole. — Superficie, 1,008 hectares. — Annexe de Saint-Quentin-sur-Coole ; église dédiée à la Nativité de la Sainte-Vierge. — Perception d'Ecury. ✉ Châlons. — Ecole primaire mixte.— *Ecarts :* Un moulin, à 8 hectomètres, sur la Coole. Il appartient à M. Colliquet-Janrat, négociant à Châlons, et il s'y fait un grand commerce de farines estimées ; une maison de culture assez importante à un kilomètre et demi.

Bussy-Lettrée, au S.-O. d'Ecury, sur la Soude. — Superficie, 3,288 hectares. — Succursale dédiée à saint Etienne. — Perception d'Ecury. ✉ Vatry. — Ecole primaire mixte. — L'église est remarquable par son architecture ogivale, un joli rétable, par la beauté et l'heureuse distribution de la nef. — Le sanctuaire a quelques vitraux antiques assez bien conservés. — Sur les murs, sous le porche, on remarque le chiffre et les armes de Diane de Poitiers. — Près de l'église, sur la place publique, on voit une colonne octogone, avec des sculptures symboliques de la Passion de Notre Seigneur ; les armoiries de Diane de Poitiers se trouvent sur ces deux monuments, qui ont été fondés, le premier en 1552, le second en 1553. Tout fait supposer que cette dame qui, selon Brantôme, « *était fort débonnaire, charitable et aumônière,* » aurait contribué à la construction de l'église, et que ses armoiries seraient un souvenir de sa libéralité. — *Ecart :* Une maison à un kilomètre.

Cernon, au S. d'Ecury, sur la rive droite de la Coole, qui l'arrose, ainsi qu'une source appelée la *Bouteille,* qui se jette dans la Coole, après un cours d'environ 1 kilomètre. — Superficie, 1,610 hectares 69 ares. — Succursale dédiée à saint Hippolyte. — Perception de Togny. ✉ Châlons. — Ecoles primaires des deux sexes. — Cernon est un des pays les plus agréables et les plus fréquentés des environs. — Le château possède une magnifique promenade, appelée la *Bouteille,* du nom de la source qui y coule, des eaux, des jardins, et un parc qui forment une sorte d'oasis charmante. Autrefois, le baron de Cernon, à chaque installation d'évêque, devait lui tenir le cheval, lui présenter l'étrier, et marcher ensuite l'épée nue devant lui. Les seigneurs de Cernon étaient grands maréchaux héréditaires de l'évêque de Châlons. — Cernon a été chef-lieu de canton.

Champigneul-Champagne, au N.-O. d'Ecury, sur la rive gauche de la Soudé. (Le hameau de Champagne, reste d'une commune plus considérable, et composé de 1,112 hectares, est sur la rive droite de la Soude, et a été réuni à Champigneul, le 11 juin 1852.) — Superficie, 2,700 hectares. — Succursale dédiée à saint Remi. — Perception de Jâlons. ✉ Jâlons. — Ecole primaire mixte. — L'église de Champigneul est d'architecture romane, pour la plus grande partie. — Elle remonte au xie siècle et au xiie. — On y a débarrassé du badigeon d'anciennes peintures curieuses. — Champigneul a donné naissance à François *Desportes*, peintre distingué, membre de l'Académie de Paris, où il mourut, en 1745. Il excellait surtout à représenter les animaux et la nature morte. — La plaine des Marais, qui appartient à Champigneul, s'étend sur une longueur de 4 kilomètres, et une largeur de 2 à 8 hectom. — *Ecarts* : Ecury-le-Grand, à un kilomètre ; Ecury-le-Petit qui, jusqu'au 14 février 1845, a eu le titre de commune, à 1 kilomètre 500 mètres. — Au Grand-Ecury, on remarque un château flanqué de tours, entouré de fossés et de belles dépendances, avec une chapelle dédiée à saint Georges. — Dans les bouquets de bois qui environnent le château, on conserve une héronière : cette réunion en famille, qui appartient aux mœurs et aux habitudes de ces échalassiers, est devenue assez rare en France pour mériter d'être citée. Ce château est la propriété de M. le comte de Sainte-Suzanne.

Cheniers, à l'O.-S.-O. d'Ecury, seule commune du canton sans cours d'eau. — Superficie, 1,511 hectares. — Succursale dédiée à saint Denis. — Perception d'Ecury. ⊠ Vatry. — Ecole primaire mixte. — Cheniers était jadis un poste de télégraphe aérien.

Cheppes, au S.-E. d'Ecury, arrosé par la Marne, qui touche le territoire au N., et par l'Isson ou Guenelle, qui le traverse du S.-E. au N.-O. — Superficie, 2,000 hectares. — Succursale dédiée à saint Georges. — Perception de Togny. ⊠ Vitry-la-Ville. — Ecoles primaires des deux sexes. — L'église est d'une assez belle architecture, et date de deux époques : la nef et les bas-côtés, avec le portail, du XIe siècle, le chœur paraît du XIIe au XVe. — Une voie romaine, assez bien conservée et appelée vulgairement, dans le pays, *chemin de Bar*, limite la commune au S.-O. — Il existe, dans les archives communales, une charte en date du 28 octobre 1529, par laquelle le haut et puissant seigneur, Mgr Georges d'Amboise, archevêque de Rouen, seigneur et baron de Cheppes et autres lieux, fait donation aux habitants et communauté de Cheppes de 16 à 1,700 journels de hautes terres (1,896 hectares), en une seule pièce, et 230 fauchées de prés (120 hectares 30 ares), en plusieurs pièces, moyennant une redevance de deux deniers tournois de cens annuel et perpétuel, pour chaque journel de terre, nature de culture, de 18 deniers pour chaque journel de vigne, et de 6 deniers par chaque bête pâturant sur les prés et usages. — Selon ce même titre, Cheppes suivait la coutume de Vitry-le-François.

Cherville, au N.-N.-O. d'Ecury, baigné par le ruisseau de Montjouit, qui limite le territoire dans presque toute son étendue, au couchant, et qui l'arrose sur une longueur de 600 mètres. Ce ruisseau prend sa source à Bussy, à 8 kilomètres de Cherville. — Superficie, 366 hectares 27 ares 97 centiares. — Chapelle de secours dédiée à saint Basle, et annexe d'Athis — Perception de Jâlons. ⊠ Jâlons. — Ecole primaire mixte. — La seigneurie de Cherville appartenait à l'abbaye de Saint-Basle, dès l'an 1086, et la commanderie de La Neuville-au-Temple avait des droits sur ce pays.

Coupetz, au sud d'Ecury, sur la Coole, qui le traverse du sud au nord. — Superficie, 1,067 hectares. — Annexe de Cernon, église dédiée à saint Laurent. — Perception de Togny. ✉ Châlons. — Ecole primaire mixte. — La nef de l'église date du xiiie siècle, le chœur a été reconstruit dans le xvie siècle.

Fontaine-sur-Coole, au S. d'Ecury, sur la rive gauche de la Coole, qui le traverse du nord au sud, et le divise en deux parties inégales. — Superficie, 1,458 hectares. — Succursale dédiée à saint Jean-Baptiste. — Perception de Togny. ✉ Châlons. — Ecole primaire mixte. — Son église paraît remonter au xie siècle.

Jâlons, dit *Jaalons-les-Vignes*, au N.-N.-O. d'Ecury, au confluent de la Soude et de la Marne. — Superficie, 1,038 hectares. — Succursale dédiée à saint Ephrem. — Chef-lieu de perception. — Poste aux lettres. — Station du chemin de fer de Paris à Strasbourg. — Bureau de bienfaisance. — Ecoles primaires des deux sexes. — Salle d'asile. — Son église, surmontée d'une tour romane, est précédée d'un porche très-intéressant; cette église est entièrement voûtée, a quelques vitraux du xvie siècle, et possède une remarquable crypte de saint Ephrem, au-dessous du sanctuaire. — La commune de Jâlons payait, dès 1276, divers droits à l'ordre du Temple. — *Ecart :* Le moulin de Jâlons, usine très-importante de MM. Lamoureux frères.

Mairy-sur-Marne, à l'E.-S.-E. d'Ecury, dans la vallée de la Marne, arrosé par cette rivière et par l'Isson ou Guenelle, qui se jette dans la Marne, au lieu dit *Mont-Jâlon*. La Guenelle est encore connue sous le nom de Blaise. — Superficie, 2,002 hectares. — Succursale dédiée à saint Léger. — Perception de Togny. ✉ Vitry-la-Ville. — Ecoles primaires des deux sexes. — Fabrication de paniers pour l'emballage des vins et pour le transport des raisins de Champagne. — Le château, qui est à quelque distance, remonte à une époque antérieure à 1600, et reçut le roi Jacques II d'Angleterre pendant son exil. Il fut reconstruit à neuf, de 1681 à 1710. — Il appartenait, en 1681, à la famille d'Anglure; de 1681 à 1710, à la famille de Chantrennes; et, depuis 1710, à la famille de Loisson de Guinaumont. — *Ecarts :* La ferme dite Mont-

Jâlon, à 16 hectomètres; la ferme des Perthes, à 3 kilomètres; la ferme de Guinaumont ou Maison-Dieu, à 2 kilomètres. Cette Maison-Dieu a été réunie à l'hôpital de Châlons.

Matougues, autrefois *Matongnes*, au N.-N.-O. d'Ecury, baigné par la Marne, qui traverse son territoire de l'est à l'ouest, et par la Gironde ou Pisseleu, qui sépare Matougues de la commune de Saint-Gibrien. — Superficie, 1,453 hect^{res}. — Succursale dédiée à saint Georges. — Perception de Jâlons. ⊠ Jâlons. — Ecoles primaires des deux sexes. — L'église a été construite pendant le XIIe siècle, le XIIIe et le XVe. — Le pont construit sur la Marne, en 1850, est remarquable par sa légèreté. — *Ecart :* Une maison de garde-barrière du chemin de fer, à 1 kilomètre.

Nuisement, au S.-S.-O. d'Ecury, arrosé par la Coole. — Superficie, 1,511 hectares. — Annexe dédiée à saint Etienne, et perception d'Ecury-sur-Coole. ⊠ Châlons. — Ecole primaire mixte. — La fabrique et le chapitre de la cathédrale de Châlons, les religieux de Saint-Basle et ceux du Temple exerçaient, comme seigneurs et propriétaires, des droits sur cette commune.

Saint-Martin-aux-Champs, au S.-E. d'Ecury, sur l'Isson. — Superficie, 695 hectares 25 ares. — Annexe de Cheppes, église dédiée à saint Martin. Perception de Togny. ⊠ Vitry-la-Ville. — Ecole primaire mixte. — Cette commune présente un territoire remarquable, où l'œil se promène avec plaisir sur des prairies superbes et de riches plantations. — Dès le XIIIe siècle, la meilleure partie de Saint-Martin appartenait aux religieux de Saint-Pierre.

Saint-Pierre-aux-Oies, au N.-O. d'Ecury, arrosé dans toute sa longueur par le Pisseleu, qui a sa source à 1 kilomètre, et qui, en 1858, a été à sec pendant plus de quatre mois. — Superficie, 993 hectares. — Annexe de Villers-aux-Corneilles, l'église est dédiée à saint Pierre. — Perception d'Ecury. ⊠ Châlons. — Ecole primaire mixte. — Les seigneurs de Saint-Pierre, le chapitre de la cathédrale de Châlons, l'abbaye Saint-Sauveur de Vertus, et les chanoines de la Trinité de Châlons, étaient jadis les seigneurs de cette commune. — *Ecart :* Le Petit-Saint-Pierre, à 8 hectom.

Saint-Quentin-sur-Coole, au S. d'Ecury, sur la Coole. — Superficie, 852 hectares 05 ares 79 centiares. — Succursale dédiée à saint Quentin. — Perception d'Ecury. ✉ Châlons. — Ecole primaire mixte. — L'église est remarquable par son chœur grandiose, que l'on croit du xve siècle. — De belles verrières, dues aux peintres verriers de Troyes, et portant le millésime de 1517, ont été données, en 1520, par les dames de Vaugency. Ces verrières représentent les principaux actes de la vie de Notre Seigneur, depuis la Circoncision jusqu'à son Ascension, et la tige des rois de Juda. — Le dernier panneau figure les dames de Vaugency à genoux devant un prie-Dieu et disant leur chapelet. Ces belles verrières dépérissent chaque jour, faute de ressources communales pour en retarder la destruction. — Le château de Vaugency, éloigné de 300 mètres, est situé au milieu d'un beau parc de 25 hectares, et date du règne de Henri IV. Flanqué de tourelles, il est entouré de fossés remplis d'eau; les frais ombrages de ses allées de marronniers séculaires, qui datent de l'introduction de ces arbres en France, et dont quelques-uns ont plus de cinq mètres de circonférence, en font une habitation des plus agréables. — L'ancienne prison de ce château, dont le seigneur avait le droit de moyenne et basse justice, sert de fruitier au propriétaire actuel. — La fontaine qui coule au bas de la chute des Moulins a une certaine saveur piquante et acidulée qui fait, pendant l'été, les délices des moissonneurs des environs. — *Ecart :* la terre ou château de Vaugency.

Sogny-aux-Moulins, à l'E.-N.-E. d'Ecury, est situé dans un petit vallon, sur la rive gauche de la Marne, qui en arrose une petite partie, du sud-ouest au nord-est. — Superficie, 672 hectares. — Annexe de Mairy-sur-Marne; l'église est dédiée à saint Pierre. — Perception d'Ecury. ✉ Châlons. — Ecole primaire mixte. — *Ecart :* Le moulin à vent, à deux kilomètres.

Soudron, au S.-O. d'Ecury, traversé par la Soude. — Superficie, 4,238 hectares. — Succursale dédiée à saint Pierre et à saint Paul. — Perception d'Ecury. ✉ Vatry. — Ecoles primaires des deux sexes. — L'église, d'une grande beauté, date de la première moitié du xiiie siècle, et a été construite, dans un ordre gothique assez régulier, par Thibaut II, comte de Champagne. — Le genre architectural de cette époque y posa son cachet, et la grâce des détails répond à la majestueuse harmonie de l'ensemble. Les arcades, les colonnes, les voûtes, surtout de la grande nef, sont d'une hardiesse, d'une légèreté et d'une élégance remarquables. — Cette église a la forme d'une croix ; le maître-autel se distingue par son antiquité et la beauté de son fini ; ses deux ailes, en forme d'arcade, sont en pierre ciselée avec goût, et le milieu représente en relief toute la passion de Notre Seigneur, le tout exécuté avec perfection. — Soudron a des plantations de pins silvestres, dont les premiers essais ont été faits par M. de Pinteville-Cernon, et aussi par M. l'abbé Menard, ancien principal du collège de Châlons, et oncle de Mme Anaïs Ségalas, dont les œuvres littéraires, et surtout les poésies, sont justement appréciées. M. Ségalas, avocat et mari de Mme Anaïs, a considérablement augmenté ces plantations. — Une butte, située à 1 kilomètre de Soudron, recouvre une grande quantité d'ossements. — Cette commune souffrit beaucoup de l'invasion, en 1814 ; le général Blücher y eut son quartier-général, le 6 février.

Thibie, à l'O.-N.-O. d'Ecury, en amphithéâtre, dans la partie la plus triste peut-être de la Champagne, arrosé par le Pisseleu, qui y prend sa source. — Superficie, 1,047 hectares 46 ares 18 centiares. — Succursale dédiée à saint Symphorien. — Perception d'Ecury. ⊠ Châlons. — Ecole primaire mixte. — La tour carrée de son église, assez remarquable, et notée par la Commission archéologique, paraît être de la fin du xie siècle ou du commencement du xiie ; le sanctuaire est de la fin du xiie. — Thibie a beaucoup souffert en 1814 et en 1815.

Togny-aux-Bœufs, au S.-E. d'Ecury, sur l'Isson et arrosé par la Marne. — Superficie, 963 hectares 52 ares 86 centiares. — Annexe de Vitry-la-Ville ; l'église est dédiée à saint Brice. — Chef-lieu de perception. ⊠ Vitry-la-Ville. — Ecoles primaires des deux sexes. — L'église appartient à deux époques : le portail est du xiiie siècle, la nef est du xve.

Vatry, au S.-S.-O. d'Ecury, sur la Soude qui parcourt son territoire de l'est à l'ouest. — Superficie, 819 hectares 88 ares. — Annexe de Bussy-Lettrée; église dédiée à saint Laurent. — Perception d'Ecury, — Bureau de poste aux lettres. — Ecole primaire mixte. — On trouve, en fouillant sur cette commune, qui fut autrefois bien plus considérable, une grande quantité d'ossements et d'armes, qui font présumer que ce pays fut le théâtre de luttes sanglantes. — Vatry fut dévasté en 1814 et en 1815.

Vésigneul-sur-Coole, au S. d'Ecury, sur la Coole. — Superficie, 1,308 hectares. — Annexe de Fontaine-sur-Coole; l'église est sous le vocable de l'Invention de saint Etienne. — Perception de Togny. ✉ de Châlons. — Cette commune a été réunie à celle de Faux-sur-Coole (canton de Sompuis, arrondissement de Vitry), pour l'instruction primaire. — A 1 kilomètre O. de Vesigneul, est une énorme et pittoresque tombelle, dite *Tombeau d'Attila,* élevée de 170 mètres au-dessus du niveau de la mer. — Pourquoi cette appellation, lorsqu'il est constant que le roi des Huns est mort en Pannonie, vers l'an 453 ? — *Ecart :* le Ban-le-Mont-Suzan.

Villers-aux-Corneilles, au N.-O. d'Ecury, arrosé par le Pisseleu, qui le traverse du sud-ouest au nord-ouest. — Superficie, 2,011 hectares 39 ares 02 centiares. — Succursale dédiée à saint Maurice. — Perception d'Ecury. ✉ Châlons. — Ecole primaire mixte. — L'église paraît dater du xiie siècle; elle a été nouvellement restaurée. — Ancien château entouré de fossés et flanqué de quatre petites tourelles.

Vitry-la-Ville, au S.-E. d'Ecury, sur l'Isson ou Guenelle, qui donne à ses prairies une grande fertilité. — Superficie, 511 hectares. — Succursale dédiée à saint Pierre. — Perception de Togny. — Bureau de poste aux lettres. — Bureau de bienfaisance. — Ecole primaire mixte. — Station du chemin de fer de Paris à Strasbourg — L'église a une partie de sa nef du xiiie siècle; le sanctuaire est du xve. — Ancien château avec de belles dépendances, entouré de fossés alimentés par l'Isson. — Le cabinet d'ornithologie, appartenant, comme le château, à M. le comte de

Riocour, est un des plus remarquables. Dans les travaux de terrassements qui ont été faits pour le chemin de fer, on a trouvé des armes anciennes et des vases en terre, une lampe gallo-romaine et des anneaux de diverses grandeurs, conservés par M. de Riocour et M. Garinet.

Vouciennes, au S.-E. d'Ecury, sur l'Isson. — Superficie, 395 hectares. — Annexe (sans église) de Vitry-la-Ville. — Perception de Togny. ✉ Vitry-la-Ville. — Vouciennes est réuni à Vitry-la-Ville pour l'instruction primaire.

3° CANTON DE MARSON.

7,332 habitants. — 35,603 hectares. — 18 communes.

Ce canton, qui est limité par les cantons de Suippes, de Dommartin-sur-Yèvre, d'Heiltz-le-Maurupt, de Vitry-le-François, d'Ecury-sur-Coole et de Châlons, a une forme régulière approchant du carré.

La Vesle et la Moivre y prennent leur source et l'arrosent, ainsi que la Marne et un certain nombre de petits cours d'eau.

C'est un canton principalement agricole, et qui fait un commerce considérable en grains, bêtes à cornes, moutons, etc. Les fruits y sont abondants et de bonne qualité. — Les communes, à quelque distance de la Marne, rive droite, sont surtout riches par la bonté du sol et l'activité éclairée de ses habitants.

COMMUNES	DISTANCE AU CHEF-LIEU				POPULATION.
	de canton.	de l'arr.	du départ.	de Reims.	
	k.	k.	k.	k.	habitants.
Marson	»	13	13	57	361
Chepy	7	9	9	52	288
Coupéville	7	21	21	64	312
Courtisols	9	13	13	49	1,740
Dampierre-sur-Moivre	3	17	17	60	198
Francheville	3	16	16	59	221
Le Fresne	9	22	22	65	181
Lépine	9	8	8	51	413
Moivre	11	24	24	67	195
Moncets	8	8	8	52	264
Omey	10	17	17	60	130
Pogny	8	15	15	58	786
Poix	9	19	19	56	249
Saint-Germain-la-Ville	7 5	11	11	55	554
Saint-Jean-sur-Moivre	4 3	18	18	61	217
Sarry	10	5 4	5 4	49	623
Somme-Vesle	9	18	18	52	383
Vesigneul-sur-Marne	7	13	13	56	217

Marson, au S.-S.-E. de Châlons, chef-lieu de canton, resserré entre deux collines peu élevées, est arrosé par le petit ruisseau le Marsenet, qui prend sa source à 3 kilomètres et à l'est de la commune, en parcourt le territoire et celui de Francheville, pour aller s'y jeter dans la Moivre. Le Marsenet est à sec pendant les deux tiers de l'année. — Superficie, 3,033 hectares 85 ares 60 centiares. — Succursale dédiée à saint Nicolas. — Perception de Courtisols. ✉ Châlons. — L'église remonte, à ce qu'il paraît, le sanctuaire et la nef, au XVIe siècle, la nef latérale de droite porte le millésime de 1555. — A un kilomètre de Marson, vers le nord, se trouve le mont Martin, élevé de 174 mètres au-dessus du niveau de la mer, et à la même distance, vers le sud, est le mont de Noix, élevé de 158 mètres. — La commune passe pour avoir été plus étendue qu'elle ne l'est aujourd'hui. On assure qu'elle était divisée en deux parties : *Marson d'aval*, qui est la commune actuelle, et *Marson d'amont*, qui a disparu.

Chepy, à l'O. S.-O. de Marson, arrosé par le canal de la Marne au Rhin, qui le traverse sur une étendue de 1,500 mètres. Superficie 850 hectares 70 ares 6 centiares.— Annexe de Moncets; l'église est sous le vocable de la Décollation de saint Jean-Baptiste. Perception de Saint-Germain-la-Ville. ✉ Châlons. — Ecole primaire mixte. — L'église, quoique d'une construction lourde, est assez remarquable ; elle date du xiiie siècle ; son chœur est pavé en marbre rouge. — On remarque, au milieu de la rue de Chepy, un énorme marronnier plus de deux fois séculaire. — Fabriques de blanc *dit* d'Espagne.

Coupéville, à l'est de Marson, arrosé par la Moivre. — Le sol de cette commune est coupé de collines et de ravins. — Superficie, 300 hectares, 41 ares 93 centiares. — Succursale dédiée à saint Memmie. Perception de Courtisols. ✉ Châlons. — Ecole primaire mixte. — Les Ormes, où se voient de belles plantations, passe pour avoir été une ancienne maison de religieuses de Sainte-Marie ou de Notre-Dame-des-Ormes, qui s'étaient retirées à Châlons.

Ecart : Les Ormes, ferme et moulin à eau, à 2 kilomètres.

Courtisols, au nord de Marson, à quelque distance de la source de la Vesle, qui le traverse et sépare les deux rues qui la forment dans une étendue de plus de huit kilomètres. La partie nord et la partie sud communiquent entre elles par huit ponts et plusieurs passerelles. — Superficie, 300 hectares, 41 ares, 93 centiares. — Succursale dédiée à saint Martin. — Chef-lieu de perception. ✉ Lépine. — Bureau d'enregistrement. — Bureau de bienfaisance. — Ecoles primaires des deux sexes. — Salle d'asile. — C'est un pays immensément agricole, grâce à l'activité et à l'intelligence des habitants, qui ne reculent devant aucune difficulté, aucun sacrifice pour obtenir des résultats. — De ses trois églises, deux, celle de Saint-Memmie et celle de Saint-Julien, sont peu remarquables, à-la-fois sous le rapport de l'art et des dimensions. — Celle de Saint-Martin, plus considérable à elle seule que les deux autres, semble remonter, par son architecture, au XIIIe siècle et au XIVe. — La commune de Courtisols renferme cinq moulins à farine, établis sur la Vesle, avec autant de moulins à vent; elle a de plus quatre usines pour la fabrication de l'huile.

Dampierre-sur-Moivre, au S.-S.-E. de Marson, tout sillonné de coteaux sur la Moivre, qui traverse le pays. — Superficie, 1,133 hectares. — Annexe de Francheville; église dédiée à saint Laurent. — Perception de Saint-Germain-la-Ville. ✉ Châlons. — Ecole primaire mixte. — L'église paraît remonter au XIIIe siècle. — Au N. de cette commune, sur la côte dite Mont-de-Noix, existe un tertre haut de trois mètres, sur dix mètres de diamètre. — Les habitants du pays le désignent sous le nom de tombe. Est-ce un monument gallo-romain? Sont-ce les restes de quelque ouvrage de guerre du IXe siècle ou du Xe? Les fouilles incomplètes qui y ont eu lieu n'ont amené aucun résultat. — Sur le territoire de Dampierre, au lieu dit la Vallée-Jacquet, on a trouvé les traces d'un ancien couvent qui aura probablement été détruit par les guerres du XVe siècle et du XVIe.

Francheville, au S. de Marson, dans le fond du vallon qu'arrose la Moivre. — Superficie 930 hectares 81 ares 36 centiares. — Succursale dédiée à saint Gérauld. — Perception de Saint-Germain-la-Ville. ✉ Châlons. — Ecole primaire mixte. — D'après des titres de 1503, le chapitre de la cathédrale de Châlons avait le droit de dîme sur le territoire de cette commune. L'ordre du Temple y avait aussi quelques redevances dès 1185. — Près de Francheville, sur l'emplacement de l'ancien village de Bouvreaux, des fouilles peu profondes ont fait découvrir des squelettes humains, très-rapprochés les uns des autres. — Là, se trouvait probablement le cimetière de cet ancien pays.

Le Fresne, à l'E. de Marson, dans le vallon de la Moivre et sur la rive gauche de cette petite rivière. — Superficie, 1,770 hectares. — Annexe de Moivre; l'église est sous le vocable de l'Assomption. — Perception de Courtisols. ✉ Châlons. — Ecole primaire mixte. — Un titre de 1240 attribue à l'ordre du Temple divers droits sur cette commune. Les grosses dîmes étaient perçues par le chapitre de la cathédrale de Châlons, en 1603.

Lépine, au N.-N.-O. de Marson, dans une situation charmante, sur un plateau élevé, du haut duquel on voit à ses pieds, du côté de l'E., la rivière de Vesle, qui se prolonge vers le N.-O., et de toutes parts de vastes plaines. — Superficie, 2,990 hectares. — Cure dont l'église est sous le vocable de l'Assomption. — Perception de Courtisols. — Bureau de poste. — Ecole primaire mixte.

L'existence de ce village est due à la fondation de son église. Ce n'était d'abord qu'un petit hameau appelé Sainte-Marie, composé d'une ferme, d'une maison seigneuriale et d'une modeste chapelle sous l'invocation de saint Jean-Baptiste. Le domaine qui s'étendait à l'entour appartenait au monastère de Toussaints, de Châlons, et aux religieux de Saint-Jean, de Laon.

La petite chapelle, entourée de bruyères, se trouvait à une distance à peu près égale des paroisses de Melette et de Courtisols. Elle devint, par suite d'un fait extraordinaire, d'un miracle qui eut lieu en 1400 dans les environs, un lieu de pélerinage très-fréquenté (1).

Bientôt, grâce à l'affluence toujours croissante des pélerins, grâce à leurs nombreuses offrandes, les marguilliers de Melette et de Courtisols se virent en possession de sommes considérables, qu'ils résolurent de consacrer à la construction d'une église en l'honneur de la Vierge, qui venait de leur donner une marque si éclatante de sa faveur.

(1) La veille de la fête de l'Annonciation, le 24 mars 1400, sous le règne de Charles VI, des bergers des villages de Melette et de Courtisols virent, près de la chapelle Saint-Jean, une grande clarté illuminer tout-à-coup un buisson d'épines qui croissait auprès. Ils avancèrent et aperçurent au milieu d'une auréole une petite statue de la Vierge, tenant l'Enfant Jésus entre ses bras. — Le récit de ce miracle se répandit à quarante kilomètres à la ronde, et les curés de Melette et de Courtisols ayant averti l'évêque de Châlons, on transporta en grande pompe, dans la chapelle Saint-Jean, la petite statue qui avait environ 50 centimètres de hauteur, de pierre jaunâtre, d'un grain très-fin, mais d'un travail médiocre.

L'officialité de Châlons, avertie de leur projet, voulut *prendre connaissance de l'emploi des fonds* (1); mais elle fut déboutée de ses prétentions par lettres-patentes de Charles VI, à la date de l'année 1419, qui autorisèrent les marguilliers à employer à la construction d'une église les dons qu'ils avaient recueillis.

La France était alors envahie ; les Anglais possédaient la plus grande partie de notre pays, et partout ils avaient des dignités et des emplois.

Un architecte, nommé Patrice, vint alors proposer des plans qui furent approuvés, et, par un traité, il s'engagea à construire le portail et les deux tours, moyennant la somme de 200 écus d'or pour ses soins seulement.

Patrice était Anglais ; il dut fournir pour caution deux bourgeois de la ville de Châlons.

Les habitants de la Champagne, ceux même de la Lorraine, s'empressaient d'offrir leur coopération à une œuvre qui devait leur mériter des indulgences ; les laboureurs, abandonnant les travaux des champs, rivalisaient de zèle pour aller au loin chercher des matériaux que Patrice faisait disposer et mettre en œuvre.

En 1429, le portail, tel qu'il est aujourd'hui, les deux tours et une petite partie des basses nefs étaient achevés.

La même année, Charles VII, conduit par l'héroïque Pucelle de Domremy, pénétrait en Champagne, et les chances de la guerre étant devenues favorables à la France, les Anglais établis sur notre sol craignirent alors pour leurs biens et pour leur vie.

L'architecte Patrice prit la fuite, en emportant une forte somme d'argent qui lui avait été confiée pour le salaire des ouvriers.

Les marguilliers et les habitants de Lépine firent alors assigner les deux bourgeois qui s'étaient rendus caution.

Sur ces entrefaites, Charles VII passait à Châlons, se rendant à Reims pour s'y faire sacrer. L'affaire lui fut présentée. Par lettres-patentes de 1429, le roi déchargea de leurs obligations les deux bourgeois, *en raison de force majeure*, et s'empressa de faire à l'église de Lépine un don considérable, qui permit de poursuivre

---

(1) Baugier, *Mémoires historiques de Champagne*, T. 1ᵉʳ, page 271.

activement l'entreprise, sous la direction d'un maître des œuvres français dont le nom n'est pas authentique (1).

Les tours furent alors surmontées de deux flèches ; pour perpétuer le souvenir de la munificence du roi de France ; on ceignit la plus grande d'une couronne fleurdelisée.

En 1431 (2), une armée d'Anglais et de Bourguignons, qui tenait la campagne autour de Châlons, vint menacer l'église de Lépine. Mais déjà autour de ce monument était groupée une population jalouse de conserver le fruit de ses pieux efforts. — Les habitants du nouveau village, qui avait pris le nom de Lépine, à cause du miracle auquel il devait sa fondation, réclamèrent le secours de ceux de Melette, de Courtisols, etc. Ils construisirent autour de l'église de fortes palissades, et défendirent si vaillamment cette espèce de forteresse, qu'ils repoussèrent l'ennemi, après lui avoir tué beaucoup de monde.

Anglais et Bourguignons se réfugièrent, après leur défaite, dans le village de la *Croisette*, situé entre Châlons et Lépine. — A peine avaient-ils pu se mettre à l'abri, qu'ils y furent assaillis par les vainqueurs et par une armée de 4,000 hommes, commandés par Armand Guilhem, seigneur de Barbazan, capitaine pour le roi des provinces de Champagne, de Brie et de Laonnois. — Les ennemis furent détruits, ainsi que le village qui leur avait servi de retraite. — Il existe encore une contrée portant le nom de Croisette.

Le zèle des populations de la Champagne et de la Lorraine, et la faveur libérale des pèlerins, semblaient croître en raison des obstacles ; malgré le malheur des temps, la construction marchait rapidement vers sa fin, et bientôt l'édifice fut terminé (3).

(1) M. de Granrut, architecte, restaurateur de l'église de Lépine.—D'après L.-F. Guérin, ce fut un nommé Antoine Guichard, *qui se qualifiait maçon.* — La flèche du nord fut détruite en 1798, pour l'établissement d'un télégraphe.

(2) Belleforest. *Histoire générale de France.*

(3) Selon M. de Granrut, l'édifice fut terminé en 1459, jusqu'à la chapelle Saint-Jean, c'est-à-dire, jusqu'au-delà du transept ; selon L.-F. Guérin, l'église ne fut terminée qu'en 1529, cent ans après sa fondation.

Dès qu'il fut possible d'y célébrer les saints mystères, Pierre Robert, religieux de l'abbaye de Toussaints, prieur et curé de Melette, demanda la translation de l'église de Melette en celle de Lépine. Cette translation se fit en vertu d'une bulle du pape Pie II, en 1459 (1), et Lépine, qui n'était auparavant qu'un *petit secours* de Melette, devint la principale église, à la condition, toutefois, que le curé de Lépine irait tous les ans, à Pâques et à la Saint-Léger, patron de Melette, chanter messe et vêpres en ce lieu (2).

Les rois, les princes, les grands personnages se firent un devoir de venir visiter Notre-Dame de Lépine.

Louis XI, pendant sa détention à Péronne par le duc de Bourgogne, fit un vœu à Notre-Dame de Lépine pour obtenir sa délivrance. — Il vint à pied, de Châlons, l'accomplir en 1472, et déposa sur l'autel 1,200 écus d'or (3). Au moyen de ces libéralités, on acheta des terres qui formèrent le domaine de la cure.

La ville de Châlons contribua à l'ornement de cet édifice, en lui donnant des vitres précieuses, tout en peinture. Baugier nous apprend que le duc de Lorraine fit exécuter, à ses frais, une sonnerie composée de six cloches magnifiques, et qu'il en fit don à l'église de Lépine.

De 1562 à 1567, les sires de Châtillon se rendant en Allemagne, à la tête d'une troupe de calvinistes, pour se joindre à leurs coreligionnaires, passèrent à proximité de Lépine. Ils résolurent de

---

(1) « On pourra peut-être, dit L.-F. Guérin, remarquer avec étonnement que l'église n'ayant été finie qu'en 1529, on ait cependant célébré les saints mystères en 1429, c'est-à-dire, cent ans avant qu'elle fût achevée. Mais il n'y a là rien d'extraordinaire. On voit tous les jours célébrer la messe dans des temples qui ne sont point encore terminés. Il y a toujours une partie qui est assez avancée pour qu'on puisse ne pas priver si longtemps les fidèles des cérémonies du culte divin. »

(2) Cette condition a été observée jusqu'en 1752, époque de l'abandon et de la destruction de la chapelle de Melette. — On ne voit plus qu'une croix à l'endroit de l'ancienne chapelle, au milieu du cimetière.

(3) « Afin, *dit l'arrêt du Parlement de Paris, du 26 janvier 1474, rendu en exécution de la donation du roi,* que le service divin y soit mieux et plus solennellement célébré, et continué toujours continuellement et perpétuellement. »

piller et de détruire l'église ; mais les habitants, jaloux de marcher sur les traces de leurs ancêtres, dressèrent à la hâte un rempart autour du monument ; ils firent si bonne contenance que les Réformés, obligés de prendre la fuite, se contentèrent de faire une décharge de leurs arquebuses sur les vitraux, dont ils brisèrent une grande partie. (1).

A partir de 1529, les auteurs qui ont écrit sur Lépine ne mentionnent qu'un seul fait : c'est l'érection, en 1734, d'un autel à la romaine, aux frais de la fabrique, et la refonte de trois cloches, en 1756 (2).

On ne sait pas dans quelle année les orgues ont été établies.

En 1793, les portails furent dépouillés des statues dont les avait ornés la piété de nos pères.

En 1798, la flèche septentrionale fit place à un télégraphe, machine utile, sans doute, mais qui déshonora le monument dont elle causa la mutilation.

En 1824, dans la nuit du 9 au 10 juin, la foudre vint frapper la flèche méridionale. — Instruit de ce désastre, M. de Jessaint, alors préfet, s'empressa d'en appeler à la munificence de Louis XVIII. M. le duc de Larochefoucault-Doudeauville présenta la demande au roi. Il obtint une subvention de 1,000 fr., à laquelle il ajouta une pareille somme.

En septembre 1828, Charles X, accompagné du Dauphin, son fils, vint se prosterner à Lépine et fit don à l'église d'un tableau de quatre mètres de hauteur, peint d'après une esquisse du Poussin,

---

(1) L'église de Lépine est éclairée par deux grandes roses, une au grand portail et l'autre au portail méridional, et par 61 verrières, 24 pour la grande nef et ses collatérales, 6 dans la croisée de toute l'église, 10 dans le chœur et le sanctuaire, et 21 dans les chapelles du rond-point.

(2) M. de Granrut, Notice historique sur l'Eglise de Lépine, lue au congrès archéologique de Châlons, 1855.

Des six cloches, cinq furent fondues à la Révolution ; il n'en resta qu'une dont le son était fort beau. — Elle fut cassée en la sonnant ; en sorte qu'il ne reste plus rien de l'ancienne sonnerie. — L'église possède aujourd'hui deux cloches, dont une grosse, qui a un son harmonieux.

par Franque, et représentant l'Assomption. Ce tableau est placé en regard de la chaire.

Louis-Philippe vint également visiter Notre-Dame de Lépine, accompagné de deux de ses enfants, en l'année 1831, et lui fit don d'un tableau représentant Jésus en croix.

Parmi les monuments du Moyen-Age qui subsistent encore dans le département de la Marne, la belle église de Lépine, une des plus remarquables de France, est digne au plus haut point de l'attention des artistes et des amateurs, de ceux qui font de l'archéologie leur étude particulière.

Elle appartient au genre d'achitecture gothique moderne. Elle est du plus beau style ogival. Elle a la forme générale des églises du XVe siècle. Son portail est admirable de finesse et d'élégance ; il se distingue surtout par la belle arcade formant pyramide qui s'élève au-dessus de la porte principale et entoure un immense crucifix. — L'effet de cet emblème de la Rédemption, placé ainsi à l'entrée du temple, est d'une grande beauté. La rosace du milieu semble encadrée dans une bordure ovale ; le triple pignon est mesquin. Les deux clochers offrent à peu près les mêmes détails de sculpture et de construction, quoique celui du nord soit un peu plus petit que la tour méridionale. Celui-ci est surmonté d'une flèche qui se compose de six consoles ou branchages de pierre bien ouvragés, de feuillages partant du sommet de la tour, d'où ils semblent se dérouler, et se réunissant en haut pour former une longue colonne qui s'élève en diminuant jusqu'à un globe supportant la croix. La partie inférieure, qui sert de base à ces consoles, est recouverte d'une sculpture en pierre travaillée à jour et formant cassolette.

Un très-beau jubé sépare la nef du chœur ; il est orné de deux petits autels que l'on a reconstruits il y a quelques années. C'est sur celui de droite que se trouve la statue miraculeuse ; elle disparaît entièrement sous ses ornements précieux.

Le portail du nord est triste et nu ; celui du sud est curieux et intéressant. A l'extérieur, il est flanqué de deux tourelles ; toute la largeur du pignon est ornée de galeries de pierre à jour. La belle pyramide qui surmonte le pignon est également découpée à jour. La porte d'entrée est formée par une arcade rentrante, de chaque côté de laquelle, il y avait, entre de belles colonnes, de grandes statues qui ont disparu en 1793.

Le chœur est formé de dix piliers réunis par une élégante clôture en pierre sculptée. — On y remarque un curieux trésor, admirablement travaillé et qui a l'aspect d'une petite forteresse surmontée d'une infinité de petites flèches. Quelques antiquaires ont supposé que ce trésor représentait un des plans proposés pour la construction de l'église.

Dans la partie septentrionale de l'église est un puits à l'eau duquel on attribue des propriétés merveilleuses. La plupart des chapelles sont remarquables par la délicatesse de leurs ornements sculptés.

Notre-Dame de Lépine fait partie des *monuments historiques* placés sous la protection spéciale de l'Etat.

En septembre 1792, un camp fut établi à Lépine. — Quand les défilés de la forêt d'Argonne furent forcés par les ennemis, le général Dubouquet, commandant un corps de 6,000 hommes, fut envoyé au camp de Lépine pour couvrir Châlons. — *Ecarts :* Melette, à 2,800 mètres; la chapelle Saint-Léger; le château de Nazelle; Chivelle; le moulin Fantasque; le moulin de la Lanterne; le moulin de la Rose.

Moivre, à l'E. de Marson, dans une gorge resserrée si étroitement par les monticules qui le dominent au sud et au nord, que les eaux l'incommodent fréquemment, est arrosé par la Moivre, qui y prend naissance à 1 kilomètre. — Superficie, 2,156 hectares 93 ares 66 centiares. — Succursale dédiée à saint Pierre et à saint Paul. — Perception de Courtisols. ✉ Châlons. — Ecole primaire mixte. — Un titre de l'an 1212 rappelle divers droits qu'avait sur Moivre le chapitre de la cathédrale de Châlons, dès l'an 1352; il y levait les grosses dîmes, et la cure de Lépine, réunie plus tard au seminaire, y décimait aussi, dès l'an 1712. — *Ecarts :* La Malassise et Mondésir, à 2 kilomètres.

Moncets, à l'O. de Marson, sur une petite éminence, et arrosé par le ruisseau la Blaise, qui prend sa source sur le territoire que le canal latéral et la Marne traversent dans toute sa largeur

7

— Superficie, 700 hectares. — Succursale sous le vocable de l'Assomption. — Perception de Saint-Germain-la-Ville. ✉ Châlons. — Ecole primaire mixte. — Fabrique d'huile. — Petite église du XIIe siècle. — La commune de Moncets était autrefois beaucoup plus considérable. Elle fut brûlée, on ne saurait préciser à quelle époque. — *Ecart :* Le hameau de Longevas, à 4 kilomètres.

Omey, au S. de Marson, arrosé par la Marne, et, sur une étendue d'environ 1,500 mètres, par le canal latéral à la Marne. — Superficie, 372 hectares. — Annexe de Pogny; l'église est dédiée à saint Pierre. — Perception de Saint-Germain-la-Ville. ✉ Vitry-la-Ville. — Ecole primaire mixte. — Eglise du XIVe siècle. — Cette commune renferme une ferme modèle appartenant à M. Ponsard, éleveur actif, intelligent et industrieux, donnant d'excellents produits qui sont toujours couronnés par le Comice agricole. M. Ponsard a obtenu de nombreuses récompenses dans différents Concours régionaux et même dans les Expositions générales agricoles. — Il y a, sur le finage d'Omey et de Pogny, deux superbes ormes qui ont été criblés de balles, lors du passage des troupes alliées. — Le chapitre de la cathédrale de Châlons était propriétaire des menues dîmes, dans la commune d'Omey.

Pogny, au S.-S.-O. de Marson, commune importante, ayant la forme d'un rectangle et bâtie en amphithéâtre. — Superficie, 1,408 hectares 53 ares 55 centiares. — Succursale sous le vocable de la Nativité de la Sainte-Vierge. — Perception de Saint-Germain-la-Ville. ✉ Vitry-la-Ville. — Ecoles primaires des deux sexes. — Pogny est arrosé, dans presque toute sa longueur, par la Moivre qui y a son embouchure dans la Marne, et qui le partage en deux versants d'une grande fertilité et faciles à cultiver. — Il est aussi baigné par le canal latéral à la Marne, qui le traverse sur une étendue de 1,925 mètres. — Pont sur le canal; pont sur la Marne. — Il se fait dans cette commune un commerce de bestiaux assez important. — L'église, bâtie sur un monticule, sur l'emplacement, dit-on, d'un couvent, domine toute la vallée de la Marne, et permet de découvrir, de son clocher, Châlons, ses alentours, et tout le pays des montagnes, depuis Verzy jusqu'au Mont-Aimé. Le sanctuaire et le chœur, du style ogival du XIIIe siècle, sont élégants et conservent encore leurs voûtes, dont l'élévation est imposante. — Les piliers et les arcades qui soutiennent les murs de la grande nef sont du XIIe siècle, ainsi que l'était la tour du beffroi, qu'on a démolie en 1764, pour la remplacer par une flèche en forme de coupole, et qui est un des points de l'astronome Cassini. — Au N.-O. de Pogny, dans l'angle formé par la Marne et la Moivre, on a mis à découvert, en creusant le canal, le cimetière dit Saint-Genest, et les fondations d'une ancienne église dédiée à ce saint, qui est encore le second patron de la paroisse. Il existait aussi, au même endroit, une fontaine murée, appelée la fontaine Saint-Genest, et à laquelle les habitants se rendaient processionnellement, tous les ans, le quatrième dimanche de Carême. Les matériaux que l'on trouve dans cette contrée, en cultivant le sol, portent à croire que Pogny s'étendait juque-là. — D'après d'anciens titres, le chapitre de Châlons avait des biens et des droits sur la commune de Pogny, dont il était le seigneur. — Entre autres biens, il possédait, sur la rivière de Moivre, un moulin appelé les Battrans, dont il reste encore quelques vestiges. Il avait de plus, haute, moyenne et basse justice, avec des prisons, 1326; il nommait à la cure et était décimateur pour deux tiers, à la charge par lui de pourvoir aux réparations et à l'entretien du chœur et de la tour de l'église. — En 1615, Pogny faisait partie du bailliage de Vermandois.

Poix, au N.-E. de Marson, commune fort isolée, ne possède pas un seul filet d'eau, et se trouve à 4 kilomètres des sources de la Moivre, et à 3 kilomètres de celles de la Vesle. — Superficie, 1,446 hectares. — Annexe de Somme-Vesle; église dédiée à saint Hippolyte. — Perception de Courtisols. ⊠ Auve. — Ecole primaire mixte. — A 200 mètres, au sud, Poix possède un *Tumulus* dont la base est un ovale parfait; le grand axe se dirige vers l'orient. — Le sommet en a été enlevé, il y a quelques années, pour y construire une tour habitée par un garde-forestier. Cette tour a près de quatorze mètres de hauteur. Le tumulus a été élevé au moyen de couches successives de craie et de terre prises au midi et à peu de distance du tumulus même. — La hauteur actuelle est de onze mètres; elle devait être primitivement de treize à quatorze, ce qui pouvait lui donner un cube de 15,000 mètres. La tradition veut que ce soit le tombeau de Théodoric, roi des Visigoths, qui fut tué dans les plaines de Châlons, en 451, lors de la fameuse lutte d'Attila, dans les champs catalauniques. — L'église de Poix, dont la fondation paraît remonter du xiie siècle au xiiie, est bâtie sur un plan régulier, avec bas-côtés et chapelles. — Elle a beaucoup de ressemblance avec celle de Sainte-Menehould; les colonnes qui soutiennent les voûtes vont en chevauchant. — *Ecart :* L'habitation du garde-forestier, au sommet du tumulus, au midi et à 500 mètres environ.

Saint-Germain-la-Ville, au S.-O. de Marson, arrosé par la Moïvre, qui limite le pays vers l'ouest; par la Marne, qui court également vers l'ouest, et par le canal de la Marne au Rhin, le parcourant dans toute son étendue vers l'ouest, en allant du sud au nord. — Superficie, 1,177 hectares 72 ares 10 centiares. — Succursale dédiée à saint Germain. — Chef-lieu de perception. ✉ Vitry-la-Ville. — Ecole primaire des deux sexes. — Fabrication de paniers à vin de Champagne. — L'église, du xiie siècle, présente quelques parties remarquables, une frise très-ancienne, ainsi que des chapiteaux et un cintre au portail, qui ont été déjà l'objet de l'admiration de plusieurs archéologues. — Un acte de 1530 attribue les dîmes de Saint-Germain au chapitre de la cathédrale de Châlons et aux chanoines de la Trinité.

Saint-Jean-sur-Moivre, à l'E.-S.-E. de Marson, baigné par la Moivre. — Le sol de cette commune est inégal et montueux. — Superficie, 1,507 hectares 60 ares 50 centiares. — Annexe de Coupéville; l'église est dédiée à saint Jean-Baptiste. — Perception de Courtisols. ✉ Châlons. — Ecole primaire mixte. — Une bulle du pape Eugène III, de 1147, confirme aux religieux de Trois-Fontaines divers droits à Saint-Jean. — Des titres de 1185 et de 1745 font aussi mention de ce village.

Sarry, à l'O. de Marson, arrosé par la Marne, par la Moivre et le ruisseau de la Blaise, qui se jette dans la Moivre entre Sarry et Châlons, non loin du territoire de cette ville, et aussi par le canal latéral à la Marne, qui commence à Dizy, et qui cesse d'être le canal latéral à la Marne à Vitry-le-François, d'où il se continue sous le nom de canal de la Marne au Rhin. — Superficie, 1,900 hectares. — Succursale dédiée à saint Julien. — Perception de Saint-Germain-la-Ville. ✉ de Châlons. — Écoles primaires des deux sexes. — L'église de Sarry, monument du xiiie siècle, est très-ornée; on y remarque une chaire ancienne, bien sculptée, et les deux conques en marbre, qui servent de bénitiers; ces conques appartenaient à la chapelle du château, et ont été données par les acquéreurs dudit château. — Avant 1789, il y avait à Sarry un beau château qui servait de maison de plaisance aux évêques de Châlons; il était entouré de vastes jardins et de magnifiques promenades, et avait été reconstruit presque entièrement en 1780, par Jules de Clermont-Tonnerre, 93e évêque de Châlons, sur l'emplacement d'un antique château-fort qui existait au xiie siècle, et où l'évêque entretenait un commandant. Il reste encore de ce château, qui fut important, non-seulement par ses dimensions et son architecture, mais encore par ses anciennes dépendances, les terrasses, les fossés et deux pavillons qui étaient à l'entrée de la cour de droite. Charles VII, pendant son séjour à Châlons, en 1445, demeurait à Sarry, et venait le soir, au Jard, prendre le frais, après son souper. Il data de ce château les ordonnances qui organisent une armée permanente. — En juin 1728, on célébra, au château de Sarry, le mariage de Henri-Louis de Bourbon avec la princesse de Hesse-Rhinfelds. — La magnifique plaine de *Forêt*, entre la Marne et le canal, donne d'abondantes et utiles productions. — Sarry a donné naissance, en 1798, à M. Remi-Antoine *Sellier*, avocat distingué, membre du Conseil général de la Marne, et mort en 1859. (Voir à la biographie de Châlons, page 70.) (1)

Somme-Vesle, à l'O. de Marson, a un territoire allongé, et se trouve dans une espèce de bassin entre la source de la Vesle et l'étang de Vesle, d'une contenance de 22 hectares, et qui pro-

---

(1) Page 53, nous disons qu'un pont fut jeté, en 1504, dans le jard, sur le fossé du Pré-Vidame, pour relier cette partie des promenades avec les allées qui conduisaient au château de Sarry. — Conformément à une délibération du conseil municipal de Châlons, un jardin public vient d'être créé (1861-1862) en cette ville, dans la promenade du Jard.

duit d'excellent poisson. — Superficie, 3,525 hectares. — Succursale; l'église est dédiée à saint Martin. — Perception de Courtisols. ☒ Auve. — Ecoles primaires des deux sexes. — Somme-Vesle a donné naissance à M. Nicolas-Martin *Musart*, chanoine titulaire, doyen du chapitre de Châlons, chevalier de la Légion-d'Honneur, cousin issu de germain de Nicolas *Musart*, curé de Somme-Vesle jusqu'en 1792, et mort sur l'échafaud, à Reims, le 11 mars 1796. Une partie des précieux restes de Nicolas Musart sont déposés dans la sacristie de la commune, à la vénération privée des fidèles. — L'exposition de ces images, dans l'église actuelle, est en grande vénération parmi les habitants. — Une tradition, transmise par les anciens, est que Somme-Vesle était un bourg commandé par un baron, et que la commune était divisée en trois paroisses (Saint-Martin, Saint-Nicolas et Sainte-Croix).

Vesigneul-sur-Marne, au S.-O. de Marson, un peu en amphithéâtre, au pied d'un mont, est traversé du nord-ouest au sud-est par la Marne, la Moivre et le canal latéral à la Marne. — Une partie de la Moivre se jette dans la Marne, par un aqueduc qui traverse le canal; l'autre, dans un lit qu'on lui a creusé, longe le canal et l'alimente jusqu'à Châlons. — Superficie, 782 hectares 39 ares. — Annexe; l'église est dédiée à saint Nicolas. — Perception de Saint-Germain-la-Ville. ☒ Vitry-la-Ville. — Ecole primaire. — L'église date du XIIe siècle. — En 1842, à l'époque de la construction du canal, on a trouvé, à quelque distance du village, plusieurs caveaux maçonnés avec de la craie et recouverts de terre, d'un mètre et demi environ, et renfermant un ou plusieurs cadavres. — Les vieillards disent avoir entendu appeler cette contrée la chapelle Saint-Remy. — Le chapitre de la cathédrale de Châlons avait en toute justice une grande partie de Vesigneul, et y entretenait un maire.

4° CANTON DE SUIPPES.

13,002 habitants. — 31,362 hectares. — 16 communes.

Ce canton, borné par les cantons de Dommartin-sur-Yèvre, de Sainte-Menehould, de Ville-sur-Tourbe, de Beine, de Verzy, de

Châlons et de Marson, présente une forme irrégulière et un terrain uni, dans presque toute son étendue.

Il est arrosé par les rivières de Suippe, de Vesle, de Noblette ou ruisseau de Saint-Remy, et par quelques autres cours d'eau, dont le plus considérable est celui de Mourmelon ou le Cheneu.

Son territoire était peu fertile, il y a quelques années, quoiqu'il fût déjà bien cultivé; mais depuis, les efforts constants et progressifs des cultivateurs, l'établissement du Camp et des fermes impériales, y ont changé chaque jour le sol et en font un terrain parfaitement productif.

Le travail des laines se joint à la culture, dans ce canton, et le commerce y est animé.

COMMUNES.	DISTANCE AU CHEF-LIEU				POPULATION
	de canton.	de l'arr.	du départ.	de Reims.	
	k.	k	k	k	habitants
Suippes..	»	23	23	41	2,204
Billy-le-Grand.	26	20	20	26	75
Bouy.	15	16	16	31	382
Bussy-le-Château.	8	19	19	45	354
Cuperly	11	13	13	37	300
Dampierre-au-Temple..	14	11	11	37	87
Jonchery-sur-Suippe ..	6	27	27	35	436
La Cheppe	9	15	15	42	402
Livry.	20	19	19	27	301
Louvercy.	18	19	19	28	268
Mourmelon-le-Grand.	13	24	24	29	5,719 [1]
Mourmelon-le-Petit.	18	21	21	27	1,169 [2]
Saint-Hilaire-au-Temple	15	13	13	36	117
Saint-Hilaire-le-Grand .	7	28	28	34	664
Vadenay.	13	15	15	35	329
Vaudemanges.	25	19	19	26	195

(1) Y compris les troupes en station.
(2)   *Idem,*

Suippes, au N.-E. de Châlons, chef-lieu de canton, à 4 kilomètres de la source de la Suippe, qui traverse le territoire de l'est à l'ouest, et lui donne son nom. — La vallée arrosée par la Suippe renferme plusieurs étangs, dont la contenance est de 1 hectare 45 ares 98 centiares. — Superficie, 4,225 hectares 06 ares 48 centiares. — Cure dont l'église est sous le vocable de Saint-Martin. — Chef-lieu de perception. — Bureaux de poste aux lettres, d'enregistrement et de bienfaisance. — Salle d'asile. — Ecoles primaires des deux sexes. — Six filatures de laines, dont cinq sont mues par la vapeur et la sixième par l'eau. La plupart des filatures travaillent à façon pour les fabricants de tissus mérinos et pour les fabricants de bas.—200 métiers à façon, qui sont toujours en activité et alimentés par les fabricants du pays et des environs, et surtout par ceux de Reims; les filatures et métiers n'empêchent pas à l'agriculture de faire chaque jour de sensibles progrès dans le pays. — L'église de Suippes, vieux monument du XIIIe siècle, n'est remarquable que par sa lourde architecture et surtout par sa vétusté. L'Empereur Napoléon III, informé de sa chute prochaine, ordonna, en 1857, la reconstruction de tout le chœur et du portail.—Suippes s'appelait autrefois, dit-on, Suippes-la-Longue, et portait le titre de ville. — Elle fut renommée par son commerce de jarretières et de draperies pour l'habillement des troupes. — En 1732, sa fabrique était considérable, d'après le rapport de l'intendant, qui énumérait ses produits annuels en raz, étamines et surtout en *serges drapées* 2/3, qu'ils appelaient façons de Saint-Nicolas, à peu près semblables à celles de Troyes, mais moins fines. — Suippes a été fortifié, dès l'an 1217, puisqu'à cette époque, Blanche, comtesse palatine de Champagne, reconnut que *l'aide que lui donnaient les habitants, en faisant sa forteresse dudit lieu, était de bonne grâce, et qu'ainsi elle ne pourrait leur tourner à obligation de servitude à l'avenir.*—Suippes dépendait de l'abbesse d'Avenay, qui y possédait des biens immenses, tant en terres arables qu'en prés et usines situés dans la vallée. L'abbesse avait le titre de haute et puissante dame, et la justice était rendue en son nom. — Le pavage, ainsi que les contre-forts à l'est et à l'ouest de l'église, remontent, dit-on, à la dernière abbesse, Mme de Boufflers. — Dans la propriété de M. Bourgeois-Mathieu, à 2 kilomètres de Suippes, se trouve un *Tumulus* ou *Tombelle* dont la hauteur peut être de 25 à 30 mètres, ayant à sa base 80 à 100 mètres de circonférence. — Ce tumulus est dans la même situation que ceux qui se trouvent à Bussy-le-Château. — Nantivet, écart de Suippes, a été construit, il y a quelques années, par M. Bourgeois-Thierry, au milieu d'un vaste marais; il l'a rendu remarquable par un jardin réunissant tout ce qui peut satisfaire l'imagination, et par un moulin à eau tournant constamment, quoique rapproché de la source de la Suippe. — *Ecarts :* Nantivet, à 1 kilomètre; la Foulerie-Saint-Remy, à 2 kilomètres.

Billy-le-Grand, à l'O.-S.-O. de Suippes, près du canal de l'Aisne à la Marne, est une commune isolée dans un vallon formé par des monts crayeux, dont celui du nord est élevé de 159 mètres au-dessus du niveau de la mer. — La voûte du souterrain de Billy, qui donne passage au canal, a 2,500 mètres de longueur. — Superficie, 726 hectares. — Annexe de Vaudemanges; l'église est dédiée à saint Laurent. — Perception de Bouy. ⊠ Les Petites-Loges. — Ecole primaire mixte. — L'église, dont les sculptures sont remarquables, paraît remonter au Xe siècle. — Avant 1107, Billy dépendait par la juridiction du chapitre de la cathédrale de Châlons. — La collégiale de la Trinité percevait une partie des dîmes de son territoire. — Au mois de février 1859, en fouillant sur le chemin qui relie cette commune à la route de Châlons, on a trouvé, à 30 centimètres de profondeur, 465 médailles aux effigies d'Antonin, d'Adrien, de Sévère, etc. — *Ecart :* une partie du Mont-de-Billy, à 2 kilomètres.

Bouy, au S.-O. de Suippes, sur la rive gauche de la Vesle, a une portion de son territoire coupé par le Camp de Châlons. — La superficie, qui était de 2,213 hectares 41 centiares, a été réduite, par l'établissement du Camp, à 1,559 hectares 33 ares. — Succursale dédiée à saint Hilaire (l'*Ordo* de 1862 dit à saint Germain). — Chef-lieu de perception. ⊠ Mourmelon-le-Grand. — Ecole primaire mixte. — Elève et engrais de troupeaux. — Les usines sont : moulin de Bouy, sur la Vesle, et moulin de Pont-Reux, au confluent de la Vesle et de la Noblette. — Depuis 1856, le propriétaire a supprimé le foulon qui y était établi et l'a remplacé par une scierie mécanique ayant pour moteur l'eau de la Vesle. — Bouy, autrefois Boy ou Boë, était de l'élection de Reims. Une grande partie de ses terres appartenait aux dames d'Avenay, qui en firent la cession à perpétuité aux habitants de Bouy, en 1781, moyennant une redevance de 3,000 livres une fois payée. L'acte de cette cession est déposé aux archives de la commune. — En 1792, Bouy était du district de Juvigny.

Bussy-le-Château ou les *Mottes*, au S. de Suippes, arrosé par la Noblette et par le ruisseau le Marsenet, qui seul a sa source et son embouchure sur ce territoire. — Superficie, 2,378 hectares. — Succursale dédiée à saint Hilaire. — Perception de Suippes. ✉ Suippes. — Ecole primaire mixte. — Ce village tire son premier nom d'un ancien château-fort qui a disparu, et son second de cinq grosses buttes qui étaient rangées en file, le long de la rivière la Noblette, et très-rapprochées l'une de l'autre. Trois de ces buttes ou tombelles existent encore ; on a enlevé une grande partie du tumulus qui est le plus à l'est, pour y placer un moulin à vent ; les sommets des deux autres ont aussi été détruits pour y élever des tours qui ne sont plus, et qui, sans doute, défendaient l'ancien château, dont l'emplacement, près du premier tumulus, s'aperçoit encore entouré de fossés. Le dessus et le revers de ces deux tumulus sont plantés de sapins. Celui qui est le plus à l'ouest est le plus entier ; il a une base de forme *circulaire*, dont le diamètre est de 62 mètres ; le sol sur lequel il s'élève est légèrement incliné ; sa hauteur actuelle, du côté de la rivière, est de 20 mètres ; elle n'est que de 17 mètres du côté opposé ; il devait être primitivement de 3^m plus haut, ce qui donnait un cube de 22,000 mètres (1). —

---

(1) « Si nous ne pouvons fixer l'âge de ces importants travaux, dit
» M. Savy, agent-voyer en chef de l'arrondissement de Châlons, nous ne
» pouvons trop les signaler aux amateurs d'antiquités, et les engager à
» visiter le camp de La Cheppe. Ces travaux de Bussy, où trois énormes
» tumulus, dont un ne contient pas moins de 22,000 mètres cubes de
» terre, se dressent comme des montagnes élevées par des Titans. On
» s'incline devant ces gigantesques monuments qui portent à la postérité
» le dernier adieu d'une armée à ses illustres morts. Construits sur le lieu

Le 6 septembre 1857, Napoléon III les visita, et laissa entre les mains de M. Jacquet, maire de Bussy, 500ᶠ pour être distribués aux indigents de la commune. — D'après un titre de 1186, déposé aux archives, l'ordre du Temple percevait des droits sur le pays. — Bussy était le siége d'un doyenné dépendant de l'archidiaconé de Châlons, qui comprenait les paroisses de Saint-Germain-la-ville, Saint-Remy-sur-Bussy, Saint-Hilaire-au-Temple, La Cheppe, Moncets, Coupéville, Le Fresne, Dampierre-sur-Moivre, Franche-ville, Marson, Coulmier et Mutigny (La Chaussée), Pogny, Saint-Memmie, Saint-Julien et Saint-Martin (Courtisols), Sarry, La Veuve, Recy, Poix, Somme-Vesle, Juvigny, Dampierre-au-Temple, Saint-Jean-sur-Moivre, Omey, Chepy, La Croix-en-Champagne, Saint-Etienne-au-Temple, Saint-Martin-lez-Vinetz (sur le Pré), Vadenay, Cuperly, Tilloy, Melette et Lépine, Vesigneul. — *Ecarts :* Les Maisons-Rouges, à 300 mètres; les Vidames ou Blamont, à 4 kilomètres 3/4.

Cuperly, au S.-S.-O. de Suippes, sur un terrain plat, arrosé par la Noblette. — Superficie, 2,091 hectares 93 ares 56 centiares. — Succursale dédiée à sainte Madeleine. — Perception de Bouy. ⊠ Mourmelon-le-Grand. — Ecole primaire mixte. — Une partie du territoire a été prise pour le Camp de Châlons. — Ferme impériale. — Carrières, qui sont maintenant la propriété de l'Etat. — L'Ordre du Temple était propriétaire à Cuperly, en 1134. — Ce village payait, avant 1170, la dîme de ses moissons à l'évêque de Châlons; et, depuis cette époque, à la cathédrale de Reims, et ressortissait au bailliage de Sainte-Menehould; mais il fut réuni, en 1639, à celui de Châlons. — *Ecart :* Fontenelle, à 2 kilom.

» même où moururent les soldats, avec la terre qu'ils baignèrent de leur
» sang, sans faste, mais redoutant peu les injures du temps, ces monu-
» ments n'ont-ils pas un caractère plus sacré, plus grandiose et plus
» durable que les nôtres? Pour moi, j'avoue que la vue de ces hauts
» monticules, élevés il y a quinze siècles, pour perpétuer le lieu et la
» mémoire d'une grande bataille, et servir de nécropole aux mânes des
» guerriers tombés sur le champ d'honneur, m'a profondément impres-
» sionné. » (Séance du Congrès archéologique tenu à Châlons, 1855.)

Dampierre-au-Temple, au S.-O. de Suippes, sur la rive gauche de la Vesle. — Le chemin de fer de Châlons au Camp traverse une partie de son territoire, sur une longueur d'environ 1,200 mètres. — Il existe un passage à niveau sur la route qui conduit de Dampierre à La Veuve. — Superficie, 1,030 hectares. — Succursale dédiée à saint Pierre et saint Paul. — Perception de Bouy. ✉ Châlons. — Ecole primaire mixte. — Petite église du XIVe siècle. — Cette commune doit son nom à une commanderie de Templiers, qui existait dès 1128 sur son territoire, à 1 kilom. à l'est, lieu où était autrefois le village de La Neuville-au-Temple, détruit en 1789. — Cette commanderie fut la première et la plus importante de la Champagne. — Au centre de Dampierre, est un endroit vulgairement désigné sous le nom de Martereau ou Martreau, à la place où a été construite la maison d'école, en 1840. — Ce lieu a dû être anciennement un cimetière, attendu qu'on y a trouvé, dans des espèces de tombes en plâtre gâché et à côté des ossements, des urnes ou vases lacrymatoires en argile, semblables à des bouteilles à large col. Les ossements sont d'une taille véritablement colossale et d'une force inconnue de nos jours. — Le chapitre de la cathédrale de Châlons percevait les menues dîmes de Dampierre, dès l'an 1588.

Jonchery-sur-Suippe, au N.-N.-O. de Suippes, arrosé par la Suippe, qui le traverse et le coupe en deux parties presque égales. — Superficie, 2,474 hectares. — Succursale dédiée à saint Pierre. — Perception de Suippes. ✉ Suippes. — Bureau de bienfaisance. — Ecole primaire mixte. — Fabrique d'huiles. — Flanelles en façon et autres étoffes de laine. Une vingtaine de métiers. — Trois carrières de bonne craie à bâtir. — Le 14 mai, foire d'un jour, à l'occasion de laquelle s'ouvre annuellement un pèlerinage remarquable, dit de Saint-Ponce. — Le chœur de l'église est très-bien voûté. — Un aqueduc romain, qui prenait à Jonchery l'eau de la Suippe pour en alimenter Reims, prouve l'ancienneté de cette commune. — Cet aqueduc avait 30 kilomètres de longueur, et sa destruction, ouvrage des hommes pendant des siècles, ne fut entièrement terminée qu'en 1840. — En 1858, on a creusé, à Jonchery, un canal de 6 à 7 mètres de profondeur, et au fond duquel on a établi des tubes en fonte, pour procurer de l'eau au Camp. Ce travail, commençant à 5 kilomètres environ, vers la limite méridionale de Jonchery et se dirigeant vers Mourmelon-le-Grand, a un parcours de 4 kilomètres environ. — En 1241, les chapelains de la congrégation de Notre-Dame de Reims exerçaient à Jonchery des droits seigneuriaux. — *Ecart :* Chantereine, à 2 kilomètres.

La Cheppe, au sud de Suippes, sur l'ancienne voie romaine, qui allait de Reims à Metz par Bar-le-Duc, et dans un agréable bassin arrosé par la Noblette, qui partage la commune en deux rues égales, éloignées l'une de l'autre d'environ 400 mètres. — Superficie, 2,389 hectares 30 ares 26 centiares. — Annexe de Bussy-le-Château; l'église est dédiée à saint Martin. — Perception de Suippes. ⊠ Suippes. — L'église, reconstruite en 1821 et consacrée en 1822, possède un magnifique tabernacle représentant l'Annonciation de la Sainte-Vierge; ce tabernacle, qui fait l'admiration des connaisseurs par la beauté de sa sculpture, provient du couvent des Ursulines de Châlons, et a été acheté 80^f, au moment où, pendant la Révolution, il allait être brûlé par les dévastateurs de l'église. La cloche, très-ancienne, pèse 650 kilos, et appartenait à l'église de Toussaints, de Châlons. — Le Camp de Châlons est à 3 kilomètres de La Cheppe. — Entre La Cheppe et Cuperly, entre la Noblette et le Mont-des-Vignes, se voit un camp, dit *Camp d'Attila*, ainsi que des fossés et remparts très-anciens, et des tombelles ou antiques sépultures, disséminées dans toute son étendue et plus ou moins dégradées (1). — Ce fut dans cette grande plaine qu'eut

(1) « C'est un vaste camp retranché, pouvant contenir une garnison de 8
» à 10,000 hommes, qui s'appuie, à l'ouest, à la Noblette, rivière qui en
» forme, de ce côté, l'avant-fossé; sa forme est celle d'un cercle aplati,
» de 300 toises de diamètre; un fossé de 80 pieds de largeur et de 20 de
» profondeur, dont les terres sont amoncelées en forme de parapet, com-
» plète, du côté de la campagne, son investissement. Trois issues sont
» ménagées à travers le fossé; l'une, à l'est, pour maintenir la commu-
» nication avec *Mauriac* (La Cheppe); l'autre, à l'ouest, pour faciliter les
» sorties, et assurer la défense des inondations; le troisième, au nord,
» pour lier la garnison du camp avec le corps de bataille; enfin, une
» quatrième issue, donnant sur la Noblette, devait servir aux besoins de

lieu, en 451, la gigantesque lutte entre les Romains et les Huns, dans laquelle Mérovée combattit avec Aétius, général romain, et Théodoric, roi des Visigoths, contre Attila, roi des Huns, Scythe de nation, et qui se donnait lui-même le surnom de *fléau de Dieu*.
— Cette plaine, ce champ de bataille, porte le nom vulgaire de l'*Ahan des Diables*. — *Ahan*, dans le langage du pays, signifie l'époque des semailles, et *ahanner* constitue l'opération d'enterrer le froment, en sorte que les cadavres mis en terre furent ahannés, et que l'Ahan des Diables indique le lieu de l'enterrement des diables. — L'épithète de *diable* se conçoit, étant appliquée par la superstition populaire à des brigands aussi formidables que les

» la garnison. Une digue, jetée sur la Noblette, à l'extrémité nord de cet
» ouvrage, soulevait ce ruisseau à 6 pieds au-dessus de son niveau ordi-
» naire, et devait tendre une inondation de 100 pieds de large, en avant
» de l'enceinte du camp. Un cavalier battait au loin ses approches, ainsi
» que celles de la digue dont il assurait la conservation. Le pourtour de
» cet ouvrage, dont l'irrégularité prouve la précipitation avec laquelle il
» a été établi, est de 1,765 mètres, mesurés sur la crête des épaulements.
» — Creusés dans la craie, le temps n'a fait subir, pour ainsi dire, aucune
» altération aux fossés. Le cube de leurs déblais est d'environ 100 mètres
» par mètre courant.
» Les pièces de monnaie qu'on y a trouvées à différentes époques sont
» toutes antérieures à l'an 450 de notre ère; ce sont des médailles ro-
» maines et des médailles celtiques ou potin. » (*Attila dans les Gaules,* par un ancien élève de l'Ecole polytechnique, 1833.)

Nous ajouterons, pour compléter cette description : 1° la surface du camp, fossés compris, est de 29 hectares 67 ares; 2° son plus grand axe est perpendiculaire à la méridienne; 3° ce camp est contigu à *Fanum Minervæ* (aujourd'hui La Cheppe), et à l'ancienne voie romaine de Reims à Metz par Bar-le-Duc.

Etait-ce là un camp romain ou un poste militaire permanent pour le service de cette voie, et qui aurait été mis sous la protection de Minerve? Est-ce un camp construit par Attila, ou bien, ayant trouvé cet ouvrage établi, l'aurait-il occupé?

Selon l'auteur d'*Attila dans les Gaules*, ce camp et les enceintes de Bussy-le-Château, etc., seraient l'œuvre du roi des Huns. Laissant ces questions à décider à ceux qui ont des données plus certaines que nous sur la forme, les dispositions et l'emplacement des camps romains, nous

Huns; soit que cette épithète désignât la couleur de leur peau, noircie par le soleil (il est dit d'Attila qu'il était *colore subfusco*), et semblable à celle que la superstition attribue au diable, soit qu'elle voulût par là signifier leur cruauté et leur méchanceté diaboliques. — Ce même lieu porte toujours ce nom de l'*Ahan des Diables*, sous lequel il est désigné par la carte de Cassini. — En 1239, la commanderie de La Neuville-au-Temple exerçait divers droits sur le territoire de La Cheppe et sur celui de Parjouet, village voisin qui a disparu. — *Ecart :* Le moulin, dit de La Vallée, à 2 kilomètres.

disons seulement que M. de Caumont, directeur de la Société française d'Archéologie, et plusieurs membres réunis au Congrès de Châlons-sur-Marne, en 1855, ont émis l'opinion que le camp de La Cheppe, s'il a servi à Attila, n'avait pas été établi par lui, mais était de beaucoup antérieur, invoquant comme preuves la découverte qui y a été faite de médailles celtiques et romaines, et le voisinage de ce camp à 200 mètres de la voie romaine de Reims.

La *Noblette,* comme nous l'avons dit, a sa source à Saint-Remy-sur-Bussy (canton de Dommartin-sur-Yèvre, arrondissement de Sainte-Menehould), à environ 6 kilomètres de La Cheppe, et son embouchure à Pont-Reux, écart de Bouy, au-dessous et tout près de Vadenay, à 8 kilomètres de La Cheppe. — Cette petite rivière a pris son nom, dit-on, de ce que ses abords ont reçu la sépulture d'une multitude de nobles et braves guerriers. — L'auteur d'*Attila dans les Gaules* dit : « La largeur du lit de la Noblette
» (dont la source correspond à peu près au centre de la ligne de bataille,
» mais à 3,000 toises en arrière), est, entre La Cheppe et Bussy, de 4
» à 5 mètres, sa profondeur de 1 mètre 30; dans les temps ordinaires,
» elle a près d'un mètre d'eau. — Comme ses bords sont à pic, il est
» très-difficile de la traverser. Des troupes légères, en se jetant à l'eau,
» pourraient à grand'peine gravir ses rives; la cavalerie serait forcée de
» rétrograder.

» Entre Bussy et Saint-Remy, le ruisseau n'a plus que 2 mètres de
» largeur sur un demi-mètre de profondeur; sa pente est plus ou moins
» rapide; il est tantôt guéable, tantôt marécageux, mais ses bords sont
» escarpés. — Au-delà de Saint-Remy, jusqu'à sa source, il forme partout
» obstacle au passage de la cavalerie, et quoique souvent à sec dans
» l'arrière-saison, on peut, à l'aide d'abattis, en tirer un parti avantageux
» pour arrêter l'effort des assaillants, ou pour se mettre à couvert de
» leur poursuite. »

Livry, au S.-O. de Suippes, à 1,500 mètres environ de l'extrémité nord du Camp de Châlons, sur la rive gauche de la Vesle, qui baigne son territoire. — Superficie, 1,324 hectares. — Succursale dédiée à saint Remi.—Perception de Bouy. ✉ Mourmelon-le-Grand. — Ecole primaire mixte. — Cette commune, par sa position géographique, semble destinée à devenir plus tard un lieu important. — Les nombreux visiteurs des pays vignobles des montagnes de Reims et d'Epernay, et ceux de la plaine environnant cette dernière ville, en-deçà de la Marne, n'ont pas jusqu'ici d'itinéraire plus sûr et plus direct que de passer par Livry pour aller jouir du magnifique spectacle du vaste emplacement et des curiosités du Camp. — Napoléon III a passé par Livry, le 29 juillet 1857, en se rendant au Camp. — M. Saucourt, maire de cette commune, et homme très-intelligent, est le régisseur des fermes que l'Empereur a fait établir aux environs du Camp. — Livry possédait autrefois un château entouré de fossés, et des fossés entouraient aussi la commune. — Le seigneur y avait droit de haute, de moyenne et de basse justice. — Le premier seigneur fut Quentin le Boutillier, en 1147; le dernier, en 1790, messire François de Gatineau, qui vendit ses biens à Remy Poinsenet. Les fossés du château et ceux qui formaient l'enceinte de Livry ont été comblés par les propriétaires qui les ont achetés ou qui en ont hérité. — Un second château, au nord-ouest de la commune, à 400 mètres, a été acheté et démoli, en 1817, par Jean-Claude et Thomas Poinsenet. — *Ecart :* La Provence, à 3,500 mètres.

Louvercy, à l'O.-S.-O. de Suippes, à 1,800 mètres du Camp, sur la rive droite de la Vesle, qui arrose la commune dans toute sa largeur, du S.-E au N.-O., sur 3,200 mètres de largeur. Le chemin de fer du Camp longe la rive droite de cette rivière. — Superficie, 1,748 hectares, dont 500 ont été cédés au Camp de Châlons. — Annexe de Livry; l'église est dédiée à saint Martin. — Perception de Bouy. ✉ Mourmelon-le-Grand. — Bureau de bienfaisance. — Ecole primaire mixte. — L'église de cette commune est bâtie sur une éminence; elle date de la fin du XIIe siècle ou du commencement du XIIIe. Son aspect est grandiose et elle est éclairée par d'élégantes fenêtres, avec colonnes et chapiteaux surmontés de rosaces. Quoiqu'elle ait perdu sa nef et ses collatéraux, elle est encore admirée par les visiteurs compétents, qui y apprécient au maître-autel le beau tableau de l'Adoration des Mages. — Louvercy est très-ancien et fut important autrefois. — Il était, dit-on, bâti en grande partie sur la rive gauche de la Vesle, où l'on a trouvé un cimetière ayant appartenu au couvent de Saint-Hippolyte. — Il reste encore dans la commune de Louvercy quelques débris du château qui a été détruit à la Révolution. — *Ecarts* : moulin à eau, à 300 mètres.

Mourmelon-le-Grand, au N.-N.-O. de Suippes, au pied d'une éminence sur laquelle est construite la tente impériale ou le quartier de l'Empereur. — Mourmelon-le-Grand est arrosé par le petit ruisseau Mourmelon ou Le Cheneu, qui prend sa source à quatre kilomètres E. et se jette dans la Vesle, un peu au-delà de Mourmelon-le-Petit, après un cours de dix kilomètres. — La Superficie de cette commune a été réduite par le Camp à 620 hectares environ ; elle était de 2,321. — Succursale dédiée à saint Laurent. — Perception de Suippes. — Bureau de poste. — Bureau de télégraphie privée depuis le 10 juin 1861. — Ecole mixte. — Son église est remarquable surtout par le volume et l'élévation de son clocher pyramidal. — Mourmelon-le-Grand est la principale des communes qui avoisinent le Camp de Châlons ; elle en est en quelque sorte le quartier-général. Aussi sa population qui, d'après le recensement de 1852, était de 399 habitants, est aujourd'hui, d'après celui de 1862, de 5,719. De toutes parts s'y sont élevées un grand nombre de constructions de tout genre qui en ont fait une petite ville. — Mourmelon-le-Grand a donné naissance, le 3 septembre 1825, à M. Jules Remy, qui resta, jusqu'à l'âge de 14 ans, chez son père, honnête instituteur de Livry depuis 31 ans. Il quitta alors la maison paternelle pour compléter son instruction, et se livra à l'étude de l'histoire naturelle, principalement de la botanique. Il avait, à peine atteint sa 25e année, que le Muséum lui confia la mission d'aller explorer les îles Sandwich (1), où il rencontra un riche Anglais, M. Brenchley, avec lequel il courut pendant six ans et

(1) Dit aussi archipel d'*Havaii* ou *Owhyhee*, archipel le plus septentrional de la Polynésie (subdivision de l'Océanie).

demi aux aventures scientifiques, visita ces îles, puis une partie des deux Amériques. — Quelques particularités de ses pérégrinations scientifiques ont paru dans le journal *l'Echo du Pacifique*, dans le *Journal de la Marne* et dans d'autres petites brochures. M. J. Remy, de retour en France a publié, en 2 vol. gr. in-8°, une intéressante relation de son voyage au pays des Mormons. — *Ecarts :* le moulin Baya, à un kilomètre (1).

(1) *Camp de Châlons.*

La position du Camp de Châlons se prête merveilleusement aux grandes manœuvres. — Elle occupe le vaste plateau qui s'étend entre la Marne, l'Aisne et la vallée d'Argonne, pays peu accidenté, coupé de petites rivières, très-favorable au déploiement de grandes armées. — C'est le champ de bataille classique.

Le terrain se compose de terres sèches, reposant sur un sous-sol de gravier crayeux extrêmement friable.

Placé entre les rivières la *Suippe* et la *Vesle*, qui le bornent à l'E. et à l'O., le Camp de Châlons a pour extrême limite, au N., un ruisseau nommé le *Mourmelon* ou le *Cheneu* dont le cours, ombragé de peupliers et de saules, lui forme de ce côté un pittoresque horizon de verdure.

La limite, au S., est formée par la route qui va de Châlons à la petite ville de Suippes.

Il était impossible de trouver un emplacement qui répondît mieux, sous tous les rapports, à la destination d'un camp. En dehors de sa situation exceptionnelle entre trois cours d'eau, et des accidents nombreux du sol qui le rendent propre aux mille combinaisons nécessaires pour l'exécution des manœuvres qui doivent être l'image de la guerre, le plateau où est assis le camp de Châlons offre encore un avantage bien plus précieux : jamais le sol n'y est humide, grâce à la nature absorbante du sous-sol d'un gravier crayeux. La couche de craie ne se montre, en effet, dans la plus grande partie de son étendue, qu'à un mètre de profondeur, et, si elle arrive parfois jusqu'à la surface, c'est seulement dans de rares contrées et sur des étendues peu considérables.

Tel est l'emplacement choisi par l'Empereur, emplacement qui, il y a près de six ans (la création du Camp a été ordonnée par un décret du 15 novembre 1856), était morne et silencieux, et qui voit maintenant son sol couvert de nos braves soldats, trépigner sous le pied de leurs chevaux, et résonner sous le fracas de leurs armes.

Le quartier-général de l'Empereur, situé sur un point qui domine toute la ligne du Camp, avait, de prime-abord, été construit en bois ; il a été réédifié en briques et pierres, sur le même plan que l'ancien ; un jardin

Mourmelon-le-Petit, à l'O. de Suippes, arrosé par la Vesle et le ruisseau le Mourmelon ou le Cheneu, qui y a son embouchure à peu de distance dans la Vesle et par un étang d'environ 30 ares en amont du moulin. — Superficie 1,200 hectares, dont l'Etat a pris 220 pour le Camp. — Chapelle vicariale dépendant de Mourmelon-le-Grand; église dédiée à saint Basle. ⊠ Mourmelon-le-Grand. — Bureau de bienfaisance. — Ecole primaire mixte. Gare du chemin de fer de Châlons au Mourmelon, à un demi-

existe à l'entour, et l'on a ajouté de nombreux pavillons pour le service de la Maison impériale. On a construit près du Mourmelon des pavillons neufs, en briques et couverts en ardoises. Les différentes avenues du Camp, ainsi que ses abords, ont été plantés de plusieurs milliers d'arbres de diverses essences, qui sont aujourd'hui d'une très-belle venue. Les travaux des jardins maraîchers, établis derrière chaque régiment (infanterie et cavalerie), et exécutés par des hommes de chaque corps, ont produit des résultats excellents dès l'année dernière, 1861, et assurent aux ordinaires de la troupe d'amples approvisionnements de légumes frais. On a construit, pour l'arrosage de ces jardins, des puits et des pompes qui donnent de l'eau en abondance. Le génie a dans son parc réservé une pépinière entretenue avec le plus grand soin et qui donne les plus belles espérances. Les arbres de cette pépinière sont destinés à former des allées pour l'embellissement du Camp.

On écrivait du Camp de Châlons, le 4 mars 1862 :

« Malgré le mauvais temps, qui n'a presque pas cessé de régner pen-
» dant l'hiver, les travaux du camp ont été poussés avec vigueur. Tout le
» baraquement nécessaire au logement d'une division d'infanterie est ter-
» miné ; il ne reste plus à y ajouter que quelques accessoires, tels qu'écu-
» ries, forges d'armuriers, etc., actuellement en voie de construction et
» qui seront entièrement prêts avant l'arrivée des nouvelles troupes.

» Des arbres viennent d'être plantés en avant, en arrière et dans les
» rues du nouveau baraquement, ainsi que cela a eu lieu pour la partie
» qui existait déjà. La grande route qui sépare les baraques de la troupe
» de celles où sont installées les cuisines est entièrement achevée et très-
» solidement macadamisée, ce qui était d'une urgente nécessité. Peu à
» peu, enfin, le Camp s'embellit et finira par devenir, hiver comme été,
» un séjour supportable. »

En 1860 et 1861, les officiers de cavalerie du Camp de Châlons ont organisé des courses dont le succès a dépassé l'attente d'une improvisation ; succès tel que l'Empereur a témoigné le désir de les voir se répéter annuellement. — L'administration des haras, désireuse de se conformer

kilomètre du village, et construite en 1857. — En face, sont divers établissements, tels qu'hôtels, restaurants, etc. — Cette commune, dont la belle petite église en craie a été élevée en 1846, se ressent chaque jour du voisinage du Camp, puisque sa population, en 1856, était de 267 habitants, et qu'elle est, cette année 1862, de 1,169. — *Ecarts :* Les différents établissements, tels que restaurants, hôtels, etc. tout près, à 1/2 kilomètre.

Saint-Hilaire-au-Temple, au S.-S.-O. de Suippes, près de la rive gauche de la Vesle, qui traverse la partie S.-E. de son territoire, est coupé au S.-O. par le chemin de fer. — Superficie, 602 hectares 23 ares 99 centiares. — Annexe de Dampierre-au-Temple ; l'église est dédiée à saint Hilaire. — Perception de

au vœu de l'Empereur, jalouse en même temps de donner à son intervention une importance qui soit en rapport avec les récompenses décernées par Sa Majesté, a décidé qu'à l'avenir les courses du Camp de Châlons seraient tout-à-la-fois civiles et militaires, et qu'une allocation de 6,000 fr., prélevée sur son budget, serait acquise à la nouvelle institution. — Les courses auront lieu au Camp, du 5 au 20 août 1862, époque pendant laquelle Sa Majesté doit y résider. — Il y a tout lieu d'espérer que l'hippodrome de Châlons deviendra un chef-lieu de courses. C'est une véritable bonne fortune pour le département qui, d'autre part, ne perdra rien à cette transformation de la Société d'Encouragement pour l'amélioration de la race chevaline dans le département de la Marne, puisqu'elle continuera à décerner ses primes habituelles aux meilleures poulinières et pouliches, et que, dans sa séance du 21 avril 1862, présidée par M. le Préfet de la Marne, elle a voté, tant sur ses fonds que sur ceux alloués par le ministère et le conseil général, 5,800 fr. à distribuer cette année 1862. Les principales villes du département ne resteront pas certainement étrangères à cette fondation, et s'empresseront sans doute de s'associer à cette heureuse innovation, dont les effets constitueront un véritable progrès pour le pays, une véritable ressource pour les éleveurs, un exemple salutaire pour tous les cultivateurs.

M. le général Fleury, directeur général de l'administration des haras, vient de décider (mai 1862), qu'il serait envoyé au Camp de Châlons deux étalons de choix, l'un arabe de taille, l'autre percheron léger, destinés aux trente juments des fermes impériales. — Voulant favoriser le plus possible la production chevaline dans le département de la Marne, le général Fleury a autorisé la saillie de *trente* autres juments appartenant à des particuliers, lesquelles seraient admises par les gardiens de ces étalons.

Bouy. ✉ Châlons. — Ecole primaire mixte. — L'ordre du Temple, d'après de nombreux titres, exerçait divers droits à Saint-Hilaire.

Saint-Hilaire-le-Grand, au N.-O. de Suippes, baigné par la Suippe qui le traverse, et par le ruisseau de l'Ain, qui a son embouchure dans la Suippe et sa source à Souain (canton de Ville-sur-Tourbe, arrondissement de Sainte-Menehould). — Superficie, 4,100 hectares. — Succursale dédiée à saint Hilaire. — Perception de Suippes. ✉ Suippes. — Bureau de bienfaisance. — Ecoles primaires des deux sexes. — L'église, qui paraît remonter au XIIIe siècle, a été construite, dit-on, comme celle d'Auberive (canton de Beine, arrondissement de Reims), avec les matériaux extraits de l'aqueduc de Jonchery. — Le village de Saint-Hilaire était autrefois entouré de remparts et avait ses portes d'entrée comme une ville ; maintenant, même, une des principales est encore désignée sous le nom de *Vieille-Porte*. — Les remparts furent élevés en 1579, époque à laquelle Henri III accorda à la commune la permission de s'enfermer, afin de s'opposer aux ravages des partis qui désolaient la France au temps des troubles de la ligue. — A 500 mètres est la contrée appelée Vieille-Ville, où l'on a découvert un ancien cimetière contenant quantité d'ossements et autres objets qui font supposer l'existence d'un ancien couvent. — Sur ce cimetière se trouve une chapelle également construite avec les matériaux de l'aqueduc et paraissant appartenir à l'époque romane ou de transition. — Au-dessous du cimetière sont des excavations irrégulières de 70 à 80 mètres de développement et composées de chambres circulaires. L'ouverture en a été bouchée il y a une vingtaine d'années. — A l'entrée de Saint-Hilaire est la contrée appelée le Château-Fort, par corruption le *Chalet*, où s'élève une butte de 10 mètres de hauteur. Cette butte est considérée comme le reste d'anciennes fortifications ayant dû servir au temps des guerres féodales ; elle est couronnée de sapins.

Vadenay, au S.-O. de Suippes, arrosé par la Vesle, la Noblette et par le petit ruisseau appelé le Grand-Clair-Fond, qui prend sa source sur le territoire. — Superficie, 1,919 hectares. — Succursale dédiée à saint Etienne. — Perception de Bouy. ✉

Mourmelon-le-Grand. — Ecole primaire mixte. — Cette commune, voisine du Camp, a une église qui appartient au xie siècle ou au xiie; le sanctuaire est du xviiie. — Aux environs de cette église, on rencontre des galeries souterraines qui, d'après la tradition et la manière dont elles sont établies, seraient l'ouvrage des Gaulois. — Vadenay payait une partie de ses dîmes à la cathédrale de Reims. — La collégiale de la même ville en partageait la seigneurie avec la dame d'Avenay, et, dans une lettre de Louis de France, roi de Navarre, comte palatin de Champagne et de Brie, le territoire de Vadenay est nommé le *Vadenois*, dénomination qui semble annoncer une juridiction de quelque importance. — Un titre de 1206 constate que le territoire était aussi tributaire de l'ordre du Temple. — *Ecarts:* Deux, l'un à 3 hectomètres, l'autre à 150 mètres.

Vaudemanges, à l'O.-S.-O. de Suippes, près du canal de l'Aisne à la Marne, qui traverse tout le territoire du N. à l'O., sur un parcours de 3 kilomètres et demi, est arrosé aussi par le petit ruisseau dit de Trépail, qui va se perdre dans les fossés du canal de l'Aisne à la Marne. — Superficie 1,278 hectares. — Succursale dédiée à saint Hippolyte. — Perception de Bouy. ✉ Les Petites-Loges. — Ecole primaire mixte. — *Ecart :* la ferme d'Alger, à 3 kilomètres.

5° CANTON DE VERTUS.

8,421 habitants. — 35,435 hectares. — 27 communes.

Ce canton, très-étendu et dont la forme est semi-circulaire, a pour bornes, au N., le canton d'Avize et celui d'Ecury-sur-Coole; à l'E., celui d'Ecury-sur-Coole; au S., le canton de Fère-Champenoise, et à l'O., le canton d'Avize et celui de Montmort.

Il est arrosé par la Somme-Soude et par quelques-uns de ses affluents, dont le plus considérable est la Berle. La Berle, qui a deux sources, une à Bergères, l'autre à Vertus, se jette dans la Somme-Soude au-dessous de Pocancy, après avoir arrosé Villeneuve, Voipreux, Chevigny, Rouffy, Renneville et Saint-Mard. La rivière du Petit-Morin, source des marais de Saint-Gond, ne fait qu'effleurer le canton vers le sud. La partie nord-ouest est couverte de bois, connus sous le nom de forêt de Vertus.

Les deux tiers de ses communes sont bonnes. Les marais de Saint-Gond, transformés depuis leur dessèchement, se prêtent aux cultures, aux plantations, au pacage, etc. Les efforts constants et progressifs des cultivateurs contribuent dans ce canton, comme dans celui de Suippes, à changer le sol naguère stérile et à le rendre productif.

L'exploitation des bois, la vente des vins de sa partie vignoble et des productions du sol, tel est le commerce du pays.

COMMUNES.	DISTANCE AU CHEF-LIEU				POPULATION
	de canton.	de l'arr.	du départ.	de Reims.	
	k.	k.	k.	k.	habitants.
Vertus.......................	»	29	29	46	2.469
Aulnay-aux-Planches........	11	36	36	57	136
Aulnizeux...................	11	36	36	57	128
Bergères-lez-Vertus..........	3	28	28	49	653
Chaintrix-Bierges...........	8 5	20	20	49	337
Chevigny....................	4	25	25	44	75
Clamanges..................	11	26	26	57	287
Coligny.....................	8	33	33	51	279
Ecury-le-Repos..............	12	30	30	58	145
Etrechy.....................	5 4	34	34	46	187
Germinon...................	13	20	20	54	296
Givry-lez-Loizy..............	7	39	39	47	170
Loizy-en-Brie................	9	36	36	46	462
Morains ou Morains-le-Petit...	11	36	36	57	132
Pierre-Morains...............	8	31	31	52	177
Pocancy.....................	12	17	17	45	301
Rouffy.......................	6 3	24	24	45	101
Saint-Mard-lez-Rouffy........	10	19	19	47	151
Soulières....................	6	37	37	45	257
Toulon......................	13	38	38	53	85
Trécon......................	7	25	25	50	149
Velye.......................	10	22	22	52	172
Vert-la-Gravelle.............	11	37	37	57	422
Villeneuve-Renneville........	4 5	24	24	44	219
Villeseneux..................	13*	21	21	58	260
Voipreux....................	3	26	26	45	107
Vouzy.......................	9	19	19	47	273

Vertus, à l'O.-S.-O. de Châlons, chef-lieu de canton, jolie petite ville sur un sol presque nivelé. La rivière la Berle, formée de plusieurs sources détaillées ci-après, et le ruisseau de Bergères, arrosent une partie de son territoire. — Superficie, 3,568 hectares. — Un tiers du sol est en montagne et les deux tiers en plaine. — Cure, dont l'église est dédiée à saint Martin. — Chef-lieu de Perception. — Bureaux de poste aux lettres, d'enregistrement et de bienfaisance. — Salle d'asile. — Ecoles primaires des deux sexes. — Vertus est entourée de belles promenades qui remplacent ses anciens fossés ; le site en est charmant. — Au N. et à l'O., les admirables coteaux couverts de vignes et couronnés de bois forment un magnifique amphithéâtre de verdure qui repose agréablement la vue. — Au S. et à l'E., une superbe et fertile plaine, sillonnée par la Berle et ses affluents, que des bosquets entourent, ne laisse rien à désirer à ses modestes et industrieux habitants. — Les petites collines qui dominent Vertus renferment les belles et curieuses *faloises* d'où sont sortis la plupart des matériaux qui ont servi à la construction des principaux édifices des environs. — Carrières de pierres calcaires à bâtir, de craie, de sable, de grève ; deux tuileries ; briqueteries avec fours à chaux. — Les vins blancs de Vertus sont recherchés par le commerce pour la confection des vins de Champagne, et le vin rouge y est excellent ; mais le blanc étant plus avantageux pour le commerce, le rouge y est fait en moins grande quantité qu'il y a quelques années — La culture de la vigne et le commerce des vins font les principales occupations et sont les sources de la richesse et de l'aisance des habitants. Si la culture de la vigne est parfaitement comprise et dirigée dans ce pays, l'industrie agricole y est aussi bien entendue et bien développée. — Vertus possède plusieurs sources abondantes, dont l'eau limpide est excellente. — La source du *Puits Saint-Martin*, à l'E. de l'église, et qui donne naissance à la Berle ; la *Grande-Fontaine*, au centre de la ville ; le *Moulinet*, qui sort du jardin de la mairie ; la *Fontaine maire de Roy.* — L'église paroissiale est grande, majestueuse, avec de vastes cryptes et une gosse tour carrée. — Elle fut construite sur pilotis, en 1080, par Thibault Ier, comte palatin de Troyes. — A l'époque des malheurs qui accablèrent la ville, l'église subit des dégradations toujours restaurées. — En 1854, le chœur et la principale crypte furent reconstruits totalement par M. de Granrut, architecte de Châlons, et coûtèrent 53,439 fr. pris sur les propres ressources de la commune. Trois verrières, fruit d'une souscription faite par les habitants, sont placées derrière l'autel du chœur; elles représentent l'Etre suprême, le Christ en croix, la Sainte-Vierge tenant l'Enfant-Jésus dans ses bras, la vie de saint Martin et de saint Vincent. — La mairie, dont la fondation remonte à cent ans environ, a sa cour d'honneur précédée d'une belle grille en fer surmontée des armes de la ville. — L'hospice renferme, depuis 1856, dans le clocher de sa jolie petite chapelle, une horloge remarquable faite à l'école d'Arts et Métiers de Châlons.

Vertus, dont l'origine se perd dans la nuit des temps, est célèbre dans l'histoire (1). Cette ville appartint primitivement à l'Eglise de Reims, et eut autrefois le titre de comté. — La terre de Vertus fit partie du domaine des comtes de Champagne depuis qu'Héribert II s'en fut emparé, vers 966. — La ville fut successivement fortifiée et munie d'un château où les comtes faisaient de fréquents séjours (2). Ces mêmes comtes y fondirent une collégiale et les abbayes de Notre-Dame et de Saint-Sauveur (3). — Vertus fut réunie à la

(1) Son nom lui vient de *Pagus Virtudensis* ou *Virtudisus*, dont elle était le chef-lieu. (On le trouve, ce nom, dans une charte de Louis-le-Débonnaire, en 818, et dans un capitulaire de Charles-le-Chauve, en 853.

(2) Il ne reste plus de ce château que la porte Beaudet et des casemates qui y conduisaient.

(3) De ces deux florissantes abbayes, il n'y a plus, de la dernière, que l'abbatiale dont la façade, du côté de la ville, est remarquable par sa régularité, et quelques bâtiments ruraux qui faisaient partie de la première. — Le cimetière actuel était celui annexé à l'abbaye de Notre-Dame.

Vertus devint un des quatre archidiaconés du diocèse de Châlons, et le chef-lieu d'un doyenné comprenant les paroisses de Villevenard, Chapelaine, Bergères, du Puits, Vert, Bannes, Coizard, Clamanges, Loisy, Aulnay-aux-Planches, Voipreux, Chevigny, Saint-Mard-lez-Rouffy, Avize, Grauves, Fulaines, Saint-Ferjeu, Villers-aux-Bois, Soulières, Etrechy, Fromentières, Champaubert, Fère-Champenoise, Lenharrée, Oger, Fèrebrianges, Toulon, La Caure, Bayes, Joches, Courjeonnet, Normée, Ognes, Œuvy, Corroy, Vassimont, Morains, Aulnizeux, Connantre, Montépreux, Sommesous, Connantray, Gourgançon, Rouffy, Villeneuve, Etoges, Le Mesnil, Congy, Montmort, La Chapelle-en-Brie, Vouzy, Chaltrait, Flavigny et Renneville.

couronne, comme le reste de la Champagne, en 1284. — Le 9 avril 1358, le dauphin Charles, régent du royaume pendant la captivité de son père, tint dans cette ville les états-généraux de la Champagne, qui n'avaient pu avoir lieu à Provins, parce que les seigneurs les plus nobles et les plus puissants de la province ne s'y étaient pas rendus. — Après son retour d'Angleterre, le roi Jean érigea Vertus en comté-pairie, 1361, en la donnant en dot à sa fille Isabelle, qui épousait Jean Galéas, duc de Milan. Le comté passa ensuite dans les maisons d'Orléans et de Bretagne (1); puis au xviiie siècle, dans la maison de Rohan-Soubise; et enfin, en 1787, au duc de Bourbon. — Pendant l'occupation de la Champagne par les Anglais, et pendant les guerres de religion, la ville de Vertus éprouva de grands désastres. — En 1380, le comte de Buckingham, après avoir détruit soixante villages aux environs de Reims, prit d'assaut Vertus et le saccagea, à l'exception du château, dans lequel il s'était retiré. — Le comte de Salisbury, gouverneur de la Champagne pour le roi d'Angleterre, s'empara de cette ville et la ravagea, en 1420. — En 1443, les milices de Reims, de Châlons et de Troyes achevèrent d'en démolir les restes, qui servaient de refuge à des bandes de brigands. — En 1568, les protestants, sous les ordres du prince de Condé, l'occupèrent et en ruinèrent les abbayes. — En 1814, Vertus fut livrée au pillage. — En 1815, cette ville fut témoin de grandes manœuvres dans ses environs. — Le 10 septembre, l'empereur de Russie, Alexandre, avant de quitter la France, réunit dans les plaines de Vertus, autour du Mont-Aimé, sur un espace de 16 à 20 kilomètres, ses troupes qui se montaient à 150,000 hommes, dont 50,000 de cavalerie; l'artillerie se composait de 500 pièces de canon. — Le lendemain de ces grandes manœuvres, l'armée célébra la fête du czar, qui, accompagné de l'empereur d'Autriche et du roi de Prusse, se rendit sur la butte de Cormont ou de la Madeleine, élevée, comme le Mont-Aimé, de 240 mètres au-dessus du niveau de la mer. — Le dimanche et le lundi, 11 et 12 septembre, il y eut un grand banquet chez Alexandre, qui ne quitta Vertus que le 13 dans la soirée. — Le bailliage seigneurial de Vertus s'étendait sur 80 villages, et l'on y suivait la coutume

---

(1) On trouve encore à l'hospice de Vertus, et parfaitement conservées, les armes réunies de ces deux maisons.

de Vitry, quoique le bailliage fût compris dans le ressort de Châlons.

Vertus a donné naissance : à Eustache *Deschamps*, dit *Morel*, poète célèbre du xve siècle. Ses œuvres, inédites jusqu'à nos jours, ont été publiées en 1843; — A Claude *Deschamps*, inspecteur-général des Ponts et Chaussées, commandeur de la Légion-d'Honneur, né en 1765, mort en 1843. Parmi les nombreux travaux qu'il a fait exécuter, on cite les magnifiques ponts de Bordeaux et de Libourne, construits d'après ses plans et sous sa direction. — *Ecarts :* le moulin Boitret, à 1 kilomètre 5 hectomètres ; celui d'Argensolles, à 1 kilomètre ; celui de la Cense-Bizet, à 1 kilomètre 6 hectomètres ; celui de la Motte, à 2 kilomètres ; la ferme de la Cense-Bizet (1), à 1 kilomètre 6 hectomètres ; celle de la Motte-des-Prés, à 2 kilomètres 7 hectomètres ; celle du Petit-Voipreux, à 2 kilomètres 8 hectomètres ; celle des Allemands, à 4 kilomètres ; celle de la Motte-Rouge, à 2 kilomètres 2 hectomètres ; la Maison-des-Bois (2), à 7 kilomètres ; le hameau de la Madeleine, à 2 kilomètres ; le hameau Le Plessis, à 3 kilomètres 5 hectomètres.

Aulnay-aux-Planches, au S. de Vertus, est une des communes qui bordent les marais de Saint-Gond ; le territoire est traversé par une langue de ces marais et par la rivière du Petit-Morin. — Superficie, 1,150 hectares 53 ares 25 centiares. — Succursale dédiée à saint Fal. — Perception de Vert-la-Gravelle. ✉ Vertus. — Ecole primaire mixte. — Les fenêtres du sanctuaire de l'église sont remarquables par leur antiquité, xiiie siècle. — Les dîmes d'Aulnay appartenaient en partie à Notre-Dame de Vertus. — En 1337, Philippe de Valois donna au sire de Joinville, seigneur de Vaucouleurs, une rente à percevoir sur cette commune. Cette redevance, nommée *hoche-pot*, se payait par ménage ; elle a causé de nombreuses discussions entre la commune et les créanciers, jusqu'en 1810, époque à laquelle Aulnay a été libéré de cette rente.

(1) L'ancienne ferme de la *Cense-Bizet* est actuellement une belle maison de plaisance, entourée d'eaux vives, de jardins d'agrément et de bosquets.

(2) La *Maison-des-Bois*, construite au milieu de l'importante forêt de Vertus, appartient à M. le duc de Vicence.

— *Ecarts :* deux fermes, la première, à 2 kilomètres environ ; la deuxième, à 3 kilomètres.

Aulnizeux, au S.-O. de Vertus, dans la vallée du Petit-Morin et sur les bords des marais de Saint-Gond. — Superficie, 756 hectares. — Annexe de Coligny ; l'église est dédiée à saint Martin. — Perception de Vert-la-Gravelle. ✉ Vertus. — Ecole primaire mixte. — Tourbières. — *Ecarts :* la Chapelle, ferme à 1,200 mètres ; Chaudin, à 1,500 mètres, résidence du régisseur d'une partie des marais communaux.

Bergères-lez-Vertus, au S. de Vertus, arrosé par une branche de la Berle qui prend sa source sous l'église, et fait tourner un moulin à 2 kilomètres plus bas, et par le petit ruisseau le Mazet, qui naît au sud-ouest du village et se jette dans la Berle, sur la commune même. — Superficie, 1,828 hectares. — Succursale dédiée à saint Memmie. — Perception de Vertus. ✉ Vertus. — Bureau de bienfaisance. — Ecoles primaires des deux sexes. — Fabrique d'huile. — Bergères, par sa position au pied du Mont-Aimé, a beaucoup souffert dans les guerres du moyen-âge et aussi dans les guerres de religion. — A quelques mètres au-dessous du plateau du même mont est une fontaine qui ne tarit jamais. — Bergères possède une église romane du xiiie siècle, qui renferme de remarquables fonts baptismaux, et montre, à son portail, une curieuse arcade ogivale. — Le portail, qui a été mutilé en 1793, est du xve siècle, ainsi que les bas-côtés, qui sont éclairés par huit fenêtres ; il est décoré des armes de l'abbé de Saint-Sauveur, de Vertus, décimateur de Bergères. — Il existait autrefois, sur le territoire de la commune de Bergères, un village important, du nom de Puits. On a déjà tiré de son cimetière des squelettes de guerriers tout armés, qui font croire à la présence de beaucoup d'autres objets à exhumer ; il ne reste de ce village que la ferme qui en a conservé le nom. — *Ecarts :* la maison du Platet, au Mont-Aimé, à 1 kilomètre ; la ferme du Puits, à 2 kilomètres 1/2.

Chaintrix-Bierges, à l'E. de Vertus. — Bierges, qui a été réuni à Chaintrix en vertu d'un décret du 17 mars 1858, est sur la Somme-Soude, comme cette première, dont elle est éloignée de 1,100 mètres. — Le ruisseau la Due, qui arrose aussi Chaintrix, prend sa source sur le territoire, au lieu dit la Due, et s'y jette dans la Somme-Soude. — Superficie, 904 hectares 52 ares pour Chaintrix, et 124 hectares 56 ares pour Bierges. — Succursale dédiée à Notre-Dame; l'église de Bierges est dédiée à saint Martin. — Chef-lieu de perception. ✉ Vertus. — Ecole primaire mixte. — Papeterie à Chaintrix; on y fait du papier et du carton. — Le prieuré de Chaintrix possédait, au XVe siècle, d'assez nombreuses propriétés, et dépendait de l'abbaye de Saint-Pierre-au-Mont.

Chevigny, à l'E.-N.-E. de Vertus, arrosé par les ruisseaux de Bergères et de Vertus (la Berle), affluents de la Somme-Soude, et dont la jonction ou le confluent a lieu à Voipreux. — Superficie, 370 hectares. — Annexe de Villeneuve-lez-Rouffy; église dédiée à saint Hélin. — Perception de Vertus. ✉ Vertus. — Cette commune est réunie à Voipreux pour l'instruction primaire, et possède quelques curiosités naturelles, connues sous le nom d'Abîmes.

Clamanges, au S.-S.-E. de Vertus, le long de la Somme-Soude, qui le sépare en deux parties, sur une longueur de 5,640 mètres. — Le ruisseau, dit du Mont, borde la commune sur une étendue de 2,500 mètres. — Superficie, 2,359 hectares 49 ares 75 centiares. — Succursale dédiée à Notre-Dame. — Perception de Chaintrix. ✉ Vertus. — Ecole primaire mixte. — Trois moulins sur la Somme et trois huileries. — Le chapitre de la commune de Châlons levait la dîme et plusieurs redevances sur les habitants de Clamanges, dont l'histoire est peu connue; seulement, un vieux manuscrit, ayant servi de pièce dans un procès, établit que la commune portait le titre de bourg, contenait 300 feux, mais qu'elle fut ruinée par les guerres des Armagnacs et des Bourguignons, et réduite à 50 feux. — Clamanges a donné naissance à Nicolas Clemengis (de Clamanges), docteur en Sorbonne, secrétaire du pape Benoît XIII, au XIVe siècle, et l'un des meilleurs écrivains de l'époque.

Coligny, au S. de Vertus, dans une sorte de vallon, à la naissance des marais de Saint-Gond et au pied du Mont-Aimé. —

Superficie, 1,467 hectares. — Succursale dédiée à saint Sulpice. — Perception de Vert-la-Gravelle. ✉ Vertus. — Ecole primaire mixte. — Cette riche et jolie commune a, dans son église, à l'autel de la Vierge, une très-ancienne et très-curieuse représentation de la Passion de Notre-Seigneur, tableau que l'on peut regarder comme un chef-d'œuvre de sculpture en bois. — Près de cette église, se trouve une source qui porte ses eaux dans le Petit-Morin, après avoir longé les marais. — Sur la limite E. du territoire de Coligny, se dresse le Mont-Aimé ou Mont-Ami ou Moëmer, point le plus élevé du département, 240 mètres au-dessus du niveau de la mer, célèbre au temps de Thibault Ier, comte de Champagne, et fameux comme centre de réunion des troupes étrangères, lors de leur invasion de 1815. Sur le plateau, furent construits, par les comtes de Champagne, un château (1) dont on voit encore quelques ruines. Ce fut sur le Mont-Aimé qu'eut lieu la tragique histoire des Manichéens, qui y furent brûlés, le 13 mai 1239, au nombre de 183. — L'exécution se fit en présence du comte de Champagne, des prélats de Reims et de Châlons, assistés, dit-on, de quinze autres évêques, et d'une affluence considérable de spectateurs, que les chroniqueurs portent à 100,000. — Le Mont-Aimé fournit des pierres à bâtir en grande quantité. — Il est très-abondant en pois-

(1) Le château du Mont-Aimé communiquait par des signaux avec le château de Montaigu, situé au milieu de la Champagne (Aube). Ce château avait une tour appelée le *Donjon*, qui n'avait encore perdu qu'un quart de sa hauteur en 1798 ; il n'en reste aujourd'hui *qu'un caveau bien délabré*, qui a dû servir de prison, et où se voyaient, il y plus de trente ans, des peintures représentant des instruments de torture. — C'était dans les souterrains, dont l'entrée était dans l'intérieur du château, et s'étendaient au loin dans la Champagne, que les troupes se cachaient pour sortir tout-à-coup et tomber sur l'ennemi. — Le château couvrait environ 2 hectares 15 ares (4 arpents). — En 1407, ce château fut assiégé, pris et ruiné par le bailli de Vitry ; en 1431, le gouverneur de la Champagne, Barbazan, nommé par Charles VII, reprit aux Anglais le château dont ils s'étaient emparés ; en 1443, les habitants de Reims, de Troyes, de Châlons, sous les ordres du capitaine de Châtillon, démolirent les restes de cette forteresse, servant de repaire à des brigands de toutes les nations et de tous les partis, qui, de là, désolaient le pays environnant. — La dernière tour de ce château s'est écroulée en 1802.

sons fossiles et en ossements de crocodiles enfouis dans des couches de sable, à plus de 25 mètres de profondeur. Tous sont fort curieux, et attestent les révolutions du globe (1). — Une partie des dîmes de Coligny était perçue par l'abbaye Notre-Dame de Vertus. — *Ecart :* le Mont-Aimé en partie.

Ecury-le-Repos, au S.-S.-E. de Vertus, arrosé par la Sous, qui le divise en deux parties inégales, et par un petit ruisseau, le Popelin, prenant sa source à environ 300 mètres du village, et s'y perdant dans la Sous, après un cours d'environ 600 mètres. — Superficie, 975 hectares 81 ares 90 centiares. — Succursale dédiée à Notre-Dame. — Perception de Vert-la-Gravelle. ✉ Vertus. — Ecole primaire mixte.

Etrechy, au S.-O. de Vertus. — Superficie, 651 hectares 84 ares 30 centiares. — Chapelle de secours. — Annexe de Soulières; petite église dédiée à saint Martin. — Perception de Vertus. ✉ Vertus. — Ecole primaire mixte. — Avant la révolution de 1789, la seigneurie d'Etrechy appartenait aux moines de Saint-Sauveur de Vertus, qui y avaient droit de haute, moyenne et basse justice. — Les juges dont se composait le tribunal suprême d'Etrechy étaient le maître d'école, *greffier,* un habitant de la commune et un délégué des moines. Les jugements étaient expéditifs; il y avait un carcan. — *Ecart :* le Petit-Etrechy, à 1,500 mètres.

Germinon, à l'E. de Vertus, traversé par la Somme-Soude, est la dernière du canton, à l'est. — Superficie, 1,965 hectares 2 ares 80 centiares. — Succursale dédiée à saint Martin. — Percep-

(1) M. le baron de Ponsort vient de donner à la ville de Châlons-sur-Marne ce qu'il possédait de la collection de paléontologie formée par M. de Ponsort père, qui, guidé par un zèle éclairé, et aidé par de sérieuses relations en France et dans les pays étrangers, avait recueilli et réuni à Châlons de nombreux et curieux fossiles des diverses contrées du monde. La collection offerte aujourd'hui consiste en de nombreux coquillages fossiles du bassin de la Seine, dont la Marne fait partie, et en plusieurs spécimens de coquillages étrangers. Elle comprend en outre trente-quatre empreintes parfaitement conservées de poissons jadis comprimés par la formation sédimentaire du calcaire pisolitique du Mont-Aimé, et une énorme défense d'éléphant, trouvée dans le même lieu et mesurant $1^m 70^c$ de long.

tion de Chaintrix. ✉ Vertus. — Ecole primaire mixte. — Des fouilles faites à Germinon, il y a une trentaine d'années, font supposer que ce village a été le théâtre de quelques luttes dans les guerres qui ont autrefois dévasté le pays de Vertus. — Divers titres, dont le plus ancien est de 1463, citent le chapitre de la cathédrale de Châlons comme propriétaire à Germinon.

Givry-lez-Loisy, à l'O. de Vertus, et sans aucun cours d'eau. — Superficie, 505 hectares 2 ares 20 centiares. Un étang de 2 hectares 82 ares. — Annexe de Loisy-en-Brie; l'église est dédiée à saint Pierre. — Perception de Vert-la-Gravelle. ✉ Vertus. — Ecole primaire mixte. — *Ecarts* : deux fermes : l'une, de 19 hectares, à 700 mètres; l'autre, de 31 hectares 94 ares, à 1,200 mètres.

Loisy-en-Brie, à l'O.-S.-O. de Vertus, pays très-pittoresque, sur le versant d'un petit coteau. — Comme il y a dans le département deux communes du nom de Loisy, on a ajouté à celle-ci les mots *en Brie,* sans doute parce qu'elle se trouve dans cette contrée, désignée autrefois sous le nom de Brie. — Il y a quelques années, on voyait à Loisy une énorme pierre ou borne qui fixait la limite entre la Brie et la Champagne. — Superficie, 1,483 hectares 70 ares. — Succursale dédiée à saint Georges. — Perception de Vert-la-Gravelle. ✉ Vertus. — Bureau de bienfaisance. — Ecoles primaires des deux sexes. — Trois étangs ayant ensemble une superficie de 14 hectares 10 ares. — Briqueterie, four à chaux, vins rouges, carrière de pierres à chaux. — L'église s'élève sur une petite éminence qui domine le pays. On y arrive par un escalier de vingt marches, et sous lequel se trouve une belle fontaine. — Cette église, que l'on fait remonter au XIe siècle, est, depuis 1843, déclarée église monumentale du département. La tour paraît romane. La porte du sud-est est du XIVe siècle; les fenêtres, de style flamboyant, sont du XVe. — La cure de Loisy était autrefois à la présentation et à la nomination de l'abbé de Notre-Dame de Vertus (1). — *Ecart :* le Petit-Loisy, à 1 kilomètre 1/2.

(1) « En parcourant nos campagnes, *disait, en 1843, M. Liénard, dans*
» *son rapport à la commission d'archéologie,* on est frappé d'étonnement

Morains ou *Morains-le-Petit*, appelé autrefois le *Gros-Morains*, au S. de Vertus, sur le Petit-Morin, qui y a sa source à 200 pas du village, au levant, sur un terrain plat, et à l'endroit où commencent les marais de Saint-Gond. — Superficie, 727 hectares 12 ares 95 centiares. — Annexe d'Aulnay-aux-Planches ; l'église est dédiée à saint Alpin. — Perception de Vert-la-Gravelle. ⊠ Vertus. — Ecole primaire mixte. — Ce village, qui est très-ancien et très-agréablement situé au pied du Mont-Aimé, possédait jadis un couvent de religieux qui, dit-on, fut anéanti au moment de la destruction du château du Mont-Aimé. — Les découvertes, telles que pierres à bâtir, fondations, etc., que les habitants font journellement en fouillant la terre, font présumer qu'une forte partie du pays aurait subi le même sort. — On remarque encore à Morains les ruines d'un vieux château qui, au dire des vieillards, aurait été habité par d'illustres personnages. — Le 10 septembre 1815, la commune de Morains fut témoin de grandes manœuvres commandées par l'empereur de Russie, Alexandre, manœuvres qui détruisirent, pour plusieurs années, tout espoir de récolte dans ce malheureux pays. — Des titres de 1214 constatent que la commune de Morains payait la dîme à l'abbaye de La Charmoye.

Pierre-Morains, au S.-S.-E. de Vertus, n'est arrosé par aucun cours d'eau. — Superficie, 1,342 hectares 02 ares 25 centiares. — Annexe d'Ecury-le-Repos ; l'église est dédiée à saint Rufin et saint Valère. Le tableau qui représente les patrons de la paroisse est très-ancien, et, dans la chapelle, le portrait de saint Loup, sculpté en bois, est l'objet d'un pèlerinage pour la guérison des enfants. — Perception de Vert-la-Gravelle. ⊠ Vertus. — Ecole primaire mixte. — Deux huileries. — En 1585, Pierre-Morains payait annuellement au seigneur de la comté d'Etoges, en

» en voyant, dans des communes dont les habitations particulières sont
» couvertes en chaume, et qui sont sans revenus, des monuments reli-
» gieux qui feraient honneur à nos cités, et que le Moyen-Age a légués
» aux temps à venir, comme de grandes leçons de piété, de sacrifices et
» de persévérance.

» Parmi les églises de village qui nous paraissent dignes de fixer l'at-
» tention des amis des arts, nous signalons celle de Loisy-en-Brie, etc.

qualité de fief, 68 boisseaux de grain. — En 1608, d'après plusieurs baux à cens, il payait 1,268 boisseaux et 11 chapons. — En 1666, d'après une déclaration de bien de fonds, faite par les habitants du village, et malgré leur propre volonté, la censive du seigneur se trouva augmentée de 586 boisseaux, ce qui forma un total de 1,854 boisseaux, dont un tiers en froment et orge, un tiers en seigle et un tiers en avoine, plus onze chapons. — En 1735, les habitants, ne pouvant payer ni la censive ci-dessus, ni même les arrérages, furent forcés de faire, avec le duc de Boufflers, pair de France, seigneur de la comté d'Etoges, une transaction qui les obligea à donner annuellement 3,000 boisseaux d'avoine pour remplacer les 1,854 boisseaux, 11 chapons et les arrérages jusqu'à cette date. — Tous ces droits de censive n'empêchaient pas de payer la dîme du tiers du produit des céréales, le treizième des poulets et le treizième des agneaux nés pendant l'année. — L'abbaye de Saint-Sauveur de Vertus possédait, en outre, un fief de cent arpents de terre sur le territoire de cette commune. — La loi du 14 septembre 1792 abolit tous ces droits. — Les grandes manœuvres du 10 septembre 1815 eurent lieu aussi sur le territoire de Pierre-Morains. — Non loin de ce village était le hameau de la *Grangette*, aujourd'hui ruiné.

Pocancy, au N.-E. de Vertus, sur la Somme-Soude et la Berle, qui se jette dans la première à 1 kilomètre environ au-dessous du village. — Superficie, 2,694 hectares. — Succursale dédiée à saint Laurent. — Perception de Chaintrix. ✉ Vertus. — Ecole primaire mixte. — Deux carrières de bonne craie à bâtir. — L'église, restaurée par les habitants, est jolie et date du XIIe siècle. — Cette petite commune a un château avec un beau parc orné de très-gros arbres, et surtout d'un peuplier d'Italie, âgé de plus de cent ans, ayant 33 mètres 33 centimètres de hauteur, et 4 mètres de circonférence au bas. — Les dîmes de Pocancy étaient levées, dès l'an 1473, par le chapitre de la cathédrale de Châlons. — *Ecarts* : le Courban, 320 hectares de terres labourables, à 3 kilomètres ; le Raphidin, 100 hectares bois et sapins, et 62 hectares terres arables, à 4 kilomètres.

Rouffy, au S.-O. de Vertus, sur le ruisseau de Bergères (la Berle). — Superficie, 568 hectares 89 ares 70 centiares. — Annexe de Vouzy; l'église est dédiée à Notre-Dame.— Perception de Chaintrix. ✉ Vertus. — Ecole primaire mixte. — La rivière la Berle, venant de Vertus, passe à quelques hectomètres de la commune.

Saint-Mard-lez-Rouffy, au N.-E. de Vertus, sur le ruisseau de Bergères (la Berle). — Superficie, 674 hectares 43 ares 10 centiares. — Annexe de Pocancy; église dédiée à saint Médard. — Perception de Chaintrix. ✉ Vertus. — Commune réunie à Rouffy pour l'instruction primaire. — Deux carrières de craie pour bâtir. — Tourbe extraite dans les marais, pour les indigents.

Soulières, à l'O. de Vertus, agréablement située sur le versant d'une petite colline, au sud et à peu de distance de la forêt de Vertus. — Superficie, 395 hectares 50 ares. — Succursale dédiée à saint Martin. — Perception de Vertus. ✉ Vertus. — Ecole primaire mixte. — Commerce de bois, de fruits et de beurre renommés. — L'église a un chœur magnifique, qui date du xive siècle; il est de style ogival. — A 500 mètres à l'ouest de Soulières, on voit encore les débris d'une tuilerie qui dépendait de l'ancien château, démoli en 1793, et dont il reste encore les vestiges d'une maison, qui était une maison de chasse appartenant aux moines de la Charmoye. Cette maison fut cédée par les moines, avec une portion de la forêt, à ceux de l'abbaye de Saint-Sauveur de Vertus, pour le rachat du droit que ceux-ci avaient de prendre le bois qui leur était nécessaire, dans l'étendue des forêts des moines de la Charmoye. Cette concession eut lieu vers la fin du xviiie siècle. — Soulières eut beaucoup à souffrir de l'invasion étrangère et du passage des troupes dans les environs.

Toulon, au S.-O. de Vertus, possède un territoire assez étendu, mais d'une fertilité médiocre. — Superficie, 446 hectares 30 ares 85 centiares. — Annexe de Fèrebrianges (canton de Montmort, arrondissement d'Epernay); l'église est dédiée à saint Vincent. — Perception de Vert-la-Gravelle. ✉ Etoges. — Ecole primaire mixte. — Toulon possède une fontaine d'eaux minérales, appelée la Charbonnière, qui, si elle était entretenue, donnerait un cours d'eau assez considérable.

Trécon, à l'E. de Vertus, commune en plaine, sans rivière ni ruisseau, et dont les rues sont souvent gâtées par les eaux qui y descendent des monts voisins, élevés de 111 à 116 mètres au-dessus du niveau de la mer. Ces eaux, se réunissant plus bas, forment de petits ruisseaux qui tombent dans la Soude. — Superficie, 1,241 hectares. — Succursale. — Perception de Chaintrix. ⊠ Vertus. — Ecole primaire. — Trécon a donné naissance à J.-B. *Varin*, qui fut curé de ce village. J.-B. Varin a composé un *Traité contre l'Hérésie et le Protestantisme*. « C'est, dit M. Chalette, comme une suite de sermons divisés en chapitres et articles; je dirais presque en points parsemés d'objections auxquelles l'auteur fait des réponses qu'il fortifie de l'autorité des Ecritures, des Pères de l'Eglise, des décisions des conciles, et même des écrits d'auteurs païens. Il traite des avantages de la nuit, des étoiles, de la lune, du firmament, de l'atmosphère, des crépuscules, de l'aurore, du lever du soleil, etc. Enfin, ce traité ou *préservatif* est l'œuvre d'un bon prêtre. » J.-B. Varin est mort à Trécon en 1808, à l'âge de 62 ans.

Velye, à l'E.-S.-E de Vertus, au fond d'une vallée, sur la rive droite de la Somme-Soude, qui traverse la commune. — Superficie, 1,003 hectares 45 ares 25 centiares. — Annexe de Germinon; l'église est dédiée à saint Jean-Baptiste. — Perception de Chaintrix. ⊠ Vertus. — Ecole primaire mixte. — Moulins à eau assez importants. — Velye était tributaire de l'abbaye de la Charmoye, en 1221.

Vert-la-Gravelle, au S.-S.-O. de Vertus, au pied d'une montagne et près des marais de Saint-Gond, est arrosé par le petit ruisseau la Gravelle, qui prend sa source à 2 kilomètres et demi de ce village, en parcourt une grande partie et se jette dans le Petit-Morin, au sein des marais de Saint-Gond. — Superficie, 1,752 hectares 35 ares. — Succursale dédiée à saint Pierre. — Chef-lieu de perception. ⊠ Vertus. — Ecole primaire mixte. — Le château de la Gravelle, éloigné de 2 kilomètres, et appartenant à M. Bornot, est renommé pour sa bonne culture. — En 1854, sur la demande de M. le curé, S. A. I. le prince Jérôme a fait don à l'église de Vert d'un tableau dont le sujet est saint Roch. — *Ecarts :* le château de la Gravelle; le moulin à vent de Charmont, à trois kilomètres.

Villeneuve-lez-Rouffy & Renneville, au S. de Vertus, sur la Berle, qui prend sa source à Vertus. — Superficie, 693 hectares. — Succursale dédiée à saint Germain. — Perception de Vertus. ⊠ Vertus. — Ecole primaire mixte. — La seigneurie de Villeneuve était autrefois une vicomté qui avait droit de haute, moyenne et basse justice. — La commune de Renneville, éloignée d'un kilomètre, et dont l'église est dédiée à saint Pierre, a été réunie à Villeneuve par décret du 23 mars 1858. — *Ecarts :* la ferme de Cresle.

Villeseneux, au S.-E. de Vertus, sur la rivière la Sous. — Superficie, 2,585 hectares 91 ares 50 centiares. — Annexe de Clamanges; église dédiée à Notre-Dame. — Perception de Chaintrix. ⊠ Vertus. — Ecole primaire mixte. — Deux scieries mécaniques; moulin à farines. — L'église, de construction moderne, se distingue par sa régularité. — Villeseneux était fief de l'ancienne baronnie de Conflans et des abbayes d'Argensoles et de Saint-Jean de Troyes. — C'est Eustache de Conflans qui, en 1429, repoussa victorieusement l'assaut donné par les Anglais à la ville de Châlons et qui, l'année suivante, à la tête de 4,000 Châlonnais, défit à la Croisette 8,000 Anglais et Bourguignons et leur fit 600 prisonniers. — 27 mars 1814, bataille entre les Russes et les Français; abandon du matériel d'un corps d'armée commandé par Raguse. — *Ecarts :* Conflans, ancien château, maintenant ferme d'un revenu de 6,000 fr., à 2 kilomètres, au confluent de la Somme et de la Soude. Cette belle propriété avait autrefois une chapelle et sa fête patronale, Saint-Maurice.

Voipreux, à l'E. de Vertus, sur la rive gauche de la Bergère, affluent de gauche de la Soude. — Superficie, 431 hectares.

— Chapelle de secours de Villeneuve-lez-Rouffy; église dédiée à saint Pierre. Cette église est une des mieux du doyenné de Vertus, suivant M. l'abbé Dautry, curé du Mesnil-sur-Oger, arrondissement d'Epernay. Elle a trois nefs; elle est romane et appartient, par ses ogives surbaissées, à l'architecture romane tertiaire (commencement du XIIe siècle); toutes les fenêtres simulent de véritables meurtrières. — On voit, dans le bas-côté méridional de l'église, l'autel Sainte-Barbe, provenant de l'Hôtel-Dieu démoli en 1607. — Perception de Vertus. ⊠ Vertus. — Ecole primaire mixte. — Voipreux est une ancienne seigneurie qui avait haute, moyenne et basse justice. — Un des offices de l'abbaye de Saint-Sauveur de Vertus était celui de *prieur de la chapelle de Sainte-Barbe de l'Hôtel-Dieu de Voipreux*. Cet hôpital, nommé aussi *Maison-Dieu*, possédait le four banal; il était entouré de fossés. On y recevait jusqu'alors tous les pauvres qui s'y présentaient. Quelques années après, les fermiers de cette maison donnaient, le jour de Saint-Pierre, un dîner à l'abbé de Saint-Sauveur, *lui troisième*. Lors de la démolition de cet hôpital, le prieur fut installé dans l'église paroissiale.

Vouzy, à l'E.-N.-E. de Vertus, sur la droite de la Soude. — Superficie, 942 hectares 47 ares. — Succursale dédiée à saint Martin. — Perception de Chaintrix. ⊠ Vertus. — Ecole primaire mixte. — *Ecarts :* le petit Vouzy, à 2 kilomètres; un moulin à vent, à 2 kilomètres; un moulin à eau, à 3 kilomètres.

ARRONDISSEMENT D'EPERNAY.

Cet arrondissement, qui occupe le S.-O. du département, est composé des anciens districts d'Epernay et de Sézanne. Sa plus grande partie est en *Champagne*, et sa moindre en *Brie*.

Il s'étend de la Marne, au nord, jusqu'à l'Aube et à la Seine, au sud, formant, à lui seul, presque un tiers du département. Son chef-lieu, *Epernay*, est situé à l'extrémité N.-E.

Les bornes de l'arrondissement d'Epernay sont : au *nord*, l'arrondissement de Reims ; à l'*est*, celui de Châlons ; au *sud*, les départements de Seine-et-Marne et de l'Aube ; à l'*ouest*, ceux de l'Aisne et de Seine-et-Marne.

Les cours d'eau qui le baignent principalement sont :

La *Marne*, qui, après avoir quitté Ay, arrondissement de Reims, vient arroser *Epernay*, Cumières, Damery, Venteuil, Port-à-Binson, Mareuil-le-Port, Vincelles, Dormans. (Voir le cours entier de cette rivière, page 15.)

L'*Aube*, dont la source est dans le département de la Haute-Marne, qui entre dans la partie la plus méridionale du département, par Granges, qu'elle arrose, ainsi qu'Anglure, Baudement, Saron, et qui, après un très-court trajet (14 kilom.), se jette dans la Seine, à Marcilly.

La *Seine*, qui coule 12 kilomètres seulement dans le canton d'Anglure, en passant à Marcilly, Conflans, Lurey et Esclavolles.

La *Soude*, qui prend sa source à Soudé-Sainte-Croix ou le Grand, canton de Sompuis, arrondissement de Vitry, y arrose Soudé-Notre-Dame, Dommartin-Lettrée, entre dans l'arrondissement de Châlons, y baigne Bussy-Lettrée, Vatry, Soudron, Germinon, se grossissant de la Sous entre ces deux dernières communes, continue par Velye, Chaintrix, Bierges, Vouzy, Pocancy, Champagne-Champigneul, Jâlons, où elle a un déversoir ou barrage, sorte de bras pour Plivot, Oiry et Chouilly, sous le nom de rivière des Tarnauds, et court se jeter dans la Marne, près de Chouilly (1).

La *Sous*, qui prend naissance à Sommesous, canton de Sompuis, arrondissement de Vitry, vient dans celui d'Epernay arroser Haussimont, Vassimont, Lenharrée, Normée, entre dans l'arrondissement de Châlons, où elle baigne Ecury-le-Repos, Clamanges, Villeseneux, et se jette dans la Soude entre Soudron et Germinon.

Le *Petit-Morin*, qui sort de la commune de Morains, canton de Vertus, traverse les marais de Saint-Gond, arrose Saint-Prix, Corfélix, le Thoult-Trosnay, Boissy, Bergères-sous-Montmirail, Courbetaux, Mécringes, et entre dans le département de l'Aisne, qu'il traverse pour aller se jeter dans la Marne, à La Ferté-sous-Jouarre (Seine-et-Marne).

Le *Grand-Morin*, qui a sa source près de Sézanne, dans la prairie de Lachy, passe à Verdey, Mœurs, Vindey, Le Meix, Bricot-la-Ville, Châtillon, Esternay, Villeneuve-la-Lionne, et va se jeter dans la Marne, à Isle-lez-Villenauxe (Seine-et-Marne).

Le *Surmelin* ou *Melin*, qui naît près de Montmort, au N. d'Etoges, arrose Lucy, Corribert, Mareuil-en-Brie, Suizy-le-Franc, Orbais, La Ville-sous-Orbais, Le Breuil, et va se jeter dans la Marne, à Mézy (département de l'Aisne) (2).

---

(1) Un petit cours d'eau, la Somme, qui se réunit à la Soude, lui a fait donner le nom de Somme-Soude.

(2) A propos du Surmelin, voici ce que contenait le *Moniteur* du 6 mars 1862 :

« Un décret approuve le projet montant à 18 millions de francs, pré-
» senté par les ingénieurs du service municipal pour la dérivation des
» sources de la Dhuis, et autorise la ville de Paris à poursuivre, dans un
» délai de cinq ans, toutes les expropriations de terrains et de bâtiments
» nécessaires pour l'exécution de ces travaux.

» La Dhuis est un affluent du Surmelin, qui, lui-même, tombe dans la

La *Vaure* ou *Pleurre*, qui prend sa source au-delà de Vaurefroy, qu'elle arrose, ainsi que Connantray, Fère-Champenoise, Connantre, Ognes, puis reçoit la *Semoine* ou *Maurienne*, qui vient de Semoine (Aube), et baigne Corroy et Ognes, va vers Pleurs où elle se confond avec l'*Auge* ou *Superbe* (prenant sa source près de Sézanne, qu'elle arrose, ainsi que Chichey et Gaye), baigne Marigny, Angluzelles, Thaas, Courcemain, Saint-Saturnin et Vouarces, au-dessous duquel elle se jette dans l'Aube, à la sortie du département (1).

Le *Rû de Saudoy*, qui sort du village du même nom, canton de Sézanne, passe à Queudes, Villevotte, Villeneuve-Saint-Vistre, Allemanche et Soyer, puis se jette dans l'Aube, près d'Anglure.

» Marne, et dont les sources sortent de la forêt de Vassy, près de Condé-
» en-Brie (Aisne).
   » L'aqueduc qui doit apporter à Paris les eaux de la Dhuis sera fait en
» maçonnerie, à une extrême profondeur sous le sous-sol. Son développe-
» ment sera de 139,207 mètres. — Les eaux, en arrivant de Paris, seront
» emmagasinées à Menilmontant, dans un réservoir spécial.
   » Deux conduites-maîtresses partiront de ce réservoir. — La première
» marchera sur Belleville, où l'on établira un autre grand réservoir. —
» La seconde suivra la rue Ménilmontant, jusqu'aux anciens boulevards
» extérieurs et se dirigera, d'un côté, vers Montmartre, de l'autre vers le
» pont d'Austerlitz, qu'elle franchira pour aller, par les boulevards de
» l'Hôpital et de Saint-Marcel, desservir les plateaux de la Butte-aux-
» Cailles, de Mont-Rouge et du Panthéon.
   » La source de la Dhuis est située à 130 mètres au-dessus du niveau de
» la mer, et les deux réservoirs qui recevront les eaux du grand aqueduc
» sont placés, celui de Menilmontant, à 81 mètres 76 centimètres au-dessus
» de l'étiage de la Seine, et celui de Belleville, à 57 mètres 26 centimètres,
» de sorte que les eaux pourront être reçues jusqu'aux étages supérieurs
» des maisons. — Quant à la quantité d'eau fournie, elle sera d'environ
» 40,000 mètres cubes en 24 heures. »
   Cette quantité d'eau, destinée surtout au nouveau Paris, sera portée plus tard, dit un journal de Paris, à 100,000 mètres cubes, *après la dérivation de la Somme-Soude*, qui, suppose-t-on, en fournira 60,000 mètres cubes par jour.

(1) L'Auge, dite aussi *Superbe*, est encore appelée la rivière des Auges, parce qu'elle était introduite dans la ville de Sézanne par un canal ou auges de bois.

Le *Sourdon*, improprement appelé *Cubry*, cours d'eau assez important qui sort d'un groupe de rochers de pierre meulière d'un effet très-pittoresque, dans la forêt de Saint-Martin-d'Ablois. Sur le territoire de la même commune se trouve un autre ruisseau, ou plutôt un ravin portant le nom de Cubry. Ce ravin commence au lieudit le Gouffre-des-Meulières, où il n'existe aucune source, reçoit les eaux de quelques fontaines venant du hameau de Montbayen, écart d'Ablois, les eaux pluviales et les eaux de plusieurs étangs. — Le Cubry est assez souvent sans eau. — Les deux ruisseaux le Sourdon et le Cubry se réunissent à la jonction des territoires d'Ablois et de Vinay, et coulent alors ensemble sous le nom de Cubry. Ils sont grossis, à Pierry, par un autre cours d'eau venant de Mancy et portant le nom de ruisseau de Mancy, puis courent se perdre dans la Marne, à un kilomètre environ en aval du pont d'Epernay (1).

La partie de l'arrondissement d'Epernay qui est en *Champagne*, est crayeuse et grèveuse, plus ou moins légère et blanche ; celle qui est en *Brie* est composée de terres fortes et argileuses, siliceuses, pierreuses, sablonneuses, marneuses et marécageuses.

Le territoire, extrêmement varié, produit de beaux bois, de très-bons vins et toute espèce de grains et de fourrages.

Il est composé de 9 cantons ou chefs-lieux de justices de paix, renfermant 177 communes.

Les cantons de l'arrondissement d'Epernay, ceux d'Ecury-sur-Coole et de Vertus, arrondissement de Châlons, et celui d'Ay, arrondissement de Reims, forment la deuxième circonscription électorale (décret du 3 février 1852).

---

(1) La source du Sourdon, qui est très-remarquable, donne toujours le même volume d'eau pure et limpide, 10,000 mètres cubes en 24 heures (100,000 hectolitres.)— L'altitude du Sourdon est telle, que l'eau prise à la source, et introduite dans des tuyaux de conduite isolés, pourrait être amenée sur le point culminant de la butte Montmartre.

CANTONS.	DISTANCE AU CHEF-LIEU				COMMUNES.	POPULA-TION.	SUPERFICIE en hectares.
	de canton	de l'arr.	du dép.	de Reims.			
	K.	K.	K.	K.		habitants.	
Epernay............	»	»	32	27	11	19,377	11,359
Anglure............	»	60	61	86	19	8,505	19,344
Avize..............	»	10	33	38	18	8,915	15,541
Dormans...........	»	24	57	39	16	11,026	20,216
Esternay...........	»	49	70	76	23	8,970	29,265
Fère-Champenoise....	»	37	36	62	20	7,501	35,100
Montmirail.........	»	39	63	65	23	9,787	27,534
Montmort..........	»	18	44	45	23	8,355	25,175
Sézanne............	»	42	57	69	24	13,304	28,114
					177	95,740	215,008

1° CANTON D'EPERNAY.

19,377 habitants. — 11,359 hectares. — 11 communes

Ce canton, à l'extrémité N.-E. du département, est borné au N. par l'arrondissement de Reims (cantons d'Ay et de Châtillon), et le canton de Dormans; à l'E., par le canton d'Avize; au S., par le canton de Montmort; à l'O., par celui de Dormans.

Il est arrosé principalement par la Marne, la Soude, le Sourdon, le Cubry, etc., et coupé en deux parties inégales par la Marne. Sa forme est irrégulière.

Sa plus grande longueur, de Chouilly à Venteuil, est de 20 kilomètres environ; il en a près de 13 dans sa plus grande largeur, de Saint-Martin-d'Ablois à la Marne.

Quoique l'un des plus petits en étendue, il est l'un des plus riches du département.

Le canton d'Epernay est très-montueux; la forêt d'Epernay, au S., a une élévation assez constante de 230 mètres au-dessus du niveau de la mer; les Pâtis de Damery, au N., sont élevés de 260 mètres, et le Mont-Bernon, à l'E., atteint une élévation de plus de 200 mètres.

Le sol et le sous-sol sont très-variés ; le premier est argileux, sablonneux, grèveux, siliceux, pierreux, et le second généralement tufeux, pierreux et crayeux. On y trouve des bois et de belles prairies ; les céréales y sont cultivées avec succès ; mais la vigne est la véritable richesse du canton, et le commerce de ses vins et de ceux des environs est immense.

COMMUNES.	DISTANCE AU CHEF-LIEU				POPULATION
	de canton.	de l'arr.	du dép.	de Reims.	
	k.	k.	k.	k.	
Epernay.............	»	»	32	27	10,598
Ablois.............	9	9	42	35	1,403
Chouilly..........	5	5	28	30	982
Damery.............	7	7	40	28	1,747
Fleury-la-Rivière.....	10 5	10 5	42 5	24	871
Mardeuil............	2 3	2 3	35	26	636
Moussy.............	4 9	4 9	37 5	32	700
Pierry.............	3 2	3 2	33	30	845
Vauciennes.........	5 4	5 2	38	32	279
Venteuil...........	10	10	43	29	981
Vinay.............	6 5	6 5	38	33	335

Epernay (Sparnacum), chef-lieu d'arrondissement communal, à 142 kilomètres N.-E. de Paris, sur la rive gauche de la Marne, sur la route impériale de Paris à Metz; dans une situation charmante, au milieu des plus riches vignobles, au débouché d'une belle vallée et sur le chemin de fer de Paris à Strasbourg.

Cette petite ville, au N.-O. de Châlons et au S. un peu O. de Reims, est aussi chef-lieu de canton et de perception. — Sa superficie est de 2,010 hectares. — Cure d'archiprêtre dédiée à Notre-Dame. — Tribunaux civil, de première instance et de commerce. — Collége communal. — Ecoles primaires des deux sexes. — Pensionnats. — Bibliothèque publique. — Salle d'asile. — Hospice. — Bureau de bienfaisance. — Inspection des forêts. — Bureau d'enregistrement. — Recette particulière des finances. — Postes aux lettres et aux chevaux. — Station du chemin de fer de Paris à Strasbourg et d'Epernay à Reims, avec ateliers. — Lieutenance et brigade de gendarmerie. — Direction du télégraphe électrique. — Fabrique de bonneterie, poteries, clouteries, tanneries. — Commerce considérable de vins de Champagne mousseux et d'eaux-de-vie. — Importation des bois et des charbons provenant des forêts environnantes. — Exploitation des carrières d'argile à poterie, à l'épreuve du feu.

Epernay, dont la population s'accroît rapidement (1), est assez bien bâtie, et s'embellit considérablement. Le joli faubourg du Commerce ou de la *Folie* (2) est la partie la plus curieuse et la plus intéressante de la ville, surtout du côté de la Marne. Les environs de ce faubourg sont composés de belles rues bordées de gracieuses constructions, dont le nombre, la commodité et même l'élégance augmentent chaque jour.

Le terrain sur lequel est placé Epernay est très-favorable à l'établissement de bonnes caves creusées dans un roc de tuf. Elles sont vastes, très-propres à la conservation et à l'amélioration des vins, et aussi solides que si elles étaient soutenues par des voûtes

---

(1) La prospérité d'Epernay est due à la canalisation de la Marne, à l'extension prodigieuse qu'a prise depuis un demi-siècle le commerce des vins de Champagne, dont cette ville est un des principaux centres, et à l'établissement des grands ateliers de réparation de machines du chemin de fer de l'Est.

M. Nanteuil, architecte à Epernay, a présenté au Conseil municipal de cette ville, l'année dernière, 1861, un travail prouvant que le lieu dit Saint-Antoine était un sol humide et rempli de petites sources qui, jointes à quelques fontaines coulant du bois d'Epernay et aux eaux de drainage, fourniraient de quoi alimenter des fontaines publiques, si l'on voulait prendre des concessions. — Une commission, après avoir examiné ce travail, en a décidé l'adoption, et en a confié les travaux à M. Nanteuil. On espère obtenir 8 à 900 litres d'eau à la minute. La dépense est évaluée de 140 à 150,000 fr. pour colliger les eaux, pour les réservoirs, conduits d'eau pour toute la ville, établissements de fontaines, etc. — M. Melchior Godard avait fait, cette même année, don à Epernay, sa ville natale, gratuitement et à perpétuité, d'eaux de sources qui lui appartenaient.

(2) Parce que ce faubourg était autrefois le chemin qui conduisait à un hôpital de fous, détruit depuis longtemps.

en pierre. Elles forment, surtout dans le quartier du Commerce, une sorte de ville souterraine, où sont artistement disposées par millions les bouteilles des meilleurs crûs du pays.

La ville d'Epernay n'a pas de monuments anciens ; il ne restait de ses anciennes fortifications que des fossés qui ont disparu par suite d'améliorations, d'embellissements et d'agrandissements continuels. — Les tourelles qui forment les portes d'entrée de la ville, du côté du faubourg du Commerce et du faubourg Saint-Laurent, ont été construites sur l'emplacement d'anciennes tours, démolies, la première, en 1753, la seconde, en 1764. — La caserne de la gendarmerie, ancienne maréchaussée, auprès des tourelles de la porte Lucas, date de 1772. — Rue Saint-Thibault, les quelques maisons en bois, dont le premier étage est en saillie d'environ 66 centimètres sur la rue, remontent au XVIe siècle (1). — Dans le faubourg Saint-Laurent, on trouve une petite chapelle qui a été bâtie, en 1768, sur l'emplacement d'un ancien hôpital de lépreux fondé en 1145, et desservie autrefois par les chevaliers du Temple et par ceux de Saint-Jean de Jérusalem. — Rue Flodoart, on voit les restes d'un édifice dont la construction appartient au commencement du XVIe siècle. La beauté de ces restes indique une habitation royale, et l'on conjecture que cet édifice fut élevé de 1520 à 1530, par Louise de Savoie, dame d'Epernay, mère de François Ier, qui, en même temps, rebâtissait et ornait l'église et relevait les fortifications. Il fut détruit par l'incendie de 1544.

(1) C'était alors la manière très-commune de construire. Le quartier Saint-Thibault, du reste, était le plus considérable et le plus peuplé de la ville à cette époque. — Les chemins de Châlons à Paris et de Reims à Troyes y passaient, ainsi que le ruisseau de Cubry. En effet, avant 1529, ce ruisseau suivait la pente naturelle du terrain, venait jusqu'à la ruelle de la porte Saint-Thibault, courait au milieu de cette rue, tournait vers celle de l'ancienne Arquebuse (rue de Brugny), se rendait à la porte Lucas ou de Paris, et allait se jeter à la Mothe (Pré-aux-Oies et auparavant Pré-Dimanche). Lorsqu'on voulut étendre les fortifications d'Epernay, les religieux d'Hautvillers ouvrirent un nouveau canal au ruisseau de Cubry, et, sur ce canal, ils construisirent le Moulin-Brûlé, remplacé plus tard par une filature de laine, qui a cessé depuis plusieurs années. On trouvait alors réunis dans le quartier Saint-Thibault les gens d'affaires et les meilleures auberges.

Quant aux monuments et aux constructions modernes d'Epernay, on remarque surtout : le petit château, du style de la Renaissance, bâti par le maire actuel de la ville, M. Ch. Perrier, sur les dessins de M. Eugène Cordier, d'Epernay. Ce curieux édifice fait un effet très-pittoresque sur le coteau au pied duquel passe le chemin de fer. Il a son entrée dans le faubourg où se trouvent réunies toutes les grandes maisons de négociants en vins, et que pour cette raison on appelle le *faubourg du Commerce*. — On remarque aussi, dans le même faubourg, le bel *hôtel* de Mlle Moët (Mme Auban), par M. Le Noir, œuvre de goût et de bonne architecture, et les riches *celliers* de M. Piper, magasins considérables, construits sur les dessins de M. Eug. Cordier.

Les *Ateliers* du chemin de fer sont de grands et nombreux bâtiments sur de vastes terrains, avec deux belles rotondes pour la réparation des machines.

L'Eglise paroissiale, dédiée à Notre-Dame, n'a aucune valeur artistique. Reconstruite de 1828 à 1832, elle a coûté 334,402 fr. Elle renferme une jolie chapelle de la Vierge, enrichie de deux belles verrières du xvie siècle, par M. Hermanowska, de Troyes. Le porche de cette église est décoré d'un portique d'ordre dorique avec quatre colonnes, dont deux rondes et deux carrées, fermées de grilles. Les fenêtres ont quelques beaux vitraux représentant des sujets qui conviennent parfaitement à un pays vignoble ; c'est Noé foulant le raisin de la vigne qu'il a plantée et buvant ce premier vin. L'entrée latérale, dite portail Saint-Martin, a été conservée de l'ancienne église de l'abbaye de ce nom, dont Notre-Dame occupe une partie de l'emplacement, et qui était un charmant édifice. Cette entrée se fait remarquer par la richesse de son architecture et la délicatesse de ses bas-reliefs, en partie effacés (1).

---

(1) On attribue ce petit portail, construit en 1540, aux frères Jacques, de Reims, sculpteurs distingués.

Un devis dressé par M. L. Collin, architecte, et se montant à la somme de 40,000 fr., déduction faite de la valeur des vieux matériaux à employer, a été présenté en mai, cette année 1862, aux membres du Bureau de Fabrique, pour l'établissement de *tribunes* au-dessus des bas-côtés de l'église Notre-Dame d'Epernay.

La *Salle de spectacle*, bâtie par souscription d'actions, dans une partie des bâtiments détachés de l'ancien couvent des Ursulines, date de 1825 ; elle est jolie et assez spacieuse.

Le *Collége*. Les comtes de Champagne avaient fondé une école ou collége, sur la place d'armes de leur château. Ils en avaient confié la direction aux chanoines réguliers de l'abbaye de Saint-Martin. Cet établissement fut entièrement ruiné et détruit en 1544, lors de l'incendie général de la ville. En 1578, Claude Pupin, maître des eaux et forêts, releva le collége et le dota de 15,000 livres. Il en donna la régence à un prêtre séculier qu'il chargea d'instruire la jeunesse dans la morale catholique, et fonda un maître d'écriture, pour catéchiser les pauvres et les orphelins de la ville et leur apprendre à écrire. Le collége, mal administré, tomba. En 1680, Georges Fagnier, lieutenant particulier au bailliage d'Epernay, et déjà bienfaiteur de l'hospice, releva cet établissement, logé encore dans l'impasse de la rue de l'Ecaille. Il lui légua : 1° 200 livres de rente annuelle pour aider au paiement et à l'entretien d'un régent *chargé d'enseigner, sans rétribution, la langue française aux enfants, tant pauvres que riches, qui se présenteront ;* 2° 50 livres aussi de rente pour un maître d'écriture, *avec lequel les habitants règleront les mois au par-dessus des 50 livres, ainsi qu'ils le trouveront bon.* En 1700, Charruel de Sancy fut le quatrième fondateur du collége, tombé en ruines. Il légua à la ville, pour son rétablissement et sa restauration, 20,000 livres et aussi pour l'érection d'une chapelle. Le collége fut rétabli en 1713 dans une maison des descendants de Fagnier, et y est resté jusqu'en 1828, époque à laquelle il a été transféré dans le local qu'il occupe aujourd'hui.

Le *Jard* est une belle promenade plantée d'arbres en quinconce, avec un beau rectangle en contre-bas, couvert d'un tapis de verdure (1).

(1) C'est à l'une des extrémités du Jard que se trouve, dans un joli quartier tout nouvellement composé de belles constructions, la nouvelle *maison d'arrêt*, renfermant la justice de paix. Le devis dressé pour cette construction, par M. Collin, architecte du département, s'élevait à la somme de 172,884 fr. 62 c.

Épernay compte plusieurs places, parmi lesquelles :

Celle de l'*Hôtel-de-Ville*, dite *place Notre-Dame*. C'était le jardin de l'abbaye Saint-Martin. Elle est vaste et rectangulaire. La plus grande partie est un exhaussement plane et régulier, en terre, soutenu par un encadrement en pierre de taille de 28 centimètres de hauteur. Elle est éclairée au gaz par six falots-lanternes. C'est sur cette place que se trouvent : le porche de l'église paroissiale, la *mairie*, avec sa grille de fer de 28 mètres 55, et la *bibliothèque*, contenant 14,000 volumes, dont environ 150 manuscrits (1); l'*hôtel*

Sur l'emplacement du Jard et de quelques jardins qui le bordent, il existait autrefois une tour ou donjon qui, probablement, était une prison, et a donné son nom à la rue du Donjon.

Avant 1749, Epernay avait des remparts couverts d'arbres, depuis 1721, et qui formaient des promenades très-peu fréquentées. Le rendez-vous ordinaire des habitants était sur le pavé de la place au Blé, au bas de la halle construite à quelque distance de la porte Lucas par Louise de Savoie, et surtout, depuis des siècles, derrière la Mothe, dans le *Pré-Dimanche*, où ils allaient respirer l'air et se récréer pendant les beaux jours de l'été. Le Pré-Dimanche reçut plus tard le nom de *Pré-aux-Oies*, parce que l'on y jouait à la boule, à la longue paulme, on y tirait l'oie, etc.

Dans les mois de novembre et de décembre 1749, on rasa le ravelin de gazon, ou esplanade, qui couvrait la porte de Châlons, et avec les décombres de la halle qui, tombée en ruine, avait été renversée, on combla les fossés où les archers d'Epernay faisaient leur jeu de l'arc, et, en ajoutant quelques terrains acquis à l'entour, on fit établir le Jard. Les arbres de cette promenade furent fournis par l'Intendant de la province. Les journées d'ouvriers furent payées sur les revenus de la ville. Une chronique de l'époque dit que les *habitants fournirent gratuitement leurs chevaux et leurs domestiques; chacun rivalisa de zèle et de générosité dans cette circonstance; les hommes se relevaient deux ensemble pour diriger et surveiller les ouvriers, et, malgré les rigueurs de la saison, les dames elles-mêmes donnaient l'eau-de-vie le matin aux travailleurs.*

(1) La bibliothèque d'Epernay renferme des choses rares, anciennes et curieuses; par exemple, un riche manuscrit de 825, tout en lettres d'or, par l'abbé Pierre d'Hautvillers et dédié à Ebbon, archevêque de Reims. C'est un évangéliaire avec les miniatures des quatre évangélistes, des initiales admirables, le tout d'une parfaite conservation. Il y a aussi, dans cette bibliothèque, des incunables et des éditions princeps.

Les *incunables* (d'*incunabula*, berceau), sont les premiers produits de l'imprimerie, de son origine aux premières années du XVIe siècle (jusqu'à

de la Sous-Préfecture. — La place dite *place Louis-Philippe* se trouve entre les tourelles de la rue de Châlons, le beau faubourg du Commerce, la jolie rue des Fusiliers, la promenade du Jard, la rue des Berceaux et les larges rues Haute et Basse-du-Chemin-de-Fer. Cette place est de forme circulaire et encadrée de fort jolies maisons. — La place du *Marché-au-Blé*, sur laquelle on arrive par une belle grande rue de la route de Paris, est le passage principal pour toutes les directions, et renferme dans ses environs les plus beaux magasins de la ville. La *place Flodoard* est un joli petit promenoir planté d'arbres. — La *place de l'Embarcadère*, vaste et dégagée, et sur laquelle se trouve la salle de spectacle, sert de débouché à l'une des promenades de la ville et fait face à la *Gare* qui est vaste, commode et bien construite.

L'origine de la ville d'Epernay est enveloppée d'incertitudes et racontée de différentes manières (1). Ce que l'on croit savoir de

1512 ou 1520). — On distingue les incunables *xylographiques* ou *tabellaires*, c'est-à-dire, obtenus au moyen de planches de bois, sculptées ou gravées, ou de toute autre planche fixe, solide, d'une seule pièce ; et les incunables *typographiques*, composés en caractères mobiles. Il n'y a pas d'incunable xylographique de date certaine ; mais quelques-uns passent pour antérieurs à 1440 ; par exemple, la fameuse *Biblia pauperum* et le *Catéchisme grammatical* connu sous le nom de *Donat*. Parmi les incunables typographiques, les plus anciens sont la *Bible Mazarine*, à 42 lignes par colonne, qui est de 1450 à 1455 ; la *Bible*, dite de Schelhorn, à 36 lignes, qui est de 1461 au plus tard ; elle serait, suivant quelques bibliographes, la plus ancienne de toutes, et l'œuvre de Guttemberg lui-même ; la *bulle d'indulgence* de Nicolas V ; la *Confessio brevis et utilis*, les *Statuta Moguntina*, le *Psalterium* de 1457, le *Rationale divinorum officiorum* de Durand, en 1459. Les incunables ont été, dans ces derniers temps, l'objet d'études attentives ; leur inspection fournit d'utiles exemples pour l'histoire de la peinture, non moins que pour celle de l'imprimerie.

(1) Les uns prétendent que deux frères tanneurs, nommés *Nacus*, s'étant aperçus de la bonté des eaux du Cubry, vinrent de Châlons construire une tannerie sur les bords de ce ruisseau et à son embouchure, et que, mettant en cet établissement toute l'espérance de leur fortune, ils l'appelèrent, pour cette raison, *Spes Nacorum* (l'espoir des Nacus), dont on fit par la suite *Sparnacum*.

Une histoire manuscrite, qui se trouve dans les archives d'Epernay,

plus positif, c'est que ce ne fut tout d'abord qu'une *villa* qui appartenait, au temps de Clovis, vᵉ siècle, à un seigneur nommé *Euloge*. Ce seigneur, qui avait été baptisé le même jour que le roi franc, fut accusé de lèse-majesté et condamné par ce prince ombrageux à perdre ses biens avec la vie. Il se sauva à Reims et obtint sa grâce par le crédit de saint Remi. Euloge voulant reconnaître ce bienfait, fit don au saint archevêque de son domaine d'Epernay, 496, et le premier soin du prélat, qui ne voulut pas le recevoir sans récompense, fut, dit Baugier, de faire présent à son obligé de 5,000 livres, qui étaient une très-grande somme (3,000,000 environ de notre monnaie); puis de construire une chapelle dans le château (1).

Les habitations se groupèrent peu à peu autour de ce château, qui servit postérieurement de maison de plaisance aux archevêques de Reims. Ces seigneurs achevèrent de le fortifier et l'agrandirent de telle sorte qu'il s'étendit depuis la partie basse du faubourg du Commerce, jusqu'à la partie haute de celui des Mariniers; se trouvant ainsi défendu à l'O. par le ruisseau de Cubry, et au N. par la Marne.

Lorsque Epernay eut pris rang de ville par le développement de son commerce, le voisinage de la Marne augmentant son impor-

parle d'une tannerie établie sur le Cubry, par un nommé *Spernet*, et qui serait l'origine de cette ville.

Un Sparnacien, H.-M. Garnesson, prétend qu'il est plus naturel de faire dériver ce nom du nom même d'un officier romain, *Sparcus* ou *Sparnacus*, qui, après la guerre des Goths, vᵉ siècle, vint auprès des tanneurs.

Ce qu'on croit généralement, c'est que les premiers habitants de cette ville ont été des tanneurs qui s'établirent sur le ruisseau du Cubry, et quelques seigneurs, séduits par la beauté du site, qui construisirent des maisons de plaisance.

(1) Le château d'Euloge était placé sur l'esplanade de la porte de Châlons et les terrains environnants, allant du midi vers le nord. Pour suppléer à l'insuffisance de la chapelle, les archevêques de Reims firent construire, en 596, une église sur le terrain qu'occupe l'église paroissiale actuelle et attenante à l'abbaye de Saint-Martin. Ils la dédièrent d'abord à la sainte Croix, et la firent desservir par l'abbé et les douze religieux, chanoines du monastère, auquel elle fut réunie en 1032, par Eudes II, comte de Champagne.

tance comme position militaire, Robert II, comte de Champagne, saisit la première occasion d'en dépouiller à son profit l'église de Reims, sous la condition, toutefois, de foi et hommage à l'archevêque.

Au temps où Epernay n'était encore qu'un simple village (*vicus*), Childebert, roi de Paris, l'avait emporté de vive force et avait fait passer au fil de l'épée, en 533, tous les habitants de cette ville naissante. Frédégonde l'avait pillée vers 593; Hincmar, archevêque de Reims, s'y était réfugié au IXe siècle, pendant les courses des Normands, avec le trésor de sa cathédrale et les reliques de Saint-Remi. En 1019, à la mort d'Etienne Ier, quatrième et dernier comte de Champagne de la maison de Vermandois, Eudes II, de la maison de Blois, ayant hérité de ce comté, vint à Epernay, où il fit réparer les fortifications du château, construites par l'archevêque Foulques, successeur d'Hincmar, puis démolies par ordre de Charles-le-Chauve, relevées par Gervais, successeur de Foulques, et abattues de nouveau en 923.

Lorsque le comté de Champagne passa en 1284 dans la maison de France par le mariage de Jeanne, fille de Henri-le-Gros, roi de Navarre et comte de Champagne, avec Philippe, fils aîné du roi Philippe-le-Hardi, ce jeune prince, âgé de seize ans, fit hommage de la terre d'Epernay à l'archevêque de Reims. Plus tard, elle fut comprise dans l'apanage des ducs d'Orléans, pour ne faire retour à la couronne que l'an 1531, à la mort de Louise de Savoie, mère de François Ier. Cette même année, cependant, le roi en donna l'usufruit au duc de Guise; un des Strozzi (le maréchal), et après lui, Marie Stuart, veuve de François II, succédèrent au duc dans la jouissance de cet usufruit. A la mort de Marie, Henri III réunit, pour la seconde fois, Epernay au domaine royal; mais il l'aliéna presque aussitôt. Le fief tomba ainsi, tour-à-tour, en diverses mains, jusqu'en 1643, époque à laquelle les villes d'Epernay, Château-Thierry, Evreux et autres lieux furent cédés au duc de Bouillon, en échange des principautés de Sedan et Raucourt. Le traité stipulait que le duc pourrait y faire rendre la justice en son nom, après le décès des officiers nommés par le roi; mais cette clause ne reçut point d'exécution, et la justice royale continua d'avoir son cours dans le bailliage et la prévôté d'Epernay.

En 1544, François Ier avait incendié cette ville (1), afin que Charles-Quint, avec lequel il était en guerre, ne s'emparât point des approvisionnements qu'il y avait amassés; il la fit bientôt rebâtir, et, en outre, dédommagea les habitants par la concession de plusieurs priviléges. Les calvinistes l'investirent en 1586; ils y pénétrèrent après la plus vigoureuse défense; mais ils en furent chassés par le duc de Guise, dont les troupes, attaquées par les habitants eux-mêmes, abandonnèrent la place en 1588. Rosy, lieutenant-général de la Ligue, échoua d'abord dans une tentative dirigée contre Epernay; il la reprit enfin sur les royalistes en 1592; Henri IV l'assiégea en personne et l'obligea de capituler le 9 août de cette même année (2). L'acharnement avait été terrible : le maréchal de Biron fut tué d'un coup de fauconneau dans une reconnaissance, au moment où le roi tenait une de ses mains posée sur son épaule (3). En 1635, Louis XIII l'enleva au comte de Soissons, qui s'en était emparé l'année précédente. De cette époque, jusqu'à nos jours, nous n'avons d'autre particularité intéressante à noter dans l'histoire d'Epernay que le passage de

---

(1) L'ordre fut exécuté si soudainement, le 3 septembre 1544, que les habitants ne purent rien sauver de leurs meubles. Il n'échappa que les quelques maisons en bois de la rue Saint-Thibault. Il fallut un siècle à Epernay pour renaître. Après tant et de si profonds désastres, l'existence de cette ville, qui, depuis l'an 533 jusqu'aux guerres de la Fronde, fut pillée, dévastée, ruinée pas moins de vingt-deux fois, ne peut s'expliquer que par son admirable situation topographique, par la fertilité de son sol et la qualité des vins de ses coteaux qui, aujourd'hui, la rendent si prospère.

(2) La famille de Parchappe, dont descend le général, député à la Législative pour l'arrondissement d'Epernay, et qui avait été anoblie par Henri IV, en 1592, pour les services rendus à ce prince, à l'occasion du siége de la ville, eut en usufruit la terre d'Epernay.

(3) Le projectile qui tua le maréchal fut lancé de la tour Saint-Antoine, placée à l'angle saillant du rempart, près de la place de la Poterne, en allant vers la porte Lucas. Le fauconneau, dit aussi *bombarde allongée*, était le nom qu'on donnait à une petite pièce d'artillerie de deux mètres environ de longueur et de quinze centimètres de diamètre, et dont la balle pesait de 500 grammes à 3 kilogrammes. Originairement le fauconneau se portait à bras d'homme.

Napoléon Ier dans cette ville, le 27 mars 1814 (1); c'est là qu'il apprit la défection du maire Lynch et l'entrée des Anglais à Bordeaux.

La ville d'Epernay, 1° *dans l'ordre civil*, fut : le siége d'une élection et d'une subdélégation, d'un bailliage, d'une justice royale ou prévôté non ressortissante, de direction des aides et gabelles, d'un grenier à sel, d'un corps de ville et d'une maîtrise particulière. Cette ville eut, dans des temps plus reculés, un *hôpital* ou *Aumônerie*, dans la ville, pour les pauvres et les malades d'Epernay; un dans le faubourg de la Folie, pour les pauvres et les malades étrangers; un dans le faubourg Saint-Laurent, et nommé *Maladrerie* ou *Léproserie;*

2° *Dans l'ordre ecclésiastique*, elle eut : la chapelle Saint-Remi (d'abord sous l'invocation de saint Jean-Baptiste); l'église Saint-Remi, dans la rue de ce nom; l'église paroissiale actuelle, d'abord dédiée à sainte Croix (puis à Notre-Dame, après sa reconstruction de 1828 à 1832); la chapelle Saint-Thibault, au faubourg du Haut-Pavé; la chapelle Saint-Nicolas, au faubourg du Pont; la chapelle Saint-Laurent, au faubourg de ce nom; le couvent des Minimes, celui des Ursulines. — Epernay fut aussi chef-lieu d'un doyenné du diocèse de Reims, comprenant 36 paroisses (2). La bourgeoisie y fut divisée en compagnies ou corporations distinctes de rang et d'uniformes. Celle des *tanneurs*, celle des *pêcheurs* ou

---

(1) En 1814, après le combat de Reims, les Sparnaciens prirent les armes, et, en défendant énergiquement le pont sur la Marne, ils empêchèrent les Russes de pénétrer dans leur ville et conservèrent le passage pour l'armée française, qui arriva le lendemain. L'Empereur récompensa la bravoure de la population, en décorant de sa main le maire de la ville, M. Moët. — Il y a dans les caves de M. Victor Moët une planche de marbre qui fait foi du passage de Napoléon Ier, à cette époque.

(2) Ces paroisses étaient : Ambonnay, Aigny, Athis, Avenay, Billy, Bisseuil, Bouzy, Bury, Champillon, Cherville, Chouilly, Condé, Cramant, Cuis. Cumières, Dizy, Fontaine, Germaine, Hautvillers, Isse, Les Grandes-Loges, Louvois, Les Istres, Mardeuil, Mareuil, Mutigny, Mutry, Oiry, Plivot, Saint-Imoges, Tauxières, Tours-sur-Marne, Trépail, Vaudemanges, Ville-en-Selve, Vindey.

mariniers; les compagnies de l'*arquebuse,* des *fusiliers* et des *archers,* supprimées à la première révolution (1).

Parmi les hommes remarquables auxquels la ville d'Epernay a donné naissance, nous citerons :

Bertin du Rocheret (M.), lieutenant-criminel du bailliage de cette ville, qui a laissé des Mémoires et des manuscrits précieux pour l'histoire d'Epernay.

Flodoard, historien et chroniqueur, chanoine de Reims. Il fut, en 940, curé de Cormicy, canton de Bourgogne, arrondissement

---

(1) Nous l'avons dit : C'est aux tanneurs, attirés particulièrement par l'excellence des eaux du Cubry, et qui s'étaient établis sur les bords de ce ruisseau qui se ramifiait en plusieurs branches, qu'Epernay dut son origine et son premier développement. Devenus très-nombreux, ils se mirent en corporation et eurent leur *verrerie* ou *grande vitre*, et leur confrérie à l'église paroissiale. Troublés, en 1829, par la nouvelle direction donnée au ruisseau, ils allèrent, pour la plupart, porter ailleurs leur importante industrie. — Les *mariniers* ou *pêcheurs*, réunis aussi en corporation, eurent privilége et droit de pêche. — Les *arquebusiers* formèrent une compagnie d'élite, organisée en 1508, par lettres-patentes de Louis XII, pour la défense de la ville. Le gouverneur d'Epernay et le lieutenant du roi à ce gouvernement étaient capitaines nés de cette compagnie, qui se réunissait dans le jardin de Brugny (à l'extrémité de cette rue), autrefois traversée par le ruisseau de Cubry. (L'école des frères est bâtie dans une partie de cet ancien jardin). — En 1682, les arquebusiers d'Epernay offrirent un prix général à leurs confrères de toutes les provinces de France. Un concours immense se rendit à cette invitation, et cette fête se fit avec la plus grande pompe (1).— Les *fusiliers* étaient une compagnie bourgeoise, renouvelée en 1730, confirmée en 1734 par le prince de Royan, comte de Champagne, et enfin, supprimée à la Révolution. Cette compagnie, composée de quarante membres, s'exerça d'abord dans le fossé de la tour Batailleresse ou Batteresse, ou boulevart Saint-Thibault, puis ensuite sur la contre-escarpe d'une terre qu'elle acquit près la porte de Châlons. — Les *archers*, appelés d'abord *archiers*, formaient une compagnie qui remontait jusqu'en 1100, au règne de Philippe-Auguste, époque à laquelle on ne se servait pas encore d'armes à feu. Elle s'exerçait à tirer l'arc, d'abord d'un bout à l'autre de l'ancien fossé du Ravelin, qui couvrait la porte de Châlons, et ensuite, en 1740 ou 1741, après le comblement de ce fossé, dans un des jardins qui bordaient cette rue (la rue de Châlons).

(1) Voir ce que nous disons de cette arme, page 62.

de Reims ; puis de Corroy, canton de Fère-Champenoise, arrondissement d'Epernay. Son épitaphe porte qu'il fut *un clerc chaste, un bon religieux et un meilleur abbé*. On a de lui une *Histoire de l'Eglise de Reims*, en latin, et une *Chronique de France*, de 919 à 966. La chronique commençait à l'an 877 ; cette première partie est perdue. — Né en 894, Flodoard mourut en 966, âgé de 72 ans. — Ses ouvrages sont de précieux documents pour les annales de notre pays, à des temps reculés, mais malheureusement, ils apportent moins de clarté qu'on ne pourrait l'exiger, à cause du manque de dates que Flodoard a négligées d'une manière absolue, selon la mode de l'époque.

Le Franc (N.), général de brigade.

Loriquet (le Père J.-N.), célèbre jésuite, fils d'un maître de pension d'Epernay, né en 1767, mort en 1845, étudia au séminaire de Reims, entra en 1801 dans la congrégation des Pères de la Foi, qui se fondit plus tard dans la Compagnie de Jésus, devint profès, enseigna avec un zèle infatigable dans plusieurs maisons de l'Ordre, fut, en 1814, nommé supérieur du petit séminaire de Saint-Acheul, près d'Amiens, qui, sous son habile direction, s'éleva rapidement au plus haut degré de prospérité (plus de 800 élèves) ; fut nommé, en 1833, supérieur de la maison de Paris, et s'occupa activement, jusqu'à sa mort, de la direction religieuse d'un grand nombre de couvents. — Il a composé ou refait, pour ses élèves, une foule de livres élémentaires : grammaire, arithmétique, mythologie, histoire, géographie ; la plupart de ces abrégés sont écrits avec une concision élégante ; mais son *Histoire de France*, imprimée pour la première fois en 1814, et vingt fois réimprimée depuis, est empreinte d'une partialité notoire, et a été l'objet des critiques les plus vives. Cet ouvrage a, du reste, été considérablement modifié par l'auteur, dans les éditions les plus récentes. La plupart des livres élémentaires du P. Loriquet portent les initiales A. M. D. G. *(Ad majorem Dei gloriam)*, qui furent remplacées plus tard par un soleil perçant les nuages à l'horizon, avec cette devise : *Lucet, non nocet*. — Le Père Loriquet a publié des *Souvenirs de Saint-Acheul*, 1829 et 1830 ; une histoire de la suppression de sa Compagnie, sous le titre de *Choiseul, Pombal et d'Aranda ;* un traité de la *Dévotion à saint Joseph*.

Moët (Jean), officier de la Légion-d'Honneur, ancien maire de la ville d'Epernay. Il fut le précurseur et le guide, dans la carrière du commerce qui enrichit Epernay. En 1783, l'exportation du vin de Champagne pour l'Angleterre ne s'élevait encore qu'à 26,000 bouteilles (1). La vie de M. Moët, mort à 83 ans, fut constamment remplie par des services rendus à l'industrie et à l'agriculture.

— *Moustalon*, grammairien, auteur de différents petits ouvrages bien écrits, dont le principal est le *Lycée de la Jeunesse*, ouvrage excellent et utile à l'âge auquel il est destiné. — Moustalon naquit en 1750.

Nous ne devons pas oublier *Pierre-Eugène-Napoléon Varin*, né à Epernay en 1832. — Pierre et son frère *Amédée* ont gravé une partie de la collection d'antiquités grecques, romaines et du Moyen-Age, du cabinet de M. Louis Fould, pour en former le catalogue dont le texte fut confié à la plume de M. Chabouillet, conservateur des archives impériales. — Mlle *Claire-Eléonore Varin*, leur sœur, a gravé une partie des ornements de l'ouvrage « l'*Art industriel* » de M. Léon Feuchère, puis une collection de meubles gothiques, d'après Pugin, anglais. Ces graveurs sont de la famille de Joseph Varin, habile graveur, né à Châlons-sur-Marne, en 1740, mort à Paris, en 1800.

Les *Ecarts* d'Epernay sont : Grandpierre, le moulin de la Goisse, Toussine, Rome, Saint-Antoine (en partie).

Ablois (Saint-Martin d'), au S.-E. d'Epernay, sur une ancienne voie romaine, arrosé par le Sourdon, renferme plusieurs étangs d'une étendue totale de 29 hectares 57 ares 27 centiares.. — Superficie, 2,227 hectares 04 ares 57 centiares. — Succursale dédiée à saint Martin. — Perception de Pierry. — Bureau de poste. — Ecoles primaires des deux sexes. — Salle d'asile. — Bureau de bienfaisance. — Papeterie, cartonnerie, briqueterie et

(1) Nous tenons de M. Victor Moët, son fils, que le célèbre Anglais, auteur des *Nuits*, Ed. Young, mort en 1765, passant par Epernay et visitant le grand-père de M. Victor, fut tout étonné d'apprendre qu'on avait fait en Champagne un tirage de 15,000 bouteilles. Quel progrès depuis ! (Voir le tableau du mouvement des vins mousseux de la Champagne, p. 26.)

four à chaux. — Commerce de bois et de charbon ; belle meunerie. — Ses raisins en vin blanc sont estimés pour le commerce des vins de Champagne. — Le territoire renferme de nombreuses carrières de pierres siliceuses meulières, propres à bâtir et à la fabrication des meules à moulin. — Il y a 25 ou 30 ans, cette commune faisait un commerce développé de pierres meulières, et occupait un grand nombre d'ouvriers qui y trouvaient un salaire élevé. Cette exploitation a beaucoup diminué, ainsi que la broderie des sarraux ou blouses, qui employait un certain nombre de femmes. — L'église de Saint-Martin-d'Ablois, construite du xvie siècle au xviie, est bâtie régulièrement, surtout la tour, qui est en pierre meulière. — On reconstruit le presbytère, dont le devis, dressé par M. Gosset, architecte à Reims, s'élève à la somme de 15,887^f 18^c. — La commune de Saint-Martin est, sans contredit, un des endroits dont les environs offrent les vues les plus champêtres, les paysages les plus pittoresques et les plus variés. Des coteaux couverts de vignes, des bois immenses hérissés de rochers affreux l'environnent de toutes parts. C'est d'un de ces rochers, haut de huit mètres et d'une grosseur remarquable que sort, au milieu d'un petit bois dont la charmante disposition attire, dans la belle saison, de nombreux visiteurs, la belle fontaine du Sourdon (1). — Ablois renferme un joli château moderne, avec un parc superbe, de beaux sites et de magnifiques eaux vives. Cette belle habitation qui a appartenu au comte Roy, ministre des finances, pair de France, sous la Restauration et le gouvernement de Juillet, est maintenant la propriété de M. le marquis de Talhouët. — La commune de Saint-Martin fut longtemps une châtellenie mouvante du comté d'Epernay. Plus tard, elle releva de la tour du Louvre. — On a trouvé, dit M. le comte de Mellet, des monnaies sur son territoire, à la ferme de Mont-Bayen. — *Ecarts :* le Sourdon, à 1 kilomètre; Mont-Bayen, à 1 kilomètre; la Grange-Lua, à 1 kilomètre; les Lambourgs, à 5 hectomètres; le Potager, la Grande-Fosse.

Chouilly, au S.-E. d'Epernay, sur la route de Paris à Metz, et près du chemin de fer de Paris à Strasbourg. — Sa prairie est

(1) Voir, pour ce ruisseau, page 142, et à la note.

arrosée par la Marne et un bras de la Somme-Soude, dit rivière des Tarnauds, qui prend son origine à Jâlons, au moyen d'un déversoir ou barrage empêchant les eaux de la Soude de se jeter complètement dans la Marne, et qui s'y perd également à 2 kilomètres d'Epernay. — Superficie, 1,612 hectares. — Succursale dédiée à saint Martin. ✉ d'Epernay. — Bureau de bienfaisance. — Ecoles primaires des deux sexes. — Vins assez estimés. — L'église, qui a été notée par le Comité archéologique d'Epernay, en 1843, est située sur une éminence, à l'extrémité de la commune; elle date du XIe siècle, et domine la riante prairie de la Marne. — Chouilly a une fondation de deux lits pour ses malades, à l'Hôtel-Dieu de Reims (lettres-patentes de 1696). — Son territoire comprend la montagne de Sarrans, qui fournit des cendres sulfureuses, de la pierre à chaux et de nombreux coquillages, et dont le flanc méridional produit les vins qui ont élevé si haut la réputation de Cramant. Le plateau de cette montagne, élevé de 240 mètres environ, a 50 hectares de superficie, et est entièrement couvert de chênes. Au mont de Sarrans est une belle maison de chasse et un superbe vendangeoir appartenant à M. Victor Moët, négociant à Epernay. — En 1851, on découvrit une caverne taillée en pleine craie, et que l'on a présumé être une caverne remontant à l'époque gauloise (1). — Chouilly a été autrefois un pays plus important;

(1) « A mi-côte N.-E. de cette montagne, est une contrée de vignes,
» désignée, depuis un temps immémorial, sous le nom de *Tombeau*. Cette
» contrée a probablement pris ce nom, par suite de découvertes déjà fort
» anciennes, et analogues à celle dont la découverte a eu lieu en 1851.
» La découverte de 1851 est un caveau taillé dans la craie. — Un trou
» rond, semblable à celui d'un puits, mais de peu de profondeur, était
» creusé en avant; il était recouvert de pierres plates, et renfermait deux
» squelettes. — Ce trou communiquait avec le trou principal par une ou-
» verture taillée en pleine craie, parfaitement arrondie, ayant 30 centi-
» mètres de diamètre et 90 centimètres de longueur. — Cette ouverture
» était fermée par une pierre maçonnée. — Le caveau principal est de
» forme elliptique; il a 4 mètres 20 centimètres à son grand diamètre, per-
» pendiculaire à l'entrée, et 3 mètres 40 centimètres à son diamètre le
» plus petit; sa hauteur est de 1 mètre 10 centimètres; il ressemble, par
» conséquent, à un four. Les parois, taillées en pleine craie, sont assez
» unies; quarante-huit squelettes, en grande partie de femmes et d'enfants,

un titre de 1576 le cite comme bourg, ayant droit de fermeture. — *Ecart :* Sarrans, à 3 kilomètres.

Damery, à l'O.-N.-O. d'Epernay, sur la rive droite de la Marne. Le canal de dérivation y parcourt environ 3 kilomètres. — Superficie, 1,545 hectares. — Succursale dédiée à saint Georges. — Chef-lieu de perception. — Bureau de poste. — Ecoles primaires des deux sexes. — Salle d'asile. — Bureau de bienfaisance. — Port de bois de flottage et de bois de charpente pour Paris. (La station du chemin de fer de Paris à Strasbourg, dite station de Damery, est sur le territoire de La Chaussée, écart de Vauciennes). — Commerce important de bons vins rouges et blancs, destinés à faire du vin mousseux. — Le Pâtis, qui domine Damery, est élevé de 200 mètres au-dessus du niveau de la mer; on trouve, sur ce plateau, des carrières de pierre meulière, des pierres à chaux, de l'argile à briques, et des coquillages fossiles, recherchés par les géologues. — L'église est d'une importance réelle. La nef et les bas-côtés, qui ont six travées de développement, sont de style de transition du roman à l'ogive; le chalcidique et le clocher qui le surmonte sont de la même époque, du XIIe siècle; la croisée et le sanctuaire, qui est arrondi et à cinq pans, sont de la fin du XIIIe siècle et d'un style fort remarquable, ils sont voûtés en arêtes avec nervures et clefs sculptées; le clocher, posé au centre de l'église, est roman, carré, percé d'une double arcade géminée et ogivale, et surmonté d'une longue flèche pyramidale du XVIe siècle, couverte en ardoises (M. Didron). L'orgue, du XVIIe siècle, est assez remarquable. Un tableau, signé *L. Watteau, f.* 1753, représente

» jetés pêle-mêle, meublaient ce caveau; un de ces squelettes avait l'avant-
» bras coupé. — Trois vases en terre cuite, et calcinés, étaient au milieu
» de cet ossuaire, ainsi que quelques haches et autres instruments en
» silex. Les vases n'avaient point été tournés; ils étaient façonnés à la
» main. — On ne remarqua aucune trace de débris métalliques. — Une
» découverte à peu près semblable a été faite, il y a près de cinquante
» ans, tout près de celle-ci. Les dimensions du caveau étaient un peu plus
» grandes; aussi on avait laissé au centre un massif de craie. Il renfermait
» une trentaine de squelettes. » (M. J. Godart, suppléant du juge de paix
d'Epernay, Congrès archéologique de Châlons, 1855.)

la Vierge et l'Enfant-Jésus assis sur des nuages. — La commune de Damery communique par un pont sur la Marne et une belle chaussée avec le chemin de fer de l'Est. — Damery était autrefois fortifié; les tourelles ont été démolies pendant la première révolution, moins une, qui n'a été détruite qu'en 1832. Tout porte à croire que, sous les Romains, ce lieu était considérable, car il avait des Thermes et un hôtel des Monnaies. Une voie romaine le relie à Reims. (1). — Damery a été brûlé dans les guerres de religion, et aussi par un chevalier de Saint-Pol, comte de Flandres, d'après la chronique de Flandres. Thibault, comte de Champagne, a aussi saccagé ce bourg, où Henri IV est venu plusieurs fois, pendant le siège d'Epernay, en 1592. — Damery a donné naissance : A Georges *Bouvrain*, lieutenant de chasseurs, auquel le premier consul accorda un sabre d'honneur et une dotation de 2,000 fr. sur les biens de Beyrouth. Georges Bouvrain eut le bras droit em-

(1) En faisant des fouilles dans l'emplacement du parc de l'ancien château, on découvrit, à une profondeur de quelques pieds, en 1830, sous un amas de cendres de charbon et de tuiles, les débris de vastes constructions, rasées par un incendie. Dans des pièces qui se touchaient, on trouva plusieurs vases remplis de médailles : l'un renfermait au moins 2,000 médailles d'argent, un autre plus de 4,000 pièces en bronze, au type des empereurs Constantin Ier, Constant et Constance. — Dans une pièce voisine, on découvrit un atelier monétaire, des moules en terre cuite, renfermant encore les pièces qui y avaient été coulées, et le lingot formé par le métal surabondant. Un grand nombre de ces moules étaient brisés, mais on put en recueillir 32 intacts. Toutes ces monnaies étaient aux types de Caracalla à Posthume. — On trouva aussi des cisailles et d'autres instruments en fer, propres à la fabrication des monnaies. — Dans la même année, sur d'autres points du territoire, on découvrit les fondations d'une ancienne construction romaine, des cercueils en plâtre, contenant des instruments de guerre, des ustensiles de cuisine, des lacrymatoires, des lampes, des vases en verre et en terre cuite, de forme étrusque, des fers ou ceps, un miroir de fer poli *(speculum)*, une statuette en bronze, représentant le dieu Mars, etc. — Dans les fondations d'un ancien pont de la Marne, on trouva encore des médailles, des vases et des haches d'armes. — Enfin, sur le chemin de Venteuil, on découvrit un ancien cimetière, dans lequel des cercueils en plomb et plus de 200 objets : vases, fioles, fibules, armures et bracelets. (Mémoires de M. Bonnard et notice de M. Savy, 1859.)

porté à Wagram, en 1809 ; à Henri *de Barada*, évêque de Noyon, fait pair de France au sacre de Louis XIV ; le chevalier *Bonnard*; (c'est à tort que l'on fait naître à Damery la célèbre tragédienne Adrienne *Lecouvreur*, qui appartient à la commune de Fismes, arrondissement de Reims. (Voir à cette commune.) — *Ecarts :* la Guinguette, maison de plaisance, à 500 mètres ; Brunet, moulin à eau, à 1 kilomètre ; le Limonet, moulin à eau, à 3 kilomètres ; la Voie-des-Vaches, tuilerie-briqueterie, à 3 kilomètres.

Fleury-la-Rivière, au N.-N.-O. d'Epernay, agréablement situé au pied et à l'est du mont qui porte le pâtis de la commune, et arrosé seulement par quelques filets d'eau se réunissant pour former le petit ruisseau le Brunet, qui se jette dans la Marne, près de Damery. — Superficie, 797 hectares 87 ares. — Succursale dédiée à saint Maur ; l'église date de 1774. — Perception de Damery. ✉ Damery. — Ecole primaire des deux sexes. — Vins rouges estimés ; les besoins du commerce sont cause que, depuis 1855, la moitié au moins de la récolte sert à faire des vins blancs. — Carrières de sable blanc pour les verreries. — On trouve, dans le sous-sol de la colline qui domine la commune, à l'ouest, et dans celui de ses bois communaux, des bancs de coquillages de plusieurs espèces et assez bien conservés. Les principales espèces sont : le *cerithe géant*, long de 60 à 62 centimètres ; le *casque*, à larges et à petites douves ; la *lucine géante*; l'*arche du déluge*, etc. On trouve aussi des dents de poissons. — *Ecarts :* Montorgueil, à 1 kilom.; Beauregard, à 15 ou 1,600 mètres ; Raday, à 1 kilomètre (1).

Mardeuil, au N.-O. d'Epernay, sur les bords de la Marne, qui l'arrose, au nord, sur une étendue de 2,500 mètres. De petites sources, descendant de la côte méridionale, baignent le pays.—Superficie, 928 hectares 08 ares 10 centiares. — Succursale dédiée à

---

(1) M. Arnoult, né à Fleury-la-Rivière, a fondé, dans sa commune, une distribution de prix pour les deux écoles ; il y a aussi établi un prix de vertu, consistant en une dot de 500 francs, qui est accordé à la fille la plus vertueuse parmi les pauvres ou peu aisées du pays. Ce prix est décerné avec solennité, le jour de la fête patronale, après la messe paroissiale, en présence de tous les habitants.

saint Thomas de Cantorbéry. — Perception d'Epernay. ✉ d'Epernay. — Ecoles primaires des deux sexes. — Cette commune ne produisait d'abord que du vin rouge de qualité moyenne; depuis quelques années, les vignerons font du vin blanc dont ils tirent un très-bon parti. — Le lait est aussi une branche importante du revenu; on le porte à Epernay. — Mardeuil ne fut qu'un hameau d'Epernay, jusqu'en 1156, et n'eut une église qu'en 1198; on l'érigea, l'an 1787, en une commune distincte ou paroisse. — Ce fut, dit-on, sur le territoire de Mardeuil, que le maréchal de Biron, revenant de Damcry avec Henri IV, fut tué d'un coup de fauconneau, 1592. — *Ecarts :* Ramponneau, à 1 kilomètre; la ferme de la Borde, à 800 mètres; la ferme Saint-Antoine (en partie), à 800 mètres, au sud-ouest, et sur les ruines d'un couvent de religieux.

Moussy, au S. d'Epernay, dans une vallée superbe, sur le Sourdon. — Superficie, 262 hectares. — Annexe de Chavot (sans église). — Perception de Pierry. ✉ Epernay. — Ecoles primaires des deux sexes. — On y cultive la vigne, dont les produits sont excellents pour le commerce de champagne (1). — Aucun document ne fait connaître l'époque de la fondation de Moussy; cependant, elle doit remonter à un temps assez reculé, si l'on en juge par un château qui existait avant la révolution de 1789, au lieu dit les Connardins, écart de la commune, et qui avait pour maître le seigneur de Failly, comte de Failly, chevalier-seigneur-vicomte de Vinay, Moussy, les Connardins, seigneur-vicomte de Gueux, Montmarsan, Feuillet et autres, lorsqu'il eut un fils auquel il donna

(1) Quoique Moussy n'ait pas de curiosités naturelles, le paysage qui l'entoure est vraiment une curiosité. Tout récrée la vue dans sa belle vallée. Au nord, la forêt d'Epernay couronne de ses arbres touffus la montagne qui, sur son versant, est parée de vignes admirables. Ici, un filet d'eau coule entre le mûrier sauvage et des blocs énormes semés çà et là sur le sentier. Là, une jolie fontaine semble placée pour offrir au vigneron laborieux les eaux argentées dont elle est prodigue. Partout, enfin, il y a pour la reconnaissance et la satisfaction. — Petite Venise, Moussy a son ruisseau dans sa rue principale, et si les gondoles lui manquent, elle a des ponts établis sur le devant des maisons, et qui y font une vue magnifique. (Boulangé, instituteur à Moussy.)

le titre de vicomte de Moussy. En 1780, un procès fameux fut intenté par les habitants de Moussy audit comte de Failly. Lors de la révolution, le seigneur de Failly émigra, et son château devint la propriété de Santerre, qui le fit démanteler et ensuite raser. — Dès titres de 1185 constatent que Moussy était tributaire de La Charmoye et formait 53 ménages. — Sur l'emplacement du château des Connardins s'élève une jolie maison bourgeoise qui a été assez longtemps la propriété de M. Bourlon de Sarty, ancien préfet de la Marne. — *Ecarts* : la Loge-Pinard, à 2 kilomètres ; les Connardins, à 100 mètres, le Moulin-de-l'Etang, à 100 mètres ; la Bécasserie, à 500 mètres ; la Loge, à 3 kilomètres.

Pierry, au S. d'Epernay, arrosé par le Sourdon réuni au Cubry. — Superficie, 503 hectares. — Succursale dédiée à saint Julien. — Chef-lieu de perception. ✉ Epernay. — Bureau de bienfaisance. — Ecoles primaires des deux sexes. — Vins très-estimés et commerce important de ce produit. — Pierry ne faisait autrefois que des vins rouges, cités dans les vieilles chroniques après celui d'Ay, et désignés alors sous le nom de vin de messieurs de Châlons. — Cette florissante commune, surmontée d'une colline couverte de vignes et couronnée d'une belle forêt, est un des plus jolis villages du département, par sa situation, ses environs et la quantité de charmantes maisons bourgeoises comprises dans son étendue, qui est de plus d'un kilomètre. — L'église est une ancienne chapelle de religieux, d'un aspect très-mesquin ; néanmoins, le petit portail qui est adossé au pignon et qui, dit-on, provient de l'ancienne église de Saint-Julien, est en plein-cintre, et a déjà attiré l'attention de plusieurs archéologues. — La date qu'on pourrait lui assigner est celle du Xe siècle au XIe. — En 1326, la terre de Pierry et ses dépendances furent achetées par les religieux de Saint-Pierre de Châlons, qui y possédaient aussi une maison, démolie en 1845. — L'infortuné Jacques Cazotte, littérateur et poète bourguignon, avait des propriétés à Pierry, dont il fut maire : c'est là qu'il composa ses plus beaux romans. Dénoncé en 1792, il fut enlevé de sa maison pour aller à Paris porter sa tête sur l'échafaud. — La famille de Quelen, dont un des membres fut archevêque de Paris, en 1830, a habité Pierry. —

Écarts : les Aulnois, à 1 kilomètre, hameau distrait de la paroisse d'Epernay, en 1804; jolie maison bourgeoise, sur la pente de la colline, à 1 hectomètre.

Vauciennes, à l'O. d'Epernay, agréablement situé sur le revers d'une colline d'où l'on jouit d'une vue magnifique sur la riche vallée de la Marne, n'a ni rivière, ni ruisseau. — La Chaussée, un de ses écarts, à 1,500 mètres, contient la station dite de Damery, sur le chemin de fer de Paris à Strasbourg. — Superficie, 492 hectares. — Annexe de Boursault (doyenné de Dormans); l'église est dédiée à saint Léger. — Perception de Damery. ✉ Damery. — Ecole primaire mixte. — L'église est ancienne et remarquable, sur la porte on lit la date de 1552. Il y a quelques restes de beaux vitraux, qui ont été brisés en 1793. — Cette commune renfermait jadis deux châteaux, celui du Camois et celui de *Vauciennes.* Dans une propriété au nord de celui du Camois, où s'élevait le couvent de la Pierrette, on a trouvé quelques pièces d'or du règne de Charles V, et une clef en cuivre d'un travail remarquable. — *Écarts :* la Chaussée (station de Damery), à 1,500 mètres; le Camois, à 500 mètres; Meudon, à 100 mètres; la Chapotte, ferme, à 200 mètres; les Limons, ferme, à 850 mètres.

Venteuil, à l'O.-N.-O. d'Epernay, sur le penchant d'un coteau rapide; de telle sorte que ses maisons, ses jardins, sont comme étagés les uns au-dessus des autres, et forment un amphithéâtre. — La Marne baigne cette commune sur une étendue de 1,600 mètres environ; le canal latéral y a un parcours de 1,070 mètres. — Superficie, 629 hectares 68 ares 20 centiares. — Succursale dédiée à sainte Geneviève. — Perception de Damery. ✉ Damery. — Ecoles primaires des deux sexes. — Grand commerce de vins rouges et blancs. — Carrières de très-bonnes pierres à bâtir et de pierres meulières recherchées. — A 100 mètres environ, au nord-ouest de cette commune, on voit une gorge ou ravin gigantesque, dont les parois verticales s'élèvent à plus de 25 mètres, et dans le lit duquel se rencontrent d'énormes blocs de pierres et de terres mêlées de coquillages nombreux. Il y avait en cet endroit, longtemps avant 1789, un four banal, dans lequel les habitants étaient tenus d'aller cuire leur pain, moyennant une redevance au profit du seigneur. — Le banc de craie, qui occupe une petite portion du territoire, est de la plus grande importance, à cause des caves que l'on y a creusées, et qui sont excellentes pour la conservation du vin. — Venteuil a dû être assez considérable, puisque Henri III, roi de France et de Pologne, dans un parchemin daté de Paris, décembre 1577, l'appelle un *gros bourg*, et y crée un marché le lundi de chaque semaine. — Parmi les écarts de Venteuil, celui de *Tincourt*, quoique hameau, a l'importance d'une commune et possède une chapelle dédiée à sainte Avoie et dans laquelle on remarque une belle pierre tumulaire portant la date de 1632. Cette pierre, en précieux marbre noir et portée sur quatre globes également en marbre, renfermait les restes d'un sieur de Tincourt et de sa femme; les portraits des deux époux, ainsi que leurs armes, y sont gravés. On rencontre çà et là, dans l'étendue du territoire de Tincourt, au milieu des vignes, des pierres d'une grosseur remarquable, s'élevant de 2 à 3 mètres au-dessus du sol. Tincourt et Arty, autre écart, ont chacun une belle fontaine donnant un volume d'eau considérable et très-régulier. — *Ecarts :* Tincourt, à 600 mètres O.; Arty, à 800 mètres E., appartenait à Damery avant 1832; Arnotay, ferme, tuilerie, etc., à 600 mètres, au N.-E.; les Savarts, ferme à 1,500 mètres, au N.-O.; la Maison-de-l'Eglise, auprès du canal, à 550 mètres S.

Vinay, au S.-S.-O. d'Epernay, arrosé par le Sourdon et des sources assez nombreuses. — Superficie, 309 hectares 81 ares 70 centiares. — Succursale dédiée à saint Gervais et saint Protais. — Perception de Pierry. ✉ Epernay. — Ecole primaire mixte. — Culture de la vigne. — Pierres à bâtir et à chaux sur les pâtis. Briqueterie, tuilerie. — L'église a été signalée par la Commission archéologique. Elle date du xiie siècle; sa nef unique a été jadis flanquée de collatéraux; son clocher est roman et joli; l'abside carrée est de style ogival. Cette église renferme des fonts bien sculptés, et une statue de femme en bois peint, qui n'est pas sans mérite. — Sur un des points les plus élevés du territoire de Vinay on voit une grotte formée d'une seule pierre et que l'on dit avoir été habitée par des ermites, et qui porte le nom de Saint-Mamers.

Au-dessous de cette grotte très-curieuse, est une source, dite aussi de Saint-Mamers, où les pélerins viennent boire de l'eau pour se préserver de la fièvre (1). — Du plus haut point des pâtis, appelé le *Pierre-aux-Chèvres*, on découvre les flèches de Châlons et de Lépine. — Il existait autrefois une forge à fer dans la contrée appelée *les Forges*, et l'on distingue encore, dans une vigne, l'emplacement des caves où l'on mettait le charbon ; cette forge a été détruite en 1700. — *Ecarts :* la Pointe-à-Pitre, tuilerie-briqueterie, à 1,200 mètres; les Rigoblins, hameau, à 1,200 mètres; Montgirard, hameau, à 1,100 mètres; Tincourt, aussi de Venteuil, à 1,506 mètres.

2° CANTON D'ANGLURE.

8,505 habitants. — 19,344 hectares. — 19 communes.

Ce canton, à l'extrémité S.-O. du département, est entouré des cantons d'Esternay, de Sézanne, de Fère-Champenoise et du département de l'Aube.

Il est arrosé par l'Aube, deux bras de la Seine, le canal de la Haute-Seine, etc., etc., et a beaucoup de parties basses et humides.

Les travaux agricoles occupent presque tous les habitants. Il y a un grand nombre de métiers à bas, et le commerce consiste surtout dans la vente des grains, du bois et du charbon.

---

(1) Le 6 août 1674, l'Ermitage de Saint-Mamers était vacant. M. Mennesson, alors curé d'Epernay, désirant pourvoir au remplacement de l'ermite défunt, écrivait sous cette date :

« L'ermitage de Saint-Mamers étant vacant par la mort du frère Louis
» Rolland, il est nécessaire de remplir ledit ermitage de quelque ermite
» craignant Dieu, et de bon exemple. C'est pourquoi frère Claude Le
» Maire est prié par le curé d'Epernay de vouloir bien l'accepter pour y
» servir Dieu, afin que ledit ermitage ne tombe point entre les mains des
» séculiers, et ne puisse être profané; le tout sous l'agrément de M⁀ l'é-
» vêque de Soissons ou de son grand-vicaire; sous lequel ledit saint
» ermite. . . . . jusqu'à présent. »   Signé MENNESSON, curé.

COMMUNES	DISTANCE AU CHEF-LIEU				POPULATION.
	de canton.	du départ.	de l'arr.	de Reims.	
	k.	k.	k.	k.	habitants:
Anglure	»	60	61	86	878
Allemanche-Launay-Soyer	3	57	62	84	240
Bagneux	4	63	65	90	648
Baudement	3	62	64	85	180
Clesles	7	67	68	93	802
Conflans-sur-Seine	11	64	72	89	773
Esclavolles	13	66	72	91	182
Granges-sur-Aube	3	62	61	89	369
La Celle-sous-Chantemerle	11	57	65	83	476
La Chapelle-Lasson	4 8	57	65	83	233
Lurey	18	65	74	91	197
Marcilly	9	63	70	89	738
Marsangis	4	59	58	85	80
Saint-Just	4 6	65	66	91	1263
Saint-Quentin-le-Verger	6 5	57	61	82	380
Saint-Saturnin	8	62	55	83	208
Saron-sur-Aube	6	63	67	89	523
Villiers-aux-Corneilles	10	61	72	87	194
Vouarces	7	64	57	85	141

Anglure, au S.-S.-O. d'Epernay, chef-lieu de canton, bourg assez joli et très-ancien, dans une assez grande île de l'Aube et environné de fossés profonds. Son territoire, qui contient beaucoup de prés-marais, est traversé par deux canaux de desséchement et de navigation. — Superficie, 805 hectares 16 ares 10 centiares. — Succursale (doyenné de St-Just), dédiée à saint Sulpice. — Chef-lieu de perception. — Bureaux de poste, d'enregistrement et de bienfaisance. — Ecoles primaires des deux sexes. — La baronnie d'Anglure était une des plus considérables de la Champagne. Les possesseurs des quatre baronnies de Saint-Just, de Pouan, de Méry et d'Anglure, mouvant de l'évêché de Troyes, étaient obligés, à l'avènement de l'évêque, de le porter en procession, depuis l'église de l'abbaye de Notre-Dame, jusqu'à la cathédrale. On les nommait *barons de la Crosse.* Une légende raconte qu'au temps des croisades, un seigneur d'Anglure, étant tombé aux mains des infidèles, demanda la grâce d'aller lui-même chercher en France sa rançon. Le sultan eut confiance en son honneur, et lui accorda un an de liberté. Le baron traversa les mers, vint en Champagne, et frappa aux portes de tous les manoirs ; ce fut en vain, la somme qu'il avait promise était considérable, et la noblesse avait épuisé ses trésors à bâtir des églises, dans la crainte de la fin du monde, qui avait dû arriver en l'an 1000, puis à soutenir les guerres religieuses. Le temps fuyait ; ni larmes de femmes et d'enfants, ni conseils subtils et insidieux n'eurent le pouvoir de le retenir : nouveau Régulus, le baron s'arracha aux étreintes de ceux qu'il aimait, et retourna tendre ses bras à des fers éternels. Il paraît que le sultan était au fond bonne créature. Comme il n'avait pas trop compté sur le retour de son prisonnier, il admira sa loyauté, et plus généreux que les Carthaginois, il lui rendit la liberté, à condition qu'il ajouterait à son nom celui de Saladin, qui serait porté par ses descendants. Depuis ce temps, dit la tradition, le paladin et ses descendants ont conservé le nom de Saladin d'Anglure. — En 1431, les Anglais qui étaient maîtres d'Anglure, en furent chassés par le sire de Barbazan, gouverneur de la Champagne pour Charles VII. — Anglure possède un ancien château remarquable, avec deux tours, l'une au nord, et l'autre au midi. Il est séparé d'Anglure par la rivière d'Aube. — *Ecarts* : le moulin de Belle-Vue, à 300 mètres ; Belle-Assise, ancienne ferme, à 500 mètres.

Allemanche-Launay & Soyer, au N.-O. d'Anglure, trois communes réunies en une seule. Allemanche et Launay, situés dans un terrain autrefois marécageux, mais maintenant desséché, sont arrosés par le ruisseau de Choisel, qui s'y jette dans le canal de dessèchement des marais. Ce canal cotoie le ruisseau de Choisel dans tout son parcours ; il commence, comme le ruisseau, à Choisel, territoire de Chichey (canton de Sézanne), traverse Queudes, Villeneuve, Allemanche et une partie de la commune d'Anglure, et se jette dans l'Aube. — Superficie, 1,521 hectares 75 ares, dont 801 pour Allemanche ; 452 hectares 74 ares pour Soyer, et 1,268 hectares 1 are pour Launay. — Succursale dédiée à saint Denis.

— Perception d'Anglure. ✉ Sézanne. — Ecoles primaires des deux sexes. — Allemanche, à 3 kilomètres, dépendait de l'élection de Sézanne; les biens communaux mouvaient de la baronnie d'Anglure, à laquelle la commune payait une redevance. Les dîmes étaient levées par l'abbé de Rebais et l'abbesse du Paraclet; le doyen de Gaye levait celles de Launay. La seigneurie de ce dernier hameau appartint à une famille de Hainaut, qui prit le nom de Launay. — Le hameau de Soyer, distant d'un kilomètre, formait, jusqu'en 1846, une commune à part; les dîmes y étaient perçues par l'abbé de Chantemerle. — *Ecart :* Saussaie, à 2 kilomètres environ.

Bagneux, au S.-E. d'Anglure, dans la vallée de la Seine et de l'Aube, sur un terrain plat, très-bas et marécageux, est traversé par deux canaux : celui de la Haute-Seine, sur un parcours de 600 mètres; le canal de décharge ou déversoir de Bagneux à Anglure, sur un parcours de 1,800 mètres. — Superficie 1,258 hectares. — Succursale dédiée à saint Médard. — Perception de Marcilly. ✉ Anglure. — Ecole primaire mixte. — Fabrique de bonneterie assez importante. — L'église, d'une belle régularité, a été bâtie dans le xive siècle et le xve, avec le concours des seigneurs de Saint-Just et des habitants. On y voit un petit Christ très-ancien, du style bizantin. — Le maire de la commune possède un grand nombre de monnaies du Bas-Empire, qui ont été trouvées sur le territoire. Dans les environs se trouvait un couvent du nom de *Moutier-Blanc.* On suppose qu'il a été réuni à l'abbaye de Molesme, qui avait des droits sur les dîmes de Bagneux. *Ecarts :* les Grèves, Becheret, Monthaon, trois hameaux à un kilomètre.

Baudement, à l'O.-S.-O. d'Anglure, sur la rive droite de l'Aube, au milieu d'un pays fertile. — Superficie, 821 hectares 67 ares 20 centiares. — Succursale dédiée à saint Leu. ✉ Anglure. — Ecole primaire mixte. — L'église est à l'extrémité O. de la commune, sur la rampe d'un mont qui supporte aussi un grand nombre d'habitations. A l'entrée du village de Baudement, du côté de l'est, sur le bord de la rivière d'Aube, et au pied d'une petite colline qui présente en cet endroit une forte déclivité, se trouve une butte, dite *Tumulus de Baudement*. On l'a planté de bois et l'on en a fait, au moyen de petites allées qui le contournent, un lieu d'agrément ; le sommet, pour cette cause, a été déprimé. En plan, sa figure est celle d'un cercle légèrement aplati, dont le diamètre a 56 mètres 1/2 ; sa hauteur, du côté de la rivière, est de 17 mètres 35 ; elle n'est que de 10 mètres 30 du côté de la colline ; primitivement, elle devait être d'environ 3 mètres plus grande, ce qui portait l'élévation, du côté de l'Aube, à 20 mètres, et le cube de la masse de terre à plus de 10,000 mètres. Ce tumulus n'a jamais été fouillé (1).

Clesles, au S.-S.-E. d'Anglure, sur les confins du département de l'Aube, dans un terrain bas, sur le canal de la Seine supérieure, qui traverse la partie nord du territoire, de sorte que Clesles est entre le canal et la rivière (2). — Superficie, 1,325 hectares 75 ares. — Succursale dédiée à saint Sulpice. — Perception de Marcilly. ✉ Anglure. — Ecoles primaires des deux sexes. — Fabrique de bonneterie. — Elève de bestiaux. — L'église a été notée par la commission archéologique ; elle est remarquable par l'élévation et la beauté de ses voûtes en ogive ; elle a été fondée en 1313 et a dû être construite en plusieurs fois ; son chœur est remarquable. Elle renferme une belle statue, la *Mater dolorosa*, et de très-beaux tableaux sur bois, portant la date de 1565. On remarque la tour de l'escalier du clocher, située à l'angle

---

(1) M. Savy pense que c'est le tombeau d'un officier romain, du nom de *Cireneus*.

M. Loriquet, conservateur de la bibliothèque de la ville de Reims, croit que les buttes ou *tumulus* peuvent être celtiques, gallo-romaines ou mérovingiennes, et que leur contenu seul peut déterminer auquel de ces trois genres elles appartiennent.

(2) La Seine, qui baigne la partie sud de Clesles, se divise en deux branches, en y arrivant ; l'une, dite la Vieille-Seine, rentre bientôt dans le département de l'Aube, d'où elle sortait ; mais l'autre, dite le *canal de Sauvage*, traverse toute la prairie de Clesles et va, à travers la commune de Saint-Just, se mêler à la rivière d'Aube, ce qui a fait dire que l'Aube se jette dans la Seine, à Marcilly.

S.-O. de l'église, et qui est surmontée d'une couverture sphérique, comme les minarets de l'Orient. Clesles faisait autrefois partie du bailliage de Méry (Aube) et dépendit du siége présidial de Troyes, jusqu'en 1723, et, depuis cette époque, jusqu'en 1790, il fut de la juridiction de celui de Sens. Ensuite, Clesles fut une des communes dont on composa le district de Sézanne. Les dîmes étaient levées dans cette commune, par l'abbesse d'Andecy, dès l'an 1195. — *Ecarts :* le Mesnil, à 1 kilomètre 500 mètres O. (une portion); les Marais, à 500 mètres S.; le moulin, à 1 kilomètre S.-E.

Conflans-sur-Seine, à l'O.-S.-O. d'Anglure, dans un pays fertile, sur le versant S. d'un coteau, au bord de la Seine, qui se jette dans l'Aube, à 3 kilomètres 500 mètres environ, en amont de la commune. Le canal de la Haute-Seine y a un parcours de 2 kil. 1/2. — Superficie, 621 hectares. — Succursale dédiée à saint Etienne. — Perception de Marcilly. ✉ Marcilly. — Bureau de bienfaisance. — Ecoles primaires des deux sexes. — Commerce de bois. Son petit port est très-fréquenté ; le pont suspendu a été construit en 1841 et 1842. L'église appartient à plusieurs époques : le clocher est de l'époque romane, le chœur est du xive siècle et la nef est plus moderne ; le rétable de l'autel et des sculptures assez belles sont de la Renaissance. Conflans était de l'élection de Troyes. — *Ecart :* la maison éclusière, à 1 kilomètre.

Esclavolles, à l'O.-S.-O. d'Anglure, en terrain plat, sans être marécageux, et à 100 mètres environ de la Seine, qui sépare son territoire de ceux de Lurey et de Crancey. — Superficie, 618 hectares. — Annexe de Conflans, dédiée à saint Martin. — Perception de Marcilly. ✉ Marcilly. — Ecole primaire mixte. — Plusieurs seigneurs d'Esclavolles furent gouverneurs de Troyes et jouèrent un rôle actif dans les événements du xvie siècle. Sur les ruines de leur château on a construit une ferme, appelée la ferme du Château. Entre Conflans et Esclavolles, on a découvert un cimetière gallo-romain. Des vases nombreux, des armes et d'autres objets trouvés près des squelettes, ont été transportés au musée de Troyes. Esclavoles était de la prévôté et châtellenie de Chantemerle. Avant la Révolution, cette commune dépendait du diocèse de

Troyes ; il fit ensuite partie de celui de Meaux. Ce n'est que depuis 1824 qu'il appartenait à celui de Châlons.

Granges-sur-Aube, à l'E. d'Anglure, dans une belle prairie, sur un terrain assez plat, sur la rive droite de l'Aube, que l'on traverse sur un pont suspendu, construit en 1842. — Superficie, 805 hectares. — Succursale dédiée à saint Maurice. — Perception d'Anglure. ✉ Anglure. — Ecole primaire mixte. — Fabrique de bas. — De l'ancien château, il ne reste plus qu'une aile avec pavillon. Les dîmes étaient levées par le doyen de Gayes et le chapitre de Sézanne. — *Ecart :* le Mesnil, hameau, à 1 kilomètre (une portion).

La Celle-sous-Chantemerle, au N.-N.-O. d'Anglure, à mi-côte, dans une petite gorge, en bon air et en bonne vue. — Superficie, 1,203 hectares. — Succursale dédiée à la Sainte-Trinité. — Perception de Marcilly. ✉ Anglure. — Ecole primaire mixte. — Tuilerie importante. Cette commune était une baronnie qui appartint longtemps aux sires de Courtenay. Prieuré fondé par saint Serein dans le vIII^e siècle. Les rois Pépin et Charlemagne l'enrichirent, et François Ier le donna, avec plusieurs autres, à Adard Hennequin, son aumônier, qui, peu après, devint évêque de Troyes, en 1527. Plus tard, ce prieuré fut uni à l'abbaye de Montier-la-Celle, et enfin, en 1724, à la chapelle Saint-Louis, du château de Madrid, dans le bois de Boulogne. — *Ecarts :* Charmoie, hameau (une partie); les Tuileries.

La Chapelle-Lasson, au N. d'Anglure, dans une vallée marécageuse que l'on assainit tous les jours au moyen de deux kilomètres environ d'un canal de dessèchement. Le ruisseau qui arrose la commune y prend sa source et se jette dans le canal. — Superficie, 1,506 hectares. — Succursale dédiée à saint Pierre. — Perception d'Anglure. ✉ Anglure. — Ecole primaire mixte. — L'église, qui avant la Révolution était une des plus riches du doyenné de Sézanne, remonte au xII^e siècle, et paraît avoir été une chapelle des religieux du Temple. Le village de La Chapelle était du domaine royal. Les dîmes y furent levées par le commandeur de Barbonne, le chapitre de Sézanne et le doyen de Gayes. La cure recevait la portion congrue de l'ordre de Malte, qui avait succédé aux Templiers. — *Ecarts :* la ferme des Marais, à 1 kilomètre ; le moulin à vent, à 400 mètres environ ; un moulin à vent sur la montagne, élevée de 240 mètres.

Lurey, à l'O.-S.-O. d'Anglure, sur la rive droite de la Seine, qui sert de limite aux territoires de Conflans et de Lurey. Cette commune est encore arrosée par le ruisseau de Potangis ou Becheret, qui vient de Potangis (canton d'Esternay) et va se jeter dans la Seine, près de la Maison-des-Eaux. — Superficie, 328 hectares. — Annexe de Conflans (sans église). — Perception de Marcilly. ⊠ Marcilly. Lurey est réuni à Esclavolles pour l'instruction primaire. — *Ecarts :* les Caves, à 80 mètres, au N. ; la Maison-des-Eaux, à 250 mètres, au S. ; le moulin de Becheret, à 2 kilomètres Est ; le moulin du Perré, à 2 kilomètres ; une maison, à l'ouest.

Marcilly, à l'O.-S.-O. d'Anglure, agréablement situé au pied d'un coteau, au confluent de la Seine et de l'Aube, et arrosé aussi par le canal de la Haute-Seine, qui, commençant à Troyes et s'embouchant dans l'Aube, à Marcilly, à 50 mètres environ au-dessus du confluent de cette rivière avec la Seine, a 43 kilomètres 700 mètres de parcours. — Superficie, 947 hectares 35 ares 10 centiares. — Succursale dédiée à saint Ferréol. — Chef-lieu de Perception. — Bureau de poste et bureau de bienfaisance. — Ecoles primaires des deux sexes. — Distillerie importante de sucre de betteraves ; commerce de bois et de charbon. On visite à Marcilly, près des ruines du château, une laiterie qui rappelle l'antique munificence féodale. Les murs et la voûte sont ornés de coquillages qui, par leur arrangement, forment divers dessins, parmi lesquels on distingue un écusson qui a dû être celui des seigneurs de Marcilly (1).

(1) Philippe le Valois, marquis de Villette, officier de marine très-distingué, épousa Claire des Champs, de Marcilly, en 1695. Depuis cette époque, il habita Marcilly jusqu'en 1707, époque de sa mort. Claire des Champs de Marcilly remplissait le rôle de Zarès, femme d'Aman, dans la tragédie d'*Esther*, lorsque cette pièce fut jouée par les élèves de Saint-Cyr,

Marsangis, au N. d'Anglure, sur un sol inégal, au bord oriental des marais d'Anglure, et arrosé par le canal qui le sépare de La Chapelle et de Launay, sur un parcours de 3 kilomètres. — Superficie, 670 hectares. — Annexe de La Chapelle-Lasson ; église dédiée à saint Gengoult. — Perception d'Anglure. — Ecole primaire mixte. — Ancienne paroisse du diocèse de Troyes ; la seigneurie de Marsangis faisait partie de la baronnie d'Anglure. Les dîmes y étaient levées par l'abbé de Molesme et le chapitre de Sézanne.

Saint-Just, au S.-S.-O. d'Anglure, dans une belle plaine, à l'angle formé par la Seine et l'Aube, et arrosée, en outre, par deux canaux : le canal du Sauvage, creusé par Sully et dont le parcours est de 6 kilomètres environ, et celui de la Haute-Seine, commencé en 1804, achevé en 1843, et dont le parcours est de 4 kilomètres. Ces deux canaux se jettent dans la Seine. — Superficie, 1,675 hectares 56 ares 95 centiares. — Cure dédiée à saint Just. — Perception de Marcilly. ⊠ Anglure. — Bureau de bienfaisance. — Ecoles primaires des deux sexes. Saint-Just représente l'aisance ; les maisons y sont propres et assez bien alignées. L'église est très-remarquable par sa régularité, son chœur, ses voûtes et son portail. Saint-Just était autrefois très-important ; ses trois portes, celle de Fosse, celle de la Rigole et celle d'Enfer ; son faubourg de Fosse, son enceinte de fossés larges de dix mètres et profonds de trois ; son marché, ses foires, ses fabriques de draps

sous les yeux de Racine, devant Louis XIV, en 1689. Devenue veuve, Claire épousa, 13 ans plus tard, en 1720, le fameux ministre de la reine Anne d'Angleterre, Henri-Jean, vicomte de Bolingbrocke. Elle alla habiter avec lui le château de la *Source,* près de Saint-Cyr-en-Val, canton d'Orléans, *Loiret.* En 1723, elle passa en Angleterre pour solliciter la réhabilitation de son mari exilé. Avant de quitter la France, elle vendit la terre de Marcilly à Louis-François, marquis de Gallifet, bisaïeul des héritiers actuels du reste des biens qui faisaient partie de cette terre. Elle mourut en Angleterre et fut enterrée à Battersea, dans le Surrey, en l'église Saint-John. — Joseph *Charron,* ardent révolutionnaire, chargé par la municipalité de Paris de l'exhumation des cendres de Voltaire pour les transporter au Panthéon, vint habiter Marcilly, en 1792. Il fut maire de cette commune aussitôt son arrivée, jusqu'en 1793, époque de son arrestation.

à foulon, tout l'atteste. Ses seigneurs, nombreux et puissants, portaient le titre de barons de Saint-Just, marquis de Plancy, vicomtes de Semoine, seigneurs d'Etrosles, Longueville, Gourgançon et autres lieux. Ils avaient droit de haute, moyenne et basse justice ; ils avaient aussi, comme les seigneurs d'Anglure, de Pouan et de Méry, le titre de *barons de la Crosse*. (Voir à Anglure). Le château, dont il ne reste plus qu'une tour et quelques écuries, renfermait deux chapelles, une prison et de nombreuses dépendances entourées d'eaux vives. Saint-Just fut pillé deux fois par les Anglais, en 1356, après la bataille de Poitiers, et en 1462. Un violent incendie le détruisit presque entièrement en 1778. Le maréchal Brune l'habita jusqu'en 1815, et sa veuve, jusqu'en 1829. Ils sont inhumés tous les deux dans un caveau du cimetière de la commune. L'abbaye de Macheret, qui n'est plus aujourd'hui qu'une ferme, écart de Saint-Just, fut d'abord un ermitage fondé par des religieux de l'ordre de Grammont, vers 1168. Enrichi par les dons de Henri Ier le Généreux, comte de Champagne, et d'autres seigneurs, il fut érigé en prieuré par le pape Jean XXII, en 1317. Les religieux de cette maison vivaient comme les chartreux, et on les appelait les *bons-hommes*. Après avoir été brûlé par les Anglais, en 1462, et reconstruit par de nouveaux dons, ce prieuré devint, en 1621, une abbaye régulière qui fut réunie à l'évêché de Troyes en 1713. Les dîmes de Saint-Just étaient levées par le prieur de la Charité-sur-Loire (Nièvre). Les deux chapelles du château étaient à la collation du seigneur. Saint-Just eut un hôpital dont les biens furent en partie aliénés et en partie réunis à l'ordre de Saint-Lazare. — *Ecarts* : la ferme de Macheret ; la ferme de Sébastopol, à 2 kil. ; les maisons éclusières ; le hameau de Sauvage, à 150 mètres, possède une école mixte ; un pont en bois, construit en 1840, unit les deux parties de ce hameau, que le canal du Sauvage sépare.

Saint-Quentin-le-Verger, au N.-O. d'Anglure, sur la pente d'un coteau fertile, au sommet duquel, à l'extrémité O. du village, se trouve l'église isolée. A un kilomètre, passe le ruisseau qui prend sa source à Choiselle. — Superficie 1,043 hectares 67 ares. — Annexe de Marcilly ; église dédiée à saint Quentin. —

Perception d'Anglure. ✉ Anglure. — Ecole primaire mixte. — Bureau de bienfaisance. Les dîmes de cette commune furent données au xiiie siècle par Robert, évêque de Troyes, à l'abbaye Notre-Dame de la Grâce, près de Courbetaux. — *Ecarts :* le Moulin et le hameau de Chenevière, à 1 kilomètre 500 mètres.

Saint-Saturnin, à l'E.-N.-E. d'Anglure, sur un terrain assez plat, longé du côté N. par la Pleurre et par le canal de desséchement. — Superficie, 780 hectares 33 ares 75 centiares. — Succursale dédiée à saint Saturnin. — Perception d'Anglure. ✉ Anglure. — Ecole primaire mixte. — Extraction de la tourbe. — Quelques fabriques de bas. — Les dîmes étaient levées par le chapitre de Troyes, par le prieur de La Celle-sous-Chantemerle et par celui de l'Abbaye-sous-Plancy. — *Ecarts :* une ferme, à 300 mètres, sur le côté nord.

Saron, à l'O.-S.-O. d'Anglure, sur la rive droite de l'Aube, et traversé en partie par le canal de Marcilly à Troyes. — Superficie, 1,642 hectares 94 ares 70 centiares. — Succursale dédiée à saint André. — Perception de Marcilly. ✉ Marcilly. — Ecole primaire mixte. — Commerce de céréales; fabrique de bonneterie. — Saron avait un château construit avec les matériaux d'un vieux donjon de Sézanne, près d'un bois ou parc magnifique. Le château a été démoli et le bois morcelé et défriché en 1793; le sol est excellent en ce lieu. Le donjon fut détruit en 1703. — *Ecarts :* la ferme de Chauvigny; celle de Baugis et le Petit-Baugis, à un kilomètre 500 mètres.

Villiers-aux-Corneilles, à l'O. d'Anglure, entre deux collines, arrosé par un ruisseau appelé Rui par les habitants, et qui y a sa source et son embouchure. — Superficie, 587 hectares 86 ares 50 centiares. — Annexe de Potangis (doyenné d'Esternay); église dédiée à la Nativité de la Sainte-Vierge. — Perception de Marcilly. ✉ Marcilly. — Ecole primaire mixte. — L'église passe pour avoir été érigée en paroisse, vers le commencement du xiie siècle. Villiers, de l'élection de Troyes, était une seigneurie importante au xve siècle. — *Ecarts :* Chanolle, hameau à 500 mètres; le pavillon de Chanolle, maison de campagne, à 700 mètres.

Vouarces, à l'E. d'Anglure, au confluent de la Pleure et de l'Aube, à 1 kilomètre, et arrosé par le canal de dessèchement des marais de Pleurs. — Superficie 584 hectares 89 ares. — Annexe de Saint-Saturnin ; église dédiée à la chaire de saint Pierre. — Perception d'Anglure. ✉ Anglure. — Ecole primaire mixte. Cette commune, environnée de marais desséchés par le canal, et placée à l'extrême limite du département, était autrefois du diocèse de Troyes. La terre de Vouarces a appartenu aux seigneurs de Boulages et à la famille de Palluau. — *Ecart :* le Moulin, à 800 mètres.

3° CANTON D'AVIZE.

8,915 habitants, — 15,541 hectares. — 18 communes.

Ce canton irrégulier est, pour un quart, en plaine crayeuse et grèveuse, et, pour le reste, en montagne, où se trouve la plus grande partie des vignes et des bois.

Il est borné par les cantons d'Epernay, d'Ay, Châlons, Vertus et Montmort.

L'élévation de la montagne d'Avize, qui s'étend au sud, jusqu'auprès de Vertus, est de 240 mètres au-dessus du niveau de la mer. — Le mont isolé de Sarrans est bordé des vignes de Cramant et d'Avize, les meilleures du canton et d'une qualité fort distinguée.

Il est arrosé par la Soude, les ruisseaux des Istres ou des Marais, de Grauves, d'Argensoles, etc.

La culture de la vigne et le travail des vignes occupent la plus grande partie de ses habitants.

COMMUNES.	DISTANCE AU CHEF-LIEU				POPULATION
	de canton.	de l'arr.	du départ.	de Reims.	
	k.	k.	k.	k.	habitants
Avize..	»	10	33	38	1,874
Brugny-Vaudancourt.	12	8	41	34	480
Chavot-Courcourt	8	5	35	32	349
Cramant.	2	7	32	33	590
Cuis.	4 5	6	33	32	441
Flavigny.	4	12	28	37	161
Gionges.	6	16	31	42	168
Grauves.	3 5	9	33	35	531
Le Mesnil-sur-Oger.	3 5	14	28	40	1,246
Les Istres et Bury.	6	13	24	37	115
Mancy.	8	7	39	33	156
Monthelon.	8	6	39	32	427
Morangis.	8	11	40	37	169
Moslins.	6	9	39	35	419
Oger.	2	12	29	38	709
Oiry.	7	8	25	30	313
Plivot.	9	9	24	34	528
Villers-aux-Bois.	9	16	34	41	239

Avize, au S.-S.-E. d'Epernay, chef-lieu de canton, petite ville propre et jolie, avec de belles habitations qui présentent un air de grande aisance. — Superficie, 762 hectares 22 ares 75 centiares. — Cure dédiée à saint Nicolas. — Chef-lieu de perception. — Bureaux de poste et d'enregistrement. — Bureau de bienfaisance. — Ecoles primaires des deux sexes. — Salle d'asile. — Commerce considérable de vins mousseux (1). — Tuilerie importante avec briqueterie et four à chaux (2). — Carrières de belles

(1) On fabrique annuellement à Avize plus d'un million de bouteilles de vins de Champagne très-estimés pour leur finesse, leur blancheur et leur grande mousse; plus de la moitié de ces bouteilles sont expédiées, tant en France qu'à l'étranger; le reste est livré brut au haut commerce de Reims.

(2) L'usine de M. Lambin produit, chaque année, au moins 500,000

et bonnes pierres à bâtir. Cendrières. — Avize est situé au pied d'une riche montagne, d'où la vue embrasse au loin un panorama magnifique, et à peu de distance du chemin de fer de Paris à Strasbourg (station d'Oiry). — Le ruisseau, dit du Darcy, traverse le territoire, à l'ouest de la montagne. Ce ruisseau, qui passe à Grauves et se jette dans le Sourdon-Cubry, à Pierry, est grossi par deux petites sources sortant du territoire d'Avize, et appelées fontaine Cronchet et fontaine Plume-Coq. Beaucoup de petites sources jaillissent de la montagne à l'aspect face à l'est ; toutes les eaux en sont recueillies et amenées au moyen de tuyaux souterrains, soit par la commune pour alimenter des fontaines publiques, dont deux servent en même temps de lavoirs, soit par des particuliers (1). — Les habitants d'Avize s'occupent de la culture de la vigne, de la manutention et de la vente de leurs excellents vins. — Les caves sont superbes, maçonnées et voûtées en pierre, et très-propres à la conservation des vins en bouteilles. — L'église d'Avize appartient à l'architecture ogivale du xve siècle. — On remarque, dans son sanctuaire et ses transepts, des colonnes prismatiques chargées de chapiteaux d'une extrême élégance, rappelant, par les sculptures, les opérations et les attributs de la vendange ; les voûtes offrent des nervures nombreuses et hardies ; des consoles représentent des personnages grotesques dans diverses situations. Tous ces ornements réunis font de cette église une des plus intéressantes du département (M. de Mellet, arch. de la Commission archéologique de la Marne). — L'église a été dotée, en

briques, 100,000 tuiles plates, et 1,200 hectolitres de chaux, des tuyaux de drainage, etc. — Dans la séance du 29 août 1855, M. Lambin a reçu, de la Société d'Agriculture de Châlons, une médaille de bronze pour améliorations introduites dans sa fabrication.

(1) L'administration municipale d'Avize recherche des eaux de sources, pour les recueillir dans un réservoir qui contiendrait 6,000 hectolitres ; ces eaux seraient ensuite distribuées dans la commune, où elles alimenteraient un vaste lavoir, une fontaine monumentale, sur la place, quatorze bornes-fontaines et un abreuvoir. — Quatre-vingt-neuf concessionnaires-fondateurs recevraient chez eux 255 hectolitres d'eau par 24 heures, et paieraient à la commune une redevance annuelle de 2,551 fr. C'est au moyen de cette redevance que le projet sera mis à exécution.

1856, d'un orgue à neuf jeux, et possède trois nouvelles cloches bénites en mai 1862. — Des titres du XIIe siècle et suivants, au nombre de quinze, qualifient Avize de ville, qualification qu'elle avait perdue à la Révolution de 1789, et qui lui a été rendue en 1837. Quoique ces onze titres ne parlent ni de l'importance ancienne d'Avize, ni de sa population d'autrefois, nous avons trouvé les détails suivants : Henri Ier, comte de Champagne, affranchit les habitants d'Avize du ressort de sa justice, en 1172. L'ordre du Temple exerçait des droits sur ce pays, en 1281; Philippe IV, roi de France, confirma, en 1294, à la commanderie de Maucourt, diverses propriétés à Avize. Cette commune fut longtemps entourée de murailles; mais, en 1722, ses murs furent abattus et ses fossés comblés, par François Cauchon, comte de l'Héry, seigneur du lieu, pour se venger de l'insulte que lui avaient faite les habitants en cassant les glaces de sa voiture. Si ce démantèlement lui a fait perdre quelque importance, dans le même temps, le vin mousseux, qui devenait à la mode et devait décupler la valeur de ses vignes, commençait une ère de prospérité soutenue jusqu'à nos jours. — M. Brouillet, curé d'Avize avant la Révolution, a fait partie de l'Assemblée nationale, en 1789. — *Ecarts* : Mazagran, deux maisons, à 1 kilomètre; la Madeleine, à 6 hectomètres, sur la montagne, et composé de La Tuilerie, Je m'en-moque, les Carrières et le Clos.

Brugny-Vaudancourt, au N.-O. d'Avize, sur le penchant d'un coteau et arrosé par des sources nombreuses et excellentes, entre autres une qui naît auprès du château, traverse la commune, et se jette dans le Sourdon à Vinay. — Trois étangs y ont une étendue de 47 hectares 05 ares 40 centiares. — Superficie, 1,943 hectares 19 ares 20 centiares. — Succursale dédiée à saint Sébastien. — Perception de Monthelon. ✉ Epernay. — Ecole primaire mixte. — Tuileries. Carrières. — Vaudancourt, éloigné de 1 kilomètre, et qui a été réuni à Brugny, le 9 juillet 1852, possède une chapelle vicariale et une fabrique de poterie en grès. — A l'extrémité de la commune, se trouve un beau château de la Renaissance, et qui a été, il y a quelques années, l'objet d'une intelligente restauration. Il est situé dans la plus ravissante position, et appartient à l'illustre famille des Clermont-Tonnerre. — Brugny, qualifié de ville, commença, lors de la division du royaume de France en fiefs, à avoir son existence propre et ses seigneurs particuliers. Un propriétaire de la terre de Brugny donna à bail les moulins banaux de Vaudancourt et de Moussy, par acte du 7 juin 1397. Une partie de son vieux château-fort, dont il ne reste plus que le sol, a été détruite au temps des guerres de Charles VII et des Anglais. — Brugny était tributaire de l'abbaye de La Charmoye, dès 1183, et payait la dîme à St-Martin d'Epernay, en 1227. *Ecarts*. les Pivants, à 300 mètres; Breux, à 150 mètres; les Limons, à 800 mètres; la Grange-le-Comte, à 2 kilom.; la Grange-Jablot, à 1,200 mètres; le Moulin, à 150 mètres; la Tuilerie, à 320 mètres.

Chavot-Courcourt, au N.-O, d'Avize, sur une côte dominée par une autre à l'ouest. — Superficie, 439 hectares. — Succursale dédiée à saint Martin. — Perception de Monthelon. ✉ Epernay. — Bureau de bienfaisance. — Ecole primaire mixte. — Tuileries, briqueteries et fours à chaux. — Carrières. — Bon vin rouge et blanc. — L'église, dite de Mont-Félix, est remarquable par sa grandeur et son ancienneté, 1204; elle est commune à Chavot et à Moussy, éloignée d'un kilomètre et située sur la crête d'un promontoire qui domine la gorge d'Epernay. Au-dessus de cette église, s'élève un monticule en forme de cône régulier, nommé *Montafilan*, et qui paraît avoir été fait de main d'homme (1). — Le village de Courcourt dépendait de Vaudancourt, et a été réuni à Chavot le 9 juillet 1852. — Chavot et toutes ses dépendances étaient tributaires de la Charmoye, dès l'an 1183. — *Ecarts :* le

---

(1) Ce monticule, de 38 mètres de diamètre et de 20 mètres de hauteur, est entouré de fossés de 8 mètres de largeur. — On a souvent trouvé, dans les fouilles faites alentour, des fragments de vases, des armes et des médailles, objets qui ont été perdus. Quelques antiquaires trouvent là un reste de fortification gauloise ou gallo-romaine; d'autres y voient des traces d'un ancien château dont on fait remonter la fondation au XIIIe siècle; d'autres, enfin, croient qu'il a existé en cet endroit, au Moyen-Age, un couvent de Bernardins. Cette butte est remarquable par le panorama qu'elle embrasse.

Jard, à 2,800 mètres; la Grange-aux-Bois, à 1,800 mètres; les Chauffours, à 1,200 mètres; le Mont-Félix, à 700 mètres.

Cramant, au N.-O. d'Avize, assis sur un banc de craie, entre la montagne d'Avize et celle de Sarrans, du haut desquelles on jouit d'une vue très-étendue. — Superficie, 426 hectares 39 ares 75 centiares. — Succursale dédiée à saint Gibrien. — Perception d'Avize. ⊠ Avize. — Ecoles primaires des deux sexes. — Cramant n'a point de cours d'eau; trois fontaines y donnent un volume d'eau de beaucoup inférieur aux besoins de la population, mais qui pourrait être augmenté au moyen d'un drainage intelligent. — Ce pays se distingue par l'excellence de ses vins. Presque tout son territoire est formé d'un grand nombre de coteaux admirablement disposés pour la vigne. — Le premier curé de Cramant fut nommé en 1412; la cure était à la nomination de l'abbé de Saint-Martin d'Epernay. — Le chapitre de la cathédrale de Châlons y possédait des vignes, en 1506; et l'abbaye de Saint-Sauveur de Vertus y exerçait des droits, en 1518.

Cuis, au N.-N.-O. d'Avize, à mi-côte et surmonté d'un roc en forme de cuve immense. — Il n'y a ni rivière ni ruisseau, mais une assez forte source alimente sept fontaines communales qui donnent de l'eau suffisamment pour les besoins des habitants. — Superficie, 836 hectares 29 ares 50 centiares. — Annexe de Grauves; église dédiée à saint Nicaise. — Perception d'Avize. ⊠ Avize. — Ecole primaire mixte. — Vins estimés. — Les transepts et le sanctuaire de son église sont très-élégants et remarquables par la disposition de leur fénestration ogivale, et par la galerie ogivale qui fait le tour du chœur et de l'abside. On observe de curieux détails de sculpture sur les chapiteaux; on voit des colonnettes cannelées et des restes de vitraux; on trouve encore une croix de la Renaissance, avec inscription, située dans le cimetière, au chevet de l'église (M. de Mellet). — On remarque, tout près de cette commune, les rochers escarpés des Linettes et des Roualles. — L'abbaye d'Argensoles avait droit de haute, de moyenne et de basse justice sur Cuis, dès 1233; le chapitre de la cathédrale de Châlons y était propriétaire, en 1549, et l'abbaye d'Hautvillers, en 1611. — Le château de Cuis a donné naissance à Louis-Athanase *Hennequin,* comte de Villermont, d'une des plus anciennes familles de la Champagne. Il devint amiral en 1827, se retira en 1830, et mourut en 1840, âgé de 77 ans.

Flavigny, au N.-E. d'Avize, en plaine crayeuse, au bas d'Avize, commune entièrement agricole. — Superficie, 786 hectares. — Annexe des Istres-et-Bury; église dédiée à saint Thibault. — Perception d'Avize. ✉ Ecole primaire mixte. — En 1604, malgré sa position en plaine, Henri IV ordonna de le faire entourer de murs et de fossés, avec pont-levis; mais cet ordre ne fut pas exécuté. — Flavigny était de l'élection de Châlons, à l'exception de six feux qui dépendaient, pour la taille, de l'élection d'Epernay. — *Ecart :* le Moulin, à 1 kilomètre.

Gionges, au S. d'Avize, dans une vallée humide, arrosée par un grand nombre de fontaines. — Deux étangs, d'une étendue totale de 18 hectares 03 ares. — Superficie, 1,074 hectares 64 ares 05 centiares. — Succursale dédiée à saint Ferjeu. — Perception du Mesnil-sur-Oger. ✉ Avize. — Ecole primaire mixte. — Deux briqueteries et fours à chaux. — L'église est du XIIe siècle; sa nef est unique; son abside est pentagone, ogivale et assez élégante; une niche, portant la date de 1696, est sculptée dans le style ogival du XVe siècle, et quelques autres détails d'ornementation sont de style grec de la Renaissance. On y remarque quelques fenêtres à réseaux flamboyants, qui éclairent le sanctuaire et les deux bras du transept. — Gionges a longtemps porté le nom de Saint-Ferjeu, nom sous lequel il est cité dans des titres anciens. — *Ecarts :* Fulaine, Saint-Quentin, hameau à 1,200 mètres, avec une chapelle dédiée à saint Quentin ; Commercy, à 3 kilomètres; Souriette, à 4 kilomètres; Jubercy, à 5 kilomètres.

Grauves, à l'O. d'Avize, sur un terrain inégal et rocailleux, sur le versant occidental de la montagne d'Avize. — Un étang, dépendant de la ferme de Rouge-Maison, a une étendue de 4 hectares 84 ares. — Superficie, 773 hectares 99 ares 35 centiares. — Succursale dédiée à la Nativité de la Sainte-Vierge. — Perception d'Avize. ✉ Avize. — Ecole primaire mixte. — Tuilerie, briqueterie. — Carrières de belles pierres à bâtir et de marbre qui offre de belles nuances jaunâtres, mais difficile à travailler et à polir. — La côte dite des Roualles produit un excellent vin mousseux, très-recherché. — Le territoire de Grauves offre un des sites les plus pittoresques et les plus variés. Le sol, très-accidenté, forme un paysage qui présente des aspects magnifiques. C'est une vallée fertile, arrosée par de nombreuses sources d'eau limpide, et bordée de collines très-rapides ; le haut de ces collines est richement boisé de tous côtés par les forêts d'Argensoles et autres. Au milieu de ces collines, on aperçoit une quantité d'immenses rochers curieux à visiter. Les sources suffisent pour faire mouvoir trois moulins ayant ensemble cinq paires de meules, et pour alimenter le village. Elles se réunissent au milieu de la vallée, et forment le joli ruisseau du Darcy, qui arrose la prairie et a son embouchure sur le territoire de Mancy. — L'église de Grauves est assez remarquable ; le sanctuaire, du commencement de la Renaissance, est beau, et la fenestration est flamboyante. On y remarque des culs-de-lampes sculptés aux clefs de voûtes, une jolie porte ogivale, et des bas-reliefs en pierre, représentant les attributs de la Passion (M. de Mellet.) — Le hameau de Darcy est cité, dans un titre de 1407, comme propriété de l'abbaye d'Argensoles. — *Ecarts :* Montgrimaux, hameau, à 1,600 mètres ; Rouge-Maison, ferme, à 1,400 mètres ; le Darcy, hameau, à 200 mètres.

Le Mesnil-sur-Oger, au S. d'Avize, bâti en amphithéâtre sur le versant E. d'un mont élevé de 240 mètres au-dessus du niveau de la mer. L'eau y est rare et manque quelquefois. — Superficie, 778 hectares 07 ares 20 centiares. — Succursale dédiée à saint Nicolas. — Chef-lieu de perception. ✉ Avize. — Bureau de bienfaisance. — Ecoles primaires des deux sexes. — Grand commerce de vins de Champagne. — Carrières de pierres à bâtir, sur la montagne. — Il paraît que, jusqu'en 1776, Le Mesnil a joui du titre de ville, et qu'il y a eu distinction de *ville haute* ou *vieille ville*, et de *ville neuve, neuville* ou *ville basse*. Il consistait aussi en haute, moyenne et basse justice, ayant titre de châtellenie. Il est même constant que, pendant longtemps, il a fait partie du domaine du roi. Mais, en janvier 1341, il fut fait un échange entre le roi Philippe de Valois et Jean, sire de Joinville, de la terre le Mesnil avec toutes ses dépendances, et sans autre réserve que du droit de souveraineté, contre la ville de Vaucouleurs en Lorraine. Une autre preuve qui milite en faveur de l'importance ancienne du Mesnil, c'est un dénombrement de la vieille ville, fourni au comte de Vertus, le 1er juillet 1441, dans lequel le seigneur d'alors dit : « *Qu'il n'y veut prendre aucune morte à main, car icelle est franche ville.* » Le seigneur était Robert de Sarrebruck, prince de l'empire, vicomte de Laon, damoiseau de Commercy, mort en 1460 au château de Louvois. Entre autres seigneurs, on compte encore André de Cabaret de la Crolière qui, en 1730, fit démolir les remparts et abattre les portes dites de Châlons et Brèche-d'Oger. — Le Mesnil était tellement reconnu franche ville, que plusieurs seigneurs ayant voulu forcer les habitants à leur payer des droits féodaux, ceux-ci n'y voulurent jamais consentir. Enfin, ce ne fut qu'en 1737, qu'une transaction eut lieu, et que les habitants se décidèrent à payer un droit au seigneur. — Quoique Le Mesnil fût partagé en ville haute et ville basse, on ne retrouve aucun titre qui prouve qu'il y eût alors plusieurs monuments civils remarquables, ni même deux églises. Il y a donc tout lieu de croire que l'église actuelle a toujours été l'église principale, puisqu'elle est située dans la partie du pays appelée autrefois ville haute ou vieille ville. — Bien que déchue de sa beauté primitive, par suite des désastres qu'elle a éprouvés à différentes époques, notamment lors d'un violent incendie qui eut lieu vers la fin du XIIIe siècle, elle mérite encore de fixer l'attention. Sa fondation date du XIe siècle, époque romane secondaire. A cette époque appartiennent le clocher, la grande nef avec fenêtres meurtrières et l'archivolte du portail orienté, qui se compose de billettes cylindriques. Au XVIe siècle appartient la voûte en bois de la grande nef, maintenue, comme toutes celles de cette époque, par des poutres transversales qui, dans le milieu de leur longueur, donnent appui à un montant qui en maintient la courbure. Au XIIIe siècle appartiennent le sanctuaire et le chœur, comme il est facile de s'en convaincre par quelques restants de colonnes en faisceaux, avec leurs chapiteaux à crochets ; mais ces parties se trouvent gâtées par des constructions postérieures, de mauvais goût. Au XVIe siècle appartiennent les deux bras du transept, la porte du clocher, dont le fronton était orné d'un bas-relief représentant l'Assomption, les trois gargouilles qui déversent les eaux pluviales, et le portail du bas-côté méridional. On a tout lieu de croire que ce portail a été élevé aux frais de la compagnie des Archers ou confrérie de Saint-Sébastien, établie et bien organisée au Mesnil, sans doute depuis la fondation de cette compagnie, érigée en 1508 par lettres-patentes de Louis XIII. L'intérieur renferme, comme œuvres d'art, trois grilles en fer très-ouvragées, un pupitre en marbre, surmonté d'un bel aigle, le pavé du sanctuaire, aussi en marbre, et des boiseries au millésime de 1679, avec le baldaquin du maître-autel. Tous ces décors, qui proviennent de l'ancienne église de Saint-Germain de Châlons-sur-Marne, ont été achetés en 1771, moyennant la somme de 4,060 livres. Au pilier du chœur se trouve appendue une belle copie de la Madeleine repentante. (M. l'abbé Dautry.) M. Jean-Baptiste *Morizet*, décédé à Reims en 1841, a fait donation au Mesnil, son pays natal, d'une somme de 10,000 fr.; la rente de cette somme s'applique chaque année à l'instruction des enfants pauvres, au soulagement des malades indigents et au bien-être des instituteurs que des infirmités empêcheraient de continuer leurs fonctions. — *Ecart :* le hameau du Petit-Oger, depuis 1862.

Les Istres et Bury, à l'E.-N.-E. d'Avize. Un ruisseau, appelé Montjoué, prend sa source à 300 mètres du village des Istres et se jette dans la Soude, au-dessous de Cherville (canton d'Ecury, arrondissement de Châlons). — Superficie, 450 hectares. — Succursale dédiée à sainte Hélène; l'église des Istres est dédiée à la Nativité de la Sainte-Vierge. — Perception d'Avize. ⊠ Avize. — Ecole primaire mixte. — L'église des Istres date, dit-on, du XIIe siècle, comme celle de Bury, et renferme, dans la nef, du côté du midi, des ogives assez remarquables.

Mancy, à l'O.-N.-O. d'Avize, arrosé par un ruisseau qui prend sa source à la fontaine Garnier, sur le territoire de Moslins. — Superficie, 230 hectares, 36 ares 10 centiares. — Annexe et perception de Monthelon; église dédiée à saint Hubert. ⊠ Avize. — Ecole primaire mixte. — La culture de la vigne et le commerce des vins occupent le plus grand nombre des habitants. — Les sculptures de l'encadrement du bas de l'autel de la Sainte-Vierge sont remarquables. — *Ecarts :* Ablancourt, à 1,500 mètres ; Moque-Souris, à 1 kil.

Monthelon, à l'O.-N.-O. d'Avize, sur un repos ou palier d'un mont couronné de bois. Un seul ruisseau, qui vient de la contrée Fontaine-Garnier, de Moslins (aux Buzons), passe au pied de la colline. — Superficie, 258 hectares. — Succursale dédiée à saint Nicolas. — Chef-lieu de perception. ✉ Avize. — Ecoles primaires des deux sexes. — La production spéciale du territoire est le vin blanc ; cependant, les trois-quarts au moins des raisins sont noirs, et le vin rouge qu'on en obtenait il y a quelques années était très-estimé et jouissait d'une réputation méritée. Aujourd'hui les vignerons préfèrent convertir le tout en vin blanc destiné au commerce, parce que le prix en est beaucoup plus élevé. — Carrières de sable qui servent à alimenter les tuileries de Chavot. — Une fontaine, dite Fontaine-des-Vignes, produit une eau très-estimée et qui est légèrement alcaline et ferrugineuse. En 1837, un grand nombre de monnaies d'or des règnes de Philippe-de-Valois, Jean-le-Bon, Charles V ont été trouvées à Monthelon, ainsi qu'une vieille épée, en 1845.

Morangis, au N.-O. d'Avize, commune en général assez pauvre. — Superficie, 850 hectares 14 ares 55 centiares. — Annexe de Moslins (sans église). — Perception de Monthelon. ✉ Avize. — Ecole primaire mixte. — Pays de culture. — Morangis avait autrefois un château considérable ; il était situé sur le sommet de la colline, au lieu appelé la *Cense,* et était défendu au S. par un fort énorme. Aux quatre angles se trouvaient des tours ayant à peu près huit mètres de diamètre. A l'E., il y avait une chapelle ou une église ; les ruines attestent qu'elle devait être spacieuse. On ignore la cause de la destruction de ces monuments. L'abbaye de la Charmoye avait des propriétés à Morangis, dès l'an 1322. — *Ecarts :* la ferme de Bethin, à 2 kilomètres ; la ferme de Grimpré, à 1 kilomètre.

Moslins, à l'O. d'Avize, est arrosé par plusieurs sources qui se réunissent et qui, après avoir baigné les territoires de Mancy et de Chavot, vont se jeter dans le Sourdon-Cubry, à Pierry. — Trois étangs : l'étang Bombart, 10 hectares 78 ares 70 centiares; l'étang Neuf, 2 hectares 24 ares 30 centiares; le Vieux-Moulin, 56 ares. — Superficie, 1,172 hectares 21 ares 25 centiares. — Succursale dédiée à saint Pierre. — Perception de Monthelon. ⊠ Avize. — Bureau de bienfaisance. — Ecoles primaires des deux sexes. — Carrières de pierres siliceuses. Il existe sur la place publique un orme très-remarquable; il a, à un mètre 50 du sol, une circonférence de six mètres ; sa hauteur est d'environ 30 mètres. Sur le territoire de Moslins et dans les belles forêts qui avoisinent Grauves était un célèbre couvent de femmes, connu sous le nom de l'abbaye d'Argensoles, de l'ordre de Citeaux, fondé en 1222 par Blanche, comtesse de Champagne, par le conseil d'Arnulfe, religieux de Villers-en-Brabant, pour s'attirer la bénédiction divine, sur un terrain acheté de l'abbé d'Hautvillers. Trente-cinq religieuses du prieuré de Sainte-Marie, près de Liége, vinrent s'y établir. Les propriétés du couvent ne tardèrent pas à devenir considérables. Cette maison a été détruite en 1792; il n'en reste plus que quelques vestiges (1). — *Ecarts :* les Buzons, à 600 mètres; Mont-Roland, à 750 mètres; la Boulangerie, à 1,500 mètres; les Fafins, à 560 mètres; les Pingaults, à 550 mètres; Argensoles, à 3 kilomètres; les Seuillons, à 3,500 mètres.

Oger, au S. d'Avize, très-agréablement situé en amphithéâtre, au bas d'une belle côte couverte de vignes qui font le commerce et la richesse du pays. Plusieurs sources fournissent abondamment de l'eau à cette commune, qui a quelques étangs de peu d'importance. — Superficie 1,496 hectares 98 ares. — Suc-

---

(1) En 1854, des fouilles ont été exécutées à Argensoles, et l'on a découvert une statue ayant 2 mètres 35 de long, sur un mètre 20 de large, représentant la fondatrice de ladite abbaye. La tête, les mains et les pieds de cette statue sont coupés. Autour de la pierre, on lit cette inscription : « *Ici se voit la véritable représentation de Blanche, reine de Navarre, comtesse de Brie et de Champagne, qui, par révélation divine, fonda le monastère d'Argensoles, en l'année 1222, et, par singulière libéralité, le dota de quantité de beaux revenus.* »

cursale dédiée à saint Laurent. — Perception du Mesnil. ✉ Avize. Écoles primaires des deux sexes. — Vins blancs estimés. — Briqueterie, tuilerie; pierres à bâtir, pierres de marbre. — L'église d'Oger est remarquable par le clocher et l'abside, qui datent du XIIe siècle; l'abside est du style ogival primitif, à colonnes groupées, très-élancées; la nef et les bas-côtés ne remontent qu'à l'année 1777; le chœur est décoré de 48 stalles qui proviennent de l'abbaye de Toussaints de Châlons. (M. de Mellet). Oger renfermait un petit château, habité par les anciens seigneurs de ce pays, qui étaient, en dernier lieu des Châtillon; il n'en reste plus que quelques vestiges. — *Ecarts :* la Tuilerie, à 1 kilomètre sur la montagne; les Sept-Vents, à 1/2 kilomètre; Saint-Antoine, à 4 kilomètres; le château, tenant à la commune; les pendants de Renneville, à 4 kilomètres.

Oiry, au N.-N.-E. d'Avize, sur un bras de la Somme-Soude, appelé rivière des Tarnauds, sur le chemin de fer de Paris à Strasbourg. — Superficie, 1,072 hectares 48 ares 30 centiares. — Succursale dédiée à saint Hilaire (saint Christophe est en grande vénération dans la paroisse). — Perception d'Avize. ✉ Epernay. — Bureau de bienfaisance. — École primaire mixte. — Station du chemin de fer de l'Est. Cette station est très-importante. Le moulin à eau, sur la rivière des Tarnauds, réparé par son propriétaire, M. Thiercelin, d'Epernay, est une belle usine qui a coûté près de 25,000 fr. L'église, qui date de l'époque de la Renaissance, a été entièrement réparée en 1848, tant à l'intérieur qu'à l'extérieur, et est parfaitement et richement ornée. Oiry possédait autrefois un beau château sur le bord de la rivière; il était entouré de parcs et de jardins superbes; il a été vendu en 1845 à des propriétaires du pays qui l'ont fait démolir; les bâtiments ruraux seuls sont restés debout. Cette commune payait diverses redevances à la commanderie de Maucourt, en 1157. — *Ecarts :* le moulin à vent, à 100 mètres environ; Constantine sur la route impériale; la station du chemin de fer, à 300 mètres environ; le moulin à eau sur la rivière.

Plivot, au N.-N.-E. d'Avize, sur un bras de la Somme-Soude, dit rivière des Tarnauds. — Superficie, 1,162 hectares. — Succursale dédiée à saint Quentin. — Perception d'Avize. ✉ Epernay. — Ecoles primaires des deux sexes. — Pays de culture. — Plivot, autrefois Pliville, renfermait une abbaye dépendant de celle de Saint-Denis de Reims. Cette commune s'est souvent ressentie des événements qui ont frappé la ville d'Epernay, et il y a un siècle environ, elle a été ravagée par un incendie. — L'abbesse d'Avenay exerçait des droits sur Plivot en 1401.

Villers-aux-Bois, au S.-O. d'Avize, en pente sur un terrain rocheux et humide, au milieu des bois dont le débit occupe presque tous les habitants. — Superficie, 350 hectares. — Annexe de Gionges; église dédiée à saint Pierre. — Perception du Mesnil-sur-Oger. ✉ Avize. — Ecole primaire mixte.

4° CANTON DE DORMANS.

11,026 habitants. — 20,216 hectares. — 16 communes.

Ce canton, borné au N. par la Marne et le canton de Châtillon-sur-Marne, touche, à l'O., au département de l'Aisne, arrondissement de Château-Thierry; il a les cantons de Montmirail et de Montmort au S., et le canton d'Epernay à l'E.

Il est arrosé par la Marne, le Surmelin et d'autres cours d'eau, tels que le Flagot ou ruisseau d'Igny-le-Jard, etc.; etc.

Le sol est accidenté dans toute son étendue, et divisé en deux parties égales par la Marne. On y cultive avec succès les céréales de toute espèce, et l'on y récolte beaucoup de vin de qualité médiocre. Le commerce de bois et de charbon pour Paris est considérable.

C'est généralement un beau et bon canton, surtout au N., le long de la Marne.

COMMUNES.	DISTANCE AU CHEF-LIEU				POPULATION
	de canton.	du départ.	de Reims.	de l'arr.	
	k.	k.	k.	k.	habitants
Dormans......	»	24	57	39	2,244
Boursault......	16	9	41	31	652
Champvoisy.....	7	31	64	36	482
Comblizy......	7	22	56	40	117
Courthiézy.....	4	29	61	43	458
Festigny......	12	19	52	36	584
Igny-le-Jard....	9	20	52	38	545
Le Breuil......	14	28	60	54	582
Leuvrigny......	10	16	49	34	485
Mareuil-le-Port.	8	16	48	33	963
Nesle-le-Repons.	9	21	54	38	300
Œuilly.......	12	12	45	35	497
Soilly........	2	26	59	41	280
Troissy.......	5 s	19	51	36	1,065
Verneuil......	4	24	56	35	1,206
Vincelles......	2 s	26	58	37	506

Dormans, à l'O.-N.-O. d'Epernay, chef-lieu de canton, jolie petite ville, sur le chemin de fer de Paris à Strasbourg et au bord de la rive gauche de la Marne, que l'on traverse sur un beau pont de 65 mètres d'ouverture. Trois petits ruisseaux, celui de Vassieux, celui de Chavenay et le ru de Saint-Hippolyte, qui traversent le parc de Dormans, ont leur source et leur embouchure sur cette commune. — Superficie, 1,720 hectares. — Cure dédiée à saint Hippolyte. — Chef-lieu de perception. — Bureau de poste aux lettres. — Bureau d'enregistrement. — Bureau de bienfaisance. — Ecoles primaires des deux sexes. — Station du chemin de fer. — Fabrique de produits chimiques (eau de javelle); brasseries, poterie, bonneterie, tannerie, vinaigrerie, briqueteries, tuileries et fours à chaux, fabriques de chaux hydraulique ; grains, bois de chauffage et d'industrie, charbon de bois. — Dormans était l'entrepôt de la Brie, de la Champagne et du Soissonnais, dont les produits étaient transportés par la Marne à Paris. On fait remonter l'origine de

Dormans à une époque très-ancienne, sans pouvoir la préciser. L'an 848, il est question d'hérétiques de cette commune qui furent condamnés pour avoir embrassé les erreurs de Gotescalc, moine de l'abbaye d'Orbais. Dormans était donc à cette époque une localité importante. Lors de la division de la France en grands fiefs, Dormans fit partie de la province de Champagne et appartint, en seigneurie directe, au comté de Champagne, jusqu'en 1284. Cette même année, Jeanne de Navarre, comtesse de Champagne, épousa Philippe-le-Bel, et lui apporta en dot cette belle province, qui se trouva ainsi réunie à la couronne ; mais voulant récompenser une famille qui avait régi longtemps les biens de ses ancêtres, elle constitua la châtellenie de Dormans et en fit don à Jean Ier de Dormans, qui, peu à près, fut nommé procureur du roi au Parlement de Paris. C'est le fils de ce Jean Ier qui devint évêque de Beauvais, cardinal, chancelier de France, sous Charles V, et qui fonda, à Paris, le collége de Dormans-Beauvais. En 1358, ce même chancelier avait déjà fondé à Dormans une Ecole primaire. Au milieu du XVIe siècle, 1550, Dormans embrassa en grande partie le calvinisme, et ses sectateurs se réunissaient dans la chapelle souterraine d'un ancien prieuré de Bénédictins. En 1575, le 20 juillet, eut lieu près des murs de Dormans, entre les troupes de la Ligue et les protestants, un combat dans lequel Henri, duc de Guise, reçut à la figure une arquebusade qui lui fit donner le nom de Balafré, que portait déjà son père. Dormans était alors entouré de remparts et défendue par un château fort environné de fossés profonds, remplis d'eau, et elle resta jusqu'à Louis XIII une des villes fortes du royaume. En 1642, le grand Condé acheta la terre de Dormans, qui passa par cession au prince de Conti, son frère. En 1660, le maréchal de Broglie l'acheta du précédent, et Louis XIV l'érigea en comté, en faveur de ce maréchal. Elle resta dans sa famille jusqu'en 1760. En 1794, le prince de Ligne, seigneur de Dormans, fit célébrer, dans cette ville, en l'honneur de la naissance du duc de Bretagne, une fête magnifique qui dura trois jours et qui attira une foule de curieux de toute la France et des pays étrangers. Une tradition constante, confirmée par quantité de vieilles fondations, témoigne que l'emplacement de Dormans a changé ; qu'il était primitivement plus élevé au midi, et que peu à peu les constructions s'approchèrent de la Marne, du côté du nord. L'église primitive était dédiée à sainte Eulalie. Il y a 150 ans environ, il existait encore, près du château de Dormans, une société d'ermites, vivant des largesses des habitants. Cette société occupait une maison tenant aux ruines de cette église. L'église actuelle de Dormans n'était autrefois, d'après la même tradition, que la chapelle d'un prieuré de Bénédictins. Le sanctuaire et les deux chapelles qui le flanquent datent des premières années du XIIIe siècle; la nef, voûtée en bois, est du XVIe; le chevet est percé en face de la nef d'une grande fenêtre à quatre jours; le clocher est carré et coiffé d'un toit à quatre pignons; sur le flanc méridional de l'église, près du sanctuaire, s'élève une tourelle octogonale servant de cage d'escalier, divisée en quatre étages et couverte d'un toit conique; les gouttières représentent des chevaux, sans doute pour rappeler le genre de supplice du saint que la légende dit avoir été écartelé. Le château de Dormans, plusieurs fois restauré, a été construit dans les premières années du règne de Charles VI, vers 1390; c'est un monument assez bien conservé. Le château, bâti tout en grès, flanqué de tours, situé au milieu d'un parc magnifique, arrosé d'eaux vives, est maintenant la propriété de M. le comte d'Armaillé. — A Try, écart de Dormans, on montre une petite habitation que l'on dit être le reste d'un pavillon construit au XIIIe siècle par Blanche, femme de Thibault III, roi de Navarre.

La biographie de Dormans donne les noms suivants :

Jean Ier, de Dormans, chef de la maison de Dormans, procureur du roi au parlement de Paris, en 1347.

Jean II, de Dormans, son fils, précepteur de Charles V, chancelier de France, en 1357, fondateur de la bibliothèque royale, évêque de Beauvais en 1360, cardinal en 1368, fondateur du collége de Dormans-Beauvais, à Paris, en 1370 (1), mort en 1373;

---

(1) Jean II fonda à Paris, en 1370, le collége de Dormans-Beauvais, qu'il nomma ainsi en l'honneur de la ville dont il était l'évêque, et y institua, pour ses jeunes compatriotes, 12 bourses qui furent portées à 17 en 1371, et à 24 en 1372; des lettres-patentes du roi, en 1764, réunirent le collége de Dormans-Beauvais au collége Louis-le-Grand. Le nombre des

Guillaume II, de Dormans, frère de Milles, d'abord évêque de Meaux, puis archevêque de Sens, mort en 1405.

1642, le grand Condé achète la terre de Dormans et la cède au prince de Conti, son frère.

1660, le maréchal de Broglie, comte de Dormans; 1680, le prince de Ligne de Moy, prince du saint Empire, grand d'Espagne de première classe, premier pair de France et gendre du maréchal de Broglie.

1692, le prince de Ligne de Moy, frère du précédent.

Dupuis, membre de la commission scientifique d'Egypte.

Fransurot (J.-B.), qui monta le premier à la brèche au siége de Saint-Jean-d'Acre, né en 1773, tué à Villalba (Espagne), capitaine d'infanterie, en 1812.

Ledoux (Charles-Nicolas), un des plus habiles architectes du siècle dernier.

Vallin, général de division, décédé à Paris en 1856.

Vittement (Jean), né à Dormans en 1655, élève du collége de Dormans-Beauvais, fut jugé digne de succéder à Rollin, comme recteur de l'Université. Louis XIV le nomma lecteur des enfants de France; le duc d'Anjou le combla de faveurs et voulut l'emmener en Espagne. Le modeste précepteur refusa tout et vint mourir, en 1731, à Dormans, sans fortune.

Dormans a pour *écarts :* Chavenay, à 1,500 mètres; Sainte-Croix, à 3,500 mètres; Champaillé, à 3,400 mètres; Vassy, à 3,500 mètres; Vassieux, à 2,300 mètres, avec une chapelle dédiée à sainte Eulalie; Try, à 3 kilomètres.

Boursault, à l'E. de Dormans, dans un vallon peu profond,

---

bourses, réduit à 22, fut reporté à 38, en 1778. Le bienfait du cardinal de Dormans se prolongea pendant plus de quatre siècles. Les dormanistes obtinrent, dans les classes et dans la société, de nombreux succès, les avantages de cette éducation étaient recherchés, et on rapporte que, dans ce temps-là, les femmes d'une certaine classe des environs de la ville venaient souvent faire leurs couches à Dormans, pour assurer plus tard à leur enfant le bénéfice d'une bourse.

près de la Marne, qui limite la partie N. du territoire. — Huit étangs : trois de 17 hectares ont été desséchés et plantés ; les cinq autres, enclavés dans la forêt, donnent une surface de 81 hectares 46 ares 20 centiares. — Superficie, 1,633 hectares 61 ares 80 centiares. — Succursale dédiée à saint Pierre et saint Paul. — Perception de Damery. ⊠ Damery. — Ecoles primaires des deux sexes. — Vin et bois. — L'église forme une croix latine, avec des collatéraux. Elle est des deux époques : la nef et ses deux bas-côtés non voûtés datent du XIe siècle ; le sanctuaire et la croix sont du milieu du XVe. — Boursault, qui possède un magnifique château récemment construit, était une baronnie dont dépendaient Vauciennes, Venteuil, Tincourt, Reuil et OEuilly (1). On trouve,

(1) Les barons d'Anglure (voir à la commune d'Anglure, page 168), furent longtemps en possession de la baronnie de Boursault, qui, plus tard, devint la propriété des Givry. Une estampe de 1600 représente l'ancien château de Boursault dans toute sa force et sa gloire, avec ses tours, un donjon, des poternes, des glacis et le reste. Quelque violent incendie le consuma sans doute : au sol où gisaient ses débris, on a trouvé mêlée une grande quantité de cendres. D'autres constructions s'élevèrent dans la suite, sur l'emplacement même ou à côté. Aucune n'a aussi dignement succédé à l'ancien castel féodal que le château moderne. Ce n'est point cependant un monument bâti par quelque seigneur de la cour de Louis XIV, sur les dessins d'un Mansard ou d'un Lepautre. Il est d'un temps où, malgré tout le mérite possible, châteaux et architectes ont grand'peine à se faire admirer, c'est-à-dire du nôtre.

Commencé en 1843, le château de Boursault a été achevé en 1848. Il est situé sur la pente d'une colline, au milieu de sources vives et de beaux ombrages, et il domine la grande route de Paris, le chemin de fer de Strasbourg, l'agréable vallée où serpente la Marne, et au loin Epernay. Sur sa façade, on lit cette inscription concise : *natis mater* (une mère à ses enfants). C'est, en effet, pour réunir près d'elle sa famille, qu'une dame dont le nom est bien et honorablement connu dans la plus célèbre des industries champenoises (Mme Cliquot, née Ponsardin), a fait construire cette riche et élégante *villa*, sur les plans et sous la direction de l'habile architecte chargé antérieurement de restaurer la cathédrale de Reims (M. Arveuf). L'ensemble du style rappelle celui de la Renaissance. Le rez-de-chaussée peut rivaliser de magnificence et de goût avec ce que l'art du XVe siècle a produit de plus gracieux sur les bords enchantés de la Loire. La salle à manger est ornée de magnifiques tapisseries mo-

près du village de Boursault, une source de nature ferrugineuse, colorant les pierres en rouge-brun. Cette eau est très-légère, et se trouve toujours à la même température. Elle a un goût de fer très-prononcé, et son volume reste invariablement le même, quelles que soient les variations des autres sources, par suite de sécheresse, pluie, etc. — *Ecarts :* Villesaint, à 300 mètres ; Villemont-Joie, à 300 mètres ; le Point-du-Jour, à 500 mètres ; le moulin Jean-Gueux, à 750 mètres ; Boursois, à 500 mètres ; les Godins, à 3 kilomètres ; la Cave, à 2 kilomètres ; Lépine, à 2 kilomètres ; le Pavillon, à 500 mètres ; le Château, à 200 mètres ; Bellevue, à 300 mètres ; les Pâtis, à 2 kilomètres ; les Six-Routes, à 4 kilomètres.

Champvoisy, au N. de Dormans, dans une gorge, sur un sol irrégulier, et arrosé par un ruisseau sans importance. — Un étang de 4 hectares 62 ares 60 centiares. — Superficie, 920 hectares 19 ares. — Succursale dédiée à la Nativité de la Sainte-Vierge. — Perception de Dormans. ✉ Dormans. — Ecole primaire mixte. — Avant 1793, il existait au hameau de La Chapelle-Heurlay un prieuré avec une chapelle. Tout a été vendu, et la chapelle a été convertie en un bâtiment rural. — *Ecarts :* La Chapelle-Heurlay, à 1 kilomètre 500 mètres ; les Pâtis, à 3 kilomètres ; la Défense, à 1 kilomètre ; le Parc, à 500 mètres ; le Fond-de-Bonru, à 2 kilomètres ; le moulin de Mille-en-Parlent, à 1 kilomètre ; la Fosse, à 5 hectomètres ; Brûlard, à 2 kilomètres.

dernes et de boiseries richement sculptées. Dans le salon, de forme octogone, est une cheminée monumentale en pierre de Bourgogne ; le motif qui entoure la pendule fait corps avec la cheminée. Toutes les sculptures sont l'œuvre d'un des artistes de Paris les plus estimés (M. Klagmann). Une belle avenue conduit de la façade principale à la route d'Epernay, à travers un parc vaste, bien dessiné et planté de grands arbres. Plus d'un voyageur, en passant sur la nouvelle route de fer, avec la rapidité du vent, souhaiterait de contempler à loisir cette belle demeure, qui fait honneur à l'art contemporain et est un exemple de ce que peut l'emploi généreux et intelligent des fortunes loyalement acquises dans l'industrie, pour ajouter aux charmes de nos paysages et soutenir le goût national à la hauteur de ses anciennes traditions. — *(Magasin pittoresque,* année 1852).

Comblizy, au S.-E. de Dormans, sur la pente d'un mont, est arrosé par le Flagot, qui prend sa source à Igny-le-Jard, et a pour affluents le Brodé et le Clamart, petits ruisseaux qui naissent sur le territoire. — L'étang de Montgarny contient 14 hectares 15 ares 20 centiares. — Superficie, 701 hectares 72 ares 30 centiares. — Annexe de Nesle-le-Repons, église dédiée à saint Martin. — Perception de Mareuil-le-Port. ✉ Dormans. — Ecole primaire mixte. — Exploitation de carrières de pierres très-estimées. — Vins rouges. — *Ecarts :* le Gros-Milon, à 2 kilomètres 500 mètres ; la Chevalerie, à 1 kilomètre ; le moulin à eau, à 700 mètres ; les Sourdis, à 300 mètres.

Courthiézy, au S.-O. de Dormans, à quelque distance de la Marne et du chemin de fer de Paris à Strasbourg, est arrosé par un grand nombre de petits cours d'eau qui y naissent et se jettent dans la Marne, à 1 kilomètre de leurs sources. — Succursale dédiée à saint Omer. — Perception de Dormans. ✉ Dormans. — Ecole primaire mixte. — Grand commerce de fruits et particulièrement de cerises excellentes que l'on expédie pour Paris. Courthiézy avait autrefois un auditoire, une justice subalterne qui dépendait de la seigneurie de Condé-en-Brie. On possède encore aujourd'hui des jugements qui ont été rendus par Gilles de Bonnefoy, président de cette cour. Il y avait un fief, et des religieux de l'ordre des Saints-Pères y établirent une communauté qui était près de l'endroit qu'occupe l'école primaire. On croit que l'église leur aurait appartenu. Les pâtis de la commune sont remarquables par la grande quantité de roches de figures bizarres et de toutes les grosseurs qu'on y trouve, et qui, plusieurs fois, ont été recherchées par les amateurs. Une partie de Courthiézy payait la dîme au prieur de Soilly. — *Ecarts :* le hameau des Coqs ; les Lesnards et la ferme de Voucy, tous les trois à 1 kilomètre.

Festigny, à l'E.-S.-E. de Dormans, sur un sol très-accidenté et en amphithéâtre, sur les deux versants d'une gorge assez étroite et assez profonde, au bas de laquelle coule le Flagot, augmenté d'un grand nombre de petits cours d'eau, entre autres les ruisseaux du Rognon, de Neuville et de Vassy. Douze étangs y ont une étendue de 131 hectares 29 ares 90 centiares. — Superficie,

2,563 hectares 29 ares 90 centiares. — Succursale dédiée à saint Laurent. — Perception de Mareuil-le-Port. ✉ Port-à-Binson. — École primaire mixte. — La flèche de l'église de Festigny a été reconstruite il y a quelques années ; elle est remarquable par son élégance et sa solidité. La chapelle Saint-Philbert, au S. de Festigny, bâtie sur une montagne d'où la vue embrasse un panorama d'un effet ravissant, est encore un pélerinage, autrefois très en renom, et qui attire tous les ans de nombreux visiteurs. Près de la chapelle se voit la fontaine de Saint-Philbert, qui serait une eau minérale dont les propriétés salutaires auraient été découvertes par les Gaulois, et dédiées par eux ou par les Romains à une naïade jusqu'à l'établissement du christianisme dans ces contrées. Vers la fin du xie siècle ou le commencement du xiie, on aurait continué à recourir à cette fontaine, mais alors on l'aurait mise sous la protection d'un saint. De là, l'origine de la chapelle de Saint-Philbert, abbé de Rebais (en Brie), puis de Jumièges et de Noirmoutier. Près du hameau de la Boulonnerie, écart de Festigny, et dans les bois, on voit encore quelques vestiges d'un ancien couvent, appelé la *Nonelle*. On remarque, entre autres choses, une cave dont les murailles sont fort bien conservées. La Nonelle aurait été le chef-lieu de la seigneurie de Saint-Martin-d'Ablois ; il y aurait eu par conséquent, jadis, un château, ce qui s'accorderait parfaitement avec la fondation de la chapelle de Saint-Blanchard ou Notre-Dame de la Nonelle. La tradition que l'écart du *Chêne-la-Reine*, dont la moitié appartient à Leuvrigny, tire son nom d'un chêne près duquel campa Blanche de Castille, mère de saint Louis, en 1227, alors que, soutenue par Thibault, comte de Champagne, elle lutta contre les seigneurs pendant l'enfance de saint Louis, n'est pas certaine ; mais il est avéré que la mère de Louis IX légua en 1250 un pâtis indivis entre Festigny, Leuvrigny, Mareuil-le-Port. L'abbaye d'Hautvillers levait sur Festigny diverses redevances, en 1203. — *Ecarts :* le Mesnil-le-Hutier, à 1 kilomètre ; Neuville, à 1 kilomètre ; le Chêne-la-Reine, à 2 kilomètres (en partie); Beaurepaire, à 1 kilomètre 50 ; le Vivier, à 8 hectomètres ; Fontenay, à 2 kilomètres ; la ferme de Bel-Air, à 3 kil. ; les Echeneaux, à 1 kil. 500 mètres ; la maison d'Enghien, à 6 kilomètres ; la Boulonnerie, à 1 kilomètre 500 mètres.

Igny-le-Jard, au S.-S.-O. de Dormans, au milieu d'une vaste plaine inégale, entouré de grands bois et d'étangs et arrosé par le Flagot, qui prend sa source au pied de l'église (en cet endroit on l'appelle aussi la fontaine Saint-Nicolas), traverse plusieurs communes, recevant plusieurs petits ruisseaux, et se jette dans la Marne, entre Mareuil-le-Port et Troissy. Les étangs disséminés sur le territoire forment ensemble une étendue de 169 hectares 43 ares 60 centiares. — Superficie, 3,371 hectares 10 ares 56 centiares. — Succursale dédiée à saint Nicolas. — Perception de Mareuil-le-Port. ✉ Dormans. — Ecoles primaires des deux sexes. — En 1110, Henri, comte palatin de Troyes, seigneur de Brie et de Champagne, à l'occasion de son mariage avec la fille du comte Thibault, fit donation aux habitants d'Igny, pour eux et leurs successeurs, à perpétuité, des bois d'usages et pâtis (402 hectares 51 ares 20 centiares), ce qui forme les revenus considérables de la commune (1). Igny, qui jusqu'à la Révolution fut l'annexe de Comblizy, posséda un prieuré de l'ordre de saint Augustin; il n'en reste plus aujourd'hui qu'une fontaine du prieuré (dans l'enclos de l'ancien prieuré). — *Ecarts :* le Moncet, à 2 kil.; la tuilerie du Moncet, à 2 kil.; la Coudre, à 100 mètres; le Trou-d'Enfer, à 1,500 mètres; la Grange-Gaucher, à 2,500 mètres; la Maison-Blanche, à 1 kil.; le Hallait, à 1 kil.

Le Breuil, au S. de Dormans, dans un vallon arrosé par le Surmelin, qui le traverse. — Superficie, 1,809 hectares 60 centiares. — Succursale dédiée à saint Martin. — Perception d'Orbais.

(1) Igny-le-Jard a donné naissance à plusieurs ecclésiastiques, entre autres à un jacobin, religieux qui fut principal du collége de Dormans. Il laissa un manuscrit très-satirique contre les meilleures maisons de Dormans, et dit la messe à Louis XIV, un jour que ce prince coucha chez M. Duval, protestant et riche négociant de cette ville. Plus tard, au sujet de ce gîte et de cette messe, Louis XIV, causant à M. Vittement (voir à la commune de Dormans), demanda à cet enfant de Dormans quel était son pays natal : « Dormans, répondit-il, où Votre Majesté daigna manger et coucher chez un de ses habitants. » — « Je n'oublierai jamais cette aventure, reprit le roi. C'était après la révocation de l'édit de Nantes, je fus reçu chez un protestant, un jacobin me dit la messe, et je sortis sain et sauf du pays. »

✉ Orbais. — Ecoles primaires des deux sexes. — Briqueterie ; fabrique de conduits de drainage et four à chaux. — L'église est remarquable par ses vitraux peints et son haut clocher. Le Breuil possédait anciennement un château qui, maintenant, est en ruine ; il appartenait à la célèbre famille Roland et n'est disloqué que depuis 25 ans. Ce château est situé sur une éminence, en face d'un beau vallon qui le sépare de trois jolis petits mamelons bien découpés et arrondis, à la cime desquels se trouve un hameau.

Leuvrigny, à l'E. de Dormans, au bas d'une colline couverte de vignes, tourné vers le S.-E. Le Flagot limite cette commune à l'E., sur un parcours de 1,060 mètres, et la Marne y coule au N.-N.-E., sur une longueur de 4 hectomètres. Des sources nombreuses et abondantes se réunissent pour former un ruisseau qui arrose de belles prairies couvertes d'arbres fruitiers. — Superficie, 885 hectares 95 ares 60 centiares. — Succursale dédiée à saint Martin. — Perception de Mareuil-le-Port. ✉ Port-à-Binson. — Ecole primaire mixte. — Bons vins, recherchés par le commerce. — Carrières de pierres à bâtir sur la partie E. du territoire. — *Ecarts :* le Chêne-la-Reine, à 1,700 mètres E.-S. (la partie septentrionale); la maison des Pâtis, à 2,300 mètres ; la ferme de Mizy (en partie), à 400 mètres environ et au S. (1); le moulin

---

(1) Vers le commencement du XIIIe siècle, il est fait authentiquement mention d'un village ou hameau qui existait au lieu où est cette ferme; un couvent aurait plus tard remplacé le village, puis la ferme, dont un des bâtiments, servant de chapelle, aurait succédé au couvent. Une fontaine, dite de Notre-Dame des Neiges, et qui existe encore près de la ferme, donnait de l'eau aux habitants.

En 1861, on a découvert en cet endroit une grotte sépulcrale, remontant à une époque fort ancienne. Son plan est de forme ovale ; le grand axe a une longueur de 4^{m}60^c; la plus grande largeur, vers l'E., est de 3 mètres, et la plus petite, vers l'O., de 1^{m}90^c; c'est de ce côté qu'est l'entrée. Cette grotte est dallée en pierrres plates calcaires non taillées et posées sans mortier ; son pourtour est garni d'une petite muraille en pierres sèches calcaires. Le dessus est recouvert par trois pierres en silex meulière, de grosseurs différentes, et restées complètement brutes; la plus grosse, d'environ 31 mètres carrés et du poids de 42,000 kilog., recouvre la grotte dans la partie O. et affleure la surface du sol ; les deux autres, du côté de l'entrée,

Nantay, à 500 mètres, S.-O.; Port-à-Binson (une partie), à 1,300 mètres, E.-N.

Mareuil-le-Port, à l'E. de Dormans, sur la rive gauche de la Marne, qui traverse son territoire du S.-E. au N. et arrosé du S.-E. au N. par le Flagot, qui y a son embouchure tout près, et aussi par plusieurs sources sortant des flancs de la montagne et alimentant six fontaines publiques. — Superficie, 809 hectares. — Annexe de Troissy, église dédiée à saint Remy. — Chef-lieu de perception. ⊠ Port-à-Binson. — Bureau de bienfaisance. — Ecoles primaires des deux sexes. — Vins; carrières de pierres meulières. — Le Port-à-Binson, très-important écart de Mareuil, qu'il surpasse en population, est un riche village où se trouve un port au bois, sur la rive gauche de la Marne, et qui a été totalement incendié par les alliés le 22 mars 1814. Un pont suspendu en fil de fer a été construit en 1839, un peu en amont de l'ancien en pierre. Une station du chemin de fer de Paris à Strasbourg est

---

sont placées plus bas, ce qui donne à la grotte deux hauteurs différentes : 0^m70^c à l'entrée, et 1^m25^c au fond. L'entrée est fermée par trois pierres calcaires plates, posées verticalement et arc-boutées extérieurement par des pierres semblables.

Cette grotte était remplie d'ossements humains, disposés en trois couches horizontales : la couche inférieure se composait des plus grands os, la couche du milieu, des os courts et plats; les têtes occupaient la partie supérieure. Des séparations, tantôt verticales et tantôt inclinées et formées de petites pierres plates, divisaient en compartiments les deux couches supérieures.

Les débris de 138 squelettes humains des deux sexes et de tout âge étaient réunis dans cette grotte; une mâchoire d'ours et une de cerf, toutes deux incomplètes, ont aussi été trouvées à l'entrée.

La dislocation des os et leur arrangement par couches séparées doivent faire admettre que cet amas d'ossements provient d'une translation.

Divers objets ont été trouvés parmi les ossements, tels que des couteaux et des hachettes en silex, des fragments de bois de cerf, sous l'un desquels une hachette était encore emmanchée, quelques petits anneaux en craie, paraissant provenir d'un collier, le reste d'un petit objet courbe en ardoise, des fragments de charbon de bois et de poterie grossière. — (Note de M. Savy, et Mémoires de M. le docteur Remy, Société d'Agriculture, 1861).

établie sur cette dépendance, qui est placée au centre de populations riches et nombreuses et dont le commerce prend tous les jours de l'importance. Le Port-à-Binson est la résidence du percepteur et de l'agent-voyer cantonal. Cette petite commune possède 69 hectares 94 ares de bois et environ 169 hectares de terrains désignés sous le nom de pâtis. Presque tout a été utilisé de la manière la plus avantageuse et rapporte annuellement plus de 6,000 fr., déduction faite des contributions et autres droits. Le Port-à-Binson a fait partie du canton de Châtillon jusqu'en 1824.

— L'église de Mareuil est de l'époque de transition du roman au gothique ; mais on l'a refaite à la Renaissance, en ne conservant que les anciennes arcades de la nef et le clocher. La tour est carrée, supportée par quatre énormes piliers et placée au milieu de l'église ; elle a 17 mètres de hauteur à partir du sol, et est surmontée d'une flèche remarquable par sa hardiesse et son élévation. C'est une pyramide octogone ayant 23 mètres de hauteur au-dessus de la tour, bâtie en charpente et revêtue d'ardoises. L'ameublement est du XVIe siècle ; un grand nombre de vitraux portent la date de 1521 à 1548, ils représentent la création du monde et la chute du premier homme, les différentes scènes de la vie de Jésus-Christ et divers saints. Un groupe en pierre, du XVIe siècle, représente sainte Anne enseignant à lire à la Vierge ; le même sujet est sculpté dans la chapelle Saint-Anne, du collatéral sud, et, sur une clef de voûte, dans le collatéral nord, on voit une sainte sculptée en bois. Au-dessus de l'arc triomphal qui sépare la nef du chœur s'élève un Christ ; dans la nef il y a un banc et dans le chœur un pupitre, tous en bois sculpté et datant du XVIe siècle. Il paraît que la terre de Mareuil a appartenu aux seigneurs de Châtillon-sur-Marne ; en effet, une chronique porte qu'au commencement du XIIe siècle, le seigneur de cette ville a donné au prieuré établi audit lieu une rente à prendre sur la terre de Mareuil. On attribue aussi le Port-à-Binson au même seigneur. A l'époque de la Révolution, la terre de Mareuil était possédée par les dames de Jouarre, qui y trouvaient un receveur. Les dîmes étaient perçues : 3/6 par les dames de Jouarre, 1/6 par l'abbé de Saint-Jean-des-Vignes, de Soissons, et 2/6 par le curé du lieu. — *Ecarts :* Port-à-Binson, à 8 hectomètres, E.; Cerseuil, à 18 hectomètres, S.-O.; Saint-Fiacre, à 4 hect., E.;

Sarry, à 4 hectomètres, O.; les moulins, à 6 hectomètres, S.-O.; la Rabatterie, à 2 kil., S.

Nesle-le-Repons, au N.-O. de Dormans, sur le Flagot et arrosé par des sources nombreuses. — Superficie, 500 hectares. — Succursale dédiée à saint André. — Perception de Mareuil-le-Port. ✉ Dormans. — Ecole primaire mixte. — Carrières de pierres à bâtir très-estimées. — L'église renferme un bénitier en pierre de taille, sur lequel est écrit le millésime de 1525. En l'an 1603, un seigneur de Comblizy fit don à cette commune d'environ 100 hectares de pâtis, qui sont maintenant en culture d'un très-bon rapport, et d'une pièce de bois d'environ 6 hectares d'un seul gazon. Le territoire de Nesle est assez riche en curiosités naturelles. On y trouve assez communément une quantité de coquillages, dont plusieurs sont très-recherchés des amateurs. — *Ecarts :* Montmergy, à 2 kil.; Vaugirard, à 1 kil.

OEuilly, à l'E. de Dormans, sur la pente et à mi-côte de la rive gauche de la Marne, qui l'arrose, ainsi que plusieurs sources, est dans une situation pittoresque. — Superficie, 930 hectares. — Succursale dédiée à saint Memmie. — Perception de Mareuil-le-Port. ✉ Port-à-Binson. — Ecole primaire mixte. — Vins rouges estimés, que l'on a commencé depuis quelques années à faire en blancs pour le commerce de Champagne; fruits excellents. — Le territoire est traversé par le chemin de fer de Paris à Strasbourg. OEuilly possédait autrefois 162 hectares de pâtis, qui ont été partagés en 440 parts entre les habitants, qui en jouissent encore aujourd'hui. Ce partage a été fait le 30 messidor an III de la République (1795). Si l'on en croyait la tradition, cette commune aurait été jadis une ville assez importante, dans laquelle on entrait par trois portes ; elle aurait eu un château fortifié et aurait été, ainsi que le hameau de Montvoisin, le siège d'une justice subalterne, du ressort de Châtillon-sur-Marne. — *Ecarts :* la Cave (en partie), à 2 kil.; Monvoisin, à 1 kil. 500 mètres ; la Cense-Carrée, à 1 kil. 800^m; le Bois-Brûlé, à 2 kil. 100^m; la Ville-aux-Bois, à 2 kil. 800^m; la Pierre-qui-tourne, à 1 kil. 200^m.

Soilly, au S. de Dormans, au pied d'un mont, à un kilomètre environ de la Marne. — Superficie, 533 hectares. — Succursale

dédiée à saint Martin. — Perception de Dormans. ✉ Dormans.—
Ecole primaire mixte. — Ancien prieuré qui avait droit de dîme.
Soilly dépendait du marquisat de Dormans.

Troissy, à l'E. de Dormans, arrosé par la Marne et par le
Flagot, son affluent. — Superficie, 1,537 hectares 63 ares 30 centiares. — Succursale dédiée à saint Martin. — Perception de Mareuil-le-Port. ✉ Port-à-Binson. — Bureau de bienfaisance. —
Ecoles primaires des deux sexes. — Vins. — L'église, une des plus
belles de l'arrondissement, est bien bâtie, complète et entièrement
de la Renaissance, quoique l'ogive y domine encore. La date de
1575 se trouve gravée au-dessus d'une porte du collatéral du N.;
elle doit être celle de toute l'église. Cet édifice est en croix, à trois
nefs; le chevet est pentagonal, les voûtes ont des arêtes, avec des
nervures et des arcs doubleaux; les fonts baptismaux, les bénitiers et la chaire sont du XVIe siècle. (M. Didron, architecte). On
remarque, à Troissy, la vieille tour et la double porte ogivale de
l'ancien château, débris du XVIe siècle (1). La terre de Troissy était
une baronnie de Champagne. Un de ses écarts, l'Amour-Dieu,
possédait autrefois une célèbre abbaye de femmes, fondée en
1232, par Hugues de Châtillon, comte de Saint-Paul, et par Philippe de Mécringes; Grégoire IX, en 1237, confirma l'établissement de cette communauté de l'ordre de Citeaux. Plusieurs papes,
quelques rois de France, les seigneurs de Châtillon, d'Etoges, de
Dormans, la protégèrent d'une manière spéciale. Un siècle après sa
fondation, elle contenait 50 religieuses. Le monastère fut successivement pillé par les Anglais, par Charles-Quint et par les Hu-

---

(1) La tour est carrée, en pierres de grès, à large appareil, jusqu'à la moitié inférieure, en petit appareil jusqu'au haut, où des créneaux décrépits
annoncent une destination militaire. — La porte extérieure est surmontée
de deux rainures destinées à loger les poutres du pont-levis; l'intérieur
n'offre qu'une rainure pour la herse. — Entre ces portes, qui se doublent,
est une voûte à nervures, abattues aujourd'hui, mais dont on voit encore
les souches que portent les consoles. — A la face interne de la porte intérieure, les fenêtres, carrées et à moulures fines et cylindriques, ont convaincu M Didron que l'époque par lui assignée (XIVe siècle) à cette construction, est bien exacte. (M. Sellier, congrès de Châlons, 1855.)

guenots; enfin, il fut détruit en 1764 et réuni au prieuré de Montmirail. — *Ecarts :* Bouquigny, à 1,500 mètres; l'Amour-Dieu, à 1 kil.; le Thim ou Tuilerie, à 500 mètres.

Verneuil (haut et bas), au N. de Dormans; sur la rive droite de la Marne, qui sépare cette commune de celles de Troissy et de Dormans, et par la rivière de Semoigne, qui se jette dans la Marne, au-dessous de Verneuil. — Superficie, 1,302 hectares 78 ares 80 centiares. — Succursale dédiée à saint Remi. — Perception de Dormans. ⊠ Dormans. — Bureau de bienfaisance. — Ecoles primaires des deux sexes. — Vins. — Belles carrières de grès, excellentes pierres de taille et pierres siliceuses. C'est à Verneuil même, dit-on, au lieu dit le Tronquet, qu'eut lieu en 1575 la bataille dite de Dormans, dans laquelle Henri de Guise reçut au visage la blessure qui lui valut le surnom de *Balafré*. Il y eut aussi un engagement au fort de Bunot ou Bugnot, et le lieu où furent enterrées les victimes porte encore aujourd'hui le nom de la *Fosse des Huguenots*. — *Ecarts :* la Malmaison, à 1,428 mètres; le Moulin-Carré, à 2 kil.; la Martinette, à 2,200 mètres; les Pâtis-de-Verneuil, à 4,500 mètres; le Bunot ou Bugnot, à 200 mètres.

Vincelles, au N. de Dormans, à mi-côte, à droite et dans la vallée de la Marne. L'espace que les rochers n'occupent pas est couvert de vignes qui produisent de très-bons vins. Cette commune, abondamment pourvue d'eaux excellentes, est sur la limite O. du département, touchant à celui de l'Aisne (canton de Condé). Superficie, 355 hectares 17 ares 60 centiares. — Succursale dédiée à saint Timothée et saint Apollinaire. — Perception de Dormans. — Ecole primaire mixte. — Bons vins rouges et blancs; carrières de grès. — Des manuscrits, tirés du château de Dormans, prétendent que le principal théâtre de la bataille de Dormans, 1575, se trouvait sur le territoire de Vincelles. On prétend aussi que ce village remonte au IVe siècle ou au Ve, qu'il dépendait de Dormans et de la juridiction de la châtellenie, et que lors de la bataille, le pont ayant été coupé, Vincelles passa sous la juridiction de Château-Thierry. Il y resta jusqu'en 1674, et appartint à l'élection d'Epernay jusqu'en 1713; puis, à partir de cette époque, il fit partie du bailliage de Châtillon-sur-Marne jusqu'en 1789. — Il y a une trentaine d'années, on a découvert dans ce pays des souterrains creusés dans le tuf en voûte ogivale, et sur lesquels on se perd en conjectures, mais qui sont aujourd'hui les meilleures caves de la contrée.

5° CANTON D'ESTERNAY.

8,970 habitants. — 29,265 hectares. — 23 communes.

Ce canton, de forme oblongue ou en fuseau, touche à l'O. au département de Seine-et-Marne et à celui de l'Aube ; au S. au département de l'Aube et au canton d'Anglure ; à l'E. au canton de Sézanne, et au N. au canton de Montmirail.

Il est arrosé par la rivière du Grand-Morin, qui le divise en deux parties fort inégales, et par une foule de petits ruisseaux.

Ce canton de la Brie est très-varié dans les natures du sol : le N. est argileux et pierreux ; l'E., forestier, avec des étangs et des vignes ; la partie occidentale, plus découverte, est sablonneuse, limoneuse et argileuse.

COMMUNES	DISTANCE AU CHEF-LIEU				POPULATION.
	de canton.	de l'arr.	du départ.	de Reims.	
	k.	k.	k.	k.	habitants.
Esternay............	»	49	70	76	1,791
Bethon.............	16	60	70	86	677
Bouchy-le-Repos.......	11	61	80	87	300
Bricot-la-Ville........	6	53	67	80	83
Champguyon.........	5	49	75	75	440
Chantemerle.........	20	58	67	84	168
Châtillon-sur-Morin......	3	51	70	77	407
Courgivaux..........	7	56	76	83	463
Escardes...........	6	56	73	83	164
Joiselle............	7	49	75	76	206
La Forestière........	12	56	68	82	490
La Noue............	4	46	67	72	453
Le Meix-Saint-Epoing.....	9	50	64	68	259
Les Essarts-lez-Sézanne.....	8	43	64	68	445
Les Essarts-le-Vicomte.....	9	59	74	85	263
Montgenot...........	17	62	73	89	337

Esternay, au S.-S.-O. d'Epernay, chef-lieu de canton, petite ville sur un terrain inégal, dans une vallée humide et marécageuse, sur la rive droite du Grand-Morin. Le petit ruisseau, dit de La Noue, qui passe au N. de la commune, se réunit au Grand-Morin, à Esternay-le-Franc, écart d'Esternay. Il y a de plus 16 sources, dont la moitié sont abondantes, et une fontaine dite de Saint-Prix, aux eaux de laquelle on attribue la vertu de couper la fièvre. — Superficie, 3,127 hectares 60 ares 40 centiares. — Cure dédiée à saint Remi. — Chef-lieu de perception. — Bureaux de poste aux lettres, d'enregistrement et de bienfaisance. — Ecoles primaires des deux sexes. — Caisse d'épargne et de prévoyance (succursale de celle de Sézanne), établie en décembre 1861. — Fabrication de vannerie, dont il se fait un grand commerce; carrières de pierres meulières. — Dans le hameau de *Retourneloup*, écart de la commune, il y a une fabrique de porcelaine qui occupe un grand nombre d'ouvriers. Elle a donné des produits très-remarquables, mais elle a abandonné la fabrication des objets de luxe et de fantaisie pour faire exclusivement de la porcelaine blanche et usuelle. Le pays ne fournit cependant pas d'argile à porcelaine, on est obligé de faire venir le kaolin de Limoges (Haute-Vienne) et de Cherbourg (Manche); mais on y trouve de l'excellente terre à gazette, du bois en abondance et un débouché avantageux par la proximité de Paris. — L'église d'Esternay est un édifice inachevé et incomplet. En face se trouvent les ruines d'un ancien château qui était de style gothique et flanqué de quatre tours demi-circulaires. On ignore l'époque de sa fondation, ainsi que celle de sa ruine. Le nouveau, appelé aussi château de l'Armée, situé à 500 mètres environ E. d'Esternay, a été bâti en 1515 par les trois frères Raguier, protestants, alliés au prince de Condé, et dont l'un, Antoine, périt en défendant cet élégant manoir, qui passait pour imprenable. Son architecture était grecque. Il eut pour maître, entre autres seigneurs, le maréchal de Fabert. Ce château fut démoli en partie par M. d'Aurillac en 1786 et dévasté en 1792. Il n'en reste plus que le premier corps de logis, le moins important, appelé le commun. — Esternay eut beaucoup à souffrir pendant les guerres de religion; cette ville prit aussi une forte part dans le désastre de 1814. — Henri IV venait souvent à son château et aimait beaucoup à chasser dans la forêt de la Traconne, où il fit construire deux monuments : la *Belle-Etoile* et la *Pyramide*. Il y a au hameau de Retourneloup, à l'extrémité O. d'Esternay, une cour environnée de bâtiments, qu'on appelle la cour du Parlement, parce que c'était là que descendaient les membres du Parlement de Paris, lorsqu'ils venaient prendre le plaisir de la chasse dans la Traconne. — La seigneurie d'Esternay fut érigée en marquisat en 1653, en faveur du président Larcher ; c'était un des principaux de la Champagne. On remarque dans le bois de l'Armée un chêne, appelé le *Toquart*, auquel on donne 1,200 ans d'existence. On voit, au hameau de Viviers, les restes d'une ancienne chapelle, servant aujourd'hui de grange. Cette chapelle a été construite en 1633 et détruite en 1790. —Mme la baronne d'Aurillac a laissé en mourant une rente perpétuelle de 150 fr., en faveur de la fabrique d'Esternay ; une autre rente de 700 fr. pour le traitement des deux sœurs institutrices, et une maison pour le logement des sœurs et la tenue de l'école. Cette dame, morte en 1844, a institué légataire universelle Mme la comtesse de La Roche-Lambert, propriétaire actuelle de la terre d'Esternay. — *Ecart :* Retourneloup, à 1,200 mètres ; Viviers, à 1,000 mètres ; Esternay-le-Franc, à 600 mètres ; les Foulons, à 100 mètres.

Bethon, au S.-S.-E. d'Esternay, sur une côte élevée. — Un étang de 12 hectares ; un autre de 7. — Superficie, 1,523 hectares 30 ares. — Succursale dédiée à saint Serein. — Chef-lieu de perception. ✉ Villenauxe (Aube). — Ecoles primaires des deux sexes. — L'église, notée par la commission archéologique, paraît avoir été bâtie par le connétable Anne de Montmorency, qui était seigneur du pays et habitait le château. Elle est remarquable par son étendue et son élévation. Ses fenêtres sont du style flamboyant du XVIe siècle. Au-dessus du bénitier, on voit un Dieu de pitié qui est un morceau de sculpture assez remarquable. L'horloge, belle pièce à quarts et à répétition, a été achetée à l'école d'Arts et Métiers de Châlons-sur-Marne. — Bethon faisait partie du canton de Marcilly avant 1790, relevait de l'élection de Troyes et possédait un château. Le château moderne, avec un joli châlet, est construit sur l'emplacement du moulin à vent. — *Ecart :* la Censele-Leu, à 3 kil. nord-ouest ; les Noblots, dits Raccroche, à 1 kil. 500 mètres nord-est ; Voglonnière, à l'est ; Nuisement, à 2 kil. sud.

Bouchy-le-Repos, au S.-S.-O. d'Esternay, sur la rive droite de l'Aubetin. Cette rivière se forme sur le territoire même par plusieurs sources, dont deux principales se rejoignent à quelque distance. — Superficie, 915 hectares. — Succursale dédiée à saint Nicolas. — Perception de Courgivaux. ✉ Courgivaux. — Ecole primaire mixte. — Pays de culture. — La partie supérieure de l'église est d'architecture romane et paraît fort ancienne, tandis que la partie inférieure et le portail datent du xiiie siècle. Près de la porte d'entrée se voit une statue en pierre, de sainte Barbe, qui attire l'attention des connaisseurs. — Bethon était formé autrefois de plusieurs fiefs : les deux *Bertoches*, corruption de Brétoches, forteresses, étaient deux fiefs aujourd'hui transformés en fermes et ne laissant plus aucune trace de la féodalité ; la *Saucière*, fief relevant du Pré-du-But ; il appartenait, en 1793, à l'abbaye de Nesle. C'était là qu'était le siége de la justice ; *Chaumay*, fief relevant de Mont-Aiguillon, appartenant aujourd'hui à la maison de Bournay. Les *Pinons* et les *Rousselots* étaient aussi des fiefs du Mont-Aiguillon. Il y avait un assez beau château, qui n'est plus qu'une jolie maison bourgeoise. — Mme la marquise de Saint-Chamans a laissé par testament une maison de 30,000 fr. pour la création et l'entretien d'une école de filles. — *Ecart* : Chaumay, à 2,400 mètres ; la Saucière, à 1,800 mètres ; les Pinons, à 1,250 mètres ; les Rousselots, à 1,950 mètres ; les Petites-Maisons ; la Croix-Jeannelle, à 600 mètres.

Bricot-la-Ville, au S.-E. d'Esternay, sur une colline, près des marais du Grand-Morin et de la forêt de la Traconne. Un étang, l'Etang-des-Chênes, d'une étendue de 46 ares. — Superficie, 903 hectares. — Annexe de Châtillon-sur-Morin ; église dédiée à saint Leu. — Perception d'Esternay. ✉ Esternay. — Ecole primaire mixte. — Cette commune possédait une abbaye célèbre et une seigneurie. Le château de la seigneurie fut détruit et est remplacé par une maison bourgeoise. — L'abbaye royale de Bénédictines, fondée vers l'an 1145, au milieu des bois et dans une solitude profonde, fut détruite vers l'an 1627 ou 1629. Les religieuses, insultées et pillées dans les guerres civiles et par les brigands de la forêt de la Traconne, se retirèrent à Sézanne. — *Ecart :* le moulin de l'Etoile, à 4,700 mètres.

Champguyon, au N.-E. d'Esternay, sur une hauteur, à l'O. de la forêt du Gault. — Superficie, 1,659 hectares. — Succursale dédiée à saint Etienne. — Perception d'Esternay. ✉ Esternay. — Ecole primaire mixte. — Pays de culture. — Cette commune possédait plusieurs fiefs et châteaux. — Le château actuel a été construit dans le commencement du XVIIIe siècle. Sa position et le parc qui l'environne en font une charmante habitation. — Champguyon a éprouvé bien des désastres : il fut dévasté par les Anglais en 1423 ; par les Huguenots, en 1562 et 1567, et par les Lorrains, en 1652. — Les dîmes étaient levées par le prieur de Saint-Julien, de Sézanne, en 1114 ; par les chanoines de Saint-Nicolas de la même ville, en 1179, et par le curé de Soizy. — *Ecarts :* l'Hermite, à 4 kil. ; les Vieux-Essarts, à 2 kil. ; les Buteaux, à 3 kil.

Chantemerle, au S.-S.-E. d'Esternay, sur un coteau d'où la vue est magnifique, dans un pays très-sec. — 20 hectares 33 ares 50 cent. d'étangs. — Superficie, 850 hectares 67 ares 20 centiares. — Annexe de La Celle-sous-Chantemerle ; église dédiée à saint Serein. — Perception de Bethon. ✉ Villenauxe (Aube). — Ecole primaire mixte. — Cette commune portait autrefois le nom de ville, quoique son enceinte fût fort exiguë. — Des fossés de 25 mètres de largeur l'environnaient sur une longueur de 830 ; on en voit encore des restes. — Ses faubourgs étaient très-étendus ; le faubourg Saint-Blaise, à l'O. ; le faubourg Buyeau, à l'E. Les forts de la Tourmentasse, de la Motte et de Rauvin protégeaient cette petite cité. Chantemerle était prévôté et châtellenie. Sa justice concourait, avec celle de Tréfols, à former le bailliage de Sézanne. — En 1232, Thibault, comte de Champagne, épousa Marguerite, fille d'Archambault VIII de Bourbon, et lui donna en douaire le pays de Chantemerle. Sa population fut décimée par les guerres des Calvinistes en 1562 et 1567 ; en 1726, il n'y avait que 139 habitants. — Chantemerle était de l'élection de Troyes, dont il n'est éloigné que de 48 kilomètres. Ce qui rend surtout remarquable cette commune, c'est sa célèbre abbaye de Bénédictins, qui existait dès 1135. Ce monastère, construit au milieu de la ville, sur un plateau élevé, entouré de murailles, fut réuni à l'abbaye Saint-Loup, de Troyes, en 1690. — L'église resta paroissiale jusqu'en 1772, époque de sa démolition. L'abbaye eut 35 abbés, dont plusieurs furent distingués par leurs dignités et un par ses poésies, ce fut Louis le Bourgeois d'Hauville. On a de lui : 1º le Catéchisme sous forme de cantiques ; 2º l'Histoire des Mystères de J.-C. et de la Sainte-Vierge ; 3º les Psaumes de la Pénitence.

Châtillon-sur-Morin, au S.-E. d'Esternay, dans la vallée du Grand-Morin, sur un terrain inégal, enfoncé et rocailleux. — Superficie, 1,087 hectares 45 ares 20 centiares. — Succursale dédiée à saint Léger. — Perception d'Esternay. ✉ Esternay. — Ecole primaire mixte. — Tuilerie avec four à chaux, renommée pour la qualité de ses produits. — L'église est remarquable par la régularité de son plan, la beauté de ses voûtes en pierres et ses trois nefs ; le tabernacle, à double étage, mérite d'être remarqué. — Cette commune possédait autrefois un château-fort, deux fiefs et une seigneurie. Le château formait un carré parfait et dominait la vallée du Grand-Morin. Il n'en reste presque plus rien. Il est question du village de Châtillon, en 1196. — *Ecarts :* le hameau de Seu, à 1 kil.; la Folie, à 1,500 mètres ; la Tuilerie-Rocher, à 500 mètres ; la maison Longuet, à 500 mètres.

Courgivaux, à l'O.-S.-O. d'Esternay, sur le revers N. d'un petit mamelon au pied duquel coule le ruisseau de l'Etang-de-la-Ville, affluent du Grand-Morin. — Superficie, 1,070 hectares 85 ares. — Succursale dédiée à saint Maurice. — Chef-lieu de perception. — Bureau de poste aux lettres. — Ecole primaire mixte. — Pays de culture. — On remarque dans l'intérieur de l'église, à l'entrée de la nef, deux belles coquilles servant de bénitiers, et un grand tableau qui représente saint Remi administrant le baptême à Clovis. — La seigneurie de Courgivaux était une baronnie. — Les dîmes étaient levées par l'abbesse du Paraclet. — *Ecarts :* Champlong, à 1 kil.; la Montagne, à 2 kil.

Escardes, au S.-S.-O. d'Esternay, sur un plateau. — Superficie, 1,449 hectares. — Annexe et perception de Courgivaux; église dédiée à saint Antoine. ✉ Courgivaux. — Ecole primaire mixte. — Carrières de pierres à bâtir. — L'église est remarquable; son portail, d'architecture romane, est enveloppé d'une immense robe de lierre; elle a trois nefs. — On y admire un morceau de sculpture : c'est un tabernacle double, environné de saints et d'anges sculptés et dorés avec un grand soin; il a été donné par les frères de la Charité, de Paris, et, malgré les mutilations de 1793, il mérite l'attention. — Il existait autrefois, à l'endroit où est la ferme du *Pré-du-But*, écart de la commune, un château-fort important et fort ancien, siége d'une baronnie et d'une prévôté qui jouissaient de haute, moyenne et basse justice. Il en est question dans un acte de 1313; il avait été donné par un seigneur d'Escardes aux frères de la Charité de Paris, qui lui avaient rendu un grand service (1). En 1793, cette propriété étant revenue aux hospices de Paris, les administrateurs ont depuis démoli la ferme et tout ce qui restait de l'ancien château. — *Ecart* : le Haut-Escardes, sur une hauteur de 190 mètres, à 800 mètres; le Mauny, à 2 kil. 300 mètres; le Pré-du-But, à 2,400 mètres.

Joiselle, au N.-N.-E. d'Esternay, arrosé du S.-E. au N.-O. par le Grand-Morin. — Une source, curieuse par son énorme volume d'eau, se trouve à un kilomètre. — Superficie, 941 hectares 82 ares. — Annexe de Champguyon; église dédiée aux saints Innocents. — Perception d'Esternay. ✉ Esternay. — Ecole primaire

(1) En 1640, Ignace de Braux, chevalier, marquis d'Anglure, baron du Pré-du-But, vicomte des Essarts et seigneur de Bouchy en partie, était à Paris; en sortant un soir de chez un de ses amis, il fut assailli par des voleurs qui le dépouillèrent et le laissèrent pour mort. Le guet, qui le trouva dans cet état, le ramassa et le transporta rue des Saints-Pères, chez les frères de la Charité, qui lui prodiguèrent des soins et le rappelèrent à la vie. Pour reconnaître ce service, comme il n'avait pas d'héritiers directs, il leur légua, lorsqu'il mourut, en 1663, ses seigneuries des Essarts-le-Vicomte, du Pré-du-But, d'Escardes et de Bouchy. L'hôpital de la Charité demeura seigneur de ces domaines, auxquels il en ajouta d'autres par des acquisitions postérieures, jusqu'à l'époque de la Révolution; alors tous ces biens passèrent aux hospices de la ville de Paris, qui les possèdent encore aujourd'hui.

mixte. — Pays de culture. — L'église est remarquable par son chœur étendu et voûté en pierre; le style accuse le xii⁰ siècle ou le xiii⁰; elle conserve plusieurs vitraux précieux. — Il y avait autrefois trois seigneuries peu importantes à Joiselle, dont la cure était un prieuré à la présentation de l'abbé de Saint-Sauveur, de Vertus. — *Ecarts :* Champagnemey, à 2 kil.; la Queue, à 2 kil.; les Hublots, à 3 kil. 500 mètres; la Fosse, à 2 kil. 500 mètres; Beauregard, à 4 kil.; le Moulin-le-Comte, à 1 kil. 9 hect.; Lignière, ferme, à 1 kil. 600 mètres; Becheret, à 2 kil. 14 hect.

La Forestière, au S.-S.-E. d'Esternay, sur une éminence, à 1 kil. de la forêt de la Traconne. — Superficie, 2,081 hectares. — Succursale dédiée à saint Barthelemi. — Perception de Bethon. ✉ Esternay. — Ecoles primaires des deux sexes. — Cette commune n'était en 1660 qu'un chétif village habité par quelques pauvres bûcherons. — 32 étangs la rendaient insalubre; il n'en reste plus qu'un. — *Ecart :* la Charmelle, hameau.

La Noue, à l'E.-N.-E. d'Esternay, baigné par le ruisseau du même nom, qui prend sa source au N.-E., au lieu appelé *Arcan*, et se jette, après un cours de 7 kil., dans le Grand-Morin, au-dessus d'Esternay. — Superficie, 1,340 hectares. — Succursale dédiée à l'Assomption. — Perception d'Esternay. ✉ Esternay. — Bureau de bienfaisance. — Ecole primaire mixte. — Pays agricole. — L'église possède un tableau estimé, représentant l'Assomption. — La Noue, qui paraît avoir été autrefois populeux, possédait trois fiefs importants, surtout celui des Granges, dont le château, tel qu'il existe encore aujourd'hui, a été rebâti en 1771 sur les ruines de l'ancien manoir féodal. — La commune avait, avant la Révolution, droit de haute, moyenne et basse justice. — La prison, qui renfermait les détenus, était une forte tour carrée, à trois étages; elle était construite dans l'intérieur du grand château; elle sert aujourd'hui de cave de laiterie, de grenier et de colombier. — Les Calvinistes avaient, à La Noue, un fameux et magnifique prêche, qui a été conservé jusqu'en 1821, époque à laquelle il fut incendié. Construit au milieu du xvi⁰ siècle par Arthur de La Noue, il avait 40 mètres de long sur 25 de largeur, et une hauteur de 8 mètres

50. L'épaisseur des murs, non compris celle des contre-piliers, qui étaient au nombre de 12 pour les longueurs et de 10 pour les largeurs, était de 2 mètres, et celle des contre-piliers de 3 mètres. Le genre d'architecture de ce vaste monument était celui en usage pour les grands bâtiments; mais ce qu'il y avait de plus remarquable, c'était la charpente soutenue par 8 colonnes en chêne et de forme circulaire. Le château de La Noue devint la propriété du célèbre naturaliste et voyageur Louis-François Le Vaillant qui, outre le récit de ses voyages, publia sur l'histoire naturelle de nombreux travaux, très-estimés. Il habita La Noue avec toute sa famille, depuis 1813, jusqu'à 1824, époque de sa mort, à l'âge de 72 ans. Il repose dans le cimetière, près de ses deux filles.— *Ecarts :* Beauvais et la Raccroche, réunis, à 3 kil.; le Moulin, à 1 kil.; le Château *dit* des Granges, à 1 kil.

Le Meix-Saint-Epoing, au S.-E. d'Esternay, au milieu de grands bois, près du Grand-Morin, qui sillonne son territoire et y arrose une belle et grande prairie. — Un étang de 1 hectare 82 ares 10 centiares. — Superficie, 1,129 hectares 08 ares 90 centiares. — Succursale dédiée à saint Crépin et saint Crépinien. — Perception d'Esternay. ✉ Esternay. — Ecole primaire mixte. — Pays de culture; bois. — *Ecarts :* Launat, à 1 kil.; Rougecoq, à 4 hect.; la Forestière, maison de garde, à 5 hect.; Touraine, à 8 hect. 1/2.

Les Essarts-lez-Sézanne, au N.-O. d'Esternay, au pied d'un mont. — Superficie, 1,461 hectares. — Succursale dédiée à saint Mesmin. — Perception d'Esternay. ✉ Esternay. — Bureau de bienfaisance. — Ecole primaire mixte. — Pays de culture. — Ce village fut donné en 1146, par l'évêque Henri de Champagne, au chapitre de Saint-Etienne, de Troyes. — La Godine, écart des Essarts, était un fief qui n'est plus aujourd'hui qu'une ferme près de laquelle sont groupées quelques maisons. Ce château était flanqué de quatre tourelles, dont deux sont encore intactes; la troisième est presque détruite et la quatrième n'existe plus. Les fossés sont en partie conservés; ils ne sont complètement remplis que du côté du midi, où se trouve la tour de la ferme. —

Sur le bord de la forêt du Gault, tout près du hameau de l'Hermite, est un peulven de plus de 2 mètres de hauteur. — *Écarts* : l'Hermite, à 5 kil.; le Châtelot, à 3 kil. 500 mètres; la Godine, à 4 kil.; le Gué-Barré, à 2 kil. 500 mètres.

Les Essarts-le-Vicomte, au S.-O. d'Esternay, assis sur un plateau et presque entouré de bois. — Superficie, 1,129 hectares 12 ares 80 centiares. — Annexe de La Forestière; église dédiée à saint Michel. — Perception de Courgivaux. ✉ Esternay. — École primaire mixte. — Pays de culture ; bois. — L'église a un chœur vaste et voûté en pierre ; le sanctuaire, qui se termine en hémicycle, est environné d'une boiserie travaillée avec goût ; au-dessus du maître-autel se trouve un bon tableau de saint Michel terrassant le démon. La grille en fer qui entoure le chœur est d'un excellent travail. — Les hospices de Paris possèdent dans cette commune une fort belle ferme d'une contenance de 275 hectares environ (voir la note à Escardes, page 212). — La seigneurie des Essarts était une vicomté. — *Écart* : la Pimbaudière, à 500 mètres.

Montgenost, au S.-S.-E. d'Esternay, au pied d'une montagne au sommet de laquelle il y avait autrefois un château, sans cours d'eau ni source; les puits ont 35 à 40 mètres de profondeur et sont insuffisants. — Superficie, 817 hectares. — Succursale dédiée à saint Remi. — Perception de Bethon. ✉ Esternay. — Bois et vignes; commerce de vins. — *Écart* : la maison de la Tuilerie, à 6 hect.

Nesle-la-Reposte, au S. d'Esternay, dans une gorge de montagnes élevées de 200 mètres, et sur le revers E., présente un tableau pittoresque. — Cette commune est arrosée, dans toute sa longueur, par la petite rivière de la Noxe, qui prend sa source au N., en haut de la gorge, reçoit sur le territoire l'eau de deux fontaines, fait tourner 16 moulins et court se jeter dans la Seine. — Superficie, 1,064 hectares 51 ares 30 centiares. — Succursale dédiée à saint Martin. — Perception de Bethon, ✉ Esternay. — École primaire mixte. — Pierres à bâtir et à chaux. — Cette commune a, dit-on, été une ville que les guerres de religion ont ruinée. — Il y avait une célèbre abbaye de l'ordre de saint Benoît, fondée par Clovis, en 501, à la sollicitation de Clotilde, son épouse. Elle renfermait des moines et des religieuses, et les biens étaient considérables. — En 1509, l'abbé obtint du cardinal Georges d'Amboise le droit de porter la mitre et les insignes de la prélature. Cette abbaye fut dévastée par les Huguenots, et en 1670, elle fut transférée à Villenauxe (Aube) ; il en reste une tour carrée en pierre, de 20 mètres d'élévation, et la maison prévôtale. Au temps de la prospérité de l'abbaye, Nesle compta jusqu'à 4,000 habitants, et eut trois faubourgs : Grivage, Saint-Martin et Vaunoise. — *Ecarts :* la Bertine, à 1,170 mètres ; la Bouverie, à 195 mètres ; le moulin de la Fontaine, à 840 mètres ; le moulin de Barbotte, à 1,140 mètres ; celui de la Chapelle, à 3,440 mètres ; la Cense-Picard, à 2,800 mètres ; Belle-Vue, à 280 mètres ; le moulin de la Finoterie, à 600 mètres.

Neuvy, au N.-O. d'Esternay, baigné par le Grand-Morin, sur une longueur de 3 kil., et dominé à l'E. par un mont. — Superficie, 1,711 hectares. — Succursale dédiée à saint Remi. — Perception d'Esternay. ✉ Esternay. — Bureau de bienfaisance. — Ecole primaire mixte. — L'église est très-ancienne, comme l'indiquent les deux pierres tumulaires qui sont dans le chœur et qui portent le millésime de 1287. On voit, au-dessus du maître-autel, une Descente de Croix d'une sculpture fort remarquable. — A peu de distance de l'église se trouve une chapelle qui a été vendue en 1793. — L'église et la chapelle, dédiées à sainte Reine, sont l'objet de deux pèlerinages qui donnent à ces deux monuments religieux deux mille visiteurs chacun, les deux jours de la Quasimodo et de la Trinité. — Neuvy, pays agricole, qui a 5 kilomètres de longueur, comptait autrefois dix seigneuries et un couvent. — Au S.-E. se trouvait le manoir de l'Oche-des-Fossés-Chasse-Bœufs, entouré d'un fossé profond arrosé par une dérivation du Morin. Plus loin était le monastère de Saint-Grégoire, dépendant de l'abbaye de Vertus. — Nogentel, château rajeuni et dans une charmante position, était flanqué de quatre tours et entouré de fossés. — Champ-Oudot, qui n'est plus qu'une ferme, était fortifié aussi. — A peu de distance étaient les châteaux de

Vaucourtois et de Bois-Beton. — Il reste du château des Prés deux tours qui dépendaient de ses fortifications. Des fourches patibulaires ont existé près du Mont-Bléru. — Le château de Condry était vicomté, avec tours et meurtrières, pont-levis et fossés dont on voit les restes. Enfin, le fort de Neuvy n'a été démoli que depuis quelques années. — Neuvy était de l'élection de Sézanne. — *Ecarts :* les Débats, le Tronchot, la ferme des Guidots, le Bas-Courty, le Moulin-de-Jersey, la ferme de Saint-Grégoire, Nogentel, Aulnay, la ferme de Champ-Oudot, Artillot, Beauregard (en partie), Mont-Bléru, Condry, la ferme du Château-des-Bois, la Chaudronnerie.

Potangis, au S.-S.-E. d'Esternay, arrosé par le ruisseau de Becheret, qui prend sa source dans la partie N.-O. du village, et va du N. au S. se jeter dans la Seine, près de Conflans. — Superficie, 837 hectares 25 ares 20 centiares. — Succursale dédiée à saint Martin. Perception de Bethon. ⊠ Villenauxe (Aube). — Ecole primaire mixte. — Vins rouges, dont les 2/3 sont faits en blanc. — L'abbé de Chantemerle partageait les dîmes avec le curé.

Reveillon, à l'O.-N.-O. d'Esternay, dans la vallée du Grand-Morin, baigné par le ruisseau de Saint-Fiacre, qui prend sa source près de l'église et se rend dans le Morin. — Superficie, 672 hectares. — Succursale dédiée à saint Fiacre. — Perception de Courgivaux. ⊠ Courgivaux. — Ecole primaire mixte. — Carrières de pierres à bâtir et à chaux ; pays de culture. — L'église a été bâtie en 1492 par Mme la baronne de Saint-Benoît, et possède une belle statue de sa fondatrice. — Le château a été construit en 1725, sous le règne de Louis XV, par M. d'Argenson, sur le plan du château de Meudon, près Paris. Il a coûté deux millions et demi ; il est entouré de fossés, d'un aspect imposant et le plus beau du canton. On admire, dans la chapelle de ce château, un tableau d'autel d'une grande valeur et d'une grande beauté. — Reveillon, qui fut baronnie, a un usage unique dans son genre, et qui est assez significatif. — Le jour du mariage, l'épouse, avant d'aller à l'offrande, prend une quenouille et du chanvre et se met à filer, va ensuite à l'offrande, revient filer de nouveau, et doit faire présent d'un écheveau à la Sainte-Vierge. — *Ecarts :* la Baraque, à 2,600 mètres; les Bordes, à 1,700 mètres ; la Butte-à-Chien, à 1,800 mètres ; Coutenot, à 1,800 mètres ; la Vieuville, à 2,100 mètres.

Saint-Bon, au S.-O. d'Esternay, au pied d'un mont élevé de 183 mètres et aux confins du département. — Superficie, 800 hectares. — Succursale dédiée à saint Bon. — Perception de Courgivaux. ✉ Courgivaux. — Ecole primaire mixte. — Pays de culture. — On reconstruit maintenant l'église de cette commune. Saint-Bon était paroisse du diocèse de Troyes, et seigneurie qui avait droit de haute, moyenne et basse justice. Les biens de cette seigneurie furent acquis par les frères de la Charité de Paris, et appartiennent aujourd'hui aux hospices de cette ville, à l'exception du fief de Villouette, vendu par les hospices eux-mêmes. — Les dîmes étaient levées à Saint-Bon par le curé, par le doyen de Gaye et le chantre de l'abbaye de Rebais. — *Ecart :* Villouette, à 1 kil.

Saint-Genest, au S.-S.-O. d'Esternay, entre deux monts, forme la limite du département et est arrosé par deux ravins qui manquent souvent d'eau, l'Aubetin et le Turenne. — Superficie, 1,055 hectares. — Annexe de Saint-Bon ; église dédiée à saint Leu. — Perception de Courgivaux. ✉ Courgivaux. — Ecole primaire mixte. — Saint-Genest a donné naissance, en 1786, à Louis-Joseph Mareil, qui fut successivement instituteur public à Epernay, élève du séminaire de Meaux, curé de Melun, administrateur de la cure de Sézanne, et, en 1836, préfet apostolique du Sénégal, mort à Cuba. — *Ecarts :* la Rivière, à 930 mètres E. ; les Boulats, à 1,100 mètres S. ; le Bas-Charmoy, à 1,166 mètres O. ; le Haut-Charmoy, à 720 mètres S. ; le Pont-de-Pierre, à 2 kil. O. ; les Hauts-Grès, à 315 mètres N.-E.

Villeneuve-la-Lionne, à l'O.-N.-O. d'Esternay, dans une position assez agréable, presque sur le versant d'une colline assez rapide, au pied de laquelle coule le Grand-Morin. — Superficie, 1,522 hectares 30 ares 40 centiares. — Succursale dédiée à saint Loup. — Perception de Courgivaux. ✉ Courgivaux. — Ecole primaire mixte. — Villeneuve est un lieu très-ancien, dont le territoire était couvert de manoirs féodaux assez importants. — Le monastère ou couvent de Belleau date du VIIIe siècle ou du IXe ; il fut pillé en 1567 par les Calvinistes, et, plus tard, réuni à celui de Clairvaux ; on n'en voit plus que des ruines. — *Ecarts :* les Hublets, à 1 kil.; le Crocq, à 7 hect.; le Menil-Tartarin, à 7 hect.; le Grand-Menil, à 7 hect.; Belleau, à 1 kil. 500 mètres ; le Couvent, à 8 hect.; Montmitou, à 4 kil.; Court, à 4 kil. 500 mètres; Potières, à 3 kil.; Vaulevrault, à 4 kil; la Jurée, à 2 kil.; Champ-Rond, à 9 hect.; Bois-Frais, à 1 kil.

6° CANTON DE FÈRE-CHAMPENOISE.

7,501 habitants. — 35,100 hectares. — 20 communes.

Ce canton, très-étendu et très-irrégulier, est composé de deux parties principales : la Champagne proprement dite et les marais.

Il est borné au N. par les cantons de Montmort et de Vertus ; à l'E. par ceux d'Ecury-sur-Coole et de Vitry ; au S. par le canton de Sézanne et le département de l'Aube ; à l'O. par les cantons d'Esternay et de Montmirail.

Ses principaux cours d'eau sont : la Sous, la Pleurre ou Superbe, et un petit nombre de ruisseaux. Il est un des moins arrosés du département, comme il est l'un des moins montueux.

Le sol est généralement crayeux, et, cependant, ses bonnes cultures le rendent assez productif en grains. — Des propriétaires intelligents ont fait des plantations considérables de pins et de sapins dans ses plaines immenses, autrefois désertes et dépouillées ; les marais sont presque entièrement desséchés.

Le commerce de ce canton est celui des bestiaux; il y a aussi des manufactures de toile, des fabriques de bas, etc.

COMMUNES.	DISTANCE AU CHEF-LIEU				POPULATION
	de canton.	de l'arr.	du départ.	de Reims.	
	k.	k.	k.	k.	habitants:
Fère-Champenoise............	»	37	36	62	2.042
Angluzelles et Courcelles.....	15	51	50	77	329
Bannes.....................	9	34	39	59	458
Broussy-le-Grand............	10	37	43	62	538
Connantray.................	5 1	38	34	64	231
Connantre..................	6	43	42	68	643
Corroy.....................	7	44	43	69	304
Courcemain.................	18	54	53	80	281
Faux-Fresnay...............	14	50	50	76	684
Gourgançon.................	8	45	41	70	400
Haussimont.................	14	41	29	68	167
Lenharrée..................	10	36	30	73	201
Marigny....................	15	52	51	74	138
Montepreux.................	12	45	33	69	78
Normée....................	7	35	29	60	199
Œuvy......................	4 8	42	38	67	217
Ognes.....................	9	46	45	71	131
Thaas.....................	16	53	52	78	174
Vassimont et Chapelaine......	12	39	28	66	161
Vaurefroy..................	6	39	35	65	125

Fère-Champenoise, au S. d'Epernay, chef-lieu de canton, petite ville agréablement située sur la Vaure ou Pleurre, assez bien bâtie et alignée depuis le terrible incendie qui, le 9 mai 1756, détruisit en quelques heures plus de 300 maisons, deux églises et une chapelle dédiée à la sainte Trinité, lieu de dévotion et de prières, à proximité d'une fontaine respectée depuis plusieurs siècles. — Superficie, 4,094 hectares 68 ares 62 centiares. — Cure dédiée à saint Timothée. — Chef-lieu de perception. — Bureaux de poste aux lettres, d'enregistrement et de bienfaisance. — Ecoles primaires des deux sexes. — Salle d'asile. — Fabrique de sacs, de tuyaux et de seaux à incendie, sans coutures, de toiles communes faites dans le pays, et de bas; commerce de grains, de bestiaux et de vins que l'on tire de la Bourgogne. — L'église est située sur une petite butte en terre rapportée, qui servait autrefois de cimetière. On y arrive par un perron ayant seize marches d'élévation. Cet édifice est composé de deux parties distinctes, quant au style et à l'époque de leur construction. Le chœur est la partie qui a été épargnée par l'incendie de 1756. L'aspect général de cette église, et surtout celui de la partie épargnée, fait regretter que le feu n'ait pas entièrement détruit tout l'édifice, pour la reconstruction duquel Louis XV a donné 60,000 livres, et aussi pour celle de saint Agnan, qui n'a pas été rebâtie. A cette somme, le roi ajouta celle du transport de tous les matériaux. — C'est près de Fère-Champenoise que, le 25 mars 1814, l'armée russe et prussienne joignit l'armée autrichienne, et, leurs forces réunies, accablèrent le corps français commandé par Marmont. Après une lutte héroïque, les Français furent obligés de battre en retraite et d'abandonner à l'ennemi la route de Paris. Ce fut la dernière bataille dont les plaines de la Champagne furent le théâtre. (Voir les détails de ce triste épisode, t. XVII, p. 566 et 567, *Histoire du Consulat et de l'Empire*. Thiers) (1). — Fère-Champenoise était autrefois de l'élection de Châlons. — En 1385, Simon de Sarrebruck, seigneur de Fère, ayant épousé Isabeau de Châtillon, veuve d'Oger, seigneur d'Anglure, rendit hommage à Pierre d'Arcis, évêque de Troyes.

Angluzelles & Courcelles, au S.-O. de Fère-Champenoise, dans un terrain marécageux, arrosé par le fossé central de dessèchement des marais, partant de Pleurs et allant se jeter dans l'Aube. — Superficie, 1,371 hectares. — Succursale dédiée à saint Blaise (2); saint Marcoul est le patron de Courcelles, situé à 4 kil. d'Angluzelles. — Perception de Pleurs. ⌧ Pleurs. — Ecole primaire mixte. — Angluzelles eut jadis un prieuré. — Hatton, évêque de Troyes, donna la cure de ce village, en 1122, à

---

(1) Cette cruelle journée de Fère-Champenoise, que les coalisés ont décorée du nom de bataille, et qui ne fut que la rencontre fortuite de deux cent mille hommes, avec quelques corps égarés qui se battirent dans la proportion d'un contre dix, nous coûta environ six mille morts, blessés ou prisonniers, sans compter une artillerie très-nombreuse. (Thiers).

(2) L'*Ordo* de Châlons, 1862, dit à saint Pierre.

l'abbaye de Montiéramey. — La seigneurie relevait du marquisat de Pleurs. — *Ecarts* : la ferme du Mulot, à 1 kil.

Bannes, au N.-O. de Fère-Champenoise, au bord des marais de Saint-Gond et dans la vallée du Petit-Morin. — Superficie, 2,230 hectares. — Succursale dédiée à saint Vaast. — Perception de Fère-Champenoise. ✉ Fère-Champenoise. — Ecole primaire mixte. — Dès l'an 1209, une grande partie des dîmes de cette commune appartenait aux religieux de la Charmoye. — Bannes possédait autrefois un château qui a été démoli vers le milieu du xviiie siècle. — Le seigneur, avant 1756, avait le titre de chevalier ; mais il devint comte par l'acquisition qu'il fit en cette même année des marais de Saint-Gond, qui avaient été érigés en comté, en 1670, en faveur de M. de Rommecourt, auquel Louis XIV en avait fait présent. Il avait le droit de pêche et de chasse, de haute, moyenne et basse justice ; les délits commis sur les marais se jugeaient sur ces mêmes marais, dans un lieu qui portait, il n'y a pas longtemps, le nom de la Grurie.

Broussy-le-Grand, au N.-O. de Fère-Champenoise, près des marais de Saint-Gond et dans la vallée du Petit-Morin, qui traverse le territoire, à 1,500 mètres de la commune.—Superficie, 2,125 hectares 82 ares 94 centiares. — Succursale dédiée à saint Apollinaire. — Perception de Fère-Champenoise. ✉ Fère-Champenoise. — Ecole primaire mixte. — Pays agricole. — A un kilomètre de Broussy est une élévation boisée, appelée le *Mont-Aout*, de laquelle on distingue la tour de Troyes, éloignée de 60 kilomètres, et l'église de Lépine, qui en est distante de 44. — Le sommet est un plateau d'environ 40 hectares, et sa hauteur peut être évaluée à 70 mètres au-dessus des terres environnantes. Mont-Aout appartenait au château de Broussy ; un habitant de la commune l'a acheté de M. de Lantage. — *Ecart :* le Mesnil, à 1,200 mètres (en partie).

Connantray, à l'E. de Fère-Champenoise, au milieu des plaines les plus arides de la Champagne, entre deux coteaux, dans un creux vallon et sur la Vaure. — Superficie, 1,340 hectares 41 ares 18 centiares. — Succursale dédiée à saint Hilaire. — Perception de Fère-Champenoise. ✉ Fère-Champenoise. — Ecole primaire mixte. — Carrières de craie. — Le sol est ingrat, et beaucoup de terres restent en jachères pendant plusieurs années.

Connantre, au S.-O. de Fère-Champenoise, arrosé par la Vaure et par des fontaines qui prennent leur source au pied du Mont-Aout. — Superficie, 2,801 hect. 44 ares 66 cent. — Succursale dédiée à saint Caprais. — Perception de Pleurs. ✉ Fère-Champenoise. — Ecole primaire mixte. — Bonneterie. — Connantre est cité dans un titre de l'abbaye de Toussaints, de 1238. Un autre titre de 1481 apprend que cette commune était alors tributaire de l'abbaye d'Argensoles. — *Ecart :* Nozait, à 4 kil.

Corroy, au S.-S.-O. de Fère-Champenoise, sur la Semoine, petit cours d'eau qui prend sa source à 8 kilomètres à l'E., au village de Semoine (Aube), et va se joindre au ruisseau de Fère, sur le territoire de Pleurs. — Superficie, 1,996 hectares. — Succursale dédiée à Notre-Dame. — Perception de Pleurs. ✉ Fère-Champenoise. — Ecole primaire mixte. — Fabrique de bas. — L'église, qui est celle d'un couvent de Prémontrés, est vaste et remarquable ; la charpente, en châtaignier, remonte au xie siècle ou au xiie ; celle de la galerie a été faite en 1135. — Il est fait mention de cette commune dans un titre de 1403 du chapitre de la cathédrale de Châlons.

Courcemain, au S.-S.-O. de Fère-Champenoise, sur la Pleurre. — Superficie, 995 hectares 96 ares 52 centiares. — Annexe de Faux-Fresnay ; église dédiée à saint Martin. — Perception de Pleurs. ✉ Pleurs. — Ecole primaire mixte. — Le territoire, à l'E. et au S., ferme le département. — Bonneterie. — Les seigneurs de Linage et de Coudre (Aube) levaient les dîmes à Courcemain.

Faux-Fresnay, au S. de Fère-Champenoise et contigu au département de l'Aube. Cette commune est composée de deux parties, distantes l'une de l'autre d'environ 1,200 mètres. — Superficie, 2,726 hectares. — Succursale dédiée à saint Pierre et à saint Paul. — Perception de Pleurs. ✉ Pleurs. — Ecole primaire des deux sexes. — Bonneterie ; vins. — L'église a des vitraux remarquables sur l'autel de la chapelle Saint-Nicolas; le rétable, représentant les scènes de la Passion, est en chêne sculpté, très-ancien, et dû, dit-on, à la munificence d'un évêque de Troyes. — A un kilomètre de Faux est la fontaine dite *Galuche*, dont les eaux forment le ruisseau des Etangs, qui se jette dans l'Aube, après un cours d'environ deux myriamètres. — A l'aspect N. de la commune, se trouve une autre fontaine, connue sous le nom de Cochery. L'important ruisseau qu'elle forme se réunit au précédent, près du village. Quelle que soit la température, ces fontaines ne tarissent jamais. Au même aspect du hameau de Fresnay est une troisième fontaine, appelée *Force;* ses eaux disparaissent en moyenne six mois de l'année, longent le hameau dans sa partie septentrionale et vont se jeter dans la rivière qui coule au milieu des marais de la vallée de Pleurs. — Les dîmes étaient perçues par le doyen de Gaye et le commandeur de Barbonne. — *Ecart :* la ferme Saint-Louis, à 3 kilomètres.

Gourgançon, au S. de Fère-Champenoise, agréablement situé dans une petite vallée, sur la rive gauche de la Semoine (appelée aussi Maurienne). — Superficie, 3,915 hectares. — Succursale dédiée à saint Maurice. — Perception de Fère-Champenoise. ✉ Fère-Champenoise. — Ecole primaire mixte. — Bonneterie. — Ce village, qui était de l'élection de Châlons, est cité en 1646 dans un titre de l'abbaye de Saint-Basle.

Haussimont, à l'E. de Fère-Champenoise, sur la rive gauche de la Sous, qui prend sa source à Sommesous (canton de Sompuis, arrondissement de Vitry). — Superficie, 1,722 hectares 74 ares 52 centiares. — Succursale dédiée à saint Etienne. — Perception de Fère. ✉ Sommesous. — Ecole primaire mixte. — Cette commune dépendait de l'élection de Châlons.

Lenharrée, à l'E.-N.-E. de Fère-Champenoise, sur la rivière de la Sous, dont le cours, du S.-E. au N.-E., le partage en deux rues inégales. — Superficie, 1,774 hectares 74 ares 52 centiares. — Succursale dédiée à saint Etienne. — Perception de Fère. ✉ Fère-Champenoise. — Ecole primaire mixte. — Huilerie, scierie mue par l'eau. — L'église remonte, dit-on, au XIIe

siècle ; elle est du style de transition, a trois nefs et un transept ; le chœur est voûté en pierre. Le portail a été reconstruit en 1780. — Lenharrée payait la dîme aux religieux de Gaye.

Marigny, au S.-S.O. de Fère-Champenoise, sur la Pleurre. Le canal de dessèchement y parcourt une étendue de 680 mètres. — Superficie, 1,168 hectares. — Annexe de Thaas ; église dédiée à saint Laurent. — Perception de Pleurs. ✉ Pleurs. — Ecole primaire mixte. — Pays de culture. — Marigny dépendait du marquisat de Pleurs. — Les dîmes étaient levées par le chapitre de Sézanne. — *Ecart :* le Petit-Marigny, à 3 hectom.

Montépreux, à l'E.-S.-E. de Fère-Champenoise, dans un vallon, à l'extrémité S. du département. — Superficie, 1,510 hectares. — Annexe de Thaas ; église dédiée à saint Gengoult. — Perception de Fère-Champenoise. ✉ Sommesous. — Ecole primaire mixte. — Commune agricole. — Son église est le reste d'une église plus considérable qui, d'après la tradition, aurait été celle d'une ville détruite en 451, époque de la bataille d'Attila. — *Ecart :* la ferme de l'Espérance à 3 kil. S-O.

Normée, au N.-E. de Fère-Champenoise, sur la petite rivière de la Sous, ou Sommesous, qui fournit des truites excellentes. — Superficie, 2,383 hectares 54 ares 12 centiares. — Annexe de Connantray ; église dédiée à saint Martin. — Perception de Fère-Champenoise. ✉ Fère-Champenoise. — Ecole primaire mixte. — Pays de culture. — Normée était une annexe de Lenharrée et faisait partie de l'élection de Châlons.

OEuvy, au S.-E. de Fère-Champenoise, entre deux collines élevées. — Superficie, 1,423 hectares 21 ares 63 centiares. — Annexe de Gourgançon ; église dédiée à saint Sébastien. — Perception de Fère-Champenoise. ✉ Fère-Champenoise. — Ecole primaire mixte. — Pays de culture. — Bonneterie. — L'église est de 1708 ; celle qui existait auparavant était entourée de fossés et surmontée d'un clocher superbe. — Une partie du territoire d'OEuvy appartenait à la baronnie de Pleurs, et l'autre à la seigneurie de Connantray. — Deux maisons seulement du village étaient comprises dans la baronnie ; les autres se trouvaient dans la seigneurie et étaient séparées des premières par un chemin qui existe encore. — Le chemin d'OEuvy, qui conduit à Pleurs, porte le nom de Voie-de-Pleurs.

Ognes, au S.-O. de Fère-Champenoise, arrosé par deux petites rivières, la Maurienne ou Semoine et la Vaure. — Superficie, 767 hectares. — Annexe de Corroy ; église dédiée à saint Quentin. — Perception de Pleurs. ⊠ Pleurs. — Ecole primaire mixte. — Pays de culture. — A l'E. de cette commune se trouvait un fort beau petit château, avec un parc de 40 hectares. Le parc a été détruit il y a sept ans, et le château démoli en 1858. — Ognes a donné naissance à Henri de Maricourt, mort lieutenant de vaisseau, près de Naples, en 1852, à l'âge de 34 ans, et, après avoir donné des preuves de sa valeur au Sénégal, lorsqu'il accompagnait M. de Grammont, gouverneur de ce pays.

Thaas, au S.-O. de Fère-Champenoise, sur la Pleurre. Le canal de dessèchement y parcourt 4 kil. environ. — Superficie, 1,023 hectares. — Succursale dédiée à saint Médard. — Perception de Pleurs. ⊠ Pleurs. — Ecole primaire mixte. — Le château actuel, construit avec les débris de l'ancien, autrefois entouré de fossés, a reçu de grandes améliorations. Il y a un cabinet d'histoire naturelle contenant les principaux oiseaux de l'Europe. — *Ecart :* le moulin de la Blossière, à 3 kil.

Vassimont et Chapelaine, à l'E.-N.-E. de Fère-Champenoise, sur la rive droite de la Somme-Soude. — Superficie, 2,500 hectares. — Annexe de Lenharrée ; église dédiée à Notre-Dame. — Perception de Fère-Champenoise. ⊠ Sommesous. — Ecole primaire mixte. — Au XVIIe siècle, il y avait à Chapelaine, éloigné de 1 kil. de Vassimont, un château somptueux, construit par Georges Largentier, financier, qui, s'étant rendu adjudicataire des fermes d'Henri IV, avait amassé une fortune prodigieuse. Ce magnifique domaine fut dévoré par les flammes, à l'exception de la chapelle, qui ne fut détruite que plus tard, et ses débris servirent à la reconstruction de l'église de Vassimont. — Chapelaine, qui était au XIIe siècle un château-fort appartenant au comte Thibault, fut érigé en 1257 en une baronnie, dont Vassimont faisait partie.

Vaurefroy, à l'E. de Fère-Champenoise, sur la Vaure, qui prend sa source à peu de distance des habitations, du côté E., et dans une contrée peu fertile. — Superficie, 1,552 hectares 15 ares 50 centiares. — Annexe de Connantray (sans église). — Perception de Fère-Champenoise. ✉ Fère-Champenoise. — Commune réunie à Connantray pour l'instruction primaire. — Vaurefroy était de l'élection de Châlons. — *Ecart :* une petite maison, à 4 kil.

7° CANTON DE MONTMIRAIL.

9,787 habitants. — 27,534 hectares. — 23 communes.

Ce canton, sorte de triangle irrégulier, qui touche à l'O. aux départements de Seine-et-Marne et de l'Aisne, a pour bornes au N. les cantons de Dormans et de Montmort ; à l'E. ceux de Montmort et de Fère-Champenoise, et au S. les cantons d'Esternay et de Sézanne.

Il est arrosé principalement par le Petit-Morin, qui le traverse de l'E. au N., et par des ruisseaux ou rus (torrents) qui, pour la plupart, tombent dans cette petite rivière.

Ce canton, essentiellement agricole, a un sol fertile, de beaux bois, et est sillonné par des routes superbes.

Il n'est presque aucune de ses communes qui n'ait eu son histoire particulière et ses illustrations.

COMMUNES.	DISTANCE AU CHEF-LIEU				POPULATION
	de canton.	de Reims.	du départ.	de l'arr.	
	k.	k.	k.	k.	habitants
Montmirail.	»	39	63	65	2,610
Bergères-sous-Montmirail.	6	39	65	65	428
Boissy-le-Repos.	10	37	59	63	346
Charleville.	13	38	59	64	518
Corfélix.	14	37	56	63	213
Corrobert.	8	31	62	57	222
Courbetaux.	3	40	64	67	255
Fromentières.	13	26	51	50	584
Janvilliers.	9	31	55	57	222
L'Echelle.	3 5	36	62	60	305
Le Gault.	9	42	64	68	691
Le Thoult-Trosnay.	13	33	55	59	350
Le Vezier.	12	50	74	76	354
Maclaunay.	4 4	41	65	67	99
Mécringes.	3	41	65	68	229
Morsains	9	48	72	74	293
Rieux.	4	43	68	69	303
Soigny.	10	36	58	61	82
Soizy-aux-Bois	18	33	52	60	232
Tréfols.	10	47	69	70	310
Vauchamps.	6	34	57	60	391
Verdon.	12	29	58	49	444
Villeneuve-lez-Charleville.	15	36	55	62	306

Montmirail, au S.-O. d'Epernay, chef-lieu de canton, petite ville qui doit son nom, *Mons-Mirabilis,* à sa belle position sur une colline dominant la vallée du Petit-Morin, qui offre des sites charmants et de délicieux paysages. Le ruisseau d'Aigremonts, remarquable par de nombreuses pétrifications de bois et de feuilles de chêne que l'on trouve dans son lit, arrose aussi son territoire. — Superficie, 1,733 hectares 66 ares. — Cure dédiée à saint Etienne. — Chef-lieu de perception. — Bureaux de poste aux lettres, d'enregistrement et de bienfaisance. — Hospice. — Pensionnat dans l'ancien couvent des dames de Nazareth. — Ecoles primaires des deux sexes. — Salle d'asile. — Fabrique de chaussures clouées et piquées, de verres à lunettes, de brides à sabots (brides fourrées), de meules à moulin, de moutarde; tuileries, briqueteries, carrières de pierre à chaux de très-bonne qualité. —Commerce considérable de grains et bestiaux. L'église, notée par la commission archéologique, a nef et collatéraux. Elle est tout entière de style ogival, remarquable par les sculptures des chapiteaux de ses colonnes et par les détails de l'ornementation répandus sur ses clefs de voûtes, spécialement dans les transepts et dans le sanctuaire. Cette église renferme de beaux vitraux modernes. — Le château, qui a de magnifiques dépendances et de belles avenues, occupe le centre de la commune. Il fut construit par François-Michel Le Tellier de Louvois, ministre du grand roi, dans le xviie siècle. Louis XIV s'y arrêta dans un voyage qu'il fit en Lorraine, en admira les points de vue sur la vallée du Morin, en regrettant que les jardins fussent privés d'eau ; mais à son retour, il y trouva des bassins que Louvois s'était empressé d'y faire creuser, remplis d'eau amenée de Fontaine-Essart, écart de Courbetaux. — L'antiquité de Montmirail est constatée par des titres fort anciens. Ainsi, on trouve une dotation de 1060, qui se rattache à la construction du château-fort, détruit depuis longtemps. — On cite, 1131, un seigneur de Montmirail, nommé Hélie, qui, avec les seigneurs de Broyes et de Pleurs, fonda le monastère de Notre-Dame d'Andecy. — Jean de Montmirail et Helvide de Dampierre, sa femme, qui vivaient à la fin du xiie siècle, possédèrent et habitèrent ce pays. — Après avoir passé successivement dans les maisons de Sarrebruck, de la Marck et de Silly, les biens de Montmirail échurent à Marguerite de Silly, qui épousa Philippe-Emmanuel de Gondi, général des galères, sous Louis XIII. Le troisième fils, fruit de cette union, naquit à Montmirail, le 20 septembre 1613. Ce fut Jean-François de Gondi, qui devint si célèbre sous le nom de coadjuteur et de cardinal de Retz, et qui termina une vie bien agitée, le 24 août 1679. Son éducation fut confiée, par sa mère, à saint Vincent de Paul, qui était venu fonder, à Fontaine-Essart, une communauté de Lazaristes, qui fut transférée à Montmirail en 1678. Pierre de Gondi, duc de Retz, frère aîné du coadjuteur, devenu seigneur de Montmirail, vendit, à Louis de La Trémouille, avant 1659, cette baronnie que Louis XIV éleva à la dignité de duché-pairie, en faveur de ce seigneur. — Vers 1672, la terre de Montmirail fut vendue au célèbre François-Michel Le Tellier de Louvois, qui l'embellit considérablement. Elle passa successivement à un de ses petits-fils, puis au frère aîné de celui-ci, qui mourut à la fin du xviiie siècle, ne laissant qu'une fille en bas-âge. Cette enfant fut élevée par sa grand'mère et mariée très-jeune à M. de Larochefoucauld, qui devint duc de Doudeauville et héritier de la terre de Montmirail. M. le duc de Larochefoucauld, qui fut, sous la Restauration, pair de France, directeur-général des postes, et plus tard, ministre de la maison de Charles X, est mort à Montmirail en 1841, en laissant une mémoire justement vénérée. Son petit-gendre continue d'habiter le château de Montmirail (1). — Avant 1789, Montmirail était le siége d'un bailli d'épée, d'un lieutenant-général et de deux juridictions dont les juges connaissaient des causes ecclésiastiques et des nobles, sans pouvoir être prévenus en aucun cas par les officiers royaux, et avait une collégiale. — A l'O. de Montmirail, il y a une carrière de sable dans laquelle on trouve une grande quantité de coquillages. — Napoléon remporta, à Montmirail, une victoire éclatante sur les alliés, le 11 février 1814. — *Ecarts*: Montcoupet, à 2 kil.; le Saussat, à 1 kil.; Saint-Martin, à 1 kil.; Tichecourt, à 1 kil. 500 mètres; les Marais, à 1 kil. 500 mètres; Château-Neuf, à 4 kil.; les Landais, à 2 kil.; la Vague, à 1 kil. 500 mètres; Saint-Lazare, à 1 kil.; la Folie, à 1 kil.; la Championnerie, à 1 kil. 500 mètres; les Aigremonts, à 1 kil.; Courcelle, à 1 kil.; la Dargeaterie, à 2 kil. 500 mètres.

Bergères-sous-Montmirail, au S.-E. de Montmirail, entre deux coteaux, dans une vallée profonde, sur le Petit-Morin, qui sépare en deux parties la commune, sur laquelle se trouvent deux étangs de chacun deux hectares environ.—Superficie, 1,019

---

(1) En vertu d'une donation faite dans le xiie siècle par Jean de Montmirail, le château continue de payer à l'hospice de la ville un tribut qui consiste en une coupe de bois de 20 arpents, que les administrateurs de cet établissement sont autorisés à choisir dans les forêts dépendantes dudit château.

hect.—Succursale dédiée à sainte Colombe.—Perception du Gault. ✉ Montmirail. — Ecole primaire mixte. — Bons vins rouges. — Petit château moderne, habité par la famille de Plinval. — Anciennement, ce village dépendait du bailliage de Sézanne et de la coutume de Meaux, pour la partie méridionale, et du bailliage et présidial de Château-Thierry, coutume de Vitry, pour la partie septentrionale. — Bergères fut le berceau de Mlle de Nargonne, qui, en 1650, épousa, à l'âge de 23 ans, un fils naturel de Charles IX, qui en avait 77 et qui devint ainsi seigneur de Bergères. Mlle de Nargonne mourut en 1713, au château de Montmort, ainsi que l'atteste l'inscription placée à gauche de l'autel de cette commune (voir à Montmort). Un membre de la famille de Nargonne, Claude de Nargonne, fit rebâtir l'église en 1661. — *Ecarts :* Boutavent, à 2 kil.; Moulin-Henri, à 3 kil.; Haute-Vauxelle, à 3 kil. (en partie); les Roises, à 1 kil.; Ville-Echue, à 1 kil. 500 mètres; les Jats, à 500 mètres; les Bordes, à 500 mètres; la Belle-Idée, à 250 mètres.

Boissy, à l'E.-S.-E. de Montmirail, dans un vallon arrosé par le Petit-Morin et ses affluents, les Rus, Saint-Martin, long de 6 à 700 mètres, et de la Basse-Vauxelles, long de 2 kil. — Superficie, 1,524 hectares. — Succursale dédiée à saint Martin. — Perception de Vauchamps. ✉ Courgivaux. — Ecole primaire mixte. — Boissy était le siége d'un bailliage ressortissant au Châtelet de Paris; les officiers, dont la juridiction s'étendait sur cette commune et sur celle de Corfélix, recevaient leur commission de l'abbesse et des religieuses de Farmoutier, dames de Boissy. — Il existe au hameau de la Basse-Vauxelles une ancienne maison qui fut, dit-on, un couvent de filles. — Le bénitier de l'église, dont on voit encore quelques ruines, a été transféré dans l'église de Boissy. — *Ecarts :* Bifontaine, à 2 kil.; Meuse, à 1 kil. 500 mètres; la Haute-Vauxelle, à 2 kil. (en partie); la Basse-Vauxelle, à 1 kil. 500 mètres; la Charmotte, à 1 kil.; la Pommerose, à 2 kil.

Charleville, au S.-S.-E. de Montmirail, sur un plateau élevé au N.-E. de la forêt du Gault. — Superficie, 1,722 hectares 34 ares. — Succursale dédiée à saint Pierre. — Perception du

Gault. ✉ Montmirail. — Ecole primaire mixte. — Grès en grande quantité. — Le *Clos-le-Roi*, écart de Charleville, renferme une jolie maison de campagne, une ferme et des propriétés assez considérables, appartenant à M. le baron Daru, fils de M. le comte Daru, ministre sous le premier Empire. — *Ecarts :* le Clos-le-Roi, à 3 kil. 500 mètres.

Corfélix, à l'E.-S.-E. de Montmirail, dans un vallon agréable et fertile, arrosé par le Petit-Morin, — Superficie, 827 hectares. — Annexe du Thoult ; église dédiée à saint Memmie. — Perception de Vauchamps. ✉ Montmirail. — Ecole primaire mixte. — Cidre, poiré. — Les dames de Farmoutier (ancienne abbaye de Seine-et-Marne, arrondissement de Coulommiers), avaient juridiction à Corfélix, dont elles partageaient les droits avec le baron de Mareuil. — *Ecarts :* les Culots, à 2 kil.; les Forges, à 300 mètres ; la Grande-Fontaine, à 500 mètres.

Corrobert, au N.-N.-O. de Montmirail, entre des collines élevées de plus de 200 mètres, et arrosé par l'eau d'un grand nombre de sources qui ne tarissent jamais. — Superficie, 1,419 hectares. — Succursale dédiée à saint Barthélemi. — Perception de Vauchamps. ✉ Montmirail. — Ecole primaire mixte. — Pays de culture. — Sainte Eulalie, patronne de la commune, est l'objet d'un pèlerinage, autrefois très-important et encore assez vénéré aujourd'hui. — *Ecarts :* la Sauvagerie, à 2 kil.; les Groseilliers, à 3 kil.; les Vallées, à 2 kil. 500 mètres ; la Charmoise, à 2 kil. 750 mètres ; la Briqueterie, à 2 kil. 500 mètres; les Minières, à 1 kil. 750 mètres; Champ-Morin, à 1 kil.; les Fourneaux, à 2 kil.

Courbetaux, au S.-S.-E. de Montmirail, sur le Petit-Morin. — L'étang de Beaumont, de 1 hectare 55 ares. — Superficie, 1,276 hectares. — Annexe de Bergères ; église dédiée à saint Georges. — Perception de Montmirail. ✉ Montmirail. — Ecole primaire mixte. — Cidre. — Courbetaux a dû être considérable, car on trouvait encore, il y a peu de temps, dans ses environs, à 200 mètres, au S., les ruines d'un château nommé le Château-de-Champtin, et qui appartenait, dit-on, à la reine Blanche, mère de saint Louis, en 1225. Ce château fut habité dans la suite par des seigneurs qui avaient droit de haute et basse justice. Il fut sans doute détruit par les Huguenots, car, en 1695, il n'est parlé que de la ferme de Champtin. — Dans un écart de Courbetaux, à Fontaine-Essart, saint Vincent de Paul fonda, en 1623, une maison de Lazaristes, qui fut habitée par quatre prêtres, jusqu'en 1678, époque à laquelle ces prêtres allèrent occuper une maison que saint Vincent fit construire avec la somme d'argent que Mme de Gondi lui offrit ; cette maison, dont une partie fut consumée par les flammes, le 18 octobre 1857, est aujourd'hui l'hospice de Montmirail. C'est à l'entrée et à l'extérieur de la cour de la maison, habitée jadis par les Lazaristes, à Fontaine-Essart, que se trouve une belle source qui fournit assez d'eau pour alimenter le château de Montmirail (au moyen de conduits en fonte), un abreuvoir et un lavoir construits par la commune de Courbetaux, il y a sept ans environ. — *Ecarts :* Montdant, à 2 kil. 525 mètres ; Fontaine-Essart, à 1 kil. 350 mètres ; Roussat, à 1 kil. ; Maclaunay, à 1 kil. 140 mètres ; Vieux-Moulins, à 680 mètres ; la Grâce, à 940 mètres ; Cornantier, à 680 mètres ; Champ-d'Asile, à 3 kil. 500^m.

Fromentières, au N.-E. de Montmirail, très-agréablement situé sur un plateau fertile et bien cultivé. — Superficie, 866 hectares 15 ares 25 centiares. — Succursale dédiée à sainte Madeleine. — Perception de Vauchamps. ✉ Montmirail. — Ecoles primaires des deux sexes. — Carrières de pierres à bâtir. — Pays de culture. — L'église est remarquable par un rétable en bois sculpté ; il est placé dans la chapelle à droite du maître-autel, et représente les mystères de la naissance et de la passion de Notre Seigneur. Il est divisé comme il suit, savoir : 1er tableau, Naissance de J.-C., sept personnages, un bœuf et un âne ; 2e tableau, Circoncision, huit personnages ; 3e tableau, Adoration des Mages, huit personnages, le bœuf et l'âne ; 4e tableau, Flagellation, neuf personnages ; 5e tableau, Couronnement de J.-C., douze personnages ; 6e tableau, sépulture de Jésus, onze personnages ; 7e tableau, Portement de la Croix, douze personnages, plus, N.-S.-J.-C. Le tableau renfermant les neuf ci-dessus indiqués, est surmonté d'une petite Sainte-Vierge portant l'Enfant-Jésus sur son bras gauche, et a 2 mètres 95 centimètres de largeur sur une hauteur de 3 mètres 73 centimètres ; il est en bois de chêne très-solide ; les statuettes qui le décorent sont d'une hauteur moyenne de 32 à 35 centimètres, très-bien faites et très-bien décorées, c'est-à-dire qu'elles sont bien sculptées et bien armées pour celles qui le sont. Ce monument, qui conserve encore quelques traces de peinture et de dorure, a été posé dans l'église de Fromentières, le 5 juin 1715 ; il a été acheté à Châlons-sur-Marne par les curé, syndic, marguilliers et autres notables du pays, moyennant une somme de 12 pistoles, qu'ils ont payée volontairement pour la gloire du Seigneur. On ignore à quelle date il remonte ; M. Chaubry de Troncenord pense qu'il est du XVIe siècle. Ce tableau a beaucoup souffert par les déplacements successifs qu'il a éprouvés depuis son entrée dans l'église ; une partie des petites niches, dans lesquelles se trouvaient des sujets de l'Ancien-Testament, sont brisées et privées des statuettes qu'elles contenaient ; cependant, il existe encore au pourtour des trois tableaux supérieurs des groupes de personnages représentant : 1o Adam et Eve chassés du Paradis terrestre ; 2o la Multiplication des Pains, etc. Ces divers groupes sont représentés par plus de 30 petits personnages. Dans six endroits différents de l'église se trouvent six tableaux en bois, qui composaient les volets du rétable, et permettaient de le fermer ou de l'ouvrir à volonté, en offrant toujours aux regards des fidèles la représentation de sujets religieux. On trouve, dans les deux chapelles latérales, des pavés émaillés, dont quelques-uns représentent des personnages, dont les autres composent une sorte de mosaïque par leur assemblage quatre par quatre, et qui sont aujourd'hui posés au hasard dans plusieurs parties de l'église.

Janvillers, à l'E.-N.-E. de Montmirail, au centre d'un territoire bon et bien cultivé. — Superficie, 876 hectares. — Annexe de Vauchamps ; église dédiée à saint Christophe. — Perception de Vauchamps. ✉ Montmirail. — Ecole primaire mixte. — Bon cidre. — Carrières de pierres à bâtir, de pierres meulières. — Janvillers fut cure jusqu'en 1790. — *Ecarts :* la Boulardie, à 500 mètres ; la Roquetterie, à 7 hect. ; la Marlière, à 1 kil. ; la Dureterie, à 2 kil.

L'Echelle, au N.-N.-E. de Montmirail, dans une situation d'un abord assez difficile. — Superficie, 1,421 hectares. — Succursale dédiée à saint Symphorien. — Perception de Vauchamps. ✉ Montmirail. — Ecole primaire mixte. — Carrières de pierres siliceuses et calcaires. — Une allée d'arbres, de 3 kil. environ, réunit cette commune à Montmirail. — L'église renferme des vitraux peints, très-anciens. — On a trouvé, il y a peu de temps, dans le cimetière, une statue en pierre, représentant un homme à genoux, portant l'habit et les insignes d'un commandeur de Malte. — *Ecarts :* les Courbes, à 1 kil.; les Tuileries, à 1 kil.; les Rieux, à 1 kil ; les Forts, à 2 kil.; la Serre, à 2 kil.; Levry, à 3 kil.; la Noue-la-Sergente, à 4 kil.; Hautefeuille, à 2 kil.

Le Gault, au S.-S.-E. de Montmirail, tire son nom de la forêt qui l'avoisine. — Superficie, 2,182 hectares. — Succursale dédiée à saint Nicolas. — Chef-lieu de perception. ✉ Montmirail, — Ecoles primaires des deux sexes. — Grès et pierres à bâtir. — Le tabernacle de l'église est émaillé et porte la date de 1691. — Le Gault possède deux lits à l'hospice de Sézanne. Une grande partie de sa forêt fut donnée, en 1294, par le roi de Navarre, comte de Champagne, et depuis, entre autres, au maréchal de Fabert et à la maison de Caylus ; l'abbaye de Notre-Dame de Vertus avait un prieuré dans la commune. — Au S. et à quelques distance du Recoude, écart du Gault, on remarque un mur très-solide, de dix mètres de hauteur, huit mètres de longueur, appelé la Haute-Tour de la Maison-Dieu, et que l'on fait remonter au temps de la reine Blanche. — *Ecarts :* le Recoude, 3,300 mètres; Désiré, à 2,200 mètres ; Jouy, à 2,150 mètres ; Dagône, à 3,200 mètres ; Perthuis, à 2,430 mètres ; la Rue-le-Comte, à 1,350 mètres ; Montvinault, à 1,000 mètres.

Le Thoult-Trosnay, à l'E.-S.-E. de Montmirail, entre deux monts élevés de plus de 200 mètres ; sur le Petit-Morin, et arrosé par des sources nombreuses. — Superficie, 1,426 hectares 57 ares. — Succursale dédiée à saint Nicolas. — Perception de Vauchamps. ✉ Montmirail. — Bureau de bienfaisance. — Ecole primaire mixte. — L'église est ancienne et de style roman ; elle contenait un prieuré de l'ordre de Cluny, à la nomination du doyen de Gaye. Autour du tabernacle, en chêne sculpté, sont des statues du même bois, représentant les quatre évangélistes ; au-dessus est un dôme surmonté d'une boule sur laquelle est un Christ. Ce morceau de sculpture est riche d'ornementation. — Trosnay a été réuni au Thoult en 1844. — *Ecarts :* Beslin, à 1 kil.; les Pisserotes, à 1 kil. 500 mètres (en partie); la Mortière, à 2 kil.; la Grange-au-Prêtre, à 3 kil. 500 mètres ; la Petite-Cense, à 2 kil. 502 mètres ; la Bourgogne, à 500 mètres.

Le Vezier, au S.-S.-O. de Montmirail, pays limitrophe du département de Seine-et-Marne, dans un vallon. — Superficie, 1,223 hectares 46 ares 44 centiares. — Succursale dédiée à saint Leu et à saint Gilles. — Perception du Gault. ✉ Montmirail. — Ecole primaire mixte. — Le Vezier et ses écarts étaient du bailliage de Sézanne et payaient la dîme à l'abbé de Rebais. — *Ecarts :* les Grandes-Brosses, à 1,800 mètres ; le Bois-Roulois, à 1,500 mètres ; le Moncet, à 850 mètres ; la Rue-Noise, à 1,000 mètres ; le Chêne, à 700 mètres ; les Grès, à 600 mètres ; Couzellés, à 450 mètres ; la Cornaille, à 250 mètres ; les Caillots, à 450 mètres.

Maclaunay, au S. de Montmirail, sur un plateau d'où la vue s'étend au loin. — Superficie, 373 hectares. — Annexe de Bergères; église dédiée à saint Laurent. — Perception de Montmirail. ✉ Montmirail. — Cette commune est réunie à Courbetaux pour l'instruction primaire.

Mécringes, à l'O. de Montmirail, sur la rive gauche du Petit-Morin. — Superficie, 1,062 hectares. — Annexe de Rieux ; église dédiée à saint Fiacre. — Perception de Montmirail. ✉ Montmirail. — Bureau de bienfaisance. — Commune réunie à Montmirail pour l'instruction primaire. — Pierres meulières et à chaux. — Fabrique de moutarde. — Restes d'une ancienne église, dite Hôtel-Dieu, fondée en 1208, par Jean de Montmirail. — Près de Mécringes se trouve un banc de coquillages de toutes dimensions, avec de grosses grèves rouges, imitant le gros sable. — *Ecarts :* Aucourt, à 1 kil.; Auchecourt, à 1 kil. 500 mètres ; le Chêne, à 1 kil.; Boulante, à 2 kil.; la Chaussée, à 1 kil.

Morsains, au S. de Montmirail, sur un plateau d'où l'on

jouit d'une vue agréable et étendue. — Superficie, 1,315 hectares. — Succursale dédiée à saint Denis. — Perception du Gault. ✉ Montmirail.— Ecole primaire mixte.— Tuilerie, briqueterie, fabrique de tuyaux de drainage.— Château antique, près de l'église; celle-ci est remarquable par son chœur, son portail et son clocher. — Morsains a longtemps appartenu à une branche de la maison de Champagne ; les quatre derniers membres de cette famille étaient des officiers très-estimés de Louis XV, et qui se distinguèrent dans toutes les guerres de leur temps. — La cure de Morsains était un prieuré de l'ordre des Augustins, à la présentation de l'abbé de Saint-Jacques de Provins, qui y percevait la dîme, conjointement avec le chapitre de Sézanne et le prieur curé — *Ecarts :* Leuze, à 2 kil.; les Buteaux, à 1 kil. 500 mètres.

Rieux, au S.-O. de Montmirail, dans une petite gorge, à l'extrémité du département, arrosé par le ruisseau des Mergeraies, qui y prend sa source. — Superficie, 1,143 hectares 3 ares 74 centiares. — Succursale dédiée à saint Laurent. — Perception de Montmirail. ✉ Montmirail. — Ecole primaire mixte. — Petit château très-agréablement placé. — Pays de culture. — L'église, notée par la commission archéologique, a un chœur fort beau et remarquable par sa disposition et sa fenestration. On croit qu'elle remplace la chapelle d'un couvent de filles de l'ordre de saint Benoît, détruit du temps des guerres. — La seigneurie de Rieux avait autrefois un château entouré de fossés, qui fut démoli et reconstruit en 1777. Cette seigneurie, partagée en 1597 et recomposée en 1634, fut vendue, en 1676, à Jean-Louis des Roys, qui avait été premier échevin de la ville de Lyon, commandant des domaines du duc d'Orléans. C'est de la famille des Roys qu'est sortie Mme de Lamartine, mère de notre grand poète, qui resta quelque temps à Rieux, lorsqu'il vint, en 1813 ou 1814, y rendre visite à sa tante, Mme la baronne de Vaux (1). — *Ecarts :* Ville-Perdue, à 4 kil. (en partie); Mont-Robert, à 1 kil.; le Monat, à 1 kil. 500 mètres ; Fontaine-Armée, à 3 kil.; les Chenots, à 1 kil.; Beigneaux, à 3

---

(1) Mme des Roys fut sous-gouvernante des enfants d'Orléans avant Mme de Genlis; elle eut quatre filles; la plus jeune épousa M. de Lamartine, père de notre illustre poète.

kil.; le Puits, à 200 mètres ; Lava, à 300 mètres ; Molincourt, à 1 kil. 500ᵐ; Château-Gaillard, à 200 mètres ; Chenezard, à 2 kil.

Soigny, au S.-E. de Montmirail, dans une plaine. — Superficie, 420 hectares 83 ares. — Annexe de Boissy ; église dédiée à saint Pierre. — Perception du Gault. ✉ Montmirail. — Son château, qui appartenait à l'ordre de Malte, a été converti en ferme.

Soizy-aux-Bois, à l'E.-S.-E. de Montmirail, dans un vallon profond, entouré de collines boisées. Plusieurs sources forment, dans cette commune, un ruisseau peu considérable, qui va se jeter dans le Petit-Morin, près de Corfélix. — Superficie, 668 hectares 29 ares. — Succursale dédiée à saint Martin. — Perception du Gault. ✉ Montmirail. — Ecole primaire mixte. — Briqueterie. — Vente de grains et de bois. — En 1401, Guille de Saint-Denis, bailli de Montmirail, était seigneur de Soizy.

Tréfols, au S.-S.-O. de Montmirail, entre deux collines. — Trois ruisseaux partagent le territoire en trois parties, dont l'une, qui coule de l'E. à l'O. et qui s'appelle le ru de Belle-Volle, vient rejoindre le second, qui coule du N. au S., et forme, avec le premier, un troisième qui coule du N.-E au S.-O. — Superficie, 1,439 hectares. — Succursale dédiée à saint Médard. — Perception du Gault. ✉ Montmirail. — Ecole primaire mixte. — Pays de culture. — Cidre. — D'après la tradition et l'inscription de certaines pierres tumulaires d'anciens seigneurs, Tréfols aurait été une ville importante, entourée de murailles, et qui comptait 9,000 habitants. On y tenait foires et marchés. Elle avait deux paroisses et un couvent de Récollets, et, dans les environs, sur son territoire, un grand nombre de fiefs, dont plusieurs étaient fortifiés ; une commanderie de Malte, dont la chapelle, assez bien conservée, sert d'étable à une ferme ; un couvent de huit dames qui a donné son nom au hameau des Vidames. — Tréfols était une des trois châtellenies qui composaient la vicomté de Sézanne ; les deux autres étaient Sézanne et Chantemerle. Le château-fort de Doussigny était le siège de cette châtellenie et de la prévôté qui ressortissait au bailliage de Sézanne, auquel elle fut réunie en 1576. De l'ancienne forteresse de Doussigny, il reste de superbes et curieuses ruines. Ces ruines consistent en cinq troncs de tours (il était flanqué de onze tours ou tourelles), qui ont douze mètres de diamètre et à peu près huit mètres de hauteur ; elles sont entièrement tapissées et même ombragées de vieux lierres qui ont, au pied, près de 15 centimètres de pourtour. Et, ce qui est surtout remarquable, c'est que ces cinq tours, liées par des murs aussi anciens qu'elles, et criblées aussi de créneaux, forment une espèce de triangle dont les côtés son inégaux, et le plus grand compte près de 60 mètres de longueur. Sur l'un des côtés, à l'O., s'élève encore un vaste bâtiment, dont l'architecture tout en bois compte plusieurs siècles. — Toujours d'après la même tradition, la ruine ou la destruction de Tréfols remonterait au XVᵉ siècle, par suite d'une bataille qui aurait eu lieu entre le comte de Champagne et les Lorrains, ou le duc de Lorraine, vers cette époque. — Tréfols était anciennement franc alleu, c'est-à-dire qu'il était obligé d'entretenir un certain nombre de militaires pour le service du seigneur duquel il dépendait. — *Ecarts* : les Cheigneux, à 1 kil.; les Rouillis, à 3 kil.; les Vidames, à 6 hect.; Champ-Gilard, à 3 kil.; la Haie-Davau, à 2 kil.; la Roguenele, à 1 kil.; le Moncetz, à 1 hect.; la Commanderie, à 6 hect.; Doussigny, à 1 kil.; Ville-Perdue, à 4 kil. (en partie); Sansonnerie, à 6 hect.

Vauchamps, au N.-E. de Montmirail, ainsi nommé de sa position au milieu d'une belle et vaste plaine qui s'étend particulièrement à l'E. — Superficie, 1,284 hectares. — Succursale dédiée à saint Christophe. — Chef-lieu de perception. ✉ Montmirail. — Ecole primaire mixte. — Fabrique de meules à moulin. — Carrières de pierres meulières. — Belles carrières de pierres calcaires. — Vauchamps était de la généralité de Soissons et de l'élection de Château-Thierry. — Les diocèses de Troyes et de Soissons avaient leurs limites sur le territoire du hameau de Fontaine-au-Bron, écart de la commune. — Vauchamps a été le théâtre d'un des épisodes du beau fait d'armes connu sous le nom de bataille de Montmirail (1).

(1) C'est sur le territoire de Vauchamps, près de Chilly, que, le 14 février 1814, au matin, Napoléon Iᵉʳ livra cette bataille. Les carrés prussiens y furent enfoncés et dispersés ; Blücher lui-même, enveloppé, ne put se dégager que le sabre à la main et à la faveur de la nuit

— *Écarts :* Fontaine-au-Bron, à 2,500 mètres; la Villeneuve, à 1,500 mètres; Chilly, à 2,200 mètres; Serchamps, à 2,300 mètres.

Verdon, au N.-N.-E. de Montmirail, dans un vallon très-resserré, arrosé par un ruisseau appelé la Verdonnelle, qui le traverse dans toute sa longueur du S.-E. au N.-E., et qui a sa source sur le territoire. — Superficie, 1,140 hectares. — Succursale dédiée à saint Malo. — Perception de Vauchamps. ⊠ Montmirail. — Ecoles primaires des deux sexes. — Pierres meulières. — Bonnes pierres à bâtir et à chaux. — L'église, notée par la commission archéologique, est remarquable par ses vitraux, par la légèreté de ses piliers et la hardiesse de ses voûtes en pierres du pays. — Verdon possédait autrefois un château qui était habité par un commandeur de l'ordre de Malte ; les bâtiments servent maintenant de maisons du culture ; la prison est restée intacte.— *Ecarts :* Frausauge, à 1,200 mètres; Courbouvin, à 1,600 mètres; la Fontaine-au-Coulong, à 1,070 mètres; la Denuserie, à 2,300 mètres; la Boquetterie, à 2,100 mètres; Violaine, à 1,650 mètres; la Pinsonnerie, à 2,270 mètres; Moque-Souris, à 2,000 mètres; le Grand-Fossé, à 1,400 mètres; Meilleray, à 1,450 mètres; la Hautefoy, à 1,258 mètres; le Bailli, à 800 mètres; le Hazel, à 780 mètres; le Hazot, à 530 mètres; le Moulin d'en bas, à 420 mètres; le Fort, à 300 mètres; la Tuilerie, à 700 mètres; la Boussonnerie; à 300 mètres; la Moutarderie, à 250 mètres.

Villeneuve-lez-Charleville, au S.-E. de Montmirail, sur un plateau, au milieu d'une belle plaine. — Superficie, 1,088 hectares. — Succursale dédiée à saint Nicolas. — Perception du Gault. ⊠ Montmirail. — Ecole primaire mixte. — Huilerie ; fabriques de meules à moulin. — Le petit château de Chapton, écart de Villeneuve, est entouré de fossés ; sa construction, qui paraît remonter à la fin du Moyen-Age, n'a rien de remarquable. Louise. François-Perrette de Champagne, héritière de Chapton, en 1779, épousa, vers 1797, M. le comte de Labriffe, chambellan de Napoléon Ier, puis pair de France. Par héritage et par suite de cette alliance, le château et le domaine sont aujourd'hui la propriété de M. le marquis de Labriffe, fils du précédent, et d'une demoiselle

Conclaux, seconde épouse de M. le comte de Labriffe. — Les dîmes de Villeneuve étaient levées par le prieur de Péas. — *Ecart :* Chapton, à 3 kil. 500 mètres.

8° CANTON DE MONTMORT.

8,355 habitants. — 25,175 hectares. — 23 communes.

Ce canton, situé dans la partie occidentale du département, est compris entre les cantons d'Epernay, d'Avize, de Vertus, de Fère-Champenoise, de Montmirail, et contigu, à l'O, au département de l'Aisne.

Le territoire, dont la forme est assez régulière, se compose presque entièrement d'un plateau élevé de 100 mètres au-dessus du niveau de la Marne ; il est coupé inégalement par le Surmelin, affluent de cette rivière.

La plus grande partie des terres est d'une nature limoneuse, avec mélange d'une plus ou moins grande quantité d'argile ou de glaise ; les marais y sont assez nombreux.

Son commerce consiste principalement dans l'exploitation des forêts considérables qui couvrent la plus grande partie de son territoire.

Les meilleures communes sont celles du centre du canton.

D'ÉPERNAY.

COMMUNES.	DISTANCE AU CHEF-LIEU				POPULATION
	de canton.	de l'arr.	du dép.	de Reims.	
	k.	k.	k.	k.	
Montmort.	»	18	48	45	802
Bannay.	11	29	52	55	70
Baye.	8	27 5	48	53	733
Beaunay.	7	25	39	51	274
Chaltrait.	6 5	15	40	41	202
Champaubert.	6	24	45	50	280
Coizard-Joches.	12	31	40	57	326
Congy.	8	26	42	52	717
Corribert.	4	22	50	48	166
Courjeonnet.	12	31	42	58	166
Etoges.	7	21	39	46	604
Fèrebrianges.	8	22	40	47	399
La Caure.	2	20	46	46	226
La Chapelle-sous-Orbais.	6	24	51	50	142
La Ville-sous-Orbais.	11	25	57	51	160
Le Baizil.	5 5	16	49	40	457
Lucy.	2	18	48	44	136
Mareuil-en-Brie.	6	19	49	44	387
Margny.	14	28	59	50	216
Orbais.	10	23	54	49	1,033
Saint-Prix.	13	30	50	57	231
Suizy-le-Franc.	7	21	51	46	233
Villevenard.	14	52	46	58	395

Montmort, au S.-S.-O. d'Épernay, chef-lieu de canton, bâti dans un lieu inégal, dominé de plusieurs côtés par des montagnes voisines, et près de la source du Surmelin, formé de trois petits ruisseaux qui prennent naissance sur le territoire. — Superficie, 2,357 hectares. — Succursale (doyenné d'Orbais) dédiée à saint Pierre. — Chef-lieu de perception. — Bureaux de poste aux lettres, d'enregistrement et de bienfaisance. — Ecoles primaires des deux sexes. — Salle d'asile. — Briqueterie. — Pierres meulières et à chaux; bois et foin; moulins. — Montmort possède des monuments remarquables : c'est une église gothique, qui est pour ainsi dire hors de la commune, et un château du xvıᵉ siècle, très-beau type de la Renaissance et bien conservé. — Dans des lettres-patentes de Henri Iᵉʳ, comte de Champagne, il est question de l'église comme monument du zèle et de la piété des habitants. Elle existait, dit-on, au milieu du xıᵉ siècle, sous l'épiscopat de Manassès Iᵉʳ, archevêque de Reims, qui vint, en 1074, la visiter à l'occasion de la consécration d'une abbaye dans les environs. De magnifiques vitraux du xvıᵉ siècle ornent les fenêtres des transepts et de l'abside (1). Le sanctuaire renferme la porte des tombeaux de la famille de Hangest (2). Les remarquables sculptures de cette porte indiquent l'époque de la Renaissance. On y lit, au-dessus de la porte de la sacristie, une inscription qui nous apprend que l'un des seigneurs de Montmort est décédé le même jour que sa femme, à la même heure, dans le même lit, 1ᵉʳ octobre 1494. Dans l'architecture de l'église on remarque une particularité peu commune, c'est un transept double, à architraves ogivales, semblables à celles de la nef principale, c'est-à-dire qu'il y a deux croisillons comme aux croix de Lorraine et aux croix patriarcales. L'Empereur Napoléon III a fait cadeau à cette église, en 1855, d'un superbe lustre en bronze doré. — Le château de Montmort, appelé aussi le *Donjon*, pour le distinguer de l'ancien château, dont une partie subsiste encore, est une de ces constructions féodales aujourd'hui fort rares en France. Placé au sommet de la côte, faisant face au nord, il est bâti presque tout en briques, sur un terre-plein élevé de 15 mètres au-dessus du sol et soutenu par des murs dont trois angles sont surmontés de pavillons habitables. Au quatrième se trouve une construction particulière à l'époque, et qui montre que le château était une forteresse en état de se défendre et de soutenir un siége. C'est une tour d'un carré irrégulier (losangé à

---

(1) Sur neuf des verrières de l'église, cinq ont été restaurées, de 1843 à 1845, par M. Vincent Larcher, peintre-verrier à Troyes, avec une intelligence qui montre sa profonde connaissance des Saintes-Ecritures.

(2) L'écusson de la famille de Hangest est reproduit dans plusieurs parties de l'église.

angles aigus), terminée par une plate-forme avec parapet, créneaux et machicoulis ; de cette plate-forme se détache une autre tour ronde en briques, qui s'élève à environ quarante pieds et se termine par un parapet qui servait probablement à placer une sentinelle chargée d'annoncer l'arrivée des amis ou des ennemis. A l'intérieur des deux parties de cette tour est un escalier en pierre, très-étroit, chef-d'œuvre de construction, qui part du sol et conduit jusqu'au sommet, tandis qu'auprès de cet escalier, qui forme le noyau de l'édifice, tournoie sur elle-même une pente douce, large de deux mètres, qui conduit et s'arrête au terreplein du rez-de-chaussée du château. Cette pente, couverte et carrelée en briques sur champ, est praticable aux voitures elles-mêmes. C'est sur l'esplanade carrée, à environ huit mètres des parapets, qu'est construit entièrement en briques et flanqué de quatre tourelles, dont les flèches détachées du toit principal forment avec lui une masse imposante, le château, qui présente, de quelque côté qu'on l'aborde, un centre majestueux, à l'œil du voyageur qui arrive par l'une des quatre grandes routes ouvertes aux quatre points cardinaux. Plusieurs parties de l'intérieur, conservées ou restaurées avec soin, excitent l'intérêt des visiteurs. Le rez-de-chaussée, entièrement voûté, et dont plusieurs parties ont été divisées pour les besoins du service moderne, offrent, notamment dans une cuisine monumentale, une cheminée gigantesque soutenue, en avant, par deux grosses colonnes, et dont la voûte présente le millésime de 1577, époque de sa construction. Au premier se trouve l'immense pièce connue sous le nom de Pièce-des-Gardes, et qui, par ses proportions et ses détails, rappelle les plus beaux palais. Outre les tableaux, la cheminée mérite l'attention des voyageurs. Construite du temps de Henri III, elle soutient le portrait de ce prince dans un cadre richement sculpté. Dans la tour du midi, à l'angle de la vaste salle, se trouve le cabinet de Sully ou cabinet doré, à cause des nombreuses dorures qui couvrent les panneaux de la boiserie ; le plafond surtout est d'un goût parfait. Les vitraux peints présentent, avec le portrait de Sully, celui du bon Henri. Les autres parties du château répondent au grandiose de l'époque.

L'origine de Montmort est fort incertaine. Suivant une ancienne tradition, elle remonterait au temps de César, ce serait une colonie romaine, dirigée par un nommé *Maurus*, qui se serait établie dans cette contrée pour exploiter une mine de fer, ce qui explique l'orthographe du mot *Montmaur* qui se trouve dans tous les anciens titres. Mais ce qui est plus certain, c'est que ce village a été autrefois plus considérable qu'il n'est actuellement ; il s'étendait autour de l'église paroissiale et vers l'abbaye de la Charmoye, où l'on voit encore un grand nombre de ruines de maisons. Il y avait des forges et des verreries qui existaient encore en 1402. Cette industrie s'explique par les ressources du pays, qui fournissait du bois en abondance, un minerai de fer très-riche, et du sable vitrifiable d'une qualité telle qu'il est encore recherché par les verreries de Baccarat (Meurthe). — La seigneurie de Montmort dépendait de la comté-pairie de Vertus et du marquisat de Pleurs ; elle avait pour dépendances 11 ou 12 fiefs qui furent tous réunis, en 1767, pour former le marquisat de Montmort. Ce pays a beaucoup souffert dans les guerres contre les Anglais, car le plus ancien titre que l'on connaisse sur cette seigneurie est de 1389, c'est un aveu d'une dame de Montmort, nommée Jeanne, qui dit que « *le château était en ruines et les jardins en savart, par la fortune des guerres.* » Un autre titre de 1492 apprend qu'il était encore dans le même état. C'est à cette époque que la seigneurie de Montmort passa dans la famille de Hangest. Joachim de Hangest fut tué avec son frère, en 1536, à la prise du château de Saint-Pol (Somme). — Sa fille unique, Jeanne de Hangest, héritière de sa fortune et de ses titres, épousa d'abord Maillé de Brezé, capitaine des gardes-du-corps du roi ; veuve et sans enfants, elle se remaria, en 1556, à Claude d'Aguerre, gouverneur du duc de Lorraine ; elle redevint veuve en 1562, et fit construire le château de Montmort tel qu'il existe aujourd'hui, de 1577 à 1580 ; et elle maria à Louis d'Agoult, chef d'une puissante maison de Provence et de Dauphiné, sa fille unique, dont le fils, Charles, sir de Créqui d'Agoult, maréchal de France, fut tué au siège de Seganez, en 1638. — Le maréchal de Créqui avait donné sa fille à Sully, le célèbre ministre de Henri IV, qui devint seigneur de Montmort et habita souvent le château. Les descendants de Sully conservèrent cette propriété jusqu'en 1704, époque à laquelle elle fut vendue par le chevalier Béthune Sully à Pierre de Remond, de l'Académie des Sciences, ami de Newton et de Mallebranche. Il épousa la petite-nièce de la duchesse d'Angoulême, Françoise de Nargonne (1), en 1706, et mourut à Paris en 1719. Leur fils, François de Remond, parvint aux plus hautes dignités militaires, et, après 50 ans de glorieux services, se retira, en 1771, dans sa terre de Montmort que Louis XV avait, en sa faveur, érigée en marquisat, dès 1767. — Françoise de Nargonne, duchesse d'Angoulême, mourut à Montmort, où elle passa les dernières années de sa vie. — Pendant la Révolution, le château de Montmort devint propriété nationale, puis revint, après la Restauration, à la famille de Remond. — Il est habité maintenant par M. Delestre-Poirson, fils du fameux géographe de ce nom et collaborateur de M. Scribe ; le propriétaire, M. Remond de Montmort, entré fort jeune dans l'administration comme sous-préfet, l'a cédé à son beau-père.

La seigneurie de Montmort avait droit de haute, moyenne et basse justice, et était régie par la coutume de Vitry-le-François. — A l'E. de Montmort on trouve la *Charmoye*, ancienne abbaye. — C'est aujourd'hui la propriété de M. le marquis de Bouthillier (2).

(1) A gauche de l'autel de la Vierge (dans l'église de Montmort), on lit l'inscription suivante :

« Ici sont renfermées les entrailles de très-haute et puissante princesse » Françoise de Nargonne, duchesse d'Angoulême, veuve de très-haut et » très-puissant prince Charles de Valois, fils légitime de Charles IX, roi de » France, morte en ce lieu le 10 août 1713, âgée de 92 ans, après avoir » passé 68 ans de viduité dans la retraite et la pratique de toutes les » vertus. — *Requiescat in pace.* »

(2). L'abbaye de la Charmoye-aux-Bois (ordre de Citeaux) est une de celles de l'évêché de Châlons dont les annales sont les moins curieuses à parcourir. D'après une charte de Henri le Libéral, elle fut bâtie en entier par ce comte en 1167. Ce monastère fut établi sous la filiation de celui de Vauclair, près Laon. — Saint Bernard y fut envoyé comme abbé avec quelques religieux. La Charmoye prospéra, et, au mois de mai 1268, l'abbé acheta 55 arpents dans la forêt de la Charmoye pour une somme de 109 livres fortes de Provins. En 1294, Philippe-le-Bel l'exempta des charges de guerre. Louis XI prit cette abbaye sous sa protection. Néanmoins, elle n'atteignit jamais l'éclat des abbayes voisines ; on n'y comptait que

Sur la route d'Epernay à Montmort, dans un ravin d'un aspect pittoresque, un ruisseau de l'eau la plus pure disparaît sous des rochers, l'espace de cent pas, ressort comme une source sous une énorme roche, et forme immédiatement un bassin d'une merveilleuse limpidité. — *Ecarts :* Saint-Pierre à 1 kil. ; Moulin à tan, à 1 kil. ; Blancherie, à 1,200 mètres ; Haute-Pensée, à 2 kil. ; les Rouleaux, à 1 kil. ; la Charmoye, à 2,500 mètres ; la Chaude-Rue, à 2 kil. ; la Tuilerie des Petites-Montagnes, à 1,500 mètres ; Bas-le-Roy, à 2,500 mètres ; Moulin-Neuf, à 1 kil. ; Gros-Moulin., à 1 kil. ; Mardelles, à 2 kil. ; Pont-de-Pierre, à 1 kil ; Etang-Claudin, à 2 kil. 500 mètres ; Mehart, à 2 kil.

Bannay, au S.-O. de Montmort, dans une plaine entourée de bois et non loin du ruisseau de Fromentières. — Superficie, 706 hectares. — Annexe de Fromentières, doyenné de Montmirail, église dédiée à saint Ferréol. — Perception de Baye. ⊠ Baye. Exploitation de bois. — Cette commune est réunie à celle de Baye pour l'instruction primaire. — *Ecarts :* Une partie du hameau des Pissottes ou Pisserottes ; Moulins, à 1 kil. ; le Bois-de-Malet.

Baye, au S.-O. de Montmort, agréablement situé, renfermant une grande quantité de sources et de fontaines d'eaux belles et limpides qui, après avoir traversé la commune où elles forment deux ruisseaux qui bordent la route, sont conduites dans le parc du château et y sont partagées pour former divers cours qui arrosent et fertilisent les prairies. — Superficie, 1,798 hectares. — Succursale dédiée à saint Pierre et saint Paul. — Chef-lieu de perception. Bureaux de poste et d'enregistrement. — Ecoles primaires des deux sexes. — L'église a un clocher moderne, carré, un porche ogival élégant à l'une de ses entrées ; la nef a des collatéraux ; l'abside est triangulaire. L'intérieur porte des traces d'une grande

---

7 religieux et 1 oblat. En 1637 elle valait 24 ducats d'or, 5,000 livres en 1729, et 8,659 en 1751. La Charmoye fut de nouveau rebâtie en 1747, et aujourd'hui il en reste quelques ruines curieuses, surtout celles qui remontent à une époque ancienne. Elle fut du nombre de celles qui échappèrent aux abbés commendataires ; elle resta jusqu'à la Révolution, sauf deux exceptions, sous la direction d'un abbé régulier. (*De Barthélemy*, Reims, 1852.)

ancienneté ; il y a des restes de vitraux ; les détails de son ornementation appartiennent à plusieurs époques, et les plus nouvelles sont de la Renaissance; de belles boiseries sculptées sont encore plus récentes. La crypte est d'une haute antiquité, si, comme on le dit, le corps de saint Alpin y a été déposé. Elle est, du reste, connue vulgairement sous le nom de tombeau de saint Alpin. — Il y a, dans le cimetière, une statue de la sainte Vierge paraissant très ancienne. — Le château de Baye, dit M. le comte de Mellet, est moderne dans la plupart de ses parties ; il possède cependant encore une charmante chapelle du XIIe siècle, avec fenêtres décorées de superbes vitraux de cette époque, presque toutes en excellent état de conservation. La légende de saint Jean l'évangéliste, les principales scènes de la Passion et autres sujets religieux y sont représentés. La chapelle de Baye est pavée en carreaux émaillés et historiés ; elle était autrefois surmontée d'une jolie flèche qui a disparu dans les vicissitudes des temps. — Baye a été le chef-lieu d'une baronnie ayant prévôt et baillage, considérée comme le fief le plus éminent de la comté-pairie de Châlons. Cette commune est regardée comme la patrie de saint Alpin, disciple de saint Loup, évêque de Troyes, et que ses vertus et ses brillantes qualités firent nommer évêque de Châlons. Après avoir sauvé cette ville des fureurs d'Attila, en 451, il vint mourir à Baye, en 455. Ce ne fut qu'en 860 que son corps fut transporté de Baye à Châlons et déposé dans l'église Saint-André, qui prit alors le nom de Saint-Alpin. — Une chambre du château, que la tradition a toujours nommée la chambre de saint Alpin, et qui touche à la chapelle, semblerait indiquer l'endroit où il est né ; mais il est plus probable que cette belle chapelle a été bâtie sur le lieu illustré par la naissance du saint évêque (1). Dès le XIIe siècle, la seigneurie de Baye appartenait à la maison de Broyes. Simon de Broyes fonda, en 1131, sur le territoire de Baye, l'abbaye de femmes de Notre-Dame d'Andecy (2). Baye était encore important, en 1555, puisqu'on y comp-

(1) M. Garinet dit que la famille de saint Alpin est la tige de la maison de Béthune-Sully ; tous les aînés portent encore le nom d'Alpin.

(2) Simon de Broyes amena des bénédictines dans sa baronnie et leur donna la terre d'Andecy. — Ce pays était habité, alors comme aujourd'hui, par de riches familles, et tous les seigneurs des environs se hâtèrent de

tait huit prêtres. — Les murs qui l'entouraient ne furent démolis qu'en 1680. — *Ecarts :* Le hameau d'Andecy, à 1 kil. 500 mètres; la Hannoterie, à 1 kil. 500 mètres ; Montperthuis, les Convers, à 1 kilomètre.

Beaunay, au S.-O. de Montmort, partie en Champagne et partie en Brie, dans une position tout-à-fait pittoresque, sur le penchant d'une colline. Un ruisseau du même nom prend sa source dans la partie haute du village ; ses eaux, qui ne tarissent jamais, vont se perdre dans la plaine, entre Toulon et Vert-la-Gravelle. — Superficie, 349 hectares 79 ares 60 centiares. — Annexe d'Etoges, dédiée à la Nativité de la Sainte-Vierge. — Perception de Montmort. ✉ Etoges. — Ecole primaire mixte. — Tuileries ; pierres siliceuses, pierres calcaires ; vignes. — Un titre de 1581 constate que les habitants payaient au seigneur d'Etoges une rente de 12 boisseaux pour la jouissance d'un chemin à l'usage de leurs bestiaux. — *Ecarts :* Les Tuileries, à 100 mètres ; la ferme du Bel-Air, à 100 mètres.

Chaltrait, à l'E.-N.-E. de Montmort, dans un petit vallon

répondre à l'appel fait à leur générosité par Simon. — En 1145, le pape Eugène III plaça Andecy sous la filiation de Molesme. Au XVIIe siècle, elle comptait 40 religieuses et rapportait 20,000 livres. — Un arrêt de 1673 reconnut à l'abbesse les droits de haute, moyenne et basse justice, en preuve de quoi le carcan fut attaché près de la principale porte, et conféra à l'abbaye le titre de fondation royale. — Peu après, la maison tombant en ruines, dut être reconstruite, ce qui mit le trouble dans les finances ; il fallut vendre des terres, et le roi permit à l'abbesse d'exiger 30,000 livres de dot sur chaque nouvelle religieuse (14 août 1695) ; les constructions furent terminées avant 1717. — Lors de la Révolution, N.-D. d'Andecy fut vendue à des particuliers. Le cloître a été démoli ; il reste cependant encore un ensemble assez important des autres bâtiments. La chapelle était très-ancienne, mais le chœur a été détruit, et il n'en reste plus que la nef, qui était très-belle et conservait les caractères du style roman ; malheureusement, les fenêtres ont été remplies de façon à les rendre carrées. — Plusieurs objets provenant de cette chapelle ont été transportés à l'église de la commune, tels qu'un tabernacle de pierre, plusieurs reliquaires, etc. (Edouard de Barthélemy, renseignements de M. le baron de Baye. Reims, 1851).

au milieu des bois. — Un petit étang de 1 hectare 25 ares. — Superficie, 669 hectares 83 ares 70 centiares. — Succursale dédiée à l'Assomption. — Perception de Montmort. ✉ Montmort. — Ecoles primaires des deux sexes. — Commerce de bois. — Le château, bâti en 1824, n'a rien de remarquable. Il est habité par M. le vicomte de Saint-Chamans, ancien député et ancien conseiller d'Etat, par M. le comte de Mellet, archéologue distingué, et par M. de Lambertye qui s'y occupe, avec autant de zèle que d'intelligence, de toutes les branches de l'horticulture : jardinage avancé, serres à fleurs et à ananas, orangerie, primeurs diverses, hâtées par l'eau chaude, vigne, melons, concombres, haricots, taille raisonnée des arbres fruitiers, instruction théorique et pratique donnée aux élèves jardiniers. — On voit sur diverses parties du territoire de Chaltrait, et notamment dans le bois du *Clos du Moulin*, plusieurs trous ou gouffres en forme d'entonnoir (puits absorbants). Dans ces gouffres se perdent de petits ruisseaux et l'excès des eaux pluviales qui, sans cela, inonderaient le pays après chaque orage.

Champaubert-la-Bataille, au S.-S.-E. de Montmort, sur une éminence. — Superficie, 1,272 hectares. — Annexe et perception de Baye ; église dédiée à saint Remi. ✉ Baye. — Ecole primaire mixte. — Territoire vaste, fertile et bien cultivé. — L'église, qui remonte, dit-on, à 1286, dévastée par la guerre, ne présente plus que des ruines. Son clocher, quoique écrasé, se voit d'assez loin pour avoir servi de point à Cassini ; elle conserve deux belles statues en pierre, du XIVe siècle : l'une représente sainte Catherine, l'autre sainte Marguerite. — En 1814, Champaubert a été le théâtre de luttes terribles qui ont attaché à son nom une glorieuse célébrité (1). — *Ecarts :* les Déserts, à 3 kil. ; les

(1) Le 10 février 1814, l'armée française, arrivant par la route de Sézanne, après avoir anéanti une division russe, s'empara de Champaubert et coupa en deux l'armée des alliés. Napoléon battit ces différents corps, le 11 à Montmirail, le 12 à Château-Thierry, le 13 à Vauchamps, et le 14 il mit encore dans une déroute complète les renforts ennemis qui s'étaient de nouveau réunis à Champaubert, et termina cette grande bataille sur le terrain où elle avait commencé cinq jours auparavant.

Coizart-Joches, au S.-S.-E. de Montmort, sur la pente méridionale de la montagne de Toulon, et près des marais de Saint-Gond, est traversé par le ruisseau du Cubersaut, qui sort de Fèrebrianges et va se jeter dans le Petit-Morin, entre Joches et Coizart. — Superficie 1,078 hectares 69 ares 94 centiares. — Succursale dédiée à saint André. — Perception de Baye. ✉ Etoges. — Bureau de bienfaisance. — Ecole primaire mixte. — Carrières de pierres siliceuses dans les bois communaux. — C'est à la Verrerie, située à 2 kil., dans les marais, qu'en 1840, MM. Renard et Ce, acquéreurs du lot du Roi dans le partage de ces marais, ont essayé de fabriquer des bouteilles. Ils faisaient fondre la matière avec la tourbe. Cet établissement n'a fonctionné que pendant deux ans. Ces bouteilles n'étaient, dit-on, que de médiocre qualité. — La compagnie a conservé les bâtiments, qui servent aujourd'hui à l'exploitation d'une certaine quantité de terrain, devenue fertile depuis le desséchement des marais. — Elle continue aussi à exploiter la tourbe, qui fait un objet de commerce assez important et sert de combustible à un grand nombre de familles des villages circonvoisins. — Les religieuses d'Andecy étaient seigneurs, en 1579, d'une partie de Joches, qui a été réunie à Coizart en 1847. — *Ecarts :* la Tuilerie, à 2 kil. de Coizart et de Joches ; la Verrerie, à 2 kil. dans les marais.

Congy, au S. de Montmort, dans le plat-fond d'une gorge, entre les monts de Ruscum ou Berlim et de Troncenord, formant avec d'autres une sorte de fer à cheval. Le Cubersaut, affluent du Petit-Morin, traverse le territoire ; des fontaines disséminées dans la commune l'alimentent entièrement. — Les six étangs qui sont sur cette commune ont une étendue totale de 46 hectares 98 ares 90 centiares. La fontaine dite de Béranger, est belle et abondante ; elle alimente un très-beau lavoir. — Superficie, 1,746 hectares 55 ares 26 centiares. — Succursale dédiée à saint Remi. — Perception de Baye. ✉ Etoges. — Bureau de bienfaisance. — Ecoles primaires des deux sexes. — Briqueterie et tuilerie ; four à chaux. — Carrières ; vignes ; bois. — Fabrique de poteries établie en 1851, par M. Chaubry de Troncenord, et en pleine prospérité (1). — L'église est du commencement du XIIIe siècle; le presbytère est très-ancien. — Le château de Congy est ancien et assez remarquable ; il appartient à M. le baron Chaubry de Troncenord, ancien conseiller à la Cour d'appel, chevalier de la Légion-d'Honneur, membre du Conseil général de la Marne — Ce domaine a un très-beau jardin, un joli parc et une magnifique pièce d'eau. Il était autrefois fortifié, car il a encore des meurtrières. — La terre et seigneurie de Congy a appartenu à l'ami de Henri IV, Maximilien de Béthune, duc de Sully. — En 1853, depuis l'établissement des télégraphes électriques, on a démoli le télégraphe aérien de Congy, lequel était construit sur un mont élevé de 223 mètres au-dessus du niveau de la mer. — *Ecarts* : la Cense-Rouge, à 2 kil. O.-N. ; — la Grange-Laurent, à 1 kilomètre.

Corribert, au N.-O. de Montmort, dans un vallon entassé. La prairie et la vallée sont traversées par le Surmelin et par des sources qui, sortant de la montagne, forment plusieurs fontaines dans la commune. — Superficie, 971 hectares 43 ares 92 centiares. — Annexe de Mareuil-en-Brie ; église dédiée à l'Assomption. — Perception de Montmort. ✉ Montmort. — Ecole primaire mixte. — Pierre à bâtir, pierre à chaux ; exploitation de bois. — L'église est très-ancienne, ainsi que l'atteste une pierre blanche que MM. de Salverte et Chaubry ont remarquée à la hauteur de 26 mètres du sol, et portant le millésime de 1030; le clocher est ogival ; il y a des détails d'architecture intéressants aux portails, et, dans l'intérieur, les chapiteaux sont ornés dans le style de l'architecture grecque et dans celui de la transition au gothique. — La ferme des Poulettes, appartenant à M. de Salverte, qui l'exploite lui-même, est un des plus beaux établissements du canton. — *Ecarts* : les Poulettes, à 1 kil.; Courselle à 1 kil. 500 mètres ; l'ancienne ferme des Bourdons, à 1 kil. 500 mètres.

(1) Cette fabrique est favorisée par l'argile convenable et les bois que fournit le sol. Cette industrie céramique, qui avait existé à une époque très-reculée, et à laquelle le village doit probablement son nom (*Congius*, vase, mesure), était abandonnée depuis la fin du moyen-âge.

Courjeonnet, au S. de Montmort, près et presque au niveau des marais de Saint-Gond, arrosé par le Petit-Morin. — Superficie, 555 hectares. — Annexe de Villevenard ; église dédiée à saint François de Sales. — Perception de Baye. ✉ Etoges. — Bureau de bienfaisance. — École primaire mixte. — L'abbaye d'Andecy levait la dîme sur ce village. — A peu de distance, au milieu de vastes marais, est une butte entourée de fossés, sur laquelle était une forteresse, dite Châtillon, et une tour élevée, reste d'une ferme considérable, nommée Anglure.

Etoges, au S.-S.-E. de Montmort, partie en Champagne, partie en Brie, dans la pente d'une montagne circulaire, couverte de bois et de vignes. — Un ruisseau, qui a sa source près du château, tombe dans les fossés, fait tourner un moulin et va se perdre dans les terres, à environ 2 kil.—Neuf étangs, d'une étendue totale de 53 hectares 25 ares. — Superficie, 1,435 hectares 71 ares 56 centiares. — Succursale dédiée à saint Antoine. — Perception de Montmort. — Poste aux lettres. — Ecoles primaires des deux sexes. — Vin rouge. — L'église est, dit-on, du XIIe siècle ; l'abside est pentagonale et ogivale ; le clocher est surmonté d'une aiguille à six pans fort élégante. On remarque encore un grand nombre de sculptures romanes très-curieuses, un portail très-joli, de l'époque de la Renaissance, quelques restes de vitraux, et, dans l'intérieur de l'édifice, un bas-relief en bois doré, représentant le sacrifice d'Abraham. — Le château, placé dans un fond et dominé par des montagnes boisées, est vaste, entouré de fossés pleins d'eau et remarquable par ses jardins, son parc et une galerie de peintures historiques qui conduit à sa chapelle. — La terre d'Etoges fut, au Moyen-Age, une seigneurie considérable possédée par la maison de Conflans, l'une des plus anciennes du pays, qui était en possession de la dignité de maréchal-héréditaire de la Champagne, au temps de ses comtes. François d'Anglure, qui commanda le château de Sainte-Menehould, en 1537, était vicomte d'Etoges. Cette vicomté fut érigée en comté, en 1682, en faveur de Marc-Antoine de Savigny, marquis de Bellay, et comprenait Etoges, Férebrianges, Toulon, Beaunay, Loisy et Givry ; elle dotait une rosière successivement désignée par six communes. Le général comte de Gueheneuc, beau-père du maréchal Lannes, duc de Montebello, devint propriétaire de ce château, dont les dépendances ont été divisées et vendues. *Ecarts :* Rouvroy, à 1 kil. 500 mètres ; les Pâtis, à 500 mètres ; le Bas-le-Roy, à 4 kil. 500 mètres ; Malton, à 3 kil.

Fèrebrianges, à l'E. de Montmort, village irrégulier, dans une gorge formée par la montagne de la Fortelle et celle de Berlin, arrosé par le Cubersaut, qui naît sur son territoire et par plusieurs ruisseaux. Deux étangs y ont ensemble une étendue de 24 hectares 84 ares 50 centiares. — Superficie, 714 hectares 98 ares 94 centiares. — Succursale dédiée à saint Médard. — Perception de Baye. ⊠ Etoges. — Ecole primaire mixte. — Vins rouges, exploitation des bois, extraction des pierres. — L'église, placée au haut du village, est surmontée d'une longue flèche qui se voit de très-loin. L'intérieur est du style ogival ; la nef a des collatéraux ; l'abside est carrée. On voit des restes de vitraux du XIIe siècle dans cette église, dont les colonnes sont de structure très-irrégulière, avec chapiteaux ornés de médaillons sculptés.— Une partie des dîmes était levée dans cette commune par l'abbaye d'Andecy. — *Ecart :* Villers (tuilerie, briqueterie, four à chaux), à 500 mètres.

Lacaure, au S.-O. de Montmort, au commencement de la Brie, sur un mont assez élevé. — Superficie, 835 hectares 91 ares 18 centiares. — Annexe et perception de Montmort ; église dédiée à saint Pierre-ès-Liens. ⊠ Montmort. — Ecole primaire mixte. — *Ecarts :* le Mesnil, à 1 kil. 500 mètres ; la Royerie, à 1 kil. 500 mètres.

La Chapelle-sur-Orbais, au S.-O. de Montmort, sur la plus haute colline du canton, 254 mètres. — Superficie, 1,429 hectares 41 ares 15 centiares. — Annexe de Fromentières (doyenné de Montmirail) ; église dédiée à saint Pierre et saint Paul. — Perception de Montmort. ⊠ Montmort. — Commune réunie à Fromentières pour l'instruction primaire. — Ancienne possession de l'abbaye d'Orbais. — *Ecarts :* les Bouleaux, à 1,200 mètres ; la Rue-des-Meulières, à 1,900 mètres ; Bièvres, à 1,200 mètres S.-O.;

la Blandinerie, à 4,060 mètres O.; les Puisards, à 2,400 mètres O.; la Croix-Marotte, à 2 kil. N.-O.

La Ville-sous-Orbais, au N.-O. de Montmort, dans une gorge, entre deux monts, près du Surmelin, qui y reçoit plusieurs ruisseaux et sources, et dont le lit et les bords sont embarrassés d'une multitude de rochers qui rendent difficile la culture du territoire. — Superficie 1,104 hectares 61 ares 09 centiares. — Annexe du Breuil (doyenné de Dormans), église dédiée à saint Martin. — Perception d'Orbais. ✉ Orbais. — Ecole primaire mixte. — Vin rouge. — Autrefois, cette commune faisait partie du canton d'Orbais, district de Château-Thierry. — *Ecarts :* Moulin-de-la-Ville, à 500 mètres; ferme de Lohan, à 760 mètres; ferme de Champ-Renauld, à 2,320 mètres; la Maison-des-Roches, à 1,230 mètres; ferme et hameau de Bayard, à 1,500 mètres; la Championnerie, à 800 mètres; les Petites-Cours, à 630 mètres; Moulin-Moreau, à 500 mètres; le Clos-Hubert, à 100 mètres; la Bufferie, à 1,000 mètres; les Thomassets, à 1,600 mètres.

Le Baizil, au N. de Montmort, sur un plateau un peu incliné, au-dessus de la vallée du Surmelin, au milieu des bois. Le territoire est traversé par le ru des étangs de Brugny, lequel va se jeter dans le Surmelin, près de Corribert. — Six étangs, d'une contenance totale de 50 hectares 22 ares. — Superficie, 1,448 hectares 77 ares. — Succursale dédiée à saint Cénéric. — Perception d'Orbais. ✉ Orbais. — Ecoles primaires des deux sexes. — Bois. — Le Baizil est cité, en 1237, dans un titre de l'abbaye de la Charmoye. — *Ecarts :* le Bas-Baizil, à 500 mètres; Beauvoisin, à 2 kil.; la Croisée, à 2 kil.; les Pâtis, à 1 kil.; le Pré-l'Ecot, à 1 kilomètre.

Lucy, au N.-N.-O. de Montmort, sur la rive droite du Surmelin, au pied d'une colline élevée et entourée de grands bois. — Superficie, 560 hectares. — Annexe du Baizil; église dédiée à sainte Colombe. — Perception de Montmort. ✉ Montmort. — Ecole primaire mixte. — La seigneurie de Lucy avait droit de haute, moyenne et basse justice, et était régie par la coutume de Vitry. — L'abbaye de la Charmoye levait les dîmes sur une partie du village. — *Ecarts :* le hameau de Pigny, à 1 kil.; la ferme de Boulemouche, à 1 kilomètre.

Mareuil-en-Brie, au N.-O. de Montmort, en amphithéâtre, sur une pente extrêmement rapide, près du Surmelin. — Superficie, 888 hectares. — Succursale dédiée à saint Remi. — Perception d'Orbais. ⊠ Orbais. — Ecole primaire mixte. — Pays de culture. — Bois. — L'église est remarquable par son porche, par une grille intérieure et un rétable en bois sculpté, représentant, sur 27 compartiments, 27 scènes de sujets religieux. — Le château, fort ancien, propriété de M. de Salverte, a de belles eaux et un parc magnifique. Bâti, dit-on, sous François Ier, il fut habité par Gabrielle d'Estrées ; il a été en partie reconstruit dans le xviie siècle, par la duchesse d'Angoulême (1). — Mareuil avait autrefois bailliage et justice. — *Ecart :* la Dehaubrie ou Dehaie-en-Brie ; les Pierres ou Pierry ; la Forgerie ; les Bourdons (toutes fermes).

Margny, à l'O. de Montmort, aux confins du département, dans cette partie de la Brie appelée communément Mauvaise-Brie, arrosé par le ruisseau des Molinots, qui a sa source sur le territoire de Fromentières, et qui, à son entrée sur la commune de Verdon (canton de Montmirail), prend le nom de Verdonnelle. — Superficie, 1,053 hectares. — Annexe de Verdon (doyenné de Montmirail); église dédiée à saint Denis. — Perception d'Orbais. ⊠ Orbais. — Ecole primaire mixte. — Carrières de pierres meulières, à un mètre de la surface du sol ; on en extrait tous les ans pour au moins 100,000 fr. — *Ecarts :* Chacun, à 800 mètres ; les Molinots, à 1,500 mètres ; la Marlière, à 1,500 mètres.

---

(1) Cette dame était Mlle Françoise de Nargonne, de Bergères-sous-Montmirail. Charles de Valois, fils naturel de Charles IX et de Marie Touchet, connu sous le nom de duc d'Angoulême, étant veuf de Charlotte de Montmorency, épousa, à 77 ans, Mlle de Nargonne, qui n'en avait que 23 ; après six ans de mariage, il mourut en 1650. Son épouse resta veuve 68 années, qu'elle passa en grande partie au château de Mareuil. Elle mourut chez son petit-neveu, Pierre de Remond, au château de Montmort, le 10 août 1713, c'est-à-dire près de 140 ans après Charles IX, son beau-père. Ses restes ont été déposés dans l'église de Montmort. (Voir à cette commune, page 217.)

Orbais-l'Abbaye, à l'O.-N.-O. de Montmort, sur le penchant d'une petite montagne et sur la rive gauche du Surmelin, qui y reçoit l'eau de plusieurs fontaines alimentées par une source abondante et curieuse qui fait tourner trois moulins. — Superficie, 1,602 hectares. — Cure dédiée à saint Prix et saint Réol. — Chef-lieu de perception. — Bureaux de poste et de bienfaisance. — Écoles primaires des deux sexes. — Pierres meulières, fabrication de sabots, mégisseries, tannerie, tuilerie, briqueterie ; exploitation de bois.—Sous un grand nombre de maisons se trouvent des voûtes immenses d'une très-haute antiquité, sous lesquelles s'écoule l'eau des nombreuses fontaines qui entourent Orbais. — La vallée du Surmelin, dans les environs de cette commune, est d'un aspect fort pittoresque. — Dans la première circonscription départementale, Orbais était un chef-lieu de canton du département de l'Aisne ; ce n'est qu'en 1812 que cette commune fut annexée au département de la Marne et au canton de Montmort. — Orbais était autrefois une ville murée, où l'on entrait par quatre portes, et qui fut détruite par les Anglais, sous le règne de Charles VII. Elle possédait un château ou palais royal, qui a dû servir de rendez vous de chasses à nos premiers rois. Ce château fut brûlé, en 1420, par les Anglais, et la ville perdit alors beaucoup de son importance. Les restes ou débris de ce château sont désignés sous le nom de salle Saint-Michel. Mais son importance était principalement due à son abbaye de Bénédictins, fondée en 680, par *Réol* ou *Rieul,* archevêque de Reims (1). — *Écarts :* la Pierrarderie, à

---

(1) Cette abbaye fut enrichie par les dons de Thierry Ier, de Childebert II, des chanoines de la cathédrale de Châlons, de Thibault II et d'Henri Ier, comtes de Champagne, etc., donations confirmées plus tard par Charles IX et Henri III, rois de France. Les abbés d'Orbais portaient les insignes de la prélature et nommaient à plusieurs prieurés et à la plupart des cures des villages voisins ; ils avaient établi, dans le monastère, une école où l'on enseignait les *belles lettres,* les *hautes sciences et la piété, avec la même application,* et cet enseignement avait attiré un grand nombre d'étrangers. Dévastée par les Normands en 936 ; pillée et presque détruite par les Anglais dans le xve siècle, et ravagée par les protestants en 1562 et 1568, elle passa, au commencement du xvie siècle, sous la loi des abbés commendataires, et, au milieu du xviie siècle, elle tombait en ruines,

1,700 mètres; l'Echelle, à 600 mètres; sept fermes assez importantes.

Saint-Prix, au S.-S.-O. de Montmort, entre deux monts, arrosé par le Petit-Morin, qui passe à 125 mètres de l'église et tra-

malgré le zèle de plusieurs prieurs. Il ne reste plus de cette ancienne abbaye (supprimée comme tous les chapitres et maisons religieuses par les décrets de l'Assemblée nationale), que la chapelle, qui est devenue l'église d'Orbais. Sa construction remonte à la fin du xiie siècle, et elle est due, selon toutes les apparences, aux comtes de Champagne, Thibault III et Thibault IV; elle est réduite à une travée, de la nef à la croisée, et à l'abside, entourée de sept chapelles. L'ensemble de l'édifice offre un mélange du gothique et du roman; mais le premier y domine, et plusieurs portions sont d'une hardiesse et d'une légèreté admirables; les chapiteaux des principaux piliers sont d'une exécution parfaite; le portail, qui n'a jamais été joint à l'église, est du xve siècle; il est charmant de détails de sculpture et d'ornementation, mais il a beaucoup souffert; la flèche en charpente, recouverte en ardoises, est d'une belle proportion, elle s'élève dans l'axe de la croisée; des stalles fort riches en sculptures, données au monastère, en 1520, par le cardinal de Vendôme, premier abbé commendataire, sont encore, bien que privées de leurs dossiers, le plus précieux objet d'art que renferme le monument. (M. l'abbé Musart, notice sur l'abbaye d'Orbais, 1844).

L'église de l'abbaye d'Orbais est réduite, dès 1651, au tiers environ de sa longueur primitive, par suite de l'incurie de l'abbé commendataire de cette époque, qui se refusait à presque toutes les dépenses d'entretien, prétendant que l'église était trop vaste pour le petit nombre de ses moines, et que la chapelle abbatiale du Saint-Esprit (la chapelle absidale) suffirait aux besoins de la communauté. Telle qu'elle est aujourd'hui, c'est encore incontestablement le monument le plus remarquable de l'arrondissement d'Epernay. Elle est réduite au chœur et aux deux bras de la croix, précédés seulement de 5 mètres de l'ancienne nef. La longueur de la croix est de 33 mètres 1/2 à l'intérieur; le chœur porte 12 mètres et est éclairé par 43 croisées de 5 à 6 mètres de hauteur, avec 13 rosaces placées au-dessus. Quant aux chapelles et aux nefs latérales, elles reçoivent le jour par 19 croisées. Avant la chute de la nef, il existait un jubé délicatement travaillé. La date de 1520 et les armoiries du cardinal de Vendôme sont sur les stalles en chêne, sur des vitraux en grisailles et sur nombre de pavés émaillés. (M. Chaubry de Troncenord). — L'église d'Orbais renferme une remarquable toile du Rémois Louvet : *saint Prix, évêque d'Auvergne et martyr*.

verse le territoire, de l'E. à l'O., sur une longueur de 4 kil. — Superficie, 620 hectares. — Annexe et perception de Baye ; église dédiée à saint Prix. ✉ Baye. — Ecole primaire mixte. — Vins rouges, tuilerie, briqueterie, pierres à chaux. — L'église ayant été ruinée par les protestants, au XVIe siècle, on en construisit en 1707, une jolie petite, qui fut bénite en 1770, et qui est surmontée d'une longue flèche d'assez belle apparence. — Au hameau de Reclus, écart de la commune, était autrefois une abbaye, fondée en 1141 par Pierre de Turrier, et enrichie par les dons des barons de Broyes et du comte de Champagne Henri II. Il paraît constant que le couvent devint une maison de réclusion pour quelques moines coupables de fautes graves. — *Ecarts :* le Reclus, à 1,500 mètres ; la ferme de Coléard, à 800 mètres, au-delà du Petit-Morin ; Saint-Prix, à 1,400 mètres ; l'Eglise.

Suizy-le-Franc, au N.-O. de Montmort, au pied d'une hauteur, non loin de la rive droite du Surmelin, et arrosé encore par le petit ruisseau dit de Beaumont. L'étang de la Paulmerie d'une étendue de 80 ares. — Superficie, 605 hectares. — Annexe de Mareuil-en-Brie ; église dédiée à saint Remi. — Perception d'Orbais. ✉ Orbais. — Ecole primaire mixte. — Tuileries, briqueterie, poterie de terre. — *Ecarts :* Courcemont, à 1 kil. 500 mètres ; le Champ-des-Chèvres, à 850 mètres ; le hameau de Beaumont, à 700 mètres ; la Paulmerie, à 2 kil. 500 mètres ; Maucreux, à 50 mètres.

Villevenard, au S. de Montmort, près des marais de Saint-Gond, au pied d'un mont élevé, est arrosé par le Petit-Morin, qui le parcourt sur une longueur de 4 kil. 9 hectom. environ. — Superficie, 1,327 hectares 95 ares 58 centiares. — Succursale dédiée à saint Alpin. — Perception de Baye. — Bureau de bienfaisance. ✉ Baye. — Ecole primaire mixte. — Vin rouge ; pierres de taille, tuilerie et briqueterie. — L'église est vaste et belle ; elle a trois nefs, est voûtée au-dessus du chœur et du sanctuaire, et surmontée d'un clocher roman, octogonal, avec des fenêtres géminées sur chaque face ; le maître-autel est très-riche, en bois doré, et orné de belles sculptures ; il est de style moderne. Trois grilles de fer séparent les trois nefs d'avec le chœur. Cette église conserve un e châsse de saint Alpin et une belle cloche qui pèse 2,250 kilogr. — A la ferme du Vieil-Andecy, est une chapelle dédiée, à ce qu'on croit, à sainte Geneviève de Brabant; elle est l'objet d'un pèlerinage. — La cure de Villevenard valait 10,000 livres, sur lesquelles le curé payait 600ᶠ aux dames d'Andecy, 300ᶠ aux moines de Gaye et autant au vicaire qui entretenait Courjeonnet. — La dîme seule du vin produisait jusqu'à cent pièces. — *Ecarts :* le Vieil-Andecy, à 1 kil. 500 mètres, au N.-E.; le Buisson, à 1 kil. 930 mètres, au S.; la Cendrière (maintenant Tuilerie), à 900 mètres N.-O.; le moulin à eau de Toury, à l'O. et à 3 hectom. de la route impériale; le hameau de Voisy, à 2 kil. 60 mètres, à l'O.; le hameau de Court, à 700 mètres, à l'E.

9° CANTON DE SÉZANNE.

13,304 habitants. — 28,114 hectares. — 24 communes.

Ce canton, compris presque tout entier dans cette partie de la Champagne anciennement surnommée Champagne-Pouilleuse, est borné par les cantons de Montmirail, Montmort, Fère-Champenoise, Anglure et Esternay.

Il est arrosé principalement par le Grand et le Petit-Morin, et par plusieurs autres ruisseaux, tels que la Pleurre, le Choiseul, etc.

Le sol est argileux, pierreux et limoneux dans ses parties occidentale et septentrionale ou de Brie, et crayeux dans le reste.

Il est généralement fertile en céréales de bonne qualité, dont la vente forme la principale richesse du pays. L'industrie manufacturière y prend chaque jour de l'accroissement.

COMMUNES	DISTANCE AU CHEF-LIEU				POPULATION.
	de canton.	de l'arr.	du départ.	de Reims.	
	k.	k.	k.	k.	habitants.
Sézanne.	»	42	57	69	4,450
Allemant.	8	39	50	66	510
Barbonne-Fayel.	9	51	62	77	1,503
Broussy-le-Petit.	13	38	47	64	273
Broyes.	5 3	41	54	66	856
Chichey.	5 2	47	56	74	159
Fontaine-Denis-Nuisy.	12	54	65	81	876
Gaye.	8	51	55	77	622
Lachy.	6	38	55	65	388
Linthelles.	8	47	50	73	187
Linthes.	10	46	48	62	165
Mœurs.	3 3	45	60	72	228
Mondement-Montgivroux.	8	34	48	58	101
Oyes.	12	34	50	59	188
Péas.	4 9	43	56	68	154
Pleurs.	12	49	49	75	677
Queudes.	8	51	60	77	158
Reuves.	12	36	48	57	237
Saint-Loup.	8	45	50	71	151
Saint-Remy-sur-Broyes.	5	48	54	74	99
Saudoy.	5 6	48	63	75	657
Verdey.	3 3	41	60	67	137
Villeneuve-St-Vistre et Villevotte	11	54	61	80	235
Vindey.	4	47	60	74	293

Sézanne, au S.-S.-O. d'Epernay, chef-lieu de canton, est une petite ville bâtie en amphithéâtre au bas du coteau qui formait la limite des anciennes provinces de Champagne et de la Brie champenoise. — Superficie, 2,290 hectares. — Cure dédiée à saint Denis. — Chef-lieu de perception. — Bureaux de poste aux lettres, d'enregistrement et de bienfaisance. — Collége communal créé en 1854. — Ecoles primaires des deux sexes. — Le commerce de cette ville se compose principalement de la vente des céréales et des vins. — Le commerce de détail, surtout en épicerie, est très-important. — Deux fabriques de verres d'optique, qui occupent plus de 60 ouvriers, et dont les produits s'écoulent sur Paris. — Manufacture de porcelaine. — Sézanne est arrosé, ainsi que son territoire, par le ruisseau des Auges (1), dont l'eau, parfaitement distribuée dans tous les quartiers, y met en mouvement des usines et donne des fontaines, des lavoirs, des abreuvoirs, etc. — Entourée de belles promenades, cette ville est généralement bien percée et bien bâtie ; on y voit de belles constructions ; son ensemble est agréable. — L'église, sans parvis et ouvrant sur la grande rue, a été dédiée en 1114 ; elle est remarquable, à l'extérieur, par une tour de construction hardie et de 41 mètres 60 centimètres d'élévation, et, en dedans, par l'élévation et la délicatesse de ses voûtes. On y voit une *Transfiguration* peinte en 1740 et gâtée en 1820. Dans la chapelle de l'hospice, on remarque neuf tableaux à l'huile, vrais chefs-d'œuvre dus au frère Luc, diacre des Récollets de Sézanne, excellent peintre, compagnon de Lebrun à l'Académie de peinture de Rome, sous Louis XIV. — L'origine de Sézanne est incertaine. Les plus anciens titres qui en parlent ne remontent pas au-delà du XIe siècle. Cette ville alors était un des plus beaux fiefs de la Champagne, et avait le titre de comté ; elle était gouvernée par Hugues Bardolphe, seigneur de la baronnie de Broyes. En 1162, elle fut réunie au domaine du comté de Troyes, par Henri Ier, comte de Champagne. En 1199, Thibault III, en épousant Blanche, fille du roi de Navarre, lui assigna son douaire sur sept de ses châtellenies, et Sézanne en était une. — En 1228, Thibault IV, fils et successeur du précédent, fit raser les fortifications et la majeure partie de la ville, pour empêcher les ducs de Bourgogne et de Bretagne, et autres grands seigneurs ligués contre lui de s'y établir. — En 1232, le même Thibault assigna pour domaine à sa femme, Marguerite de Bourbon, le comté de Sézanne, avec d'autres seigneuries. — En 1284, ce domaine fut réuni à la couronne, avec le reste de la Champagne, par le mariage de la fille unique du comte de Champagne avec Philippe-le-Bel. — En 1335, Philippe de Valois fit

(1) Ainsi nommé, parce que ce petit ruisseau est une dérivation des sources du Grand-Morin, introduite dans la ville par un canal ou auge de bois qui traverse l'emplacement des fossés. Au moyen d'une vanne on fait couler les eaux dans une partie des rues de Sézanne pour les nettoyer.

rebâtir et fortifier Sézanne. Cependant, la Champagne comme la Brie ne furent réunies irrévocablement à la couronne qu'en 1361, sous le roi Jean ; et, depuis, le comté de Sézanne a été seulement donné en apanage à des princes du sang de la branche d'Orléans. — En 1423, sous Charles VII, Sézanne fut prise d'assaut par les Anglais, commandés par Salisbury ; le comté revint à la couronne en 1498, à l'avènement de Louis XII. — Le prince de Condé et l'amiral de Coligny pillèrent et brûlèrent cette ville en 1566. — Le comté de Sézanne fut vendu, pour la première fois, en 1581, au duc d'Anjou, par Henri III, son frère ; puis il passa au duc d'Angoulême, qui l'appela son petit royaume, son ITHAQUE ; il y venait souvent, et c'est dans un de ces séjours qu'il connut Mlle de Nargonne, qu'il épousa à 77 ans. — La ville fut, en 1632, le 20 mai, presque totalement réduite en cendres, avec trois de ses faubourgs. La perte s'éleva à plusieurs millions, et le cardinal de Richelieu, pour venir à son secours, accorda une coupe de bois de construction dans les forêts royales, et imposa un jour de corvée par semaine à tous les habitants du ressort du bailliage de Sézanne, qui fut rebâtie sur un plan plus large que l'ancienne ville. — A la fin du XVIIIe siècle, Sézanne était encore enceinte par une forte muraille, avec contrescarpes, fossés et bastions, ayant quatre portes et deux poternes. — A partir de 1777, on commença à les détruire, et les dernières portes conservées furent démolies en 1792. — En 1814, à quatre reprises, la ville de Sézanne fut pillée et dévastée par les armées russes, le 5 février, après la bataille de la Rothière ; le 4 et le 10 mars, lorsque l'armée française était dans les environs de Reims, et le 26 mars, après la bataille de Fère-Champenoise. Peu de villes ont été plus malheureuses. — Sézanne possédait autrefois deux paroisses, ayant chacune une succursale, une collégiale royale, un prieuré de Bénédictins, dépendant de Cluny, un couvent de Cordeliers, un de Récollets, une abbaye royale de religieuses Bénédictines, un Hôtel-Dieu, un collége et une confrérie de dames de charité (1). Les juridictions se compo-

(1) L'église Saint-Remi avait pour succursale l'église Saint-Hubert du faubourg Goyer. L'église Notre-Dame avait pour succursale l'église Saint-Pierre. L'abbaye de Bénédictins, ayant haute, moyenne et basse justice, fut fondée, d'abord en 1104, à Bricot-les-Nonnains, aujourd'hui Bricot-la-

saient d'un bailliage, une police, une maîtrise des eaux et forêts, une élection, un grenier à sel, une maréchaussée, un corps de ville et une compagnie d'arquebusiers. — Elle était le chef-lieu d'un archidiaconé et d'un doyenné du diocèse de Troyes (1). On y comptait, tant dans la ville que dans les faubourgs, 1,200 feux et environ 5,000 âmes. — Sézanne cessa, en 1790, d'être un bailliage, et devint chef-lieu d'un district composé de 12 cantons et de 125 communes, ayant une population de 43,545 habitants; mais, en 1800, la suppression des districts fut remplacée par des arrondissements. Epernay fut choisi pour en être le chef-lieu, et Sézanne ne fut plus qu'un chef-lieu de canton.

Sézanne a donné naissance à plusieurs hommes distingués, parmi lesquels :

Allard (Germain), qui fut fait évêque, en 1679.

Brulley de la Brunière (Mgr), né en 1760, évêque de Mende (Lozère), en 1822, mort en 1848.

Ville, puis transférée à Sézanne en 1629. — La collégiale de Saint-Nicolas, fondée en 1164, occupait l'emplacement qui sert de champ de foire. — Le prieuré de Saint-Julien, de l'ordre de saint Benoît, fut fondé en 1081. — Entre le faubourg Goyer et le faubourg de Broyes, était le couvent des Cordeliers, fondé en 1224, dans la ville, puis changé de lieu en 1263. — Le couvent des Récollets, le plus beau de l'ordre, était situé dans le faubourg Notre-Dame, près de l'abbaye. — Les religieux s'y étaient établis en 1619. — Hors du même faubourg, exista une maladrerie de pestiférés, dont les biens furent réunis à l'Hôtel-Dieu en 1695.

(1) Son doyenné comprenait les 81 paroisses de : Allemanche, Allemant, Anglure, Bagneux, Bannay, Barbonne, Baudement, Bergères, Boissy, Broussy-le-Grand, Broussy-le-Petit, Broyes, Champguyon, Charleville, Chichey, Courbetaux, Corfélix, Courgivaux, Escardes, Esternay, Fayel, Fontaine-Denis, Gaye, Granges, Joiselle, La Celle-sous-Montmirail, La Chapelle-Lasson, Lachy, Lanoue, Launay, Le Gault, Le Thoult, Trosnay, Les Grands Essarts, Le Vézier, Linthes, Linthelles, Maclaunay, Marcilly-sur-Seine, Marsangis, Meix-Saint-Epoing, Meilleraye, Mécringes, Mœurs, Mondement, Montgivroux, Mont-Dauphin, Mont-Aiguillon, Montolivet, Morsains, Neuvy, Nuisy, Oyes, Saint-Gond, Saint-Prix, Péas, Pleurs, Queudes, Reuves, Rieux, Saint-Bon, Saint-Loup-sur-Broyes, Saint-Quentin-le-Verger, Saint-Remy, Saint-Saturnin, Soigny, Soyer, Suizy-aux-Bois, Thaas, Marigny, Tréfols, Verdey, Villotte, Villeneuve-la-Lionne, Villeneuve-Saint-Vistre, Villeneuve-lez-Charleville, Vindey, Vouarces.

Cassien Huguier auteur d'un *Abrégé de l'Histoire Ecclésiastique*.
Champy (J), jurisconsulte.
Houiller, médecin, botaniste instruit, mort en 1818.
Langlois (Claude), né en 1757, peintre d'histoire à Paris, où il acquit de la réputation.
Jolly (Mgr), né en 1795, d'abord évêque de Séez (Orne), en 1836, archevêque de Sens (Yonne), en 1844.
Thuriot (Jacques-Alexis), simple charpentier, devenu avocat, membre des Assemblées législatives et de la Convention nationale, puis substitut du procureur général à la Cour de cassation, sous l'Empire.
Voisemberg (Olivier), deux fois provincial et commissaire-général de toutes les provinces des Récollets, etc.

Ecarts de la ville de Sézanne : le hameau de Pont-de-Mœurs, les fermes de Retortat, les maisons de Sans-Souci, les Grandes-Tuileries, le Pontrelet.

Allemant, au N.-E. de Sézanne, sur un mont élevé d'où sortent deux sources qui arrosent le village. — Superficie, 1,577 hectares 80 ares 42 centiares. — Succursale dédiée à saint Remi. — Perception de Sézanne. ✉ Sézanne. — Ecole primaire. — Vins rouges. — Briqueterie. — Allemant a donné naissance à Edmond *Auger*, jésuite prédicateur, et confesseur de Henri III. Ce fut le premier personnage de l'Ordre qui pénétra à la Cour avec ces titres. — Les dîmes de la commune étaient levées par l'abbé de Montier-la-Celle.

Barbonne-Fayel, sur le penchant d'une colline dont le sommet est couvert par la forêt de Traconne. — Un petit ruisseau, qui prend sa source à l'E. du territoire et quelques petites fontaines, sont tout ce qui arrose le pays. — Superficie, 2,426 hectares 41 ares 26 centiares, dont 250 en vignes. — Succursale dédiée à saint Pierre et à saint Paul. — Chef-lieu de perception. — Bureaux de poste et de bienfaisance. — Ecoles primaires des deux sexes. — Commerce de grains, vins et bois. — Barbonne, dont l'église est vaste et bien éclairée, est un bourg important et très-riche qui présente l'aspect d'une petite ville ; il a des rues assez bien percées, convenablement alignées, une place d'une étendue remarquable, de l'animation et du mouvement. — Barbonne était autrefois rival de Sézanne, il avait des fortifications ; ce bourg porta d'abord le nom de Bar-sous-Bois, et fut qualifié ville jusqu'en 1724. — La terre de cette commune se trouvait au nombre de celles qui furent accordées, en *donation de noces*, par Thibault, comte de Champagne, à Marguerite de Bourbon, qu'il épousa en 1233. — Des titres annoncent qu'à la fin du xviie siècle la population de Barbonne fut de 3,000 âmes au moins. Ruiné par les guerres de la Fronde, Barbonne tomba, au milieu du xvie siècle, à moins de 2,000 âmes. — Il y eut, dans cette commune, une maison d'Hospitaliers, dite de Saint-Jacques-du-Haut-Pas, qui fut transformée en un couvent de Bénédictins, réuni plus tard au prieuré de Troyes. Ce couvent fut détruit, en 1730, par un incendie, avec 160 autres maisons. — Jusqu'à la Révolution de 1789, Barbonne a été le siége d'une justice royale, de laquelle dépendaient 35 communes. Il a possédé un bureau d'enregistrement, jusqu'en 1791 ; il a été chef-lieu de canton jusqu'à la dernière division territoriale ; il avait encore deux huissiers en 1815. — Fayel, petit village, à 1,600 mètres, sans église ni cours d'eau, est une dépendance de Barbonne, depuis 1845. Les dîmes de Fayel étaient perçues par le prieur de La Celle-sous-Chantemerle. — *Ecarts :* le hameau de Hancourt, à 835 mètres N.-O. ; la Raccroche-de-Lancourt, à 350 mètres N.-O. ; la Cense-Beauger, à 3 kil. S.-O. ; la Commanderie, à 235 mètres N.-E. le Moulin, à 500 mètres N. ; le Carabin, à 700 mètres O.

Broussy-le-Petit, au N.-E. de Sézanne, peu éloigné des marais de Saint-Gond. — Superficie, 1,137 hectares. — Annexe de Reuves, église dédiée à saint Pierre et saint Paul. — Perception de Broyes. ⊠ Sézanne. — Ecole primaire mixte. — Eglise bien décorée à l'intérieur, avec un beau tabernacle au maître-autel. — Château très-ancien, près duquel est une belle et abondante fontaine qui arrose une partie des marais. Les dîmes étaient levées par le curé et par l'abbesse d'Andecy. — *Ecarts :* un moulin, à l'O.; le Frêne, à 2 kilomètres.

Broyes, au N.-N.-E. de Sézanne, sur une colline élevée,

plantée de vignes dans toute son étendue.—Superficie, 1,471 hectares 82 ares 87 centiares. — Succursale dédiée à saint Martin. — Chef-lieu de perception. ✉ Sézanne. — Ecoles primaires des deux sexes. — Tuilerie, briqueterie, carrière de pierre à bâtir. — La terre de Broyes était, au moyen âge, une des plus considérables de la Champagne. Ses seigneurs, qui sont la souche de ceux de Joinville, ont joué un rôle important dans les temps les plus reculés. — Son château, dont il reste quelques traces, telles que fossés, créneaux, pont-levis, etc., était vaste et fort. — L'église collégiale du château, fondée en 1081 par Hugues, seigneur de Broyes, et Helendis, son épouse, avait dans l'origine douze chanoines; plus tard, il n'en resta que deux. C'est sur le territoire de cette commune, dans la contrée dite Bois-Vau-Dieu, que se trouvait le prieuré du Val-Dieu, de l'ordre des Chartreux, fondé en 1215, par Blanche de Navarre, femme de Thibault III, comte de Champagne. — En 1560, Thibault V donna à cette communauté une partie de la forêt de Chapton. Ce prieuré dépendait de celui de Val-des-Choux, en Bourgogne. Il fut ruiné par les Huguenots, en 1567 ; plus tard il fut mis en commande ; il n'en restait plus qu'une chapelle dédiée à saint Laurent, chapelle qui n'existe plus. — En 1581, l'entrée de Broyes ayant été refusée aux troupes du duc d'Anjou, elles y pénétrèrent de vive force, commirent d'horribles excès, et l'incendièrent. — Broyes a donné naissance au brave général *Harlet*. — *Ecart :* la République, à 1,500 mètres.

Chichey, au S.-S.-E. de Sézanne, au milieu d'une plaine assez marécageuse, sur la rive gauche de l'Auge, dite la Superbe. La fontaine des Oualins s'y jette, à 200 mètres en aval du moulin de Chichey. — Superficie, 1,740 hectares 15 ares 15 centiares. — Succursale dédiée à saint Etienne. — Perception de Barbonne. ✉ Sézanne. — Ecoles primaires des deux sexes. — La seigneurie de Chichey appartenait aux Bénédictins de Baye. — *Ecart :* Choiselle, à 2 kilomètres.

Fontaine-Denis & Muizy, au S. de Sézanne, au pied d'une montagne escarpée, qui le domine à l'O., présente un fort agréable coup-d'œil, grâce à la beauté des environs qui l'encadrent et à la forêt de la Traconne qui l'avoisine. — Superficie, 1,017 hectares 14 ares. — Succursale dédiée à saint Quentin. — Perception de Barbonne. ✉ Barbonne. — Ecoles primaires des deux sexes. — Distilleries d'eau-de-vie ; bois ; vins ; tuileries. — L'église de Fontaine est très-régulière ; sa tour carrée est remarquable. - Les dîmes appartenaient à l'abbaye de Notre-Dame-de-la-Grâce. — Muizy est réuni à Fontaine depuis 1846.

Gaye, au S.-E. de Sézanne, dans une belle plaine, sur la rivière des Auges. — Superficie, 2,030 hectares 21 ares. — Succursale dédiée à saint Denis. — Perception de Barbonne. ✉ Sézanne. — Ecoles primaires des deux sexes. — Belles et nombreuses prairies ; fabrication de bas. — Il y avait au XIIe siècle un monastère important qui, en 1114, comptait un grand nombre de religieux ; il fut ruiné, en 1567, par les Huguenots, et transformé plus tard en doyenné. L'église, qui est le reste de cette abbaye, est remarquable par son élévation et son portail. — Les alliés, le 10 mars 1814, mirent le feu au village, et 102 maisons furent réduites en cendres.

Lachy, au N. de Sézanne, agréablement situé sur le Grand-Morin, qui prend sa source dans une prairie située à quelques mètres des habitations, et qui porte le nom de Pré-de-l'Etang et de Fontaine-Corbet. Cette rivière est bientôt grossie par 17 sources qui se trouvent dans le bassin qu'occupe le village, et divise la commune en deux parties, dites Rue-Haute et Rue-Basse. Dans tout son parcours sur le territoire, le Grand-Morin est bordé de prairies naturelles qui sont, pour la plupart, d'excellente qualité. — Superficie, 1,578 hectares 44 ares. — Succursale dédiée à saint Gervais et saint Protais. — Perception de Sézanne. ✉ Sézanne. — Bureau de bienfaisance. — Ecole primaire mixte. — Carrières d'excellentes pierres à bâtir. — La partie du village où se trouve l'église était appelée autrefois le Parc-de-Lachy, et dépendait du domaine royal, dès le règne de saint Louis. On remarque encore dans la partie S. de Lachy, et sur une éminence, les vestiges d'un ancien château dont on découvre encore les fossés et les murs qui l'entouraient, ainsi que l'ancienne chapelle comprise dans l'enceinte. Ni le temps, ni les intempéries n'ont altéré la solidité de ces murailles ; elles sont à découvert depuis des siècles, et cependant elles présentent toujours beaucoup de résistance au marteau qui en entreprend la démolition. Il existe encore une cave d'une longueur d'environ 100 mètres et à laquelle aboutissent 22 caveaux qui n'ont pas moins de 20 mètres de profondeur. Cette cave, dont les arcades sont disposées en ogives, avait son entrée principale dans les champs, et une issue qui existe encore dans les fossés d'enceinte et qui sert de porte de communication. Les murs de ces espèces de souterrains sont bâtis avec une solidité extraordinaire et sont dans un parfait état de conservation. — Une grande incertitude règne sur l'époque de la fondation du château de Lachy et sur sa possession. La chronique rapporte, cependant, qu'il appartenait à Blanche de Navarre, épouse de Thibault, comte de Champagne. Ce qui témoigne en faveur de cette chronique, c'est le don qu'en fit Thibault, en 1233, à Marguerite de Bourbon, par contrat de mariage, et l'existence d'une fontaine située à 200 mètres du château, qui servait à l'alimenter lui et ses fossés, et qui porte encore le nom de Fontaine-Blanche. — Il y a quelques années, on a découvert des conduits en terre cuite qui servaient à amener les eaux. Des fouilles pratiquées dans l'enceinte des murs du château ont mis à découvert de nombreux débris de colonnes, des chapiteaux, des armures et des espèces de monnaie qui datent du xve siècle. On pense généralement que ce château fut ruiné au commencement du xiiie siècle par Thibault-le-Grand lui-même, pour éviter qu'il ne servît de place d'armes aux ducs de Bourgogne, de Bretagne, de Bar et autres, ligués contre lui. — Il fut reconstruit et brûlé, ainsi que le village, en 1561, par les Calvinistes. — La commune de Lachy a eu beaucoup à souffrir, en 1814, des armées étrangères, qui ont campé sur son territoire et l'ont pillée plusieurs fois. — Les dîmes de Lachy étaient perçues par Notre-Dame de Vertus et par le prieuré du Val-Dieu, près de Broyes. — *Ecart :* le hameau des Epées, à 2 kilomètres.

Linthelles, au N.-E. de Sézanne, entre deux collines. A l'extrémité O. se trouve une fontaine dite de saint Memmie, qui est l'objet d'un pèlerinage assez fréquenté, et qui donne assez d'eau pour former un courant de 5 kil. qui va se perdre dans la rivière des Auges, à Pleurs ; cependant, dans les temps de grande sécheresse, il reste plusieurs mois à sec. — Superficie, 1,096 hectares 46 ares 48 centiares. — Succursale dédiée à saint Memmie. — Perception de Broyes. ⊠ Sézanne. — Ecole primaire mixte.

Linthes, à l'E. de Sézanne, dans une plaine, au pied du mont de Chalmont. — Superficie, 902 hectares 45 ares. — Annexe de Linthelles, église dédiée à saint Pierre. — Perception de Broyes. ⊠ Sézanne. — Ecole primaire mixte. — La seigneurie de Linthes était mouvante de la baronnie de Broyes ; les dîmes y étaient levées par le chapitre de Broyes et l'abbesse d'Andecy. — *Ecart :* la Raccroche, à 1 kilomètre.

Mœurs, à l'O. de Sézanne, sur la rive droite du Grand-Morin et arrosé par 14 sources, peu abondantes il est vrai, mais qui ne tarissent pas. — Superficie, 798 hectares. — Succursale dédiée à saint Martin. — Perception de Sézanne. ⊠ Sézanne. — Ecole primaire mixte. — Tuilerie ; briqueterie ; four à chaux ; pierres meulières. — L'église, qui est isolée et construite sur une petite éminence, au milieu des rochers et à l'ombre du parc du château, ressemble à un ermitage. — *Ecarts :* le Pont-de-Mœurs, à 1 kil. ; les Bordes, à 1 kilomètre.

Mondement-Montgivroux, au N. de Sézanne, sur le penchant d'une colline au sommet de laquelle sont l'église et le château. La commune de Montgivroux, éloignée de 2 kil, et qui a une église où se fait chaque année un pélerinage à saint Antoine, a été réunie à Mondement en 1845. — Superficie, 737 hectares. — Annexe d'Oyes ; église dédiée à l'Assomption. — Perception de Broyes. ⊠ Sézanne. — Ecole primaire mixte. — Pierres à chaux.

Oyes, au N.-N.-E. de Sézanne, dans la vallée des marais de Saint-Gond, arrosé par le Petit-Morin et son affluent le ruisseau des Fontaines, qui a sa source sur le territoire. — Superficie, 770 hectares. — Succursale. — Perception de Broyes. ⊠ Baye. — Ecole primaire mixte. — Le prieuré de Saint-Gond, dont la châsse vénérée est dans l'église, et dont le nom est resté aux marais qui jadis couvraient une grande partie de l'arrondissement d'Epernay, se trouvait à 800 mètres à l'E., où est l'écart de ce nom. Il fut fondé en 664, par saint Gond, abbé mitré, c'est-à-dire qu'il remplissait les fonctions d'évêque. Au IXe siècle, les Normands ravagèrent ce monastère et le village, qui fut ensuite dévasté dans les guerres du XIVe siècle, et ruiné par les Calvinistes au XVIIe. Il fut réuni, en 1698, au séminaire de Troyes ; l'église a été démolie en 1808. — Les lundis de Pâques et de la Pentecôte, les reliques de saint Gond attirent la foule à l'église d'Oyes. — Le 9 février 1814, l'armée française vint s'établir sur une hauteur (le Haut-Chêne), à peu de distance et à l'O. du village, pour découvrir les mouvements de l'ennemi ; là, les officiers allaient prendre leur repas, lorsque Napoléon, resté à Sézanne, arrive en toute hâte, donne ses ordres, et aussitôt l'armée se met en marche et se porte au-devant des ennemis, établis sur les monts de Saint-Prix et de Baye. — Le lendemain, eut lieu la glorieuse bataille de Champaubert. — *Ecarts :* Montalard, à 2 kil. 500 mètres O. ; Saint-Gond, à 800 mètres, à l'E.

Péas, au N.-E. de Sézanne, dans une vallée très-fertile. — Superficie, 752 hectares 44 ares. — Succursale dédiée à saint Didier. — Perception de Broyes. ✉ Sézanne. — Ecole primaire mixte. — Péas, jadis succursale de Broyes, avait un prieuré qui levait la dîme conjointement avec le chapitre de Broyes. — L'église était jolie et vaste, mais une partie en a été démolie et convertie en habitations. — Au S.-O. du village, à 2 kil., au lieudit le Bois-de-l'Empereur, se trouve un étang entretenu au sommet d'une montagne par les eaux pluviales, et ayant environ 20 ares de surface.

Pleurs ou **Pleurre**, à l'E.-N.-E. de Sézanne, au confluent de la rivière des Auges ou de la Pleurre avec la Semoine ou Maurienne. — Superficie, 1,666 hectares. — Succursale dédiée à saint Martin. — Chef-lieu de perception. — Bureau de poste aux lettres. — Ecoles primaires des deux sexes. — Grande fabrique de bas. Commerce assez important de bonneterie et d'ognons de Pleurs et d'Oyes. Meunerie ; carrières de pierres à bâtir. — Pleurs était jadis une baronnie. — En 1131, Manassès, seigneur de cette commune, fonda, avec Hugues de Broyes, le monastère d'Andecy (voir à la commune de Broyes, page 267). — Près de Pleurs, fut fondée, en 1229, la riche abbaye des Jardins, communauté de filles de l'ordre de Citeaux, qui fut ruinée par les Huguenots en 1567. Il existe sur son emplacement une butte considérable dont les fouilles ont, ces dernières années, donné des découvertes pleines d'intérêt. — En 1661, la baronnie de Pleurs, qualifiée une des plus notables et des plus anciennes de la Champagne, fut érigée en marquisat, à la paix des Pyrénées, par suite des services rendus dans les armées par Pierre de Pleurs, capitaine d'une compagnie de Gardes-Françaises, bailli d'épée, capitaine et gouverneur de la ville de Sézanne. — Le château de Pleurs est joli et entouré d'eau. Il y avait autrefois dans sa cour une église collégiale dédiée à saint Remi et fondée pour six chanoines, en 1180, par les seigneurs de Pleurs et Henri Ier, comte de Champagne. Pillée par les Calvinistes, en 1569, elle fut démolie en 1793. — *Ecarts:* la Ferme-de-l'Etang, à 1 kil.; la Ferme-Neuve, à 3 kil.; le Château et le Moulin, à 300 mètres.

Queudes, au S.-S.-E. de Sézanne. Les terres et les prés-marais sont arrosés par un ruisseau formé des sources de Choiselle commune de Chichey, et celle des Abîmes, commune de Queudes. Ce ruisseau, après avoir baigné plusieurs terrains, va se jeter dans l'Aube, près d'Anglure. Le territoire est encore traversé par un canal de dessèchement qui suit la même direction que ce ruisseau, allant du N. au S., et va se jeter aussi dans l'Aube, près d'Anglure. — Superficie, 998 hectares 96 ares 20 centiares. — Annexe de Saint-Quentin-le-Verger (doyenné de Saint-Just); église dédiée à saint Pierre-ès-Liens. — Perception de Barbonne. ⊠ Barbonne. — Ecole primaire mixte. — Cette petite commune est bien bâtie et assez animée, c'est un lieu ancien. — Saint Ors, 7e évêque de Troyes, y mourut en 426. — La terre de Queudes appartenait, au XIVe siècle, à la maison d'Anglure. — Elle passa ensuite à celle de Vandières, qui la vendit au chapitre de Vincennes en 1403.

Reuves, au N.-N.-E. de Sézanne, au bord des marais de

Saint-Gond, et arrosé par le Petit-Morin, qui borne son territoire au N. — Superficie, 629 hectares 42 ares 23 centiares. — Succursale dédiée à saint Firmin. — Perception de Broyes. ✉ Sézanne. Ecole primaire mixte. — En 1587, Reuves fut pillé par une armée de Lorrains et de Wurtembergeois, qui campa pendant trois jours sur son territoire. — Ancien château. — Les dîmes de cette commune étaient levées par l'abbaye d'Andecy et le grand séminaire de Troyes.

Saint-Loup, au N.-E. de Sézanne, dans un fond. — Superficie, 68 hectares 29 ares. — Annexe de Péas; église dédiée à saint Loup. — Perception de Broyes. ✉ Sézanne. — Ecole primaire mixte. — Commerce de grains. — La seigneurie relevait de la baronnie de Broyes. — Les dîmes y étaient levées par le doyen de Gaye et les religieux de Rebais. — *Ecarts :* la Raccroche, à 2 kil.

Saint-Remy, au S.-E. de Sézanne, dans une plaine, arrosé par un ruisseau qui se jette dans la rivière des Auges. — Superficie, 784 hectares 42 ares. — Annexe de Chichey; église dédiée à saint Remi. — Perception de Sézanne. ✉ Sézanne. — Ecole primaire mixte. — Les dîmes étaient levées par l'abbaye de Farmoutier, l'abbaye d'Andecy et le prieur de Saint-Julien, de Sézanne.

Saudoy, au S. de Sézanne, au pied du Chatet, colline d'où sort une source considérable qui arrose tout le village, alimente dix belles fontaines, un beau lavoir public et des abreuvoirs, puis va dans la prairie, à l'E., se perdre entièrement dans des terrains spongieux (1). — Superficie, 1,267 hectares. — Succursale dédiée à saint Martin. — Perception de Barbonne. ✉ Sézanne. — Bureau de bienfaisance. — Ecoles primaires des deux sexes. — Grains et vins. — Les dîmes étaient levées par le chapitre de Sé-

---

(1) On suppose que, suivant dans l'intérieur du sol la direction de la vallée, toutes ces eaux vont former, à une distance de 2 kil., les sources du moulin de Choisel, sur le territoire de la commune de Queudes.

zanne et par celui de Tours. — *Ecart :* le Plessis-Saudoy à 1 kil. 500 mètres.

Verdey, au N.-O. de Sézanne, dans une vallée, sur la rive droite du Grand-Morin, arrosé par quatre sources qui, à 500 mètres, font tourner l'usine à polir les verres à lunettes. — Superficie, 843 hectares. — Annexe de Mœurs ; église dédiée à saint Quentin. — Perception de Sézanne. ⊠ Sézanne. — Ecole primaire mixte. — Pierres meulières. — Usine à polir les verres à lunettes. — Verdey a eu un château-fort, dont il ne reste que quelques vestiges, et une abbaye, dite Val-Dieu, ruinée par les calvinistes en 1567. — Les dîmes du village étaient perçues par le prieur de Saint-Julien, de Sézanne. — *Ecarts :* Villers, à 1 kil. ; le Val-Dieu, à 2 kil. ; le hameau des Essarts, à 3 kil.

Villeneuve-Saint-Vistre & Villevote, au S.-S.-E. de Sézanne, dans une plaine fertile, arrosé par un ruisseau qui vient de Choiselle et traverse les marais. Il est encore baigné par un canal de dessèchement, dont le parcours est de 10 kil., et qui va se jeter dans l'Aube. — Superficie, 938 hectares 76 ares 30 centiares. — Annexe de saint Quentin-le-Verger (doyenné de Saint-Just) ; église dédiée à sainte Tanche. — Perception de Barbonne. ⊠ Barbonne. — Ecole primaire mixte. — Huilerie. — Le petit hameau de Villevotte n'est séparé que par le ruisseau de Villeneuve, auquel il est réuni depuis 1844. — *Ecart :* le Moulin-Rouge, à 1 kil.

Vindey, au S. de Sézanne, entouré de vignes, est bâti à mi-côte, dans une assez belle position. — Superficie, 775 hectares 64 ares, dont la moitié en vignes. — Annexe de Saudoy ; église dédiée à saint Médard. — Perception de Sézanne. ⊠ Sézanne. — Ecole primaire mixte. — Commerce de vins rouges et blancs de bonne qualité. — Le château était considérable avant 1792 ; il a été démoli peu après par l'ordre de son propriétaire, M. le vicomte Morel de Vindé, pair de France, membre de l'Institut, auteur de Quatrains moraux à l'usage de la jeunesse, d'une Statistique de La Celle-lez-Saint-Cloud (Versailles, 1834), etc. Ce château avait deux chapelles, une dédiée à Notre-Dame, l'autre à saint Siméon.

Aujourd'hui, ce n'est plus qu'une modeste maison de campagne, portant encore le nom de château, et habitée, pendant quelques jours de la belle saison, par M. le vicomte Terray, petit-fils du précédent et conseiller à la Cour impériale de Paris. — Les dîmes étaient levées, à Vindey, par le chapitre de Saint-Martin de Tours et par les chanoines de Broyes. — La commune de Vindey a beaucoup souffert en 1814. — *Ecarts :* le Petit-Vindey, à 200 mètres ; la Tuilerie, à 500 mètres.

ARRONDISSEMENT DE REIMS.

Cet arrondissement, qui occupe le N.-O. du département, est le plus riche et le plus important. Il est formé de la plus grande partie de l'ancien Rémois.

Les bornes de l'arrondissement de Reims sont : au *nord*, les départements de l'Aisne et des Ardennes ; à l'*est*, les arrondissements de Sainte-Menehould et de Châlons ; au *sud*, l'arrondissement d'Epernay ; à l'*ouest*, le département de l'Aisne.

Les cours d'eau qui le baignent principalement sont :

La *Marne* qui, après avoir quitté Condé-sur-Marne, arrondissement de Châlons, vient arroser Tours-sur-Marne, Bisseuil, Mareuil-sur-Ay, Ay, puis entre dans l'arrondissement d'Epernay, et reparaît ensuite pour passer à Reuil, Binson (voir le cours entier de cette rivière, page 15);

La *Vesle* qui, après avoir quitté Livry, arrondissement de Châlons, arrose Sept-Saulx, Courmelois, Beaumont, Wez, Prunay, Sillery, Taissy, Saint-Léonard, Cormontreuil, *Reims*, Tinqueux, Saint-Brice, Champigny, Châlons-sur-Vesle, Muizon, Prouilly, Jonchery, Breuil, Courlandon, Magneux, Baslieux-lez-Fismes, Fismes, et sort peu après du département pour entrer dans celui de l'Aisne, où elle se jette dans la rivière de ce nom, rive gauche, à Condé-sur-Aisne, après un cours d'environ 90 kil. sur le département de la Marne.

La *Suippe* qui, après avoir quitté Saint-Hilaire-le-Grand, arrondissement de Châlons, arrose Auberive, Vaudesincourt, Dontrien, Saint-Martin-l'Heureux, Saint-Hilaire-le-Petit, Betheniville, Pontfaverger, Selles, Saint-Masmes, Heutregiville, Warmeriville, Isle-sur-Suippe, Auménancourt-le-Grand, Auménancourt-le-Petit, entre dans le département de l'Aisne pour se jeter aussitôt dans cette rivière, rive gauche, à Condé-sur-Suippe, après un cours de 40 kil. environ dans le département de la Marne.

La *Semoigne*, qui a une de ses sources à Aougny, canton de Ville-en-Tardenois, arrose Passy-Grigny, et va, dans l'arrondissement d'Epernay, se jeter dans la Marne au-delà de Verneuil, canton de Dormans.

L'*Ardres* ou Noiron ou *Nôron*, qui vient de Saint-Imoges, canton d'Ay, passe à Cormoyeux, Nanteuil, Pourcy, Marfaux, Chaumuzy, Bligny, Sarcy-en-Tardenois, Poilly, Tramery, Faverolles, Savigny, Serzy, Crugny, Courville, Saint-Gilles, Fismes, et se jette dans la Vesle, après un cours de 35 kil. environ.

La *Livre*, qui prend sa source au N. de Louvois, coule généralement du N. au S., et arrose Louvois, Tauxières, Mutry, Fontaine, Avenay, puis se jette dans la Marne.

Le *ru* ou *ruisseau de Belval*, qui arrose Belval, Cuchery, Baslieux-sous-Châtillon, Cuisles, Binson et se jette dans la Marne.

L'arrondissement de Reims présente des aspects différents: d'un côté, des plateaux assez élevés et des coteaux pittoresques, boisés ou couverts des plus riches vignes ; de l'autre, de vastes plaines, autrefois stériles, mais que le cultivateur laborieux et intelligent a su rendre fertiles.

Le commerce immense dont Reims est le centre répand dans tout l'arrondissement une animation considérable ; ce commerce consiste principalement dans les divers produits de ses manufactures et dans les vins mousseux, qui s'exportent dans tous les pays du monde.

L'arrondissement de Reims est composé de 10 cantons ou chefs-lieux de justices de paix, renfermant 181 communes.

Il fait partie de la troisième circonscription électorale. (Décret du 3 février 1852.)

CANTONS.	DISTANCE AU CHEF-LIEU				COMMUNES.	POPULA-TION.	SUPERFICIE en hectares.
	de canton	de l'arr.	du dép.	de Reims.			
	K.	K.	K.	K.		habitants.	
Reims (3 cantons)....	»	»	43	»	12	60,150	11,773
Ay.	»	26	30	26	19	13,317	17,930
Beine.	»	14	36	14	19	12,375	32,709
Bourgogne.	»	12	56	12	25	18,324	28,828
Châtillon-sur-Marne.	»	31	50	31	19	6,929	13,073
Fismes.	»	28	68	28	23	12,978	19,633
Verzy.	»	17	29	17	24	12,403	24,218
Ville-en-Tardenois....	»	21	51	21	40	10,549	22,252
					181	147,025	170,416

1er, 2e & 3e CANTONS DE REIMS.

60,150 habitants — 11,773 hectares. — 12 communes.

La ville de Reims forme, avec 11 communes qui l'environnent en partie, 3 cantons ainsi divisés :

1º *Intrà muros*, les sections de la Place-de-Ville, du Jard et de Vesle ; *extrà muros*, Bezannes, Ormes et Thillois ;

2º *Intrà muros*, les sections de Mars, Cérès et Notre-Dame ; *extrà muros*, Betheny, Champigny, Saint-Brice, Courcelles, Tinqueux ;

3º *Intrà muros*, les sections Dieu-Lumière et Fléchambault ; *extrà muros*, Cormontreuil, Saint-Léonard, Taissy et Trois-Puits.

Ces trois cantons, réunis, sont bornés par ceux de Beine, de Bourgogne, de Verzy et de Ville-en-Tardenois.

Ils sont arrosés par la Vesle, qui reçoit plusieurs ruisseaux sur sa rive gauche, par le canal de l'Aisne à la Marne (1), et par plusieurs ruisseaux.

Le sol de ces communes, dont la forme est assez irrégulière, est

(1) Ce canal a été exécuté en vertu de la loi du 28 juillet 1840. Sa longueur est de 57,530 mètres, et le nombre des écluses de 24, dont 16 sur le versant de l'Aisne, rachetant ensemble une chute de 42ᵐ 75ᶜ, et 8 sur celui de la Marne, ayant une chute totale de 24ᵐ 60ᶜ. — Les ouvrages d'art

généralement crayeux et gréveux en plaine, et tourbeux et marécageux dans le bassin de la Vesle ; le sous-sol est aussi de même nature. — Dans quelques communes, à Saint-Léonard, à Taissy, etc., le sous-sol est assez généralement le tuf.

COMMUNES.	DISTANCE AU CHEF-LIEU				POPULATION
	de canton.	de l'arr.	du départ.	de Reims.	
	k.	k.	k.	k.	habitants.
Reims....................	»	»	43	»	55,808
Betheny...................	4	4	47	4	628
Bezannes..................	5 1	5 1	43	5 1	435
Champigny.................	6	6	49	6	170
Cormontreuil..............	5 3	5 3	40	5 3	581
Ormes.....................	6	6	49	6	272
Saint-Brice-Courcelles....	4 3	4 3	46	4 3	846
Saint-Léonard.............	7	7	38	7	75
Taissy....................	8	8	37	8	566
Thillois..................	6 2	6 2	50	6 2	197
Tinqueux..................	4 2	4 2	47	4 2	334
Trois-Puits...............	6	6	38	6	238

Reims ou **Rheims** (*Durocortorum*, puis *Remi*), chef-lieu d'arrondissement, à 160 kilomètres E.-N.-E. de Paris, par la ligne de Soissons, et 172 par celle d'Epernay, ville grande, belle, riche, florissante et manufacturière, sur la rive droite de la Vesle, en plaine légèrement ondulée, sur le canal de l'Aisne à la Marne, et au milieu de cinq chemins de fer (1).

entre le canal latéral à l'Aisne, près de Berry-au-Bac, et Reims, sur une longueur de 24 kil., consistent principalement en 9 écluses, un pont en pierre sur une route impériale, 9 ponts suspendus, et 4 ponts tournants. — La voûte du souterrain de Billy a une longueur de 2,500^m. — Les ouvrages d'art, de ce souterrain au canal latéral de la Marne, consistent en 8 écluses, 3 ponts suspendus, 2 aqueducs, avec tuyaux en fonte sous le canal, 1 pont-biais, en maçonnerie, sur un ruisseau dévié, et 5 aqueducs en maçonnerie, sur des contre-fossés.

(1) Celui des Ardennes, celui de Reims à Paris par Soissons, celui de Reims au Camp, celui de Reims à Laon, l'embranchement d'Epernay à

Cette ville, divisée en trois cantons, est à 43 kil. N.-N.-E. de Châlons. Sa superficie est de 4,065 hectares. Archevêché ; grand et petit séminaire ; cinq cures et une succursale (1) ; temple de l'église réformée, dépendant du consistoire de Sedan ; synagogue dépendant de la circonscription de Paris ; cour d'assises ; tribunaux civils et de commerce ; conseil de prud'hommes ; lycée ; école préparatoire de médecine et de pharmacie, par décret impérial du 10 mars 1853 ; cercle pharmaceutique ; cours d'accouchement ; école normale du département pour les filles, dans la maison de l'Enfant-Jésus ; écoles primaires des deux sexes ; pensionnats ; classes d'adultes ; salles d'asile ; crèches ; hôpitaux et hospices ; société de charité maternelle ; caisse d'épargne ; sociétés diverses ; académie impériale de sciences et belles-lettres, fondée en décembre 1841 par Mgr le cardinal Gousset ; comité d'archéologie ; cours gratuit de mathématiques, de dessin et de chimie, à l'Hôtel-de-Ville ; bibliothèque publique ; musée ; comice agricole ; succursale de la Banque de France ; sous-inspection des forêts ; conservation des hypothèques ; bureau d'enregistrement ; recette particulière des finances ; chef-lieu de perception ; direction des contributions indirectes ; entrepôt de tabacs ; bureau de mesurage des toiles et tissus ; mont de piété ; postes aux lettres et aux chevaux ; capitainerie et brigade de gendarmerie, etc. — Manufactures de draps, mérinos, casimirs, flanelles, tapis, châles façon cachemire, etc. — Filatures de laines ; teintureries considérables. — Commerce de laines en suint, lavées et peignées. — Tanneries ; brasseries ; plomberies, etc. — Commerce considérable de vins de Champagne et autres, d'eaux-de-vie ; de grains, farines, denrées coloniales, cotons filés, chanvre, lin, cuirs, étoffes, tissus,

---

Reims. Un projet de loi autorisant l'allocation, par l'Etat, d'une subvention de 10,000,000 de francs, en vue de l'exécution d'un chemin de fer de Reims à Metz (par le Camp) a été distribué, le 12 juin 1862, au Conseil d'Etat. En voici la teneur :

Article unique. — Le Ministre de l'Agriculture, du Commerce et des Travaux publics est autorisé à s'engager, au nom de l'Etat, à allouer une subvention de 10,000,000 de francs, en vue d'un chemin de fer de Reims à Metz, par Sainte-Menehould et Verdun.

(1) Notre-Dame, Saint-Jacques, Saint-Remi (cures de 1re classe), Saint-André, Saint-Maurice (cures de 2e classe), Saint-Thomas, succursale.

etc. — L'industrie de la ville de Reims a pris, depuis quelques années surtout, un immense essor ; la fabrication des tissus de laine est arrivée à une grande perfection. Le bon goût de ses étoffes façonnées, la régularité et la solidité de ses unis, placent cette ville aujourd'hui au premier rang de nos cités industrielles — Le commerce des vins venant se joindre à cette industrie mère et à toutes celles qui s'y rattachent, explique la prospérité et l'importance à laquelle Reims moderne est arrivée (1).

(1) Trois genres d'industrie occupent spécialement les habitants de cette vaste cité : la manufacture, dont les articles de goût et de nouveautés varient à l'infini ; ses filatures et le commerce des vins.

Nous croyons rendre service à nos lecteurs en leur mettant sous les yeux le rapport fait cette année, 1862, par MM. les membres du Jury de Reims sur l'importance croissante du centre industriel de cette ville, et sur les progrès considérables qu'il a accomplis depuis dix ans.

Voici comment la production manufacturière s'y répartit annuellement :

Pièces	Article	Valeur
150,000 pièces	mérinos, châles mérinos, cachemire d'Ecosse, reps, popeline, etc.	30,000,000 fr.
6,000	Mérinos, double chaîne.	2,400,000
10,000	Napolitaine 9/8 et 5/4, draps de dames, etc.	2,000,000
20,000	Flanelle de santé, croisée, pure laine.	5,200,000
3,000	Flanelle de santé, croisée, laine et coton	400,000
25,000	Flanelle de santé, lisse, bolivar écossais, etc.	4,500,000
60,000	Flanelle-manteau unie, écossaise et brochée, pure laine, et laine et coton.	9,000,000
20,000	Articles pour confections, pure laine, et laine et coton.	5,000,000
4,000	Mérinos écossais.	600,000
15,000	Draperies diverses, étoffes pour pantalons	3,000,000
6,000	Draperie fine, drap sultane, Casimirs, etc.	1,500,000
5,000	Gilets.	300,000
324,000 pièces.		
600,000	Châles de tous genres, écossais, brochés, etc.	4,200,000
	Couvertures.	300,000
	Toiles et Burats.	100,000
	Articles divers non dénommés ci-dessus, tels que Tartanelles, Circassiennes, Draps de Silésie, Cannelés, Jupons, etc.	7,000,000
	TOTAL.	75,000,000 fr.

Situér au pied des montagnes calcaires, dans un vaste bassin entouré de collines plantées de vignes, qui produisent d'excellent vin, Reims est généralement bien bâtie, formée de rues assez larges et bien percées. C'est la ville la plus importante du département. Ses places, ses promenades, ses antiquités, ses maisons avec leurs

Quant à l'industrie manufacturière, qui donne naissance aux produits ci-dessus, le tableau suivant le résume :

COMMERCE et INDUSTRIES DIVERSES concourant à la production manufacturière.	VALEUR des laines brutes achetées par le commerce de Reims, des laines peignées, des fils et tissus confectionnés par l'industrie, et des fils importés à Reims.	VALEUR des laines exportées de Reims, soit à l'état brut, soit converties en fils peignés ou cardés, soit en tissus.	MACHINES PEIGNEUSES.	ASSORTIMENTS en filature cardée.	BROCHES en fils peignés.	OUVRIERS employés.	MÉTIERS servant au tissage à la mécanique et à la main.
	fr.	fr.					
Laines brutes achetées en France et à l'étranger.	75,000,000	30,000,000	....	....	....	....	....
Laines peignées........	30,000,000	....	340	....	....	1,000	....
Fils en peigné.........	20,000,000	3,000,000	....	....	170,000	2,800	....
Fils en peigné importés en d'autres places. ...	5,000,000	....	....	....	....	....	....
Fils en cardé.........	25,000,000	5,000,000	....	350	....	5,000	....
Tissage mécanique.....	....	....	....	....	....	1,800	2,500
Tissage à la main......	....	....	....	....	....	60,000	22,500
Production totale en tissus	75,500,000	75,500,000	....	....	....	....	....

Le consommation intérieure de la France est le principal débouché des articles de Reims ; mais les relations avec les pays du dehors sont également très-importantes ; on peut évaluer à un tiers de la production ce qui est envoyé en Angleterre, en Amérique, en Espagne, en Italie, en Suisse, en Belgique, etc.

Pour maintenir l'industrie Rémoise à la hauteur du progrès des temps, on a fondé, sur les bases les plus solides, des associations, des établissements considérables, avec les instruments de travail les plus parfaits. Une école professionnelle s'est organisée, par les soins et avec le concours de la Société industrielle. L'enseignement, à la fois théorique et pratique qu'on y donne, procurera, entre autres résultats, des dessinateurs habiles, des fabricants rompus aux secrets du métier. Des cours publics et gratuits de dessin et de fabrication sont également ouverts aux ouvriers, un certain nombre d'entre eux les fréquente assidûment.

Dans sa séance du 1er octobre 1861, le Conseil d'administration de la

caves creusées dans la craie, à deux et à trois étages de profondeur, ses édifices, et principalement sa cathédrale, tout excite la curiosité.

Parmi les monuments qui font l'orgueil de Reims, on remarque :
La *Cathédrale*, dédiée à Notre-Dame, merveilleux poème d'architecture, qui, depuis plus de 600 ans, excite l'admiration des générations étonnées (1).

Société industrielle de Reims a voté, à l'unanimité, les résolutions suivantes :

Une prime de 100 francs sera accordée, par la Société industrielle de Reims, aux dix cultivateurs qui, d'ici au 31 décembre 1864, auront planté les premiers un hectare d'ailante, et justifieront avoir vendu au commerce 100 kilogrammes de cocons vides de bombyx-cinthia.

En outre, une médaille d'or sera décernée à celui des dix cultivateurs qui aura le mieux réussi dans sa plantation et dans l'élève du ver.

L'*ailante* ou *aylante (ailantus glandulosa* ou *augia)*, connu aussi sous le nom de vernis de Chine, est un très-bel arbre de la famille des xanthoxylées, qui croît en Chine et dans les îles de la mer du Sud. Cet arbre, à feuilles ternées, grandes, luisantes, entières et portées par de longs pétioles ou tiges, à fleurs d'un blanc verdâtre, en panicules, donne un fruit d'un goût exquis, et fournit un vernis excellent, noir ou jaune, mais d'une odeur fétide, qu'on obtient par voie d'incision.

En ce qui concerne le développement de l'industrie du vin mousseux, nous en avons donné, page 26, le tableau jusqu'à avril 1861. Pour compléter d'avril 1861 à avril 1862, nous avons ceci :
(1861-62) 30,254,290 ; 252,421,038 ; 6,904,915 ; 2,592,875 ; 9,497,790 ; 3,977,886 ; 13,485,676.

(1) La cathédrale de Reims est l'une des plus magnifiques et des plus célèbres, non seulement de la France, mais de l'Europe entière. Nous en devons la charmante esquisse à la parfaite bienveillance du savant le plus compétent sur ce sujet, M. l'abbé Tourneur. Nous certifions à nos lecteurs que nul n'a fait connaître d'une manière plus véritablement vraie ce chef-d'œuvre architectural dont l'étude sérieuse et le développement complet se trouvent dans le précieux ouvrage de M. l'abbé Cerf : *Histoire et Description de Notre-Dame de Reims*, 2 vol. ornés de gravures. Reims — 1861. — Brissart-Binet.

Notre petit bijou d'esquisse présente deux divisions : 1° *Histoire* ; 2° *Description*. La première ne donne qu'un sommaire, à cause de l'exiguité de notre cadre : la seconde, pour la même cause, n'indique que les parties les plus dignes d'attention.

Dans les volumes de M. Ch. Cerf, la description de la cathédrale est plus

1° *Histoire.* — L'emplacement qu'occupe la cathédrale de Reims était, dans l'origine et avant l'ère chrétienne, la citadelle de la cité gauloise et le temple de ses dieux. En l'an 401, saint Nicaise, 10ᵉ archevêque de Reims, consacra au culte de la Très-Sainte Vierge un sanctuaire précédemment dédié à Jupiter ou à Vénus. Le même édifice, tombant de vétusté, fut reconstruit en 816 par Ebbon, 31ᵉ archevêque, et terminé en 856, par Hincmar, son successeur, qui en fit la dédicace. Un incendie dévora complètement cette église, le 6 mai 1211, jour de saint Jean devant la Porte-Latine. Une année après, jour pour jour, Albéric de Humbert, 52ᵉ archevêque de Reims, posa la première pierre du glorieux monument qui subsiste encore aujourd'hui. En 1215, une portion assez considérable était achevée, car on en fit solennellement la consécration le 18 octobre. Le 7 septembre 1241, les chanoines en prenaient possession pour y célébrer quotidiennement les offices. Toutefois, il était loin d'être complet. En 1295, on travaillait encore au transept. Le portail ne fut commencé qu'au xivᵉ siècle ; en 1381, on n'était arrivé qu'au premier étage ; on atteignit, dix ans plus tard, à la galerie des Rois, et des quêtes étaient commandées dans le diocèse et dans toute la province, en cette même année 1381. Les tours ne furent

complète qu'aucun ouvrage ne l'ait donnée jusqu'à ce jour. L'auteur a voulu, pendant plusieurs années, voir de ses yeux, toucher de ses mains, errer autour des murs, parcourir les galeries et les combles, se hisser à toutes les hauteurs, venir et revenir devant les portiques, interroger les statues une à une, leur demander leur nom, leur âge et leur histoire. Muni de ces renseignements, fort des interprétations des maîtres de l'art, il a décrit *l'Extérieur* avec ses portails, ses milliers de statues, sa ceinture de pyramides, de galeries, de cariatides, son diadème de plomb, ses tours et ses flèches dont on n'ose rêver le projet ; *l'Intérieur*, depuis la voûte jusqu'au pavé, depuis les fenêtres inférieures, veuves de leurs vitraux, jusqu'aux belles verrières et aux étincelantes rosaces ; les sculptures d'une flore merveilleuse et d'une statuaire plus fine que celle de l'extérieur ; *le Mobilier*, comprenant les tapisseries anciennes, presque uniques en leur genre ; les œuvres modernes des Gobelins ; les toiles peintes des grands maîtres ; les orgues, etc. ; *le Trésor*, le plus riche peut-être de la France, même après le désastre révolutionnaire, puisqu'il montre encore, avec les dons de nos rois, les restes de la Sainte-Ampoule et les ornements précieux de plusieurs sacres.

conduites à leur hauteur qu'au milieu du xv⁰ siècle, en 1430. Elles auraient reçu promptement leur achèvement, sans les malheurs des temps et les guerres avec les Anglais, et surtout sans l'incendie considérable qui vint détruire une grande partie de ce qui existait déjà et amonceler les ruines.

Le 24 juillet 1481, l'imprudence de deux plombiers nommés Jean et Remi Legoix communiqua le feu à la charpente des grands combles. En quelques heures, on vit disparaître les combles tout entiers, avec les galeries de pierre qui les environnaient, un immense clocher placé au centre de la croisée et qui dominait tout l'édifice, onze cloches, dont dix étaient dans le clocher central, quatre clochers moins importants, situés aux angles du transept, un sixième clocher, sur le chevet. Les pignons sculptés qui terminaient chacune des croisées de l'église furent calcinés et tombèrent. Le plomb, mis en fusion sous les voûtes, ondoyait comme une mer agitée et ruisselait de toutes parts de manière à empêcher tout secours. Après quatre siècles presque entiers, le désastre de quelques heures n'est point encore réparé, et l'archéologue regrette chaque jour encore ce qui existait autrefois avant le terrible incendie.

Pourtant, les magistrats de Reims et le Chapitre métropolitain ne négligèrent rien pour remédier au mal. L'égoïste Louis XI promit beaucoup et ne donna rien ; mais Charles VIII et Louis XII, après leur sacre, se montrèrent fort généreux. Des quêtes se firent partout, sous leur protection ; un large octroi sur toutes les gabelles du royaume permit de mettre la main à l'œuvre réparatrice. On la continua, jusqu'en 1516, et l'on mit la cathédrale de Reims dans l'état où nous la voyons aujourd'hui. Le désastre de Pavie supprima l'octroi royal ; il fallut vendre, pour racheter François I⁰ʳ, jusqu'aux vases sacrés et aux reliquaires des autels. On n'avait plus d'argent pour bâtir.

Bientôt vinrent les guerres de religion. La *Renaissance* changea le cours des idées et les goûts dominants, et ce fut fini ! L'élégant clocher à l'Ange seul se releva sur la croupe du toit, au xv⁰ siècle ; mais les cinq clochers du transept, mais les flèches du portail restèrent en projet, au grand regret des amis de l'art chrétien. Malgré cet abandon des grands travaux réparateurs, on peut dire cependant que la cathédrale de Reims fut très-soigneusement entretenue par les Rois après leurs sacres, par les chanoines, qui aimaient à lui consacrer une part considérable de leurs revenus, et, depuis la Révolution, par tous les gouvernements qui se sont succédés en France. A l'heure qu'il est, l'architecte de l'Empereur, M. Viollet-Leduc, fait continuer d'immenses travaux d'assainissement et de restauration.

Nous ne parlerons de l'architecte qui a donné le plan de Notre-Dame de Reims que pour dire qu'*il est inconnu*. Les uns ont nommé Libergier, les autres Robert de Coucy, les autres Villart de Honnecourt. Le premier a bâti Saint-Nicaise en 1223 ; le second est mort en 1311, cent ans après le commencement des travaux qu'il fut seulement chargé de continuer ; le troisième dessina, sur place, le monument pendant qu'on en commençait la construction ; ses Mémoires, que nous possédons encore, nous diraient certainement qu'il est l'auteur de Notre-Dame, si réellement il l'avait créée.

2º *Description*. — Le caractère dominant de la Cathédrale de Reims, et son mérite à peu près unique, c'est qu'elle est *achevée, complète*, et surtout construite avec une admirable *unité* (1). Elle semble bâtie d'un seul jet et par un seul homme, tant l'idée primitive a été scrupuleusement suivie par tous ceux qui ont été successivement appelés à continuer l'œuvre du premier Maître. Dans son ensemble, et surtout à l'intérieur, elle offre le type simple, solide, sévère, de la plus belle architecture du XIIIe siècle. A l'extérieur, et surtout au grand portail, les ornements ont été beaucoup plus multipliés. Quarante piliers portent ses voûtes ; cinquante contreforts en maintiennent l'équilibre ; onze portes, dont quelques-unes actuellement bouchées, y donnent accès. La lumière y pénètre par cent ouvertures, rosaces ou fenêtres, symétrique-

---

(1) « Ici plus que partout ailleurs, on respecte l'œuvre du maître ; et si l'on
» veut se faire une idée de ce que devait être une cathédrale *conçue* par
» un architecte au commencement du XIIIe siècle, époque la plus belle de
» l'art ogival, c'est à Reims qu'il faut aller ; si l'on veut avoir une idée de
» ce que doit être une cathédrale du XIIIe siècle *achevée*, complète, c'est
» encore Reims qu'il faut prendre pour type, en ajoutant les flèches au
» portail occidental, et en relevant celle des transepts. »

(VIOLLET-LE-DUC, *Dictionnaire d'Architecture*.)

ment percées. A l'extérieur, elle compte 211 grandes statues de 3 à 4 mètres de hauteur, 126 moyennes, 937 petites, 788 animaux de toute grandeur. Au dedans, on y admire 191 statues moyennes et 50 animaux. Ce qui produit un total de 2,303 figures sculptées pour orner Notre-Dame de Reims.

L'édifice a de longueur 149m 17c, à l'extérieur ; de largeur, à la croisée, 49m 45c ; à la nef, 34m 7c ; avec les contreforts, 41m 57c. La hauteur des voûtes est de 37m 95c, jusqu'au faîte du grand comble, 59m 37c. Les tours ont, en élévation, 81m 50c ; avec les flèches commencées, si elles étaient finies, la hauteur serait 120m 10c. Strasbourg, avec sa flèche, a 142m ; Chartres, 122m ; Reims viendrait immédiatemnt après.

Le chef-d'œuvre de la cathédrale de Reims, c'est son portail principal, le plus magnifique de tous les portails gothiques connus. Il est l'œuvre du xive siècle. Dans sa hauteur, il se partage en quatre parties parfaitement distinctes : le rez-de-chaussée, composé de trois porches ; le premier étage, comprenant la grande rosace, les fenêtres et les contreforts ; le second étage, ou galeries des Rois ; les tours.

Indiquons-les successivement :

I. Le rez-de-chaussée a trois porches ou trois grandes ouvertures ogivales. Celle du milieu a de largeur 11m 35c, elle ouvre dans la grande nef. Les deux autres n'ont que 6m 82c. La grande arcade abrite deux portes séparées par un trumeau, auquel est adossée une statue de la Sainte Vierge. Les autres ont seulement une ouverture. Dans les trois arcades, le tympan qui surmonte la porte est rempli par une rosace. On admire surtout la statuaire qui décore cette splendide façade. En voici les sujets :

1° *Porte centrale.* Pilier entre les deux portes, la Sainte Vierge ; sur le socle qui la supporte, l'histoire d'Adam et d'Eve, parfaitement sculptée. A droite et à gauche, en statues colossales, les mystères de la Très-Sainte Vierge : *Annonciation, Visitation, Présentation au Temple.* Au sommet de l'arcade : le *Couronnement de la Très-Sainte Vierge :* Notre Seigneur, assis, lui dépose sur le front un brillant diadème, les anges la saluent et l'encensent. Toute la voussure, avec ses cinq lignes immenses de statues en plein relief, représente : 1° les Ancêtres de la Sainte Vierge ; 2° les Anges ; 3° les Martyrs ; 4° les Confesseurs ; 5° les Vierges. — Ces sujets, souvent réparés à cause des sacres, ont été un peu altérés par les retouches successives ; mais leur ensemble est en parfait état de conservation. Le long des chambranles de la porte, on trouve extérieurement les douze Mois et les quatre Saisons ; et intérieurement, seize anges, dans des attitudes diverses, gardant l'entrée du sanctuaire.

2° *L'arcade de gauche* est consacrée, dans son ensemble, à la vie de Notre-Seigneur Jésus-Christ, et surtout à sa Passion. Le fronton le montre assez clairement en présentant, en grandeur colossale, le Christ en Croix. A droite et à gauche, le long des parois de la porte, sont les fondateurs de l'église de Reims : saint Remi, saint Nicaise, saint Rigobert, etc. ; sur les chambranles : les Anges gardiens, les Sciences et les Arts. Au-dessus de la porte, la Conversion de saint Paul. Dans les cinq immenses rangées de la voussure, toute l'histoire du Fils de Dieu fait Homme : la Tentation au désert, l'Entrée à Jérusalem, le Jardin des Oliviers, la Mort de Juda, la Flagellation, le Crucifiement, la Descente aux Enfers, la Résurrection, etc. Sur le tympan voisin se déroule toute la légende de l'Invention de la Sainte Croix, par l'impératrice sainte Hélène et le patriarche saint Macaire.

3° *L'arcade de droite* est consacrée à l'Histoire du dernier jour du Monde, écrite dans l'Apocalypse. Au fronton, le Sauveur, assis sur son trône, juge les Nations ; des Anges l'assistent, en montrant les instruments de sa Passion. Dans tous les cordons de la voussure et sur le tympan voisin, on a traduit verset par verset le livre prophétique de saint Jean et la légende de cet apôtre, ses avis aux Sept Eglises, l'ouverture des Sept Sceaux, l'Enfer, le Puits de l'abîme, etc. Le long des parois, les grandes statues figurent, à droite, les Patriarches de l'ancienne loi ; à gauche, les Apôtres de la nouvelle. Au linteau, encore saint Paul ; aux chambranles, les Anges, les Vices et les Vertus. Tout cet ensemble est parfaitement sculpté, admirablement conservé.

II. Premier étage : La *grande rosace*. Cette rosace, l'une des plus belles que l'on connaisse, remplit tout le centre. Deux contreforts la séparent des fenêtres latérales, flanquées elles-mêmes, de chaque côté, de deux autres contre-forts. La rosace est entourée d'une arcade remplie de sujets sculptés. En voici l'explication. Dans les contreforts : Notre Seigneur Jésus-Christ en pèlerin, la Sainte Vierge, saint Pierre avec les clefs, saint Paul, saint Jean, saint Jacques-le-Majeur. Aux deux côtés de la rosace : David et Saül son ennemi ; dans l'arcade : toute l'histoire de David et de Salomon, ancêtres de la Sainte Vierge, à qui sont dédiés le portail et la rosace elle-même. Au-dessus, David et Goliath.

III. Deuxième étage : Il est rempli par une série de niches ogivales, abritant chacune un personnage de taille gigantesque. Les sept du milieu figurent le Baptême de Clovis, les autres, les Rois de France.

IVe. Les Tours. Au-dessus de la galerie des Rois, s'élancent les tours. Leur plan est octogonal, flanqué de quatre tourelles à jour, dans l'une desquelles on a construit l'escalier qui conduit à leur sommet. Cet étage, léger, svelte, s'élance sans aucun contre-fort jusqu'à une très-grande hauteur. Les architectes ne se lassent pas d'en admirer la hardiesse. Des flèches, commencées jusqu'à une hauteur de 2^m 50^c, devraient s'élancer beaucoup plus haut. Nous avons dit pourquoi elles ne furent jamais bâties.

Tournant par la gauche autour de l'édifice, on remarque, entre le portail et le transept, sept puissants contre-forts reliés aux murailles supérieures chacun par deux arcs-boutants. Ils se terminent par une haute tourelle à jour, surmontée d'une pyramide de pierre dont les huit arêtes sont couvertes de crochets sculptés. Au centre de chaque tourelle se dresse une statue colossale d'ange, aux ailes éployées, du plus majestueux effet. Dans aucune cathédrale gothique on ne retrouve rien d'aussi élégant dans sa riche simplicité.

Le transept nord se termine, comme le grand portail, par trois ouvertures correspondantes aux nefs intérieures. L'arcade centrale a seule conservé ses deux portes, séparées l'une de l'autre par un trumeau ; cette arcade représente, au rez-de-chaussée, les principaux archevêques de Reims : au centre, saint Sixte ; à droite, saint Remi et Clovis ; à gauche, saint Nicaise et sa sœur, sainte

Eutrope. Tout le tympan sculpté déroule l'histoire du martyre de saint Nicaise et de la légende de saint Remi. L'étage supérieur est occupé par une immense rosace, encadrée, comme celle du portail, dans un cercle de sculptures. Aux deux côtés, on trouve Adam et Eve, de grandeur colossale. Au-dessus, en petites figures, la Création, la Chute, Caïn et Abel, l'Invention des premiers métiers. Une galerie de sept statues, représentant des prophètes, s'élève au-dessus de la rosace; vient ensuite le pignon, refait au XVIe siècle, et figurant l'Annonciation de la Très-Sainte-Vierge.

L'arcade de droite n'a aucun sujet, elle communiquait autrefois avec le cloître, l'intérieur et une sacristie. L'arcade de gauche est consacrée à la représentation du Jugement dernier. Elle est certainement une des plus intéressantes de toute la cathédrale. Au bas se trouvent sept grandes statues : au centre, Notre-Seigneur Jésus-Christ bénissant *(statue admirable, connue sous le nom de Beau-Dieu);* à droite et à gauche, six apôtres, trois de chaque côté.

Dans le tympan, Notre-Seigneur Jésus-Christ juge, assis entre la Sainte Vierge et saint Jean-Baptiste, à genoux, et deux anges tenant les instruments de la Passion ; au-dessous, sur deux lignes, les morts sortant du tombeau ; plus bas, les Vices, à gauche du souverain juge, les Vertus à sa droite ; puis, enfin, au rang inférieur, les âmes justes reçues dans le sein d'Abraham et les damnés traînés en enfer. L'enfer est figuré par une immense chaudière dont les démons attisent le feu. Autour, dans les trois cordons de la voussure, on admire, en allant du dehors au dedans, les anges appelant les morts au jugement; les apôtres, assis sur douze trônes pour participer à la suprême sentence ; les vierges sages et les vierges folles, figurant le sort des justes et des pécheurs.

Après le transept, commencent les sept chapelles qui rayonnent autour de l'abside. Un récent travail en montre aujourd'hui les bases, autrefois profondément enfouies dans le sol. Huit doubles-contreforts, soutenant autant d'arcs-boutants, également doublés, s'élancent autour de l'abside pour étayer les grandes voûtes. Leur forme est analogue aux contreforts de la nef ; ils abritent également des statues d'anges. Une riche galerie, autrefois surmontée de statues d'animaux, environne les combles des chapelles et les dissimule d'une manière des plus heureuses.

Les murs du palais archiépiscopal nous empêchent d'achever le tour de la cathédrale. Il faut revenir par le grand portail, entrer dans les cours de l'archevêché pour retrouver : 1° le flanc méridional et ses sept contreforts, aussi riches et aussi splendides que ceux du nord ; 2° le transept. Ici, point de porches ; mais, au premier étage, trois grandes fenêtres à lancette, surmontées d'une rosace immense, d'une rangée de sept personnages et d'un fronton.

Au bas de la rosace, à droite et à gauche, en grandes figures, on voit *l'Eglise* et la *Synagogue*. Autour de la rosace, les apôtres et les prophètes de l'ancienne loi. Le fronton figure l'Assomption de la Très-Sainte Vierge, et son sommet est couronné par un sagittaire ou centaure qui décoche une flèche sur la cour du palais archiépiscopal. Autrefois un cerf en bronze lui servait de point de mire et expliquait son geste et sa pose.

Entrons maintenant dans l'intérieur. La tour nord du portail renferme un escalier dont l'accès nous est facile. De là, nous pourrons étudier tour-à-tour les divers étages. Une première galerie intérieure nous permettrait de faire le tour entier de l'édifice, au bas des fenêtres du rez-de-chaussée : laissons-la.

Un étage plus haut, nous trouvons, encore à *l'intérieur*, le triforium ; nous y reviendrons pour étudier les vitraux et les tapisseries.

Plus haut encore, à la hauteur des grandes fenêtres de l'étage supérieur, s'ouvre un chemin de ronde, formant une seconde galerie sans balustrade. Il longe les collatéraux, traverse le transept à l'intérieur, et circule autour de l'abside. Rien de plus curieux que la double arcade des arcs-boutants, formant partout, de ce chemin, un berceau continu. C'est là que l'on peut admirer la conscience des architectes de Notre-dame de Reims. Pas un coin, si perdu qu'il soit pour l'œil, qui n'ait été scrupuleusement ouvragé et orné. Pas une arête qui n'ait ses crochets, ses moulures, refouillées et parfaites.

Encore plus haut, on arrive à la galerie qui couronne les murs de l'édifice et reçoit le bas du comble. Riche diadème ouvré tout à jour, on ne peut rencontrer rien de plus majestueux et de plus noble que cette construction. Elle se compose, sur les collatéraux, d'une suite de lancettes ajourées, réunies deux par deux sous une même arcade, et couronnées de frontons, de clochetons et de pinacles. A l'endroit de chaque arc-boutant s'élève un clocheton en obélisque, haut de six mètres ; la balustrade a trois mètres de hauteur. Elle est l'œuvre du xvie siècle (1506). Autour de l'abside, cette même galerie est pleine, sans à-jours, ayant pour ornement, des arcatures, et, à l'endroit des contreforts, des oiseaux gigantesques, à tête humaine, aux corps encuirassés ou habillés en religieux, aux pieds chaussés. Cette balustrade fut seulement réparée en 1485 ; sa construction est du xiiie siècle.

En tournant autour de cette galerie par la droite, remarquons : 1° les combles. Extérieurement, les combles sont revêtus de lames de plomb, depuis le portail jusqu'au chevet, sauf les tours tronquées des transepts. Intérieurement, c'est une charpente admirable, œuvre de la fin du xve siècle. Une suite de *fermes* la composent ; elles ont 14m40c de base, sur 15m50c d'élévation et 17m de pente sur les arbalétriers et les chevrons. On a dit et redit que cette charpente est en bois de *châtaignier* ; c'est une erreur, elle est en chêne.

Au centre de la croisée, s'élevait jadis, comme à Amiens, un immense clocher. L'incendie de 1481 le détruisit. Longtemps, il fut question de le rééditier, et la base en existe depuis bientôt quatre siècles. En 1757, on y disposa la cloche des heures et un carillon mécanique. Une réparation récente a complètement gâté cet ensemble, autrefois intéressant.

Aux extrémités du transept, se voient en passant, et couvertes par des toits en ardoises, les bases des anciennes tours détruites par l'incendie ; l'une de ces bases, réparée il y a quelques années, laisse voir encore ses baies et leur séparation. C'est la tour du sud-ouest.

Le fronton sud représente l'Assomption ; celui du nord, l'Annonciation. Rien de plus grossier que ces sculptures. Sur les rampants du fronton nord, se reconnaissent encore, quoique très-endommagées par le temps, des figures d'hommes et d'animaux variées de pose et d'exécution.

Vient enfin, sur l'extrémité du chevet, le très-gracieux clocher à l'Ange. Il a 4m50c à sa base et 18m de hauteur. Un ange en cuivre, de 2m, portant une croix et tournant à tous les vents, lui sert de couronnement. Sa base est portée par huit cariatides qui ont beaucoup exercé la sagacité des historiens de Notre-Dame de Reims : presque tous veulent y voir des suppliciés, en mémoire d'une émeute arrivée sous Louis XI, en 1461, et connue dans l'histoire de Reims sous le nom de Mic-Maque. Erreur complète. Détruit en 1431, vingt ans après le Mic-Maque, le clocher n'était pas rebâti en 1501. Qui pensait alors à Louis XI et à ses répressions cruelles, après 40 ans écoulés ? Il suffit, d'ailleurs, de regarder les statues pour reconnaître qu'elles ne portent aucune trace de supplice. Il y a bien des écrous en fer qui traversent ces hommes de plomb ; mais c'est uniquement pour les fixer au clocher qu'ils sont censés porter sur leurs épaules.

Revenons au portail et montons aux tours. Elles ont encore 20m de hauteur au-dessus du point où nous sommes parvenus. Un escalier de pierre, admirablement enfermé dans une tourelle d'angle, nous conduira jusqu'au sommet. Prenons la tour du nord, suivons-la jusqu'en haut. Nous avons monté depuis le pavé de l'église 420 marches, nous sommes à 81m50c de hauteur. Sur cette tour, on voit, on touche, jusqu'à la hauteur de plus de 2 mètres, la base de la flèche qui devait amortir cette construction. En redescendant, nous rencontrerons les huit cloches qui composent la magnifique sonnerie de Notre-Dame. La première pèse 2,050 kilog., la sixième, 406. Leur ensemble donne une gamme parfaitement harmonieuse. La tour du midi est toute semblable à celle du nord (sauf son couronnement, qui a gardé, sous la toiture provisoire du XVIe siècle, la base commencée de sa flèche). On y admire les deux bourdons. Le premier, don du grand cardinal de Lorraine, en 1570, est un des plus beaux corps sonores connus. Cette cloche, fondue par le rémois P. Deschamps, pèse 11,500 kilog.; elle a 2 mètres 46 de diamètre et 17 centimètres d'épaisseur. Le second fut bénit par le cardinal Gousset en 1849. Il pèse 7,500 kilog. Il a pour auteur M. Bollée, du Mans.

Il est temps d'aborder l'intérieur de la cathédrale.

Ce qui en fait le mérite éminent, c'est son incomparable *unité*.

Par-là, elle a été trouvée digne d'être proclamée par tous les archéologues comme le type de la plus belle architecture ogivale de la meilleure époque gothique, le XIIIe siècle.

Plaçons-nous au bas du portail, nous trouverons devant nous, dans *la longueur*, trois parties : la nef, le transept, l'abside ; dans *la largeur*, trois parties : la grande nef, et les deux collatéraux ; dans *la hauteur*, trois étages parfaitement distincts, et séparés l'un de l'autre par une moulure horizontale très-saillante, qui pourtourne l'édifice tout entier en se profilant sur les murailles, les pilastres et jusque sur le fût des plus minces colonnettes. C'est là un cachet spécial à Notre-Dame de Reims et aux édifices du pays bâtis sur son modèle.

De l'endroit où nous sommes placés, l'œil plonge avec admiration dans ces voûtes hardies, qu'il va trouver à 38 mètres d'élévation ; il s'enfonce avec étonnement dans ces vastes profondeurs, pour contempler à 138 mètres de distance, soit dans les trois hautes fenêtres du fond de l'abside, qu'il aperçoit seules, le Christ en croix, la Vierge, les Apôtres et les principaux évêques de la province ecclésiastique de Reims ; soit, au fond de la chapelle terminale, trois fenêtres encore, qui ne sont pour lui qu'une harmonieuse mosaïque, en attendant qu'elles deviennent, quand il s'en approchera, de gracieux tableaux. Si nous examinons les parois latérales du monument, nous ne trouverons de murailles nulle part ; mais une série d'arcs de triomphe, portés sur de sveltes et élégantes colonnes, et réunis dans les bas-côtés et à l'étage supérieur par des fenêtres aux proportions les plus heureuses. Entre les arcades de la grande nef et la rangée des fenêtres hautes, circule le *triforium*, galerie aux 173 arcades à jour, du goût le plus pur, et qui n'est pas le moindre ornement de la cathédrale.

Parcourons maintenant l'église. Nous irons, par la grande nef, jusqu'au fond de l'abside. Nous reviendrons au portail pour faire le tour des bas-côtés et des chapelles. Nous entrerons à la sacristie pour y étudier le trésor, et nous connaîtrons tout ce que renferme de merveilles la grande cathédrale.

Dix-huit piliers, soutenant autant d'arcades, nous conduisent jusqu'au transept. Les deux plus rapprochés du portail sont d'une force énorme, dissimulée par des faisceaux de légères colonnettes.

Ils soutiennent l'un des quatre angles des hautes tours extérieures, destinées à supporter elles-mêmes des flèches immenses. Tous les autres, posés sur des bases élégantes, se composent d'une grosse colonne de 1m54 de diamètre, cantonnée de quatre autre colonnes beaucoup plus petites, disposées en forme de croix. Celle de ces colonnes qui regarde l'intérieur de la nef, en supporte une autre de même dimension qu'elle. Cette dernière, flanquée de deux minces colonnettes, s'élance tout d'un jet jusqu'aux voûtes, dont elles reçoit les nervures. Les autres trois colonnes supportent les arcades transversales ou les arceaux des bas-côtés. La distance entre chaque colonne est de 4m20c.

Les trois premiers piliers sont l'œuvre du xive siècle. On le voit clairement aux moulures de la base, qui ne possède plus la scotie profonde creusée par le xiiie siècle au pied de tous les autres piliers ; on le voit également, d'une manière plus sensible encore, aux chapiteaux, feuillagés et touffus sur les trois premiers piliers, et non pas sur les autres.

Entre le grand portail et le second pilier, on rencontre quelques dalles tumulaires du xvie siècle. Elles n'ont rien de remarquable.

Du second pilier au quatrième, le dallage est visiblement plus neuf que celui du reste de l'église. Si on l'examine avec soin, on y reconnaîtra la forme d'un vaste carré, flanqué à chaque angle d'une sorte de tourelle beaucoup trop petite. Ce sont les traces encore visibles du *Labyrinthe* ou *Chemin de Jérusalem*, érigé vers le xive siècle et détruit en 1778. Des dalles *noires*, séparées l'une de l'autre par des pavés blancs, traçaient sur le sol des méandres et des sinuosités très-compliquées. Les pèlerins parcouraient ce long chemin dans tous ses détours, en récitant certaines prières en l'honneur de la Passion. Des indulgences y étaient attachées. Au centre et aux quatre tourelles d'angle étaient la sépulture des architectes ou maîtres ès œuvres de la cathédrale, qui avaient successivement travaillé à sa construction. On les nommait : Jean Loup, Gaucher de Reims, Bernard de Soissons et Jean d'Orbais. Le cinquième, celui du centre, et probablement le premier architecte qui avait dessiné les plans du noble édifice, était oublié ; les pieds des passants avaient effacé son nom sur les dalles. Au milieu de ce pavage se voient encore les scellements de fer qui ont servi à fixer le jubé provisoire supportant le trône royal au dernier sacre du 29 mai 1825.

Entre les piliers suivants, jusqu'au chœur, nous rencontrons une vingtaine de pierres funéraires du xiiie siècle et du xive. — Quelques-unes ont encore leurs inscriptions assez lisibles. Elles recouvrent toutes des chanoines. Ces sépultures sont intactes ; jamais le sol sacré n'a été remué depuis le jour où il a reçu ces corps en dépôt.

Contre le cinquième pilier est adossée la *chaire*. Elle est moderne. Elle fut faite par un artiste rémois nommé Blondel, mort en 1812. Avant la Révolution, elle était placée dans l'église de Saint-Pierre-le-Vieil ; à la restauration du culte, la fabrique la racheta pour la cathédrale. Une guirlande en chêne et le chiffre de saint Pierre (S.-P.) décore la rampe ; les emblêmes des quatre Evangélistes supportent la tribune ; sur le devant de cette même tribune, un beau bas-relief de bois sculpté représente la Guérison du Boiteux, à la porte du temple, par saint Pierre et saint Jean ; l'abat-voix est porté par deux palmiers sculptés ; les emblêmes de la Foi, de l'Espérance et de la Charité le couronnent. Avant la Révolution, la chaire ancienne était sans aucun ornement. On la conservait encore comme une sorte de relique, parce que, croyait-on, saint Bernard y avait prêché en 1148.

Au milieu de la nef, entre la chaire et le pilier d'au-dessus, on foule aux pieds une dalle carrée de marbre noir. Antérieurement, et jusqu'en 1744, un monument s'élevait en cet endroit ; une lampe suspendue dans un plat d'argent y brûlait nuit et jour. L'inscription tracée maintenant sur le pavé nous dit pourquoi : c'est en ce lieu que saint Nicaise, archevêque de Reims, eut la tête tranchée et mourut martyr en l'an 406. Il s'était avancé jusqu'au seuil de son église, à l'approche des Vandales ; sa mort sauva miraculeusement son peuple.

Encore un pas, nous touchons à la grille qui entoure le chœur, le sanctuaire et le rond-point tout entier. Cette grille, d'un goût douteux et tout-à-fait opposé au style de l'édifice, est l'œuvre d'un architecte célèbre, M. Mazois. Elle a coûté près de 50,000 fr. C'est son plus grand mérite. Autrefois le jubé occupait cette même place. Elevé en 1417, tous nos rois, sauf Henri IV, y furent intronisés depuis Charles VII jusqu'à Louis XV inclusivement. En 1744, le chapitre renversa ce monument précieux sous tant de rapports.

Voici le chœur. Il comprend trois travées entières, deux appartenant à la nef, et une au transept. (Ce chœur, en dehors de l'abside, est une exception aussi ancienne que l'édifice même, et parfaitement justifiée par la cérémonie des sacres).

Les deux côtés du chœur sont garnis de deux rangées de stalles ; vingt-six en haut, vingt en bas. Elles remplacèrent, en 1745, celles que Pierre de Laval, archevêque de Reims, avait construites en 1490, et qui, elles-mêmes, succédaient à de plus anciennes. Ces stalles sont simples, commodes et de bon goût. A l'entrée du chœur, dans le premier entre-colonnement de droite, on admire, depuis 1837, l'orgue d'accompagnement et son buffet gothique, aussi remarquable pour la composition que pour l'exécution. M. Arveuf en donna les dessins, M. Ventadour les exécuta. Ce buffet représente un portique à ogives orné de trois tourelles et de contreforts à jour. Des statues et des bas-reliefs complètent ce bel ensemble, dont tous les détails, moulures, fleurs, etc., etc., sont empruntés à la cathédrale même.

Le sanctuaire embrasse le carré central du transept. Les quatre énormes piliers qui en marquent les angles sont destinés à soutenir la flèche centrale ; c'est ce qui explique leur solidité. En face de nous est le maître-autel, élevé en 1747, en style Louis XV. Les marbres qui le composent sont très-précieux et parfaitement travaillés. Malheureusement, ce style ne s'harmonise aucunement avec celui de la cathédrale entière. Sur l'autel, sont dix chandeliers et une croix en bronze doré, provenant du sacre de Charles X. Les grands chandeliers ont 1m63 de hauteur, et la croix 2m60. Comme œuvre d'art, ces objets sont très-remarquables ; ils ont coûté 23,000 fr. Au-dessus de l'autel se trouvait un tabernacle suspendu où se conservait le Saint-Sacrement, usage très-antique de la cathédrale de Reims, et remontant à quinze siècles. Cet usage est interrompu depuis quelques années seulement.

Dans le sanctuaire, sont inhumés vingt-deux archevêques, dont le plus ancien remonte au XIIe siècle, et le dernier à l'an 1720. Leurs dalles funéraires furent enlevées par le chapitre en 1747, et remplacées par un dallage uniforme. Le pavé actuel, figurant des cubes par les nuances du marbre, a été posé en 1792 ; il provient de l'ancienne église de Saint-Nicaise.

Admirons en passant l'admirable situation de cet autel, si parfaitement disposé pour les grandes cérémonies. Comme l'autel de Saint-Pierre de Rome, il occupe le centre du transept, et des quatre bras de la croix, on peut prendre part aux solennités qui s'y accomplissent. C'est aux sacres qu'est due cette distribution.

Derrière l'autel, s'ouvre un second sanctuaire qui remplit toute l'abside. L'autel qu'on y admire avait été construit pour le sanctuaire de Saint-Nicaise, en 1764. En 1793, il fut transféré à la place qu'il occupe.

Autrefois, on voyait derrière cet autel un monument composé de quatre colonnes de marbre noir, supportant une pierre aussi large que l'autel même. Là, avait été inhumé, selon son désir, le grand cardinal Charles de Lorraine, mort à Lyon en 1574. Ses cendres reposent toujours au même endroit; mais en 1741, le tombeau fut démoli et remplacé par une simple dalle où on lit encore ces mots dictés par Charles de Lorraine : *Ego credidi quia tu es Christus filius Dei vivi, qui in mundum venisti. Exspecto donec veniat immutatio mea.*

A droite et à gauche du même autel, se voient deux curieux spécimens de pierres tombales, les plus riches et les plus curieuses, du XIIIe siècle et du XIVe. Elles ont été récemment rapportées à la place qu'elles occupent.

Revenons au portail, en portant nos regards sur la partie haute de l'édifice, que nous n'avons point encore contemplée.

Quatorze travées de hautes voûtes, sans compter le chevet, remplissent cette immense étendue. Aussi hardies que légères, elles reposent sur les *arcs-doubleaux* et les arêtiers qui se croisent à leur milieu. Les clefs sont simples ; autrefois décorées et dorées, elles l'ont été de nouveau en 1825, avec la voûte entière, fleurdelysée et peinte en bleu à cette époque. Opération déplorable qui a gâté, autant qu'elles pouvaient l'être, les admirables voûtes de Notre-Dame.

Pour étudier les vitraux, il faudrait remonter au *triforium*. Nous indiquerons d'en bas ce qu'ils offrent de plus curieux.

Dans l'abside, on voit, au rang supérieur, le Christ en croix, et la Vierge tenant l'Enfant-Jésus. A droite et à gauche, les douze Apôtres et les quatre Evangélistes. Au-dessous d'eux, l'archevêque de Reims, Henri de Braine, et à côté de lui, sa cathédrale. Puis les douze suffragants de la province de Reims et leurs églises. Les rosaces sont remplies par la légende des Apôtres figurées au-dessous. Cette portion des vitraux date du milieu du xiii° siècle, et elle est digne de cette splendide époque ; harmonieuses de couleur, riches d'idées chrétiennes et liturgiques, parfaitement conservées, rien ne manque à ces verrières pour attirer l'attention de l'artiste et du chrétien.

Du centre du transept, nous remarquons : au nord, une immense rosace du xiii° siècle : elle représente la Création ; malheureusement, elle est très-endommagée par le temps. Au midi, rosace du xvi° siècle, peinte en 1581 par Nicolas Dérodé, artiste rémois. On y remarque Jésus-Christ et les douze Apôtres. Le dessin est beau et correct ; mais l'entente de la peinture sur verre a disparu ; cette vitrerie est sans aucun effet.

Toutes les verrières de la nef figurent des rois en haut, des archevêques en bas. Les petites rosaces ont des scènes simples et cependant variées. OEuvre sévère du xiii° siècle, ces vitraux décorent parfaitement l'édifice dans le style le plus convenable.

Mais le vitrail le plus splendide, au milieu de toutes ces splendeurs, c'est la grande rosace du portail. Large comme l'église elle-même, vraie dentelle de pierre aux compartiments multipliés, elle a été remplie par le chef-d'œuvre de la vitrerie religieuse à sa meilleure époque, le xiv° siècle. Il représente l'Assomption de la Très-Sainte Vierge ; mais la couleur est si vive, l'harmonie si merveilleuse et si complète, que le sujet n'est plus qu'un mince accessoire au milieu de cet ensemble vraiment sublime.

Au-dessous de la rosace règne une galerie vitrée de neuf fenêtres. On y a figuré un sacre, sans que l'on puisse déterminer lequel. Ces verrières, refaites en 1837, ne manquent ni de richesse, ni d'harmonie. On en peut dire autant de la rose inférieure.

Autour de la porte et jusqu'à la galerie à jours, on a évidé la muraille en niches élégantes, ornées de feuillages et de moulures. Ces niches, au nombre de cinquante-deux pour le portail central, ont reçu chacune une statue, dont l'ensemble représente, à droite, pour le spectateur, la Vie de saint Jean-Baptiste, et à gauche, la Naissance de Notre Seigneur et les faits évangéliques ou légendaires qui se rapportent à ce grand évènement. Sur le pilier central qui sépare les deux portes donnant entrée dans la grande nef, on voit saint Nicaise, avec la tête entre ses mains ; à droite et à gauche, des anges et des bourreaux. Le linteau a un sujet compliqué et inexpliqué jusqu'à ce jour.

La porte du nord et celle du midi ont reçu une ornementation analogue, quoique moins riche. Au nord, ce sont les prophètes et les figures de Notre Seigneur, avec quelques miracles de l'Evangile. Au midi, l'Apocalypse.

Tournons maintenant autour de l'édifice, en commençant par la droite. Nous rencontrerons, dans la seconde travée, le tombeau de Jovin, morceau capital de sculpture antique, en marbre blanc ; il fut apporté ici de Saint-Nicaise, à l'époque de la Révolution. Sa largeur est de 2^m80, et sa hauteur de 1^m50. Il représente une châsse. Les archéologues disputent beaucoup sur l'interprétation à donner à ces figures ; ils n'ont encore pu s'accorder. Jovin vivait au IVe siècle ; son tombeau est de la même date.

En montant jusqu'au transept, admirons les figures sculptées dans les chapiteaux de ce côté. Elles sont admirables de grâce et de fini. Elles représentent les Vices et les Vertus, ou simplement des oiseaux.

En entrant dans le transept, nous trouvons les fonts baptismaux. Ils n'ont rien que de vulgaire. La cuve provient de Saint-Pierre-le-Vieil ; elle fut achetée en 1805 ; la grille date de la même époque. Derrière les fonts, une porte en chêne, ferrée de pentures gothiques du XIIIe siècle, servait autrefois à remettre les objets nécessaires au baptême. Les pentures sont remarquables. Nous n'en dirons pas autant de toute la série de confessionnaux que nous allons passer en revue. Œuvres du XVIIIe siècle ou du XIXe, ils ne sont que trop conformes au génie de leur époque.

A droite des fonts, en regardant le midi, se trouve actuellement un remarquable tableau d'Hélart. Le sujet est Nicolas V visitant saint François d'Assise. L'auteur de l'original est Lahire. Celui-ci est une copie faite par Hélart, peintre rémois, et offerte par la ville de Reims, en 1688, aux Capucins, en reconnaissance de leur dévouement pendant une maladie qui sévit cruellement à cette époque.

Au centre du transept, est un autel de marbre noir, autrefois élevé par le cardinal de Lorraine, auprès de son tombeau. Le rétable de cet autel est orné de fort belles statues. Au bas est le Christ mort, entre les bras de la Sainte-Vierge. Saint Jean et Madeleine l'accompagnent. Un chanoine (le donateur sans doute) est agenouillé aux pieds du Sauveur. En haut, est une *Résurrection*. Ces figures sont attribuées à Pierre ou à Nicolas Jacques, très-habiles sculpteurs du xvie siècle. Derrière cet autel est une porte, aujourd'hui fermée. A droite et à gauche, deux autres portes ouvrent sur deux escaliers qui mènent jusqu'aux combles.

Dans la travée suivante est un des plus précieux tableaux de la cathédrale : *le Christ aux Anges*, de Thaddée Zuccharo. Ce tableau, acheté en Italie par le cardinal de Lorraine, appartient à son église depuis le xvie siècle. Les poses, les têtes, l'expression sont d'une perfection admirable. On n'a jamais mis en doute, en France, que ce tableau fût un original ; cependant, une toile absolument semblable pour les dimensions comme pour le sujet, dans tous ses détails, se voit à Rome au palais Borghèse ; lequel des deux est le véritable original ?

Cette porte, surmontée d'une ogive dont le tympan a reçu pour décoration une Vierge assise, recevant pour offrande une jolie réduction du portail de Reims, conduit à la nouvelle sacristie des chanoines, arrangée dans les substructions de la grande salle de l'archevêché.

Nous entrons dans le rond-point de l'édifice, en abandonnant le transept. La première chapelle porte le nom de chapelle Saint-Jean depuis le milieu du xviiie siècle. M. Godinot l'adopta et lui fit donner le nom de son propre patron. L'autel (1663) et le rétable sont tout-à-fait insignifiants ; mais plusieurs objets méritent ici notre attention : 1° Au centre de la chapelle, une mosaïque romaine, trouvée dans la cour de l'archevêché en 1849 et replacée en cet endroit ; 2° près du pilier, à gauche, la pierre tumulaire de Hugues Libergier, architecte de Saint-Nicaise, et mort en 1263. Cette pierre a été rapportée de Saint-Nicaise, lors de sa destruction, en 1792; 3º à l'angle de l'autel, côté de l'Evangile, la pierre tumulaire de Jean Godinot, chanoine de Reims, mort en 1749. Son corps ne repose point ici, mais dans l'ancien préau; 4º au-dessus du rétable, un tableau immense, peint par Dauphin, et donné en 1850 par le gouvernement : le sujet est la *Mort du Christ;* 5º un original de Titien, don du cardinal de Lorraine ; le sujet est l'*Apparition de Notre Seigneur à la Madeleine;* 6º une fort belle tapisserie des Gobelins, copie d'un carton de Raphaël et figurant la *guérison du boiteux de Lystre.* Cette tapisserie et son pendant furent accordés à la cathédrale en 1848.

La chapelle suivante est dédiée à saint Nicolas. Son autel et ceux des quatre autres chapelles que nous avons encore à visiter dans l'abside est en style Pompadour du XVIIIe siècle. Triste reste du goût de cette époque !

La troisième chapelle est dédiée à saint Remi, dont on voit la figure sur le tableau du rétable. Nous pourrions faire beaucoup de remarques sur l'architecture de cette chapelle et des autres; on les trouvera dans le dictionnaire de M. Viollet Le Duc. Le reste ne vaut pas la peine d'être nommé.

Chapelle centrale, autrefois de Saint-Jacques, puis de l'Ancienne-Congrégation, et maintenant de l'Immaculée-Conception.

La munificence du cardinal Gousset vient de restaurer complètement cette chapelle, sous la direction de M. Viollet Le Duc. L'autel gothique est de M. Fontenelle ; les figures de M. Pascal ; elles représentent les Mystères de la Sainte-Vierge ; malheureusement, les types ont été pris à Notre-Dame de Paris ; les sculptures de Reims, au seul point de vue de l'art, valaient infiniment mieux. La niche et ses sculptures sont de M. Corbon, ancien vice-président de l'Assemblée Nationale en 1848. Les candélabres et les bronzes, style gothique un peu ancien, sont de la maison Bachelet. De splendides verrières enrichissent cette chapelle, dont la décoration a coûté le prix d'une église. Au centre, est la vie de la Vierge ; à gauche, sa Généalogie ; à droite, ses Miracles. M. Steinhel a peint les cartons, M. Coffetier les a exécutés. Des peintures relevées d'ornements d'or très-multipliés cachent les voûtes et les murailles, et les mettent en rapport parfait avec les vitraux. Un pavé, gothique aussi, complète cet admirable ensemble. Comme détails, nous signalerons les piscines et crédences du xiiie siècle, à droite de l'autel ; la porte qui conduit aux combles des chapelles et le portrait très-fidèle du cardinal Gousset, au bas de la verrière de gauche.

Les deux chapelles suivantes sont dédiées, la première à *saint Nicaise*, la seconde à *saint Callixte*. Elles n'ont rien qui mérite de nous y arrêter.

La dernière chapelle est sous le vocable de la Sainte Vierge, autrefois du *saint Laict*. L'autel est en marbre ; il est surmonté d'un fronton circulaire, supporté par des colonnes et des pilastres aussi de marbre. La statue, signée Ladate, est une œuvre vraiment artistique. Cet ensemble date de 1741.

Deux pierres tumulaires marquent, dans cette chapelle, les sépultures de Robert de Lenoncourt, archevêque de Reims, mort en 1533, et de Hyacinthe Leblanc, évêque de Joppé, suffragant de M. de Rohan, archevêque en 1755.

Au-dessus de l'autel, est un Christ en croix, peint par Germain, de Reims, en 1813. A gauche, est une Nativité, du Tintoret, don du cardinal de Lorraine ; toile fort belle. A côté une seconde tapisserie des Gobelins, copie de Raphaël, *saint Paul à Athènes*. Au-dessus de ce tableau, se trouvent des traces parfaitement visibles de la décoration peinte, donnée autrefois à cette chapelle par de Lenoncourt. Il serait bien à désirer qu'on la fît revivre.

Rentrés dans le transept, nous trouvons : 1° une boiserie riche et élégante du xviiie siècle. Là, est la réserve du Saint-Sacrement, prise dans l'épaisseur d'une porte actuellement murée ; 2° au-dessus de cette porte, est un grand tableau d'Abel de Pujol, offert par Charles X en 1825. Le coloris est beau. Le sujet est : *le Baptême de Clovis*.

Dans la grande nef du transept, remarquons : les *tambours* ou revêtements de menuiserie des portes. Œuvre du xviiie siècle, comme les boiseries voisines, ils ne sont pas sans mérite. Au-dessus, s'élèvent les orgues, dont la tourelle centrale monte presque jusqu'à la voûte.

Le buffet actuel fut construit au xve siècle ; la balustrade et la coupe générale indiquent clairement cette époque. Au siècle suivant, le buffet fut modifié dans le goût de la Renaissance. Un *positif* fut ajouté en avant ; les clochetons gothiques furent remplacés par les statues colossales du Sauveur et des deux anges que l'on y voit encore. Après bien des réparations, changements et additions, l'orgue de Reims, réparé définitivement par John Abbey (1847-1849), pour le prix de 48,498 fr., est maintenant un des plus beaux et des plus complets que l'on connaisse. Il a 3,516 tuyaux et 53 registres. Sa hauteur est de 20 mètres et sa largeur de 9.

La dernière travée du transept a aussi ses merveilles. Au-dessus de la porte d'une sacristie, du même côté que les orgues, est placé le principal tableau de la cathédrale, et l'une des œuvres capitales de la peinture italienne en France. C'est le célèbre *Lavement des pieds*, de Mutiano. Il est peint en détrempe ; le recueil de Crozat en a publié la gravure ; Vanloo l'a copié, et les Gobelins l'ont mis en tapisserie. On admire, dans cette composition, la pose et l'anatomie des personnages ; il est aussi un don de la munificence vraiment princière du grand cardinal de Lorraine.

Derrière ce tableau, est une très-belle grille du XIIIe siècle, et, à côté, une curieuse horloge. La forme est gothique du XVe siècle ; un cadran marque les heures ; un globe, placé plus haut, indique les phases de la lune ; à côté, quelques groupes de personnages opèrent leurs évolutions, pendant que deux jacquemarts frappent tour-à-tour la cloche des heures. Le mécanisme actuel remonte à 1773.

Au-dessous de cette horloge, à gauche, est la porte de la sacristie et du trésor. Dans une armoire soigneusement fermée, à droite, mais qu'un custode toujours complaisant va nous ouvrir, nous verrons un véritable musée, dont nous ne pouvons guère donner ici que le catalogue.

1º Une crosse, ivoire sculpté du IXe siècle ;

2º Calice en or, dit de saint Remi, naguère à la Bibliothèque Impériale et tout récemment rendu à Notre-Dame de Reims par l'Empereur Napoléon III. Très-beau modèle d'orfèvrerie du XIIe siècle ;

3º Peigne en ivoire, ayant servi à saint Bernard pour les fonctions liturgiques ;

4º Deux reliquaires du XIIe siècle, chargés de pierres antiques ;

5º Un reliquaire du XIVe siècle ;

6° Un autre, figurant une Résurrection, présent de Henri II ;

7° Le vaisseau de sainte Ursule, cadeau de Henri III ;

8° Un vrai bijou en cristal de roche, renfermant la *sainte Epine* (une des épines authentiques de la couronne de Notre Seigneur);

9° Le splendide reliquaire de la sainte Ampoule, et ce qui reste de l'antique Ampoule de Reims. Ce monument a coûté 25,000 fr.;

10° Tous les dons, vraiment royaux, du sacre de Charles X ;

11° Une tabatière avec émaux et brillants, don de l'Empereur Napoléon III au cardinal Gousset.

Dans une armoire voisine, sont les *ornements*, mantels du XIII° siècle, chasubles du XVI°, du XVII° ; du sacre de Louis XVI, etc., etc., souvenirs plus splendides encore du sacre de Charles X.

Resteraient les tapisseries. Elles sont exposées au *triforium*. Quinze pièces ont été données par Lenoncourt, archevêque de Reims, en 1530. Elles représentent la vie de la Sainte Vierge ; Elles sont admirables.

Deux tapisseries, dites du *roi Clovis*, données par le cardinal de Lorraine, en 1573.

Dix-sept tapisseries, dites Pépersack, données par Henri de Lorraine, en 1640.

Cette collection, une des plus rares et des plus curieuses qui existent, a été publiée dans un grand ouvrage par MM. L. Paris et Libertais. Elle mérite toute l'attention des artistes et des curieux (1).

Saint-Remi, l'une des plus intéressantes églises de France ; Saint-Remi, qui sera toujours, conjointement avec l'église métropolitaine, l'ornement et la gloire de la cité de Reims, ne fut d'abord qu'un petit oratoire dédié à saint Christophe, et élevé, en 315,

---

(1) Qui pourrait voir la cathédrale de Reims sans l'aimer, sans l'admirer ? Elle est toujours belle, toujours magnifique, soit que le soleil la salue à son lever, soit qu'en plein midi, il l'inonde de ses rayons, soit que le soir, il la dore de ses derniers feux. Quelle est belle encore pendant une nuit étoilée, alors qu'à la clarté de la lune, elle revêt une physionomie nouvelle! Le voyageur attardé vient-il à passer devant l'édifice, les saints qui veillent au seuil du temple semblent lui dire : ayez confiance, nous veillons sur vous. (L'abbé Ch. Cerf. *Histoire et description de Notre-Dame de Reims*, t. 11, page 3).

par Bétause, archevêque de Reims, au milieu d'un cimetière. A peine les restes du glorieux apôtre de la France furent-ils déposés dans cette simple chapelle, que la piété des fidèles, attirés par ses miracles et par le souvenir de ses vertus, les précipita vers son tombeau. Bientôt l'édifice ne put suffire pour contenir l'affluence des pèlerins qui s'y rendaient de toutes parts, et réclama un premier développement. La modeste église de Saint-Christophe changea son nom en celui de Saint-Remi, et, grâce surtout à la munificence des prélats de Reims, fut considérablement agrandie.

Au commencement du VIIe siècle, l'archevêque Sonnace, un de ses grands bienfaiteurs, renferma dans un tombeau, élevé derrière l'autel, les reliques déposées jusqu'alors dans un cercueil de bois, et institua sa principale héritière l'église Saint-Remi, qui, chaque jour, s'enrichissait de privilèges et de donations (1).

L'archevêque Hincmar, au IXe siècle, travailla au développement de la nouvelle église, éleva un splendide monument à saint Remi, et donna une châsse de bois, enrichie de lames d'or (2).

Mais l'église, avec ses formes sévères de château féodal, était plus imposante que solide, et l'on fut obligé de songer à une autre (3). Airard, sixième abbé régulier, fit travailler, l'an 1009,

---

(1) Sonnace lui légua un plateau d'argent doré, douze cuillers, une salière d'argent, la portion qui lui était échue dans une métairie, avec les serfs, les vignes, les prés et toutes les dépendances ; enfin, quelques autres biens qu'il déclare avoir achetés de ses deniers. (Flodoard. *Hist. de l'église de Reims,* page 258).

(2) Hincmar fut un prélat illustre, qui occupa pendant 37 ans le siège archiépiscopal de Reims, se trouva mêlé à toutes les grandes choses de son temps, et tout en dirigeant les affaires, tout en gouvernant la royauté elle-même, travailla à la splendeur de son église et à la prospérité de la ville dont il était le pasteur. Hincmar obtint de Charles-le-Chauve des privilèges pour les ouvriers ; il traça des rues nouvelles, fonda un hôpital, et rendit aux écoles monastiques l'éclat dont elles avaient brillé sous Charlemagne (882).

(3) Une tapisserie, possédée par l'abbaye de Saint-Remi, donnait le dessin de l'église d'Hincmar ; elle la représentait au milieu d'une enceinte garnie de bastions ; la porte des fortifications était à plein-cintre ; elle se trouvait dans un corps de constructions flanqué de tourelles. Une tour à quatre faces, couronnée d'un toit aigu, défendait le côté du nord. Cette

à l'église troisième de Saint-Remi. Après 28 ans de travaux, il mourut, la laissant inachevée.

Thierry, son successeur, ayant trouvé l'entreprise de difficile conduite, fit démolir l'œuvre commencée et jeta les fondements d'une nouvelle construction en 1041. Il mourut en 1048, sans la terminer.

En 1049, un autre abbé, nommé Hérimar, la continua. Il acheva la croisée méridionale, comme celle qui lui était opposée ; le peuple de Reims l'aida de tout son pouvoir.

Le 1er octobre de cette même année 1049, le pape Léon IX, assisté de Guy Ier de Châtillon, archevêque de Reims, et accompagné des trois archevêques de Trèves, de Lyon et de Besançon, ainsi que de plusieurs autres nobles prélats, entre autres, Jean, évêque de Porto, et Pierre, diacre de l'évêque romain et préfet de la ville, de tous les religieux, les abbés, les moines et les clercs, venus en foule, de toutes parts, en fit la dédicace, en présence d'une immense population.

En 1090, un magnifique pavé de mosaïque, composé par Guy ou Widon, religieux et trésorier de Saint-Remi, couvrit le chœur tout entier. Ce pavé attirait l'attention des curieux. Il était formé de petites pièces de marbre, les unes en leur couleur naturelle, les autres, teintes et émaillées. Ce poème de marbre représentait une infinité de dessins qui ressemblaient à la plus riche tapisserie.

Vers 1168, 120 ans après Hérimar, l'abbé Pierre de Celles modifia et améliora la construction de Saint-Remi. L'entrée lui sembla trop simple ; l'église n'était pas voûtée ou du moins elle ne l'était qu'en bois. L'abside était moins élevée que le reste de l'édifice. Il fit faire un portail plus orné, mieux entendu que l'ancien. Il fit bâtir le rond-point et le tour des chapelles, et voûter toute l'église en pierre.

A la fin du xive siècle, vers 1388, l'abbé Jean Canart refit en plomb la couverture du corps de l'église et éleva le petit clocher du centre, sur le transept de l'édifice.

église se terminait par un petit bâtiment qui servait probablement d'habitation aux prêtres ou aux religieux chargés de la desservir. Cette tapisserie a été la proie des flammes dans un incendie.

Vers 1500, Robert de Lenoncourt, deuxième abbé commendataire, voyant la croisée méridionale menacer ruine, fit construire le portail de côté, ayant fait allonger cette croisée d'une toise environ. Il donna, en 1531, de superbes tapisseries à cette église, et éleva à saint Remi un nouveau tombeau, qui fut terminé en 1537 (1).

En 1602, Philippe du Bec, abbé commendataire, reconstruisit la grande rose qui faisait face au portail de Lenoncourt, et qui était tombée le 11 juin de cette même année. Toutefois, ce travail ne fut achevé que sous l'épiscopat de Louis de Lorraine, son successeur. Divisée en 24 branches, 6 grandes et 18 moyennes, cette rose a été dégradée par l'incendie de 1774 et par 1793.

En 1610, le grand prieur Dom Oudart Bourgeois et Dom Thierry Châtelain, prévôt de Corbeny, firent ajouter au maître-autel une pyramide à trois étages de pierre et de marbre, destinée à recevoir les reliquaires. Le même Dom Oudart Bourgeois fit fondre, en or massif, la châsse de saint Remi, et remplaça ainsi la châsse donnée par Hincmar.

En 1619, le bas-relief ou rétable des trois baptêmes de Jésus-

---

(1) L'abbaye de Saint-Remi, regardée comme la première abbaye de France, soit à cause de son dépôt sacré, soit à cause du nombre de ses dépendances et de ses prérogatives particulières; l'abbaye de Saint-Remi, qui eut le titre d'*archimonastère*, que Gerberge appelle la capitale du royaume *caput Franciæ*, qui fut enrichie de présents et de largesses considérables, dont les abbés avaient le droit de porter la mître, la crosse, les sandales et la dalmatique; l'abbaye de Saint-Remi fut sous la direction des archevêques-abbés, de 456 à 790; — des Bénédictins, de 790 à 945; — des abbés réguliers, de 945 à 1473; — et enfin, des abbés commendataires, de 1473 à 1793.

Les tapisseries données par Robert de Lenoncourt sont au nombre de dix, toutes d'égale grandeur et de forme pareille. Elles représentent la *bataille de Tolbiac, le baptême de Clovis, la peste de Reims*, et les divers évènements qui donnèrent lieu aux miracles de l'apôtre des Français. « Ces tapisseries, dit M. Vitet, sont des chefs-d'œuvre moins parfaits, » quant au dessin et quant à la perspective, que ceux de Valenciennes, » mais aussi beaux de couleurs et de travail. C'est surtout à l'envers qu'il » faut voir ces beaux tapis; les couleurs, garanties de ce côté contre l'ac- » tion de l'air, ont conservé presque tout leur éclat. »

Christ, de Constantin et de Clovis furent sculptés aux frais de Dom Jean l'Espagnol, prieur de Saint-Remi.

A partir de 1656, on s'occupa de construire des clôtures d'arcade auprès du Tombeau.

En 1662, J. Landin, de Limoges, un des plus habiles artistes de son temps, fondit les émaux que l'on admire encore à Saint-Remi (1), et, cette même année, le premier pilier de l'église, en dehors, du côté du midi, tomba, et compromit un instant l'édifice tout entier.

En 1725, deux parties des hautes voûtes collatérales, du côté du cloître, minées par les pluies, entraînèrent dans leur chute les voutes inférieures.

En 1736, 1737 et 1738, on posa une grille avec deux portes et une autre grille d'appui autour du tombeau de saint Remi, à la place des balustres de bois ouvragés à jour, qui tombaient de vétusté. — Pendant les mêmes années, on fit rétablir toutes les vitres de l'église, et plus particulièrement la grande rose du portail, et les trois fenêtres du dessous.

En 1750, on fit des réparations considérables à toute l'église.

A la fin du XVIIIe siècle, après avoir reconstruit leur couvent incendié (2), les religieux se disposaient à rebâtir le portail de

---

(1) Ces émaux sont d'une assez grande valeur. — La richesse des teintes et du coloris, la beauté des expressions, l'élégance du dessin, annoncent une main exercée. — Seize de ces émaux sont fixés aux châsses qui renferment les restes des premiers martyrs de Reims ; les autres attendent une autre destination. Ils sont au nombre de vingt-sept.

(2) La maison de saint Remi a été brûlée trois fois, avant l'incendie du 15 janvier 1774. — La première fois, en 1098 ; la seconde, en 1481 ; la troisième, en 1551 — Cette fois, le roi Henri II se trouvait à l'abbatiale, où le cardinal de Lorraine, abbé de Saint-Denis, lui donnait à dîner. — Une somme de 24,000 livres fut donnée par le roi pour la réparation de l'édifice. — L'incendie de 1774 dévora le linge, l'argenterie de la maison, tous les effets de l'église, tous les papiers contenus dans le chartrier, tout le mobilier des religieux, etc., 24,000 volumes environ, de toutes les classes des sciences et des arts, dont la plupart d'anciennes éditions rares et recherchées ; 900 volumes manuscrits, dont un grand nombre n'ont jamais été imprimés. — On ne sauva que 1,800 volumes et 90 volumes manuscrits, dont beaucoup sont restés dépareillés — Des sept volumes

Saint-Remi, lorsque la Révolution éclata. Tous les projets furent suspendus, le vieux monument fut dévasté, les moines dispersés, le trésor confisqué, les reliques profanées, la Sainte-Ampoule brisée sur la place publique par Rhul, du Bas-Rhin, représentant du peuple.

En 1803, un tombeau provisoire fut élevé par la munificence de Ludinart de Vauxelles, ancien trésorier de France ; les chapelles furent restaurées par l'abbé Berlin (1) ; le groupe du Tombeau de Jésus-Christ fut donné par Lemoine, propriétaire de l'église de la Commanderie du Temple, où il se trouvait (2).

En 1839, une somme de 292,000 fr. fut reconnue nécessaire pour des travaux de restauration générale, sous la direction de M. Brunette. — Une grande partie des hautes et des basses voûtes fut relevée, les piliers, les arcs-boutants, le grand portail, les contre-forts consolidés ; l'église dallée et badigeonnée ; l'ancienne rose remplacée par une autre en fonte (elle a été heureusement remplacée elle-même, depuis); la tour méridionale et le fronton du grand portail furent complètement reconstruits.

---

de la Bible Polyglotte, il n'en reste que deux ; d'une belle Bible française, manuscrite, in-f°, il ne reste que le second volume ; de la belle collection des Conciles, imprimée au Louvre, il y a quatre ou cinq volumes qui manquent, etc. ; le fameux manuscrit de Phèdre est brûlé. (Bibl. imp. *Collection de Champagne*, tome XXVII).

(1) Les chapelles absidales de Saint-Remi sont au nombre de 7, sans comprendre les deux grandes ouvertures dans le mur oriental du transept. Il est difficile de trouver des chapelles plus intéressantes. La chapelle de la Vierge est un véritable type du genre. Sa gracieuse galerie à jour, ses nombreuses fenêtres, à part le style moins avancé de l'art ogival, en font comme une miniature de la Sainte-Chapelle de Paris. Du reste, toute la région absidale de Saint-Remi offre un type architectural souvent imité dans les monuments religieux du moyen-âge.

(2) C'est en entrant par le portail de Lenoncourt que se trouve, à droite, le Saint Sépulcre, composé de 7 personnages sculptés. Ces statues, faites dans un temps où le bon goût ne régnait pas encore, ont des attitudes peut-être un peu forcées, mais ne sont cependant pas sans mérite. — Ce tombeau porte cette inscription : *frère François Jarradin, commandeur de céans, a fait faire ce sépulcre, en l'an mil cent et ung. Priez Dieu pour luy.*

En 1842, l'orgue actuel a été placé dans le chœur. — Une nouvelle consécration de l'église Saint-Remi a eu lieu, par M⁰ʳ le cardinal Gousset, et le vitrail septentrional a été rajusté.

En 1847, nouvelle et entière reconstruction du tombeau de saint Remi (1).

(1) Cinq tombeaux, en forme de mausolée, ont renfermé les restes précieux de saint Remi. Le premier, bâti par Hincmar, au IX⁰ siècle ; le second, par Hérimar, au XI⁰ ; le troisième, par Robert de Lenoncourt, au XVI⁰ ; le quatrième, en 1803, par Ludinart de Vauxelles ; le cinquième, en 1847, sous l'épiscopat de M⁰ʳ le cardinal Gousset. L'histoire ne nous a point conservé la description complète des deux premiers. Marlot dit seulement qu'Hincmar fit bâtir une nouvelle grotte, sur la place même où était l'ancienne, qu'il enrichit de lames d'or, de perles, de diamants et d'autres pierres. Le corps de saint Remi était dans une châsse de bois recouverte de lames d'argent, pesant environ 24 marcs, et qui fut remplacée par celle d'Oudart-Bourgeois. Une tapisserie, donnée en 1400 par Jean Canart, représentait le mausolée. — Le tombeau de Robert de Lenoncourt passait pour un des plus magnifiques de France. Il était tout de marbre blanc et avait 8ᵐ 11ᶜ de hauteur, 5ᵐ 52ᶜ de longueur et 2ᵐ 55ᶜ de largeur. Il était décoré de colonnes de porphyre, d'ordre corinthien. Tout autour, 12 statues de grandeur naturelle, représentant les six pairs ecclésiastiques (l'archevêque, l'évêque de Laon, l'évêque de Langres, l'évêque de Beauvais, l'évêque de Châlons, l'évêque de Troyes), et les six pairs laïques (les ducs de Normandie, de Bourgogne, d'Aquitaine; les comtes de Flandre, de Champagne et de Toulouse). A l'extrémité, apparaissait saint Remi, ayant devant lui Clovis à genoux, et derrière lui Thierry, son aumônier, tenant la croix épiscopale. — Ce mausolée était divisé en deux parties. Dans la première, d'ordre corinthien, des colonnes de jaspe pourpre et blanc soutenaient un entablement de même espèce. — La seconde partie, s'élevant au-dessus de la première, présentait un carré oblong d'ordre dorique, sur les deux grands côtés duquel étaient appliqués 54 médaillons d'argent, représentant la vie et les miracles de saint Remi. Tout l'ouvrage était surmonté d'une petite lanterne en forme de dôme posé sur un soubassement rond de jaspe, et soutenu de branches de feuillages contournées, qui servaient d'arcs-boutants pour la soutenir. Deux colonnes de porphyre, d'ordre composite, formaient l'accompagnement de l'ouverture par où sortait la châsse. Cette face extérieure était enrichie d'un rétable de vermeil parsemé de grenats, de rubis, de cornalines et d'agathes. Au milieu de ce rétable se trouvait une petite ouverture carrée, par laquelle on montrait la châsse. La porte de cette ouverture était remarquable par sa richesse. Une

Depuis cette époque, la sacristie a été embellie de deux portes du XVe siècle ; l'autel des Trois-Baptêmes a été enlevé du sanctuaire, et reporté près des fonts baptismaux : les dalles historiées de Saint-Nicaise ont été placées dans une chapelle et restaurées. M. Maréchal, de Metz, a exécuté les verrières du grand portail ;

très-grosse perle en formait le centre. La bordure, en émail violet, portait l'inscription en quatre vers latins qui se trouvait sur le tombeau d'Hincmar :

> *Hoc tibi, Remigi, fabricavit, magne sepulcrum,*
> *Hincmarus præsul ductus amore tui,*
> *Ut requiem Dominus tribuat mihi, sancte, precatu*
> *Et dignis meritis, mi venerande, tuis.*

Il y avait, de plus, une très-belle agathe onyx, environnée de saphirs, de grenats et autres pierres précieuses. Henri II avait fait présent de ce morceau. La châsse d'Oudart Bourgeois était d'argent massif et enrichie de pierreries. Elle avait la même forme que le mausolée, seulement des colonnes torses, ornées de feuillages, séparaient les statues qui ornaient le contour. Elle pesait 223 marcs (près de 56 kilogr.), et avait coûté 14,356 livres, somme énorme pour ce temps-là. Elle portait 2m 28c de longueur, sur 1m 28c de largeur, en y comprenant la couronne qui terminait le comble. Cette châsse avait été faite par L'Epicier, habile orfèvre rémois. On y admirait divers dessins en relief, représentant le *Baptême de Clovis* et le *Miracle de la Sainte Ampoule ;* celle-ci était toute éblouissante de pierreries. La châsse d'Oudart a disparu en 1793.

Dans le tombeau, outre la châsse, était renfermé le *bâton pastoral* que le pape Hormisdas avait envoyé à saint Remi, en le nommant légat apostolique. Ce bâton était couvert d'or et orné de pierres précieuses.

La Sainte Ampoule, destinée au sacre des Rois, était placée dans un reliquaire d'or, sur le devant du tombeau de saint Remi. C'était une petite fiole de verre ou de cristal, de 45 millimètres de hauteur, remplie d'un baume brun-foncé, adhérent à ses parois. Elle était enchassée dans une rose de vermeil, ornée de pierreries. Ce reliquaire s'ouvrait en deux parties. Le dessus était à jour et recouvert d'un cristal au travers duquel on apercevait le petit vase placé dans le dos d'une colombe d'or ; une aiguille d'or servait à détacher une parcelle de ce baume qu'on mêlait au Saint Chrême, sur une espèce de patène d'argent qui était appliquée au reliquaire. — L'abbé de Saint-Remi et le grand prieur avaient seuls le droit de porter la Sainte Ampoule, de l'église Saint-Remi à l'église métropolitaine. Ils étaient escortés des quatre barons de la Sainte Ampoule (le seigneur de Terrier, de Bellestre, de Neuvizy, de Souastre, au diocèse de

M. Ladan, de Reims, a réparé heureusement celles de l'abside ; M. Leclerc, du Mesnil-Saint-Firmin (Oise), a fourni trois verrières à la chapelle de la Sainte-Vierge ; M. Didron a livré un nouveau vitrail qui, par le style, surpasse tout ce qui a été fait jusqu'ici ; M. Wendling a réparé le fronton du portail du sud, tandis que

Reims, tous les quatre relevant de l'abbé de Saint-Remi), et ils la déposaient sur l'autel de Notre-Dame. Louis XI, pour prolonger sa vie, obtint seul de l'avoir, au Plessis-les-Tours, où elle resta jusqu'à sa mort.

Le tombeau provisoire de Ludinart de Vauxelles était de forme circulaire, dans le style toscan. Son élévation était de 10 mètres 33, et son diamètre de 5 mètres 33. L'intérieur était pavé de marbre ; l'entrée, placée derrière le grand autel, s'élevait sur quatre degrés. Sur un socle en pierre peinte, s'appuyaient huit colonnes marbrées, surmontées d'une corniche en menuiserie ; de là, se courbaient huit consoles réunies, portant au sommet un vase de parfums d'où jaillissaient des flammes. Autour de ce simple mausolée, sur le socle et entre les colonnes, étaient placés les douze pairs de France, et saint Remi catéchisant Clovis.

En 1847, le tombeau de saint Remi a été reconstruit en entier, sur un plan qui a permis d'utiliser les statues de Robert de Lenoncourt. Placé derrière l'autel, au centre d'une splendide clôture de la Renaissance, ce monument est dû au ciseau de MM. Combettes et Wendling, sculpteurs, sous la direction de M. Brunette, architecte. Ce qui, surtout, le distingue de l'ancien, c'est qu'il n'a point d'étage supérieur, mais se termine par une simple toiture en pierre, surmontée d'une crête et d'une petite lanterne dans le style de la Renaissance.

Nous ne pouvons terminer nos notes sur ce que Saint-Remi possédait de monuments, sans parler du grand autel, de la Couronne du chœur et du Candélabre. Le *grand autel* était un des plus riches. Le devant se composait d'une table d'or, divisée par des pilastres aussi d'or, en trois panneaux ou compartiments. Dans celui du milieu paraissait la figure du Sauveur, assis sur un trône, la tête couronnée d'une grande nimbe de pierreries ; deux archevêques de Reims, Foulques et Hérivée, se tenaient prosternés à ses pieds. Il était, en outre, garni de saphirs, d'émeraudes et d'autres pierres du plus grand prix, et de deux énormes grenats, présents du roi Charles-le-Chauve. Les côtés de cet autel n'étaient guère moins riches que le devant. Ils étaient tout couverts de lames de vermeil, et l'on en tira près de 100 marcs d'argent, en 1526, pour la rançon de François Ier. La *couronne*, de 6 mètres de diamètre et de 18 mètres de circonférence, était suspendue au milieu du chœur. Elle était de fer et de cuivre doré travaillé en filigrane. Elle présentait assez bien la forme d'une enceinte forti-

M. Brunette relevait la tour méridionale et restaurait le fronton du grand portail, etc. Enfin, tout, dans la basilique de Saint-Remi, a repris son aspect majestueux. L'œil peut, de nouveau, parcourir les profondeurs de ses galeries, contempler l'ampleur de sa nef, la forêt de colonnes, et ses riches portiques, et toute cette perspective aérienne de son admirable abside.

L'église Saint-Remi a la forme d'une croix latine, elle se compose d'une nef allongée, d'un transept et d'une abside. Elle a 120^m de longueur, du portail à l'extrémité de la chapelle de la Vierge. La nef porte, d'axe en axe des piliers, 14^m, et 28^m en y comprenant les bas-côtés. Le transept, d'un portail à l'autre, offre 56^m de long et 18^m de large, en y comprenant les bas-côtés. La nef présente 42 travées, avec les bas-côtés ; elle a 13^m de moins d'élé-

fiée, flanquée de 12 tourelles à jour, et entre lesquelles étaient disposés 96 chandeliers ornés d'une boule de cristal. On pense que ces 96 cierges, allumés aux sept principales fêtes de l'année, symbolisaient les 96 années de la vie de saint Remi. Elle était partagée en 12 espaces égaux, par autant de tourelles dorées et percées à jour, en forme de lanternes. Les tours servaient d'assemblage à tout le travail, au bas duquel régnait une ceinture dorée. Cette couronne, sans doute du xiiie siècle, était un ornement commun dans les églises à cette époque. Au haut du chœur se trouvait le magnifique *candélabre* à sept branches, de 5 mètres de hauteur et de 5 mètres de développement, terminées par autant de chandeliers destinés à porter des cierges. Le piédestal, dont on peut admirer un curieux fragment au musée de Reims, représentait la figure des quatre évangélistes ; il était aussi enrichi de cristaux taillés, d'animaux fantastiques et d'arabesques. Il était d'une espèce de cuivre très-fin, et qui ne se ternissait pas. On l'attribuait au talent d'Osmond, ouvrier habile du xiie siècle.

De tous les trésors entassés par les siècles dans l'église Saint-Remi, il ne reste que les tapisseries, les émaux, quelques châsses insignifiantes, une ou deux chasubles, qui ne sont ni bien anciennes, ni bien remarquables, plusieurs verrières, les statues de l'ancien tombeau, quelques tableaux et un certain livres d'évangiles. Cet Evangéliaire, provenant de l'abbaye de Saint-Pierre-aux-Nonnains, fut écrit, en 1591, aux frais de Renée de Lorraine, abbesse de Saint-Pierre de Reims, de 1542 à 1602. Ce livre est un petit in-folio de 230 pages vélin ; il est orné d'émaux. Tout le reste a disparu sous l'action du temps ou de la tourmente révolutionnaire.

vation que celle de la cathédrale. Le portail qui précède est muni de deux tours placées à ses extrémités, et sur des dimensions moindres que celles des tours. L'abside se compose de 3 travées, jusqu'à la naissance de la charolle ; elles sont accompagnées chacune d'un double bas-côté. Au-delà, s'ouvrent les cinq travées de la charolle, auxquelles correspondent cinq chapelles absidales qui offrent 7ᵐ d'ouverture. Avant la Révolution, 12 cloches faisaient retentir les deux tours de leurs voix argentines.

L'église Saint-Jacques, dont le portail remonte au XIIIᵉ siècle et au XIVᵉ, ainsi qu'une partie de la grande nef et des bas-côtés. La tour, de la même époque, est surmontée d'un clocher du XVIIIᵉ siècle ; la chapelle de la Vierge est du XVIᵉ siècle ; l'autel est moderne (1).

L'église Saint-Maurice, dont le portail, ou mieux la principale porte d'entrée, d'architecture romane, est un des plus vieux monuments de Reims ; il date du Xᵉ siècle. La belle petite chapelle, de style ogival, a toujours attiré l'attention des connaisseurs (2).

Au faubourg de Laon, on remarque une charmante petite chapelle, construite dans le style du XIIIᵉ siècle, par Mgr le cardinal Gousset, qui l'a consacrée à saint Thomas, son patron.

L'Hôtel de Ville. La première pierre de ce bel édifice fut posée en 1627, le 18 juin, par Nicolas L'Epagnol, 52ᵉ lieutenant de la ville. Il fut laissé inachevé en 1636, fini à peu près en 1825, et entièrement terminé en 1856, par les soins de M. Werlé, maire alors, et à l'habile administration duquel Reims doit un grand

---

(1) Cette église possède un beau tableau du Guide, représentant le Mystère de la Sainte-Trinité ; l'Apparition de Jésus-Christ à Madeleine, du Titien, et plusieurs toiles d'Hellart, peintre rémois, entre autres la Pêche Miraculeuse. Le Crucifix placé près de la voûte, entre le chœur et la nef, admiré de tous les connaisseurs, est dû au ciseau de Pierre Jacques, sculpteur rémois.

(2) On y voit quelques tableaux, dont les plus importants sont : La Résurrection de Lazare, par J.-B. Corneille ; une Nativité, Jésus-Christ au Jardin des Oliviers, de J. Tisserand, peintre rémois ; deux devants d'autel, une Flagellation de Notre-Seigneur et une Croix enlevée par les Anges, de Lesueur.

nombre d'embellissements remarquables et de fondations importantes.

L'Hôtel-de-Ville n'a qu'un étage. Soixante-huit colonnes et pilastres des ordres corinthien, dorique et ionique décorent sa façade. Il est surmonté d'un clocher d'une forme élégante et qui renferme une horloge. Dans cet hôtel se trouvent : le *cartulaire,* la *bibliothèque* et le *musée.* Le cartulaire, où règne le plus bel ordre, renferme des chartes des rois de France et des archevêques de Reims, les archives de la ville et tout ce qui a rapport à l'administration de Reims (1). La bibliothèque, formée en 1812, des bibliothèques des abbayes et des communautés de la ville, supprimées à la Révolution, ainsi que des livres acquis depuis, se compose de plus de 30,000 volumes imprimés et de plus de 1,200 manuscrits. Entre les livres précieux qu'on remarque, on peut citer un bel exemplaire d'Homère, de 1488 ; un *Annœus florus,* de 1470 ; la *Mer des Histoires,* de 1488 ; un *Denys d'Halicarnasse,* de 1548 ; le *Voyage et Pélerinage* de la cité sainte de Jérusalem. Parmi les manuscrits, l'Evangéliaire slavon, les Origines et Etymologies, écrits par saint Isidore ; le Pontifical d'Hincmar, de 780 ; le Sacramentaire de saint Grégoire, de 799 ; les Heures de la reine Emma, épouse de Louis d'Outremer, et le Graduel de l'abbaye Saint-Nicaise, d'un prix inestimable. Il y a aussi, dans la bibliothèque, un médaillier et une collection d'autographes qui s'augmentent de jour en jour. On remarque la collection des médailles, dites des sacres, avec quantité de doubles dont on pourrait se servir pour échanges ; la collection des rois de France ; bon nombre de médailles recueillies à Reims, entre autres, un Richard II de Normandie, pièce inédite, etc. (2). Entre les tableaux du musée, on

---

(1) Le cartulaire renferme les titres de l'hôtel de ville, depuis le XIIIe siècle jusqu'à nos jours. Ce qui rend surtout ce dépôt important, c'est le recueil des délibérations du conseil municipal, depuis plus de 300 ans, sans aucune interruption.

(2) La bibliothèque est ouverte tous les jours, de 10 heures à 4 heures, excepté les lundis et jours fériés. Le cartulaire ne peut être visité qu'avec une permission spéciale du maire. Le musée est ouvert le jeudi et le dimanche, de 10 heures à 4 heures.

A l'archevêché, qui est contigu à la cathédrale, se trouve une biblio-

distingue l'Ensevelissement de Notre-Seigneur, de Van-Mool ; la Guérison de l'Aveugle-né, du Poussin ; la Malédiction du Père de famille et le Fils puni, de Greuse ; le Jugement dernier, de Jean Cousin ; un Paysage, de Berghem ; la petite Crasseuse, de Rembrandt ; le comte d'Artois (Charles X), du Rémois Germain ; le Baptême de Clovis, d'Allaux ; Elie au Mont-Carmel, frappant de mort les prophètes de Baal.

La Place Royale, carré long de 80 mètres sur 72, se distingue par sa régularité, par les bâtiments qui l'entourent et par le monument qui en décore le centre. Toutes les maisons y ont des façades à soubassement, percées d'arcades avec refends, ornées d'un

---

thèque ecclésiastique, très-complète ; toutes les grandes publications religieuses et les principaux corps d'histoire ; le Pouillé du diocèse de Reims ; les archives du chapitre ; portraits des archevêques ; portraits des rois de France sacrés à Reims. Toutes ces richesses littéraires ont été réunies avec un zèle hors ligne par Mgr Gousset. On remarque aussi, dans le premier salon, un beau Christ, d'après Fra Angelico.

Quelques particuliers de Reims ont des bibliothèques et des cabinets curieux.

Nous avons lu dans le *Moniteur*, en janvier 1862 :

« La bibliothèque impériale vient de recevoir en don de l'Empereur,
» pour son département des médailles et antiques, un vase de bronze
» gallo-romain de 21 centimètres de hauteur sur 15 centimètres de dia-
» mètre, décoré de bas-reliefs au repoussé, représentant des scènes
» bachiques.

» Ce vase, ou plutôt ces fragments d'un vase, ont été trouvés aux
» portes de Reims. M. Victor Duquenelle, membre de l'Académie impériale
» de Reims, a eu l'honneur de présenter ces précieux fragments à l'Empe-
» reur au camp de Châlons, en août 1860, en annonçant à Sa Majesté que,
» si l'on parvenait à retrouver la forme première du vase, il demanderait
» la permission de l'offrir à l'Empereur

» M. Peigné-Delacourt, qui s'est chargé de faire réunir ces fragments et
» d'en recomposer un vase, sans toucher aux parties antiques et sans dis-
» simuler en aucune façon ce qu'on a dû y ajouter pour lui donner les
» contours qu'il a dû avoir dans son intégrité, a eu l'honneur de pré-
» senter le résultat de cette ingénieuse restauration et de l'offrir à l'Em-
» pereur, en son nom et au nom de M. Duquenelle. C'est par les ordres de
» Sa Majesté que M. Peigné-Delacourt a déposé, le 16 janvier, ce vase au
» département des médailles et antiques de la bibliothèque impériale. »

ordre dorique qui embrasse deux étages, et couronnées d'une balustrade sans comble apparent. Cette place, d'après les dessins de Legendre, ingénieur du roi, fut commencée en 1756, et mise, quelques années après, presque dans l'état où nous la voyons. L'ancien Hôtel des fermes, qui occupe le fond de la place, a un avant-corps formé de quatre colonnes surmontées d'un fronton, dans le tympan duquel sont des génies qui déploient des étoffes, et une bacchante avec des enfants qui tiennent des corbeilles de raisins. La statue de Louis XV, œuvre de Cartellier, érigée par la ville en 1819, et les deux statues, symbole de la Force et du Commerce, faites par Pigalle en 1765, font l'ornement de la Place-Royale. (Avant 1793, le monument entier était l'œuvre de ce sculpteur célèbre).

L'Arc de Triomphe, à la porte Mars. Ce monument gallo-romain est peut-être un des plus beaux qui existent en Europe. Il fut élevé, suivant l'opinion la plus commune, sous le règne d'Auguste, par Agrippa, au commencement de l'ère chrétienne. L'attique de ce monument n'existe plus ; les voûtes des trois arcades sont les parties les mieux conservées ; la face de la campagne est très-mutilée. Quant aux côtés de la ville, les grossières piles de maçonnerie élevées en 1857 cachent complètement ce qui reste de curieux ; cela est d'autant plus fâcheux, qu'il paraît que leur démolition pourrait entraîner la chute de l'édifice ; à ces chances de destruction s'ajoute la pente du terrain du square, qui envoie les eaux pluviales miner les fondations.

Le *Palais de Justice*, d'ordre dorique, construit sur l'emplacement de l'ancien Hôtel-Dieu et terminé en 1845. — La belle *Grille de la porte de Vesle*, faite en 1774, pour le sacre de Louis XVI, par un serrurier rémois, nommé Masson. — La *Grille* de la nouvelle porte Cérès, dont l'adjudication, faite le 2 juin 1856, a été estimée, avec les deux pavillons, à 59,878 fr. Non loin de la porte Dieu-Lumière, la nouvelle *machine hydraulique*, à haute pression de 3 à 4 atmosphères, de la force de 40 chevaux (1). — La *Place*

(1) Cette machine fut entreprise en 1840 par M. Cordier, ingénieur hydraulicien à Béziers, et terminée en 1843 ; elle a coûté près d'un million à la ville. Elle élève et amène au réservoir de Reims, sur la place de la Tour-

Godinot, autrefois place Saint-Pierre, la fontaine élevée en 1843, d'après les dessins de M. Brunette. — La belle *Fontaine des Boucheries*, de 1753, lors de l'érection des premières fontaines de la ville, commencée en 1747. — Le *Marché couvert*, d'après les dessins de MM. Durand et Brunette, architectes de la ville, construit en 1840, sur la place du Marché-aux-Draps (1). Il est parfaitement éclairé ; à l'intersection de ses deux allées, est une fontaine à quatre robinets, et les couvertures sont soutenues par 20 immenses colonnes en fonte. — *L'Abattoir*, faubourg de Vesle ; il a coûté 500,000 fr. — La *Maison*, rue de Tambour, improprement appelée l'hôtel des comtes de Champagne, et que l'on croit avoir été l'hôtel des grands baillis, construite dans le xiiie siècle ; elle est peut-être la plus belle de ce genre qui soit en France. Le curieux *Hôtel de l'Art-Renaissance*, rue du Marc. Sur la place attenant à l'église Saint-Maurice, l'*Hôpital général*, ancienne maison des Jésuites, quittée par eux en 1762 ; il renferme un bassin, contenant 80 pièces d'eau. — La *Salle de spectacle*, contenant 3,000 places. — Près de la cathédrale, l'*Hôtel de la Maison-Rouge*, sur la porte duquel on lit cette inscription : *l'an 1429, au sacre de Charles VII, dans cette hôtellerie, alors nommée l'Anc-Rayé, le père et la mère de Jeanne d'Arc ont été logés et défrayés par le conseil de la*

du-Puits, 180 pouces fontainiers d'eau, ou 20,000 hectolitres, dans l'espace de 14 heures ; elle alimente plus de 80 fontaines publiques et suffit à un grand nombre de concessions particulières. Elle remplace l'ingénieuse machine faite en 1747 par le minime André Féry, mécanicien habile, pour fournir toutes les anciennes fontaines de la ville, qui étaient dues en grande partie au bienfaisant chanoine Jean Godinot.

(1) L'ancienne fontaine du Marché-aux-draps, œuvre du sculpteur Coustoux, a été transportée sur la place Saint-Nicaise.

L'aqueduc qui fournissait de l'eau à Reims prenait les eaux de la Suippe à Jonchery (canton de Suippes, arrondissement de Châlons), passait au Grand-Saint-Hilaire, atteignait et côtoyait la chaussée romaine de Reims à Verdun, montait au-dessus de la ferme de Moscou, vers les hautes terres de Prosnes, touchait les Commelles et Alger, remontait vers les terres, au-dessus de la porte Dieu-Lumière, traversait en plusieurs directions toute la partie haute de la ville, et arrivait sur l'emplacement qu'occupe le marché couvert.

ville (1). — Près de la *place Drouet-d'Erlon*, qui fait face à l'embarcadère du chemin de fer, inauguré le 4 juin 1854 (chemin de Reims à Epernay), et sur laquelle s'élève la belle statue en pied de l'illustre maréchal, enfant de Reims (2), on remarque d'anciennes rues à promenoirs couverts. — La superbe *Gare de Reims*, en face de laquelle se trouve une très-jolie plantation, espèce de square qui interrompt agréablement la promenade, et qui est orné de la statue en pied de Colbert. — Les *belles Promenades*, sur l'emplacement des anciens remparts ; elles furent commencées en 1731, et achevées en 1733, sur un plan tracé et exécuté par Leroux père et fils, jardiniers rémois. — La riche *Mosaïque* des promenades, découverte le 3 novembre 1860 (3), etc., etc.

Il est bien difficile de parler sérieusement de Reims avant Jules César, le premier historien qui ait cité le nom de nos aïeux. Ce qui est certain, c'est que Reims était déjà l'une des plus puissantes villes de la Gaule-Belgique, quand le général romain y pénétra

---

(1) Voici le compte des dépenses du père de Jeanne d'Arc, tiré des archives de la ville :

« A. Alis, veuve de feu Raulin-Moriau, hôtesse de l'Anc-Rayé, rue des Ta-
« pissiers, pour dépense faite en son hôtel par le père de Jeanne-la-Pucelle,
» qui était en la compagnie du roi, quand il fut sacré en cette ville de
» Reims, ordonne être payé des deniers communs de ladite ville, la somme
» de 24 livres parisis, comme il appert à plein par le mandement dudit
» lieutenant. Donné le 18 septembre 1429, et par quittance de ladite Alis,
» écrite au dos d'icelui mandement. »

(2) C'est par erreur que M. Thiers dit au XIXe volume de son *Histoire du Consulat et de l'Empire*, page 24e : « *Enfin, l'un des divisionnaires de* » *l'Empire, Drouet, comte d'Erlon, fils de l'ancien maître de poste de Va-* » *rennes, était à la tête de la 16e division militaire, à Lille, etc.* » Drouet le conventionnel, est né en 1763 ; Drouet, le maréchal de France, est né en 1765, à deux ans de différence.

(3) Ce beau spécimen de l'art mosaïque romain a une superficie de 90 mètres carrés ; on y voit représentés des luttes de gladiateurs, des combats d'animaux, etc. Le savant conservateur de la bibliothèque de Reims, M. Ch. Loriquet, en donne la description détaillée et la reproduction dans son volume, grand in-8° orné de 18 pl. et intitulé : *la Mosaïque des promenades et autres trouvées à Reims*. — Reims, 1862. — Chez Brissart-Binet

avec ses légions victorieuses ; sa fondation devait donc remonter, dès cette époque, à une certaine antiquité. Son influence s'était répandue dans les pays voisins, et les témoignages qui sont parvenus jusqu'à nous, César, Strabon, font les plus grands éloges de la noblesse de caractère et de la bravoure des Rémois.

Quant à la ville en elle-même, appelée *Durocort*, d'où les Romains firent *Durocortorum*, on ne saurait s'arrêter un seul instant à la fable qui lui donne Rémus pour fondateur, ni aux contes antédiluviens de Belleforest, ni aux nuageuses origines de Manethon, ni à la généalogie héroïque de Jacques de Charron. Capitale d'un Etat puissant qui s'étendait, d'un côté de la Seine, à la Sambre et à la Meuse, et de l'autre, dans les pays situés entre la Seine et la Marne, Reims était certainement une cité déjà remarquable dans le siècle qui précéda l'ère chrétienne. Malheureusement, l'historien romain n'en a point donné la description. Dom Lelong pense que César fit fermer la ville de murailles. Nous croyons, avec le savant M. Bergier, que Reims était fortifiée avant l'arrivée des Romains ; le discours des ambassadeurs rémois l'indique suffisamment. D'ailleurs, peut-on croire que *Durocortorum*, la ville principale de la Gaule-Belgique, était sans défense, quand Bibrax, cité d'une moindre importance, était complètement fortifiée, *mœnibus, muris, portis*? Les Rémois s'étaient livrés sans combat à César ; ils furent largement récompensés par les Romains.

Devenue métropole de la Gaule-Belgique, Reims fut ornée de riches palais, de temples pour tous les dieux, de portes triomphales et d'un Capitole. Puis la civilisation des vainqueurs s'introduisant chez les vaincus, Reims eut des écoles qui brillèrent du plus vif éclat, et dont la réputation lui mérita le surnom d'Athènes des Gaules; un arsenal, une manufacture où l'on dorait les armes impériales, des arènes, des thermes, des fontaines, des aqueducs, et devint le centre d'un grand réseau de chaussées et de voies militaires, dont on a souvent retrouvé les traces (1).

---

(1) Sa forme était celle d'un ovale, traversé du N. au S. et de l'E. à l'O. par deux grandes rues qui se coupaient à angles droits, et à l'intersection des angles se trouvait la place d'armes. Chacune des quatre rues principales se terminait par une porte triomphale. A l'orient, la porte de *Cérès*;

Sous la domination romaine, Reims était déjà renommée pour la fabrication des tissus. Pline nous apprend qu'elle était en réputation pour le tissage des toiles *d'une certaine espèce rare et excellente.*

On ne sait pas présisément à quelle époque Reims embrassa le christianisme; l'opinion la plus probable est que la foi y fut prêchée dès le premier siècle par des missionnaires qui n'y firent qu'un séjour momentané, et par là même peu de prosélytes ; qu'elle y fut implantée avec plus de succès, au milieu du IIIe siècle, par la prédication de saint Sixte, et fécondée par le sang de plu-

à l'occident, la porte de *Vénus,* qui prit plus tard celle de *porte aux Férrons,* à cause des ouvriers en fer qui l'avoisinaient ; au midi, la porte *Collatice,* de ce qu'elle était bien située pour l'entrée des denrées et marchandises ; depuis, on l'appela porte Bacchus, porte Basilique, *a Basilicâ sanctorum,* et Basée, par corruption. Le chemin qui y conduisait se nommait *Via Barbarorum,* route des Barbares, d'où *Barbâtre;* enfin, au nord, était la porte *Mars.*

La Citadelle, ou Capitole des anciens Rémois, occupait l'emplacement de la cathédrale actuelle. Quatre chemins couverts, d'environ 2 mètres 50 de hauteur sur 1 mètre de largeur, et dont on trouve encore des vestiges dans les caves de plusieurs maisons des rues de Cérès, Saint-Etienne et de Tambour, conduisaient hors de la ville, au-delà de ces quatre portes. De l'an 1229 à 1358, Reims fut entourée de nouvelles murailles, et dans cette enceinte on ouvrit les portes de Dieu-Lumière, de Fléchambault, de Paris et la porte Neuve. Celles de Cérès et de Mars ne changèrent pas de place. Outre ces portes, il y en eut d'autres encore : la porte Ouverte, *Porta Parens,* entre la porte Mars et celle de Cérès ; celle de la Conférence, située derrière l'église de Saint-Pierre-les-Dames ; celle de Saint-Nicaise, à l'extrémité de la rue de Venise, et celle du Jard, surnommée, pour cette raison, poterne. Cette poterne fut retrouvée en 1842, quand, pour le canal, on démolit le rempart de ce côté. Plus de 50 tours et corps de garde garnissaient encore, il y a une quarantaine d'années, les remparts de la ville. Parmi ces tours, on distinguait la tour Saint-Georges, dite Belle-Tour, la tour Chantereine et la tour Saint-Victor. Les tours Sainte-Anne, près de la porte Mars ; des Moineaux, près l'ancienne église de Saint-Hilaire ; des Trois-Museaux, à la place Saint-Pierre ; du Séminaire, dite du Mont-Dieu.

En 1228, Henri de Braine avait fait bâtir un château parfaitement fortifié, et qui fut démoli en 1595, par ordre de Henri IV.

sieurs martyrs (1). Cent ans plus tard, environ, on voit figurer, parmi les néophytes, un enfant de cette ville, consul en 366, Jovin, soldat et négociateur, qui, après avoir aidé Julien à monter sur le trône de Constance, le suivit en Asie dans son expédition contre les Perses, comme maître de la cavalerie. Cet illustre capitaine rendit aux successeurs de Julien d'éminents services, en repoussant les Barbares, que le flot des invasions rejetait sans cesse sur la Gaule. Déjà, en 357, Julien, pour les combattre et les vaincre, s'était rendu de sa personne à Reims. Quelques années plus tard, 366, ils reparurent devant cette ville, et Valentinien y accourut, accompagné de Jovin, qui remporta un avantage décisif sur les bandes germaines.

En 406, d'autres barbares, les Vandales, arrivèrent sous les murs de Reims. Une partie des habitants s'enfuit à leur approche ; les plus braves les attendirent sur les remparts ; mais, après plusieurs assauts, la place fut emportée, et l'évêque saint Nicaise fut massacré sur le seuil même de la cathédrale qu'il venait de se bâtir. Les Huns succédèrent aux Vandales, et, en 451, Reims fut de nouveau saccagé. Des temps meilleurs s'approchaient cependant ; l'Eglise s'était fortifiée au milieu de ces désastres mêmes, et les conquérants devaient bientôt s'humilier devant les vaincus. Maître de la Gaule-Belgique par la mort de Syagrius, Clovis eut des relations de politique et de bonne amitié avec l'évêque de Reims, saint Remi, qui joignait aux vertus d'un grand saint l'habileté d'un homme d'Etat. Quand le chef franc se rendit à Reims, après la bataille de Tolbiac, Clotilde, son épouse, vint au-devant de lui pour le presser d'accomplir le vœu qu'il avait fait pendant la bataille. Saint Remi joignit ses prières à celles de Clotilde. Clovis consulta les Francs ; ils répondirent qu'ils renonçaient aux faux dieux. Alors saint Remi les fit jeûner pour les préparer au baptême, et les catéchisa dans la chapelle de Saint-Pierre, qui

(1) Si l'on en croit Flodoard, la Foi aurait été apportée dans cette ville par saint Sixte, que saint Pierre lui-même aurait envoyé dans les Gaules. Les écrivains légendaires parlent encore, dès le premier siècle, de cinquante martyrs, dont les chefs étaient saint Timothée, saint Maur et saint Apollinaire.

attenait à la Cathédrale. La cérémonie du baptême eut lieu le 25 décembre 495. Les rues que parcourut le cortége étaient ornées de riches tentures ; mais rien n'égalait la magnificence de la cathédrale. « Le peuple, dit Flodoard, se croyait transporté dans le séjour habité par les anges, » et Clovis lui-même, en entrant dans la basilique embaumée et rayonnante, demanda au saint évêque si c'était là ce royaume de Dieu dont il lui avait promis l'héritage. Le Sicambre fut plongé trois fois dans le baptistère, et obéit à saint Remi, qui lui ordonnait de *courber la tête, d'adorer ce qu'il avait brûlé, de brûler ce qu'il avait adoré*. Les deux sœurs de Clovis et 3,000 guerriers, avec leurs femmes et leurs enfants, entrèrent comme lui dans la piscine sainte (1). Rien ne manqua à cette imposante cérémonie, pas même la sanction des miracles (2).

Le baptême de Clovis ayant donné à l'évêque de Reims de grandes prérogatives, ses successeurs les accrurent, et leur siége, érigé en archevêché, devint le premier de France par le sacre des

(1) Le baptême de Clovis est l'un des évènements les plus importants de notre histoire nationale. Dès ce moment, une ère nouvelle s'ouvre pour les peuplades qui, à la suite de ce chef barbare, viennent d'envahir la Gaule; de tribus nomades, elles prennent rang parmi les nations puissantes. La conversion de Clovis lui vaut les sympathies, entraîne vers lui les espérances des peuples gaulois, encore soumis à la puissance des rois ariens. Clovis, chrétien, est le véritable fondateur de la monarchie française.

(2) Saint Remi, après avoir bénit les fonds baptismaux, attendait le Saint Chrême qu'un clerc était allé chercher; mais le clerc fut retenu dans la foule, et, au même instant, une colombe plus blanche que la neige descendit du ciel et déposa, dit-on, sur l'autel, une fiole remplie d'un baume divin. Cette fiole, si célèbre sous le nom de Sainte Ampoule, était de verre ou de cristal, et remplie d'une liqueur peu transparente à la vue. Conservée de siècle en siècle dans l'église Saint-Remi, la Sainte Ampoule fut, comme nous l'avons dit, brisée le 5 octobre 1793, au pied de la statue de Louis XV, sur la place Royale, à Reims ; mais quelques habitants recueillirent des fragments du cristal dont elle était formée, et une partie du baume qu'elle contenait. Le 26 février 1819, l'authenticité de ces débris fut constatée en présence du procureur du roi; on les déposa dans le tombeau de saint Remi, et, depuis, ils en ont été tirés pour le sacre de Charles X. Aujourd'hui la Sainte Ampoule est à la cathédrale.

rois. L'archevêque eut, à Reims, la suzeraineté complète, au moins depuis le xe siècle, que les comtes de Reims disparaissent. Mais en face de ce pouvoir, qui s'était fondé naturellement à la chute de l'Empire romain, subsistait l'échevinage (magistrature municipale) de la cité, qui avait persisté également après que les Romains eurent disparu, et qui remplaçait la curie municipale. Jusqu'en 1358, les prérogatives de ce corps sont considérables, et ses luttes contre l'archevêque et les abbés de saint Remi sont souvent couronnées de succès. La ville primitive s'était successivement accrue de plusieurs bourgades, élevées sous la protection des monastères ou du clergé séculier. Tels étaient le bourg de saint Remi, appartenant à la riche abbaye de ce nom, qui y exerçait toute justice; le ban de Saint-Sixte, dépendant de l'abbaye de Saint-Nicaise, également haute justicière. (Ces deux bourgs étaient très-anciens). Venaient ensuite le bourg Saint-Denis, fondé au milieu du xiie siècle, et dépendant de l'abbaye de Saint-Denis, et enfin le bourg de Vesle, qui s'était élevé à la fin du xiie siècle et au commencement du xiiie, sur la terre commune du grand chapitre. Les bourgs de Venise et de la Couture dataient du même temps et appartenaient aux archevêques.

En 1139, ces diverses agglomérations d'habitants reçurent de Louis VII une charte de commune vivement désirée. Mais le nouvel établissement ne tarda pas à être renversé par l'archevêque, le chapitre et le comte de Champagne. Une charte de 1182 reconstitua l'échevinage, mais sur des bases moins larges. Cependant la force des choses amena peu à peu la réunion des diverses parties de la ville. Le peuple, soutenu par le roi, entoura tous les bourgs par une enceinte commune, et celui-ci donna un capitaine pour chef à la nouvelle communauté ; dix notables eurent la garde des remparts et des fortifications ; ce fut l'origine du conseil de ville, dont l'archevêque Renauld III de Chartres et le connétable de France, munis des pouvoirs du roi, arrêtèrent ainsi la composition, sous le règne de Charles VII : un président, un vicaire-général député de l'archevêque, deux sénéchaux du chapitre, les trois abbés de Saint-Remi, Saint-Nicaise et Saint-Denis, deux échevins, nommés par l'échevinage, et seize conseillers élus par le peuple. L'établissement du conseil introduisit donc une nouvelle autorité dans les affaires de la ville ; et ce corps finit, en 1636, par absorber l'ancien échevinage.

Reims était diviséea, au Moyen-Age, entre trois seigneurs pour la justice ; les territoires soumis à leurs juridictions s'appelaient le ban ou bailliage de l'archevêque, le ban du chapitre et le ban de Saint-Remi. Les bourgeois avaient leur tribunal particulier des échevins, et, dès le XIIIe siècle, ils portaient les appels de ses jugements devant le prévôt forain de Laon, dépendant du bailli de Vermandois. Par la suite des temps, Reims avait reçu un bailliage présidial, un bureau d'élection pour les aides, un hôtel des monnaies, une justice consulaire, une université, un collége (1).

(1) L'orateur Fronton, précepteur de Marc-Aurèle, au IIe siècle, assure que, sous les empereurs romains, il y avait à Reims une Académie célèbre, où l'on cultivait les lettres grecques et latines, que, dans une école, ou athénée, garnie de bancs, on faisait des lectures publiques et solennelles.

Il est fâcheux que l'histoire ne nous ait rien transmis de ces temps où Reims joua un rôle considérable, et que nous ne connaissions aucun des hommes célèbres qui ont étudié ou enseigné dans ces écoles ou brillé dans les combats littéraires. Flodoard, le plus ancien des historiens de Reims, garde un silence profond sur cette époque, et passe sur-le-champ aux premiers évêques de la cité.

Saint Remi, dit-il, cultivait avec succès l'éloquence et la poésie, et, au dire de Sidoine (Apollinaire), qui vivait au Ve siècle, ce saint évêque écrivait avec élégance et pureté. Les paroles qu'il adressa à Clovis en le baptisant ont de l'énergie et de la précision.

De saint Remi il faut revenir à Hincmar, c'est-à-dire traverser trois siècles pour avoir quelques renseignements sur l'instruction. Ce prélat actif, impérieux et savant, fit fleurir les écoles de Reims, conformément aux capitulaires de Charlemagne. Sigloard, chanoine de Reims, en fut le premier maître, et l'on y envoyait des jeunes gens de toutes parts. Il en sortit des évêques, des abbés, des chanceliers de France.

Foulques, son successeur, établit deux écoles, l'une pour les chanoines, et l'autre pour les clercs forains. On vit briller dans ces écoles, comme professeur, Hubald, des environs de Tournay.

Sur les dernières années du Xe siècle, l'archevêque Adalbéron eut le bonheur de rencontrer le célèbre Gerbert, qui, de simple moine d'Aurillac, devint archevêque de Ravenne, puis pape sous le nom de Sylvestre II. Il plaça à la tête des écoles de Reims cet homme si savant qu'il passait

Mais reprenons le récit des faits.

Pendant le Moyen Age, la ville de Reims fut souvent saccagée ; elle soutint quatre siéges en cinquante-neuf ans, dans le x⁰ siècle. — En 1359, investie par Edouard, roi d'Angleterre, qui envahit

pour sorcier. Gerbert fut écolâtre pendant 20 ans, et Hugues-Capet lui confia l'éducation de son fils Robert.

Sous les archevêques Guy I⁰ʳ de Châtillon et Gervais, les écoles continuèrent d'être florissantes. Gervais les mit sous la direction de saint Bruno, chanoine et premier écolâtre de la cathédrale, qui, au bout de quelque temps, alla fonder l'ordre des Chartreux dans un désert où il porta les cérémonies de l'Eglise de Reims, après avoir eu pour élève Eudes ou Odon de Châtillon, qui fut depuis le pape Urbain II.

Il y avait alors des écoles à l'abbaye de Saint-Remi, où les religieux qui instruisaient les novices admettaient aussi les enfants de la ville. Ils enseignaient l'écriture sainte et le comput ecclésiastique. Selon leurs statuts, ils copiaient et reliaient des livres, et conservaient dans leurs bibliothèques ceux qui devaient faire revivre le bon goût et la saine littérature. Dès le IX⁰ siècle, cette abbaye avait une bibliothèque et des écoles qui subsistaient encore dans le XV⁰ siècle.

Le titre d'écolâtre de la cathédrale fut érigé en dignité de cette église, l'an 1192, sous Guillaume de Champagne. Ce dignitaire garda ses pouvoirs jusque dans le siècle dernier ; et, en 1718, un arrêt du Parlement le maintint dans le droit d'instituer et de destituer les maîtres et les maîtresses de la ville de Reims, des villes et des villages du diocèse de Reims.

Le judicieux abbé Fleury, dans un de ses discours sur l'histoire de l'Eglise, dit que l'école de Reims continua d'être une des plus fameuses de France pendant le XI⁰ siècle, sous ses illustres maîtres, Roscelin de Compiègne, les frères Anselme et Raoul de Laon.

Au XII⁰ siècle, il se fit dans le gouvernement une révolution qui eut les suites les plus heureuses et les plus étendues. Les *communes* s'établirent, et, dès lors, l'instruction réservée aux seuls enfants des grands, comme sous les Gaulois, s'étendit sur tous les citoyens.

L'archevêque Juhelle, en montant sur son siége en 1245, s'empressa de donner des règles sévères aux étudiants. Ils vivaient en commun, sous l'écolâtre de la cathédrale, et, sans faire de vœux, ils étaient obligés de lui obéir. Chaque jour, ils récitaient l'office de la Vierge, allaient ensemble à l'église, ne sortaient pas sans permission, et avaient des capes grises pour vêtement. Le lieu où ils demeuraient est aujourd'hui le Lycée. Dans un chapitre, qui avait lieu une fois par semaine, ils se révélaient mutuellement leurs fautes devant le supérieur, et en recevaient pénitence. Ils

la France à la tête de 100,000 hommes, Reims força ce prince à la retraite et battit son arrière-garde. En 1421, égarés par les conseils du capitaine de ville, Guillaume de Châtillon, les Rémois adhérèrent au traité de Troyes, qui déclarait régent du royaume

devaient se donner la discipline. On désigna cette confrérie sous le nom de *confrérie ou collége des Bons-Enfants*. Le plan d'études était celui de Gerbert : on y enseignait les arts libéraux, la grammaire, la logique, l'écriture sainte et la théologie ; on y donnait aussi des leçons de jurisprudence et de médecine. Les archevêques dotèrent cet établissement, qu'on peut regarder comme le berceau du Lycée et de l'Université.

Dans le XVe siècle, les écoles manquèrent de bons maîtres, ou n'en eurent pas assez. Les élèves qui voulaient faire une étude approfondie de la philosophie, de la théologie et de la jurisprudence, furent obligés d'aller à Paris à grands frais. C'est ce qui fit sentir la nécessité d'un grand établissement d'instruction.

En 1537, Charles de Lorraine sollicita et obtint du pape Paul III la formation d'une Université composée de quatre Facultés, comme celle de Paris. Henri II la confirma par des lettres-patentes en 1547 ; mais la charte de la fondation de cette Université est de 1554. Charles de Lorraine fit reconstruire les bâtiments du collége des Bons-Enfants, en ajouta de nouveaux, répara la chapelle, encouragea par des récompenses les maîtres et les écoliers, et excita parmi eux une noble émulation. La ville lui accorda, à cette occasion, une ruelle et quatre maisons qu'il fit enfermer dans l'enceinte du collége. Il attacha à l'Université un grand nombre de bénéfices. Il établit un principal et onze professeurs. Il donna au principal 300 livres pour la nourriture des régents ; au premier professeur, appelé *classicorum præfectus*, 120 livres ; au professeur de seconde, 70 livres ; à celui de troisième, 40 livres ; de quatrième, 50 livres ; de cinquième et sixième, 25 livres, et à deux professeurs de théologie, 50 livres ; autant à chacun des professeurs de dialectique, logique et physique. Les revenus se montaient à 1,000 livres. (L'argent, lors de la fondation de l'Université, avait à peu près 12 ou 15 fois plus de valeur qu'aujourd'hui, et 100 livres n'étaient pas loin d'équivaloir à 1,500 fr. de notre monnaie). Nicolas Boucher, chanoine de la cathédrale, et depuis, évêque de Verdun, fut le premier principal. Le cardinal de Lorraine, par une nouvelle fondation, donna 60 livres au professeur de théologie, et créa quatre petits boursiers tirés des enfants de chœur de la cathédrale ou de Saint-Symphorien, avec 16 livres par an.

Vers le même temps, 1555, Nicolas Bacquenois vint à Reims et y apporta de Lyon l'art de l'imprimerie.

Henri V, roi d'Angleterre, et se placèrent ainsi sous le sceptre de la Grande-Bretagne ; mais la ville des Sacres ne pouvait subir longtemps le joug flétrissant de l'étranger. Jeanne d'Arc écrivit aux villes de Champagne pour les presser de reconnaître leur sou-

Les facultés de droit et de médecine n'étaient pas encore fondées. Un acte du 31 janvier 1613 les créa et nomma comme professeurs deux docteurs en droit, payés 100 livres chacun, et deux bacheliers en droit, 30 livres. Il y eut trois administrateurs de cette fondation, faite par Antoine Fournier, chanoine régulier de Saint-Denis de Reims, et Rémois : le doyen de la cathédrale, celui de théologie et le prieur de Saint-Denis. Cette faculté se fit une grande réputation, et, parmi ceux qui y furent reçus on peut distinguer le sénateur Cabanis, 1784, célèbre par l'étendue de ses connaissances.

Les statuts de l'Université furent homologués en 1660, et se modifièrent et s'améliorèrent avec le temps.

Les armes de l'Université étaient celles de la maison de Lorraine.

En 1790 l'Université de Reims était composée comme suit :

1° Un prince ou chef, l'archevêque, avec un recteur et un chancelier.

2° La faculté de théologie : 32 docteurs régents, et 18 membres non résidants ;

3° La faculté de droit : 4 docteurs régents et 2 docteurs agrégés ;

4° La faculté de médecine : 9 professeurs ;

5° La faculté des arts : le principal et 9 professeurs.

Le collége de l'Université était composé du grand-maître, du recteur, du proviseur, de 9 professeurs, de 4 sous-principaux, de 6 administrateurs du temporel, parmi lesquels étaient deux échevins et le bailli de l'archevêque.

En 1608, les Jésuites élevèrent, à Reims, un collége en concurrence avec celui de l'Université, avec laquelle ils furent en procès tous le temps qu'ils existèrent, c'est-à-dire jusqu'en 1763. Leur premier professeur de rhétorique fut le célèbre P. Petau, remarquable entre tous les chronologistes.

Outre le collége, Reims possédait encore des écoles de dessin et de mathématiques, dues au zèle de M. de Pouilly. Elles furent ouvertes, en 1748, sous la protection de l'Académie des Sciences. Elles étaient gratuites. Le premier professeur de mathématiques, dans ces écoles, fut le P. Féry, minime, et le dernier, M. Lallemand, associé de l'Institut. Le premier professeur de dessin fut M. Féraud de Montelon. Ces deux écoles furent détruites par la Révolution.

Mais toutes ces écoles ne pouvaient servir qu'aux jeunes gens qui vou-

verain légitime. Guillaume de Châtillon essaya vainement de retenir les Rémois dans la voie fausse où ils s'étaient engagés, en leur représentant que Jeanne était *la plus sotte chose que l'on ait jamais vue* ; ils répondirent par le cri de *Vive le Roi!* Charles VII se présenta bientôt devant la ville ; il y fit son entrée le 16 juillet 1429.

laient donner à leurs études quelques degrés de perfection ; il n'y en avait pas encore de gratuites pour les enfants des pauvres. En 1581, un chanoine de Reims, de La Salle, institua l'ordre des Petits-Frères, qui fut confirmé en 1725 par Louis XV, et en 1779 par Louis XVI, et dont les lettres-patentes furent enregistrées par le Parlement, le 6 mai 1778. Le chef-lieu de ces écoles était Rouen. On y enseignait la lecture, l'écriture et le catéchisme.

Nous avons oublié de dire que l'instruction fut longtemps pour les seuls clercs. et que, vers 1557, Charles de Lorraine reconnut la nécessité d'ériger, pour les jeunes gens qui se destinaient à l'état ecclésiastique, des maisons particulières qu'on nomma *séminaires*. L'acte de fondation de son séminaire à Reims, dans la rue du Barbâtre, date de 1567. Le premier supérieur fut Jacques Callou.

A l'époque de la Révolution, la plupart des institutions dont nous venons de parler furent anéanties sur-le-champ, ou chancelèrent quelque temps pour tomber ensuite. Les professeurs du collège, tous ecclésiastiques, refusèrent le serment exigé par l'Assemblée Constituante, et furent remplacés par des laïques. Mais il tomba quelque temps après, faute de fonds et d'écoliers. Le séminaire n'eut pas une existence plus longue que le collège, et, en 1792, la plupart des séminaristes s'enrôlèrent dans nos armées. Les écoles des Petits-Frères et des sœurs (les religieuses de la Congrégation, rue du Barbâtre, et les Magneuses, établies en 1634), furent détruites vers le même temps. Ainsi fut anéanti en quelques jours l'ouvrage de deux ou trois siècles.

Le premier consul, Bonaparte, par un décret du 16 floréal an XI (1802), établit à Reims un Lycée, qui devait être ouvert le 1er germinal an XII, mais qui ne le fut que le 1er vendémiaire an XIII (1804). Les autres écoles furent aussi rétablies vers cette époque.

Le premier plan des Lycées n'était, pour ainsi dire, qu'un essai et un passage à une meilleure administration et à un mode d'enseignement plus parfait. Le 10 mai 1810, le gouvernement fonda une grande Université qui s'étendit sur toute la France.

Le Lycée de Reims est aujourd'hui en pleine prospérité et dépend de l'Académie de Paris.

L'ancienne Faculté de Médecine n'avait été véritablement remplacée

Jeanne lui offrit les clefs, et marcha devant lui en lui montrant la route, comme pour accomplir, de tous points, cette prédiction qu'elle avait tant de fois répétée, qu'elle saurait bien le conduire à l'église de Reims pour le faire sacrer. Charles, en effet, resta quatre jours dans la ville, et fut sacré. On crut à un miracle, car le royaume était sauvé, et Jeanne avait rempli sa mission, *de par le Roi du Ciel, son droiturier Seigneur et Souverain*, ainsi qu'elle disait dans sa lettre aux villes de la Champagne (1).

qu'en 1808, lorsque, le 4 mai, un décret autorisa l'établissement de Cours théoriques et pratiques de médecine et de chirurgie dans l'Hôtel-Dieu.

Un décret impérial, du 12 mars 1853, a élevé l'école secondaire de Reims au rang d'école préparatoire de médecine et de pharmacie. Cette mesure a ainsi relié le présent au passé, en dotant Reims d'une institution destinée à continuer les travaux de l'ancienne Faculté de Médecine de cette ville. L'installation a eu lieu dans la grande salle de l'archevêché, le jeudi 30 juin 1853. En décembre 1841, Mgr le cardinal-archevêque Gousset avait fondé, à Reims, une Académie impériale des Sciences et Belles-Lettres, dont il est le président d'honneur.

(1) Depuis les Carlovingiens, sans interruption, tous les rois de France avaient adopté l'usage de se faire sacrer à Reims ; cet usage a duré jusqu'à la Révolution de 1789, et a été renouvelé par Charles X, le 29 mai 1825. Il est peu de solennités, dans le cours du moyen-âge, qui aient impressionné les peuples plus vivement que la cérémonie des sacres. Postérieurement au baptême de Clovis, le premier sacre sur lequel l'histoire nous ait transmis des souvenirs précis, est celui de Philippe Ier, en 1059. C'était le jour de la Pentecôte, la messe fut célébrée dans la cathédrale par l'archevêque Gervais. Avant l'épître, le prélat se tourna vers le prince, et, après lui avoir fait une exposition de la foi catholique, il lui demanda si cette foi était bien la sienne, et s'il voulait la défendre. La réponse fut affirmative. On présenta ensuite à Philippe un écrit qu'il lut à haute voix et qu'il signa sur l'autel : c'était l'engagement de maintenir les droits de tous et de gouverner avec équité. Cette première formalité remplie, Gervais fit les onctions saintes au jeune prince, qui fut proclamé roi par les assistants, d'abord par l'archevêque, puis par les légats du pape, les évêques, les abbés, le clergé, les ducs, les comtes, la milice et le peuple. « *Il nous plaît, nous le voulons ; qu'il soit notre roi ! Laudamus, volumus fiat ! ! !* » Telle était l'exclamation de la foule.

A dater de Philippe-Auguste, le cérémonial du sacre qui, jusques-là, avait été réglé par la tradition, fut soumis, par édit royal, à des formes

Charles VII, pendant toute la durée de son règne, témoigna aux habitants de Reims une extrême bienveillance ; mais il n'en fut pas de même de son successeur. Louis XI, au moment de son sacre,

fixes et à une invariable étiquette. Quand le jour de la cérémonie était arrêté, le roi en informait, par lettres closes, les échevins ou le Conseil de ville. Il était d'usage que le prince se présentât aux portes de la cité, monté sur un cheval blanc ; là, les clefs lui étaient offertes par les magistrats municipaux ; mais, à partir du règne de Charles VII, les magistrats municipaux furent remplacés par une jeune fille, très-probablement en mémoire de Jeanne d'Arc. Le roi se rendait directement à la cathédrale ; il s'agenouillait à la porte ; l'archevêque lui donnait l'Evangile à baiser, et le conduisait dans le chœur ; on chantait le *Te Deum*, et le monarque se retirait ensuite à l'archevêché. Le jour du sacre, les évêques de Laon et de Beauvais allaient, en grande cérémonie, chercher le prince dans ses appartements. En même temps, une autre députation se rendait à l'abbaye de Saint-Remi pour y prendre la Sainte Ampoule. Quatre personnes de haute noblesse étaient déléguées à cet effet ; elles juraient sur l'Evangile d'exposer leur vie, s'il en était besoin, pour la conservation de la précieuse relique, et, si on l'exigeait, elles restaient même comme otages à l'abbaye.

Le cortége royal se rendait ensuite, en grande pompe, à la cathédrale ; là, l'archevêque requérait le roi de conserver au clergé et aux églises leur juridiction et leurs priviléges ; le roi le jurait. Alors les évêques de Laon et de Beauvais le présentaient à la foule et demandaient aux assistants s'ils l'acceptaient pour souverain. Quand la foule avait donné son assentiment, le roi, la main sur les Evangiles, prêtait devant l'archevêque, en latin et à haute voix, le serment du sacre, qui était de conserver la paix à l'Eglise, de réprimer les violences, de faire respecter la justice, d'exterminer l'hérésie. Le roi, dans les derniers temps, prêtait encore trois autres serments, l'un en qualité de grand-maître de l'Ordre du Saint-Esprit, l'autre en qualité de grand-maître de l'Ordre de Saint-Louis, et enfin, le troisième, comme chef de toute justice ; à ce titre, il jurait de faire observer les édits sur les duels.

Pendant ce temps, on disposait sur l'autel le vêtement d'apparat, la camisole de satin rouge garnie d'or, le manteau de velours bleu semé de fleurs de lys, et les insignes de la royauté, la couronne, le sceptre, l'épée, les éperons. Bientôt l'archevêque, s'approchant du roi, faisait les onctions saintes, il élevait ensuite la couronne au-dessus de la tête du monarque, et le conduisait à un trône élevé sur le jubé. Après l'avoir fait asseoir, il s'inclinait devant lui, le baisait, et criait trois fois : *Vivat Rex in æter*-

leur avait promis une diminution de tailles : au lieu de réduire l'impôt, il l'augmenta, et en exigea le paiement avec une rigueur extrême. Les citoyens s'armèrent pour résister ; le roi punit, comme il le savait faire, impitoyablement ; et la ville eut peut-être subi les dernières rigueurs sans la généreuse médiation de Philippe-le-Bon, duc de Bourgogne (1).

L'année 1487 fut marquée par la rédaction solennelle de la coutume de Reims, la plus ancienne de France. Cette opération fut faite par ordre du roi, et la révision en eut lieu en 1507.

Pendant le règne de François Ier, Reims, par sa situation géographique, échappa aux ravages de la guerre ; par la ferveur de son catholicisme, cette ville échappa aux séductions de l'hérésie ; et, en effet, la ville où se conservait la Sainte Ampoule, la ville qui devait à cette relique illustre une partie de sa gloire, ne pouvait donner la main aux ennemis des reliques et des images. —

num ! ! ! Les douze pairs du royaume répétaient la même cérémonie. Le peuple entrait bientôt. Les oiseleurs lâchaient ensuite, du haut-du jubé, *les Oiseaux du sacre,* et le roi était reconduit, en grande pompe, à l'archevêché, où l'attendait un somptueux repas. Sa table était servie par les officiers de sa maison, et les autres tables par les membres de l'échevinage de Reims et les notables bourgeois, qui tous portaient l'habit noir, avec une fleur de lys brodée d'or, le manteau et le rabat. Le lendemain du sacre, le roi allait en cavalcade à Saint-Remi, pour entendre la messe et toucher les écrouelles.

Au sacre de Charles X, le 29 mai 1825, le cérémonial de l'onction et du couronnement fut, à peu de chose près, conforme au cérémonial observé dans les anciens sacres. Le lundi 30 mai, le roi, tint à la cathédrale, un chapitre de l'ordre du Saint-Esprit, où il nomma vingt-et-un cordons bleus; enfin, le 31 mai, il visita la ville et se montra aux habitants. Le dauphin, le duc d'Orléans et le duc de Bourbon se tenaient à ses côtés, pendant la marche du cortége, et, derrière lui, suivaient, en calèche découverte, Madame la Dauphine, Madame la duchesse de Berry, et Mademoiselle d'Orléans. Arrivé dans la rue Saint-Denis, le roi mit pied à terre, et entra dans l'hôpital Saint-Marcoul, où sont les malades atteints d'humeurs froides. Il en toucha plusieurs en disant, suivant l'ancien usage : *Dieu te guérisse, le roi te touche.* Charles X quitta Reims le 1er juin. La cérémonie du sacre coûta plus de trois millions.

(1) On désigne cet évènement sous le nom de Miquemac.

Les archevêques, d'ailleurs, avaient pris soin de ranimer la ferveur par des fondations pieuses, de prévenir le schisme par de sages réformes.

François Ier créa dans Reims, en 1527, une compagnie d'Arquebusiers qui ne fut supprimée qu'à la Révolution (1), et qui avait remplacé la compagnie des Arbalétriers, fondée au XVe siècle.

(1) Cette compagnie était composée de deux capitaines, d'un enseigne et de soixante cavaliers en uniforme écarlate, et célébrait des jeux très-curieux. Le capitaine en chef pouvait, sans payer aucun droit, vendre soixante pièces de vin par an ; le capitaine en second, cinquante; et l'enseigne, quarante ; mais ce dernier fut privé de ce droit, que l'on affecta aux écoles de dessin, d'après les conclusions du Conseil de ville, des 25-28 avril 1746. Chaque année, le lendemain de la Trinité, on dressait, au haut de la porte de Cérès, et ensuite de Mars, une longue perche, au bout de laquelle était attaché un oiseau en ferblanc rempli de sable. L'arquebusier qui le perçait était nommé *Roi de l'Oiseau*, et conduit en triomphe au château de l'Arquebuse. Il pouvait, pendant l'année, faire entrer quatre-vingts pièces de vin, ce qui lui valait cent pistoles. Les arquebusiers avaient, au bout de la rue Large, près des remparts, un château bâti en 1568, avec un beau jardin, servant de promenade. (Ce château a été vendu, en 1793, à un particulier, et la promenade est devenue un jardin potager.) Le chevalier qui atteignait l'oiseau trois années de suite s'appelait *Empereur*, et pouvait faire entrer, sans droit, pendant toute sa vie, trente pièces de vin par an.

Au passage de François Ier et de la reine Eléonore d'Autriche, à Reims, en mars 1532, la ville leur donna une fête dont voici le programme : Le Conseil de ville, averti du passage, à Reims, du roi, de la reine et du dauphin, et voulant leur faire une réception digne d'une ville de l'importance de Reims, arrête : Des gens de pied, ayant trois enseignes aux livrées de la reine, avec un phénix au milieu, et les armes de la ville au-dessous, précédés de neuf tambourins et trois fifres habillés de ostandine et de boucassin, ayant chaussures, pourpoint et plumes, iront hors de la ville à la rencontre de Leurs Majestés. — Il sera allumé des feux de joie aux carrefours du Marché-aux-Chevaux, du Marché-au-Blé, du Marché-aux-Draps, du Parvis, des Loges, de la Boule, et à la Croix-Saint-Victor. Les sergents de la forteresse seront habillés de robes rouges et violettes. Les différents corps de métiers seront représentés chacun par des délégués habillés de livrées variées, au nombre de vingt-deux. L'artillerie jouera ; M. Lenoncourt, vidame, fera le compliment à la reine. Trois dames, savoir : *Amour*, vêtue de rouge ; *Paix*, vêtue de blanc : et *Vérité*, vêtue d'azur, se-

En 1547, Charles de Lorraine fonda une Université, sur le modèle de celle de Paris ; et, en donnant ainsi à-la-fois l'utile appui de la science, il contribua puissamment à maintenir son troupeau dans la vieille tradition catholique. Charles de Lorraine qu'on nommait le *Père des Rois*, parce qu'il avait sacré Henri II, François II, Charles IX, fut nommé, par le pape Paul IV, légat du Saint-Siége dans toute l'étendue du royaume.

Les grands souvenirs que Charles de Lorraine avait laissés en mourant, l'avènement de son neveu Louis au siége archiépiscopal de Reims, soutinrent dans cette ville le crédit de la maison des Guises. Reims prit le parti de la Ligue, et ne se rendit à Henri IV qu'en 1595. Le château de la porte Mars fut démoli ; depuis ce moment, la ville demeura constamment fidèle à ses rois, et les guerres de la Fronde ne troublèrent pas la paix dans ses murs.

Le séjour de Henri IV, en 1606, l'établissement des Jésuites, cette même année, le sacre de Louis XIII, nous conduisent jus-

ront assises sur un échafaud bien triomphalement, elles ne parleront pas, mais seulement feront une grande révérence, quand la reine approchera ; chacune aura son nom écrit auprès d'elle. Une jeune fille représentera Reims, elle sera habillée d'une cotte de satin de soie jaune-paille, le surcot de satin blanc de soie, les manches, de toile d'argent, bien découpées, garnies en dedans de taffetas jaune, noir et blanc, et on les fera fort bouffes ; en grande révérence, elle fera sa petite harangue. Deux autres dames représenteront *Prudence* et la *Reine*, elles se tiendront sur des échafauds, près de la Porte-aux-Ferrons, elles seront habillées de taffetas blanc et de satin jaune. Le poêle que l'on portera au-dessus de la reine sera de damas ou satin de soie ; il sera porté par J. Levergeur, écuyer; J. Grossaire, bailli de Reims ; A. Dorigny, prévôt de l'échevinage ; et, G. Le Florigiuer, marchand. On jouera des mystères, à l'entrée de la reine ; il y aura les six hautbois de Château-Thierry. On donnera deux bassins et trois coupes, du prix de six cents écus d'or au soleil, pour la Reine et les Enfants de France ; quatre-vingt-quatre poinçons de vin, au Roi et aux Grands, dont vingt au Roi, et un écu d'or à chacun des fourriers du Roi, des douze suisses de la Garde-du-Corps de la Reine, de ses quatre lansquenets, de ses fourriers, portiers et huissiers, des huissiers du Roi et de celui du Dauphin. Le prévôt de Reims et ses sergents mettront ordre à ce que les gens mécaniques ou autres, excepté ceux qui ont charge, ne se trouvent par les rues où la Cour passera.

qu'en 1650, époque de l'invasion des Espagnols dans la Champapagne. Reims, à cette date, fut occupée par l'armée du maréchal Duplessis-Praslin, et l'ennemi se présenta plusieurs fois devant ses faubourgs, mais sans réussir à les forcer. Praslin fit valoir à la cour la conduite des Rémois, et, pour les récompenser, Louis XIV, par lettres-patentes de 1655, rétablit le Conseil de ville dans ses anciennes attributions, en félicitant les habitants de leur patriotisme. L'année suivante, ils en donnèrent de nouvelles preuves en combattant, à leurs frais et de leurs personnes, le gouverneur espagnol de Rocroi, Montal, qui ravageait la Champagne.

Du règne de Louis XIV à la Révolution française, Reims n'occupe dans l'histoire qu'un rôle tout-à-fait secondaire. Les querelles politiques du xviie siècle n'avaient eu dans les murs de cette ville qu'un faible écho ; il en fut de même des querelles religieuses du siècle suivant.

Le 11 juin 1775, Louis XVI fut sacré à Reims, et, dans cette circonstance solennelle, il laissa échapper un de ces mots tristes que l'histoire recueille comme un présage quand les évènements leur ont donné une signification. Lorsqu'on plaça la couronne sur la tête de Louis, il y porta la main en disant : *Elle me gêne*. Henri II avait dit : *Elle me pique*. C'était là comme le premier acte du drame qui devait se dénouer sur la place de la Révolution. Les évènements marchent vite, alors. Dix-sept ans plus tard, on brisait, à Reims, nous l'avons déjà dit, sur le piédestal de la statue de Louis XV, place Royale, la fiole sainte qui servait à l'onction des rois.

Menacée, mais de loin, par les Prussiens, pendant la campagne de Valmy, Reims, moins heureuse à la seconde invasion, vit deux fois l'étranger dans ses murs. Sous l'Empire elle avait été paisible et prospère ; elle eut largement sa part de malheurs dans les derniers revers. Après la bataille de Craonne (1), un Français armé contre son pays, le comte de Saint-Priest se présenta sous les murs de Reims, à la tête de 14,000 Russes. La place n'avait pour

---

(1) Trente mille Français, sous les ordres de l'Empereur, y mirent en déroute, le 6 mars 1814, 100,000 Russes et Prussiens commandés par Blücher et Sacken.

toute défense qu'une enceinte en ruines, pour toute garnison que cent hommes de la garde, cinquante gendarmes et les cadres de trois bataillons. Les habitants secondèrent avec un grand courage cette poignée de braves; mais il fallut céder au nombre. Occupée par les Russes, le 16 février 1814, reprise le 5 mars par le général Corbineau, puis occupée de nouveau par l'ennemi, Reims fut encore attaquée le 13 du même mois, par Napoléon, qui en chassa Saint-Priest. Les Russes, dans cette dernière affaire, perdirent 6,000 hommes et 22 pièces de canon. Ce fut là un des derniers et des plus brillants faits d'armes de cette mémorable campagne.

Reims, la vieille cité gauloise, le berceau de la monarchie chrétienne, la ville des Sacres (1), le séjour des rois Carlovingiens, le lieu des grands Conciles (2), le pays aux grands souvenirs, l'humble Reims, en progrès, plus particulièrement sous le rapport matériel, est aujourd'hui, auprès du florissant Paris, ce qu'était jadis la modeste Lutèce auprès de la puissante Durocort (3).

(1) La plupart de nos rois de la première race, cinq de la seconde et trente de la troisième, y ont été sacrés et couronnés.

(2) Il s'y est tenu cinq Conciles dans le XIe siècle, et dix dans le XIIe. Celui de 1119, composé de 224 archevêques, évêques et abbés, fut présidé par le pape Calixte II ; on y traita des différends qui s'étaient élevés entre Henri Ier et Louis-le-Gros, à l'occasion de la Normandie usurpée par le roi d'Angleterre sur la couronne de France. Le pape y prononça en outre l'excommunication contre l'empereur d'Allemagne, Henri V. Celui de 1148, composé de 1,100 prélats, fut tenu aussi dans la cathédrale de Reims, par le pape Eugène III. Cette assemblée est célèbre par la condamnation de Gilbert de la Porée, dont les doctrines théologiques attaquaient le mystère de la Trinité.

(3) Pour nous résumer, nous dirons, avec M. Aristide Guilbert *(Histoire des villes de France)* :

Comme ville ecclésiastique, Reims, sous l'ancienne monarchie, était au premier rang. Le prélat qui en occupait le siège prenait le titre d'archevêque duc de Reims, premier pair de France, légat-né du Saint-Siége, primat de la Gaule-Belgique. Le chapitre métropolitain se composait de 64 chanoines, 51 chapelains et quatre grands-prêtres. Les archevêques de Reims jouissaient du droit de commende ou de protection sur la plupart des abbayes du diocèse; et c'était là une des principales sources de leur puissance.

Au Moyen Age, ils avaient une milice régulière, des officiers qui por-

Parmi les noms de ses enfants, la capitale de l'ancien Rémois peut, à toutes les époques, citer des noms glorieux, parmi lesquels :

Albéric, d'abord chanoine de Reims, puis écolâtre de la cathé-

taient les mêmes titres que les officiers de la couronne, un sénéchal pour faire les honneurs de leur table, un maréchal pour commander leurs soldats, un panetier, un gruyer, un maître des eaux et forêts. Les agents de leur puissance spirituelle étaient au nombre de 26, dont un geôlier et deux greffiers du *registre des excommuniés ;* ils étaient métropolitains de onze diocèses ; ils avaient juridiction temporelle et spirituelle sur onze abbayes, droit de patronage sur deux monastères, et les habitants de Saint-Quentin et de Saint-Valery étaient obligés de venir plaider à leur cour.

Du XIe au XIVe siècle, ces puissants prélats battaient monnaie comme les rois. Outre le chapitre métropolitain, Reims avait encore les trois collégiales de Saint-Symphorien, de Saint-Timothée et de Sainte-Balsamie ; treize cures, un séminaire fondé par le cardinal de Lorraine ; les abbayes de Saint-Denis, de Saint-Nicaise, de Saint-Remi, de Saint-Etienne-les-Dames, de Saint-Pierre-les-Dames et des Clarisses ; deux commanderies, celle du Temple, qui datait de 1040, et celle de Saint-Antoine, qui était une espèce d'hôpital ; six communautés d'hommes, les Dominicains et les Cordeliers, établis en 1220, les Carmes en 1229, les Augustins en 1320, les Minimes en 1672, les Capucins en 1693 ; trois communautés de femmes, les religieuses de Longueau, les Carmélites, amenées de Paris à Reims par la reine Anne d'Autriche, et une Congrégation fondée en 1336, etc.

Les établissements de bienfaisance n'étaient pas moins nombreux ; nous citerons l'Hôtel-Dieu, fondé en 860 par Hincmar ; l'Hôpital-Général et l'hôpital Saint-Marcoul, dans lequel les rois de France allaient toucher les écrouelles, avant la suppression du pélerinage de Corbeny (Aisne). Ces trois hôpitaux se sont conservés jusqu'à nos jours.

Des treize églises paroissiales, il ne reste plus aujourd'hui que : la cathédrale, Saint-Remi, Saint-Jacques, Saint-Maurice, Saint-André, auxquelles Mgr le cardinal Gousset a ajouté Saint-Thomas. Les autres, détruites successivement, n'ont guère laissé d'autres traces que leurs noms donnés aux rues où elles se trouvaient, telles que Saint-Pierre-le-Vieil, ou aux Clercs (rue du Cadran-Saint-Pierre), Saint-Hilaire, Saint-Symphorien, Sainte-Marie-Madeleine, Saint-Timothée, Saint-Julien ; les seules paroisses de Saint-Jean et de Saint-Michel n'ont laissé aucun souvenir dans le nom des rues : la première se trouvait au haut de la rue des Salines ; la seconde, dans le Cloître.

De nombreuses et magnifiques usines ont remplacé les abbayes et les

drale, et enfin archevêque de Bourges, avec le titre de primat d'Aquitaine. Né dans la seconde moitié du xie siècle, il mourut vers 1132 (1).

Aurélien, clerc de Reims, musicien habile du xie siècle. Il a

couvents dont la ville était couverte. Ainsi, les trois abbayes de femmes, Saint-Pierre-les-Dames, fondée au vi{e} siècle, et dont l'église, construite par Renée de Lorraine, la sœur du grand cardinal, était un modèle de l'architecture de la Renaissance; Sainte-Claire et Saint-Etienne-les-Dames sont aujourd'hui, les deux premières, des filatures portant leurs noms, et la troisième, aussi une filature, rue de l'Equerre.

Quant aux trois abbayes d'hommes, Saint-Remi est maintenant l'Hôtel-Dieu; Saint-Denis, le grand séminaire, et Saint-Nicaise, dont la basilique, construite au xiiie siècle sur les dessins de Hugues Libergier, s'élevait avec tant de délicatesse et de goût, qu'on la disait bâtie par le diable, opinion que semblait accréditer la vue du fameux pilier tremblant; Saint-Nicaise est remplacée par des maisons particulières.

Les communautés religieuses sont devenues : les Augustins, le petit séminaire; les Jacobins, une filature, rue du Couchant; les Cordeliers, une maison de commerce de laines; les Capucins, une filature; les religieuses de Longueau, une filature; les Minimes, vendus en détail, sont divisés en plusieurs propriétés.

Les couvents actuels sont :

La *Congrégation*, qui a vu son ancienne maison, rue du Barbâtre, convertie en maison de commerce, et rétablie dans l'ancienne maison Saint-Antoine et une partie des bâtiments de l'abbaye de Saint-Pierre-les-Dames;

La *Visitation*, rue de l'Eglise, sur une partie des terrains de la ci-devant abbaye de Saint-Etienne-les-Dames;

L'*Espérance* (couvent nouveau), rue de Pouilly;

Le *Bon-Pasteur*, rue Neuve;

Les *Dames de la Providence* (couvent nouveau), rue de la Barre, faubourg Cérès;

Les *Carmélites* sont seules restées dans leur ancienne maison;

Les *frères des écoles chrétiennes*, dont la maison, rue Neuve, avait été vendue et détaillée, sont établis rue du Jard;

L'*établissement de Bethléem*, rue de Savoie, au faubourg Cérès, fondé en 1837 par l'abbé Charlier.

(1) Le chapitre de la cathédrale de Reims a fait sortir :

Cinq papes : Sylvestre II ; — Urbain II ; — Adrien IV ; — Adrien V ; — Eugène IV ; — vingt-et-un archevêques de Reims ; — cinquante-trois cardinaux, et un grand nombre d'évêques.

écrit, sur la musique et le chant, un Traité en vingt chapitres, inséré dans les *Scriptores de Musicâ*, de l'abbé Gerbert (théologien allemand du XVIIIᵉ siècle).

Bacquenois (Nicolas), célèbre imprimeur du cardinal de Lorraine. Il introduisit le premier, à Reims, l'art de l'imprimerie, qu'il avait étudié à Lyon. Les ouvrages qu'il a édités, devenus rares, sont toujours recherchés par les amateurs rémois. On remarque surtout le *Traité de l'Office divin des religieuses de Fontevrault;* la première édition de la *Coutume de Reims*, et le *Coutumier général de Vermandois*. Il mourut vers la fin du XVIᵉ siècle.

Bergier (Nicolas), avocat et professeur à l'Université de Reims, auteur d'une *Histoire des grands chemins de l'Empire romain*, ouvrage estimé qui a eu plusieurs éditions et a été traduit en plusieurs langues. Né, en 1557, Bergier est mort en 1623.

Blondel (Jean), avocat. Il plaida, dans la retentissante affaire du collier, pour la demoiselle Oliva, dont la parfaite ressemblance avec la reine avait été exploitée par les ennemis de celle-ci. En 1787, Blondel devint secrétaire du sceau. Il subit une longue détention, sous la Révolution; devint membre, en 1803, et ensuite président de la Cour d'appel de Paris; fut un des rédacteurs du Code criminel, et mourut en 1810. On a de lui : les *Loisirs philosophiques*, ou *Etudes de l'Homme;* les *Hommes tels qu'ils sont, et tels qu'ils doivent être;* *Notes sur ce qu'on voit dans le monde social.*

Boulart (Jean-François), maréchal-de-camp, grand'croix de la Légion-d'Honneur, brave militaire dont le nom fut inscrit sur l'Arc de Triomphe de l'Etoile, à Paris; mort en 1842.

Carbon de Flins des Oliviers (Claude-Marie-Emmanuel), poète et auteur dramatique, connu par un grand nombre d'ouvrages littéraires. Son *Réveil d'Epiménide*, ou *les Etrennes de la Liberté*, comédie en un acte et en vers, eut beaucoup de succès. Carbon est mort en 1806.

Carré (Jean-Nicolas-Louis), chevalier, puis baron, mort maréchal-de-camp en 1845.

Cliquot de Blervache (Simon), économiste érudit, inspecteur général des manufactures de France. Ses talents lui procurèrent l'estime des ministres, et notamment de Trudaine. Parmi ses ouvrages, on cite : *Dissertation du Commerce de France depuis Hugues Capet jusqu'à François Ier*. Il mourut en 1796.

Colbert (Jean-Baptiste), l'un des plus grands hommes d'Etat de France et dont le nom seul est un éloge, fut ministre secrétaire d'Etat, contrôleur des finances, sous Louis XIV. Son grand-père était marchand de laines ; son père était négociant en draps et en vins, selon les uns, conseiller d'Etat, selon les autres. Colbert entra, en 1648, dans les bureaux du secrétaire d'Etat Le Tellier. « C'était, a dit M. Michelet, un esprit quelque peu pesant et dur, mais solide, actif, invincible au travail. Il réunissait les attributions de l'intérieur, du commerce, des finances, celles même de la marine, qu'il plaça entre les mains de son fils. Ses règlements industriels furent singulièrement vexatoires et tyranniques. Mais il porta sur le commerce le regard le plus éclairé. Il créa des comités consultatifs de marchands, établit des entrepôts francs, fit des routes, assura le commerce de mer par la destruction des pirates. En même temps il portait dans l'administration une main hardie. Il défendait de rien vendre ou léguer à fonds perdu aux communautés, 1661. Il restreignit les exemptions d'impôts que les ecclésiastiques, les nobles et les bourgeois des villes franches étendaient à leurs fermiers en les présentant comme simples valets. Il révoqua, 1664, toutes les lettres de noblesse expédiées depuis 1630. Il déclara casuels tous les offices comptables, afin de les supprimer peu à peu. Cet homme, sorti d'un comptoir, avait le sentiment de la grandeur de la France. Il oubliait son économie, pour toutes les dépenses glorieuses. Les principaux monuments de Louis XIV, ses beaux établissements, Observatoire, Bibliothèque, Académies, reviennent en grande partie à Colbert. Il fit donner des pensions aux gens de lettres, aux artistes de France et même des pays étrangers. Ce grand homme, qui passa sa vie à lutter contre toutes les intrigues et les rivalités de cour, mourut en 1663, le 6 septembre, à l'âge de soixante-quatre ans, épuisé par le travail, les inquiétudes et le chagrin. »

Colbert (Edouard-François), comte de Maulevrier, son frère, devint ministre d'Etat, chevalier des ordres du roi, et lieutenant-général de ses armées. Il donna maintes fois des preuves de sa valeur; et, si la fortune de son frère contribua à l'élever, ses propres mérites justifièrent la confiance qui avait été mise en lui. Il mourut en 1693.

Coquillart (Guillaume), poète que Marot appelle *l'Honneur de la Champeigne*. Il fut d'abord avoué et avocat, et un des quatre commissaires chargés de la rédaction de la Coutume de Reims, en 1481. L'année suivante, il entra dans les ordres, et fut pourvu d'un canonicat dans le chapitre de Notre-Dame de Reims. Il obtint ensuite d'être nommé official, puis grand-chantre, dignités importantes du chapitre. Ses *Poésies* ont été publiées, pour la première fois, en 1493. Il mourut, à Reims, le 12 mai 1510.

Coucy (Robert de), célèbre architecte du XIIIe siècle, maître ès-arts de l'église Saint-Nicaise de Reims, qu'il acheva sur les plans de Libergier. Il en fit la croix, le chœur et les chapelles qui l'entouraient. Il mourut en 1311.

Dérodé (Nicolas), peintre de la rosace du midi de la cathédrale, XVIe siècle.

Desbureaux (Charles-François), baron, brave général de division, commandeur de la Légion-d'Honneur; mort en 1835.

Diot (Nicolas), fut d'abord précepteur des enfants du fermier-général Pignon, puis secrétaire de l'évêque d'Auxerre, duquel il obtint un canonicat qu'il permuta contre la cure de Saint-Brice, près de Reims, où il resta de 1771 à 1786, époque à laquelle il fut pourvu, dans l'église collégiale de Saint-Symphorien de Reims, d'un canonicat qu'il garda un an et permuta avec la cure de Vandresse (Ardennes). C'est là que la Révolution vint le trouver et le fit évêque constitutionnel de la Marne. Il prit immédiatement possession du palais archiépiscopal, et adressa une lettre pastorale à son clergé. Après les massacres de septembre et les évènements de 1793, le clergé de l'évêque Diot se relâcha au point qu'il donna la bénédiction nuptiale à un de ses grands vicaires; puis, lorsque le culte de la Raison remplaça le culte catholique, il se retira à Champigny (Marne), jusqu'en 1795, et essaya ensuite de reprendre ses fonctions en adressant au peuple un mandement que les catholiques repoussèrent. Diot, abandonné, se retira à Ville-en-Tardenois (Marne); il tint un synode en 1797, pour la nomination des députés au Concile national, et mourut, en 1802, à 58 ans, après s'être vu réduit à tenir les livres d'un commerçant pour subvenir à ses besoins.

Dorigny (A.-J.-B.-Ab.), conseiller à la cour des monnaies et membre de l'Académie de Châlons. Il est auteur de plusieurs ouvrages sur le théâtre, et d'un *Dictionnaire des Origines, découvertes, etc.* Il mourut sur la fin du xviiie siècle.

Drouet (Jean-Baptiste), comte d'Erlon, maréchal de France, grand'croix de la Légion-d'Honneur. Il s'enrôla en 1792, fut un des plus empressés à reconnaître Napoléon Ier, au retour de l'île d'Elbe, commanda le premier corps d'armée pendant les Cent-Jours, fut condamné à mort par contumace, en 1815; il trouva un asile en Prusse, rentra en France en 1825, mais ne reprit du service qu'en 1830. Il reprit alors sa position militaire. Il eut le commandement de la 12e division, à Nantes, en 1832, et y reçut la soumission de la duchesse de Berry. En 1834, il fut nommé gouverneur-général des possessions françaises d'Afrique, et conserva ce poste près d'un an; après quoi, il revint dans son commandement de la 12e division, jusqu'au 9 avril 1843, et reçut le bâton de maréchal de France. Drouet, fils d'un serrurier, mourut à Paris, le 23 janvier 1844, et fut inhumé, selon son désir, à Reims, où une statue lui fut élevée, le 29 octobre 1849.

Duquenelle (Jean-Baptiste-Marie), chevalier de la Légion-d'Honneur, se distingua comme chirurgien militaire, durant la guerre de la République, revint en 1799 remplacer Noël dans les fonctions de chirurgien en chef de l'Hôtel-Dieu de Reims. En 1808, après avoir soutenu ses thèses avec éclat, il fut nommé professeur de clinique chirurgicale à l'école de médecine de Reims. Il mourut en 1835.

Fery (André), minime, professeur de mathématiques en 1749, géomètre exercé, contribua, avec MM. Godinot et de Pouilly, à doter son pays de fontaines publiques, en construisant la machine destinée à élever les eaux de la Vesle à la hauteur suffisante pour être répandues dans la ville, et qui fonctionna jusqu'en 1840. Le château d'eau renfermant cet appareil, maintenant remplacé par la vapeur, restera comme monument durable des bienfaits de ces généreux citoyens. Féry mourut en 1773.

Germain (Jean-Baptiste), peintre remarquable. A l'âge de vingt ans, il peignit son premier tableau pour l'église de Saint-Remi. Il composa deux tableaux, tous deux aujourd'hui à Reims : *le Christ en Croix*, qu'il donna à la cathédrale ; *Marius sur les ruines de Carthage*, déposé au musée de la ville. Il fit un grand nombre d'autres compositions, et mourut à Reims en 1842.

Gérusez (Jean-Baptiste-François), professeur et homme de lettres distingué, auteur de plusieurs ouvrages, entre autres d'une *Description historique et statistique de la ville de Reims*. Il mourut en 1830.

Gobelin (Gilles), teinturier célèbre du XVI° siècle, sous François Ier. Ayant découvert le secret de la teinture écarlate, il quitta Reims avec son frère, et tous deux vinrent s'établir à Paris, où ils établirent, sur la Bièvre, un établissement qui a, depuis, acquis une réputation européenne, la *Manufacture des Gobelins*.

Godinot (Jean), docteur en théologie et chanoine de la métropole de Reims. Il consacra sa fortune à des œuvres de bienfaisance, dont il dota sa ville natale. Il dépensa 100,000 livres pour amener les eaux de la Vesle à la première fontaine de la ville (fontaine Saint-Timothée), et le surplus de ce qu'il possédait, après ses diverses donations, pour l'entretien de ces fontaines. Il mourut en 1749. De Pouilly a prononcé son éloge en 1750. Il appartenait à un littérateur du premier rang et à un administrateur actif et éclairé de louer l'homme généreux auquel Reims devra toujours de la reconnaissance.

Goulin (Jean), médecin et littérateur. Son immense érudition s'est répandue dans une multitude d'ouvrages estimés, traitant des sciences médicales et naturelles, etc. Il mourut pauvre, à Paris, en 1799, âgé de 71 ans.

Hédouin de Pons Ludon (J.-B.), abbé de Prémontré, publia plusieurs ouvrages de littérature fort estimés. Il mourut en 1802, curé et maire de Rethonvillers (Somme).

Helart (Jean), peintre du xviie siècle. Deux de ses tableaux ornent l'église Saint-Jacques.

Houzeau-Muiron (Jean-Nicolas), pharmacien-chimiste distingué, chevalier de la Légion-d'Honneur, homme d'action et de pratique. Il fut député de Reims, qu'il représenta pendant plusieurs années, et mourut en 1844.

Jacob (Gérard), archéologue du plus grand mérite. Il a fait un grand nombre de publications remarquables sur l'histoire et la numismatique, et sur les antiquités de son pays. Il mourut en 1830.

Jacques (Pierre et Nicolas), artistes célèbres. Leur réputation s'est conservée à Reims, à ce point qu'on ne peut rencontrer des sculptures remarquables sans les leur attribuer immédiatement. Pierre est mort en 1596, et Nicolas en 1623.

Jovinus ou *Jovin*, né dans les primières années du ive siècle, devint, de simple citoyen, consul à Rome, en 367. Il fut chef des armées et lieutenant de Valentinien, empereur d'Occident. Cet illustre homme de guerre repoussa les Allemands de la Gaule-Belgique, et jouit d'un grand crédit sous plusieurs empereurs; Jovin avait, à l'E. de Reims, un palais auprès duquel il avait fait construire une église, sous le vocable de saint Vital et saint Agricole. Cette église fit place à l'église Saint-Nicaise, et une partie du palais de Jovin servit de bâtiments claustraux à l'abbaye annexée à cette dernière église. Saint Remi aimait à y résider; et c'est là que fut conclu le traité par lequel les Rémois se soumirent à Clovis, par l'entremise de leur évêque. Jovin mourut l'an 379.

Lacourt (Jean), chanoine de Reims, recteur de l'Université. Il avait un mérite éminent, mais son esprit caustique lui fit beaucoup d'ennemis et remplit sa vie de soucis et de tracasseries. Il a recueilli une énorme quantité de documents sur l'histoire de Reims. Il mourut en 1730.

La Salle (Jean-Baptiste de), fils d'un conseiller au présidial de Reims, prêtre, fondateur des Ecoles chrétiennes. Il fut chanoine à l'âge de seize ans; il distribua tout son patrimoine aux pauvres, en 1684, et sa vie fut un dévouement continuel. Il établit le siège de son ordre dans la maison de Saint-Yon, près de Rouen, d'où ses religieux sont souvent appelés *frères Saint-Yon*. Il mourut en 1719, et fut canonisé en 1852. On a de J.-B. de La Salle : *Des Règles de bienséance et de la Civilité chrétienne*, divisées en deux parties, et qui sont encore classiques, etc.

La Salle de l'Etang (Simon-Philibert de), conseiller au présidial, député à Paris, par le conseil de ville, fut un des premiers agronomes de son époque, et provoqua l'introduction des prairies artificielles dans les plaines de la Champagne qu'ils ont enrichie. Il mourut en 1775.

Lattaignant (l'abbé Gabriel de), poète jovial, fut chanoine de Reims et conseiller au Parlement de Paris. Il s'attacha à la poésie légère, et se fit un nom par sa facilité à composer et à chanter des couplets. Cet abbé chansonnier se retira, sur la fin de sa vie, chez les Pères de la Doctrine. Il mourut en 1779.

Legrand (Jean-Baptiste-Henri), baron de l'Empire, brave colonel, commandeur de la Légion-d'Honneur, mort en 1839.

Levesque de Burigny (Jean), littérateur et historien érudit, membre de l'Académie des Inscriptions. Il a fait une *Histoire de la Philosophie payenne ;* une *Histoire générale de la Sicile*, etc. Il mourut en 1785.

Levesque de Pouilly (Louis-Jean), magistrat, littérateur, membre de l'Académie des Inscriptions, et lieutenant de Reims. C'est à sa persévérance que l'on doit les sommes considérables que l'abbé Godinot consacra à l'établissement des fontaines publiques ; c'est aussi sous son administration que furent établies, à Reims, des écoles publiques de mathématiques et de dessin. Il mourut en 1750.

Libergier ou *Liberger* (Hues), que quelques-uns regardent, mais à tort, comme le constructeur de la cathédrale. Il dressa, tout au plus, les plans de ce merveilleux poëme que nous admirons depuis plus de 600 ans. Libergier bâtit, en 1223, le portail, les tours, la nef et les deux bas-côtés de l'église Saint-Nicaise, achevée par Robert de Coucy. Il mourut en 1263 ; sa pierre tumulaire est actuellement dans la cathédrale.

Liénard, peintre, élève de David, XIXe siècle.

Linguet (Simon-Nicolas-Henri), avocat, écrivain fécond et original, historien, orateur, poète, publiciste, critique et journaliste,

Il fut d'abord sous-principal du collége de Beauvais, à Paris. Linguet est une des figures les plus curieuses et les plus intéressantes à étudier du xviiie siècle. Sa vie fut une lutte perpétuelle et comme une contradiction permanente. On a de lui une foule d'écrits presque tous remarquables par l'énergie du style, mais aussi pleins de fiel ou déparés par les paradoxes les plus révoltants. Il ne se faisait aucun scrupule de soutenir alternativement le pour et le contre. Il se rendit odieux aux avocats, ses confrères, par ses sarcasmes et ses injures, et fut rayé du tableau en 1774. Un journal qu'il rédigeait avec succès le fit exiler, puis enfermer à la Bastille, en 1780. Il alla à Londres, à Bruxelles, à Vienne, revint en France en 1791, se déclara contre les idées révolutionnaires, et sa plume l'envoya à l'échafaud, le 27 juin 1794, à l'âge de 53 ans (1).

Marlot (Dom Guillaume), bénédictin érudit, grand prieur de Saint-Nicaise. Il est auteur d'une *Histoire de la métropole de Reims,* en latin, et surtout de la même histoire, en français, et qui est plus complète et plus étendue. On cite aussi son *Théâtre d'honneur,* qui traite de l'inauguration de la Sainte Ampoule, du couronnement des Rois et des Reines, chez tous les peuples, et chez les Français en particulier ; des entrées royales ; des cérémonies du sacre ; enfin, de la dignité des Rois. Marlot est mort en 1667.

Mopinot (Simon), bénédictin de Saint-Maur, érudit, poète latin. Il a travaillé à la *Collection des lettres des Papes.* Il mourut en 1724.

Nanteuil (Robert), célèbre graveur de portraits, peintre au pastel. Il fit le portrait de Louis XIV, et en obtint une pension de 1,000 livres, avec le brevet de dessinateur et de graveur de son cabinet. Son *œuvre* comprend au moins 280 portraits exécutés avec une facilité, une précision et une pureté de burin admirables. Nanteuil est mort en 1678.

Oudinet (Marc-Antoine), avocat au Parlement, antiquaire et numismate, membre de l'Académie des Inscriptions et Belles-Lettres.

---

(1) Louis XVI aimait beaucoup à lire Linguet.— Après avoir lu le 28e numéro de ses *Annales,* il dit : « Cet écrivain m'apprend mon catéchisme, et je ne le savais pas encore ; je n'ai jamais lu avec autant d'intérêt que quand je lis Linguet. »

Il remplaça Rainssant, son parent, garde du cabinet des médailles de Louis XIV. Doué d'une mémoire brillante, il apprit, dit-on, tout Virgile, en une semaine. Il mourut en 1712.

Pluche (Noël-Antoine), naturaliste, littérateur et géographe. Il est connu surtout par son *Spectacle de la Nature* ou *Entretiens sur l'Histoire naturelle et les Sciences*, qui fut traduit dans presque toutes les langues principales de l'Europe. On y trouve, avec des descriptions instructives, des considérations pieuses sur la sagesse divine. Il a fait aussi une *Histoire du Ciel considéré selon les idées des poètes, des philosophes et de Moïse ;* la *Mécanique des Langues et l'art de les enseigner :* la *Concorde de la géographie des différents âges ;* etc. Pluche, fils d'un boulanger, mourut en 1761.

Polonceau, ingénieur distingué, auquel on doit l'introduction, en France, des routes à la Mac-Adam, et la fondation de l'Institut agricole de Grignon (Seine-et-Oise). Il fournit les plans du pont du Carrousel, dont il dirigea la construction, et traça ceux du chemin de fer de Paris à Rouen, etc. Polonceau est mort en 1847.

Povillon (Etienne-François-Xavier) a fait de longues études sur l'histoire de son pays, et a rédigé un grand nombre de *Recueils* et *Notices*, dont une partie fut imprimée, et dont le surplus fut acheté par la ville, et déposé à la bibliothèque municipale. Il mourut en 1846.

Rainssant (Pierre), échevin de Reims, médecin, antiquaire, et garde du cabinet des médailles de Louis XIV. On a de lui une *Dissertation sur douze médailles des Jeux séculaires de l'empereur Domitien*, etc. Le travail assidu auquel Rainssant se livrait avait gravement altéré sa santé. Il était sujet aux éblouissements ; on le trouva, le 7 juin 1689, noyé dans la pièce d'eau dite des Suisses, dans le jardin de Versailles.

Rogier (Jean), prévôt de l'échevinage de Reims, auteur de précieux travaux manuscrits sur l'histoire de la bourgeoisie de Reims. Ses mémoires sont déposés à la bibliothèque de cette ville, ainsi qu'un supplément à ces mémoires. Rogier est mort en 1637.

Ruinart (Dom Thierry), savant bénédictin. Digne élève de Mabillon, il illustra l'ordre de Saint-Benoît par de grands travaux historiques. On a de lui les *Actes des Martyrs;* une édition des *Ouvrages de Grégoire de Tours,* etc. Il mourut en 1709, dans l'abbaye d'Hautvillers.

Ruinart de Brimont (François-Jean-Irénée), vicomte, officier de la Légion-d'Honneur, négociant en vins de Champagne. Député de Reims pendant les années 1815 à 1821, 1824 à 1827, reçut, le 4 novembre 1829, du roi Charles X, le titre de gentilhomme de la Chambre. Maire de Reims, de 1821 à 1827, il contribua, par son initiative, à la fondation du Mont-de-Piété, de la Caisse d'épargnes, etc., donna sa démission en 1827. Il continua, néanmoins, à exercer son influence et sa fortune pour l'utilité de ses concitoyens, et employa ses dernières années à des études agricoles. Ruinart de Brimont mourut le 6 janvier 1850.

Saint-Pol (Jules de), général, mort en 1855, en Crimée, frappé d'une balle au cœur, sous les murs de Sébastopol, à l'assaut du 8 septembre.

Sutaine (Pierre), XIVe général de la Congrégation de sainte Geneviève, mort en 1756.

Tronson du Coudray (Ph.-Ch.-J.-B.), officier distingué dans l'artillerie et le génie. Il s'embarqua le 1er décembre 1776 pour l'Amérique, avec le grade de général de division, que lui avait donné Franklin. Il se noya par accident, en 1777, en tombant d'un bac dans une rivière qu'il traversait.

Tronson du Coudray (Guillaume-Alexandre), avocat. Il jeta beaucoup d'éclat sur le barreau, offrit de défendre Louis XVI, prêta son ministère à la reine Marie-Antoinette et à un grand nombre de victimes du tribunal révolutionnaire, fut porté au Conseil des Anciens par le département de Seine-et-Oise ; il devint l'un des orateurs les plus hardis du parti qui voulait fonder une monarchie constitutionnelle. Toujours il s'opposait aux lois exceptionnelles et aux usurpations de l'arbitraire. Il fut compris dans la proscription du 18 fructidor et déporté à la Guyanne, sous le climat malsain de Sinnamary, où il mourut en 1798, âgé de 48 ans.

Betheny, au N. de Reims, dans une plaine et sans cours

d'eau. — Superficie, 1,989 hectares 17 ares 75 centiares. — Succursale dédiée à saint Sébastien. — Perception de Cormontreuil. ✉ Reims. — Ecoles primaires des deux sexes. — Pays de culture. — L'église de Betheny est assez remarquable ; suivant la tradition, elle fut construite, au commencement du XIIIe siècle, avec des matériaux de l'ancienne cathédrale de Reims qui venait d'être brûlée. Le chœur, le sanctuaire, le transept et les chapelles sont de cette époque. Ces parties sont ogivales et fort belles. Une somme de 40,000 fr. a été employée pour la reconstruction de la nef et des bas-côtés. — Le village de Betheny existait déjà du temps des Romains ; il était beaucoup plus considérable qu'aujourd'hui. Placé presqu'aux portes de Reims, il se ressentit de l'alliance des Romains avec les Gaulois, et les Romains y établirent des magasins de grains. Betheny a beaucoup souffert à l'époque du siége de Reims par Edouard III, roi d'Angleterre, en 1359-1360, puis en 1380 et dans les guerres de 1431, 1435 et 1437. Il fut brûlé en 1447 et ravagé durant les troubles de la Ligue. Il renfermait les deux villages de Ruffy et Tourrisset, qui sont entièrement détruits. — En 1722, on a découvert, sur son territoire, un sarcophage renfermant des ossements ; plus tard, trois petites couronnes en corne noirâtre ; en 1802, une belle médaille de Lucius Verus. — *Ecarts :* les Modelins, à 2 kil. nord-est ; les Chenois, à 2 kil. nord ; Belle-Vue, à 2 kil. ouest.

Bezannes, au S.-S.-O. de Reims, dans une arrière-vallée de la Vesle, au pied d'une colline élevée de 114 mètres au-dessus de la mer. — Superficie, 888 hectares 45 ares 42 centiares. — Succursale dédiée à saint Martin. — Perception de Cormontreuil. ✉ Reims. — Bureau de bienfaisance. — Ecole primaire mixte. — Pays de culture. — Ce village dépendait de l'abbesse de Saint-Pierre de Reims et de M. L'Espagnol, grand bailli de Vermandois, qui en étaient les seigneurs. — *Ecart :* la Basse-Muire.

Champigny, au N.-O. de Reims, sur la rive gauche de la Vesle, au pied d'une colline élevée de 90 mètres au-dessus du niveau de la mer. — Superficie, 433 hectares 91 ares 39 centiares. — Annexe de Saint-Brice et Courcelles, église dédiée à saint Théodule. — Perception de Cormontreuil. ✉ Reims. — Ecole primaire mixte. — Pays de culture. — Saint Rigobert, archevêque de Reims, acheta, en 704, une partie de la terre de Champigny, pour 40 sols d'or. Elle passa ensuite, par échange, aux moines de Saint-Denis, en 1540. Les habitants leur payaient 12 deniers de redevance par maison, et la treizième gerbe de dîme. *Ecart :* la route de Paris, à 1 kil. 1/2.

Cormontreuil, au N.-E. de Reims, sur la rive gauche de la Vesle, dans une position très-agréable, est un des villages les plus intéressants des environs de Reims. — Superficie, 462 hectares 96 ares 51 centiares. — Succursale dédiée à saint André. — Chef-lieu de perception. ⊠ Reims. — Ecoles primaires des deux sexes. — Vins assez estimés, quoique l'agriculture et l'horticulture soient les cultures principales. — Métiers à tisser pour les fabriques de Reims. — Vente importante de lait pour la ville. — L'église, peu remarquable, offre quelques traces du style du xiiie siècle ; mais son porche est un reste assez curieux et bien conservé de l'architecture romane. — Il est fait mention de Cormontreuil dans les guerres de religion, xvie siècle. — L'un des chefs de la Ligue vint dans cette commune pour s'introduire à Reims par Fléchambault. — Cormontreuil renfermait anciennement un couvent de religieuses, dont les biens, après la suppression de la maison, passèrent à l'abbaye de Saint-Etienne-les-Dames de Reims, et une maison avec chapelle, appartenant aux Jésuites de cette ville. Le séminaire de Reims y avait aussi une maison assez considérable, entourée de fossés, et qui a été vendue à la Révolution. — *Ecart :* un moulin à vent, à 200 mètres.

Ormes, à l'O. de Reims, au pied d'une colline élevée de 106 mètres au-dessus du niveau de la mer. — Superficie, 604 hectares 57 ares 37 centiares. — Succursale dédiée à saint Remi. — Perception de Cormontreuil. ⊠ Reims. — Ecole primaire mixte. — Pays de culture ; commerce de lait avec Reims. — L'église, qui est au milieu du village, est une des plus anciennes des environs de Reims. — Sur les confins du territoire, vers le couchant, on traverse un chemin connu sous le nom de Barbarie. Ce fut, selon Marlot, la route que prit Clovis quand il passa, en 490, sur les terres de la République rémoise, pour aller à la rencontre de Syagrius, qu'il battit près de Soissons. — Près d'Ormes, aussi vers le couchant, on voit encore une éminence qui, de temps immémorial, porte le nom de *Citadelle*, et, un peu plus loin, un lieu, dit le *Poteau*. Peut-être seraient-ce les restes d'un ancien château. Dans les environs de cette commune, comme dans un grand nombre de villages de Champagne, on trouve des vestiges de trous ou souterrains étroits, qui tous avaient une issue commune dans l'église, dans laquelle, au moment des invasions, on cachait ce qu'on avait de plus précieux. Dans les pays de Champagne, où ces trous sont encore en partie conservés, on les appelle *trous de faits* ou *des fées*. Ces souterrains aboutissaient presque tous hors du village, à des chemins couverts qu'on appelait *Naux* ou *Noues*. Ces chemins couverts sont profonds et tellement tortueux, que ceux qui sont à un bout, ne peuvent voir ceux qui sont à l'autre extrémité, ou même ceux qui sont au milieu. Dans les souterrains, on remarque certains endroits assez semblables à des chambres, d'autres où l'on a fait du feu, la place du foyer et de la lampe se voit encore. Il est donc vraisemble que, dans ces trous, les habitants se mettaient à l'abri de l'ennemi. — *Ecart :* la Folie-Feret, à 2 kil.

Saint-Brice-Courcelles, à l'O. de Reims, sur la rive droite de la Vesle, et aussi arrosé par le canal de l'Aisne à la Marne. (Courcelles est à 5 hectom. de Saint-Brice). — Superficie, 531 hectares 68 ares. — Succursale dédiée à saint Brice. — Perception de Cormontreuil. ⊠ Reims. — Bureau de bienfaisance. — Ecoles primaires des deux sexes. — Saint-Brice a deux filatures: l'une, le *Château de l'archevêque*, propriété des archevêques de Reims avant 1793 ; l'autre, l'*Abbesse*, dépendance autrefois de l'abbaye de Saint-Martin de Reims. — Non loin du château de l'archevêque, était le château de la Neuville. — Dans la partie N.-O. de Saint-Brice, se trouvait le château de Pontan. — Aujourd'hui Courcelles possède le château de la Malle. — Au commencement de notre siècle, en creusant des fossés, des ouvriers ont trouvé une statue de bronze, d'un bon style, avec des yeux d'argent. Cette statue, qui représente le dieu Mars ou un athlète, a été envoyée au musée de Paris. Il existe encore, à Saint-Brice, une pierre qui provient du cloître de la cathédrale et qui représente un château avec ses tourelles. — Nicolas Diot, évêque constitutionnel de la Marne, fut curé de Saint-Brice de 1771 à 1786. — L'église qui, d'ailleurs, n'a rien de remarquable, paraît n'avoir été dans le principe qu'une simple chapelle, qu'un lieu de pélerinage où l'on amenait les enfants privés de l'usage de la parole, ou qui avaient de la difficulté à s'exprimer. On y vient encore de fort loin et pour le même effet.

Saint-Léonard, au S.-E. de Reims. Le canal latéral de l'Aisne à la Marne a un parcours de 2 kil. sur cette commune. — Superficie, 296 hectares 18 ares. — Annexe de Taissy (sans église). — Perception de Cormontreuil. ✉ Reims. — Saint-Léonard est réuni à Taissy pour l'instruction primaire et contribue pour 1/6 dans les dépenses d'entretien de l'école communale. — Les historiens de Reims font mention d'une victoire remportée par le comte de Grandpré, près de Saint-Léonard. Les Espagnols, commandés par Montal, gouverneur de Rocroi, désolaient et mettaient à contribution toute la Champagne. Plusieurs villages étaient déjà devenus la proie des flammes. Le comte sortit de Reims pour les arrêter, les rencontra auprès de Pompelle, et après une bataille longue et sanglante, força Montal à fuir, le 11 septembre 1657. — Saint-Léonard remonte à une époque très-reculée. En effet, on lit dans Dom Marlot le récit d'une contestation qui eut lieu, en 1107, entre Cericus, petit-fils de Manassès (neveu de Guy de Châtillon, archevêque de Reims), vicomte de Reims, et Arenarius, pour une seigneurie qu'Hérimar, abbé de Saint-Remi, avait achetée en 1053, près de Vrilly, *à présent nommé Saint-Léonard*, contestation levée par la condition de donner à Cericus une prébende de Saint-Timothée (de Reims), de la valeur de 50 sous, sans obligation de service. — Cette commune n'a reçu la dénomination de Saint-Léonard que lorsque les religieux de Saint-Remi y firent construire un monastère à la place de l'ancien château et une chapelle sous l'invocation de Saint-Léonard. Le premier nom est inconnu. — Cette seigneurie passa aux religieux de Saint-Remi, avec les grands biens qu'ils possédaient. Ces religieux y établirent une aumônerie et eurent le titre de seigneurs de l'aumônerie de

Saint-Léonard, ainsi que le prouve un arrêt du Parlement, du 23 août 1666. C'est la chapelle de cette aumônerie qui est devenue plus tard l'église paroissiale ; les biens du couvent ont été vendus en 1793. Saint-Léonard a été érigé en cure en 1664; en 1812, il a été réuni à la paroisse de Taissy, et l'église a été démolie en 1814.

Taissy, à l'E.-S.-E. de Reims, sur la rive gauche de la Vesle, et arrosé aussi par le canal de l'Aisne à la Marne, qui y a un parcours de 3 kil. — Superficie, 1,152 hectares 56 ares 40 centiares. — Succursale dédiée à Notre-Dame. — Ecoles primaires des deux sexes.—Carrières de pierres à bâtir, au Mont-Ferré ; plusieurs établissements de buanderie, parfaitement occupés; commerce considérable de lait pour la ville de Reims. — Au lieu dit Clicquot, sur l'emplacement d'un ancien château, moulin à vent appartenant à M. Bertèche (1). Ce moulin, sur la Vesle, a trois paires de meules qui fonctionnent continuellement. — Il est parlé de Taissy dans le testament de saint Remi, VIe siècle. Ce village fut pillé en 1651 par les Espagnols, sous les ordres de Montal. Avant la Révolution de 1793, cette commune était une baronnie. Le château était situé à l'extrémité occidentale du village, à 1 kil. de l'église. Il a été vendu, ainsi que toutes ses dépendances, et démoli quelque temps après. — *Ecart :* Le Mont-Ferré, auberge, à 4 kil. (2).

(1) Clicquot, aujourd'hui moulin, était autrefois un fief appartenant au château de Porte-Mars, à Reims ; car, on lit dans Dom Marlot que Beaudoin-Moët est allé faire serment de fidélité à Robert de Lenoncourt, en 1509, pour son fief de Clicquot.

(2) A la suite des registres de 1709, déposés au secrétariat de la mairie de Taissy, on trouve cette note :

« L'an 1709, la gelée ayant commencé le 6 janvier, sur cinq heures du
» matin, a été si forte qu'elle a perdu tous les grains. L'orge, au mois
» d'avril, valait 33 livres, le sarrasin, 15 livres et l'avoine 6 livres. Le grand
» nombre des peuples et la misère de la guerre avaient tellement réduit
» les royaumes, que le son, autrement dit *gras* de boulanger, se vendait
» 6 livres. On le faisait remoudre et on en faisait du pain avec de la fa-
» rine d'avoine. Une sédition populaire, à Reims, fut si grande, qu'on pil-
» lait les couvents de Dominicains et Cordeliers, où des particuliers avaient
» mis leur grain. On a vu des habitants de la campagne brouter l'herbe
» comme des bêtes. Cette année-là, en septembre, il y avait si peu de
» seigle qu'on a ensemencé seulement le quart des terres. »

Thillois, à l'O. de Reims. — Superficie, 632 hectares 23 ares. — Annexe d'Ormes ; église dédiée à saint Loup. — Perception de Cormontreuil. ✉ Reims. — Ecole primaire mixte. — Pays agricole. — L'église est du XIIIe siècle ; c'est une petite construction du style ogival, régulière, inachevée, avec assez peu d'apparence à l'extérieur ; le maître-autel vient du Mont-Saint-Pierre. — La terre de Thillois dépendait autrefois de l'abbaye d'Hautvillers et du chapitre de Reims. — L'ancien château, qui n'est qu'une maison bien ordinaire, a été acheté par les frères des écoles de Reims, qui en font le but des promenades de leurs élèves, ayant conservé le parc en agrément. — *Ecarts :* sept maisons, dont la plus voisine est à 200 mètres de la commune à la route ; la plus éloignée, à 1 kil. du village.

Tinqueux, à l'O. de Reims, sur la Vesle, au pied d'une colline élevée de 100 mètres au-dessus du niveau de la mer. — Superficie, 400 hectares. — Succursale dédiée à saint Pierre. — Perception de Cormontreuil. ✉ Reims. — Ecole primaire mixte. — Pays de culture. — Au XIIe siècle, la terre de Tinqueux appartenait aux comtes de Champagne. En 1789, elle appartenait à l'abbaye de Saint-Denis de Reims et à M. de Berzieux. — Charles X s'est arrêté dans cette commune le 28 mai 1825, en se rendant à Reims pour son sacre. — Il y a eu, à l'entrée de ce village, au levant, un couvent de femmes, nommé couvent Sainte-Marguerite.

Trois-Puits, au S. de Reims, sur une sorte de plateau. — Superficie, 199 hectares 22 ares 11 centiares. — Annexe de Montbré (doyenné de Verzy) ; église dédiée à saint Etienne. — Perception de Cormontreuil. ✉ de Reims. — Ecoles primaires des deux sexes. — Pays de culture. — Ce village fut dépeuplé, en 1794, par une épidémie. — La dîme de Trois-Puits appartenait à l'abbaye de Saint-Remi ; mais c'était le chapitre de Reims qui en était seigneur et qui y percevait aussi des droits sur les grains et les vins.

Les villages de Cormontreuil, Saint-Brice-Courcelles et Tinqueux sont les rendez-vous habituels des Rémois, les dimanches et les jours de fête.

4° CANTON D'AY.

13,317 habitants. — 17,930 hectares. — 19 communes.

Ce canton, situé à peu près au centre de l'ancienne Champagne, a la plus grande partie de ses communes dans la pente ou au pied de la montagne.

Il est borné au N. par le canton de Verzy ; à l'E. par celui de Châlons ; au S. par celui d'Ecury-sur-Coole, celui d'Avize et celui d'Epernay ; à l'O. par le canton d'Epernay et celui de Châtillon-sur-Marne.

Il présente, en général, un aspect riche et agréable ; des bois bien garnis rompent la monotonie qui résulterait de la trop grande continuité des plants de vignes, dans les communes dont le vin est le principal commerce. Les prairies naturelles et artificielles y sont nombreuses, et toutes donnent de fort bons produits.

Le canton d'Ay est arrosé par la Marne et par quelques ruisseaux, dont les plus remarquables sont la Livre, son affluent, etc.

Le sol est crayeux et grèveux dans la partie de *Champagne*, argileux, sablonneux et pierreux dans le reste.

La culture de la vigne est la première industrie des habitants ; la vente des vins mousseux, qui méritent la brillante réputation dont ils jouissent, la ressource principale.

COMMUNES	DISTANCE AU CHEF-LIEU				POPULATION.
	de canton.	de l'arr.	du départ.	de Reims.	
	k.	k.	k.	k.	habitants:
Ay....................	»	26	30	26	3,395
Ambonnay..............	13	23	21	23	628
Avenay................	5	26	28	26	1,027
Bisseuil...............	6	25	24	25	588
Bouzy.................	11	22	22	22	528
Champillon............	4	20	34	20	352
Cormoyeux et Romery...	9	20	39	20	484
Cumières..............	6	24	33	22	1,165
Dizy..................	3	22	33	22	577
Fontaine..............	6	23	27	23	226
Germaine..............	7	18	31	18	350
Hautvillers............	5	22	36	22	886
Louvois...............	10	19	25	19	421
Mareuil-sur-Ay.........	3	28	27	28	1,108
Mutigny...............	2	28	30	28	104
Mutry.................	8	21	25	21	39
Saint-Imoges...........	8	18	38	18	200
Tauxières.............	9	20	25	20	270
Tours-sur-Marne........	9	25	22	25	946

Ay ou **Aï,** au S. de Reims, chef-lieu de canton, petite ville agréablement et heureusement située au pied d'un coteau célèbre par ses excellents vins, adossée à la montagne de Reims et au bord d'une immense prairie qui s'étend sur la rive droite de la Marne, qui traverse son territoire, parcouru aussi par le canal latéral à la Marne. — Superficie, 1,327 hectares. — Cure dédiée à saint Brice. — Perception de Reims. — Bureaux de poste, d'enregistrement et de bienfaisance. — Hospice. — Ecoles primaires des deux sexes. — Salle d'asile. — Station du chemin de fer d'Epernay à Reims. — Commerce de vin de Champagne, 40 établissements; tonnellerie, vannerie, four à chaux hydraulique. La plus grande partie de la population se livre à la culture de la vigne. — L'église, dont l'époque précise de la fondation est ignorée, présente quatre styles d'architecture : le premier appartient au xiiie siècle, il se voit à l'abside ; le second au xvᵉ, il se voit dans la nef et aux bas-côtés ; il règne encore dans la partie inférieure du portail. Le xvıᵉ siècle se fait reconnaître au chœur. Le clocher et la tour semblent avoir été construits au xvııᵉ siècle. Le chœur et l'abside sont voûtés. Un plancher règne au-dessus de la nef, et les bas-côtés sont plafonnés. Cette église, malgré quelques avis contraires, n'a vraisemblement jamais été achevée ; la grande nef devait être voûtée et éclairée par deux rangs de croisées. Le style ogival domine dans ce monument ; les plantes que l'on rencontre dans les chapiteaux sont le chou, le chardon, le houx et la chicorée. On y remarque assez souvent la salamandre, signe distinctif de François Iᵉʳ. Le portail est remarquable par son ornementation de luxe, son exécution fine et légère, ses culs-de-lampe, ses encorbellements chargés de personnages, les uns, mondains, les autres, religieux, couronnés de dés, surmontés de pinacles richement ornés. C'est devant le portail que se tenaient autrefois, jusque vers la fin du xvııᵉ siècle, les assemblées générales des habitants. La flèche principale du clocher est accompagnée de quatre clochetons, dont plusieurs sont surmontés du croissant. Une tradition attribue la fondation de cette église à la reine Blanche, mère de saint Louis, et à Thibault, comte de Champagne. Le style de l'édifice ne s'accorde pas avec la tradition. Au-dessus de la porte principale, se trouvent deux bustes, l'un d'homme, l'autre de femme, que l'on suppose être ceux des fondateurs ou bienfaiteurs de l'église ; mais leurs noms sont ignorés. — L'*Hôtel-de-Ville* d'Ay a été construit en 1788, sur l'emplacement de l'ancien auditoire, qui a été démoli à cet effet. Il n'a rien de remarquable. L'auditoire était le lieu où la mairie rendait la justice, et où se tenaient les assemblées depuis l'époque où elles avaient cessé d'avoir lieu au-devant du grand portail de l'église. — La ville d'Ay est très-ancienne. Son nom se trouve pour la première fois dans la vie de saint Tresain, patron de l'église patronale d'Avenay. Selon l'auteur de la légende de ce saint, Ay aurait existé du temps de saint Remi, vers le commencement du vıᵉ siècle. Le nom d'Ay n'apparaît plus que six siècles plus tard, dans une bulle du pape Innocent II, de 1130. Une charte latine de 1312, donnée par Louis X le Hutin, confirme aux habitants de très-anciens droits de justice, que confirma Henri IV, en y joignant celui d'élire *un* maire, deux échevins, un procureur d'office et un greffier. Cette ville fut entourée de fossés en 1332, 1543, 1578 et 1583. Dans le courant du xvɪᵉ siècle, une partie de la population embrassa la doctrine de Calvin. En 1567, l'église fut pillée et dévastée par les huguenots, qui brûlèrent les livres du curé. — En 1589, Ay est pris contre la Ligue par les royalistes qui tenaient pour Henri III. — En 1599, en vertu de l'édit de Nantes, les calvinistes de cette ville sont mis en possession d'un prêche et d'un cimetière. — En 1603, il y eut un synode calviniste, sous la présidence du célèbre ministre Pierre Dumoulin, et il y fut déclaré que le pape était l'anté-Christ (1). En 1625, nouveau synode calviniste. — Le 20 octobre 1685, abjuration solennelle, dans l'église d'Ay, de plus de 80 calvinistes, en présence de Charles-Maurice Le Tellier, archevêque de Reims. — Le prêche est fermé en vertu de l'édit du roi, 22 octobre 1685, et démoli en 1686. — En 1796, fondation de la régence prestimoniale, par M. Brice Faguyer, pour l'enseignement du latin à Ay ; elle a subsisté jusqu'en 1793. — 1703, fondation de l'école gratuite des sœurs de l'Enfant-Jésus, par Claude Pépin ; l'école a été supprimée en 1792. — En 1808, la direction des filles est confiée aux sœurs de la Providence de Portieux. — En 1811, M. Bigot, juge de paix, fait don à la ville d'Ay des eaux des fontaines publiques qu'il avait fait établir à ses frais. — Prix de vertu fondé par M. de Villermonde. — En 1846, création de l'hospice, au moyen d'une souscription recueillie par Mᵐᵉ Ritterbonde ; et, en 1851, à la suite des dispositions généreuses de Mᵐᵉ Lasnier-Roger, la direction de l'établissement fut confiée aux sœurs de saint Vincent-de-Paul. — Aidée par le concours de M. J.-P. Lasnier, la ville d'Ay confie son école de garçons aux frères des écoles chrétiennes. — On assure que le pape Léon X, François Iᵉʳ, Charles-Quint et Henri VIII, roi d'Angleterre, pos-

(1) *Dumoulin* (Pierre), théologien protestant, né en 1568 à Bugy (Seine-et-Oise, arrondissement de Mantes), occupa quelque temps une chaire de philosophie à Leyde (Hollande), devint chapelain de la princesse Catherine de Bourbon, 1609, fut appelé en Angleterre pour y travailler à une réunion des églises protestantes, présida le synode d'Alais (Gard), 1620, et mourut en 1658 à Sedan, où il s'était fixé. Il a laissé un grand nombre d'ouvrages polémiques.

sédaient tous une maison, un vendangeoir à Ay ou proche d'Ay. La tradition est que Charles-Quint fit bâtir, à cet effet, le prieuré de Charle-Fontaine. On montre encore, dans Ay, une maison (rue Saint-Vincent, sur une petite place), que l'on dit avoir été le vendangeoir de Henri IV, roi de France; on la nomme aussi la maison du comte Thibault et de la reine Blanche. — Le duc d'Orléans, avant 1789, baron de Mareuil, joignait à ses titres celui de vicomte d'Ay, et exerçait haute, moyenne et basse justice sur la commune. L'abbesse d'Avenay percevait à Ay quatre pintes par poinçon. — Ay ressortissait au Parlement de Paris; il était du bailliage et de l'élection d'Epernay, et suivait la coutume de Vitry. — *Ecarts :* la Cuve, à 1 kil.; le moulin de Meurtet, à 1 kilom.; le Pré-de-Mars, près le pont d'Epernay, à 3 kil.; la Malmaison, à 3 kil.

Ambonnay, au N.-E. d'Ay, commune en pente et entourée d'anciens fossés et remparts. Des fontaines établies en 1853 y sont alimentées par la source de Crilly. — Superficie, 1,177 hectares. — Succursale dédiée à saint Remi. — Perception de Tours-sur-Marne. ⊠ Tours-sur-Marne. — Ecoles primaires des deux sexes. — Vins rouges et blancs de bonne qualité. — Il y a sur le territoire une source d'eau minérale dont les propriétés ferrugineuses sont bien reconnues. — L'église remonte du XIe siècle au XIIe. — On remarque, sur une petite place de la commune, une fort jolie croix monumentale érigée en 1582 et dont la hauteur totale est de 5 mètres. La croix proprement dite est en bois et haute de 40 centimètres; elle surmonte une belle colonne en pierre, d'ordre corinthien, de deux mètres d'élévation. Sur la colonne, sont sculptées des branches d'arbre et des feuillages dans tout le contour. Le soubassement de la colonne est un cube en pierre de 40 centimètres. Sur chaque face visible sont représentés en sculpture les quatre Evangélistes. Ce soubassement cubique surmonte une pierre semi-circulaire de forme convexe, formant un fronton, dont le diamètre est de 80 centimètres sur 33 centimètres d'épaisseur. Dans le fond du fronton, sont sculptées deux têtes de mort, une de chaque côté. Le fronton repose sur un piédestal d'un mètre cube, sur les faces duquel on voit des ciselures. Sur la face méridionale du piédestal, on lit gravée cette inscription : « En 1644, le marché d'Ambonnay a été rétabli le 14 novembre. » Le tout repose sur deux pierres octogones d'une épaisseur de 33 centimètres. — La commune d'Ambonnay a été bien plus importante qu'elle ne l'est aujourd'hui ; son importance se trouve expliquée par cette charte de Henri III : « Henri III, par la grâce de Dieu, roi de » France et de Pologne, nos chers bien-aimés les manants et habi- » tants du lieu d'Ambonnay nous ayant fait remontrer que, par » nos lettres-patentes en forme de charte, expédiées au mois de » février 1578, et pour les causes et considérations y contenues, » nous avons accordé, permis auxdits exposants de faire clore et » fermer de murailles et de fossés, tours, ponts-levis et autres for- ». teresses, et que, pour cet effet, chacun desdits habitants contri- » buerait, ainsi que tous forains, gens d'église, ayant égard que » ledit bourg d'Ambonnay est assez en paix et fertile en passages, » bien peuplé de gens et maisons ; qu'y affluent, passent et re- » passent infinis marchands et autres personnes foraines, et pour » plus amples décoration et augmentation d'icelui, nous créons » une foire par chaque an et un marché chaque semaine, le jeudi ; » ladite foire se tiendra le jour de saint Luc, pourvû qu'à quatre » lieues à la ronde n'y ait aucune foire et marché ledit jour. » Donné juillet 1578. » — Ambonnay était une vicomté, achetée en 1287, par le chapitre de la cathédrale de Châlons. — L'abbaye d'Avenay y percevait divers droits, dès l'an 1200. — *Ecart :* Crilly.

Avenay, au N.-E. d'Ay, joli bourg important, au pied d'une montagne qui le garantit des vents de l'ouest, sur le petit ruisseau la Livre, au milieu du *Val-d'Or.* — Superficie, 1,248 hectares 69 ares 30 centiares. — Succursale dédiée à saint Trésain. — Perception d'Ay. ✉ Ay. — Bureau de bienfaisance. — Ecoles primaires des deux sexes. — Station du chemin de fer d'Epernay à Reims. — Vins rouges et blancs estimés. — L'église fut fondée ou plutôt réédifiée, au XIIe siècle, par Hugues VIII, comte palatin. Elle est remarquable par la richesse de son architecture gothique, et figure au nombre des monuments historiques. Son petit portail attire l'attention des visiteurs et des archéologues. Les orgues sont celles de l'ancienne abbaye. Cette église a été restaurée avec intelligence, soin et goût, en 1848 et 1849 ; puis, en 1850, des verrières exécutées par M. Martin, de Troyes, représentant des scènes de la vie de saint Trésain, sont venues compléter l'ensemble de la restauration d'une manière heureuse. — Saint Trésain, auquel l'église est consacrée, est en grande vénération dans la commune. — Avenay fut, dit-on, une des premières bourgades de la Gaule. On trouve son nom, dit M. P. Paris, dès les premiers siècles du christianisme. — Vers la fin du VIIe siècle, dit la légende, saint Guntbert, ou Gombert, frère de Nivard, seigneur d'Avenay et autres lieux, étant devenu veuf, épousa sainte Berthe, qu'il abandonna bientôt pour aller fonder en Irlande, sur le bord de la mer, un monastère où il ne tarda pas à être décapité par des Barbares. Berthe, délaissée, fonda le monastère d'Avenay, et comme elle manquait d'eau dans sa retraite, elle acheta en 660, à quatre kilom. plus haut dans la forêt, pour une livre d'argent, une source, d'où se forma un ruisseau qui la suivit jusqu'à son cloître, où elle retournait, et qui fut nommée la Livre. Sainte Berthe souffrit le martyre à Avenay, des mains de ses propres parents, mécontents qu'elle eût donné ses biens à l'abbaye. Son corps fut réuni à celui de son mari, qu'on alla chercher. Le monastère devint fameux, et l'abbesse, prenait le titre de haute et puissante dame, avait sa justice et était, en outre, dame de Mutigny, Suippes, Somme-Suippe, Bouzy, Vadenay et Athis. Ce monastère, que dotèrent plusieurs archevêques de Reims, et auquel ils confirmèrent divers priviléges, était de l'ordre de saint Benoît. Réparé et réformé en 1526, il fut brûlé par les Calvinistes en 1567. — Dix ans après, l'abbesse, Françoise de la Marck, le rétablit parfaitement, agrandit les jardins et les entoura de murs. Il fut encore incendié le 1er septembre 1754, et les bâtiments, presque tous consumés, ont été reconstruits et embellis par les soins de l'abbesse, Mme de Boufflers. A cette époque, l'église de l'abbaye possédait quatre châsses d'argent, dont l'une contenait le chef de sainte Berthe, posé sur un coussin d'argent doré, et portant une couronne d'or enrichie de diamants ; le tout estimé 500,000 livres. Baugier dit que les religieuses du chœur étaient au nombre de 30 à 40, non compris les converses. Les ornements de l'église étaient d'une grande magnificence. Il y avait quatre grosses cloches et deux petites dans son gros clocher. Le revenu de l'abbaye était d'environ 20,000 livres. L'abbesse possédait 50 arpents des premières vignes du lieu, et vendait son vin aux princes. Sa meilleure vigne était dans la contrée de Grigny et contenait 10 arpents. — Henri IV logea à Avenay pendant le siége d'Epernay, en 1592. — L'archevêque de Reims descendait chez l'abbesse, et les dames de France, tantes de Louis XVI, ne se rendaient jamais à Louvois sans visiter l'abbaye. — *Ecarts :* quatre maisons isolées (moulins à eau), également distantes l'une de l'autre dans un espace de 2 kil. 200 mètres.

Bisseuil, à l'E. d'Ay, au bord de la Marne et sur la pente douce d'un mont élevé de 130 mètres au-dessus du niveau de la mer, est traversé par le canal latéral à la Marne. Ce village est parfaitement bâti et se compose de quatre rues régulières, aboutissant à une place carrée, comme à Vitry-le-François. — Superficie, 322 hectares 30 ares 75 centiares. — Succursale dédiée à saint Hélain, — Perception de Tours-sur-Marne. ✉ Tours-sur-Marne. — Bureau de bienfaisance. — Ecoles primaires des deux sexes. — Quoique Bisseuil soit plutôt un pays de culture qu'un pays vignoble, on y récolte un vin clairet d'assez bonne qualité. — Carrière de bonne craie. — L'église, qui date du XVe siècle ou du XVIe, a été entièrement remise à neuf, et l'intérieur en est fort joli. — Bisseuil, autrefois fortifié, appartenait en partie à l'abbaye de Saint-Basle, dès l'an 1257. Plus tard, il devint la propriété du marquis de Louvois-Bisseuil. — En 1754 et en 1768, il fut incendié et détruit. — En 1814, l'invasion étrangère y causa de grands dommages, et le pont fut coupé. Il a été reconstruit en 1839, très-solidement, sur trois fortes piles et deux énormes culées. — *Ecarts :* Chezy, à 130 mètres ; un moulin à vent, à 225 mètres.

Bouzy, au N.-E. d'Ay, au bas de la montagne de Reims, et dominé par les vignes, dont les produits sont mis au nombre des vins rouges les plus exquis. L'eau de source y descend de la montagne, au moyen de conduits. — Superficie, 625 hectares 50 ares 35 centiares. — Succursale dédiée à saint Basle. — Perception de

Tours-sur-Marne. ✉ Tours-sur-Marne. — Bureau de bienfaisance. — Ecole primaire mixte. — Vins rouges et blancs très-estimés. Tuileries et briqueteries. — L'église date de 1853. Elle fut commencée, en 1856, au moyen d'un don fait par M. Yvonnet (Médard), qui gagna le fameux lingot d'or de 400,000 francs. Lorsqu'elle sera terminée, elle sera l'une des plus belles des environs, quoique trop éclairée, au chœur surtout, et que les bas-côtés soient trop étroits d'un mètre. — En 1511, les chapelains de Notre-Dame de Reims étaient propriétaires à Bouzy. — *Ecart :* la Tourtelotte, à 1 kil. 500 mètres.

Champillon, au N.-N.-E. d'Ay, dans une gorge entourée de monts, est arrosé par plusieurs sources qui viennent de la montagne, et qui, réunies à un ruisseau, traversent Dizy et vont se jeter dans le canal longeant la Marne. — Superficie, 142 hectares 10 ares 45 centiares. — Succursale dédiée à saint Barnabé. — Perception d'Hautvillers. ✉ Ay. — Ecole primaire mixte. — Vin rouge et vin blanc de qualité. — Champillon appartenait autrefois à l'abbaye d'Hautvillers. Avant la révolution, il faisait partie de la commune de Dizy. — *Ecarts :* Bellevue, à 2 kil.; le moulin du Champ-Bigot, à 3 kil.; la maison des Caves, à 500 mètres.

Cormoyeux-Romery, au N.-O. d'Ay. Ces deux villages, éloignés l'un de l'autre de 1,720 mètres, se trouvent placés au pied d'une montagne rapide, et dans une gorge en forme d'entonnoir, au fond d'une petite vallée qui se joint à celle de la Marne, à Damery. A 100 mètres du village de Cormoyeux, se trouve une source assez forte, qui, jointe à d'autres petites, donne naissance à un ruisseau (le Raday ou Radet), qui fait tourner sept moulins à une tournure, jusqu'à sa jonction à la Marne, après un cours de 6 kil. — Superficie, 423 hectares 28 ares 80 centiares. — Succursale dédiée à saint Clément et à saint Laurent. — Perception d'Hautvillers. ✉ Epernay. — Ecole primaire mixte. — Vins rouges assez bons. — Ces deux villages dépendaient de l'abbaye d'Hautvillers. Les habitants payaient à l'abbé la 11e pièce de vin, la treizième gerbe de blé, la treizième botte de foin et le septième poulet, et l'abbé en cédait la moitié au curé, qui se faisait, dit-on, un revenu annuel de près de 6,000 livres ; c'est-à-dire qu'à tout prendre il était plus riche que l'abbé même. — *Ecarts :* trois moulins dépendant de Romery.

Cumières, à l'O.-N.-O. d'Ay, en amphithéâtre, sur la rive droite de la Marne, qui passe à dix mètres environ, est aussi arrosé par le canal de dérivation, sur une longueur de huit cents mètres. — Superficie, 296 hectares 85 ares 25 centiares. — Succursale dédiée à saint Jean-Baptiste. — Perception d'Hautvillers. ✉ Epernay. — Ecoles primaires des deux sexes. — Excellent vin blanc, dans son sol crayeux, et vin rouge de première qualité, sur son sol pierreux. — Carrières de pierres à chaux de bonne qualité. — Avant 1717, Cumières ne possédait qu'une petite chapelle bâtie au XVIe siècle, par les habitants, sur l'emplacement de l'église actuelle (à cinquante mètres environ de la Marne), desservie par un chapelain, religieux d'Hautvillers, et ensuite par des prêtres séculiers. — Autrefois, Cumières dépendait *spirituellement*, partie d'Hautvillers, partie de Damery, et, *civilement*, de la généralité et intendance de Champagne, subdélégation d'Epernay. Ce n'est qu'en 1790 qu'il lui a été formé un territoire particulier, aux dépens de ceux de Damery et d'Hautvillers, s'étendant en forme de demi-cercle, dont le diamètre est le bord même de la Marne.

Dizy-la-Rivière ou plus récemment **Dizy-s-Marne**, au N.-O. d'Ay, village bien bâti au bas d'un coteau, est arrosé par la Marne, par le petit ruisseau qui prend sa source à Champillon (ce ruisseau tarit presque tous les ans, au mois d'août), et par le canal latéral à la Marne, sur une longueur d'environ un kil. — Superficie, 421 hectares 37 ares. — Succursale dédiée à saint Timothée. — Perception d'Hautvillers. ✉ Epernay. — Ecoles primaires des deux sexes. — Vins blancs, pour le commerce. Poteries de terre et briqueterie. — Le pont de Dizy est composé de sept arches ; commencé en 1765, à l'extrémité de la chaussée, pour le passage des eaux lors du débordement de la Marne, il a été achevé en 1774. Il est d'une architecture simple, mais hardie. Le canal passe sous une de ses arcades. — Dizy, commune fort ancienne, a constamment fait partie de Reims. Le hameau de Champillon a été, en 1689, détaché de Dizy, comme paroisse, et Dizy, comme Champillon dépendait de l'élection d'Epernay. L'abbaye d'Hautvillers avait sur Dizy de gros priviléges. De 1818 à 1822, plusieurs vases antiques et lacrymatoires ont été découverts sur cette commune. — *Ecarts :* la Folie, à un kil.; la Poterie-Lisnard, construite en 1856, près du pont d'Epernay. à 2 kil. du village.

Fontaine, au N.-E. d'Ay, sur une rampe inclinée de la montagne, qui la garantit des vents du N., et d'où sortent plusieurs sources ou fontaines qui donnent sans doute au pays le nom qu'il porte. — Le territoire est arrosé par la Livre, grossie du ruisseau des Avaunes, qui descend des bois. — Pays de culture. — Superficie, 773 hectares. — Annexe de Tauxières; église dédiée à saint Aignan. — Perception de Tours-sur-Marne. ⊠ Ay. — Ecole primaire mixte. — Bonnes carrières de pierres dans les bois. — Ce village est cité dans un titre de 1086 de l'abbaye de Saint-Basle. En 1180, l'ordre du Temple y levait quelques droits. On lit, dans la vie de saint Vincent-de-Paul, que ce prince de la charité vint prêcher dans les églises de Mareuil, Avenay et Fontaine, à l'époque de la guerre de Trente-Ans, sous le règne de Louis XIII. — Fontaine avait autrefois la justice du *Ban-Sarrazin*, avec poteau, et deux seigneurs. — *Ecarts :* deux moulins à eau, l'un sur le ruisseau des Avaunes, l'autre, au bas du village, sur le ruisseau de la Livre.

Germaine, au N. d'Ay, village isolé sur la montagne de Reims, au milieu des forêts, sur un terrain en pente, qui fait face à la vallée traversée par le chemin de fer, et dont il n'est éloigné que de 300 mètres environ, n'a d'autres cours d'eau que de petites sources qui se trouvent dans les bois; l'une d'elles a été amenée dans la commune, pour servir de fontaine publique. — Superficie, 580 hectares. — Succursale, sous le vocable de l'Exaltation de la Sainte-Croix. — Perception d'Hautvillers. ⊠ Ay. — Ecoles primaires des deux sexes. — Exploitation des bois; carrières de pierres à bâtir; source d'eau ferrugineuse, près de la ferme de Bœuf. — Germaine est le lieu où commence le tunnel du chemin de fer d'Epernay à Reims. — L'antiquité de cette commune est constatée par un titre de l'abbaye de Saint-Basle, daté de 1086, lequel cite le village comme étant sous la protection de ce monastère. — En 1576, Antoine, seigneur de la Rochepot, baron de Montmirail, vendit, dit-on, la seigneurie de Germaine à un sieur Pinart, secrétaire d'Etat, qui la céda ensuite aux marquis de Louvois. — Plus tard, cette seigneurie eut pour propriétaires les ducs de Gontaut de Biron, dont la famille qui, y eut droit de haute, moyenne et basse justice, y possède encore des bois considérables. — La ferme de Bœuf appartenait à l'abbaye d'Hautvillers. — Il y avait, à l'O. de la commune, un château dont il reste à peine quelques vestiges, et que l'on croit avoir été brûlé dans les guerres du XVIe siècle. M. le marquis de Gontaut de Biron, descendant du célèbre maréchal de ce nom, et auquel appartient une grande partie de la forêt de Germaine, y occupe presque tous les habitants, pendant les 2/3 de l'année, à l'exploitation de ses bois et du charbon qu'il en fait. Il laisse au troupeau de bêtes à cornes de la commune le libre parcours de ses bois défensables (1), et fait distribuer chaque année deux cents francs aux pauvres de Germaine. Le presbytère est un don fait en 1818, par la même famille. — *Ecarts :* Vauremont, à 300 mètres, au N.; les Haies, à 1,500 mètres de Germaine, et 15 de la ligne de fer ; Bœuf, ferme composée de vastes prairies et de bois. — Près de l'écart des Haies se trouve un vieux frêne dont les dimensions colossales font l'admiration des curieux. C'est le roi de la forêt, aussi est-il épargné lorsqu'on exploite la coupe dont il fait partie.

Hautvillers, au N.-N.-O. d'Ay, sur le principal pallier du mont Saint-Nivard, élevé de 263 mètres au-dessus du niveau de la mer, et à un kil. environ de la naissance du canal latéral à la Marne, jouit d'une vue magnifique. Les maisons adossées à la montagne ont une eau de roche saine et abondante. Il y a, sur son territoire, deux étangs d'une contenance de 2 hectares 50 ares environ. — Superficie, 1,176 hectares 50 ares 50 centiares. — Succursale dédiée à saint Syndulphe. — Chef-lieu de perception. ✉ Epernay. — Ecoles primaires des deux sexes. — Vins estimés. —

---

(1) Les bois sont ainsi nommés, à l'âge de sept ans.

La plus grande partie des récoltes est destinée à faire des vins blancs de Champagne, et l'autre partie des vins rouges. Les vins blancs d'Hautvillers doivent surtout leur réputation à Dom Pérignon, mort septuagénaire en 1715. *(Voir* p. 21.) — Briqueterie ; pierres siliceuses et quartzeuses. M. Chandon de Briailles y possède une ferme modèle. — L'histoire de cette commune est celle de son illustre monastère, fondé de 662 à 680, par saint Nivard, 25ᵉ archevêque de Reims, qui lui donna, à la même époque, son secrétaire et ami saint Berchaire, pour premier abbé. — Saint Berchaire, gentilhomme d'Aquitaine, ouvrit sa maison à des Bénédictins de la congrégation de Saint-Vannes, fut considéré des rois, obtint pour son abbaye de grands priviléges, et y mourut en 685. — C'est dans le monastère d'Hautvillers que fut détenu le célèbre *Gotescalc*, autrement appelé *Fulgence,* qui, né en Allemagne, vers l'an 806, avait embrassé la vie monastique à Orbais. (*Voir* cette commune, p, 258.) Nourri de la lecture des ouvrages de saint Augustin, Gotescalc crut trouver dans cet auteur le dogme de la prédestination absolue, et enseigna que Dieu a gratuitement prédestiné les élus à la vie éternelle, et les reprouvés à la mort éternelle. Cette doctrine ayant été condamnée par deux conciles, Gotescalc fut déclaré hérétique incorrigible, et se vit déposer du sacerdoce, battu de verges, et enfermé, pour le reste de ses jours, dans l'abbaye d'Hautvillers, par ordre d'Hincmar, archevêque de Reims. Il mourut dans sa prison, en 868, sans avoir consenti à une rétractation. (Son histoire a été écrite par le jésuite L. Cellot, 1655) (1). *Ecarts :* la Tui-

---

(1) L'abbaye royale de Saint-Pierre d'Hautvillers, de l'ordre de Saint-Benoît, congrégation de Saint-Vannes, puis de Saint-Maur et de Saint-Hydulphe ou Syndulfe, a donné neuf archevêques au siége de Reims, et vingt-deux abbés à plusieurs monastères célèbres ; Pierre-le-Vénérable, entre autres, qui fut abbé de Cluni. L'historien D. Ruinart y est mort en 1709. — Gouvernée par des abbés commendataires, cette abbaye était composée de quinze à vingt religieux profès, d'un noviciat de quatre, six ou huit jeunes gens, et de quatre frères convers. — Par son nombreux domestique, elle faisait valoir 70 à 80 arpents des meilleures vignes du territoire, et en partageait les produits parfaits avec les rois et les princes. — L'abbaye possédait en outre de très-belles propriétés dans toute la Champagne. L'abbé était seigneur d'Hautvillers, Cumières, Cormoyeux, Romery

lerie, à 500 mètres ; la Briqueterie, à 1 kil. ; l'écluse de Dizy, aussi à 1 kil.

Louvois, au N.-E. d'Ay, au fond d'une gorge, en pente douce à partir du château, entouré de bois et de montagnes, excepté vers le couchant, où se prolonge une agréable vallée qu'arrose, à sa naissance, le ruisseau de la Livre, seul cours d'eau que possède la commune. — Superficie, 1,144 hectares 16 ares. — Succursale dédiée à saint Hippolyte. — Perception de Tours-sur-Marne. ✉ Ay. — Bureau de bienfaisance. — Ecoles primaires des deux sexes. — Pays de culture ; carrière de pierres meulières. — On cite comme curiosités naturelles, dans ce pays : 1° le puits de la

et Dizy, et avait un bailliage qui régissait cette vaste seigneurie. Le bailliage se composait d'un bailli, d'un lieutenant, d'un procureur fiscal et d'un greffier exerçant, pour l'abbé, haute, moyenne et basse justice, et représentant à la fois nos justices de paix et tribunaux civil et criminel. — L'abbé percevait la onzième pièce de vin dans les celliers, la treizième gerbe des grains, le treizième tas de foin, luzerne, etc., et il avait la quarante-huitième partie des produits à Ay. Il entretenait cinq procureurs en titre, quatre huissiers, deux notaires.

Cette abbaye fut vendue et démolie en 1793, à l'exception de son église, devenue paroissiale, pour remplacer l'ancienne, qui était sur la place. Cette église conventuelle possédait, entre autres reliques : les corps de saint Nivard, de saint Syndulphe et de saint Polycarpe ; des ossements des saints Madeloup, Berchaire, Blaise, Urbain, Guérin, Sébastien, Cyriaque, Avoul ; et des saintes Pétronille, Cécile, Hélène, impératrice, mère du grand Constantin. Tous ces trésors étaient enfermés dans des châsses magnifiques. Les restes de sainte Hélène, apportés de Rome, le 7 février 1481, furent souvent déplacés pendant les guerres du xve et du xvie siècle. C'est en 1602 que toutes ces reliques, dispersées, ont pu être réunies — Les riches châsses et les statues, et les ornements précieux de l'abbaye furent envoyés à la Monnaie et détruits en 1793 ; mais les reliques de sainte Hélène ont été emportées par D. Grossard, dernier procureur de l'abbaye, à Gigny-aux-Bois (arrondissement de Vitry), puis à Blanrupt (Haute-Marne), et c'est de là que, le 1er août 1820, deux chevaliers du Saint-Sépulcre les enlevèrent, après négociation, pour les déposer dans une châsse magnifique, derrière le maître-autel de Saint-Leu, à Paris. — L'abbaye d'Hautvillers avait droit à la nomination de près de trente curés ; trois prieurés et un grand nombre de chapelles en dépendaient.

ferme de Vertuelle, qui a de huit à neuf mètres de profondeur, et est alimenté par un ruisseau bruyant. C'est ce puits qui fournit au château, comme il y fournissait sous Louvois, ministre de Louis XIV, les eaux qui imitaient en petit celles du château de Versailles ; — 2° la source de la Livre, qui bouillonne sur une surface de deux ares environ, et dont le milieu, dit-on, n'a pas de fonds. — Le plus ancien seigneur connu de Louvois est Gaucher de Châtillon, sénéchal de Bourgogne, mort en 1219, qui accompagna Philippe-Auguste à la Terre-Sainte, et qui se distingua au siége d'Acre et à la bataille de Bouvines. La terre de Louvois, d'abord baronnie, fut érigée en marquisat, l'an 1625, par lettres-patentes, en faveur d'un de ses successeurs, Claude Pinart, gouverneur de Château-Thierry. De Louvois dépendaient Germaine, Ludes, Mutry, Tauxières, Ville-en-Selve. Plus tard (1659), ce pays appartint à Michel Le Tellier, chancelier de France, et à sa famille, jusqu'en 1776 ; et c'est à partir de cette époque (1656), que les propriétaires de Louvois prirent le nom de cette terre. Durant tout ce temps, les seigneurs firent de la terre de Louvois un véritable paradis terrestre, où se réunissaient fréquemment, dans leur superbe château, les seigneurs et les gens distingués de toute la contrée. Cette propriété fut achetée par Mesdames Marie-Adélaïde de France et Sophie-Philippine-Elisabeth-Justine de France, tantes de Louis XVI ; le marquisat fut érigé en duché-pairie en leur faveur, par lettres-patentes de juin 1777. Démoli en partie en 1792, le château forme encore une habitation superbe, avec des jardins magnifiques, et appartient à M. Hémart, fils unique de M. Hémart, baron de la Charmoye, capitaine des dragons de l'Impératrice. — *Ecarts:* la Neuville-en-Chaillois, à 2 kil. au N., et qui passe pour avoir été un gros village ; Vertuelle, à 2 kil. N.-E., au milieu des bois, et dans une gorge.

Mareuil-sur-Ay, au S.-E. d'Ay, très-joli bourg, situé entre la Marne, à droite, et un riche coteau de vignes dont les produits sont au nombre des meilleurs vins de Champagne. Il est encore arrosé par le canal latéral à la Marne. — Superficie, 1,075 hectares 24 ares 90 centiares. — Succursale dédiée à saint Hilaire. — Perception d'Ay. ⊠ Ay. — Ecoles primaires des deux sexes,

— Commerce important de vins de Champagne ; carrière de craie propre aux constructions. — L'église, très-ancienne, et dont la grande nef est remarquable, est classée parmi les monuments de l'Etat. — Le château actuel, placé vers le centre du bourg, a de jolis jardins et une belle terrasse. — Quelques géographes font remonter la fondation de Mareuil à une haute antiquité. Au xe siècle, cette commune appartenait aux archevêques de Reims. Il y avait, dans une île qui a disparu, une forteresse dont on voit le plan dans le *Recueil des villes de France*, par de Châtillon, et qui fut prise et reprise par les Anglais, chassés définitivement, dit Anquetil, par le connétable de France, Gaucher de Châtillon. Lors du siége d'Epernay, en 1592, par Henri IV, ce château de Mareuil fut pris par les habitants de Châlons et d'Epernay (*Chronique* de Cocquault). Les anciens seigneurs de la baronnie de Mareuil ont toujours pris le titre de comtes d'Ay. Ces deux seigneuries ont appartenu aux ducs d'Orléans. — Les dames religieuses d'Avenay exerçaient à Mareuil les droits seigneuriaux, dès un temps fort éloigné, et présentaient à la cure, ainsi que le témoigne surtout une lettre de Rainauld Ier du Bellay, archevêque de Reims, en date de 1086. — Le pays était aussi tributaire, dès 1313, du prieuré de Saint-Bernard, réuni plus tard au couvent des Minimes d'Epernay. — *Ecart :* le moulin *dit* du Grivorge, à 1 kil. 1/2.

Mutigny, au N.-E. d'Ay, est un petit village, dans le retrait d'un mont élevé de 240 mètres au-dessus du niveau de la mer, dépendant de la montagne de Reims. — Superficie, 327 hectares. — Annexe d'Avenay, église dédiée à saint Martin. — Perception d'Ay. ⊠ Ay. — Ecole primaire mixte. — Vins assez estimés; carrières de pierres à bâtir ; carrières de pierres à chaux ; briqueteries et fours à chaux, etc. — *Ecarts :* Montflambert, à 1 kil. ; les Tuileries, à 4 hectomètres.

Mutry, au N.-E. d'Ay, est bâti sur une petite éminence, près de la Livre, qui traverse sa prairie de l'E. à l'O. — Superficie, 487 hectares 58 ares. — Annexe de Tauxières, église dédiée à saint Remi. — Perception de Tours-sur-Marne. ⊠ Ay. — Ecole primaire mixte. — Tuileries ; briqueteries, au nombre de sept, qui fabriquent annuellement au moins 4,000,000 de tuiles principalement. — Cette commune avait un château très-ancien et très-vaste, qui a été détruit, et dans lequel on a trouvé des vases et des médailles des Romains, en arrachant ses fondations en 1819 et 1820. Il était entouré de fossés où l'eau arrivait de la montagne, par des tuyaux de terre cuite. Les murs avaient deux mètres soixante-six centimètres d'épaisseur; les fossés, de vingt à trente mètres de largeur, et formaient un circuit d'environ quatre cents mètres. Une ferme considérable fut construite à la place de ce château, avant la Révolution ; il ne reste plus que l'ancien colombier, qui sert aujourd'hui d'habitation. — Au bas de la crayère, dans la noue du chemin de Bisseuil, si l'on élève la voix du côté du village de Mutry, l'écho la rend distinctement deux fois, avec un intervalle bien marqué. — *Ecart :* Moquebeau (les tuileries), près des bois.

Saint-Imoges, au N.-N.-E. d'Ay, au sommet de la montagne de Reims, entouré de grands bois qui occupent 1,460 hectares de son territoire. Les étangs y sont nombreux et couvrent 101 hectares 35 ares ; ceux qui appartenaient à la cathédrale de Reims ont été desséchés en 1855, pour faire des plantations et assainir de grandes contrées marécageuses. — Superficie, 1,680 hectares. — Succursale dédiée à Notre-Dame. — Perception d'Hautvillers. ⊠ Ay. — Ecole primaire mixte. — Exploitation de bois. C'est peut-être dans la commune de Saint-Imoges que l'on trouve les meilleurs bûcherons du département.

Tauxières, au N.-E. d'Ay, bâti en pente, près de la Livre, qui coule du N.-E. au S.-O., au pied d'une colline élevée de 115 mètres au-dessus du niveau de la mer. — Superficie, 589 hectares 66 ares. — Succursale dédiée à saint Hilaire. — Perception de Tours-sur-Marne. ⊠ Ay. — Bureau de bienfaisance. — Ecole primaire mixte. — Tuileries ; briqueteries. — Les terres de Tauxières faisaient partie du domaine de Louvois, et les dames d'Avenay y étaient propriétaires, dès l'année 1272. — Ce village a donné naissance à Jean-Joseph-Pierre *Duëil,* savant docteur en médecine, qui, après avoir longtemps habité Paris, où il acquit une grande réputation, se retira à Tauxières où il mourut en 1816, âgé de 70 ans.

Tours-sur-Marne, à l'E. d'Ay, commune importante et bien construite, au pied de collines crayeuses, traversée par la Marne qui passe près des habitations, par la rivière des Tarnauds, qui coule au S. du territoire, et par le canal latéral à la Marne, qui y a une longueur de quatre kilomètres environ. — Superficie, 2,300 hectares. — Succursale dédiée à sainte Madeleine. — Chef-lieu de perception. — Bureaux de poste aux lettres et de bienfaisance. — Ecoles primaires des deux sexes. — Pays agricole. — Il y a trois maisons de commerce de vins de Champagne. — L'ancienne église, qui a été démolie, était une des plus belles du canton ; elle remontait au xie siècle. La nouvelle, construite en 1859 sur les dessins de M. de Granrut, architecte à Châlons, est jolie et dans le style du xiiie siècle. — Cette commune est très-ancienne. Charles-le-Chauve, à ce que l'on rapporte, en donna, vers 850, une partie à l'archevêque de Tours (en Touraine), qui y fit bâtir un oratoire et le conserva dans sa seigneurie. Les quatre chanoines desservants étaient du chapitre de Tours. — Quant au village, quelque noble s'en empara, car, en 1115, il fut donné à l'abbaye de Cluny, qui en percevait les dîmes. — En 1119, Louis VI, *dit* le Gros, le créa prieuré, et il fut administré par les Jésuites-Dominicains. Ce prieuré devint un des treize doyennés de l'ordre. — Les habitants se donnèrent tout entiers à l'abbaye de Cluny. Il y avait un doyen et deux religieux. L'oratoire n'existe plus depuis longtemps, mais il y a encore des restes d'un monastère. — En 1833, des médailles aux effigies de Tetricus et de Gallus ont été trouvées dans la commune de Tours-sur-Marne. — *Ecarts :* deux Moulins à vent, à 1 kilomètre.

5° CANTON DE BEINE.

12,375 habitants. — 32,709 hectares. — 19 communes.

Ce canton, dont la forme est assez régulière, est borné : au N., par celui de Bourgogne et par le département des Ardennes ; à l'E., par le canton de Suippes et celui de Ville-sur-Tourbe ; au S., par le canton de Verzy et celui de Suippes ; à l'O., par les trois cantons de Reims.

Il est arrosé un peu par la Vesle et par la Suippe qui y reçoit, surtout sur sa rive droite, plusieurs affluents, dont les principaux sont : l'Arne, le ruisseau d'Epoye, appelé aussi la Conche ou Conge, et le Py.

La couche végétale est, pour la majeure partie, crayeuse et gréveuse. Les cendres sulfureuses y sont abondantes et recherchées.

C'est une contrée fertile, qui produit de belles céréales Les habitants travaillent aussi beaucoup pour la fabrique de Reims, dont le voisinage leur est très-avantageux.

COMMUNES.	DISTANCE AU CHEF-LIEU				POPULATION
	de canton.	de l'arr.	du dép.	de Reims.	
	k.	k.	k.	k.	
Beine..................	»	14	36	14	1,059
Auberive.............	17	31	29	31	602
Berru................	6	10	41	10	734
Betheniville...........	14	27	39	27	1,216
Cernay-lez-Reims.......	9	6	41	6	856
Dontrien.............	15	29	33	29	473
Epoye................	5 2	16	41	16	555
Moronvillers..........	9	22	33	22	136
Nauroy..............	4	17	35	17	203
Nogent-l'Abesse.......	4 4	9	39	9	621
Pontfaverger..........	9	22	40	22	1,960
Prosnes..............	9	21	30	21	608
Prunay..............	6 5	14	31	14	574
Saint-Hilaire-le-Petit.....	14	28	37	28	756
Saint-Martin-l'Heureux....	14	28	35	28	166
Saint-Masmes.........	8	19	42	19	573
Saint-Souplet.........	19	33	34	33	603
Selles...............	8 4	20	41	20	406
Vaudesincourt........	15	29	31	29	274

Beine, à l'E. de Reims, chef-lieu de canton, situé entre deux collines élevées de 129 à 138 mètres au-dessus du niveau de la mer. — Superficie, 2,680 hectares 10 ares 65 centiares. — Succursale dédiée à saint Laurent. — Chef-lieu de Perception. — Bureau de poste aux lettres. — Ecoles primaires des deux sexes. — Carrières de craie; tissage des articles de Reims. — Beine était autrefois plus considérable qu'il ne l'est aujourd'hui. Il avait deux portes, l'une à l'E. et l'autre à l'O.; des fossés larges et profonds, des remparts très-élevés l'environnaient de tous côtés. Les fossés existent encore, mais il ne reste plus rien des remparts. — Il y avait sur le territoire de Beine, à 2 kil. de distance, un petit village, nommé *Montcheri*, dont quelques ruines indiquent l'emplacement; il a été détruit, sans doute, dans les guerres civiles qui ont désolé la Champagne. — L'abbé de Saint-Remi était seigneur de Beine et partageait les dîmes avec les dames de Saint-Pierre; l'autre portion, située dans le bailliage de Vitry, avait pour seigneur le baron de Chaumont-en-Porcien. — *Ecarts :* Varsovie, à 3 kil.; Californie, à 2 kil.; deux moulins à vent, à 500 mètres.

Auberive, au S.-S.-E. de Beine, arrosé par la Suippe, qui le traverse et le divise en deux parties inégales. — Superficie, 2,744 hectares 71 ares 10 centiares. — Succursale dédiée à saint Pierre. — Perception de Bethéniville. ✉ Beine. — Bureau de bienfaisance. — Ecoles primaires des deux sexes. — Tuilerie; moulin à eau. — L'église passe pour fort ancienne; elle est construite avec des pierres, dalles et grosses briques semblables à celles qui ont servi à la construction de l'aquéduc qui conduisait à Reims les eaux de la Suippe; elle est plus solide qu'élégante, et néanmoins curieuse par l'architecture de sa tour carrée, dont la hauteur est de 17 mètres. Cette église renferme plusieurs objets très-antiques, entre autres la pierre des fonts baptismaux, sculptée et en marbre noir, puis une piscine placée dans le chœur et d'une sculpture remarquable. — Auberive paraît être fort ancien. Quelques chroniqueurs croient que c'est ce village qui est désigné dans l'itinéraire d'Antonin, sous le nom de *Basilia*. Des titres de 1265 et de 1420 font mention d'Auberive. Cette commune était chef-lieu d'un canton, sous le régime de la constitution de l'an III (1794). Elle est entourée de fossés larges et profonds qui lui servaient de défense pendant les guerres qui ont désolé la Champagne. — En

1784, une partie du pays fut détruite par une inondation qu'occasionna la fonte des neiges. — *Ecarts :* Milianah, à 1,600 mètres ; l'Espérance, à même distance, à peu près.

Berru, au N.-O. de Beine, en pente, auprès du mont du même nom, élevé de 238 mètres au-dessus du niveau de la mer, possède trois fontaines publiques ayant chacune un réservoir, et qui prennent leur source dans les bois, à un kilom. au S.-O. — Superficie, 1,306 hectares 39 ares 70 centiares. — Succursale dédiée à saint Martin. — Perception de Beine. ⊠ Beine. — Ecoles primaires des deux sexes. — Extraction de belles et bonnes carrières des cendres sulfureuses de trois carrières exploitées à ciel ouvert. — Vins blancs légers. — On trouve des titres concernant cette commune, datés du commencement du XVIe siècle. — Berru a eu, jadis, des portes, et l'une des rues, qui porte le nom de rue de Son Palais, contenait une maison de plaisance de François II. Ce jeune prince, dont la santé, comme on le sait, était très-faible, aimait, dit-on, l'air et le séjour de Berru. C'est à lui qu'on attribue la construction des remparts et des trois tours qu'on y voyait encore en 1789. — *Ecarts :* Roussisson, à 3 kil. S.-O.; Alger, à 1 kil. N.-O.

Betheniville, au N.-E. de Reims, pays bas et plat, arrosé par la Suippe et l'Arne. La première de ces deux rivières se bifurque en entrant dans la commune, et entoure une île remplie d'habitations, de clos, prés, bois, etc. L'Arne prend sa source dans les Ardennes et se jette dans la Suippe, à 300 mètres environ en aval du pont de l'église, qui occupe le centre de Betheniville. L'Arne a été canalisée par un propriétaire, sur une longueur de près d'un kilomètre en amont de son usine, dans le but d'élever et de régulariser le cours des eaux. — Superficie, 1,774 hectares 82 ares 70 centiares. — Succursale dédiée à sainte Madeleine. — Chef-lieu de perception. ⊠ Pontfaverger. — Ecoles primaires des deux sexes. — Trois manufactures importantes occupent en tout plus de 500 ouvriers dans cette commune industrieuse. — On y peigne la laine, on la file, on la tisse ; on y fabrique des mérinos simples et doubles, et de toutes largeurs. — Crayère, dont les produits sont estimés ; commerce de chevaux. — L'église, qui remonte au xiiie siècle, et qui fut, dit-on, celle d'un couvent de religieuses de Sainte-Catherine, est remarquable ; elle avait des bas-côtés qui ont été supprimés, il y a près de 50 ans, et a été classée, en 1841, au nombre des monuments historiques. La régularité de sa forme, l'élancement des colonnes, l'élévation de la voûte, la richesse des chapiteaux, la beauté de ses arcades, la splendeur de son abside ; tout y attire l'attention des connaisseurs. — Betheniville, jadis châtellenie importante et des élections de Reims, était autrefois protégé par trois portes et environné de remparts de huit mètres d'élévation, et sur lesquels se dressaient quatre bastions aux quatre points cardinaux. Au centre de la commune, s'élevait l'ancien château, entouré de fossés larges et profonds, défendu par un pont-levis, et possédant un pavillon qui dominait toutes les habitations. Il fut bâti et rebâti souvent, selon les circonstances et les ressources des propriétaires ; il n'en reste plus rien. — A un hectomètre S.-O. de l'église, se trouvait aussi, vers la même époque, une tour d'environ 20 mètres de hauteur (1).

Cernay-lez-Reims, à l'O.-N.-O. de Reims, dans une vaste plaine. — Superficie, 1,644 hectares 12 ares 20 centiares.— Succursale dédiée à saint Laurent. — Perception de Beine. ✉ Reims. — Ecoles primaires des deux sexes. — Briqueterie, avec four à chaux, dont les produits sont estimés ; commerce de che-

---

(1) C'est dans cette tour que périt malheureusement, en 1306, Remi Grammaire, un des principaux bourgeois de la ville de Reims. Les officiers de Robert de Courtenay, archevêque de cette cité, s'étaient saisis de sa personne pour un délit que les échevins prétendirent avoir le droit de connaître. Ils s'adressèrent au roi, qui ordonna à la justice de l'archevêque de remettre l'accusé entre leurs mains. On fouilla les prisons du château de Porte-Mars ; mais Remi n'y était pas. La recherche fut également infructueuse dans toutes les autres dépendances de l'archevêque, parce qu'à mesure que les officiers du roi s'y présentaient, ceux de l'archevêque transféraient le prisonnier dans d'autres lieux. Enfin, on apprit qu'il était mort dans les cachots de Betheniville, où il avait été traité avec tant de barbarie, que ses pieds étaient tombés en pourriture dans les fers. *(Anquetil,* livre IIIe).

vaux. — L'église, construction de deux époques bien différentes, a un fort beau sanctuaire et des voûtes hardies. — Le nom de Cernay se trouve cité dans un titre de 1216, constatant que Baudoin, prévôt de Reims, donne aux chapelains de la Congrégation de Notre-Dame de cette ville divers droits sur les habitants. — Le commandeur du Temple y levait aussi la dîme.

Lorsque Edouard III, roi d'Angleterre, vint faire le siége de Reims, il établit son camp sur le territoire et au nord de Cernay. On prétend que c'est à dater de cette époque que la rue de Cernay, qui conduisait à ce camp, porte le nom de rue d'Angleterre. — *Ecarts :* la Jouissance, à 4 kil.; la Tuilerie, à 2 kil.; Roussisson, ferme et maison de maître sur la commune de Berru, granges et bergeries sur celle de Nogent-l'Abbesse, et l'habitation du berger, sur celle de Cernay, à 3 kil.

Dontrien, à l'E. de Beine, sur un terrain plat, arrosé par la Suippe et le Py, qui en forment une espèce de presqu'île ; c'est à une petite distance des habitations qu'a lieu la jonction de ces deux cours d'eau. (Le Py prend sa source à Somme-Py, canton de Ville-sur-Tourbe, arrondissement de Sainte-Menehould). — Superficie, 1,233 hectares. — Succursale dédiée à saint Laurent. — Perception de Betheniville. ⊠ Beine. — Ecole primaire mixte. — Travail de laines ; les deux tiers des habitants sont tisseurs. — La jolie église, remarquable surtout par son clocher pyramidal, est du XIIIe siècle et du XIVe. C'est un monument digne d'attention de la part des archéologues. — La seigneurie de Dontrien appartenait à la collégiale de Saint-Symphorien de Reims. — Le village faisait partie de *la comté* de Saint-Souplet. — *Ecart :* moulin sur la Suippe, à 500 mètres environ.

Epoye, au N. de Beine, est entouré de remparts et arrosé par un ruisseau qui porte ses eaux à la Suippe. — Superficie, 1,541 hectares. — Succursale dédiée à saint Pierre. — Perception de Beine. ⊠ Pontfaverger. — Ecoles primaires des deux sexes. — Carrière de pierre pour la construction. — Métiers à laine pour la fabrique de Reims. — Il existait autrefois, à Epoye, deux couvents de Bénédictins, dont un auprès du village, où est l'ancien cimetière. Ce couvent fut détruit vers 1695. — L'abbaye de Saint-Thierry possédait, en 1126, les autels ou le patronage d'Epoye, Selles et beaucoup d'autres. L'abbé acheta, en 1224, les grosses et menues dîmes, sur lesquelles la part du curé était de 300 livres. — Le commandeur du Temple avait, à Epoye, les droits de mairie, d'amende, d'aubaine, d'afforage, etc. — Epoye a vu naître, en 1629, Jean *Gerbais*, docteur en Sorbonne, professeur d'éloquence au Collége-Royal, en 1662, et qui mourut en 1694. On a de lui plusieurs ouvrages en français et en latin, entre autres : un traité *de Causis majoribus;* un traité du *Pouvoir de l'Eglise et des Princes, sur les Empéchements du Mariage,* etc.

Moronvillers, à l'E. de Beine, entouré de monts presque de tous les côtés. — Superficie, 1,358 hectares. — Annexe de Saint-Hilaire-le-Petit ; église dédiée à saint Remi. ⊠ Beine. — Ecole primaire mixte. — Carrières de pierres à bâtir et siliceuses; commerce de bestiaux. — L'archevêque de Reims possédait les bois de Moronvillers, dont les dîmes appartenaient par tiers au commandeur, à l'abbaye de Saint-Etienne et au curé. Le commandeur avait droit de haute, de moyenne et de basse justice, et nommait à la cure de cette commune et de celle de Vaudesincourt.

Nauroy, à l'E.-S.-E. de Beine, n'est arrosé par aucun filet d'eau. — Superficie, 1,590 hectares. — Annexe de Beine ; église dédiée à saint Jean-Baptiste. — Perception de Beine. ⊠ Beine. — Ecole primaire mixte. — Travail de la laine pour Reims, Pontfaverger, etc. — L'église est très-ancienne. — Nauroy était de l'élection de Reims et du bailliage de Vitry, et avait pour seigneur, en 1543, le cardinal de Lenoncourt, abbé de Saint-Remi.

Nogent-l'Abbesse, à l'O. de Beine, arrosé par quelques sources qui alimentent la commune. Superficie, 997 hectares.— Succursale dédiée à saint Pierre. — Perception de Beine. ⊠ Beine. — Ecoles primaires des deux sexes. — Grains, vins d'assez bonne qualité ; bestiaux. — Dans l'Eglise, se trouve la statue équestre de saint Caprais, précieuse par l'armure du saint, qui est très-ancienne et bien sculptée. Dans la sacristie, on remarque un *ex voto* qui paraît bien ancien aussi, et qui aussi est très-précieux. — Nogent était autrefois plus considérable ; il avait des portes et des remparts. — L'abbaye de Saint-Pierre-les-Dames de Reims y avait une maison de campagne, où l'abbesse et quelques religieuses passaient trois mois de l'année, ce qui a fait changer le nom de Nogent-la-Montagne en celui de Nogent-l'Abbesse.

Pontfaverger, au N.-E. de Beine, commune importante par sa position sur la rive gauche de la Suippe et par son industrie. — Superficie, 2,560 hectares 45 ares 50 centiares. — Cure dédiée à saint Médard et à saint Brice. — Perception de Betheniville. — Bureaux de poste aux lettres, d'enregistrement et de bienfaisance. — Ecoles primaires des deux sexes. — Confection de tissus de mérinos (1); briqueteries, au nombre de trois, qui confectionnent annuellement deux millions de briques. — Pontfaverger était, jadis, beaucoup plus considérable. — Manassès II, archevêque de Reims, 1096-1106, nomme *cité* ce pays qui comptait, en effet, 6,000 habitants et avait six églises. — Il a été brûlé en 883, par les Normands, lorsqu'ils ravagèrent le pays rémois ; par les Anglais, sous Charles VII (il n'était plus alors qu'un village) ; par les Espagnols-Hollandais, le 18 octobre 1650. De ce dernier incendie, il ne resta que cinq ou six maisons. Une ordonnance de Henri III,

---

(1) L'industrie manufacturière de Pontfaverger comprend :

1° Deux filatures en laine peignée, auxquelles sont joints deux tissages mécaniques de tissus mérinos. Une de ces filatures est mue hydrauliquement et l'autre à la vapeur.

2° Une foulerie de 12 machines, dites anglaises et accessoires, mue hydrauliquement par une turbine. Dans le même établissement, un peignage mécanique de six assortiments et un tissage mécanique, mus par la turbine et par la vapeur.

3° Quatre ateliers de *tondeuses, épinceteuses* mécaniques, remplaçant l'épincetage à la main pour les tissus mérinos Trois sont mus hydrauliquement et sont du système du peigne, breveté de David, l'Abbez et Cie, et l'autre est mu à bras, du système de Lefèvre-Lacroix.

4° Quarante ateliers de fabricants, occupant 2,000 métiers environ de tisseurs à la main, pour la fabrication du mérinos. Ces tisseurs sont répandus, tant dans la commune, que dans les communes environnantes.

datée de Blois, 1567, autorise les habitants à se fermer de remparts pour se garantir des ennemis dans les guerres de religion. Ces remparts furent élevés de 1570 à 1575. Des six églises qui existaient primitivement, deux seulement sont restées debout ; celle qui est dédiée à saint Médard et qui remonte au IXe siècle ; l'autre, qui a saint Brice pour patron et date du Xe siècle ; les restes de cette dernière attestent son ancienne splendeur. — *Ecarts :* le Bois des Hautes-Vignes, à 2 kil. au S.

Prosnes, au S.-E. de Beine, sur le petit ruisseau du même nom, qui prend sa source à Moscou, ferme à un kil. N.-E. de la commune, divise le territoire en deux parties égales, et va se jeter dans la Vesle, près de Beaumont. (Ce filet d'eau tarit pendant presque la moitié de l'année). Placé au milieu d'une vaste plaine et au pied des riches et pittoresques coteaux de Verzy et de Verzenay, Prosnes offre un coup-d'œil des plus délicieux. — Superficie, 3,276 hectares 39 ares 40 centiares. — Succursale dédiée à saint Rémi. — Perception de Beine. ⊠ Les Petites-Loges. — Ecoles primaires des deux sexes. — Près de cent tisseurs travaillent les laines pour la fabrique de Reims. — Carrières d'excellente pierre siliceuse. — On a fort peu de notions sur l'état ancien de Prosnes. Il y a tout lieu de croire que ce pays a dû être fortifié durant les guerres de François Ier avec Charles-Quint, et de Louis XIV avec la Hollande. — En 1712, au moment où Villars faisait couvrir les Marches de Belgique, pour arrêter les succès du prince Eugène, le major Growesteins exécuta le plus hardi coup de main dont on eût mémoire depuis longtemps. A la tête de 1,200 cavaliers hollandais, il fit une trouée sur le sol français, pénétra en Champagne, porta l'épouvante jusqu'aux portes de Paris et rentra chez lui gorgé d'or et de butin. — La destruction du village de Prosnes paraît être la conséquence des exploits de Growesteins. Il reste encore sur le territoire de cette commune quelques faibles parties intactes de l'aqueduc romain qui passait à un kil. N. de Prosnes et qui était destiné à conduire à Reims les eaux de la Suippe. Partout ailleurs, il n'existe d'autres traces de ce gigantesque travail, que l'affaissement du sol. — *Ecarts :* Constantine, à 1 kil. ; Moscou, à 1,800 mètres ; Leipsick, à 2 kil. à l'O.

Prunay, au S. de Beine, sur la Vesle, qui baigne la partie sud, est arrosé aussi par plusieurs petits ruisseaux qui prennent leur source sur le territoire et se jettent dans la rivière ci-dessus. — Superficie, 1,833 hectares. — Succursale dédiée à saint Basle. — Perception de Beine. ✉ Beaumont-sur-Vesle. — Ecoles primaires des deux sexes. — Articles de Reims confectionnés par 150 métiers à bras. — En 1086, le patronage de l'autel est donné à l'abbé de Saint-Basle, qui était en possession immémoriale de faire tenir, à Prunay, par ses officiers, les plaids généraux, et de lever la dîme des vins et les dîmettes. — *Ecarts :* les Commelles, à 4 kil.; la Bertonnerie, à 3 kil.; un moulin à vent, à 1 kil.

Saint-Hilaire-le-Petit, à l'E.-N.-E. de Beine, sur la rive droite de la Suippe, qui la traverse du S.-O. au N.-E., est entouré de collines en pente douce. — Superficie, 2,042 hectares. — Succursale dédiée à saint Hilaire. — Perception de Betheniville. ✉ Pontfaverger. — Ecole primaire mixte. — La culture y est florissante. — Fabrique de tissus mérinos. — Carrières de craie. — Cette commune a été, dit-on, entourée de murailles et de fossés. Au N.-O., à une distance de 2,000 mètres, au lieu dit Mont-Saint-Remi, se trouve une croix fort ancienne, en grande vénération dans le pays et dans les pays voisins, surtout en temps de maladies. — Une partie de Saint-Hilaire reconnaissait comme seigneurs les religieux de Saint-Nicaise de Reims.

Saint-Martin-l'Heureux, à l'E. de Beine, sur la Suippe, qui le divise en deux parties presque égales. — Superficie, 824 hectares. — Annexe de Dontrien ; église dédiée à saint Martin. — Perception de Betheniville. ✉ Beine. — Ecole primaire mixte. — Tissages des laines (90 métiers). — L'église est construite en grande partie de craie, couverte en tuiles plates. — Saint-Martin dépendait de la châtellenie de Betheniville et faisait partie de la comté de Saint-Souplet. — La commune doit son surnom, à ce qu'on assure, à la visite qu'elle reçut de Louis XIV, en 1669.

Saint-Masmes, au N.-N.-O. de Beine, sur la rive gauche de la Suippe, qui traverse le pays au N.-E., est aussi arrosé par le ruisseau d'Epoye, qui a son embouchure vers le N. — Superficie, 657 hectares 65 ares 30 centiares. — Succursale dédiée à saint Martin. — Perception de Betheniville. ✉ Pontfaverger. — Ecole primaire mixte. — Filature de laine cardée, mise en mouvement par les eaux de la Suippe, rivière sur laquelle elle est située, et par une machine à vapeur de la force de 40 chevaux. Cette filature de Pont-de-Romagne emploie 250 ouvriers environ. On compte aussi, à Saint-Masmes, de 80 à 90 tisseurs qui travaillent isolément le mérinos pour la ville de Reims. — *Ecarts :* la filature du Pont-de-Romagne, à 640 mètres, sur la Suippe (voir à la commune d'Heutregiville, canton de Bourgogne); le moulin, à 870 mètres, sur le ruisseau d'Epoye.

Saint-Souplet, à l'E. de Beine, au centre de son territoire, sur le Py, rive droite, à une élévation de 108 mètres au-dessus du niveau de la mer, entre deux collines élevées de 152 à 187 mètres. — Superficie, 2,121 hectares. — Succursale dédiée à saint Sulpice. — Perception de Betheniville. ✉ Beine. — Bureau de bienfaisance. — Ecoles primaires des deux sexes. — Les laines de Saint-Souplet sont les plus estimées du département. C'est à Saint-Souplet qu'a été filée, par Mlle Charpentier, qui a obtenu une médaille de bronze, la laine dont a été tissée la robe présentée en 1837, par M. Milon, de Beine, à Mme la duchesse d'Orléans. — Le château, qui communiquait avec l'église par une belle galerie à jour, a été détruit par la Révolution ; il n'en reste plus que les granges. — Louis XIV y coucha à son retour d'Alsace en 1669. — Un *calvaire* magnifique, renfermant une croix principale en bois, haute de dix mètres, et quatorze autres croix en fer pour les quatorze stations du chemin de la croix ; le tout, entouré et entremêlé de plantations formant d'agréables promenades, est un lieu très-vénéré et qui mérite d'être visité. — La donation d'une maison, à Saint-Souplet, a été faite, en 1854, à la communauté de l'Enfant-Jésus de Reims, à charge d'y entretenir des sœurs de cet ordre pour l'instruction des jeunes filles. — Saint-Souplet, incendié en janvier 1225 et de l'élection de Rethel, était grevé de nombreux droits seigneuriaux. — La *comté* de Saint-Souplet comprenait Dontrien, Saint-Martin-l'Heureux, Sainte-Marie-à-Py et Vaudesincourt, ainsi que deux villages voisins, que l'on croit avoir été détruits au xvᵉ siècle, et qui se nommaient Saint-Remy-sur-Py et Saint-Martin-le-Bossu (le Boisé). — *Ecarts :* le moulin de l'Etang, à 2 kil.

Selles, au N.-E. de Beine, Suippe. — Superficie 1,133 hectares 87 ares. — Annexe d'Heutregiville (doyenné de Bourgogne); église dédiée à saint Martin. — Perception de Betheniville. ⊠ Pontfaverger. — Ecole primaire mixte. — Tissage des laines. — Avant la Révolution de 1793, Selles avait trois seigneurs. — Les religieux de Saint-Thierry y levaient les dîmes, qu'ils partageaient avec le curé. — En 1855, le sieur Thirion-Dessy a trouvé, en creusant les fondations de sa maison, un petit caveau construit en blocailles, dans lequel étaient deux tire-lires gallo-romaines, renfermant 280 pièces romaines, appartenant toutes aux empereurs qui ont régné de 235 à 251.

Vaudesincourt, à l'E.-S.-E. de Beine, sur la rive gauche de la Suippe, à 112 mètres d'élévation au-dessus du niveau de la mer. — Superficie, 1,262 hectares. — Annexe d'Auberive ; église dédiée à saint Remi. — Perception de Beine. ⊠ Beine. — Bureau de bienfaisance. — Ecole primaire mixte. — Ce village faisait partie de la *comté* de Saint-Souplet ; sa seigneurie appartenait à la collégiale de Saint-Symphorien de Reims.

6° CANTON DE BOURGOGNE.

18,324 habitants. — 28,828 hectares. — 25 communes.

Ce canton, le plus septentrional des trente-deux qui composent le département, est un des plus spacieux et d'une forme irrégulière.

Il est borné : au N. par le département de l'Aisne et celui des Ardennes ; à l'E. par le département des Ardennes et le canton de Beine ; au S. par le canton de Beine et celui de Reims ; à l'O. par le canton de Ville-en-Tardenois et celui de Fismes.

Il présente une vaste plaine interrompue par quelques collines peu élevées, dont la principale est celle de Saint-Thierry.

Il est arrosé par la Vesle et l'Aisne, qui le bordent, par la Suippe qui le traverse, et reçoit quelques ruisseaux, dont les plus remarquables sont celui de Pomacle et celui de Loivre.

La nature du sol est en général gréveuse, crayonneuse, sablonneuse et rouge ou rougeâtre.

C'est un des cantons les mieux cultivés. Plusieurs communes, dont les meilleures sont sur la Suippe, possèdent des fabriques importantes de tissus de laine; quelques-unes cultivent la vigne et obtiennent des vins estimés. On y fait le commerce de céréales, laines, vins, etc.

COMMUNES.	DISTANCE AU CHEF-LIEU				POPULATION
	de canton.	de l'arr.	du départ.	de Reims.	
	k.	k.	k.	k.	habitants
Bourgogne.	»	12	56	12	1,014
Aumenancourt-le-Grand.	4 5	16	58	16	786
Aumenancourt-le-Petit.	3 4	15	57	15	320
Bazancourt.	8	17	49	17	1,211
Bermericourt	6	12	55	12	106
Boult-sur-Suippe	6	16	51	16	1,317
Brimont.	4	10	53	10	522
Caurel.	8	11	43	11	589
Cauroy-lez-Hermonville.	12	14	56	14	466
Cormicy.	13	17	60	17	1,431
Courcy et La Neuvillette.	6	9	52	9	581
Fresne.	3	11	49	11	440
Heutrevigille.	16	19	43	19	846
Isles-sur-Suippe.	10	17	50	17	671
Lavannes	9	12	44	12	924
Loivre.	7	12	54	11	1,218
Merfy.	11	9	51	9	438
Pomacle.	6	13	47	13	408
Pouillon.	10	10	53	10	376
Saint-Etienne-sur-Suippe. . . .	4 5	16	59	16	351
Saint-Thierry.	9	8	51	8	464
Thil.	9	9	52	9	287
Villers-Franqueux.	10	11	54	11	429
Warmeriville.	12	19	47	19	1,829
Witry-lez-Reims.	8	8	43	8	1,300

Bourgogne, au N. de Reims, chef-lieu de canton, est un joli bourg, de forme ovale, bien percé de grandes rues ferrées, entouré de fossés et de remparts bien conservés ; il est assis sur la croupe d'une longue colline, au centre d'une vaste plaine, sans arbres ni filet d'eau. La Suippe arrose l'extrémité de son territoire, vers le N., entre Saint-Etienne et l'usine de Guerlet, dépendance d'Auménancourt-le-Petit. — Superficie, 1,400 hectares. — Cure dédiée à saint Pierre. — Chef-lieu de perception. — Bureaux de poste aux lettres, d'enregistrement et de bienfaisance. — Ecoles primaires des deux sexes. — Pays de bonne culture ; fabriques de tissus de laine, *dits* articles de Reims ; carrières de craie. — L'église est classée au nombre des monuments historiques : le chœur et le sanctuaire, du style plein-cintre, sont du XIe au XIIe siècle, et la nef, en style ogival, du XIIe au XIIIe siècle. — Il y a une belle chapelle de la même époque et du même style que la nef. Les ouvertures de cette chapelle sont du style flamboyant, l'une d'elles seulement est à rosaces. Au milieu du portail, terminé en pignon, il y avait autrefois une fort belle rosace, qui a perdu tout son mérite par suite des dégradations éprouvées en 1793. — *Ecart :* moulin à vent, à 3 hectomètres.

Aumenancourt-le-Grand, au N. de Bourgogne, dans la vallée de la Suippe, qui passe à environ 250 mètres de la commune. — Un fossé ou petit canal part de la Suippe, entre Saint-Etienne et Aumenancourt-le-Grand, et va rejoindre la rivière, vis-à-vis Aumenancourt-le-Petit, après avoir longé le pays d'un bout à l'autre, sur un parcours de deux kilomètres. — Superficie, 794 hectares 40 ares. — Succursale dédiée à saint Firmin. — Perception de Bourgogne. ✉ Bourgogne, — Ecole primaire mixte. — Culture excellente ; filage et tissage de la laine ; soixante à soixante-dix tisseurs font des étoffes de laine, pour pantalons, et d'autres *dites* Bolivards.

Le principal écart de cette commune est le hameau de Pont-Givart, distant de deux kilomètres environ. Ce hameau, qui fait partie de deux départements (Marne et Ardennes), et de quatre communes (Aumenancourt-le-Grand, Aumenancourt-le-Petit, Orainville et Pignicourt), possède une importante filature de laine, mue par une roue hydraulique et par une machine à vapeur de la force de trente chevaux. Elle est partagée en portions à peu près égales, entre les deux Aumenancourt, mais la machine à vapeur est sur Aumenancourt-le-Grand. — L'église de Pont-Givart a été construite en 1855, par les soins et aux frais de M. Croutelle-Neveu, manufacturier et industriel distingué de Reims ; elle a la même forme que celle de la commune d'Aumenancourt ; elle est bâtie en pierres de taille et voûtée partout en briques. Le clocher, carré, est beau, avec une jolie flèche pyramidale surmontée d'un paratonnerre. M. Croutelle a de plus établi, dans le hameau, un presbytère, une salle d'asile et une école primaire. MM. Croutelle et Sentis entretiennent les écoles de Pont-Givart et des Ventaux, écart de Montigny-sur-Vesle, canton de Fismes. Le Pont-Givart, qui, il y a quarante ans, n'avait que trois maisons, compte aujourd'hui près de 700 habitants, dont 377 dépendent d'Aumenancourt-le-Grand. — Quoique la seconde filature, celle de Guerlet, ancien moulin, soit sur Aumenancourt-le-Grand, les habitants qui y résident sont sur Aumenancourt-le-Petit. Cette filature, à 600 mètres, ne fonctionne que depuis 1858. — *Ecarts :* Pont-Givart, à 2 kil. ; moulin à vent, à 2 kil. ; Guerlet, à 600 mètres.

Aumenancourt-le-Petit, au N.-N.-O. de Bourgogne, dans la vallée de la Suippe, qui passe à 100 mètres au N. La fontaine Saint-Thierry, située près d'Aumenancourt, a une source très-abondante et donne une eau excellente ; mais on ne s'en sert point parce qu'elle est plus basse que le niveau de la commune. — Superficie, 457 hectares 94 ares 30 centiares. — Annexe d'Aumenancourt-le-Grand, église dédiée à saint Nicaise. — Perception de Bourgogne. ✉ Bourgogne. — Ecole primaire mixte. — A environ 400 mètres au S., sur une hauteur en face de l'ancien château, on voit une pierre énorme nommée *Pierre-Longe* (Pierre-Longue), qui s'élève de plus de deux mètres, en forme d'obélisque. — La fabrique de Pont-Givart a la moitié de sa population sur cette commune. — *Ecarts* : Pont-Givart, à 2 kil.; Guerlet, à 3 kilomètres.

Bazancourt, au N.-E. de Bourgogne, commune importante, mais irrégulière, sur la rive droite de la Suippe. — Superficie, 1,168 hectares. — Succursale dédiée à saint Remi. — Perception de Bourgogne. ✉ Isle-sur-Suippe. — Ecoles primaires des deux sexes. — Station du chemin de fer de Reims à Sedan. — Filatures de laine cardée et de laine peignée. — Cette commune avait pour dépendance le doyenné de Lavannes.

Bermericourt, à l'O. de Bourgogne, près du canal de l'Aisne à la Marne. — Superficie, 790 hectares. — Annexe de Loivre, église dédiée à saint Sébastien. — Perception de Villers-Franqueux. ✉ Bourgogne. — Ecole primaire mixte. — Un tisseur. — Education d'abeilles. — La seigneurie de Bermericourt appartenait à la commanderie du Temple de Reims. Ce village fut incontestablement plus étendu jadis ; l'église, assez considérable, fut interdite de 1671 à 1706, puis rendue au culte (1). L'archevêque de Reims, la commanderie du Temple de cette ville, l'abbaye de Saint-Thierry, y jouissaient de plusieurs droits seigneuriaux. — *Ecart :* la ferme de Sainte-Marie, à 3 kilomètres.

Boult-sur-Suippe, au N.-N.-E. de Bourgogne, très-importante commune qui se perd, sur les deux bords de la Suippe, au milieu de ses bois et de ses vergers. — Superficie, 1,975 hectares. — Succursale dédiée à saint Martin. — Perception de Bourgogne ✉ Isles-sur-Suippe. — Bureau de bienfaisance. — Ecoles primaires des deux sexes. — Grande fabrication de draps et autres lainages. — L'église, du XIIIe siècle, est remarquable ; c'était, dit-on, celle d'un ancien couvent de Sainte-Croix, quoique sous le vocable de saint Martin. — Boult a donné naissance à *R.-J. Chabaud*, médecin en chef de l'Hôtel-Dieu de Reims, mort en 1839, à 57 ans, victime d'une épidémie qui s'était déclarée dans la prison, et qu'il avait presque entièrement fait disparaître. — *Ecart :* le hameau de Ferrières.

(1) Voici la teneur de l'acte d'interdiction de l'église, acte conservé dans l'église même :
« Après trente-cinq ans d'interdiction de cette église, sans cause légitime, le service y a été rétabli, à la diligence de religieux seigneur frère Jean de Bailly, commandeur du Temple de Reims, comme par la transaction passée par-devant Dellière, notaire à Reims, le 6 juin 1706. »

Brimont, au S.-O. de Bourgogne, sur un pallier du mont de ce nom, à 137 mètres au-dessus du niveau de la mer, est surmonté d'une crête sablonneuse qui l'abrite contre les vents du N. — Superficie, 1,237 hectares 10 ares 10 centiares. — Succursale dédiée à saint Remi. — Perception de Bourgogne. ✉ Bourgogne. — Bureau de bienfaisance. — Ecoles primaires des deux sexes. — Tissage de laines (25 métiers). — L'église est une des belles de la contrée. — Brimont a des restes de remparts et des fossés ; il a dû jouer un rôle important dans les anciennes guerres. Ce devait être la dernière position de la Champagne, de ce côté. — Un de ses écarts est l'intéressant château de l'Ermitage, habité par M. Ruinart de Brimont. — La montagne de Brimont est composée d'une base de craie, sur laquelle sont, çà et là, des prés de bonne qualité. — On sait que cette montagne servit plus d'une fois d'asile, soit lors de l'occupation romaine, soit lors de l'invasion des Vandales et des Alains, soit à l'époque de l'attaque des Normands, soit, enfin, dans les temps des efforts que fit Edouard III, roi d'Angleterre, pour s'emparer de la couronne de France. Aussi, a-t-on trouvé des médailles romaines, en grand nombre, dans les fouilles qu'on a faites, ainsi qu'un tombeau fort curieux, dont on n'a pas encore désigné l'origine certaine. — *Ecarts :* le château de l'Ermitage, à 300 mètres ; Landau, auberge, à 1 kil., puis quelques habitations éparses et sans importance.

Caurel-lez-Lavannes, au S.-S.-E. de Bourgogne, dans une vallée sèche, est composé de deux rues principales qui se coupent à angles droits, entre deux collines peu élevées, dont les eaux pluviales entretiennent des mares qui deviennent très-utiles lors des sécheresses. — Superficie, 918 hectares. — Succursale dédiée à saint Basle. — Perception de Witry-lez-Reims. ✉ Isle-sur-Suippe. — Ecoles primaires des deux sexes — Tissage de la laine (environ 80 métiers). — L'église de Caurel date du XIIe siècle ; elle est remarquable par la solidité de sa construction, et renferme un fort beau Chemin de la Croix, un volumineux bénitier en marbre, d'une très-belle forme, provenant de l'église de Marqueuse. — Pays ancien et important, Caurel est entouré d'anciens fossés et a un quartier nommé le *Château*, qui le domine, près du moulin à vent. On trouve, sur son territoire, quelques traces d'une ancienne Commanderie de Templiers ou Moines rouges. — Caurel ne se composait, autrefois, que d'un petit nombre d'habitations, mais il s'agrandit ensuite par la destruction de trois villages (Court-Martin, Neuflisle et Marqueuse, détruits il y a 160 ans). — *Ecart:* Mogador, à 400 mètres.

Cauroy-lez-Hermonville, à l'O. de Bourgogne, au pied de la montagne Saint-Thierry, est arrosé par deux ruisseaux de peu d'importance, qui ont leur embouchure dans le canal de jonction de l'Aisne à la Marne, au lieu *dit* Luxembourg, et par le canal qui traverse un bout du territoire, au S., sur une longueur de 1 kil. environ. — Superficie, 1,024 hectares. — Succursale dédiée à Notre-Dame. — Perception de Villers-Franqueux. ⊠ Hermonville. — Bureau de bienfaisance. — Ecole primaire mixte. — Vin passable ; Carrières peu importantes ; Briqueterie avec Four à chaux. L'Hôtel-Dieu de Reims, autrefois seigneur de Cauroy, avait, au haut du pays, une belle ferme qui a été vendue en détail en 1806. — *Ecarts:* le Goda, à 2 kil. 340 mètres ; Luxembourg, à 1 kil. 500 mètres ; la Briqueterie, à 1 kil. 250 mètres.

Cormicy, à l'O.-N.-O. de Bourgogne, le canal de l'Aisne à la Marne, dont le parcours sur le territoire est de 3 kil. environ, passe à 2 kil. de la commune. — Un port très-commode est établi au hameau de la Neuville, où se trouve un étang dont la surface est de 18,000 mètres carrés et la longueur de 3 kil. — Superficie, 249 hectares 60 ares. — Cure dédiée à saint Cyr. — Perception de Villers-Franqueux. ⊠ Berry-au-Bac (Aisne). — Bureau de bienfaisance. — Ecoles primaires des deux sexes. — Cendrières sulfureuses, exploitées depuis plus de 30 ans ; Vins légers et agréables, connus dès le IXe siècle ; tissage des laines (environ 10 tisseurs qui fabriquent des articles de bonneterie) ; Tuilerie ; Briqueterie, avec four à chaux. — L'église de Cormicy a été rebâtie vers 1430. Ce monument est surtout remarquable par sa flèche d'une élégance peu commune et de 52 mètres d'élévation ; elle a coûté 22,000 fr. L'ancienne flèche avait 72 mètres, et toute sa charpente était en châtaignier. Elle fut frappée par la foudre, dans la nuit du 23 mai

1819, et, en quatre heures, réduite en cendres. Le portail de l'église a une belle forme ; le vaisseau en est régulier, et l'étendue digne d'attention. Le maître-autel est massif, et son chapiteau circulaire ou baldaquin, soutenu par six colonnes de très-beau marbre lilas ; deux autels latéraux, également en marbre, sont ornés chacun de deux colonnes de la même matière.

L'origine de Cormicy est inconnue ; on sait seulement que ce bourg est fort ancien. L'an 500, saint Remi y fit une visite pastorale (1). En 940, le célèbre historien *Flodoart* en fut le curé ; complice de la résistance contre Hugues de Vermandois, archevêque de Reims, sous Louis IV, *dit* d'Outremer, il perdit sa cure, et fut obligé de se retirer dans le monastère d'Hautvillers, où il mourut. (*Voir* Epernay, p. 155). — En 950, le même Hugues de Vermandois prit d'assaut Cormicy, et y fit passer 400 de ses habitants au fil de l'épée, tant dans l'église, où ils s'étaient réfugiés, que sur la place adjacente.

Cormicy, qui eut autrefois un lieutenant de roi, était entouré d'un double mur flanqué de redoutes avec remparts, fossés, glacis, et un château dont la vieille tour existait encore imparfaitement en 1790. Les fortifications furent démolies en 1432. — Cormicy appartenait directement aux rois de la première et de la seconde race; c'était une châtellenie qui payait une partie des frais du sacre des rois. Elle a contribué, pour celui de Louis XVI, pour 470 livres 4 sous. Elle fut donnée aux archevêques de Reims, en échange de la ville de Mouzon (Ardennes). — En 1235, le chapitre de Reims se retira à Cormicy, où il resta deux ans dans une maison appartenant à l'abbaye de Saint-Denis, sous Jean-le-Bon. Henri-le-Noir fut chargé de la défense de cette commune assiégée par les Anglais, et obligé de se retirer dans le donjon ; mais la tour ayant été minée, il fut forcé de se rendre. A peine en fut-il sorti, qu'elle se partagea en deux dans toute sa hauteur. Cette fois les Anglais se contentèrent de démanteler Cormicy ; mais en 1400, sous Charles VI, ils l'occupèrent pendant trente ans, c'est-à-dire jusqu'à ce que Charles VII

---

(1) Dans son testament, saint Remi lègue, aux quarante veuves qui attendent l'aumône sous le porche de l'église, lors de sa visite à Cormicy, les dîmes qu'il possède dans cette commune.

les en eût chassés, en se rendant à Reims, sous l'égide de Jeanne d'Arc, pour s'y faire sacrer. — Un incendie détruisit la moitié de ce pays en 1734, et son voisinage de Berry-au-Bac lui attira de grandes calamités lors de l'invasion de 1814. — De temps immémorial, Cormicy a joui du droit de commune. Le corps municipal se composait de trois échevins, trois conseillers, huit notables, un syndic et un greffier, total seize membres, comme aujourd'hui. — *Ecarts :* la Neuville et Sapigneul, hameaux à 2 kil. environ.

Courcy-la-Neuvillette, au S.-O. de Bourgogne, fort joli village, près du canal de l'Aisne à la Marne.—Superficie, 1,773 hectares 93 ares. — Succursale dédiée à saint Hippolyte. — Perception de Bourgogne. ⊠ Bourgogne. — Ecole primaire mixte. — Carrières de pierres de craie. — L'église, placée hors de l'enceinte du pays, est assez remarquable. — On assure qu'autrefois plus importante, la commune de Courcy était divisée en deux parties et même en deux paroisses, Courcy et Roquincourt. Cette dernière partie aurait été détruite, à l'exception du château, qui n'offre rien de remarquable, par suite d'anciennes guerres. — Les habitations de la partie basse de Courcy auraient été envahies par les eaux. — Avant 1793, Courcy était la résidence du doyen d'Hermonville, du seigneur de Roquincourt et autres lieux, et du trésorier de l'église de Reims. — Le hameau de la Neuvillette est éloigné de 4 kil., et a un instituteur adjoint aux Frères des deux localités. — *Ecart :* le moulin à vent, à 500 mètres.

Fresne, au S.-E. de Bourgogne, en plaine. — Superficie, 1,227 hectares 53 ares 70 centiares. — Succursale dédiée à saint Martin. — Perception de Bourgogne. ⊠ Bourgogne. — Ecole primaire mixte. — *Ecart :* le moulin à vent, à 900 mètres.

Heutregiville, à l'E.-S.-E. de Bourgogne, s'élève en amphithéâtre sur la rive droite de la Suippe, et est encore arrosé par le ruisseau venant d'Aussonce. — Superficie, 1,184 hectares 81 ares 40 centiares. — Succursale dédiée à sainte Madeleine. — Perception de Witry-lez-Reims. ⊠ Isle-sur-Suippe. — Ecoles primaires des deux sexes. — Tissage de la laine (filature, foulerie et moulin à eau). — L'église, dont la construction remonte à la première moitié du xiiie siècle, est une des plus belles de la contrée ; elle a été classée au nombre des monuments historiques du déparment. Elle a été construite par les archevêques et leurs chapitres, qui possédaient à cette époque non seulement l'autel et les dîmes, mais encore une grande partie du territoire. — Le Pont de Romagne, à 1,200 mètres de distance, importante filature, improprement appelée filature de Saint-Masmes, puisque le moteur et le principal corps de l'établissement, se trouvant sur la dernière parcelle du territoire d'Heutregiville, a aussi un grand nombre de maisons servant à loger les ouvriers. Cette même filature paie 1,159 fr. de contributions à la commune d'Heutregiville. (*Voir* à la commune de Saint-Masmes, canton de Beine, p. 383.) — *Ecarts :* Vaudetré ou Val-d'Estrée, en partie, à 850 mètres au N.; le Pont-de-Romagne, à 1,200 mètres.

Isle-sur-Suippe, à l'E. de Bourgogne, ainsi nommé de quelques petites îles tout près de la commune, est arrosé par la Suippe qui le traverse, et se trouve placé entre deux collines élevées de 80 à 85 mètres au-dessus du niveau de la mer. — Superficie, 1,248 hectares 39 ares. — Succursale dédiée à saint Remi. — Perception de Witry-lez-Reims. — Bureau de poste aux lettres. — Ecole primaire mixte. — Belles carrières de craie. — Foulerie (17 pots et 4 machines à fouler); fabriques de mérinos et flanelles (articles de Reims), 54 métiers à tisser. — L'église, qui date du xiiie siècle, est remarquable par son clocher pyramidal. — *Ecart:* Chignicourt, à 200 mètres, moulin isolé, de six paires de meules.

Lavannes, au S.-E. de Bourgogne, fort village bâti en amphithéâtre. Un rû, qui dans les années pluvieuses, donne de l'eau pendant trois mois, se trouve à 2 kil., et court se jeter dans la Suippe, sans profiter à la commune. — Superficie, 1,736 hectares 61 ares 20 centiares. — Succursale dédiée à Saint-Lambert. — Perception de Witry-lez-Reims. ⊠ Isle-sur-Suippe. — Ecoles primaires des deux sexes. — Tissage de la laine pour les fabricants de Reims ; carrière de tuf. — L'église paraît avoir été commencée vers la fin du xiie siècle et finie vers le xiiie, car elle a deux clochers de construction différente. Elle fut construite par les archevêques de Reims; c'est une des belles églises de campagne. — Lavannes était, dit-on, le chef-lieu d'un doyenné contenant 700 feux ; quatre portes se trouvaient à l'extrémité des quatre rues principales. — En 1847, en macadamisant la rue de la commune, les ouvriers trouvèrent, dans presque toute la largeur de cette rue, les fondations d'une porte. — *Ecarts :* Le Moulin-Boucher, à 50 mètres ; l'Heureuse-Rencontre, à 1 kil.

Loivre, à l'O. de Bourgogne, à l'entrée de la Champagne, est arrosé par la Loivre, mince filet d'eau qui se perd dans le canal de l'Aisne à la Marne, ayant sa source au château des Fontaines. — Le territoire est traversé par le canal ci-dessus, sur un parcours de 7 kil. — Superficie, 1,040 hectares 20 ares 82 centiares. — Succursale dédiée à saint Remi. — Perception de Villers-Franqueux. ⊠ Hermonville. — Ecoles primaires des deux sexes. — Station du chemin de fer de Reims à Saint-Quentin. — Tissage des laines ; carrières de craie ; verreries à bouteilles, au château des Fontaines (1). — La commune de Loivre a pris un très-grand accroissement, depuis l'établissement du canal et du chemin de fer. — *Ecarts :* le château des Fontaines, hameau à 500 mètres ; le Petit-Chauffour, à 2,500 mètres ; le moulin à eau *dit* le Moulin-du-Goda, à 3 kil.; le moulin à vent, à 500 mètres ; les quatre maisons des éclusiers.

Merfy, au S.-O. de Bourgogne, village bâti en pente, au bas du mont Saint-Thierry, est arrosé par la Vesle qui traverse la partie S. de son territoire. Il y a, par suite de l'enlèvement des tourbes, des canaux non navigables. — Superficie, 650 hectares 38 ares 40 centiares. — Succursale dédiée à saint Sébastien. — Perception

---

(1) En 1854, MM. de Granrut frères ont établi au château des Fontaines une verrerie à bouteilles, l'une des plus importantes de France. Elle a plusieurs fours et un grand nombre d'ouvriers, cinq ou six cents, logés autour de la verrerie. — Cette verrerie fait annuellement plusieurs millions de bouteilles très-estimées, et qui ne présentent, dit-on, que 2 p. % de casse, ce qui est extraordinaire.

de Villers-Franqueux. ✉ Reims. — Bureau de bienfaisance. — Ecoles primaires des deux sexes. — Vins rouges et blancs ; sucrerie au château des Marais ; moulin à eau ; carrières de pierre dure. — L'église possède un joli rétable. — *Ecarts :* le hameau de Mâco, à 2,500 mètres ; les Marais, à 3 kil. ; les Basses-Tartes, à 1,200 mètres.

Pomacle, à l'E.-S.-E. de Bourgogne, situé en plaine, est arrosé par un seul petit ruisseau nommé le Rû, qui y prend sa source au N.-E., et va se jeter dans la Suippe, à Bazancourt. — Le territoire est traversé du S.-E. au N.-E. par le chemin de fer des Ardennes. — Superficie, 400 hectares. — Succursale dédiée à saint Médard. — Perception de Witry-lez-Reims. ✉ Isle-sur-Suippe. — Ecole primaire mixte. — Deux maisons s'occupent, dans cette commune, de l'industrie de la laine ; l'une confectionne des voiles de religieuses et des burats ; l'autre fait les articles de Reims. Il y a aussi quelques tisseurs qui travaillent pour les fabricants de Reims, de Bazancourt et de Boult-sur-Suippe. *Ecart :* Tanger, à 2 kilomètres.

Pouillon, au S.-O. de Bourgogne, au pied du mont Saint-Thierry, dans un territoire montueux et boisé. — Superficie, 227 hectares 59 ares 70 centiares. — Succursale dédiée à Notre-Dame. — Perception de Villers-Franqueux. ✉ Hermonville. — Bureau de bienfaisance. — Ecole primaire mixte. — Vins bons et agréables. — Tuilerie-briqueterie pouvant fournir annuellement 120,000 tuiles, 80,000 pavés de différents genres et 80,000 tuiles creuses ; deux fours à chaux, produisant chaque année 2,000 hectolitres de chaux ; pierre à bâtir. — L'église, construite en 1741, a un maître-autel orné de deux colonnes en marbre rouge. Cette église est l'objet d'un pèlerinage fort ancien, du nom de Saint-Gorgon, martyr au IVe siècle. — Pouillon fit autrefois partie de la commune de Saint-Thierry ; il en fut détaché en 1773. — *Ecarts :* trois maisons, l'une à 300 mètres, l'autre à 2,000, et la troisième à 1,200.

Saint-Etienne-sur-Suippe, au N. de Bourgogne, sur la rive droite de la Suippe. — Superficie, 774 hectares 7 ares 50 centiares. — Succursale dédiée à saint Etienne. — Perception de Bourgogne. ✉ Bourgogne. — Ecole primaire mixte. — Moulin à eau. — Les trois-quarts de la population s'occupent des tissus, et le reste, de la culture.

Saint-Thierry, au S.-O. de Bourgogne, joli village, agréablement situé sur un plateau élevé de 180 mètres au-dessus du niveau de la mer, et d'où l'on jouit d'une vue délicieuse sur la ville de Reims et ses alentours. Cette commune est arrosée par le petit ruisseau de la Cannetière, qui prend sa source près du hameau de la Neuvillette, baigne l'extrémité S. de Saint-Thierry, et, après un cours de 2 kil. environ dans la direction de l'E. à l'O., se confond sur le territoire voisin avec d'autres petits cours d'eau qui vont se jeter dans la Vesle, rive droite, et par le canal de l'Aisne à la Marne, qui longe l'extrémité S. sur une longueur de 1,000 à 1,500 mètres. — Superficie, 853 hectares 18 ares 70 centiares. — Succursale dédiée à saint Hilaire. — Perception de Villers-Franqueux. ✉ Reims. — Bureau de bienfaisance. — Ecoles primaires des deux sexes. — Vins rouges de bonne qualité. — Le clos du château, d'une contenance de 9 hectares, est planté en basse vigne d'une qualité supérieure. — L'église, bâtie au XIIIe siècle, est remarquable; elle a une belle nef, un chœur entouré de stalles provenant de l'église du monastère, et un maître-autel superbe. Elle est surmontée d'un clocher de forme quadrangulaire imposante, dont la base forme l'entrée de ce monument, situé à l'extrémité N.-E. du village. La principale illustration de Saint-Thierry fut une célèbre et riche abbaye fondée au VIe siècle par saint Thierry, né à Aumenancourt-le-Grand, et disciple et ami de saint Remi. Ce monastère fut toujours visité par les rois, surtout ceux de la troisième race. Louis XIIIe et son épouse, Anne d'Autriche, y passèrent quinze jours à leur dernière visite, après la cérémonie de leur sacre. — Au XIIIe siècle, le pape avait reconnu à l'abbé de Saint-Thierry le droit de juridiction temporelle et spirituelle sur les abbayes de Saint-Remi, de Saint-Nicaise, de Saint-Denis et de Saint-Pierre-les-Dames de Reims; hors de la ville, sur celles de Mouzon, d'Hautvillers, de Saint-Basle, d'Igny, d'Epernay et d'Avenay. — Depuis 1649, jusqu'en 1695, il y eut des abbés commendataires; puis, alors, l'archevêque de Reims eut l'administration temporelle.

Saint-Thierry a dû prendre naissance lors des troubles causés par les partages multipliés de la monarchie, sous les successeurs de Clovis. — Les prud'hommes libres qu'il y avait alors durent, pour jouir de quelque repos, chercher un refuge près des monastères, très-respectés à cette époque, et s'y pourvoir des moyens de subsistance qui leur furent offerts par les religieux, auxquels les rois et d'autres personnages du temps faisaient de très-grandes libéralités en terres, bois, etc. — Nul doute que Saint-Thierry ne souffrit toutes les alternatives des guerres dont les environs de Reims furent le théâtre sous la féodalité : la guerre de Cent-Ans, les querelles religieuses, etc.—Saint-Thierry avait un château-fort qui fut sans cesse le point de mire de tous les ennemis qui attaquèrent la Champagne. Charles-Quint le détruisit en 1545. Il ne reste plus qu'un pavillon du magnifique château archiépiscopal bâti, en 1777, sur l'emplacement du monastère, par Mgr de Talleyrand-Périgord, et qui n'a subsisté que seize ans. Ce pavillon, restauré et augmenté, est une des plus belles maisons de campagne d'alentour. — En 1789, lors de la division de la France en départements, Saint-Thierry fut pendant quelque temps chef-lieu de canton ; et, sous la Terreur, il s'appela le Mont-d'Or, nom qu'il conserva jusqu'à la chute de Robespierre. — L'orage du 9 juillet 1856 a fait éprouver à la commune de Saint-Thierry d'horribles désastres et de grandes destructions.

Thil, à l'O.-S.-O. de Bourgogne, dans un fond. Un petit ruisseau traverse une des rues de ce village. — Superficie, 211 hectares 07 ares. — Annexe de Saint-Thierry ; église dédiée à sainte-Marguerite. — Perception de Villers-Franqueux. ✉ Hermonville. — École primaire mixte. — Vin rouge et un peu de blanc d'assez bonne qualité. — Thil a fait partie de la commune de Saint-Thierry jusqu'en 1790. — *Ecarts :* le Ragot, à 750 mètres ; le Petit-Chauffour, à 1,100 mètres ; la maison Latierce, à 1 hect.

Villers-Franqueux, à l'O.-N.-O. de Bourgogne, au pied d'un mont élevé, d'où l'on découvre un immense panorama. —

Superficie, 329 hectares 34 ares 70 centiares. —Succursale dédiée à saint Thiou ou Théodulphe. — Chef-lieu de perception. ✉ Hermonville. — Ecole primaire mixte. — Vins de bonne qualité; carrières de pierres à bâtir, appelées moëllons. — Le 18 juin 1842, un incendie a détruit presqu'entièrement l'église, dont il ne resta debout que le chœur, le sanctuaire et les chapelles collatérales. La restauration de cette église a coûté 36,000 fr., fournis par une imposition, par un secours de l'Etat et par une souscription des habitants. Les plans et travaux des bas-côtés de cette jolie église sont dus à M. Gosset, architecte de Reims. La partie non détruite paraît appartenir au XIIIe siècle. On y voit un vitrail curieux de l'an 1551.—Villers-Franqueux eut, jadis, trois seigneurs : l'ordre du Temple, l'archevêque de Reims et l'abbaye de Saint-Remi. — En 1585, Henri III exempta les habitants du pays du logement des gens de guerre. — *Ecarts :* le Grand-Chauffour, à 1,800 mètres ; le moulin à vent, à 600 mètres S.-O. Du moulin à vent, on voit devant soi, à l'E., les Ardennes et la Champagne ; au N., le département de l'Aisne ; au S., Reims et sa riche montagne, et jusqu'à Châlons-sur-Marne ; à l'O., la montagne, à gauche de la Vesle, jusque vers Fismes. On peut compter de dessus cette montagne, à l'aide d'un télescope, 80 villages.

Warmeriville, à l'E. de Bourgogne, sur la Suippe, qui coupe le territoire en deux parties, de l'E. à l'O., et par quelques petits ruisseaux. — Superficie, 2,285 hectares 4 ares 20 centiares. — Succursale dédiée à saint Martin. — Perception de Witry-lez-Reims. ✉ Isles-sur-Suippe. — Ecoles primaires des deux sexes. — Un moulin, avec six paires de meules mues par l'eau, et une filature importante, mue par l'eau et par la vapeur. 340 tisseurs faisant mérinos, châles, manteaux de dames, draps, etc. — *Ecarts :* Vaudetré (en partie), hameau, à 3 kil.; Ragonnet, hameau, à 5 hect.; les Marais, à 2 hect.; Val-des-Bois, filature, à 3 hect.; le Pré, hameau, à 1 kil.

Witry-lez-Reims, au S.-S.-E. de Bourgogne, commune importante, assez bien bâtie et arrosée par une source de peu d'importance, appelée la fontaine de Crepy, qui se perd dans les terres. — Superficie, 1,644 hectares. — Succursale dédiée à saint Symphorien. — Chef-lieu de perception. ✉ Reims. — Bureau de bienfaisance. — Ecoles primaires des deux sexes. — Station du chemin de fer de Reims à Sedan. — Commune essentiellement agricole. — Commerce de chevaux, de bestiaux, de grains, etc.— L'église de Witry a une flèche remarquable, dont la hauteur est de 37 mètres 35 centimètres. Elle paraît avoir été construite au commencement du xvie siècle. Une clef de voûte portant les armes du cardinal de Lenoncourt, archevêque de Reims et bailli de Witry, semble indiquer que cette église a été construite du temps de ce prélat (1509-1532). — La paroisse de Witry dépendait, avant la Révolution, du chapitre de Saint-Symphorien de Reims, et faisait partie du doyenné de Lavannes. — *Ecart :* le Linguet, à 3 kil. 500 mètres.

7° CANTON DE CHATILLON-SUR-MARNE.

6,929 habitants. — 13,073 hectares. — 19 communes.

Ce canton, montueux, de forme irrégulière, occupe le S.-O. de l'arrondissement.

Il est borné : au N. par le canton de Ville-en-Tardenois et le département de l'Aisne ; à l'E. par le canton d'Epernay, le canton d'Ay et celui de Verzy ; au S. par le canton de Dormans et celui d'Epernay ; à l'O. par le département de l'Aisne et le canton de Dormans.

Il est arrosé par la Marne, la Semoigne, grossie de la Brandouille, par la rivière ou ruisseau du Camp et par l'Ardre.

Le sol, argileux pour la plus grande partie, et limoneux ou calcaire sur divers points, produit toutes sortes de grains et de plantes fourragères. Il est fort bien cultivé ; ses coteaux, exposés au S. et à l'E., sont tapissés de vignes, produisant des vins assez recherchés.

COMMUNES.	DISTANCE AU CHEF-LIEU				POPULATION
	de canton.	de l'arr.	du départ.	de Reims.	
	k.	k.	k.	k.	habitants:
Châtillon-sur-Marne.........	»	31	50	31	955
Anthenay.................	5 5	29	53	29	135
Baslieux-sous-Châtillon.......	4	28	54	28	260
Belval....................	9	24	47	24	361
Binson-Orquigny............	3	32	49	32	502
Champlat et Boujacourt.......	9	21	50	21	215
Courtagnon................	17	15	44	15	78
Cuchery..................	6	23	50	23	468
Cuisles...................	4	27	54	27	212
Jonquery.................	6	24	56	24	154
La Neuville-aux-Larris........	8	21	50	21	290
Nanteuil-la-Fosse............	14	18	42	18	345
Olizy et Violaine............	6	26	56	26	230
Passy-Grigny...............	7	33	57	33	735
Pourcy...................	14	16	45	16	281
Reuil.....................	4	33	45	33	408
Sainte-Gemme.............	9	33	45	33	365
Vandières.................	2	33	52	33	602
Villers-sous-Châtillon.........	4	31	50	31	333

Châtillon-sur-Marne, au S.-S.-O. de Reims, chef-lieu de canton, bourg maintenant peu considérable, situé en amphithéâtre sur le penchant et au sommet d'une colline charmante, qui couronne la vallée de la Marne. Cette commune est arrosée par cette rivière, qui la sépare de celle de Mareuil-le-Port. Elle est baignée encore par le ruisseau de Baslieux, affluent de droite de la Marne. Le ruisseau de Baslieux se forme de ceux de Jonchery et de Belval, qui se réunissent à environ trois kilom. de la Marne. Il sépare, dans toute son étendue, Châtillon de Binson-Orquigny.
— Superficie, 876 hectares 41 ares 30 centiares. — Cure dédiée à Notre-Dame. — Chef-lieu de perception. — Bureaux de poste, d'enregistrement et de bienfaisance. — Ecoles primaires des deux sexes. — Salle d'asile. — Vins rouges ordinaires ; tannerie, im-

portant entrepôt de laine, qui s'élève annuellement à douze et quelquefois quinze millions.

L'église de Châtillon est bâtie sur un très-beau plan. Elle se compose de trois nefs d'une grande largeur, relativement à leur longueur. Elle remonte au xe siècle ; mais il ne reste de la construction primitive que les colonnes de la nef du milieu ; tous les murs extérieurs sont de la Renaissance. Elle n'est pas voûtée ; cependant, les colonnes avaient été construites et disposées pour recevoir les voûtes. On ignore si ces voûtes ont été faites ou si elles ont été démolies. On remarque dans cette église deux tableaux estimés : le premier, au maître-autel, représente la descente du Saint-Esprit sur les Apôtres ; l'auteur est inconnu ; le second, à l'autel Saint-Nicolas, représente l'Adoration des Mages, il est de Le Sueur, qui l'a donné lui-même à la commune, dont sa famille est originaire. — L'église de Binson, dépendance de Châtillon, se compose de trois nefs, du chœur et du sanctuaire, moins élevé que les autres parties de l'édifice. Le clocher, tout de pierre, surmonté d'une flèche octogonale, est situé au côté gauche du chœur, à l'extrémité de la nef. Elle appartient au roman pur, et est parfaitement conservée ; aucune construction postérieure n'est venue changer l'ordonnance primitive. Située dans la plaine, au-dessus de Châtillon, à 300 mètres environ de la Marne, elle a été construite au commencement du xie siècle, très-probablement par Miles ou Nicles, seigneur de Châtillon, qui la donna d'abord aux chanoines de Soissons, et ensuite au prieur de Coincy, dépendant de l'abbaye de Cluny. Son fils, Eudes ou Odon, né à Lagery, canton de Ville-en-Tardenois, et qui devint pape sous le nom d'Urbain II, en a été prieur vers l'an 1050. Cette église sert de grange à la ferme de Binson, appartenant à M. Symonet, qui l'a acquise de la fabrique de Châtillon en 1842. M. de Salvandy, ministre de l'instruction publique, fit suspendre l'exécution de la vente pendant 18 mois, afin d'envoyer des architectes pour la dessiner et en prendre les plans.

Si l'on en croit les traditions, Châtillon était une grande ville, qui s'étendait depuis la plaine de la Marne jusqu'au pays où il est maintenant. On a fait remonter sa fondation au xe siècle. Son nom lui vient, dit-on, d'un château qu'y fit construire, en 926, Hérivée ou Hervé, neveu et filleul de l'archevêque de Reims du même nom. Ce château, dont il reste encore un pan de tour de 10 mètres d'élévation, était bâti sur une montagne élevée de plus de 100 mètres au-dessus du niveau de la rivière, qu'elle domine depuis Damery jusqu'à Dormans. La plate-forme sur laquelle il était construit s'avance dans la vallée comme une espèce de cap, et fournit un des plus agréables points de vue dont on puisse jouir dans les plaines de la Champagne.

En 940, Louis IV d'Outremer assiégea ce château et le força. C'est dans ces circonstances, à cette époque, où toute la population sentait le besoin de se grouper autour d'un chef puissant, que s'est formée la ville de Châtillon. La position éminente des seigneurs sous la domination desquels elle se trouvait, favorisa son accroissement, qui fut rapide. — En 1231, elle obtint de Thibault IV, comte de Champagne, une charte communale qui régla son administration intérieure et ses rapports avec ce grand feudataire. — En 1289, le roi Philippe IV, *dit* le Bel, accepta de Gaucher V de Châtillon la ville et la châtellenie de Châtillon, et y établit une prévôté royale, origine du tribunal qui a subsisté jusqu'en 1791. Pendant le xiiie siècle et le xive, les seigneurs de Châtillon furent à l'apogée de leur puissance; ils occupèrent des charges importantes à la cour, et l'un d'eux, Gaucher V, connétable de France et premier ministre de Louis X, battit les Anglais et les Flamands, pacifia la Navarre, fit nommer Philippe V régent, à la mort de Louis X, contribua, à l'âge de 83 ans, à la victoire de Mont-Cassel, et fut, en un mot, un des hommes les plus remarquables de son temps. — Les seigneurs ou sirs de Châtillon prirent une part active à la guerre de Cent-Ans. On les voit à Crécy, à Poitiers, à Azincourt. Leur nom est mêlé à tous les évènements de cette époque.

La châtellenie ou seigneurie de Châtillon comprenait plus de 800 fiefs, lorsqu'elle passa à Philippe-le-Bel, en échange du comté de Porcien (arrondissement de Rethel, *Ardennes*). Toutefois, les descendants de Gaucher V avaient gardé le château. — En 1418, Châtillon prit parti contre Charles VII. — Après Guillaume de Châtillon, la maison de Châtillon entra dans une décadence rapide. — En 1545, la ville fut prise par Charles-Quint, et le château démoli. — En 1576, les réîtres allemands, venus au secours des protestants de France, s'emparèrent de nouveau de Châtillon, la pillèrent et détruisirent pour toujours le château qui avait été rebâti. — La Fontaine, maître des eaux et forêts à Château-Thierry et père de notre célèbre fabuliste, attiré par la beauté de la commune de Châtillon et des environs, y acheta une maison, où il résidait une partie de l'année; cette maison appartient aujourd'hui à M. Finy. — Châtillon est fier, et avec raison, d'avoir donné naissance à :

Gaucher V, dont nous avons parlé plus haut, et qui, né en 1250, mourut en 1329 (1).

Delacroix, membre de l'Assemblée législative et de la Convention nationale, mort sur l'échafaud révolutionnaire en 1794, à l'âge de 40 ans.

Gaussart, général de division, baron de l'Empire, qui fit toutes les campagnes de la République et de l'Empire.

Godinot, lieutenant civil et criminel au bailliage de Châtillon, jurisconsulte distingué, né en 1736, mort en 1834.

Verrier, général de brigade, fils d'un serrurier, brave militaire, qui fit toutes les guerres de la République et de l'Empire, se distingua aux Pyramides, à Gaëte, à Essling, Wagram, Smolensk, à la Moskowa, où il sauva la vie à son général et compatriote Gaussart, et à Magdebourg. Il mourut à Reims en 1837, à 61 ans.

L'*écart* de Châtillon est la ferme de Binson, à 2 kil.

(1) L'illustre maison de Châtillon remonte au IXe siècle, et s'éteignit en 1762. Elle possédait de vastes domaines et était alliée à plusieurs maisons souveraines. Les comtes de Châtillon joignaient à leur titre celui de prince de Porcian ou de Porcéan. Les principaux membres de cette famille sont : *Eudes*, qui, sous le nom d'Urbain II, fut le second pape français ; *Gaucher de Châtillon*, sénéchal de Bourgogne, mort en 1219, qui accompagna Philippe-Auguste à la Terre-Sainte et qui se distingua au siége d'Acre et à la bataille de Bouvines ; *Gaucher V de Châtillon*, arrière-petit-fils du précédent ; *Ch. de Châtillon* (1300-1364), dit aussi Charles de Blois, issu d'une branche collatérale qui possédait les comtés de Blois et de Champagne.

Anthenay, au N.-O. de Châtillon, petit village irrégulièrement bâti sur un plan inégal, dont le sol argileux donne naissance à plusieurs sources. — Superficie, 652 hectares. — Annexe d'Olizy; église dédiée à saint Symphorien. — Perception de Châtillon. ✉ Châtillon. — Ecole primaire mixte. — On y trouve encore une vieille tour et le corps-de-logis d'un ancien château, qui font actuellement partie d'une ferme. — *Ecart :* une ferme, à 1,500 mètres.

Baslieux-sous-Châtillon, au N.-E. de Châtillon, au fond d'un vallon étendu, arrosé par le rû de Belval, qui prend sa source sur le territoire de Belval, et par plusieurs petits ruisseaux qui naissent dans le pays. — Superficie, 588 hectares. — Succursale dédiée à saint Léger. — Perception de Cuchery. ✉ Châtillon-sur-Marne. — Ecole primaire mixte. — Vins rouges et blancs. — Longueau, hameau, dépendance de Baslieux, était un prieuré fondé par Thibault II, comte de Champagne, en 1140. Les comtes de Châtillon le dotèrent richement, et plusieurs d'entre eux y reçurent la sépulture. — Un vaste étang, connu sous le nom de Vivier-de-Longue-Eau, a donné le nom à la contrée. — En 1630, les religieuses de ce prieuré s'établirent à Reims. — *Ecarts :* le hameau de Melleroy, à 2 hectom.; le hameau de Heurtebise, à 3 hectom.

Belval, au N.-E. de Châtillon, dans une vallée étroite, entourée de hautes montagnes, est mal ramassé, et arrosé par le rû de Belval, qui prend naissance sur cette commune et va se jeter dans la Marne, au-dessus du moulin d'Anthay. — Superficie, 698 hectares. — Succursale dédiée à saint Roch. — Perception de Jonchery. ✉ Châtillon-sur-Marne. — Ecole primaire mixte — Moulin à eau; vin rouge. — Belval ne fut longtemps qu'un hameau dépendant de Cuchery. Il a existé à Belval une seigneurie qu'on appelait le Prieuré, dont on remarque encore quelques vestiges ; une maison bourgeoise couvre son emplacement. Ce riche prieuré levait sur le village les dîmes, les censives, etc. — *Ecarts :* Paradis, à 2,200 mètres ; Grandpré, à 800 mètres; la Charmoise, à 1,600 mètres ; la Poterne à 800 mètres.

Binson-Orquigny, au S. de Châtillon, près de la rive droite de la Marne, qui limite son territoire au S. Le rû ou ruisseau de Belval, qui prend le nom de Pont-Albeau, sur la commune d'Orquigny, forme à l'O. toute la limite d'avec celle de Châtillon. Le ruisseau de Camp, qui prend sa source dans la forêt de Villers-sous-Châtillon, traverse Binson-Orquigny, ainsi que la prairie, et se jette dans le Pont-Albeau, vis-à-vis le moulin du Jour. — Superficie, 619 hectares 50 ares 40 centiares. — Annexe de Villers ; église dédiée à saint Nicolas. — Perception de Châtillon. ✉ Port-à-Binson. — Ecole primaire mixte. — Chapelle de Montigny. — Vins estimés du commerce (175 hectares). — Depuis que Binson, qui a eu une certaine importance au Moyen Age, n'est plus qu'une église et une ferme ; Orquigny est devenu le chef-lieu de la communauté, et son nom a dû naturellement s'adjoindre à Binson et s'appeler ainsi Binson-Orquigny. — Les prieurs de Binson, quoique étrangers à cette commune, percevaient la dîme d'Orquigny. Ils affermaient leurs droits et payaient au curé desservant un traité annuel de 800 livres. La dîme de Montigny était perçue par les religieux de Saint-Remi de Reims. — *Ecarts :* Montigny, à 1,500 mètres ; le moulin Carré ; à 1,220 mètres ; les Sablons, à 1,800 mètres ; le moulin du Jour, à 1,100 mètres ; le moulin d'Anthay, à 1,800 mètres.

Champlat, au N.-N.-E. de Châtillon, irrégulièrement bâti, est arrosé par quelques sources formant de petits ruisseaux fort peu importants. — Superficie, 636 hectares 03 ares 10 centiares. Annexe de la Neuville-aux-Larris ; église dédiée à saint Denis. — Perception de Cuchery. ✉ Châtillon. — Ecole primaire mixte.— *Ecarts :* le hameau de Boujacourt, à 1 kil. ; la ferme de Chantraine, à 1 kil. au N.

Courtagnon, à l'E.-N.-E. de Châtillon, dans les bois de la montagne de Reims, pays mal distribué, sans rues ; les maisons se trouvent sur le bord des chemins ou dans des jardins ; les habitations sont mal construites et éloignées les unes des autres. Ce village est arrosé par le petit ruisseau qui forme, avec celui de Nanteuil-la-Fosse, la rivière d'Ardre. La commune a un étang d'une contenance de 49 hectares 90 centiares. — Superficie, 376 hectares 38 ares 95 centiares. — Annexe de Pourcy ; église dédiée à la sainte Croix. — Perception de Cuchery. ✉ Damery. — Ecole primaire mixte. — Il y avait autrefois un château, dont il ne reste plus que les fossés. — On trouve, à Courtagnon, beaucoup de coquillages très-recherchés ; on en compte de soixante espèces environ ; il y a aussi une source d'eau pétrifiante. — En 1787, Courtagnon était chef-lieu de justice, et, en 1821, il était encore chef-lieu de Perception.

Cuchery, au N.-E. de Châtillon, entre deux côtes tapissées de vignes, l'une au N., l'autre à l'E, et aussi à l'angle formé par le rû de Belval et le ruisseau de la Fortelle, son affluent. Les maisons sont bien bâties, les rues larges et bien dressées. — Superficie, 704 hectares. — Succursale dédiée à saint Maurice. — Chef-lieu de perception. ✉ Châtillon. — Bureau de bienfaisance. — Ecole primaire mixte. — Commerce de vins, grains et fruits ; fours à chaux, trois moulins à eau ; carrières de pierre à bâtir, de pierre meulière, de pierre siliceuse et de pierre à chaux. — *Ecarts* : Orcourt, à 1,800 mètres ; Menicourt, à 500 mètres ; la Freverge, à 300 mètres ; la Fortelle, à 3 kil.

Cuisles, au N. de Châtillon, arrosé par un ruisseau qui traverse le territoire, sans y avoir ni sa source, ni son embouchure. — Superficie, 193 hectares, 73 ares 65 centiares. — Succursale dédiée à saint Gervais et à saint Protais. — Perception de Jonquery-sur-Vesle. ✉ Port-à-Binson. — Ecole primaire mixte. — Briqueterie avec four à chaux. — Il y a un château mal construit, qui possède des titres antérieurs à l'an 1300. — *Ecart* : Le château.

Jonquery, au N. de Châtillon. Deux groupes de maisons peu éloignés l'un de l'autre forment ce village. A l'extrémité d'un des groupes, est un ruisseau sur lequel se trouvent six moulins faisant farine. — Superficie, 427 hectares 68 ares 55 centiares. — Annexe de Cuisles ; église dédiée à saint Martin. — Perception de Cuchery. ✉ Port-à-Binson. — Ecole primaire mixte. — Vin rouge ordinaire.

La Neuville-aux-Larris, au N.-N.-E. de Châtillon, sur le plan supérieur d'une grande côte, et abrité à l'E. et à l'O. par deux grands bois. Ce village est aggloméré, bâti assez régulièrement, et arrosé par plusieurs sources. — Superficie, 157 hectares, 72 ares 30 centiares. — Succursale dédiée à Notre-Dame. — Perception de Cuchery. ⊠ Châtillon. — Ecole primaire mixte. — Commerce de vins (75 chefs de famille travaillent à la vigne), et de bois. — La Neuville fut construit, dit-on, en 1207, sur un terrain appartenant au prieuré de Belval, lequel se réserva l'exercice des droits seigneuriaux sur les habitants. On dit que la reine Blanche posséda sur la Neuville un château, dont il ne reste aucun vestige.

Nanteuil-la-Fosse, à l'E.-N.-E. de Châtillon, sur la rive gauche de l'Ardre, arrosé encore par une foule de petits ruisseaux, est situé dans une espèce de fossé, à l'extrémité supérieure de la vallée de Noron. — Superficie, 1,455 hectares 46 ares 80 centiares. — Succursale dédiée à saint-Pierre. — Perception de Cuchery. ⊠ Damery. — Ecole primaire mixte. — Céréales, plantes légumineuses; briqueterie, tuilerie, deux fours à chaux. On trouve des coquillages remarquables dans plusieurs endroits de cette commune. — L'ancien château de Nanteuil fut, dit-on, important, ayant haute et basse justice; le seigneur, en certain jour de l'année, recevait l'hommage d'un grand nombre de seigneurs des environs. — On voit encore les restes de ce château, ainsi que les ruines de l'ancienne ferme de Sarbruge, dans le bois du même nom, à 1 kil. de Nanteuil. La ferme de Sarbruge a été démolie, il y a environ 80 ans. — *Ecarts* : le hameau de Presle, composé du Grand-Presle (un moulin et une tuilerie), à 2,500 mètres, et du Petit-Presle (une ferme seulement), à 3 kil. 250 mètres.

Olizy & Violaine, au N.-N.-O. de Châtillon. Violaine, à 1,200 mètres d'Olizy. — Superficie, 447 hectares 14 ares 85 centiares. — Succursale dédiée à saint Remi. — Perception de Cuchery. ⊠ Châtillon. — Bureau de bienfaisance. — Ecole primaire mixte. — On ne connaît point l'époque de la fondation de ces deux communes; on sait seulement qu'Olizy et Violaine étaient deux châtellenies ayant moyenne et basse justice. Elles dépendaient du bailliage de Châtillon et du doyenné de la Montagne. Olizy, qui était un marquisat, avait un assez beau château, que quelques anciens ont vu démolir en 1793, 1794 et 1795 ; il en reste encore un pavillon et les murs du parc, qui a environ 40 hectares. Sur l'emplacement de ce château, simple fief, on a bâti une ferme ; le noyer sous lequel les seigneurs rendaient la justice, et qui s'appelait pour cette raison *Noyer des Plaids*, a été abattu, il y a environ 45 ans. Il y avait aussi, sur le territoire, deux couvents de Moines-Rouges ; un à Violaine et un à la Marquerelle ; il n'en reste plus que quelques débris de murs. — *Ecarts :* la Marquerelle, à 1,500 mètres.

Passy-Grigny, à l'O.-N.-O. de Châtillon, sur une petite éminence, au fond d'un vallon où coule la Semoigne, qui se jette dans la Marne, à 5 kil., après un cours d'environ 17 kil., venant du département de l'Aisne. Passy-Grigny est encore arrosé par la Brandouille, qui se perd dans la Semoigne, à 5 ou 600 mètres, après un cours de 4 à 5 kil., et enfin par un petit ruisseau descendant de Champvoisy (canton de Dormans), et aussi affluent de la Semoigne. — Superficie, 1,198 hectares 55 ares 20 centiares. — Succursale dédiée à saint Pierre et saint Paul. — Perception de Châtillon. ⊠ Dormans. — Ecoles primaires des deux sexes. — Vins rouges et blancs de bonne qualité (128 hectares); pierres meulières, pierres à chaux, grès pour le pavage. — A 500 mètres de Passy, lieu dit les Forges, se trouve une source d'eau ferrugineuse, d'un goût très-agréable. Il y avait autrefois dans cette commune, sur la Semoigne, une forge importante, et sur le ruisseau, une foulerie. — Passy et Grigny avaient chacun leur seigneur et leur château ; celui de Grigny, le plus remarquable, avait sur les deux extrémités de sa façade orientale deux tourelles qui n'existent plus. On montre encore aujourd'hui l'endroit où se rendait la justice seigneuriale. — La terre du Temple appartenait aux Templiers de Reims. On remarque encore, dans le corps de ferme, une chapelle en ruine, qui, aujourd'hui, est transformée en grange ou remise. A en juger par les basses fenêtres en ogive, qui se trouvent murées, cette chapelle devait avoir quelque mérite. — Un cultivateur-vigneron de Passy-Grigny a remplacé dans ses vignes les échalas par des fils de fer en lignes parallèles, distantes de 80 centimètres environ. Ces fils de fer sont attachés à des piquets plantés aux deux extrémités de chaque ligne et bandés au moyen d'un bâton placé sur l'un des piquets et tournant horizontalement, à peu près comme le treuil d'un puits. M. Grandamy fait voir les avantages résultant de son système par l'emploi des fils de fer en place d'échalas.

Pour échalasser un hectare de vigne, il faut 1,200 d'échalas de 40 à la botte, qui reviennent, mis en place, à deux francs la botte, soit 2,400 fr. 2,400f

En fils de fer, il en faut 400 k. à 1f 70, soit.. 680f
Madriers ou piquets pour soutenir les fils de fer, 20 mètres à 0f 40c..................... 80f } 760

DIFFÉRENCE............... 1,640f

Outre cet avantage, la disposition des ceps en treille, favorisant sur chaque raisin ou grappe l'influence de l'air, de la lumière, de la chaleur, il n'y a plus de fruit mûr d'un côté et vert de l'autre, et le travail est plus facile, puisque l'ouvrier a toute liberté d'agir. — *Ecarts :* Pareuil, à 1,500 mètres ; la Colletterie, à 1,400 mètres; la Chenarderie, à 2 kil.; la Courdonnerie, à 1,400 mètres; les Rosiers, à 1 kil.; la Grosse-Pierre, à 2 kil.; la Galopinnerie, à 2 kil.; le Moulin-le-Comte, à 2 kil.; le moulin de Pareuil, à 1,300 mètres ; le Moulin-Carré, à 1,400 mètres ; la ferme de Cupigny, à 3 kil.; Saint-André, à 1 kil.; le Temple, à 3 kil.

Pourcy ou **Pourcy-le-Château**, au N.-E. de Châtillon, au bas d'une grande côte, arrosé par la rivière d'Ardre, qui prend sa source à Saint-Imoges (canton d'Ay) et se jette dans la Vesle aux environs de Fismes, et aussi par le ruisseau ou rivière de Brandouille. — Superficie, 835 hectares 46 ares. — Succursale. — Perception de Villers-Franqueux. ✉ Damery. — Ecole primaire mixte. — Carrières de pierres à bâtir; bois de construction et de chauffage. — On remarque, dans cette commune, un pan de muraille d'environ 12 mètres de longueur sur 10 de hauteur, reste de l'ancien château de Courton. Cette muraille, ouverte par le milieu et ne reposant, pour ainsi dire, que sur l'extrémité de ses deux côtés, a résisté depuis près d'un siècle à toutes les intempéries des saisons, et paraît vouloir durer longtemps encore. — *Ecart :* le moulin d'Ardre, à 1 kil.

Reuil, au S.-S.-E. de Châtillon, dans une situation parfaitement choisie, au pied d'un coteau faisant face au S., et au bord de la Marne, qui coule au bas du village, arrose ses prairies et le sépare de la commune d'OEuilly (canton de Dormans).—Superficie, 522 hectares 54 ares 50 centiares. — Succursale dédiée à saint Martin. — Perception de Châtillon. ✉ Port-à-Binson. — Bureau de bienfaisance. — Ecole primaire mixte. — Vins blancs pour le commerce. — Toute la côte de Reuil est tapissée de vignes, dont le produit est le plus estimé du canton. — *Ecart :* l'Echelle, à 1,400 mètres.

Sainte-Gemme, à l'O.-N.-O. de Châtillon, sur le haut et partie sur le revers d'une grande côte, est arrosé par un seul ruisseau très-peu important, qui prend sa source près de la commune et va se jeter dans la petite rivière de la Semoigne, sur le territoire de Passy-Grigny (la Brandouille). — Superficie, 724 hectares 88 ares 70 centiares. — Succursale dédiée à saint Hilaire. — Perception de Châtillon. ✉ Dormans. — Ecole primaire mixte. — Briqueterie importante. — *Ecarts :* Neuville, à 1 kil.; le moulin Bayard, à 2 kil.; le moulin de Sainte-Gemme, à 1 kil.; la Brillerie, à 500 mètres; la Grange-aux-Bois, à 2 kil.

Vandières, à l'O. de Châtillon, abrité de tous côtés, excepté vers le S.; sur la rive droite de la Marne, qui sépare le territoire de ceux de Troissy et de Mareuil-le-Port, sur une longueur de deux kilomètres et demi. Les ruisseaux du Grand-Essart et de Marot-l'Echelle, avec quelques autres qu'ils reçoivent, ont leur source sur la commune de Vandières, et sont employés, après un cours de quelques kilomètres, à l'irrigation des prés. — Superficie, 1,312 hectares 23 ares 70 centiares. — Succursale dédiée à saint Martin. — Perception de Châtillon. ✉ Châtillon-sur-Marne. — Bureau de bienfaisance. — Ecole primaire mixte. — Vin rouge très-ordinaire (110 hectares). — Tuilerie dirigée avec intelligence par M. Norvack et ses six enfants ; on y fabrique de la tuile, de la brique et des tuyaux de drainage ; il y a un four à chaux. — Le porche de l'église de Vandières est de style roman et paraît appartenir au XIe siècle. — Il ne reste de l'ancien château qu'une vieille tourelle qui se trouve au milieu de la façade nord du nouveau château construit sur ses ruines, et qui a trois tourelles. La disposition des lieux est charmante et le site très-pittoresque. — *Ecarts :* la Tuilerie, à 500 mètres ; le Grand-Essart, à 1 kil.; la Grange-aux-Bois, à 1,750 mètres ; Trotte, à 2 kil.; le Moulin-le-Comte, à 3 kil.

Villers-sous-Châtillon, au S.-E. de Châtillon, vers le bas du travers d'une côte dont la partie supérieure est couverte de bois, est arrosé par le ruisseau de Camp, formé de plusieurs petites sources situées sur le territoire. — Superficie, 479 hectares 85 ares 50 centiares. — Succursale dédiée à saint Jacques.— Perception de Châtillon. ✉ Port-à-Binson. — Ecoles primaires des deux sexes. — Vins. — Villers doit son origine à un couvent dépendant de l'abbaye d'Hautvillers, et placé dans le fond de la vallée de Can. Le village avait reçu d'abord le nom de Bas-Villers, par opposition à celui de Hautvillers. — *Ecarts :* le moulin de la Voiselle, à 5 hectom.; le Petit-Moulin, à 1 hectom.; le moulin de la Savate, à 150 mètres (moulins de peu d'importance).

8º CANTON DE FISMES.

12,978 habitants. — 19,630 hectares. — 23 communes.

Ce canton, qui formait l'extrémité N.-O. de l'ancienne Champagne, et qui dépendait de l'ancien Rémois, touche à l'ancien Soissonnais et à l'ancien Laonnais ; sa forme est irrégulière.

Il est borné : au N., par le département de l'Aisne ; à l'E. par le canton de Bourgogne ; au S., par celui de Ville-en-Tardenois ; à l'O., par le département de l'Aisne.

Il est traversé par une ancienne voie romaine, dont les restes attestent une étonnante solidité ; cette voie porte le nom de *Chaussée-Brunehaut.*

Le canton de Fismes est arrosé par la Vesle, l'Ardre ou Noron, qui reçoivent, sur leurs deux rives, un grand nombre de petits ruisseaux.

Le sol est généralement argileux et pierreux dans la partie orientale ; sablonneux et calcaire dans la partie occidentale, et argilo-pierreux dans la partie méridionale. Il est généralement très-fertile, produit d'excellentes céréales et des vins assez estimés. Il y a aussi quelques filatures.

COMMUNES	DISTANCE AU CHEF-LIEU				POPULATION.
	de canton.	de l'arr.	du départ.	de Reims.	
	k.	k.	k.	k.	habitants.
Fismes...	»	28	68	28	2,787
Arcis-le-Ponsart...	9	26	70	26	552
Baslieux-lez-Fismes...	4	27	66	27	317
Breuil...	7	22	65	22	140
Bouvancourt...	13	19	62	19	299
Chenay...	20	10	53	10	351
Courlandon...	4	24	66	24	163
Courville...	5 5	27	70	27	446
Crugny...	8	24	67	24	882
Hermonville...	18	14	56	14	1,561
Hourges...	8	21	62	21	166
Jonchery-sur-Vesle...	10	17	61	17	570
Magneux-lez-Fismes...	3 4	24	67	24	289
Mont-sur-Courville...	6	27	71	27	189
Montigny-sur-Vesle...	9	20	63	20	653
Pevy...	12	17	59	17	411
Prouilly...	13	16	57	16	655
Romain...	7	23	66	23	475
Saint-Gilles...	3	28	71	28	347
Trigny...	17	12	55	12	780
Unchair...	9	19	62	19	222
Vandeuil...	11	22	65	22	202
Ventelay...	6	22	66	22	521

Fismes, à l'O.-N.-O. de Reims, chef-lieu de canton, est une petite ville très-ancienne, très-agréable et très-intéressante, sur la rive gauche de la Vesle, entre la vallée de cette même Vesle, au N., et celle de l'Ardre ou Noron, à l'O. Elle est dominée par plusieurs montagnes. La Vesle traverse entièrement le territoire, sur une longueur de 4 kil. ; l'Ardre, son affluent, le parcourt, au S., sur une étendue de 3 kil. Fismes a conservé ses anciens remparts ; ses fossés sont convertis en jardins, en jolies promenades, en jeu de Paume ; elle a conservé ses quatre portes, que l'on ne ferme plus depuis longtemps et qui sont formées de deux pilastres massifs en pierre de taille. Cette commune est aussi arrosée par le canal de Chezelles, alimenté par les eaux de l'Ardre (1). Fontaine monumentale sur la place Lamotte et huit bornes-fontaines. Le réservoir, au S. de Fismes, contient 1,200 hectolitres. — Superficie, 1,656 hectares 85 ares 84 centiares. — Cure dédiée à saint Macre. — Chef-lieu de perception. — Bureaux de postes aux lettres, d'enregistrement et de bienfaisance. — Hospice. — Ecoles primaires des deux sexes. — Salle d'asile. — Brigade de gendarmerie. — Station du chemin de fer de Reims à Paris par Soissons. — Vin de qualité, beau rouge clair (62 hectares); fabrique de porcelaine et faïence depuis 1854 ; fabrique de sucre depuis 1857 ; filatures de laines sur la Vesle, depuis 1853 ; bonneterie, poterie et briqueterie, four à chaux, tanneries sur l'Ardre, taillanderie, meunerie ; commerce de blé sur échantillon ; carrières de pierres à bâtir et à chaux, etc.

Le territoire de Fismes, très-accidenté, offre des sites riants et

---

(1) Il y a environ 92 ans, la rivière d'Ardre ou Noron coulait à l'O. de Fismes, coupait la prairie un peu au-dessus de l'ancienne tannerie Destrées, aujourd'hui tannerie Lallement, et se portait dans la ville, vis-à-vis de Fismette. A cette époque, 1770, on retint l'Ardre près de ladite tannerie, on lui creusa un nouveau lit en ligne droite, de près d'un kilomètre de longueur sur 10 à 12 mètres de largeur. Elle suit son embouchure derrière la fabrique de porcelaine. On rapporte au même temps l'établissement du Pont-Neuf sur la Vesle, dans un tournant de cette rivière. Ce pont se compose d'une seule arche, mais d'une largeur de 14 mètres et d'une élévation de 5 mètres 50. La rivière d'Ardre a aussi, sur la route de Fismes à Fère-en-Tardenois, un pont de quatre arches, mais d'une petite largeur.

agréables. Au N., se trouvent les promenades, dites des Boulettes. Ces belles promenades, établies il y a près de 95 ans, sont plantées de jolis arbres qui bordent trois allées d'une longueur de 412 mètres, de l'E. à l'O., et d'une largeur de 7ᵐ 60 pour la plus grande, et de 2ᵐ 60 pour les deux latérales. Les allées sont séparées par des plates-bandes de gazon toujours entretenues. A l'extrémité des promenades, vers l'E., dans le prolongement du jeu de Paume, et appelé la Déesse, existe un terrain destiné aux danses champêtres. Ce terrain est planté de tilleuls et de superbes platanes. Le nom de Boulettes, donné aux promenades, leur vient de ce qu'il existait et qu'il existe encore plusieurs jeux de boules, bien soignés, sur l'ancien emplacement de l'Arquebuse. Le jeu de paume a 125 mètres de longueur sur une largeur de 18 mètres 50. Il y a aussi un jeu d'arc, pour lequel les jeunes gens semblent reprendre le goût de leurs pères.

L'église de Fismes paraît remonter au viiiᵉ siècle ou au ixᵉ; pour ses parties les plus anciennes (l'abside, le transept, le chœur et la grande nef). Elle formait alors une croix latine et fut, dit Flodoard, construite des deniers d'un pieux personnage, nommé Dangulphe. Quant aux bas-côtés, ils sont du xviᵉ siècle. La tour ou clocher, carrée, lourde, percée de fenêtres sur les côtés, est surmontée d'un dôme en bois, construit au milieu du xviiiᵉ siècle, et sur lequel sont deux lanternes superposées.

On croit que Fismes remonte au temps de César, et que cette petite ville porta d'abord le nom de *Fines*, parce qu'elle était à la limite des *Remi*, et plus tard, à celle du royaume d'Austrasie. Elle occupait alors l'emplacement du hameau de Fismette. Au commencement du vᵉ siècle, les Vandales, qui venaient de piller Reims, n'y laissèrent que des ruines. Les rois Childebert Iᵉʳ, 534, et Chilpéric, sous Clotaire, en 557, saccagèrent Fismes. Des plaids y furent tenus en 881 et en 935. Elle fut fortifiée au Moyen-Age, et appartint longtemps aux comtes de Champagne, qui l'affranchirent de tous droits seigneuriaux, en récompense des services qu'elle leur avait rendus. Fismes vit les Impériaux, commandés par l'archiduc Léopold, brûler le moulin de Roland, près de ses murs, en 1651. Les rois de France, allant se faire sacrer à Reims, y séjournaient et lui accordaient toujours quelque privilége en se retirant. Charles X y coucha en mai 1825. Il s'est tenu dans cette commune deux conciles, l'un en 881, présidé par Hincmar, et l'autre, en 935, présidé par l'archevêque Artauld. Ces deux conciles sont appelés *Concilia ad Fines apud sanctam Macram*.

Quantité de tombeaux qu'on a découverts de nos jours, à Fismes, des monnaies enfouies, des noms de contrées, telles que : de Grande et Petite-Bataille, sur Courville, de Camp-Anglais, entre Courlandon et Romain, témoignent des nombreux combats qui ont eu lieu depuis un temps très-reculé sur le territoire de ce canton. Les alliés, battus à Montmirail et à Château-Thierry, le 13 février 1814, se replièrent sur Fismes, où ils portèrent l'incendie.

Fismes a donné naissance à *Pierre de Fismes*, religieux bénédictin, abbé du monastère de Mouzon, mais qui se démit volontairement de sa dignité, en présence de l'archevêque Guillaume III, en 1332. *Nicolas Rager*, jésuite, qui enseigna la théologie pendant 10 ans, fut recteur du collége de Pont-à-Mousson, deux fois provincial de la Champagne, et qui mourut à Reims en 1679, laissant quelques ouvrages sur la théologie.

Ecarts : le hameau de *Fismette*, au N., suite du faubourg de Vesle, séparé de Fismes par la Vesle ; *Villette*, à 1 kil. 500 mètres, vers l'E. Ce hameau renferme un château antique, avec tourelles, qui était appelé autrefois château de la vicomté. Il appartenait jadis aux archevêques de Reims, puis aux religieux de l'abbaye de Mouzon, ensuite aux comtes de Montfait, avec les hameaux de Cour et de Rolland. En devenant seigneurie mouvante du fief des cours de Fismes, il passa enfin au domaine de la ville. Au-dessous de Villette, sur la Vesle, est le moulin de Roland, devenu filature de laine depuis onze ans ; de *Cour*, à 2 kil. 7 hectom., à l'E., belle ferme, qui était autrefois un château-fort et avait une chapelle, servant de grange aujourd'hui. Il y a une source formant un petit ruisseau qui se jette dans la Vesle ; du *Moncetz*, hameau, à 3 kil. Un petit ruisseau y limite le territoire de Fismes du département de l'Aisne ; le *moulin Leroux*, à 7 hectom., à l'O., sur l'Ardre ; fabrique de porcelaine, de faïence, granit nouveau genre ; le *moulin de la Vesle*, à 8 hectom. ; le *moulin de Chézelles*, à 1 kil., au S., incendié le 30 juin 1857 ; le *Moulin-Neuf*, à 2 hectom., sur l'Ardre ; *Fontaines-Verlac*, à 1 kil. 5 hectom., au S. ;

les deux *Moulins-Moineaux*, à 4 hectom., au N., le *moulin du Tortoir*, à 1 kil., au N., sur le ruisseau de Blanzy ; le *Roland*, le *Savart*.

Arcis-le-Ponsart, au S. de Fismes, à la source d'un ruisseau (le ruisseau Pillerie ou la Voissure), qui se jette dans l'Ardre, à Courville. — Superficie, 1,534 hectares 70 ares. — Succursale dédiée à Notre-Dame. — Perception de Fismes. ⊠ Fismes. — Bureau de bienfaisance. — Ecoles primaires des deux sexes. — Salle d'asile. — Vin rouge de médiocre qualité. — Carrières de pierre de taille fine et très-dure, et de pierre calcaire pour convertir en chaux ; tuilerie, exploitation de bois. — La grande nef de l'église était autrefois la chapelle du château ; deux autres nefs ont été construites et forment un ensemble dont l'architecture n'offre rien de remarquable. On y voit un tableau sur toile, représentant le chevalier Ponsart partant pour la ve croisade, et, près de lui, sa sœur, alors abbesse d'Ormont-les-Dames, près Fismes.

Arcis-le-Ponsart s'appelait autrefois Vennecourt ; une des rues porte encore ce nom. A proximité du groupe de maisons appelé Vennecourt, se trouvait un couvent de Templiers de l'ordre de Saint-Jean de Jérusalem, dont la chapelle était l'église paroissiale. Sous Philippe-le-Bel, en 1309, ce couvent fut démoli et converti en une ferme qui disparut en 1812. En 1127, à 3 kil. du village, fut construit un couvent de moines de l'ordre de Citeaux, et qui prit le nom de Notre-Dame-d'Igny. A cette époque, ce couvent jouissait de 20,000 livres de revenus, et, à la Révolution de 1793, son revenu s'élevait à 100,000 fr. Sa fondation était due à Rainauld II, archevêque de Reims, qu'il lui fit don de toutes les propriétés qu'il possédait sur le territoire, et à la maison de Châtillon, qui lui abandonna des forêts, et, enfin, à la maison d'Arcis, dont un des seigneurs, le chevalier Ponsart, a donné son nom à la commune. — Gueric, fameux disciple de saint Bernard, fut abbé d'Igny en 1150. Henri-le-Large, comte de Champagne, augmenta, par ses libéralités, la dotation de ce monastère. Il ne reste des bâtiments de l'ancienne abbaye que la chapelle, ornée d'un dôme et de belles sculptures, et quelques dépendances ; en outre, des jardins et parcs. — *Ecarts :* Igny, à 3 kil., ancienne abbaye ; la

Grange, à 3 kil., ferme du château ; les Vallées-des-Bois, à 3 kil., ferme du château ; la Tuilerie, hameau, à 500 mètres ; Arcis-Saint-Severin, ferme, à 500 mètres.

Baslieux-lez-Fismes, au N.-E. de Fismes, au pied d'une montagne, à l'entrée d'une gorge étroite, dans la vallée de la Vesle. — Il y a trois fontaines, dont une d'eau pétrifiante ; leur réunion forme un petit courant alimentant un moulin, et se jetant dans la Vesle, à 2 kil. du village. — Superficie, 561 hectares 51 ares. — Succursale dédiée à saint Julien. — Perception de Fismes. ✉ Fismes. — Ecole primaire mixte. — Pays de culture ; 50 à 60 hectares plantés de betteraves pour les sucreries. — Suivant les traditions, la plaine de Baslieux aurait été le théâtre de fréquents combats livrés aux Anglais, sous les premiers Valois. — Baslieux possédait anciennement un couvent de Templiers ou Moines rouges. Cette habitation est convertie, depuis plus de deux siècles, en une ferme qui a, au milieu de sa vaste cour, un colombier, autrefois chapelle.

Bouvancourt, au N.-E. de Fismes, en pente, dans une gorge entre deux collines, est arrosé par un petit ruisseau qui sort de la montagne d'Hermonville, et se trouve grossi par quelques eaux des sources qui descendent des hauteurs ; ce ruisseau se jette dans la Vesle, après un parcours de 8 à 10 kil. — Superficie, 1,291 hectares 39 ares 25 centiares. — Succursale dédiée à saint Remi. — Perception d'Hermonville. ✉ Hermonville. — Ecole primaire mixte. — Belles pierres à bâtir ; pierre *dite* Roche-Blanche, très-estimée ; tuilerie et briqueterie. — Au Bois-de-l'Arbre, écart de la commune, est une source qui a la propriété, non de pétrifier, mais de recouvrir les objets qu'elle arrose d'une couche semblable à la pierre.

La terre de Vaux-Varennes, autre écart, appartenait à la maison de Turenne, qui en fit bâtir le château en 1585. Cette seigneurie ressortissait au bailliage de Reims et avait droit de haute, moyenne et basse justice. C'est une ferme qui couvre son emplacement. — Sur le plateau, au S.-E. de Châlons-le-Vergeur, se trouve une fontaine *dite* de Saint-Obœuf, lieu de pèlerinage très-fréquenté le lundi de Pâques. — *Ecarts:* Châlons-le-Vergeur, à 3 kil., belle propriété, ancienne baronnie, deux tourelles lui donnent forme de château. Elle remplace le château détruit en 1821 ; le Bois-de-l'Arbre, renfermant la tuilerie ; Luthernay, ferme considérable : Vaux-Varennes, à 1,400 mètres environ.

Breuil, à l'E. de Fismes, sur la rive gauche de la Vesle, qui arrose le territoire du S. à l'O. dans toute son étendue. — Le ruisseau d'Hourges a son embouchure à 400 mètres de la commune.— Superficie, 646 hectares 25 ares 70 centiares. — Succursale dédiée à Notre-Dame. — Perception de Fismes. ⊠ Fismes. — Ecole primaire mixte. — Breuil était une vicomté. — L'église fut brûlée en 1537, par les religionnaires ; elle était collégiale, dit-on, et avait été construite avec les ruines d'un ancien château-fort. — Breuil a beaucoup souffert de l'invasion de 1814. — *Ecarts :* la Neuville-au-Bois, à 3,000 mètres, au S., avec un petit château en briques ; *Ormont*, à 2,700 mètres, à l'O., ancien couvent fondé en 1215 par Adam de Courlandon ; Vassieux, à 1,100 mètres, au S.-O., ancienne seigneurie appartenant à l'abbaye de Saint-Remi de Reims ; Voisin, à 1,700 mètres, au S.-E., ferme importante, qui, avant la Révolution, appartenait à l'abbaye de Clairvaux ; une maison isolée, à 500 mètres, à l'O.

Chenay, à l'E. de Fismes, village construit en pente, et qui jouit d'une vue magnifique. — Il n'y a qu'un faible ruisseau, formé par le trop d'eau des fontaines communales, et qui coule vers Châlons-sur-Vesle et se perd dans les terres sablonneuses. — La fontaine Becusson, qui prend sa source au sommet de la montagne, donne naissance au ruisseau du Vivier, qui traverse le marais communal, et va se perdre dans les terres sablonneuses de Châlons-sur-Vesle. — Superficie, 364 hectares 27 ares 6 centiares.— Succursale dédiée à saint Nicolas. — Perception d'Hermonville. ⊠ Reims. — Ecole primaire mixte. — Vins assez estimés (43 hectares) ; pierre à bâtir, à chaux ; sablière d'un sable très-blanc pour la verrerie de Saint-Gobain.

Dans la rue principale se trouve une source abondante d'eau minérale sulfureuse, analysée, en 1855, par M. Maumené, professeur de chimie et de physique à Reims. L'eau de cette source est excellente ; presque tous les habitants s'en servent en été, et plusieurs habitants de Reims en viennent boire sur place, ou s'en font apporter à domicile. — Chenay a des lettres-patentes de Philippe Ier, données en 1090, et qui confirment les priviléges de l'abbaye de Saint-Remi de Reims, sur son territoire.

En 1336, une sentence fut rendue par le bailli de Vermandois, sur une contestation entre les religieux de Saint-Thierry et ceux de Saint-Remi, au sujet de la juridiction et seigneurie sur le territoire de Chenay; cette contestation se termina en faveur de l'abbaye de Saint-Remi, et chaque habitant lui payait deux quartels (50 litres) d'avoine, une poule et dix-huit deniers. Chenay a souffert de l'invasion de 1814, à cause de son voisinage du camp de La Neuvillette ; il fut complètement dévasté par les Russes, le 23 et le 24 mars. — *Ecart :* le moulin, à 3 hectomètres.

Courlandon, à l'E. de Fismes, petit village sur la droite de la Vesle. — Superficie, 340 hectares 26 ares 90 centiares. — Annexe de Baslieux-lez-Fismes ; église dédiée à saint Laurent. — Perception de Jonchery. ⊠ Fismes. — Ecole primaire mixte. — Papeterie mécanique, fabrique de papier pour journaux (60 ouvriers).

Courlandon possédait un monastère de religieuses de l'ordre de Citeaux, fondé en 1235 par Jean de Courlandon ; mais ces religieuses, souvent inquiétées par les guerres de religion, furent transférées à Meaux, en 1626. — On voit sur le territoire de la commune une voie romaine, qui porte le nom de *Chaussée-Brunehaut*, du nom de cette reine, qui en avait fait réparer quelques parties. Cette route conduisait de Reims à Soissons ; elle domine le sol, en quelques endroits, d'une hauteur de cinquante centimètres au moins. — Courlandon a aussi souffert du passage des alliés en 1814.

Courville, au S.-S.-E. de Fismes, entouré de montagnes, à peu près de tous côtés, est arrosé par la rivière d'Ardre et par le ruisseau d'Arcis-le-Ponsart, son affluent. — Superficie, 1,059 hectares 14 ares 29 centiares. — Succursale dédiée à saint Pierre. —

Perception de Fismes. ✉ Fismes. — Ecoles primaires des deux sexes. — Vins rouges et blancs ; distillerie d'eau-de-vie de betteraves ; huilerie ; scierie de pierre ; moulin à eau. — L'église, placée au nombre des monuments historiques, est un édifice du style gothique, du XIe au XIIe siècle, avec un clocher superbe. Il y a un porche très-bien conservé, au-dessus duquel existe une tribune voûtée. — Au-dessus de cette tribune et d'une partie de la principale nef, se trouve une chapelle abandonnée, qui était à l'usage des archevêques de Reims. Ces prélats arrivaient d'une tour du château à la tribune par un pont suspendu, et se rendaient ainsi à cette chapelle supérieure.

La terre de Courville, ancienne châtellenie, appartenait à l'archevêque de Reims, dès l'an 1263, et, dès cette même époque, les chapelains de la Congrégation de Notre-Dame de Reims y étaient propriétaires de certains droits seigneuriaux. — Le cardinal Mazarin, du temps des guerres de la Fronde, 1648, fut exilé à Courville dans le château qui a été démoli, mais dont une tour a subsisté jusqu'à notre époque. — *Ecarts :* la ferme de la Bonne-Maison, à 2 kil. (superbe culture de 340 hectares) ; le moulin Baillet, à 5 hect.

Crugny, au S.-E. de Fismes, se déploie dans une grande longueur du N. au S., et est arrosé par la rivière d'Ardre et le ruisseau de Brouillet, son affluent. — Superficie, 1,245 hectares. — Succursale dédiée à saint Pierre. — Perception de Jonchery. ✉ Fismes. — Ecoles primaires des deux sexes. — Comme tous les vins de la vallée d'Ardre, celui de Crugny est un vin clairet, léger, agréable au goût, mais pas de bonne garde (62 hectares environ). L'industrie agricole est très-développée. Pierre de taille ; pierre à chaux ; scierie mécanique pour la pierre à bâtir ; four à chaux ; tuilerie ; vin de teinte, connu dans le commerce sous le nom de *Vin de Fismes.*

Sous le régime féodal, la seigneurie de Crugny appartenait aux comtes de Champagne et de Vermandois. Son histoire, qui n'offre rien de bien saillant, se confond avec celle de la province dont elle faisait partie. — A l'époque de la guerre de Cent-Ans, Crugny avait un château dépendant des domaines de la Couronne. — En 1790, elle fut comprise dans le district de Reims, et relevait du canton de Faverolles. — Crugny a donné naissance à Paul-François *Velly,* historien. Il n'habita ce pays que pendant son enfance. Elève des Jésuites, il professa au collége de Louis-le-Grand, à Paris. Il commença la fameuse *Histoire de France*, en 30 volumes, dite *Histoire de Velly, Villaret et Garnier.* Velly lui-même n'en composa que 7 volumes et une partie du 8e (1756-1759). Ces volumes, qui embrassent jusqu'au règne de Philippe-le-Bel, sont la partie la plus faible de la compilation, surtout les deux premiers. Velly n'avait point sérieusement étudié les sources. Né en 1709, il mourut d'un coup de sang, à Paris, en 1759. — *Ecarts :* la Tuilerie des Carbonneaux, à 1 kil. ; la ferme du Bois-de-Perthe, à 2 kil. ; les écarts du Bois-le-Moine, à 3 kil. ; la Neuville, scierie mécanique, à 1,500 mètres. ; la Maison-Ragot, à 1,500 mètres; la Tuilerie-sur-Serzy, à 500 mètres.

Hermonville, au N.-O. de Fismes, joli village, à l'entrée d'une plaine immense, quand on y arrive par la route de Fismes, à l'O., et entouré d'une espèce de fer à cheval, de montagnes, quand on vient par la route de Reims. — Il est arrosé par un petit ruisseau de peu d'importance, appelé *la Robassa*, et qui est formé de la réunion de plusieurs filets d'eau sortant de la montagne, à l'O. de la commune. Ce ruisseau va se perdre dans le canal de l'Aisne à la Marne, après avoir traversé, sur le territoire de Cauroy, le Grand-Vivier, nommé le *Vivier-Collin*. — Superficie, 1,320 hectares. — Succursale sous le vocable du Saint-Sauveur ou Fête-Dieu. — Chef-lieu de perception. — Bureau de poste aux lettres. — Bureau de bienfaisance. — Ecoles primaires des deux sexes. — Salle d'asile. — Petite source d'eaux minérales, analysées par M. Maumené, professeur de physique et de chimie, à Reims, et reconnues contenir des matières minérales en dissolution — Vins très-renommés (151 hectares). Ceux de la *Paternotte*, du *Clos de Marzilly*, de la *Côte-d'Or*, et des *Cerceaux* (dits Vins de Marzilly), le disputent, en qualité, aux bons vins de la montagne de Reims. — Carrières de blocailles, et surtout riches carrières de pierres de taille, très-estimées, et qui constituent l'industrie principale du pays (1).

(1) L'extraction et la taille des pierres occupent au moins 200 ouvriers. —

L'église, au centre de la commune, est remarquable par son architecture, qui, dans son ensemble, mariant l'ogive au plein-cintre, accuse une époque de transition et doit appartenir à la fin du XIIe siècle ou au commencement du XIIIe siècle. La tour, à cause de sa lourdeur et de ses énormes pleins-cintres, semble devoir remonter au XIe siècle.

L'emplacement d'Hermonville, le demi-cercle de montagnes qui l'entourent à l'O., et dont les deux extrémités sont couronnées chacune d'un moulin à vent, la superbe église, le beau coup-d'œil de sa vaste place, et jusqu'à la propreté de ses rues, tout fait de cette commune un village magnifique auquel bien peu d'endroits, dans le département, peuvent le disputer. — Des chartes authentiques prouvent qu'Hermonville a beaucoup perdu de son importance première. Avant 1373, époque à laquelle il fut saccagé par les Anglais qui, partis de leur camp, près de Laon, allèrent brûler Vertus, Hermonville renfermait 5,000 habitants, et s'étendait au-delà de Sommeville, hameau à l'E. de Saint-Martin. Le centre du village était sur l'emplacement actuel de Saint-Martin. — Des titres fort anciens règlent les droits des seigneurs du lieu. — Hermonville a eu une maison de Templiers ; la rue où elle était se nomme encore aujourd'hui la rue du Temple. Le château de Toussicourt, écart d'Hermonville, est fort joli et possède un parc superbe. — *Ecarts :* Saint-Martin, séparé d'Hermonville par la Ro-

---

Les carrières de pierres de taille sont celles du *Nord*, des *Rougemonts*, de *Saint-Joseph*, de *Revelon*, des *Coquins*, et de *Marzilly*. Toutes ces carrières sont souterraines et ont quelquefois des profondeurs considérables. Quelques-unes (du *Nord* et des *Rougemonts*), percées sur les versants opposés de la montagne, communiquent entre elles. Les carrières de Saint-Joseph sont les plus estimées ; elles s'exploitent à ciel ouvert, et renferment un *cliquart*, tantôt d'une blancheur parfaite, tantôt veiné et imitant le marbre. — On en expédie beaucoup, même pour Paris, pour montants de cheminée ou pour carrelage. — Dans la plupart de ces carrières, la pierre de taille est recouverte d'un banc de burge, qui sert aux constructions à l'abri des pluies et de la gelée. — L'épaisseur du banc de pierre varie de 0^m 80^c à 1^m d'épaisseur. — Il y a aussi quelques endroits où l'on tire des pierres à chaux, mais elles ne sont pas très-estimées, et l'exploitation en est très-restreinte.

bassa ; Sommeville, à 300 mètres ; Marzilly, à 770 mètres ; le château de Toussicourt, à 1,700 mètres : un moulin à vent, et trois moulins à eau.

Hourges, à l'E.-S. de Fismes, sur la rive gauche du petit ruisseau du même nom, affluent de la Vesle, au pied de collines qui l'entourent de tous côtés, excepté vers le N. Ces collines sont couvertes de vignes ou de bois, ou sont incultes. Le ruisseau de Hourges a sa source sur le territoire et son embouchure près de Breuil-sur-Vesle ; il est réuni à celui d'Unchair. — Superficie, 425 hectares 16 ares 55 centiares. — Succursale dédiée à saint Rufin. — Perception de Jonchery-sur-Vesle. ✉ Jonchery. — Ecole primaire mixte. — Vin d'assez bonne qualité (28 hectares environ). — Pays de culture. — Le château n'a rien de remarquable. — Sur une propriété de l'hôpital de Fismes, on admire un superbe buisson d'aubépine qui a au moins cinq mètres de diamètre, et d'une seule tige. — Un arrêt du Conseil, sous François Ier, maintient le seigneur d'Hourges dans la possession de ses belles carrières de pierre dure, dont les habitants voulaient s'emparer. — Hourges a souffert du passage des alliés, en 1814.

Jonchery-sur-Vesle, à l'E. de Fismes, entre deux monts élevés de 155 et 176 mètres au-dessus du niveau de la mer, peu loin de la Vesle. — Superficie, 312 hectares 81 ares 27 centiares. — Succursale dédiée à saint Georges. — Chef-lieu de perception. — Bureaux de poste aux lettres et de bienfaisance. — Ecoles primaires des deux sexes. — Station du chemin de fer de Reims à Paris, par Soissons. — Les guerres du Moyen Age ont causé de grandes pertes à cette commune. — On rapporte qu'un notaire, nommé Bernard Daniel, mort en 1543, fit rebâtir une partie de ce village, où l'on a découvert les vestiges d'un tombeau romain. — *Ecarts :* une maison, à 2 kil.; deux moulins l'un à 300 mètres, et l'autre à 800 mètres.

Magneux, à l'E. de Fismes, sur la pente d'un contrefort du mont de la Belle-Hélène, est arrosé par la Vesle, qui limite son territoire au N. — Superficie, 318 hectares 85 ares 30 centiares.

— Succursale dédiée à saint Jean-Baptiste. — Perception de Fismes. ⊠ Fismes. — Ecole primaire mixte. — Vins de qualité médiocre. Briqueterie et four à chaux ; belles carrières de pierre à bâtir et à chaux ; les pierres sont dures, d'un grain fin, faciles à travailler, et susceptibles d'un beau poli ; cendrière sulfureuse. — Sur le territoire, la *Fosse-Simonet* est un vaste trou qui paraît être l'ouvrage de la nature. — L'église est remarquable par son chœur, par quelques fragments de vitraux qui sont fort jolis, et par le maître-autel, qui excite la curiosité des visiteurs. Il est regrettable que le marteau révolutionnaire ait frappé ce maître-autel, belle sculpture de pierre représentant les principaux sujets de la vie et de la mort de Jésus-Christ.

Magneux paraît être un village fort ancien. Il y avait, au commencement du XIVe siècle, une maison considérable de Templiers, qui a passé à la dame de Magneux, fondatrice des Sœurs-Bleues, *dites* Magneuses. Cette maison devint le château. — Les seigneurs de Magneux portaient le titre de vicomtes d'Ormont, titre qui leur fut inutilement contesté, en 1468, par l'archevêque de Reims. Ces seigneurs avaient droit de haute, moyenne et basse justice, et percevaient diverses redevances. La maison ou château est devenue une habitation fermière, divisée maintenant entre plusieurs propriétaires, et dont les traces tendent chaque jour à disparaître. — *Ecarts* : la Cense-Fontaine, ferme, à 1 kil. S.; Risque-Tout, à 250 mètres N.; la Tuilerie, à 600 mètres E.

Mont-sur-Courville, au S. de Fismes, sur un plateau dominant Courville. — Superficie 501 hectares. — Annexe de Courville, église dédiée à Notre-Dame. — Perception de Fismes. ⊠ Fismes. — Ecole primaire mixte. — Deux carrières de très-bonne pierre à bâtir, l'une de pierre tendre et fine, l'autre de pierre bleue très-dure. — Le palais de justice de Reims et l'église de Courville ont été construits avec la pierre de cette commune. — Au-dessus de l'autel de l'église, espèce de petite chapelle, on remarque un tableau assez précieux qu'on dit être une copie d'après Murillo, et qui a pour sujet *le Lavement des pieds*. — *Ecart* : la ferme de Puisieux, ancien fief, à 1 kil. au S.

Montigny-sur-Vesle, à l'E. de Fismes. Ce village, arrondi en forme d'amphithéâtre, est situé au sommet et sur le revers d'une colline, et abrité, du côté du N., par la montagne de l'Orme ; il est arrosé par la Vesle et par deux ruisseaux, ses affluents. Il y a un grand nombre de sources dans la montagne. — Superficie, 946 hectares 17 ares 80 centiares. — Succursale dédiée à saint Pierre. — Perception de Jonchery-sur-Vesle. ✉ Jonchery. — Ecoles primaires des deux sexes. — Carrières de pierre à bâtir; scierie mécanique, à 800 mètres, et alimentée par un des deux ruisseaux. Importante filature de laine cardée, peignée, aux Venteaux, écart de la commune. Cette filature entretient 170 ouvriers, qui habitent le hameau, et les habitants de Montigny, qui ne sont pas cultivateurs (300 environ, en tout). Elle est mue par une machine à vapeur et par une machine hydraulique, turbine, à laquelle la Vesle fournit ses eaux. Moulins à eau.

La *Chaussée-Brunehaut*, qui conduisait de Reims à Soissons, traverse le territoire. — Le château du Goulot, écart de Montigny, était une seigneurie qui relevait immédiatement du roi, et qui conserva son indépendance jusqu'à la Révolution ; il a revêtu aujourd'hui une forme moderne. Louis XIV s'y arrêta, vers 1687, en allant en Flandre rejoindre son armée. — Montigny a eu à déplorer les ravages de plusieurs incendies, en 1700, 1770, 1824, 1827, 1848 (aux Venteaux), 1856, 1857. Le plus considérable, celui de 1856, occasionna une perte d'environ 35,000 francs. — *Ecarts* : le château du Goulot, à 2 kil. S.-E. ; les Venteaux, à 2,200 mètres S.-O. ; les Petis-Venteaux, moulin, à 2,500 mètres S.-O. ; l'Orme, à 1 kil. N., ferme importante, autrefois hameau.

Pévy, à l'E. de Fismes, village bâti en pente, au pied d'un mont élevé de 212 mètres au-dessus du niveau de la mer. — Superficie, 720 hectares 83 ares. — Succursale dédiée à Notre-Dame. — Perception d'Hermonville. ✉ Jonchery-sur-Vesle. — Bureau de bienfaisance. — Ecoles primaires des deux sexes. — L'église, autrefois remarquable, a été fort endommagée par la flèche qui l'a écrasée en tombant, il y a soixante ans environ. Il ne reste plus de l'édifice d'alors que le sanctuaire, qui se distingue par son ornementation, la hardiesse de ses voûtes et la légèreté de ses colonnes. Dans l'une des chapelles se trouve un très-beau rétable du xv⁰ siècle, représentant la vie de saint Jean-Baptiste. Il se compose de trois compartiments : dans le premier, saint Jean prêche dans le désert ; le second contient le baptême de Jésus-Christ par saint Jean ; et la troisième représente la Décollation de saint Jean et le Festin d'Hérode. — Pévy était, dit-on, autrefois entouré de murs et fermé de portes; celle du N. se nommait *La Croix*, et celle du S. *Golivat*. — *Ecarts :* Hervelon, à 1 kil.; Wladiville, à 1 kil.

Prouilly, à l'E. de Fismes, au pied d'un mont élevé de 204 mètres au-dessus du niveau de la mer, est arrosé dans toute sa longueur au S. par la Vesle, depuis la tuilerie de Maison jusqu'au moulin de Jonchery. — Superficie, 1,018 hectares 76 ares 77 centiares. — Succursale dédiée à saint Pierre. — Perception de Jonchery. ✉ Jonchery-sur-Vesle.—Bureau de bienfaisance.—Ecoles primaires des deux sexes. — Vin rouge d'assez bonne qualité (42 hectares); carrières de pierres à bâtir et bonnes à faire de la chaux. — L'église, placée au nombre des monuments historiques, est remarquable dans toutes ses parties. La nef et le clocher sont du plus pur roman ; les fenêtres de la nef sont étroites, percées en ligne droite comme des trous, à plein-cintre et imbriquées. Le clocher est lourd, carré et terminé par deux pignons. Sur ses quatre faces, il est percé d'un double rang d'ouvertures à plein-cintre; les premières, très-étroites, en forme de créneaux ; les secondes, très-larges, géminées et renfermées dans une seule ouverture à plein-cintre. Cette partie de l'église, qui composait autrefois l'édifice tout entier et formait une basilique romaine, a reçu divers accroissements en différents temps, et tous remarquables par leur architecture. D'abord le porche, entièrement voûté, est en style du xɪᵉ siècle au xɪɪᵉ ; le sanctuaire, composé de deux travées, remonte au xɪɪɪᵉ siècle ; enfin, la chapelle de la Sainte-Vierge est de la Renaissance. — A l'E. de la commune de Prouilly, se trouve un tertre, appelé la Butte, d'où l'on découvre toute la vallée de la Vesle, depuis Reims jusqu'à Fismes. Cette butte, qui a exercé la curiosité des savants, semble n'être enfin que les assises d'un château-fort qui aura été détruit dans les guerres des seigneurs ou dans les invasions étrangères. — *Ecarts :* le moulin de Cuissat, à 1,500 mètres; Nauroy, à 2,500 mètres.

Romain, à l'E.-N.-E. de Fismes, dominé au nord par un plateau de 197 mètres au-dessus du niveau de la mer, est arrosé par la Vesle et un petit ruisseau appelé le Guenot. Deux étangs y ont une contenance de 60 ares environ. — Superficie, 831 hectares 71 ares 57 centiares. — Succursale dédiée à saint Timothée et saint Apollinaire. — Perception de Jonchery-sur-Vesle. ✉ Fismes. — Ecole primaire mixte. — Vins rouges et blancs de moyenne qualité. — Huit carrières souterraines de pierres à bâtir. — Au XVIe siècle et au XVIIe, les Anglais parurent plusieurs fois à Romain, dont un des lieuxdits se nomme le *Champ-Anglais*. — *Ecarts :* le Grand-Hameau, dit le Romain, à 1 kil.; Huit-Voisin (parce qu'il n'y avait autrefois que huit maisons), à 5 hect.

Saint-Gilles, au S. de Fismes, au confluent de l'Ardre et de l'Orillon, son affluent. — Superficie, 637 hectares. — Succursale dédiée à saint Pierre. — Perception de Fismes. ✉ Fismes. — Ecole primaire mixte. — Filature de soie et coton occupant une trentaine de métiers. — Trois moulins faisant mouvoir quatre paires de meules; carrières de pierres à bâtir. — Une fontaine assez abondante est placée au milieu d'une pente très-rapide, dans un endroit où l'eau se rencontre rarement. — L'église de saint Gilles, d'après une charte de 1179, avait la dîme du Breuil et d'Unchair, et la pêche de l'Ardre jusqu'à son confluent avec la Vesle. — Saint-Gilles appartenait, dès 1381, aux archevêques de Reims. — *Ecarts :* le Moulinet, à 400 mètres; les Petites-Chezelles, à 1 kil.; la Buze, à 1 kil.; le Grand-Moulin, à 150 mètres; l'Œuillerie, filature, à 200 mètres.

Trigny, à l'E. de Fismes, bâti sur la pente d'une montagne qui le domine au N. et à l'O., est borné par la Vesle, qui passe à 3 kil. au S., et qui forme la limite entre son territoire et celui de Muizon. — Superficie, 1,183 hectares 59 ares 26 centiares. — Succursale dédiée à saint Théodule. — Perception d'Hermonville. ✉ Jonchery. — Ecoles primaires des deux sexes. — Exploitation de carrières de pierres à bâtir et à chaux; vin, bois de charpente et de chauffage. — Les moines de Saint-Thierry possédaient, près de Trigny, une villa, aujourd'hui détruite, appelée *Marselle*, que le roi Charles-le-Simple leur rendit en 922. — Il y avait, au XIIe siècle, dans la commune de Trigny, une vicomté dont l'archevêque de Reims régla les droits en 1143. — A environ deux kilomètres, un habitant de la commune, en défrichant son champ pour le planter en bois, trouva, en décembre 1821, un trésor enfoncé dans un vase de cuivre rouge de forme elliptique, bien travaillé, mais sans ornement, à couvercle bombé et contenant environ 18,000 pièces romaines d'un argent plus ou moins pur, dont les plus anciennes étaient de Septime-Sévère et les plus modernes de Gallien et de Constance. (Il y en a au cabinet de la Société d'Agriculture de Châlons). — *Ecarts :* une ferme, à 4 hectom.; une maison de campagne, lieudit le Vivier, à 6 hectom.; une habitation de vigneron, lieudit la Couture, à 3 hectom.; une ferme et une maison de culture, lieudit la Sablonnière, à 2 hectom.; une ferme, lieudit le Marais-de-Neuf-Ans, à 2 kil.

Unchair, à l'E.-S.-E. de Fismes, dans une vallée étroite, au pied d'une montagne rapide qui le couvre à l'O., est arrosé par un très-faible ruisseau. — Superficie, 363 hectares 92 ares 23 centiares. — Annexe de Hourges; église dédiée à saint Remi. — Perception de Jonchery-sur-Vesle. ✉ Fismes. — Ecole primaire mixte. — Vin rouge et blanc de qualité ordinaire (120 hectares environ); carrière de pierre à bâtir. — Il y avait autrefois sur la commune d'Unchair un château-fort dont les restes sont une ferme aujourd'hui. — *Ecarts :* deux, le premier, à 2 hectom.; le second, à 150 mètres.

Vandeuil, à l'E.-S.-E. de Fismes, sur la pente d'une montagne couverte de vignes, est arrosé en partie par la Vesle et un petit ruisseau, le rû de la Cressonnière, qui, prenant sa source dans la cave d'un vigneron de la commune, alimente le moulin de Vandeuil, et va se jeter dans la Vesle, au-dessous de Jonchery. Etang d'une étendue de 12 ares. — Superficie, 580 hectares. — Annexe et perception de Jonchery; église dédiée à saint Remi. ✉ Jonchery-sur-Vesle. — Ecole primaire mixte. — Vins rouges et blancs d'assez bonne qualité. — Carrière de pierre de taille. — Vandeuil possède un château ancien, dont le parc est assez beau.

Ce village n'est bien connu que depuis 1570. — Il se nommait alors *Irval* ou *Yrval*. Irval possédait une ancienne abbaye, changée en ferme depuis 1789 ; cette abbaye était de l'ordre de Prémontré. L'abbé d'Irval exerçait à Vandeuil divers droits en sa qualité de seigneur. — *Ecarts :* la Ville-aux-Bois, à 1,500 mètres ; le moulin d'Irval, à 1 kil. ; la ferme d'Irval, à 1 kil. ; Mexico, à 1,800 mètres ; la Rube, à 1,800 mètres.

Ventelay, au N.-E. de Fismes, au fond d'une vallée, sur le bord du ruisseau de Bouvancourt, qui traverse le territoire sur une longueur de 2,400 mètres et se jette dans la Vesle à Romain. Il est encore arrosé par les ruisseaux de Fêté et de Beaugilet, qui naissent sur le territoire de Ventelay et s'y perdent dans celui de Bouvancourt. — Superficie, 1,445 hectares 57 ares. — Succursale dédiée à saint Remi. — Perception d'Hermonville. ✉ Hermonville. — Ecole primaire mixte. — Vins rouges et blancs de qualité médiocre. — Pays de culture. — Ventelay a possédé une communauté de religieux depuis très-longtemps transférée à Laon, et dont l'église est celle de la commune, et un prieuré qui dépendait de Marmoutier et qui fut fondé, en 1094, par saint Martin. — *Ecarts :* la Plaine, à 300 mètres ; le hameau, à 500 mètres ; le Chêne, à 900 mètres ; Pussemène, à 1,000 mètres ; le Vertpignon, à 1,100 mètres ; le Buisson, à 300 mètres ; Bourgogne, à 1,500 mètres ; Longvoisin, à 2,000 mètres ; Logefontaine, à 1,800 mètres ; le Fêté, à 1,400 mètres ; Beaugilet, à 2,200 mètres.

9° CANTON DE VERZY.

12,403 habitants. — 21,218 hectares. — 21 communes.

Ce canton, dont la forme est très-irrégulière, partie en montagne et partie en plaine, est borné : au N., par le 1er et le 3e canton de Reims et par celui de Beine ; à l'E., par celui de Beine et celui de Suippes ; au S., par le canton d'Ay ; à l'O., par celui de Châtillon et celui de Ville-en-Tardenois.

Il est arrosé par la Vesle, sur une longueur d'environ 12 kilomètres, et par quelques ruisseaux, dont le plus remarquable est celui de Prosne.

Il présente un coup-d'œil magnifique, surtout à l'observateur placé au sommet de la montagne de Reims, et réunit l'utile à l'agréable. La montagne contient une grande quantité de substances minérales, telles que sables, pierres calcaires, roches, grès, argiles, cendres sulfureuses, fontaines minérales, etc.

Le sol est généralement crayeux, sablonneux et argileux. C'est une riche contrée où l'agriculture est florissante et dont les vignes produisent les meilleurs vins de toute la Champagne.

COMMUNES.	DISTANCE AU CHEF-LIEU				POPULATION
	de canton.	de l'arr.	du départ.	de Reims.	
	k.	k.	k.	k.	habitants
Verzy....................	»	17	29	17	1,030
Baconnes.................	15	26	23	62	220
Beaumont-sur-Vesle......	4	16	28	16	449
Chamery.................	17	13	40	13	529
Champfleury.............	14	9	89	7	301
Chigny...................	8	12	33	12	580
Courmelois...............	5 5	19	26	19	142
Les Petites-Loges.........	6	21	23	21	251
Ludes....................	7	13	31	13	974
Mailly....................	5 5	14	84	14	639
Montbré..................	12	8	37	8	217
Puisieulx.................	6 5	10	34	10	261
Rilly.....................	10	13	34	13	861
Sept-Saulx................	8	23	25	23	389
Sermiers..................	15	13	33	13	725
Sillery...................	7	12	32	12	469
Thuisy...................	6	17	27	17	233
Trépail...................	5 2	22	23	22	590
Verzenay.................	2	15	31	15	1,320
Ville-en-Selve............	7	17	29	17	272
Villers-Allerand...........	12	11	38	11	718
Villers-aux-Nœuds........	15	8	41	8	205
Villers-Marmery..........	3	20	25	20	816
Wez.....................	6	17	29	17	212

Verzy, au S.-S.-E. de Reims, chef-lieu de canton, situé dans un petit enfoncement de la montagne de Saint-Basle, présente presque la forme d'un entonnoir. — Superficie, 814 hectares. — Cure dédiée à Notre-Dame. — Chef-lieu de perception. — Bureaux de poste aux lettres, d'enregistrement et de bienfaisance. — Ecoles primaires des deux sexes. — Salle d'asile. — Vins renommés et très-recherchés. — Verzy est un pays surtout vinicole, et où la vigne reçoit chaque jour les soins les plus actifs et les plus intelligents, et couvre un espace de 282 hectares. — Les vignerons font usage de cendres sulfureuses comme engrais, et cet amendement donne à la vigne une végétation luxuriante dont les cultivateurs savent qu'il ne faut pas abuser. Ces cendres, qui se trouvent en abondance sur le territoire même, sont exploitées pendant l'hiver et déposées sur les vignes dans les premiers jours de mars, lors de la première culture donnée à celles-ci. — L'église de Verzy, bâtie en 1843, sur les plans et devis de M. Gosset, architecte de Reims, est d'ordre toscan et se compose d'une nef principale dont huit jolies colonnes et six beaux pilastres soutiennent la voûte, et de deux bas-côtés terminés par des chapelles, dont l'une, celle de Saint-Basle, renferme les reliques de ce saint. De belles verrières illustrent le sanctuaire.

Le bourg de Verzy, dont l'origine se perd dans la nuit des temps, dut son accroissement au monastère célèbre qu'y établit Suavegotte, fille de Sigismond, roi de Bourgogne, et seconde femme de Thierry, roi d'Austrasie. Sa fille Théodechilde agrandit ce monastère, qui comptait déjà près de trente ans d'existence, lorsque saint Basle, gentilhomme limousin, y arriva vers 575 et y fut reçu par l'abbé Diomer. Saint Basle, désirant se livrer à des pratiques de dévotion plus rigoureuses, se retira sur la montagne, où il mourut en 620. Saint Nivard, 25e archevêque de Reims, fit bâtir, en 664, au lieu où était inhumé le saint, un monastère qu'il mit sous la règle de saint Benoît. Les religieux de Verzy passèrent dans le même couvent, qui prit le nom du pieux anachorète.

Une congrégation de prêtres séculiers leur succéda en 717; mais les guerres qui désolèrent la France sous les maires du Palais ruinèrent leur maison et les forcèrent de porter à Reims la châsse du saint. — En 960, l'abbaye fut rendue aux Bénédictins, et ce fut là qu'en 991 ou 992 fut tenu le concile qui déposséda Arnoul de l'archevêché de Reims et le donna à Gerbert, qui prit le nom de Sylvestre Ier (1). — Edouard III, roi d'Angleterre, établit en

1359 son quartier-général dans ce monastère, lorsqu'il vint attaquer Reims pour s'y faire sacrer roi de France. — En 1644, l'abbaye fut réunie à la congrégation de Saint-Maur. — En 1652, elle fut brûlée par les soldats du duc de Lorraine, qui tenaient pour le prince de Condé. Les Bénédictins la réparèrent, l'embellirent et la mirent dans l'état où elle était encore à la Révolution. A cette époque, elle valait 16,000 fr. de revenu, et se composait d'un prieur et de huit religieux. — Les amateurs de curiosités naturelles doivent visiter, autour des ruines du monastère, les faux, ou hêtres de Saint-Basle. Ce sont des arbres très-anciens, au tronc bas, tortueux, et d'une conformation extraordinaire et bizarre. — *Ecarts :* Grand-Champ, maison et moulin, à 4 hectomètres ; Pierre-Monnaie, à 1,250 mètres.

Baconnes, à l'E. de Verzy, à l'extrémité du canton, est entouré de remparts bien conservés. — Superficie, 2,076 hectares. — Annexe de Prosnes (doyenné de Pontfaverger); église dédiée à saint Memmie. — Perception de Verzy. ⊠ Les Petites-Loges. — Ecole primaire mixte. — Tissage pour Reims (8 métiers). — Ce pays était autrefois plus important. On le regarde comme le *Basilia* de l'itinéraire d'Antonin, placé sur la voie de Reims à Verdun. Les remparts ont, terme moyen, de 10 à 12 mètres d'élévation. Selon les uns, ils ont été construits par les Romains pour se préparer une retraite, un moyen puissant de défense contre les attaques de l'ennemi ; selon d'autres, ce qui est peut-être plus rationnel, pour préserver le pays des inondations. — Baconnes avait pour seigneur le commandeur de Reims. — Une grande partie des dîmes était payée à l'abbaye de Saint-Pierre-les-Dames de Reims. — Baconnes a fourni une partie de son territoire pour l'établissement du camp de Châlons.

(1) Gerbert fut précepteur de Robert, fils de Hugues Capet.

Beaumont-sur-Vesle, au N.-N.-E. de Verzy, sur la rive gauche de la Vesle, qui traverse la commune dans toute sa longueur, du S.-E. au N.-O., passe au N. à une distance d'environ 300 mètres, formant dans tout son parcours des marais qui n'ont pas moins de 1,000 à 1,500 mètres de largeur. — Beaumont est aussi arrosé, de l'E. à l'O., par la petite rivière de Prosnes, qui rencontre la Vesle, dans laquelle elle entre, à 1,000 mètres au-dessous du moulin de Beaumont. Le canal de l'Aisne à la Marne baigne le territoire dans le même sens que la Vesle. — Superficie, 550 hectares, 7 ares 45 centiares. — Succursale dédiée à saint Memmie. — Perception de Mailly. — Bureau de poste aux lettres. — Ecole primaire mixte. — Moulin, brasseries. — De l'an iv à l'an ix de la République, Beaumont fut chef-lieu de canton et comprenait les dix communes : Les Petites-Loges, Sept-Saulx, Prosnes, Courmelois, Thuizy, Wez, Prunay, Nauroy, Nogent et Beine. Durant cette période, les mariages du canton se célébraient tous au chef-lieu, en assemblée décadaire, comme l'indiquent les registres du temps. Dès l'année 1086, l'abbé de Saint-Basle était seigneur de Beaumont, et il levait la dîme ; c'était lui qui présentait à la cure. En 1205, une donation de Jean, seigneur de Verzy, conféra aux religieux les droits de haute, basse et moyenne justice, et tous les autres droits seigneuriaux. En 1814, un camp de troupes étrangères, placé entre Beaumont et Sillery, fit éprouver à la commune et aux villages voisins des pertes considérables.

Chamery, à l'O.-N.-O. de Verzy, à l'extrémité du canton, dans une espèce de fer à cheval, au milieu d'un beau plateau de vignes, est arrosé par le Rouillat, qui prend sa source au sommet de la montagne, à l'entrée d'un petit bois, lieudit la Prairie, et se jette dans la Vesle. Il y a deux étangs, le premier, lieudit la Plaine, d'une étendue de 5 ares ; le second, au centre du village et appelé la Gloie, d'une étendue de 6 ares 25 centiares. — Superficie, 527 hectares 23 ares 20 centiares. — Succursale dédiée à saint Pierre et saint Paul. — Perception de Villers-Allerand. ✉ Reims. — Ecoles primaires des deux sexes. — Pays vignoble (145 hectares); carrières de pierre à bâtir. — L'église a une jolie flèche, qui s'élève à 25 mètres au-dessus de la tour ; elle est à huit pans, et le passage du carré à l'octogone est dissimulé par quatre clochetons qui chargent les angles de la tour, élevée de 30 mètres au-dessus du sol. La croix qui surmonte cette flèche a trois mètres de hauteur. Le tableau du maître-autel est l'œuvre d'un enfant de Chamery, M Perseval, qui vivait au siècle dernier et qui a fait aussi les autres tableaux des petits autels. Le tableau du maître-autel est une imitation de la magnifique toile du Guide, représentant le Mystère de la Trinité, toile qui se trouve dans l'église Saint-Jacques de Reims. Dans un ravin formé par les eaux qui descendent de la montagne, se trouvent des coquillages nombreux et variés, recherchés par les amateurs. — Chamery était autrefois divisé en deux parties, l'une du bailliage de Reims, l'autre de celui de Châtillon. Ses habitants dépendaient de cinq seigneurs auxquels ils payaient diverses redevances, savoir : de l'archevêque de Reims, des religieux de Saint-Remi, du chapitre de Reims, de M. de Villers-aux-Nœuds et du petit prévôt de la cathédrale. La cure de cette paroisse était à la nomination de l'abbé d'Epernay. D'après le cartulaire de l'abbé de Saint-Martin, le premier curé de Chamery fut nommé en 1419. A l'époque de 1789, Chamery fut chef-lieu de canton, et, en 1848, d'une section électorale. — *Ecarts :* le hameau de Lu, à 50 mètres ; le hameau de Desertres, à 40 mètres.

Champfleury, au N.-O. de Verzy, sur un sol aride et grèveux, arrosé par le petit ruisseau le Rouillat, dont la source est dans la montagne de Chamery. — Superficie, 384 hectares. — Succursale dédiée à saint Jean-Baptiste. — Perception de Villers-Allerand. ⊠ Reims. — Ecole primaire mixte. — Pierres siliceuses. — Champfleury avait pour seigneurs les religieux de Saint-Remi. — En 1651, les Espagnols ravagèrent ce pays, et les troupes étrangères, en 1814, y avaient établi un camp. — Il a été trouvé, en 1827, au pied de Monte-en-Peine, les fondations d'un bâtiment carré, des tuiles romaines et quelques médailles d'empereurs romains et des ducs de Bourgogne. — *Ecart :* le Petit-Champfleury (dit l'Auberge), à 3 hect.

Chigny-en-Montagne, à l'O.-N.-O. de Verzy, se présente, à quelque distance, sous le plus agréable aspect. — Superficie, 289 hectares 17 ares 45 centiares. — Succursale dédiée à saint Nicolas. — Perception de Villers-Allerand. ✉ Rilly. — Ecole primaire mixte. — Vins blancs propres au commerce (95 hectares). — Tuileries-briqueteries. — L'église est ornée de bons tableaux. — Les archevêques de Reims étaient seigneurs de Chigny dès le xiiie siècle ; ils nommaient à la cure, et recevaient, comme dîme, la 13e gerbe de blé et la 50e partie du vin récolté.

Courmelois, au N.-E. de Verzy, le plus petit village du canton, sur la rive gauche de la Vesle, qui l'arrose sur une étendue de 4 kil., ainsi qu'un petit ruisseau provenant des sources situées sur la commune, et qui se jette dans la Vesle, après un parcours de deux kil. Le canal de l'Aisne à la Marne y passe sur une longueur de six kil. — Superficie, 260 hectares 47 ares. — Annexe de Beaumont ; église dédiée à saint Maur. — Perception de Mailly. ✉ Beaumont. — Ecole primaire mixte. — Tissage de laine pour Reims (15 métiers). — L'abbé de Saint-Basle était seigneur de Courmelois. — Une des voies romaines est distante de deux kilomètres du village, sur lequel on a trouvé, lors des travaux du canal, des tombeaux, des pièces de monnaies anciennes et d'autres antiquités, dont plusieurs ont été envoyées au musée de Reims.

Les Petites-Loges, à l'E. de Verzy, entièrement bâti sur des tranchées taillées dans la craie, hautes d'environ 2^m et larges de 1^m 50^c à 1^m 60^c. D'espace en espace, dans ces galeries, se trouvent des chambres aussi taillées dans la craie, de forme ronde, ayant de 3 à 4^m de diamètre. Ces souterrains paraissent avoir servi de cachette et de refuge aux habitants de cette commune, au temps des guerres des comtes de Champagne, dont ils eurent beaucoup à souffrir. Le canal de l'Aisne à la Marne longe, au S., le territoire des Petites-Loges, sur une longueur d'environ 225^m. — Superficie, 484 hectares 26 ares 70 centiares. — Annexe de Sept-Saulx ; église dédiée à saint Pierre. — Perception de Verzy. — Bureau de poste aux lettres. — Ecole primaire mixte.

Lors du défrichement de la forêt qui séparait le Châlonnais du Rémois, des ouvriers bûcherons obtinrent l'autorisation de construire des Loges sur le chemin qui traversait la forêt du N. au S., et, habitées par de simples ouvriers et leurs familles, prirent peu à peu de l'extension, et formèrent un centre de population qu'on appela *Les Petites-Loges.* — Les habitants de ce pays, toujours en lutte contre les brigands qui habitaient ces bois, n'auraient pu conserver leurs chétives baraques, si le gouvernement n'avait pas établi à Sept-Saulx, dans une des tours du château-fort, une compagnie d'archers pour les protéger. — L'abbé de Saint-Basle était seigneur de cette commune, dès l'an 1086. — *Ecart:* le Mont-de-Billy, à 2,500 mètres.

Ludes, à l'O.-N.-O. de Verzy, est traversé par une grande rue tortueuse, qui conduit à l'église et à la place publique, où se trouvent une fontaine et un beau bassin en pierre qui reçoit l'eau et sert d'abreuvoir. — Il y a un étang d'une étendue de 80 ares. — Superficie, 1,140 hectares 50 ares 85 centiares. — Succursale dédiée à saint Jean-Baptiste. — Perception de Mailly. ⊠ Rilly. — Ecoles primaires des deux sexes. — Les vins sont de bonne qualité et recherchés pour le commerce (80 hectares environ); nombreuses briqueteries (22), et fours à chaux (16), qui font en même temps des briques, des tuiles et des pavés; 4 négociants en vins de Champagne. — Vers l'an 820, Louis-le-Débonnaire fit rendre à l'église de Reims des biens qu'elle possédait au village de Ludes, et qui lui avaient été enlevés. — En 1645, saint Vincent-de-Paul y prêcha, dit-on, une mission dont le résultat fut de faire achever l'église. — En 1652, Ludes fut brûlé par les soldats du duc de Lorraine, qui tenait pour le prince de Condé. — *Ecarts:* le Craon de Ludes, à 1,200 mètres (là sont les fabriques); la ferme de Montfournois, à 3 kil.; le moulin à vent *dit* la Liberté, à 3 kil.

Mailly, à l'O. de Verzy, sur le penchant et au pied de la montagne, possède sur son territoire plusieurs sources qui alimentent d'eau le village, au moyen d'un réservoir voûté en maçonnerie, qui contient 1,200 hectolitres, et construit sur le penchant de la montagne. — Ce bassin ou réservoir fournit l'eau à un grand nombre de conduits souterrains en fonte qui, par un robinet, la distribuent à tous les ménages. La construction de ces fontaines eut lieu en 1855; elle est due au zèle de M. Chandelot, adjoint, et à une souscription volontaire ouverte à cet effet. — Les travaux ont été exécutés par lui. — Superficie, 1,006 hectares 15 ares. — Succursale dédiée à saint Calixte. — Chef-lieu de perception. ✉ Verzy. — Ecoles primaires des deux sexes. — Vins blancs de Champagne, première qualité, connus sous le nom de Sillery (100 hectares). — Les habitants de Mailly possèdent, sur les territoires de Verzenay et de Sillery, environ 37 hectares de vignes supérieures, dont le vin se fait à Mailly, et provient du lieudit les Bruyères-de-Mailly. — Riches cendrières ou carrières de terres sulfureuses employées par les cultivateurs et les vignerons pour exciter la végétation des vignes et celle des prairies artificielles (2 moulins à vent.) — L'église de Mailly, située à l'extrémité S. du village, est peu remarquable.

En 659, Clotaire III donna à l'église de Reims plusieurs terres situées sur le territoire de Mailly. — Il a existé à l'extrémité S. un château féodal, à l'endroit où l'on a découvert, en 1858, des galeries souterraines *dites* Oubliettes. Cet endroit porte encore aujourd'hui le nom de Vendôme, du nom peut-être des seigneurs auxquels il aurait appartenu. Ces galeries souterraines, découvertes dans la propriété de M. Perrier, maire d'Epernay, sont au nombre de quatre, et se réunissent en un point circulaire d'environ deux mètres de diamètre, et quatre à cinq de profondeur. L'entrée de chaque galerie a un mètre de largeur et deux de hauteur; la plus longue a environ dix mètres; toutes, réunies, peuvent former une longueur de trente-cinq mètres. Dans l'une d'elles il y a un enfoncement humide creusé à environ quatre-vingts centimètres; on ignore quelle en fut la destination; ce fut peut-être un lieu de sépulture.

M. Michaudet, régisseur de M. Perrier, à Mailly, possède une collection de pièces de monnaies romaines et gauloises trouvées en faisant les tranchées, en 1855, pour les fontaines communales.

Le château de Romont, au N. de Mailly, est situé au milieu de la plaine, à une distance de 1,480 mètres du village, à l'extrémité S. du parc. Le parc, y compris les jardins, le château et les bâtiments d'une ferme, le tout, entouré de murs, présente une superficie totale de 17 hectares 11 ares. Dans ce parc, il y a trois pièces d'eau alimentées par une source qui commence dans le bois Renaud, sur le territoire de Verzenay, à l'E. de Mailly ; l'eau de cette source passe dans des conduits souterrains pour se rendre dans le premier bassin, près de la Ruine ; de ce premier bassin, l'eau se rend dans les deux autres. De la source au premier bassin, il y a environ deux kilomètres.

A l'extrémité S. du parc se trouve une partie des ruines de l'église d'Epernay, rapportées et reconstruites aux frais de M. Moët père, qui alors était propriétaire du château, 1829. Ce domaine, dont quelques dépendances sont sur Puisieulx et Sillery, appartient aujourd'hui à M. Chandon de Romont. Avant la Révolution il appartenait aux moines de Novi. M. Moët y fit construire, en 1822, un beau corps de ferme. En 1829, il fit démolir l'ancienne maison, pour la remplacer par le château qui existe aujourd'hui et qui est un des plus beaux du département. Il est construit sur une éminence, et est composé d'un rez-de-chaussée avec un premier. On y compte en tout 87 ouvertures. La façade du nord présente deux pavillons formant avant-corps et un péristyle avec six colonnes d'ordre toscan. Sur le faîte et au milieu du corps de bâtiment, se trouve un belvédère carré d'où l'on a une vue très-étendue. — *Ecart :* château de Romont, au N., à 1,480 mètres.

Montbré, au N.-O. de Verzy, dans un petit fond en forme d'entonnoir entouré de petits monts, excepté vers le N. — Superficie, 308 hectares 39 ares 50 centiares. — Succursale dédiée à saint Remi. — Perception de Villers-Allerand. ✉ Reims. — Ecole primaire mixte. — L'église possède un joli rétable. — En 1589, Montbré fut, ainsi que les villages voisins, occupé par le capitaine Cardallac, partisan de Henri IV, qui voulait enlever Reims aux Ligueurs, et n'y put parvenir. — En 1657, Montal, gouverneur de Rocroy, brûla Montbré. — L'invasion de 1814 fut fatale aussi à cette commune. — *Ecart :* le moulin de Montbré, à 1,200 mètres.

Puisieulx, au N.-N.-O. de Verzy, à 1 kil. de la Vesle, qui traverse le territoire. — Au haut du pays se trouve une source qui s'élève à un mètre du sol, et fournit une eau excellente. — Le canal de l'Aisne à la Marne passe au-dessus de la Vesle, sur un parcours d'un kil. — Superficie, 972 hectares 58 ares. — Annexe de Sillery ; église dédiée à saint Pierre. — Perception de Mailly. ✉ Reims. — Ecole primaire mixte. — Pays de culture. — Ce village eut pour seigneur, en 1607, le comte de Puisieulx, messire François Bruslart, aumônier ordinaire de Henri IV, abbé de Notre-Dame de la Malleroy. — En 1855, lors de la réparation de l'église, on a retrouvé derrière l'autel, dans le mur du chœur, recouvert par un lambris, le blason de la maison de Puisieulx. Ces armes de la famille Bruslart sont très-bien conservées, et se trouvent maintenant au presbytère de Sillery. — Un incendie, allumé en 1814 par les Russes, campés à 50 mètres de Puisieulx, détruisit ce village. — *Ecarts :* Coureaux, à 1 kil. (moulin à eau) ; Alger ou la Pompelle, auberge, à 1,600 mètres.

Rilly-la-Montagne, au N.-O. de Verzy, au pied de la montagne et resserré entre deux coteaux couverts de vignes excellentes. Rilly n'a ni rivière, ni ruisseau, mais des sources assez abondantes pour alimenter tout le village desservi par trois fontaines publiques et un bassin de distribution pour les concessions établies depuis cinq ans dans chaque maison. — Superficie, 885 hectares. — Succursale dédiée à saint Nicolas. — Perception de Villers-Allerand. — Bureau de poste aux lettres. — Ecoles primaires des deux sexes. — Vins très-recherchés pour leur finesse et leur vinosité (180 hectares) ; deux moulins à vent ; carrières de pierre meulière ; sablonnière importante ; tuilerie ; briqueterie et four à chaux. — Station du chemin de fer d'Epernay à Reims. — Tunnel *dit* de Rilly, traversant un contre-fort crayeux élevé à plus de 200^m au-dessus du niveau de la mer, et ayant 3,450^m de longueur. La forêt renferme le cerf, le loup, le renard, le sanglier et le chevreuil.

La sablonnière de Rilly expédie journellement des wagons chargés de son beau sable blanc pour les verreries de Baccarat, Cirey, Porcieux, Saint-Louis, etc. On trouve, dans ce banc de sable, une espèce de cristallisation très-curieuse, et, parmi les substances hétérogènes qui le recouvrent, de nombreux fossiles dont on pourrait faire, en les assortissant, une très-belle collection. On utilise les terres qui recouvrent ce sable en les transformant en chaux hydraulique ; c'est même avec cette chaux qu'a été construit le souterrain. — Les pierres meulières de Rilly ont été employées dans la construction du chemin de fer de la commune, du Pont-Neuf de Châlons-sur-Marne, et du pont de Dizy. — Rilly, avant la Révolution, avait trois seigneurs : M. Poivre de Villers-aux-Nœuds, pour une petite portion, Mesdames de France et l'abbaye de Saint-Remi, qui en avait la vicomté. — Rilly fut chef-lieu de canton, de 1792 à 1800. — *Ecarts :* la station du chemin de fer, à 400 mètres ; le moulin des Wardes, à 100 mètres ; le moulin des Moutions, à 800 mètres.

Sept-Saulx, à l'O. de Verzy, dans une sorte d'île, sur la rive droite de la Vesle, qui y a un parcours de 6 kil. 1/2, est aussi arrosé par le canal de l'Aisne à la Marne, sur une étendue de 7 kil., et a un étang de 10 hectares 21 ares. — Superficie, 1,826 hectares. — Succursale dédiée à saint Basle. — Perception de Verzy. ✉ Les Petites-Loges. — Ecole primaire mixte. — Pays agricole. Fabrique de flanelle pour Reims (32 tisseurs) ; moulin à eau. — L'église, de construction gothique et bâtie au XIIIe siècle, est placée au rang des monuments historiques du département. — Sept-Saulx était une des cinq châtellenies dépendant de l'archevêque de Reims. Il avait été donné à saint Basle, vers l'an 600, par le comte Attila. L'archevêque de Reims, Henri Ier de France y fit bâtir, en 1170, une forteresse dans laquelle se retira, en 1359, l'archevêque Jean de Craon, qui n'avait pu favoriser, comme il le désirait, Edouard III, roi d'Angleterre. En 1429, Charles VII s'y arrêta avec Jeanne d'Arc, en allant se faire sacrer à Reims. Le duc de Lorraine brûla le village en 1652. — *Ecart :* une partie du Mont-de-Billy, à 3 kilomètres.

Sermiers, à l'O. de Verzy, au pied de la montagne. — Des sources minérales et des sources d'eau vive enrichissent ce pays, entouré de vignes, de prairies, de bosquets et de jardins. — Superficie, 1,823 hectares. — Succursale dédiée à saint Simon. — Perception de Villers-Allerand. ✉ Rilly. — Bureau de bienfaisance. — Ecoles primaires des deux sexes. — Vins estimés. — Sermiers était important autrefois. — L'archevêque de Reims, le Chapitre, le seigneur de Cosson et la Sainte-Chapelle de Paris y percevaient des droits seigneuriaux. — Il y avait, dans les environs, un château, celui de Cosson, habité par l'amiral de Coligny, et dans lequel Charles Cauchon de Maupas, chef des conseillers du duc de Lorraine, reçut Henri IV. La princesse de Nassau l'habita aussi, en 1770. — *Ecarts :* le Cosson, ferme ; les hameaux de Montaneuf, Saint-Martin, le Petit-Fleury, qui avait autrefois un monastère, Courtomont et Nogent, qui avait autrefois une église.

Sillery, au N. de Verzy, sur la rive gauche de la Vesle, et arrosé par la petite rivière de Beaumont, est une commune parcourue, sur une longueur de cinq kil., par le canal de l'Aisne à la Marne. — Superficie, 921 hectares 24 ares 20 centiares. — Succursale dédiée à saint Remi. — Perception de Mailly. — Bureau de poste aux lettres. — Ecole primaire mixte. — Vins blancs très-estimés et réputés les meilleurs de Champagne. Ils sont connus de tous les gourmets, à cause de leur délicatesse (70 hectares environ); deux carrières de craie ; moulin à eau, à deux tournures et trois paires de meules ; articles de Reims, en mérinos et nouveautés, en façon. — Sillery a une église petite, mais propre et belle. On y voit une belle copie de la Sainte Famille, d'après Raphaël. Le tableau de saint Remi, qui se trouve à gauche du maître-autel, est très-estimé ; celui de droite, représentant saint Eloi, n'est pas sans mérite. A côté de la chaire à prêcher, est un sépulcre offrant Jésus au tombeau, Marie sa mère et Marie-Madeleine ; ce morceau est d'une seule pièce.

Sillery est d'une origine très-ancienne, puisqu'on trouve ce village, au vi siècle, dans le temps des guerres civiles, entouré de fossés de huit mètres de largeur. Sa terre, érigée en marquisat, en 1613, a donné son nom à une illustre maison originaire de l'Artois. Le pays de Sillery se trouvait dans une extrême misère, lorsque saint Vincent de Paul vint y prêcher une mission en 1643. Il souffrit beaucoup en 1656 et en 1657, alors que Montal, commandant un corps d'Espagnols, s'en empara. Le marquis de Senneterre, trop faible pour arrêter les Espagnols, se contenta, en 1649, de les observer, s'approcha de Reims et vint occuper les portes de Sillery et de Beaumont. En 1652, le duc de Lorraine, amenant du secours au prince de Condé, fit camper son armée, le 14 mai, à Sillery. En 1673, Louis XIV s'y arrêta et y reçut les autorités de Reims.

La commune de Sillery était anciennement régie par la coutume de Reims, et Montalien, ou le Petit-Sillery, par la coutume de Vitry. — L'Impératrice Marie-Louise, lors de son entrée en France, en mars 1810, vint déjeûner au château de Sillery, qui, par les soins du comte de Valence, avait été mis dans un état d'embellissement fort remarquable. En 1814, l'Empereur Napoléon Ier, accompagné du prince de la Moscowa, mangea une volaille froide et coucha une nuit dans la maison de M. Ruinart,

C'est au Petit-Sillery, à 740 mètres de la commune, qu'était le château seigneurial.

Parmi les seigneurs illustres auxquels Sillery a appartenu, on cite entr'autres Nicolas Bruslart de Sillery, magistrat, qui fut chargé par Henri IV de plusieurs missions importantes. Ambassadeur en Suisse, plénipotentiaire à Vervins, en 1598, il obtint du Saint-Siége la déclaration de nullité de mariage de Henri IV avec Marguerite, et fit conclure un second mariage avec Marie de Médicis; devint chancelier de France, en 1607, perdit son crédit après la mort de Henri IV, et se retira dans ses terres de Sillery, où il mourut en 1624, à quatre-vingts ans. —. Son fils, P. Bruslart, marquis de Puisieulx, fut aussi chargé de plusieurs missions et partagea sa disgrâce.

Un de ses descendants, Alexis Bruslart, connu d'abord sous le nom de comte de Genlis, puis marquis de Sillery, fut capitaine des gardes du duc d'Orléans, et député à la Convention. Il fut condamné à mort, en 1793, comme complice de la faction d'Orléans. Il avait épousé la célèbre Mme de Genlis (Stéphanie-Félicité Ducrest de Saint-Aubin), qui fut chargée de l'éducation de Mme Adélaïde et de ses trois fils : Louis-Philippe, duc d'Orléans, depuis roi de France, sous le nom de Louis-Philippe Ier ; le duc de Montpensier et le comte de Beaujolais. — Mme de Genlis décrit, dans ses ouvrages remarquables, les plaisirs que l'on goûtait à Sillery, plaisirs qu'elle partagea, et où elle mourut en 1830. — *Ecarts:* le Petit-Sillery, à 740 mètres ; Belle-Vue, à 700 mètres ; l'Etang, à 1,220 mètres ; le Puits, à 3 kil.; la Glacière, à 1,020 mètres.

Thuizy, au N.-E. de Verzy, sur la rive droite de la Vesle, qui sépare le territoire de celui de Courmelois, est encore baigné par le ruisseau de Prosne. — Superficie, 1,456 hectares 13 ares. — Chapelle de secours. — Annexe de Wez ; église dédiée à Notre-Dame. — Perception de Mailly. ✉ Beaumont-sur-Vesle. — Ecole primaire mixte. — Pays de culture. — L'abbé de Saint-Basle acquit la seigneurie de Thuizy, en 1199. — L'archevêque de Reims l'acheta en 1257. Cette terre fut érigée en marquisat, en 1680. Le seigneur avait un château fortifié, qui fut détruit par les troupes de Louis XI. — *Ecart :* Maison, à 2 kilomètres.

Trépail, au S. de Verzy, dans un fond, est entouré par la montagne et arrosé par un ruisseau. — Superficie, 669 hectares 72 ares 15 centiares. — Succursale dédiée à saint Martin. — Perception de Verzy. ✉ Verzy. — Bureau de bienfaisance. — Ecoles primaires des deux sexes. — Vins estimés ; carrière de pierre tendre, appelée *Burge*, et de pierre meulière, sur la montagne ; moulin à eau. — La seigneurie de Trépail appartenait au chapitre de Châlons. On remarque, sur le territoire de cette commune, un souterrain dont l'ouverture est au pied de la montagne, et dont on ne connaît pas l'étendue. C'est dans ce souterrain que coule le ruisseau. Plusieurs excursions ont été faites déjà, mais avec beaucoup de difficultés. Tantôt la voûte touche presque le sol, tantôt on a au-dessus de soi une voûte immense. Une grande étendue d'eau retenue par des éboulements empêche d'aller plus loin, et cette étendue d'eau forme un lac dont on n'a pu encore connaître la profondeur. — Le général Jean-Louis-Nicolas *Abbé*, baron de l'Empire, commandeur de la Légion-d'Honneur, ancien commandant de la garde nationale de Châlons-sur-Marne, est né à Trépail, l'an 1764, et mort à Châlons en 1834. Son nom figure sur l'Arc-de-Triomphe de l'Etoile, à Paris.

Verzenay, au N.-O. de Verzy, contre la montagne, entre deux coteaux qui se terminent, vers le N., par la plaine. — Cette commune est entourée de vignes, excepté au S.-E. — La Vesle touche l'extrémité N. de son territoire, sur une étendue de 7 à 800 mètres, et le sépare de celui de Prunay. — Le canal de l'Aisne à la Marne le traverse au N., parallèlement à la Vesle. Il y a deux ponts et une écluse. — Verzenay a deux cours d'eau : le Cordron, sur le versant de la plaine, et le Corbet, dans le bois de M. le duc de Montebello ; le premier donne 120 hectolitres par jour ; le deuxième en donne 225. Cinquante mille francs ont été dépensés par la commune, en 1854, pour amener cette eau et la distribuer aux habitants. — Superficie, 1,062 hectares. — Succursale dédiée à saint Pierre-ès-Liens. — Perception de Verzy. ⊠ Verzy. — Bureau de bienfaisance. — Ecoles primaires des deux sexes. — Salle d'asile. — Vins de très-bonne qualité, et recherchés par le commerce. — L'industrie viticole (250 hectares), à Verzenay, est arrivée à un grand degré de perfection. — Tuilerie confectionnant des tuiles, des pavés et de la chaux ; carrières de pierres siliceuses propres à bâtir ; carrières de sable et de terres noire et sulfureuse pour amender les vignes (1).

L'église de Verzenay a été construite de 1786 à 1789. C'est l'une des plus remarquables du canton. Sa forme a de la ressemblance avec les temples de l'ancienne Grèce. Quatorze colonnes d'ordre toscan supportent le plafond cintré de la nef, et six autres, celui

(1) Les carrières de sable de Verzenay sont au nombre de deux. La première, sur le versant de la montagne, n'est pas d'un accès facile, aussi M. Hedin, ancien maître de poste à Sillery, a-t-il établi un chemin de fer pour en descendre les produits. Cette carrière se compose : 1° d'une couche supérieure d'argile grise ou blanche, et de sable de petite qualité, qu'on est obligé de déblayer, sur une épaisseur de trois à cinq mètres ; 2° d'un banc de terre noire sulfureuse dont l'épaisseur varie de six à huit mètres ; 3° d'un banc de sable de quatre mètres ; 4° d'un second banc de terre sulfureuse, qui varie de quatre à cinq mètres d'épaisseur. Au-dessous on trouve un banc de burge, et, enfin, un fond de craie. La deuxième carrière, située aux Vigneux, dans les bois qui appartiennent à M. Delion, successeur de M. le duc de Montebello, contient aussi des sables et de la terre.

L'usage des terres noires sulfurées, dans les vignes, ne date que de 1790. C'est Claude Duchâtel-Quenardel, vigneron et laboureur, qui fit alors le premier usage des cendres de Verzenay. Pour terrer un hectare de vignes, on emploie de 400 à 450 mètres de sable et de terre noire, qui peuvent durer dix ans, indépendamment de fumiers ordinaires tous les cinq ou six ans.

du sanctuaire. Une corniche architrave, posée sur les colonnes, règne dans tout le pourtour de l'édifice. Deux chapelles restaurées sont jolies, et font un bel effet. Le maître-autel possède le beau tabernacle qui provient de l'église abbatiale de Saint-Basle. Quatorze grandes fenêtres, sur les côtés latéraux, et une autre ronde au-dessus du grand portail, donnent à l'église une belle clarté. Le sanctuaire seul, qui n'en a qu'une demi-circulaire, n'est pas suffisamment éclairé. Le chœur a coûté 24,000 livres au chapitre métropolitain de Reims, et les habitants ont dépensé 36,000 livres pour le reste. Près de la chapelle de la Vierge, se trouve placée, dans le mur, une petite statue (Notre-Dame des Sept-Douleurs), en grande vénération dans les environs. Cinq tableaux seulement ornent l'église. Le clocher se compose d'une tour quadrangulaire, et se termine par une flèche octogonale. L'église de Verzenay était autrefois annexe de Mailly, Ce n'est qu'en 1694 qu'elle fut érigée en cure, dont la nomination appartenait au chanoine tournaire de Reims.

En 1298, sous Philippe-le-Bel, Verzenay passa en hommage à l'archevêché de Reims, dont l'un des derniers décimateurs fut l'abbé Jean Godinot. Indépendamment du chapitre métropolitain, Verzenay avait pour seigneurs la famille des Cauchon, les marquis de Puisieulx et de Sillery. Ces derniers ont conservé ce titre jusqu'à la Révolution de 1789. — Le marquis de Puisieulx avait un bailly à Verzenay, pour y rendre justice. Les habitants lui payaient le vingtième denier, pour droits de ventes et lots, et la vingtième pièce de vin, pour droits de pacage dans les bois et le pressurage de leurs vins, qui avait lieu au pressoir banal, construit dans les vignes, à une petite distance du village. Ce bâtiment, qui n'existe plus, est indiqué sur la carte de Cassini.

A la Révolution, les biens seigneuriaux furent vendus, partie en gros, partie en détail. Le général Valence, gendre de M. Bruslart de Sillery, dernier seigneur de Verzenay en conserva ou en acquit une grande partie, notamment les bois de Verzenay ; ces derniers ont été possédés ensuite par M. le duc de Montebello, qui les a vendus en 1858 (1). — *Ecarts :* la ferme de l'Espérance, à 2,800

---

(1) M. le duc Lannes de Montebello, fils aîné du maréchal, est actuelle-

mètres ; moulin à vent, à 500 mètres, à l'O., sur le Mont-Bœuf ; moulin à vent, à 250 mètres, à l'E., sur le Mont-Rizan.

Ville-en-Selve, au S.O. de Verzy, à l'extrémité d'un beau vallon couronné de bois, et formant un amphithéâtre, a un aspect très-pittoresque. Le territoire est traversé, de l'O. à l'E., par un petit ruisseau, qui prend sa source dans les bois et se jette dans la Livre. Deux fontaines dont les eaux viennent du pied de la côte boisée servent à l'usage des habitants. — Superficie, 884 hectares 38 ares 70 centiares. — Succursale dédiée à saint Remi. — Perception de Mailly. ⊠ Rilly. — Ecole primaire mixte. — Carrières de pierre à bâtir ; commerce de bois. — Sur la place publique s'élève un orme magnifique qui rappelle une visite faite aux habitants, en 1785, par les Dames de France, tantes et sœurs du roi Louis XVI, lorsqu'elles habitaient leur château de Louvois. — Il est fait mention de Ville-en-Selve, dans la vie de saint Remi. La terre a longtemps appartenu à l'abbaye de Saint-Remi. Elle fut acquise, au XVIIe siècle, par la veuve du marquis de Louvois, ministre de Louis XIV, et, après elle, Mesdames de France en ont été propriétaires. Avant 1793, la cure dépendait du doyenné d'Epernay, et la nomination appartenait à l'archevêque de Reims.

Villers-Allerand, à l'O.-N.-O. de Verzy, sur le chemin de la forêt. — Superficie 1,229 hectares. — Succursale dédiée à sainte Agathe. — Chef-lieu de perception ⊠ Rilly. — Ecoles primaires des deux sexes — Vins rouges et blancs de bonne qualité (77 hectares). Cinq tuileries; briqueteries, à Montchenot, occupant trente ouvriers. — L'église est remarquable. Elle date de la première moitié du XIVe siècle ; son style est le style ogival à lancettes; elle est entièrement terminée, ce qui n'existe dans presque aucune église de village construite à la même époque. — L'archevêque de Reims était seigneur de Villers-Allerand, et y entretenait une dou-

ment, 1862, ambassadeur de France en Russie : son frère, M. le comte Lannes de Montebello, général de division, aide-de-camp de l'Empereur, a été chargé, en juin 1862, du commandement de la division de Rome, en remplacement de M. le général de Goyon.

zaine de moines chargés de desservir les paroisses voisines. — *Ecart :* Montchenot, à 1 kilomètre.

Villers-aux-Nœuds, au N.-O. de Verzy, dans une petite vallée, entre deux collines, est arrosé par le Rouillat, qui traverse le territoire et le village dans toute sa longueur, du S. au N.—Superficie, 644 hectares 84 ares 30 centiares. — Annexe de Champfleury ; église dédiée à saint Théodule. — Perception de Villers-Allerand. ✉ Reims. — Ecole primaire mixte. — Pays de culture ; pierres siliceuses. — L'habitation, qui servait autrefois de maison seigneuriale, est aujourd'hui convertie en corps de ferme, et le domaine, contenant 120 hectares environ, est affermé. — *Ecart :* le moulin à vent, à 420 mètres.

Villers-Marmery, au S.-E. de Verzy, sur une belle colline, couverte de vignes parfaitement travaillées, entre le chemin de Reims à Châlons et la montagne. — Superficie, 1,075 hectares 24 ares 35 centiares. — Succursale dédiée à saint Remi. — Perception de Verzy. ✉ Verzy. — Bureau de bienfaisance. — Ecoles primaires des deux sexes. — Vins estimés et recherchés (195 hectares). — Carrières sur la montagne ; on se sert d'un chemin de fer pour sortir les pierres de la forêt. — Le maître-autel et les deux chapelles latérales de l'église sont en marbre rouge veiné, et proviennent, ainsi que le Christ qui est fort beau, des débris de l'église Saint-Michel de Reims. — Il existe, à Villers-Marmery, comme à Verzy, mais en moins grande quantité, une sorte de hêtre ou faux, qui présente les plus singulières anomalies de végétation, et des formes on ne peut plus bizarres. Ce hêtre croît au milieu d'autres, d'une conformation tout-à-fait différente ; il est extraordinaire et excite la curiosité des amateurs de beautés naturelles. Son tronc, au lieu de s'élever verticalement, se replie en tous sens ; Ses branches nombreuses, qui se tournent de tous côtés, en se greffant plusieurs fois par approche entre elles, forment l'agglomération de branches la plus singulière. Il en est qui, au moment des feuilles, ne laissent point passer le moindre rayon solaire, tant ils couvrent bien l'espace qu'ils tiennent depuis la terre jusqu'au sommet. — Villers-Marmery avait pour seigneur l'abbé du couvent de Saint-Basle de Verzy, auquel la forêt appartenait, et qui fit rebâtir le chœur de l'église en 1789. De toutes les dîmes qui se percevaient sur le territoire, il en appartenait les trois-quarts à l'abbé et un quart au curé du lieu. Afin de s'assurer plus certainement la dîme du vin, l'abbé de Saint-Basle avait fait construire cinq pressoirs sous un vaste hangar qui existe encore. — En 1814, les Russes, venant de Reims, ravagèrent le village et massacrèrent une partie des valeureux habitants qui s'étaient armés pour le défendre. — *Ecarts* : moulin à vent, à 1 kil.; La Brunette, à 2,500 mètres.

Wez, au N.-E. de Verzy, sur la rive droite de la Vesle, et arrosé aussi par le ruisseau de Prosnes. — Superficie, 1,482 hectares 73 ares 60 centiares. — Succursale dédiée à Notre-Dame. — Perception de Mailly. ⊠ Beaumont-sur-Vesle. — Ecole primaire mixte. — Douze métiers à tisser. Les ceps de vigne, sans soin et sans culture sous les nombreux arbres des vergers, produisent du vin, environ 200 hectolitres, bonne année. — L'archevêque et les religieux de Saint-Basle étaient seigneurs de Wez dès 1274. — *Ecarts :* la Marquise, ferme, à 4 kil. environ ; les Marzelles, ferme, à 4 kil. environ.

10° CANTON DE VILLE-EN-TARDENOIS.

10.549 habitants. — 22,252 hectares. — 40 communes.

Ce canton, d'une forme assez régulière, est borné : au N., par le canton de Fismes ; à l'E., par celui de Verzy et les cantons de Reims ; au S., par le canton de Châtillon ; à l'O., par le département de l'Aisne.

Il est arrosé par la Vesle, par l'Ardre, réunion de plusieurs cours d'eau, et qui reçoit, à droite et à gauche, en parcourant le canton, plusieurs ruisseaux plus ou moins importants.

Le sol est très-varié, et dans ses quarante communes, vingt-cinq sont très-bonnes, ayant, soit des vignes, soit des prés ou des bois sur un fond argileux ou limoneux ; les autres sont passables, quoique le sol y soit montueux et assez pierreux en beaucoup d'endroits.

Ce canton n'a pas d'importance sous le rapport industriel ; il est presque exclusivement agricole et vignoble. La fertile vallée de Noron y est comprise tout entière et présente un grand nombre de villages, d'un aspect agréable.

COMMUNES	DISTANCE AU CHEF-LIEU				POPULATION
	de canton.	de l'arr.	du dép.	de Reims.	
	k.	k.	k.	k.	
Ville-en-Tardenois........	»	21	51	21	500
Aougny................	6	26	61	26	185
Aubilly................	6	16	52	16	78
Bligny.................	6	15	48	15	120
Bouilly................	8	13	47	13	150
Bouleuse..............	6 5	16	58	16	148
Branscourt.............	12	17	60	17	272
Brouillet...............	7	23	60	23	134
Châlons-sur-Vesle.......	17	10	53	10	123
Chambrecy.............	1 5	20	53	20	154
Chaumuzy.............	5 5	18	49	18	783
Coulommes............	12	11	48	11	230
Courcelles-lez-Rosnay...	10	14	57	14	130
Courmas...............	9	13	44	13	234
Ecueil.................	13	10	41	10	292
Faverolles.............	7	19	56	19	367
Germigny..............	10	13	51	13	154
Gueux.................	10	9	52	9	659
Janvry................	10	12	51	12	214
Jouy..................	12	9	45	9	166
Lagery................	6	24	57	24	420
L'Héry................	5 1	23	58	23	148
Les Mesneux...........	15	8	44	8	253
Marfaux...............	7 5	20	45	20	221
Mery-Prémecy.........	7	14	52	14	133
Muizon................	14	11	55	11	278
Pargny................	12	9	46	9	218
Poilly.................	4 5	17	53	17	189
Romilly...............	2 5	24	59	24	288
Rosnay................	10	13	56	13	341
Sacy..................	13	10	43	10	400
Sainte-Euphraize et Clairizet...	9	14	48	14	247
Sapicourt..............	11	15	59	15	81
Sarcy.................	4	17	51	17	302
Savigny-sur-Ardres.....	8	20	56	20	392
Serzy et Prin..........	9	21	58	21	475
Tramery...............	6	18	54	18	227
Treslon...............	7	16	54	16	185
Villedommange........	12	11	44	11	394
Vrigny................	11	10	49	10	264

Ville-en-Tardenois, au S.-O. de Reims, chef-lieu de canton, dans une vallée étroite dont la direction est de l'E. à l'O., ne répond pas, par son importance, à son titre de chef-lieu de canton. Un petit ruisseau, qui prend sa source sur le territoire, traverse le pays de l'E. à l'O. et va se jeter dans le Noron, à 4 kil. de la commune. — Superficie, 1,100 hectares. — Cure dédiée à saint Laurent. — Chef-lieu de perception. — Poste aux lettres. — Bureaux d'enregistrement, de bienfaisance. — Ecole primaire mixte. — *Ecart :* la ferme d'Aulnay, à 1,250 mètres.

Aougny, à l'O. de Ville-en-Tardenois, sur un sol ingrat et sec, est arrosé par deux ruisseaux ; l'un d'eux est formé dans la commune par trois fontaines ; le second prend sa source sur le territoire. — Superficie, 731 hectares 70 ares 22 centiares. — Succursale dédiée à saint Remi. — Perception de Ville-en-Tardenois. ✉ Ville-en-Tardenois. — Ecole primaire mixte. — Tuilerie où l'on fait aussi des tuyaux de drainage. — *Ecarts :* le Plessier, à 1 kil.; Rosoy, à 2 kil. (ferme et château à M. Guyotin, de Reims).

Aubilly, au N.-E. de Ville-en-Tardenois, a son territoire séparé de celui de Prémery par le Noron, ruisseau qui coule à 500 mètres du village. — Superficie, 310 hectares 31 ares 93 centiares. —Succursale dédiée à sainte Geneviève. —Perception de Villedommange. ✉ Ville-en-Tardenois. — Ecole primaire mixte. — *Ecart :* Toisy, moulin, à 900 mètres, sur le Noron.

Bligny, à l'E.-N.-E. de Ville-en-Tardenois, peu éloigné de la rive droite de l'Ardre ou Noron. — Superficie, 295 hectares. — Annexe d'Aubilly ; église dédiée à saint Pierre. — Perception de Ville-en-Tardenois. ✉ Ville-en-Tardenois. — Ecole primaire mixte.

Bouilly, à l'E.-N.-E. de Ville-en-Tardenois, arrosé par le Noron. — Superficie, 454 hectares. — Succursale dédiée à saint Remi. — Perception de Ville-en-Tardenois. ✉ Ville-en-Tardenois. — Ecole primaire mixte. — Trois briqueteries, four à chaux ;

pierres de taille et meulière ; cendrières sulfureuses, au hameau d'Onrezy. — *Ecarts :* Onrezy, à 1 kil.; le château de Comtreuil, à 4 hectom. Il y a, dans le parc, un étang d'un hectare.

Bouleuze, au N.-N.-E. de Ville-en-Tardenois, est arrosé par la petite rivière d'Ardre. — Superficie, 406 hectares. — Annexe de Treslon; toute petite église dédiée à saint Clément. — Perception de Rosnay. ✉ Ville-en-Tardenois. — Ecole primaire mixte. — Vin assez bon (13 hectares). — *Ecart :* Lavanture, petit moulin à eau, à 1 kil.

Branscourt, au N.-E. de Ville-en-Tardenois, à l'extrémité du canton, dans une gorge, est arrosé par un ruisseau formé des sources du village et qui se rend dans la Vesle. — Superficie, 369 hectares. — Succursale dédiée à saint Remi. ✉ Jonchery-sur-Vesle. — Ecole primaire mixte. — Carrières de pierre de taille et de moëllons. — Petit vin rouge (21 hectares); fruits et légumes. — Un titre de 1172 prouve que l'abbaye de Saint-Pierre-aux-Monts de Châlons, levait une partie des dîmes de Branscourt. — En 1315, la congrégation de l'église Notre-Dame de Reims y percevait aussi quelques redevances.

Brouillet, au N.-N.-O. de Ville-en-Tardenois, dans une vallée peu étendue, baignée par le ruisseau ou rivière du moulin de Brouillet, dite de Noë. Le Brouillet est formé de deux sources, l'une venant de Chezy et l'autre de Lagery, se confondant ensemble sur les confins de ces deux communes, et va se jeter dans l'Ardre à Crugny. — Superficie, 446 hectares 49 ares. — Annexe de Lagery ; église dédiée à Notre-Dame. — Perception de Ville-en-Tardenois. ✉ Fismes. — Ecole primaire mixte. — Petit vin (26 hectares environ); moulin à eau.

Châlons-sur-Vesle, au N.-N.-E. de Ville-en-Tardenois, à un kil. de la Vesle, sur un plateau sablonneux. Les terres sont arrosées par un ruisseau que forment les sources du Chenay, et qui se jette dans la Vesle. — Superficie, 432 hectares 35 ares. — Annexe de Trigny (doyenné de Fismes). — Perception de Rosnay.

✉ Jonchéry-sur-Vesle. — Ecole primaire mixte. — Moulin sur la Vesle. — L'église renferme un Christ remarquable. — L'église de Saint-Thierry était seigneur de Châlons-sur-Vesle. — *Ecart :* le moulin de Compensé, à trois tournants et monté à l'anglaise, à 1 kil.

Chambrecy, à l'E. de Ville-en-Tardenois, petit village dans un vallon, n'a qu'une fontaine couverte, construite il y a quatre ans environ. — Superficie, 599 hectares 22 ares 31 centiares. — Annexe et perception de Ville-en-Tardenois ; église dédiée à saint Julien. ✉ Ville-en-Tardenois. — Ecole primaire mixte. — Vin clairet. — *Ecarts :* le moulin d'Hoyat, à 1 kil.; celui de Chambrecy, à 200 mètres.

Chaumuzy, à l'E.-S.-E. de Ville-en-Tardenois, dans une belle et fertile vallée que domine un long coteau de vignes. La prairie est fertilisée par la rivière d'Ardre, dont les sinuosités y forment de charmants points de vue. — Superficie, 1,993 hectares 90 ares 65 centiares. — Succursale dédiée à saint Cantien. — Perception de Ville-en-Tardenois. ✉ Ville-en-Tardenois. — Ecoles primaires des deux sexes. — Deux moulins sur l'Ardre. — Suivant la tradition, saint Remi aimait à visiter Chaumuzy, où il avait des propriétés. Un jour qu'il avait une soif ardente, il s'arrêta près d'une fontaine dont la source jaillissait à peine. A sa vue, disent les habitants, la source augmenta miraculeusement. On planta, dans cet endroit, une croix qui n'existe plus, depuis neuf ans seulement. La fontaine fut couverte et est restée intacte jusqu'à ce jour. — *Ecarts :* les hameaux de Nappes, à 2 kil.; des Haies, à 2 kil. 500 mètres ; de Cohedon, à 4 kil.

Coulommes, à l'E.-N.-E. de Ville-en-Tardenois, dans la pente d'une colline qui le ceint au N. et à l'O., est arrosé par le ruisseau du Ban-Renault, ainsi nommé du lieu où il prend sa source. Après un parcours d'environ 2 kil., ce ruisseau se perd dans la plaine. Il y a aussi un canal ou étang, celui qui baigne le parc du château de Bellaucours ; sa longueur est d'environ 120 mètres et sa largeur de 20. — Superficie, 269 hectares 54 ares 22 centiares. — Succursale dédiée à saint Remi. — Perception de Villedommange. ✉ Reims. — Ecoles primaires des deux sexes. — Vin rouge léger et estimé (45 hectares), surtout celui du Montmoine et des Chouillys. — Carrières de pierres à bâtir. — Nombreuses cendrières que l'on n'exploite plus depuis 14 ans environ, à cause du peu de bénéfices ; on a trouvé, dans ces cendrières, beaucoup de coquilles marines, des morceaux de bois fossiles et des ossements, que l'on a portés et qui sont conservés au musée de la ville de Reims. — Moulin à eau sur le ruisseau. — Château, bâti en 1650 par André Coquebert, président en l'élection de Reims ; il a été rebâti en 1844 en blocailles, et les ouvertures en pierre de taille ; il appartient à M. le baron de Dion de Ricquebourg.

La commune de Coulommes, qui, autrefois, portait le nom de Coulommes-en-la-Montagne, ressortissait au bailliage de Vermandois et était du siége royal et présidial de Reims. Elle avait pour seigneurs les religieux de saint Remi de Reims, auxquels elle payait pour dîme la 13e gerbe et trois pots de vin par pièce ; mais elle était dispensée de tout droit de lots et ventes. C'est probablement pour cette raison que les religieux de Saint-Remi se décidèrent à céder au chapitre métropolitain de Reims une grande portion de leur terre, ce qui a rétréci considérablement le territoire, qui, avant cette cession, s'étendait jusqu'au versant de la montagne de Sainte-Euphraise, et jusqu'au ruisseau de Pargny. Ces contrées portent encore le nom de fonds de Coulommes, rû de Coulommes, etc. — *Ecart :* le moulin Dannequin, à 500 mètres.

Courcelles-lez-Rosnay, au N. de Ville-en-Tardenois, est situé au pied d'un côteau boisé, planté d'arbres fruitiers et tapissé de vignes, qui couronne la rive gauche de la vallée de la Vesle, rivière éloignée de 3 kil. environ. Il n'y a dans la commune qu'un ruisseau formé par la réunion de cinq ou six sources qui sortent du coteau, et qui jette ses eaux dans la Vesle. — Superficie, 104 hectares 38 ares 27 centiares. — Perception de Rosnay. ✉ Jonchery-sur-Vesle. — Courcelles, sans église, a été réunie à Rosnay pour le culte et l'enseignement. — Carrières de pierres à bâtir et à chaux. — Le prieuré de Saint-Bernard de Reims, réuni en 1624, à l'abbaye des Minimes d'Epernay, était propriétaire de cette commune.

Courmas, à l'E. de Ville-en-Tardenois, est arrosé par le Noron ou Ardre, qui prend sa source à peu de distance, sur le territoire de Marfaux. — Superficie, 286 hectares 63 ares 48 centiares. — Annexe de Bouilly ; église dédiée à saint Remi. — Perception de Villedommange. ⊠ Ville-en-Tardenois. — Ecole primaire mixte. — Vins rouge et blanc (27 hectares); fruits. — Il y a une ancienne maison, peut-être château, propriété actuelle de M. de Brimont, qui l'a convertie en ferme.

Ecueil, à l'E. de Ville-en-Tardenois, au pied de la montagne, dans une espèce d'enfoncement. — Superficie, 685 hectares 78 ares 10 centiares. — Annexe de Sacy ; église dédiée à saint Crépin. — Perception de Villedommange. ⊠ Reims. — Ecole primaire mixte. — Vins rouge et blanc (65 hectares environ); pierres à bâtir et à chaux. — Ecueil dépendait autrefois des archevêques de Reims ; car Dom Marlot dit, qu'en 1547, le cardinal de Lorraine dota de la terre d'Ecueil une académie de quatre facultés qu'il venait de fonder dans sa métropole. Il y a eu un château nommé Belloy, qui a été détruit à la Révolution, et dont les restes forment une ferme qui est l'écart de la commune.

Faverolles, au N. de Ville-en-Tardenois, au pied d'un coteau exposé au S., au milieu de la vallée du Noron, sur la rive droite de la petite rivière de ce nom, qui traverse le territoire, a un aspect fort agréable. — Superficie, 548 hectares. — Succursale dédiée à saint Hippolyte. — Perception de Rosnay. ⊠ Jonchery-sur-Vesle. — Bureau de bienfaisance. — Ecole primaire mixte. — Assez bons vins rouge et blanc (45 hectares); carrières de pierres à bâtir et à chaux. — Bois. — Le village de Faverolles est cité dans un titre de 1277, comme tributaire des chapelains de la congrégation de Notre-Dame de Reims. — *Ecarts :* Cohemy, à 1,400 mètres ; la Cence-Flancourt, à 500 mètres ; le moulin, à 500 mètres ; la Tuilerie, à 700 mètres.

Germigny, au N.-N.-E. de Ville-en-Tardenois, au bas de la montagne, du sommet de laquelle on a une vue magnifique sur toute la vallée de la Vesle et toute la plaine qui entoure Reims.— Superficie, 238 hectares 56 ares 56 centiares. — Annexe de Janvry ; église dédiée à Notre-Dame. — Perception de Rosnay. ✉ Jonchery-sur-Vesle. — Ecole primaire mixte. — Vins rouge et blanc (30 hectares). — Autrefois, la plus grande partie des terres de Germigny appartenait aux congrégations religieuses : les Carmes, le Val-de-Grâce, Saint-Remi. — *Ecarts :* deux sans importance; le premier, sur la montagne, à 1,500 mètres ; l'autre, à 1,500 mètres, au bas de la montagne de Rosnay.

Gueux, au N.-E. de Ville-en-Tardenois, au bas de la montagne de Reims. — Superficie, 860 hectares 51 ares 9 centiares.— Succursale dédiée à saint Timothée. — Perception de Rosnay. ✉ Reims. — Bureau de bienfaisance. — Ecoles primaires des deux sexes. — Vins rouge et blanc (41 hectares environ); carrières de pierres à bâtir et à chaux. — Briqueterie importante, avec trois fours à chaux, au hameau de la Hauvette ou Hovette, au N. de la commune. On y fabrique des tuyaux pour le drainage. — Gueux possède un château avec tourelles et créneaux, entouré de larges fossés toujours remplis d'eau, que l'on traverse sur plusieurs ponts-levis. Ce château appartient aujourd'hui à M. Eugène Rœderer, négociant à Reims. Les rois de France descendaient dans ce château, quand ils venaient se faire sacrer à Reims. Le seigneur entretenait un logement royal pour cette circonstance, et son fils aîné était page-né du roi. M. Eugène Rœderer possède une charte latine fort curieuse, datée de l'an 1212, et concernant la seigneurie de Gueux. Ce titre a été trouvé parmi les anciens titres en parchemin dont M. de Failly, dernier seigneur de Gueux, était propriétaire. — Gueux a été chef-lieu de canton, de 1792 à 1802. — *Ecart :* la Hovette ou Hauvette, à 200 mètres.

Janvry, au N.-E. de Ville-en-Tardenois, au pied d'un mont élevé de 215 mètres au-dessus du niveau de la mer, entre la vallée du Noron et la route de Reims. — Superficie, 194 hectares. — Succursale dédiée à saint Remi. — Perception de Rosnay. ✉ Jonchery-sur-Vesle. — Ecole primaire mixte.

Jouy-lez-Reims, à l'E.-N.-E. de Ville-en-Tardenois, au pied de la montagne de Reims. Cette commune ne possède que deux gués, qui reçoivent les eaux d'une fontaine ; l'un a 3 ares d'étendue, et l'autre 2 ares. — Superficie, 179 hectares. — Annexe et perception de Villedommange ; église dédiée à Notre-Dame. ⊠ Reims. — Ecole primaire mixte. — Vins rouge et blanc de commerce (45 hectares); briqueterie, tuilerie, four à chaux; carrières de pierres calcaires. — *Ecarts :* quatre maisons, à 1 kil. environ.

Lagery, au N.-N.-O. de Ville-en-Tardenois, au pied d'un mont. Deux ruisseaux prennent naissance sur le territoire, l'arrosent en partie et se réunissent ensuite à l'une de ses extrémités, pour faire tourner deux moulins. — Superficie, 932 hectares 63 ares 25 centiares. — Succursale dédiée à saint Martin. — Perception de Ville-en-Tardenois. ⊠ Ville-en-Tardenois. — Ecole primaire mixte. — Carrières de pierres à bâtir et de pierre à chaux ; deux fours à chaux fournissent d'excellents produits. — Lagery se glorifie d'avoir donné naissance à Urbain II (Eudes ou Odon). Ce pape avait été nommé évêque d'Ostie par Grégoire VII, qui, en mourant, le désigna comme un des trois hommes dignes de lui succéder. Il fut effectivement élu, en 1088, après la mort de Victor III, en concurrence avec l'anti-pape Guibert, qui dut quitter Rome, lutta avec vigueur contre les prétentions de l'empereur et détermina, par ses démarches et par sa parole, la première croisade, au concile de Clermont, 1095. Il mourut en 1099 ; Pascal II lui succéda. — *Ecarts :* le Bois-d'Ormont, à 4 kil.; le Wualin, à 2 kil.; Saint-Antoine, à 1,500 mètres ; les moulins à 1 kil.

L'Héry, au N.-O. de Ville-en-Tardenois, dans la pente d'un mont isolé, près d'un ruisseau affluent de l'Ardre ou Noron. — Superficie, 607 hectares 89 ares 18 centiares. — Annexe de Lagery ; église dédiée à saint Nicolas. — Perception de Ville-en-Tardenois. ⊠ Ville-en-Tardenois. — Ecole primaire mixte. — Belle propriété, appartenant à M. Coutelet et pouvant servir de ferme-modèle. — L'Héry a pour écart les ruines d'un château seigneurial dont le propriétaire, messire Louis-François-Claude de

Cauchon, était chevalier, seigneur, marquis et vicomte de L'Héry, de Faverolles, de Treslon, de Prin et d'autres communes environnantes.

Les Mesneux, à l'E.-N.-E. de Ville-en-Tardenois, dans une plaine, au pied de la montagne *dite* de Saint-Lié, au S.-O. de Reims. — Superficie, 413 hectares 8 ares 99 centiares. — Succursale dédiée à saint Remi. — Perception de Villedommange. ✉ Reims. — Bureau de bienfaisance. — Ecole primaire mixte. — *Ecarts :* un moulin à vent, à 1 kil.; une maison, à même distance.

Marfaux, au S.-E. de Ville-en-Tardenois, dans une vallée de la petite rivière le Noron, qui prend sa source sur son territoire et l'arrose, entre deux montagnes couronnées de bois. — Superficie, 675 hectares. — Annexe de Pourcy (doyenné de Châtillon-sur-Marne); église dédiée à saint André. — Perception de Ville-en-Tardenois. ✉ Ville-en-Tardenois. — Ecole primaire mixte. — *Ecarts :* Bullin, à 1 kil.; Cuitron, à 800 mètres; les Trois-Maisons, à 200 mètres.

Méry-Prémecy, au N.-E. de Ville-en-Tardenois, petite commune qu'arrose le Noron. Il y a un étang d'un hectare. — Superficie, 250 hectares. — Annexe d'Aubilly ; églises dédiées à Notre-Dame et à sainte Geneviève. — Perception de Villedommange. ✉ Ville-en-Tardenois. — Ecole primaire mixte. — *Ecarts :* la ferme de Méry, à 500 mètres; le moulin de Tourtay, à 500 mètres.

Muizon, au N.-N.-E. de Ville-en-Tardenois, sur une colline, entre la grande route de Reims et la rivière de Vesle, qui traverse le pays. — Superficie, 263 hectares. — Succursale dédiée à saint Symphorien. — Perception de Rosnay. ✉ Jonchery-sur-Vesle. — Ecole primaire mixte. — Station du chemin de fer de Reims à Paris, par Soissons. — Tourbe. — Distillerie d'eau-de-vie de betteraves. — *Ecarts :* les Petites et les Grandes-Vautes, Belle-Vue, la Tuilerie, la Lignière-Courmont, Chemin-des-Morts, éloignés de 3 à 4 hectom.

Pargny, au N.-E. de Ville-en-Tardenois, situé dans la montagne de Reims, est arrosé par un petit ruisseau appelé le rû de Coulommes, parce qu'avant la Révolution il appartenait au territoire de Coulommes. Il y a encore la fontaine du Trou-des-Renards et celle du Bois-des-Charmes, dont les sources sont peu abondantes. — Superficie, 352 hectares. — Succursale dédiée à saint Martin. — Perception de Villedommange. ✉ Reims. — Bureau de bienfaisance. — Ecole primaire mixte. — Bon vin rouge et vin blanc (58 hectares); carrières de pierre à bâtir et à chaux. — Deux cendrières; deux briqueteries; deux fours à chaux; Glaisière, d'où l'on tire de la glaise pour dégraisser la laine. — Pargny se trouve cité dans un titre de 1326, à propos des droits que devaient quelques habitants aux chapelains de la congrégation de Notre-Dame de Reims. Le titre principal est daté de 1256. — *Ecarts :* un hameau, à 5 hectom. environ; une maison, à 6 hectom. du côté de Coulommes; trois habitations, à 3 hectom., du côté de Sainte-Euphraise, et une du même côté, à 2 kil.

Poilly, au N. de Ville-en-Tardenois, petite commune arrosée par la rivière d'Ardres. — Superficie, 217 hectares 60 ares. — Annexe de Sarcy; église dédiée à saint Just. — Perception de Ville-en-Tardenois. ✉ Ville-en-Tardenois. — Ecole primaire mixte. — *Ecart :* Peuzennes, à 500 mètres.

Romigny, au S.-E. de Ville-en-Tardenois, dans un site élevé, possède quelques sources qui vont se jeter d'un côté dans la rivière d'Ardre, de l'autre à la Marne. — Superficie, 1,129 hectares 79 ares 29 centiares. — Succursale dédiée à saint Médard. — Perception de Ville-en-Tardenois. ✉ Ville-en-Tardenois. — Ecole primaire mixte. — La seigneurie de ce village appartenait au prieuré de Belval, qui avait droit de présentation à la cure. — *Ecart :* Baleuvre, ferme, à 1 kil.

Rosnay, au N.-N.-E. de Ville-en-Tardenois, situé au pied d'un coteau boisé et tapissé de vignes, qui couronne la vallée de Vesle. Il est arrosé par un ruisseau peu important, qui prend sa source dans la colline, au-dessus du village, et se perd à peu de distance; il forme quelques pièces d'eau pour l'ornement de la propriété du château. — Superficie, 553 hectares 97 ares 33 centiares. — Succursale dédiée à Notre-Dame. — Chef-lieu de perception. ⊠ Jonchery-sur-Vesle. — Ecoles primaires des deux sexes. — Source minérale froide ; cendres sulfureuses ; carrières de pierre de taille et de pierre à chaux. — Les vins rouges et les vins blancs de Rosnay sont assez estimés (32 hectares environ). — L'église est du xive siècle ; sans être bien remarquable, elle possède un sanctuaire assez rare et un beau chœur. — Le château, situé au milieu du village, a été achevé en 1846 ; il est bâti dans le style moderne et oriental et surmonté de nombreuses tourelles. Le nom de Rosnay figure dans un titre de 1246, constatant que les chapelains de la congrégation de Notre-Dame de Reims y levaient diverses redevances. Rosnay est la patrie de Barbier-Dumetz, savant ingénieur à qui l'artillerie doit les plus grands progrès qu'elle ait faits dans les temps modernes. — *Ecart :* ferme dépendant du château, sur le plateau qui couronne la colline, au-dessus du pays, à 1 kil.

Sacy, au N.-N.-E. de Ville-en-Tardenois, au bas de la montagne, est arrosé par deux ruisseaux qui le traversent et un autre dont les eaux se perdent sur le territoire d'Ecueil. Ils ont leur source sur la commune. Il y a une autre source dont l'eau vient se rendre à la fontaine publique. Cette eau passe dans des conduits souterrains. L'eau de cette fontaine est très-renommée ; on en conduit chaque semaine à Reims. Il y a un étang, dont la moitié est sur Villedommange et moitié sur Sacy; cette dernière moitié est de 11 ares 73 centiares. — Superficie, 540 hectares 99 ares. — Succursale dédiée à saint Remi. — Perception de Villedommange. ⊠ Reims. — Ecole primaire mixte. — Vin rouge et vin blanc estimés; c'est l'objet du plus grand commerce du pays. — L'église de Sacy est un édifice remarquable ; c'est une croix latine dont le sommet se trouve tronqué, à cause de la diversité des styles qui la distinguent. Ainsi, le transept est du roman pur ; la tour massive repose sur quatre énormes pilastres et supporte une flèche hexagone sans clochetons. Les contours extérieurs des trois chapelles sont crénelés ; quant à l'intérieur du transept, il présente une espèce de coupole écrasée. La nef est de trois époques ; à sa naissance, elle date du commencement de l'ogive ; ce sont des arceaux et des piliers sans ornementation ; ensuite vient une continuation d'ogives et de colonnes tant soit peu ornementées ; enfin, une addition de l'époque de la renaissance. Les nefs latérales sont en plein-cintre. Le portail conserve quelques restes de moulures et ciselures assez intéressants. Mais ce qu'il y a de plus curieux dans l'édifice, c'est une balustrade d'orgue dont les panneaux représentent parfaitement le style flamboyant dans toute sa beauté ; le buffet de l'orgue est aussi du même style, avec l'escalier tournant. La balustrade porte la date de 1614. — Les habitants de Sacy citent avec une espèce d'orgueil Jean-Ponce *Henon*, professeur de rhétorique à Reims, avant la Révolution, traducteur de l'*Art poétique* de Boileau en vers latins estimés, et auteur d'un assez grand nombre de pièces latines assez remarquables par leur élégance ; né à Sacy, il y mourut en 1814. Et aussi J.-B. *Parseval*, dit l'organiste, calligraphe distingué, né dans la même commune, où il mourut en 1795. C'est lui qui écrivit le livre renfermant les prières qui furent récitées au sacre de Louis XVI, livre qui figure aux archives de la ville de Reims. Il a de plus écrit le discours ou sermon que M. de La Roche-Aimon a prononcé devant Louis XVI, à Reims, pour la même cérémonie, etc., etc.

Saint-Euphraise & Clairizet, au N.-E. de Ville-en-Tardenois, à l'origine de la vallée du Noron, à mi-côte d'une colline couverte de vignes et d'arbres fruitiers d'un fort bon rapport, sont arrosés par l'Ardre ou Noron et par divers ruisseaux. — Superficie, 320 hectares. — Succursale dédiée à saint Sylvestre. — Perception de Villedommange. ✉ Ville-en-Tardenois. — Ecole primaire mixte. — Vin blanc et vin rouge ; pierre à bâtir. — *Ecarts :* la ferme de Villers, à 1 kil.; le moulin de Sainte-Euphraise, à 500 mètres ; le moulin de Clairizet, à 600 mètres; le hameau de Clairizet, à 150 mètres.

Sapicourt, au N. de Ville-en-Tardenois, sur le versant de la montagne de Reims. — Superficie, 276 hectares. — Annexe de Branscourt. — Perception de Rosnay. ✉ Jonchery-sur-Vesle. —

Commune réunie à celle de Branscourt pour l'instruction primaire. — Ce village est cité dans un titre de 1315, comme appartenant en partie aux chapelains de la congrégation de Notre-Dame de Reims. — Carrières de pierre de taille et de moëllons. — *Ecarts :* l'étang des Mortes-Eaux, petite ferme, à 1 kil.

Sarcy, au N. de Ville-en-Tardenois, dans un vallon. Il est arrosé par l'Ardre ou Noron, qui coule à environ 300 mètres du pays, vers le N.-O.; par la rivière *dite* de Ville-en-Tardenois, augmentée du ruisseau de Breuille. Ces deux ruisseaux traversent le village, se dirigeant du S. au N., et le divisent en deux parties preque égales, quant à l'étendue du terrain, puis vont à 300 mètres plus loin rejoindre le Noron, au lieu dit le Pont-à-Bertin ; c'est cette réunion qui constitue l'Ardre proprement dit. — Superficie, 691 hectares 86 ares 51 centiares. — Succursale dédiée à saint Just. — Perception de Ville-en-Tardenois. ⊠ Ville-en-Tardenois. — Ecole primaire mixte. — Vin d'assez bonne qualité (29 hectares); quatre moulins. — Dès 1366, ce village payait des droits aux chapelains de la congrégation de Notre-Dame de Reims.

Savigny-sur-Ardre, au N. de Ville-en-Tardenois, dans la vallée du Noron, est dominé au N. par un coteau qui produit d'assez bons vins, et au S. par la montagne de Prin. Il est traversé par la rivière d'Ardre et par un petit ruisseau qui prend sa source au fond d'un petit vallon à l'entrée duquel se trouve Savigny. — Superficie, 879 hectares 45 ares 76 centiares. — Succursale dédiée à saint Martin. — Perception de Rosnay. ⊠ Jonchery-sur-Vesle. — Ecoles primaires des deux sexes. — Le vin de Savigny passe pour le meilleur de la vallée du Noron (50 hectares de vignes); moulins. — *Ecarts :* la ferme de Montazin, à 2,300 mètres, ancienne abbaye dont la chapelle sert de cuisine; le moulin de la Vallée, à 2 kil. (1).

(1) Il y a dans les environs du village de Savigny de jolis points de vue et des échos remarquables qui répètent jusqu'à trois fois la détonnation d'un fusil. Si, en allant de Savigny à Faverolles, village qui se trouve à une distance d'un kilomètre et demi, on fait l'ascension d'un mamelon

Serzy & Prin, au N.-N.-O. de Ville-en-Tardenois, sur le penchant d'une colline, au N. Il est arrosé par la rivière d'Ardre, qui le divise en deux parties, et par les ruisseaux de Barizet et de la Gorge, qui ont leur source et leur embouchure sur le territoire. — Superficie, 736 hectares. — Annexe de Savigny ; église dédiée à Notre-Dame. — Perception de Rosnay. ✉ Jonchery-sur-Vesle. — Ecoles primaires des deux sexes. — Vin rouge et vin blanc (73 hectares environ); pierres à bâtir et à chaux. — Serzy a un château, avec un parc entouré de murs et d'une étendue d'environ 3 hectares. — Prin, qui est à 2 kil. de Serzy, est embelli par un ancien château entouré d'avenues magnifiques qui coupent le bois en tous sens. Un étang très-poissonneux dépend de cette belle propriété. — *Ecarts :* Maupas, à 500 mètres ; la Mardaille, à 350 mètres.

Tramery, au N. de Ville-en-Tardenois, occupe à peu près le centre de la vallée du Noron, sur un terrain assez plat, à gauche de la rivière d'Ardre qui arrose son territoire de l'E. à l'O.,

désigné sous le nom de la Garenne, on découvre presque toute la vallée de l'Ardre, qui présente l'aspect d'un beau panorama. Du mamelon de la Garenne, on voit l'ancienne abbaye de Montazin et les coteaux de vigne où l'on récolte le vin de Savigny, qui passe pour le meilleur de la vallée de l'Ardre; puis une gorge arrosée par un petit ruisseau; des bouquets de bois d'une belle végétation, des terres et des marais qui se prêteraient facilement à la culture des légumes que les habitants de Savigny pourraient aller vendre à Reims. Au couchant, les villages de Savigny, de Serzy, de Crugny, la ferme du bois de Perthes, puis les montagnes couronnées de bouquets de bois qui séparent la vallée de l'Ardre d'un petit vallon où se trouvent les villages de Brouillet, Lagery et Romigny, ceux de Faverolles, Tramery, Poilly, Sarcy et Chaumuzy; et les bois de Chaumuzy, Nanteuil-la-Fosse, Courtagnon et Saint-Imoges, qui couvrent les montagnes séparant la vallée de l'Ardre de la vallée de la Marne. Si, voulant jouir d'un point de vue plus étendu, on monte au-dessus de la ferme de Montazin, on découvre la ville de Reims et toute la plaine, la vallée de la Vesle, les villages de Romain, Jonchery, Prouilly, Branscourt, Muizon, le château de Breuil et toute la vallée de l'Ardre; de ce même point de vue, et par un temps clair, on peut encore voir la ville de Laon et sa cathédrale, et aussi la ville de Soissons.

et présente un aspect agréable. — Superficie, 356 hectares 17 ares. Succursale dédiée à saint Jean-Baptiste. — Perception de Ville-en-Tardenois. ✉ Ville-en-Tardenois. — Ecoles primaires des deux sexes. — Tuilerie-briqueterie; cendres sulfureuses, très-chargées de sel; carrières de pierres à bâtir et à chaux. — Les chapelains de la congrégation de Notre-Dame de Reims étaient, en 1354, propriétaires de Tramery. — *Ecarts :* la ferme des Malades, à 2,250 mètres; le Retour ou la Folie-Doucet, à 2,100 mètres; la Tuilerie, à 500 mètres.

Treslon, au N. de Ville-en-Tardenois, à peu près au centre de la vallée du Noron, est arrosé par un très-petit ruisseau ayant sa source dans les marais de la commune, et son embouchure dans l'Ardre, à l'E. de Faverolles. — Surperficie, 270 hectares 54 ares 86 centiares. — Succursale dédiée à saint Didier. — Perception de Rosnay. ✉ Jonchery-sur-Vesle. — Ecole primaire mixte. — Vin blanc (25 hectares). — Treslon a été, dit-on, beaucoup plus étendu. Il se trouve cité dans un titre de 1277, comme tributaire des chapelains de la congrégation de Notre-Dame de Reims. — Il y avait autrefois un château-fort, occupé successivement par le marquis de Cauchon et de Sommières, et en dernier lieu, par les comtes de Flavigny. La tour du château était tellement élevée, dit-on, qu'on découvrait du sommet la ville de Reims. Il n'en existe plus aujourd'hui que quelques vestiges qui font voir cependant quelle devait être l'importance de cette forteresse, entourée, dans son origine, de larges fossés. Sa fondation remonte probablement à l'époque de la féodalité.

Villedommange, au N.-E. de Ville-en-Tardenois, sur le penchant de la colline de Reims, et formant un fer à cheval dont les deux extrémités regardent cette cité, n'est arrosé par aucun ruisseau; quelques sources de bonne eau sortent de la montagne et rafraîchissent les vignes. — Superficie, 340 hectares 3 ares. — Succursale dédiée à saint Lié. — Chef-lieu de perception. ✉ Reims. — Bureau de bienfaisance. — Ecole primaire mixte. — Vins d'une qualité supérieure (100 hectares environ). — L'église, placée au centre de la commune, dont elle fait le plus bel ornement, est remarquable et a été construite par partie dans des temps différents. C'est un des plus beaux édifices de la montagne de Reims. — La chapelle Saint-Lié, située sur la montagne, est digne d'attention et le but d'un pélerinage qui, le lundi de Pâques, attire environ douze-cents étrangers d'un cercle de 32 à 40 kil. Cette chapelle faisait partie d'une grande église, dont elle est un précieux débris. — L'église, fondée vers le viie siècle, fut rebâtie au commencement du xie, et, dédiée au patron des cultivateurs et des bergers, elle est devenue, sous le rapport de l'art, un des plus intéressants monuments religieux du département; la belle structure de ses chapelles, appartenant à l'ère de l'époque ogivale, ces mâles et austères arceaux d'architecture romane, et enfin, les productions de la dernière phase du style gothique en font un important sujet d'études variées. Cette chapelle a été réparée en 1852. — Du haut de la montagne de Saint-Lié, l'observateur jouit du plus magnifique spectacle qu'on puisse imaginer : son œil découvre près de quarante riches communes, dont la plupart sont les plus fins vignobles de la Champagne, et au milieu desquelles s'élève majestueusement la ville de Reims.

Dès l'an 830, Villedommange était un village considérable ; c'était une ferme ou métairie faisant partie des domaines de Louis Ier le Débonnaire, qui en fit don à l'abbaye de Charroux, en Poitou. Villedommange eut fort à souffrir de l'invasion d'Edouard III, roi d'Angleterre, en 1359, et des dévastations exercées en Champagne par les Espagnols, en 1651. — Le 22 août 1823, on a trouvé sur la montagne de cette commune, entre le moulin *dit* de la Tour et la fontaine de Saint-Lié, et à quelques mètres de cette dernière, cinq pièces d'or enveloppées dans une feuille de plomb. Ces pièces de monnaie sont des règnes de Charles VI, roi de France, et Henri V, roi d'Angleterre. — *Ecarts :* quatre maisons sur le sommet de la montagne.

Vrigny, au N.-E. de Ville-en-Tardenois, à peu de distance d'une montagne nommée le Mont-Sur, est arrosé par trois petits ruisseaux, dont deux y ont leur source et le troisième y a son embouchure. — Superficie, 450 hectares 50 ares 76 centiares. — Annexe de Coulommes; église ancienne dédiée à saint Vincent. — Perception de Villedommange. ⊠ Reims. — Ecole primaire mixte. — Vin rouge et vin blanc (51 hectares environ); carrière de pierre à bâtir; cendres sulfureuses. — Château remarquable. — D'après une tradition qui paraît très-certaine, cette commune était beaucoup plus importante autrefois; elle avait droit de franchise aux entrées de la ville de Reims. — Un titre de 1524 la désigne comme tributaire des chapelains de la congrégation de Notre-Dame de Reims.

ARRONDISSEMENT DE SAINTE-MENEHOULD

Cet arrondissement occupe la partie N.-E. du département, et est le plus petit des cinq dont il est composé.

Il est formé d'une partie des provinces autrefois connues sous le nom de *Vallage*, *Champagne* proprement dite, *Clermontois*, *Dormois* et *Argonne*.

L'Argonne était, en grande partie, comme elle l'est encore, couverte de bois. Les forêts de cette partie de la Champagne et de la Lorraine se prolongeaient jusqu'à celle des Ardennes (1).

Les bornes de l'arrondissement de Sainte-Menehould sont : au *Nord*, le département des Ardennes ; à l'*Est*, celui de la Meuse ; au *sud*, l'arrondissement de Vitry-le-François ; à l'*ouest*, les arrondissements de Châlons et de Reims.

---

(1) *Argonne*, partie de la Champagne et de la Lorraine, occupait 75 kil. de long, depuis Sedan (Ardennes), jusqu'à Sainte-Menehould (Aisne), sur les deux rives de l'Aisne, chef-lieu Sainte-Menehould. On y trouve beaucoup de forêts et de montagnes qui offrent plusieurs passages ou défilés fort difficiles à franchir ; ce qui a fait surnommer l'Argonne *les Thermopyles de la France*. On a dit de la campagne de 1792 qu'elle était la campagne de l'Argonne. Elle fut signalée par la victoire de Valmy, qu'y remporta Dumouriez, et qui sauva la France de l'invasion étrangère.

(BOUILLET, *Dictionnaire universel d'Histoire et de Géographie*.)

Les cours d'eau qui le baignent principalement sont :

L'*Aisne,* le plus important, qui arrose les trois cantons, et reçoit sept ou huit affluents qui naissent et coulent tous dans cet arrondissement; l'Aisne prend sa source à Somme-Aisne, dans le département de la Meuse, près du village de Soulières. Elle traverse les départements de la Meuse, de l'Aisne, auquel elle donne son nom, de la Marne, où elle baigne Le Chemin, Villers-en-Argonne, Châtrices, Verrières, *Sainte-Menehould,* Chaude-Fontaine, La Neuville-au-Pont, Vienne-la-Ville, Saint-Thomas, Melzicourt, Servon, entre dans celui des Ardennes, passant à Mouzon, où elle commence à être flottable, et à Château-Porcien, où elle est navigable ; elle en sort ensuite pour pénétrer, à 2 kil. d'Attichy, dans l'Oise, où elle se jette, rive gauche, en amont de Compiègne, après un parcours d'environ 234 kil. Il y a peu de rivières que l'on puisse lui comparer pour l'agrément, la variété des sites et la fertilité du sol qu'elle arrose. Ici, c'est la belle forêt d'Argonne qu'elle côtoie ; là, de riantes prairies où elle se plaît à serpenter ; plus loin, elle baigne de riches coteaux plantés de vignes dont elle réfléchit la verdure ; ailleurs s'étendent sur ses bords des champs fertiles, des oseraies, des vergers, etc. Cette rivière est sujette à de fréquents débordements, qui déposent sur le sol un limon gras et fécond.

L'*Ante,* formé, dans le département de la Marne, de plusieurs rus qui se réunissent à Givry, canton de Dommartin-sur-Yèvre, arrose cette commune, La Neuville-aux-Bois, Le Vieil-Dampierre, Ante, et se jette dans l'Aisne, rive gauche, au-dessous de Verrières, après un cours de 15 kil. environ.

La Bionne, dont la source est à Somme-Bionne, canton et arrondissement de Sainte-Menehould, passe à Hans, Dommartin-sous-Hans, Courtémont, et se jette dans l'Aisne, près de Vienne-la-Ville, après un cours d'environ 15 kilomètres.

La Dormoise, qui vient de Tahure, canton de Ville-sur-Tourbe, arrose Ripont, Rouvroy, Cernay, et se perd dans l'Aisne, rive gauche, à la sortie de cette rivière du département, et après un cours de près de 13 kilomètres.

La Tourbe, qui a sa source à Somme-Tourbe, canton et arrondissement de Sainte-Menehould, passe à Saint-Jean-sur-Tourbe, Laval, Wargemoulin, Minaucourt, Massiges, Virginy, Ville-sur-Tourbe, et se jette dans l'Aisne, vis-à-vis de Servon, après un cours d'environ 20 kilomètres.

L'Yèvre, qui naît à Somme-Yèvre, canton de Dommartin, arrose Varimont, Dommartin, Dampierre-le-Château, Rapsécourt, Voilemont, et se jette dans l'Auve, après un cours de 13 kil. environ.

Ces cinq rivières coulent du S.-E. au N.-O.

La Suippe, la Noblette et *l'Auve* sont aussi trois rivières qui ont leur source dans l'arrondissement : la première à Somme-Suippe, canton et arrondissement de Ste-Menehould ; la seconde, au-dessous de Saint-Remy-sur-Bussy, canton de Dommartin-sur-Yèvre ; la troisième, au-dessus du village du même nom, canton de Dommartin-sur-Yèvre. — La Suippe, après avoir traversé l'arrondissement de Reims, entre dans le département de l'Aisne, pour se jeter aussitôt dans la rivière de ce nom, rive gauche. (*Voir* le cours de cette rivière, page 278). — La Noblette entre dans l'arrondissement de Châlons, où elle se jette dans la Vesle, à Vadenay, canton de Suippes. — L'Auve passe à Saint-Mard, à La Chapelle, à Gizaucourt, à Dampierre, et se jette dans l'Aisne à Sainte-Menehould.

Le sol, très-varié et peu fertile dans certains endroits, est généralement bien cultivé.

Le point le plus élevé de l'arrondissement est à 229 mètres au-dessus du niveau de la mer : c'est le mont de la Serre, chaîne montagneuse assez allongée, qui sépare la Champagne du Vallage.

La culture de la terre et de quelques vignes, l'exploitation des bois, le peignage et la filature de la laine y sont l'objet d'une industrie assez importante.

L'arrondissement de Sainte-Menehould se compose de trois cantons ou chefs-lieux de justice de paix, renfermant 80 communes.

Il fait partie de la première circonscription électorale. (Décret du 2 février 1852.)

CANTONS.	DISTANCE AU CHEF-LIEU				COMMUNES.	POPULA-TION.	SUPERFICIE en hectares.
	de canton	de l'arr.	du dép.	de Reims.			
	K.	K.	K.	K.		habitants.	
Sainte-Menehould.....	»	»	42	70	30	14,879	40,198
Dommartin-sur-Yèvre .	»	18	36	70	26	8,337	34,492
Ville-sur-Tourbe......	»	15	45	56	24	10,858	38,669
					80	34,074	113,359

1° CANTON DE SAINTE-MENEHOULD.

14,879 habitants. — 40,198 hectares. — 30 communes.

Ce canton, sorte de parallélogramme s'appuyant à l'E. sur le département de la Meuse, et à l'O. sur le canton de Suippes, tient de la Champagne, du Vallage et de l'Argonne.

Il est borné, au N. par le canton de Ville-sur-Tourbe ; à l'E. par le département de la Meuse ; au S. par le canton de Dommartin-sur-Yèvre ; à l'O. par celui de Suippes.

Le sol est crayeux, grèveux dans la partie occidentale, et argileux, limoneux et sablonneux, dans le reste.

L'agriculture y est dirigée avec intelligence, et, dans les régions les plus ingrates, les cultivateurs, à force de travail et d'intelligence, sont parvenus à féconder le sol et à en tirer de bons produits.

DE SAINTE-MENEHOULD. 471

COMMUNES.	DISTANCE AU CHEF-LIEU				POPULATION.
	de canton.	de l'arr.	du départ.	de Reims.	
	k.	k.	k.	k.	habitants.
Sainte-Menehould............	»	»	42	70	4,300
Argers.......................	4 5	4 5	39	69	166
Braux-Sainte-Cohière........	5 4	5 4	40	70	196
Braux-Saint-Remy............	9	9	44	75	170
Chatrices....................	8	8	46	76	154
Chaude-Fontaine.............	2 5	2 5	42	70	459
Courtémont..................	12	12	42	54	329
Dampierre-sur-Auve..........	7	7	36	66	70
Daucourt....................	6	6	40	73	137
Dommartin-la-Planchette.....	5 6	5 6	37	65	121
Dommartin-sous-Hans........	10	10	42	63	129
Elise........................	6	6	40	72	150
Florent......................	7	7	50	77	816
Gizaucourt..................	13	13	36	62	274
Hans........................	13	13	38	59	427
La Chapelle-Felcourt.........	14	14	32	64	120
La Croix-en-Champagne......	19	19	27	54	151
La Neuville-au-Pont..........	6	6	48	74	1,233
Laval.......................	19	19	35	53	205
Maffrécourt.................	7	7	43	66	142
Moiremont..................	5 5	5 5	48	75	495
Passavant...................	14	14	53	84	986
Saint-Jean-sur-Tourbe........	19	19	35	54	332
Somme-Bionne..............	15	15	35	56	153
Somme-Suippe..............	25	25	28	46	870
Somme-Tourbe..............	18	18	35	52	214
Valmy.......................	10	10	35	61	444
Verrières...................	3	3	46	76	923
Villers-en-Argonne...........	9	9	48	79	553
Voilemont...................	12	12	38	68	160

Sainte-Menehould, chef-lieu d'arrondissement, à 213 kil. de Paris, arrosée par les rivières d'Aisne et d'Auve, qui forment un cercle autour d'elle, avant de se réunir dans le même lit, est placée dans une situation très-pittoresque. Son territoire est terminé par le canal de Biesme, dont les travaux furent commencés en 1718 et finis en 1723.

Cette ville importante de l'ancien Rémois, autrefois capitale du pays et forêt d'Argonne, la première cité champenoise du côté de l'Allemagne, et qui est aussi chef-lieu de canton et de perception, s'élève à l'extrémité du département, et est à 43 kil. de Châlons. — Sa superficie est de 5,710 hectares. — Cure d'archiprêtré dédiée à l'Assomption.— Tribunal civil de première instance. — Collége communal, avec enseignement supérieur et élémentaire annexé. — Ecoles primaires des deux sexes. — Pensionnats. — Salle d'asile. — Hospice. — Bureau de bienfaisance. — Inspection des forêts. — Bureau d'enregistrement. — Postes aux lettres et aux chevaux. — Lieutenance de gendarmerie. — Tanneries; tuileries; briqueteries; forges aux environs. Commerce considérable de blés, avoines, fruits. — Prochainement embarcadère du chemin de fer de Reims à Metz, par le Camp de Châlons, *Sainte-Menehould* et Verdun. (*Voir* page 281.)

Avant l'incendie de 1719, Sainte-Menehould était resserré entre deux rochers, dont l'un disparaît insensiblement, et l'autre était surmonté du château. Cette ville est ouverte et sans remparts; elle est composée d'une rue principale très-large, à laquelle viennent aboutir les autres; cette rue est presque régulière, bordée de maisons élevées, la plupart belles et bien construites; elle aboutit à l'hôtel de ville, situé en face, à l'extrémité orientale. Cet hôtel, d'une construction peu ancienne, est spacieux; il forme un des côtés d'une assez belle place dont toutes les maisons sont, ainsi que l'hôtel, sur l'emplacement de l'ancien fossé.

Du sommet où était l'antique forteresse, on jouit d'un coup-d'œil ravissant: de riantes prairies arrosées par deux rivières se terminent en amphithéâtre couvert de bois et de vignes; des vallons fertiles, semés de fermes et de maisons de campagne.

On ne peut s'empêcher d'admirer, surtout, le vaste jardin qui s'étend, l'espace de huit kilomètres, de Sainte-Menehould, à la côte de Biesme, et borde les deux rives de la route de Verdun. Dans cette gracieuse contrée se trouve *la Grange-aux-Bois*, hameau plus peuplé que la plupart des communes du canton, et dont le territoire est un immense verger.

Au milieu de la ville, et sur le bord de la rivière, se trouve une promenade agréable, nommée *le Jard*, formée d'ormes, d'acacias et de tilleuls plantés en quinconces.

L'église, dont les voûtes basses et écrasées rendent l'aspect extérieur extrêmement massif, mérite une sérieuse attention. A l'intérieur, cet édifice a cinq nefs voûtées aboutissant sur les transepts; la grande est formée par cinq travées ogivales et éclairée par des fenêtres ogivales ; les transepts sont élevés ; le bras de droite est éclairé par une grande fenêtre flamboyante ; celui de gauche renferme, appliqué sur le mur, un Trépassement de la Vierge, formé par dix ou douze figures sculptées sous une arcade ogivale trilobée. La chapelle à droite du chœur, fondée en 1352, servit à la corporation des vignerons ; celle de gauche servait aux cérémonies des corporations de la ville : on y voit un curieux tableau du XIIIe siècle, représentant la ville de Sainte-Menehould. Il y a encore trois autres chapelles dans l'église : l'une d'elles, fondée au XIVe siècle, a un chœur fort beau, éclairé par cinq grandes fenêtres ogivales, et entouré d'une élégante arcature du XIIIe siècle. Les dessins des chapiteaux de cette église sont très-variés : ce sont des crochets, des feuilles de chêne, des fers de lance et des têtes humaines. Le clocher, carré, peu élevé et percé sur chaque face par une ouverture formée de deux ogives trilobées, surmontées d'une rose, est d'un aspect massif.

Sainte-Menehould est une des villes les plus remarquables du département, par son antiquité et les évènements dont elle a été le théâtre. L'Argonne, avant l'occupation des Gaules par les Romains, n'était qu'une vaste forêt, dont il reste encore une grande partie, connue sous le nom de forêt d'Argonne, qu'il ne faut pas confondre avec celle des Ardennes actuellement, mais qui, jadis, ne faisait qu'une seule et même forêt avec cette dernière. Un rocher isolé, remarquable par son étendue et son élévation, se trouvait, au couchant, dans les bois de l'Argonne. Il y avait, dit-on, un temple consacré à Diane ou à Isis. On ne sait pas au juste à quelle époque le temple et les prêtres ont disparu ; il est probable que cela eut lieu lors de l'établissement du christianisme dans les Gaules.

Le rocher parut, à quelques seigneurs, propre à recevoir une forteresse qui pût, en cas de besoin, leur servir de refuge ; bientôt donc on vit s'élever un château redoutable, et, peu après, au-delà des marais, apparut une bourgade dont les habitants desséchèrent une portion de ces mêmes marais, et prolongèrent leurs habitations jusqu'au pied du rocher.

Le château fut nommé *Château-sur-Aisne* (castrum ou castellum super Axonam), et la bourgade prit le nom d'Auxuaire, *Auxenna*, nom tiré du confluent des rivières d'Auve et d'Aisne, et qu'on rendit, plus tard, par la dénomination d'Astenay que la ville a longtemps conservé.

Ce n'est que depuis le xii° siècle que cette ville s'appela Sainte-Menehould, et ce, après que le comte Henri de Champagne y eut porté des reliques de cette sainte dans l'église du château, qui en prit alors le titre. Sainte-Menehould *Manehildis* (Mahaud, Mathilde) était, selon la légende, la fille de Sigmar, comte de Perthes, et vivait au v° siècle. Morte en odeur de sainteté, elle aurait été, dès cette époque, en grande vénération à Astenay.

Vers 693, Dreux ou Drogon, fils de Pépin d'Héristal, et 6° duc de Champagne, fit fortifier le château, et y ajouta, du côté du couchant, un autre rocher moins considérable, appelé le Châtelet, et resserra la ville entre ces deux rochers.

Le premier fait de quelque importance qui se rattache à l'histoire de Sainte-Menehould est l'emprisonnement supposé de Grippo ou Griffon, fils naturel de Charles-Martel, dans Château-sur-Aisne, en 741, par ses frères Pépin-le-Bref et Carloman, contre lesquels il s'était révolté.

Dès la première année du xii° siècle, on trouve des sires particuliers de Sainte-Menehould. A Raould succède Albert 1er, dont le fils Rodolphe hérite de la seigneurie de cette ville et du gouvernement du château, 1183. Le fief étant sorti de cette famille, passe à différentes reprises en d'autres mains ; mais le commandement militaire est séparé du domaine seigneurial qui, en 1449, constitue une partie du domaine de Marie d'Anjou, veuve de Charles VII. En 1485, Antoine, bâtard de Bourgogne, occupe le château ; en 1537, le commandement en est confié à François d'Anglure, tandis que le domaine de la ville appartient, par concession royale, à Honorat de Savoie, comte de Tende. Le comté de Sainte-Menehould est ensuite affecté au douaire de Marie Stuart, veuve de François II, 1570 ; il entre bientôt dans la maison de Nevers. Louis XIII en fait l'acquisition ; à sa mort, Anne d'Autriche le possède, 1644 ; depuis sa réunion à la couronne, par arrêt du Conseil, 1667, Louis XIV l'engage successivement à divers gentilshommes de la cour ; enfin, le dernier engagiste, M. le marquis de Puisieulx, le remet au roi, qui en attribue l'administration aux fermiers royaux.

L'histoire de Sainte-Menehould se compose, depuis les premières années du XIe siècle, jusqu'après le milieu du XVIIe, d'une suite de siéges interrompue seulement par quelques épisodes des guerres civiles et religieuses. En 1039, Goselon ou Joselon, duc de la Basse-Lorraine, en fit le siége sans succès. Théodoric ou Théodore, évêque de Verdun, prit la ville, ainsi que le château, en 1089, sur Manassès, comte de Rethel ; Arnould, autre évêque de Verdun, soutenu de plusieurs grands barons, y assiégea, vers 1180, le seigneur, appelé Pichot, qu'il voulait punir de ses déprédations ; mais le prélat, placé sur une hauteur, fut atteint d'une flèche qui lui perça le cœur ; ce qui a fait donner à ce lieu le nom de Crève-Cœur qu'il porte encore. Cet incident découragea les assiégeants et les força à renoncer à leur entreprise. Vers la fin du XIIe siècle, par suite d'un échange convenu entre Hugues III, comte de Rethel, et le comte de Champagne, Sainte-Menehould entra dans les domaines de ce dernier. La comtesse Blanche de Champagne en affranchit les habitants en 1212, année de son dernier voyage. Vers le commencement du XIVe siècle, on construisit une nouvelle église paroissiale, plus vaste que la première, qui datait de 866. La peste enleva, en 1347, le tiers de la population de la ville.

Sainte-Menehould fut pavée en 1372, aux frais du roi Charles V, qui en fit augmenter les fortifications. Elle eut, en 1406, une halle pour tenir ses foires et ses marchés. Les Anglais s'en emparèrent en 1436 ; ils en furent chassés par le comte de Richemont, connétable de France. En 1544, François Ier répara les fortifications du château, à l'approche de Charles-Quint, avec lequel il était en guerre, et qui avait franchi la frontière. En 1562, le prince de Portien, général calviniste, à la tête des Huguenots, l'attaqua, mais sans pouvoir le prendre. Les Ligueurs, commandés par La Mothe, s'en étaient emparés par surprise en 1588 ; mais bientôt les habitants les en chassèrent, et ils conservèrent la place au roi. Charles II, duc de Lorraine, alors attaché au parti de la Ligue, l'assiégea encore pendant trois semaines, en 1590, sans pouvoir la réduire.

Lors de l'expédition de Henri IV contre le duc de Bouillon, Sainte-Menehould fut prise par un de ses généraux, le marquis de Praslin, le 27 décembre 1606. Le roi y vint accompagné de la reine, à qui il dit : « *Je vais entrer dans une petite ville qui a fait des actions signalées pour mon service.* »

En 1614, Henri II du nom, prince de Condé, les ducs de Bouillon et de Nevers, qui s'étaient retirés mécontents de la cour, après la mort de Henri IV, se rendirent à Sainte-Menehould. Ils y conclurent leur paix avec Marie de Médicis, régente du royaume, et y signèrent le traité, le 16 mai 1624.

On construisit, en 1619, un couvent et une petite église pour des Capucins, ordre alors rare en France, et, en 1627, on reçut des religieuses de Sainte-Marie de Châlons.

La peste reparut et sévit à Sainte-Menehould en 1632 et en 1636. Les fortifications de la ville et du château, démolies en 1634, furent rétablies l'année suivante. En 1652, le prince de Condé, à la tête de 16,000 hommes et d'une forte artillerie, la força de capituler, après 13 jours de siége et trois assauts meurtriers. Le territoire fut horriblement ravagé. Louis XIV la reprit en personne un an après ; il pénétra par la brèche, et afin de récompenser les habitants de leur vigoureuse résistance au prince de Condé, il les exempta de la taille pendant dix ans, et « *honora la ville de ses livrées.* » En 1712, les brèches faites aux murailles n'avaient pas encore été réparées, de manière que le baron Growesteins s'étant avancé jusqu'à Sainte-Menehould, put aisément en exiger des otages.

Un violent incendie dévora la ville en 1719 : l'ancien hôpital, dont on attribuait la fondation à deux juifs expulsés de Châlons par saint Alpin, fut la proie des flammes, ainsi que 900 maisons. Il devint impossible d'arrêter les ravages du feu, parce qu'on manquait totalement de seaux, de pompes et d'échelles, et que, d'ailleurs, presque toutes les maisons étaient construites en bois. Une somme de 300,000 livres fut destinée, par arrêts du conseil du roi (20 septembre 1720 et 2 octobre 1725), au rétablissement de la ville sur un plan plus régulier.

Ce fut le 21 juin 1791 que Louis XVI, traversant Sainte-Menehould avec sa famille, fut reconnu par Drouet, le fils du maître de poste de la ville (1). Celui-ci courut aussitôt à Varennes, où il attendit la voiture royale sur le pont par lequel elle devait passer ; là, un fusil à la main et assisté d'une autre personne, il arrêta le roi, et, sous le prétexte de s'assurer si son passeport était bien en règle, le conduisit devant Sausse, le procureur de la commune. Sainte-Menehould joua un rôle important en 1792, dans les combinaisons stratégiques de Dumouriez, lorsque l'un des défilés de l'Argonne ayant été forcé par les Autrichiens, le général français fut dans la nécessité de lever immédiatement le camp de Grand-Pré. Il y concentra ses troupes, et fut bientôt rejoint par les corps des généraux Beurnonville, Chazot et Kellermann. Celui-ci prit position sur le coteau de Valmy, situé au milieu du bassin formé en avant de Sainte-Menehould par des hauteurs circulaires qui ont plus de trois kilomètres. Là, s'engagea la canonnade du 20 septembre 1792. Le brave général Kellermann prit une part glorieuse à cette mémorable journée, comme le rappelle l'obélisque qui a été érigé le 3 septembre 1821, à la hauteur d'Orbéval, en vue du village de Valmy et de la grande route de Châlons à Sainte-Menehould.

Sainte-Menehould était, en 1789, le chef-lieu d'une élection, d'un bailliage et d'une maîtrise des eaux et forêts. La ville dépendait alors de l'archevêché de Reims ; elle était le chef-lieu d'un

---

(1) Drouet fut élu en 1792 membre de la Convention, et s'y fit remarquer par son exaltation ; il vota la mort du roi, et, envoyé en 1793 en mission à l'armée du Nord, il y fut fait prisonnier par les Autrichiens, qui lui firent subir les plus affreux traitements. Echangé en 1795 contre la fille de Louis XVI (la duchesse d'Angoulême), il revint siéger au conseil des Cinq-Cents, et fut, en 1796, l'un des chefs de la conspiration de Babeuf. Arrêté alors, il parvint à s'évader ; il fut, sous le Consulat, sous-préfet de Sainte-Menehould, et siégea pendant les Cent-Jours à la chambre des représentants. Il fut exilé comme conventionnel, à la Restauration.

doyenné du diocèse de Châlons, et comprenait 32 paroisses (1). Elle avait eu jadis un hôtel de monnaies qui marquait à la lettre T, et qui, à l'époque de la réunion, au xviie siècle, du duché de Bretagne à la couronne, fut transféré à Nantes.

La ville de Sainte-Menehould a donné le jour à plusieurs hommes célèbres, parmi lesquels nous citerons :

Berryer (Pierre-Nicolas), chevalier de la Légion-d'Honneur, l'une des notabilités du barreau de Paris. Né en 1757, il fut reçu au Parlement de Paris en 1780, et continua de l'être à la cour royale jusqu'à sa mort, arrivée le 25 juin 1841. Aucun de ses confrères ne l'a surpassé dans la connaissance et la discussion des affaires commerciales ; aussi, fut-il l'avocat des principaux banquiers et négociants. Il est le père du Berryer de nos jours (Pierre-Antoine), né à Paris le 4 janvier 1790), si célèbre comme avocat et comme homme politique.

Châtillon (Louis) de, peintre en émail, dessinateur et graveur de l'Académie des Sciences. Il a fait surtout : *les Parques filant la destinée de Marie de Médicis*, gravure d'après Rubens ; les *Sept Sacrements*, d'après le Poussin. Louis de Châtillon fut employé par Colbert, avec Robert et Bosse, à la fameuse collection des plantes peintes sur velin, conservée au cabinet des Estampes. Né en 1659, il mourut en 1731.

Pérignon, dont le fils a été pendant plusieurs années député de l'arrondissement de Sainte-Menehould (de 1837 à 1848). Pérignon fut un avocat distingué au barreau de Paris, et, au commencement de ce siècle, un des défenseurs du général Moreau.

Nous nommerons aussi deux bienfaiteurs de Sainte-Menehould :

M. Dommanget, qui a doté cette ville d'un asile-école et d'une

---

(1) C'étaient les paroisses de Courtémont, Hans, La Neuville-au-Pont, Florent, Dampierre-sur-Auve, Verrières, Voilemont, Passavant, Elize, Braux, Dampierre-le-Château, Auve, Herpont, Dommartin-sur-Yèvre, Argers, La Chapelle-sur-Auve, Valmy, Braux-Sainte-Cohière, Chaude-Fontaine, Dommartin-sous-Hans, la Grange-aux-Bois, Villers-en-Argonne, Chatrices, Somme-Bionne, Mafrécourt, Moiremont, Varimont, Daucourt, Rapsécourt, Gizaucourt, Dommartin-la-Planchette et Saint-Mard-sur-Auve.

crèche, pour l'entretien desquels il a constitué une rente annuelle et perpétuelle de 1,320 fr.

M. Renard, qui a légué à l'hospice de cette ville une somme de 20,000ᶠ dont la rente sert tous les ans à récompenser les deux jeunes gens élevés à l'hospice, qui se sont le plus fait remarquer par leur bonne conduite ou qui se sont signalés par une action importante.

Les *écarts* de Sainte-Menehould sont : les hameaux de l'Alleval, de la Grange-aux-Bois, de la Côte-de-Biesme, de la Vignette et du Bois-d'Epense ; les fermes de la Haute-Maison, de Beauregard, de la Hocarderie et des Marécages ; les maisons *dites* les Germeries, la Grangette, les Vertes-Voies, Crève-Cœur, et moulins à eau. L'écart de la *Grange-aux-Bois* est à 4 kil. de Sainte-Menehould. Le canal de la Biesme, qui termine le territoire de cette ville, sert de démarcation aux deux départements de la Marne et de la Meuse. On le dit creusé par les soins des moines de Beaulieu (Meuse), pour l'exploitation des bois qui leur appartenaient. Il se jette dans l'Aisne, près de Vienne-le-Château, sur le territoire de la Grange-aux-Bois ; il fait tourner deux moulins. La Grange-aux-Bois produit en abondance d'excellents fruits qui sont une grande ressource pour cette dépendance longtemps négligée, mais qui, grâce à la bienveillance intelligente de Sainte-Menehould, est, depuis quelques années, dans des conditions très-convenables. Il y a une église, une école pour les garçons, une école pour les filles. La mère de M. le commandant Rieux, qui succomba glorieusement sous les murs de Constantine, en 1836, était née à la Grange-aux-Bois. M. le général Mayran, qui fut frappé si malheureusement le 18 juin 1855 à l'assaut de la tour Malakoff, en Crimée, avait fixé sa résidence sur le territoire de la Grange-aux-Bois, au château du Bois-d'Epense, et sa veuve, avec ses deux enfants, ont continué de l'habiter. — La *Vignette* est un hameau à 5 kil. de distance. On le subdivise en plusieurs parties : la Vieille-Tuilerie, le Bois-d'Epense, le Bas-de-Biesme, et enfin La Vignette proprement dite. Il y avait autrefois à La Vignette deux importantes manufactures : la faïencerie du Bois-d'Epense, et la verrerie de la Vignette. Ces deux établissements sont remplacés par deux tuileries où l'on fait de la tuile plate à la mécanique et des tuyaux de drainage.

Argers, au S.-O. de Sainte-Menehould, près de la petite rivière d'Auve, qui baigne son territoire au N. Il y a deux étangs, l'un, dit l'étang d'Argers, tout voisin du village, l'autre, dit l'étang de Trunval, au-dessus du premier et à un kilomètre du pays ; leur étendue totale est de 38 hectares 73 ares 43 centiares. Une source d'eau ordinaire, qui tarit rarement, se trouve presque au sommet d'une hauteur de 40 mètres au-dessus du niveau de l'étang d'Argers. — Superficie, 684 hectares 31 ares 13 centiares. — Succursale dédiée à saint Pierre. — Perception de Verrières. ✉ Sainte-Menehould. — Ecole primaire mixte. — Argers était autrefois un bourg assez peuplé et avait un château, dont l'emplacement est aujourd'hui couvert de bois. Cette commune fut incendiée en 1532, sous François Ier, lors de l'invasion des impériaux en Champagne. — *Ecart :* la Sous-Préfecture, à 1 kil.

Braux-Sainte-Cohière, au N.-O. de Sainte-Menehould, sur le petit ruisseau des Marais, affluent de l'Auve et au pied d'une colline. Un étang a 26 hectares 49 ares 50 centiares d'étendue, sur Braux, et le reste sur la commune de Dommartin-la-Planchette. — Superficie, 616 hectares 94 ares 76 centiares. — Succursale dédiée à saint Pierre. — Perception de Valmy. ✉ Sainte-Menehould. — Ecole primaire mixte. — *Ecart :* la ferme de Pilise, à 1 kil.

Braux-Saint-Remy, au S. de Sainte-Menehould, arrosé par deux ruisseaux qui ont leur source sur le territoire, et leur embouchure sur celui de Chatrices. — Superficie, 939 hectares 99 ares 70 centiares. — Annexe d'Elize ; église dédiée à saint Remi. — Perception de Verrières. ✉ Sainte-Menehould. — Ecole primaire mixte. — Braux dépendait du prieuré de Reims, et était soumis pour la taxe et la juridiction à l'abbaye de Chatrices et au seigneur de Villers-en-Argonne. — *Ecart :* la ferme des Mares, à 2,500 mètres.

Chatrices, au S.-S.-E. de Sainte-Menehould, est baigné par l'Ante et l'Aisne. Il y a dix étangs d'une contenance totale de 90 hectares. — Superficie, 985 hectares. — Sans église. — Annexe de Villers-en-Argonne. — Perception de Verrières. ✉ Sainte-Menehould. — Commune réunie à Villers pour l'instruction publique. — Lattes, échalas, merrain, meunerie. — Chatrices ne fut, dans l'origine, qu'un fort ou château, *castricum*. Il doit son existence à la riche et célèbre abbaye de chanoines réguliers de l'ordre de Saint-Augustin, fondée en 1137 par Albert, évêque de Verdun, dans la forêt de l'Argonne, au milieu de 1,500 arpents de bois qui lui appartenaient, avec beaucoup d'autres propriétés encore. — Cette abbaye fut brûlée en 1586 par les Calvinistes. — *Ecarts :* le Bois-des-Chambres, à 2 kil.; le moulin de Daucourt, à 2 kil.; le moulin de la Hotte et la ferme, à 3 kil.; la ferme de Vernault, à 4 kil.; la ferme de Faillet, à 4 kil.

Chaude-Fontaine, à l'O.-N.-O. de Sainte-Menehould, arrosé par l'Aisne, qui le parcourt dans toute son étendue; par l'Auve, qui le côtoie quelque peu, par le ruisseau du Menit, qui s'y jette dans l'Aisne, et par le ruisseau du Ruth, qui prend sa source sur le territoire et est aussi un affluent de l'Aisne. Il n'existe plus qu'un seul étang; l'autre est toujours en terre depuis longtemps; leur étendue est de cinq hectares environ. — Superficie, 1,270 hectares environ. — Succursale dédiée à l'Exaltation de la sainte Croix. — Perception de La Neuville-au-Pont. ✉ Sainte-Menehould. — Bureau de bienfaisance. — Ecoles primaires des deux sexes. — Vin rouge (125 hectares de vignes). — Ce village a tiré son nom d'une fontaine qui, aujourd'hui, porte le nom de fontaine Saint-Laurent, et qui était autrefois l'objet d'un pèlerinage, à cause de son eau renommée pour les maux d'yeux. — Vers l'an 1135, il s'était établi, à Chaude-Fontaine, une communauté célèbre, dépendant du collége des Bons-Enfants de l'Université de Reims, et qui fut détruite à la Révolution. Cette abbaye était construite sur un petit rocher au pied duquel coule l'Aisne, et qui peut avoir 25 mètres d'élévation; les bons moines y avaient creusé de belles et bonnes caves qui existent encore.

Chaude-Fontaine a porté le nom de ville (lettres-patentes de juillet 1312). C'était déjà un village en 1649. Cette commune a donné naissance à Jean *Dez*, père jésuite et confesseur du Dauphin, fils de Louis XIV. Ce savant a laissé des ouvrages remarquables.

Né en 1643, il mourut en 1712. — *Ecarts* : Bignipont, ferme, et les Aulnaies, à 2 kil.

Courtémont, au N.-O. de Sainte-Menehould, sur la Bionne, affluent de l'Aisne. Ce cours y coule au S., sur une longueur d'au moins 7 kil., de l'O. à l'E. — Superficie, 1,056 hectares 53 ares 68 centiares. — Succursale dédiée à saint Pierre. — Perception de La Neuville-au-Pont. ✉ Sainte-Menehould. — Bureau de bienfaisance. — Ecole primaire mixte. — Moulin à l'anglaise, avec deux paires de meules. — L'église de Courtémont a un portail roman, précédé d'un porche avec trois ouvertures en plein-cintre, qui peut remonter au XIe siècle ; c'est une croix latine avec une seule nef ; le transept a des chapiteaux remarquables du XIVe siècle ; dans le chœur, des fenêtres du XVIe siècle ont conservé des fragments de vitraux. — Saint-Hilairemont est un fief dont les dîmes appartenaient : 1/2 au chapitre de la cathédrale ; 1/6 au prieur des Rosiers ; 1/6 au chapelain du château de Hans ; 1/9 aux chanoines de Notre-Dame de Châlons, et 1/18 aux religieuses de Sainte-Marie.

Dampierre-sur-Auve, au S.-O. de Sainte-Menehould, sur l'Auve. — Superficie, 488 hectares 09 ares 97 centiares. — Sans église ; annexe d'Argers. — Perception de Verrières. ✉ Sainte-Menehould. — Cette commune est réunie à celle de Dommartin-la-Planchette pour l'instruction primaire.

Daucourt, au S. de Sainte-Menehould, sur un terrain élevé et arrosé par un ruisseau qui y prend sa source. — Superficie, 332 hectares 49 ares 67 centiares. — Annexe d'Elise ; église dédiée à saint Nicolas. — Perception de Verrières. ✉ Sainte-Menehould. Ecole primaire mixte. — La petite église a un chœur du XIIIe siècle, voûté, avec dix chapiteaux en trèfles et à crochets, très-soignés ; la porte est de la fin du XIVe siècle. — Lors du siège de Sainte-Menehould par le prince de Condé, en 1652, les habitants de Daucourt, leur seigneur en tête, s'enfermèrent dans la ville et s'y distinguèrent d'une manière héroïque, en résistant pendant quinze jours à trois assauts meurtriers, et aux efforts d'une armée de 18,000 hommes.

Dommartin-la-Planchette, à l'O.-S.-O. de Sainte-Menehould, sur la rive gauche de l'Auve. Un étang de 22 hectares 16 ares 19 centiares. — Superficie, 316 hectares 54 ares 11 centiares. — Annexe d'Argers ; église dédiée à saint Martin. — Perception de Valmy. ✉ Sainte-Menehould. — Ecole primaire mixte. — *Ecart :* la ferme des Planches, à 1 kil., composée d'une maison de maître et de la ferme.

Dommartin-sous-Hans, à l'E.-N.-E. de Sainte-Menehould, sur la Bionne. — Superficie, 648 hectares. — Annexe de Courtémont ; église dédiée à saint Martin. — Perception de La Neuville-au-Pont. ✉ Sainte-Menehould. — Ecole primaire mixte. — Son église est petite et ancienne ; le chœur, du xiiie siècle, a été maladroitement restauré au xvie siècle et au xviie ; la porte est précédée d'un porche avec deux entrées latérales à plein-cintre.

Elise ou **Elize**, au S. de Sainte-Menehould, arrosé par plusieurs ruisseaux sans nom, qui partent des étangs et vont se jeter dans l'Auve, au N., et sur le territoire d'Argers, ou dans l'Aisne à Chatrices. Il existe sur cette commune plusieurs étangs, dont le plus remarquable a une étendue de 42 hectares 47 ares 20 centiares. Trois autres se trouvent, moitié sur Elise, moitié sur Daucourt ; leur étendue est de 3 hectares 18 ares 20 centiares. — Superficie, 1,170 hectares 50 ares 80 centiares. — Succursale dédiée à saint Julien. — Perception de Verrières. ✉ Sainte-Menehould. — Ecole primaire mixte. — *Ecarts :* Moncetz, à 3 kil. ; Grigny, à 1 kil. ; la ferme de Beaulieu, à 200 mètres.

Florent, au N.-N.-E. de Sainte-Menehould, au milieu des bois, sur une hauteur, près du canal de Biesme, et arrosé par sept petits ruisseaux, dont cinq se jettent dans le canal ; ces sept ruisseaux ont leur source sur le territoire, et leur parcours est de chacun 8 à 900 mètres. — Superficie, 1,222 hectares. — Succursale dédiée à l'Invention de Saint-Etienne. — Perception de la Neuville-au-Pont. ✉ Sainte-Menehould. — Ecoles primaires mixtes des deux sexes. — Fabriques de tonneaux ; merrain ; échalas ; laines en gros et en détail ; pelleterie et bonneterie. — En 1591, du temps de la Ligue, 600 hommes de cavalerie lorraine étaient cantonnés à Florent, pour faire de là des courses dans le pays. Renneville gouverneur de Sainte-Menehould, fit, avec une poignée d'hommes, une sortie sur ce village, et battit complètement la garnison. — La commune de Florent a donné naissance : 1º en 1773, à Jean-François *Hanus*, brigadier au 23ᵉ régiment de chasseurs, qui se distingua dans tous les combats auxquels il prit part. Il reçut, en récompense de sa bravoure, une arme d'honneur, le 27 germinal an IX, et mourut le 8 pluviose an XI ; 2º à son frère, Jean-Jacques *Hanus*, sergent-major au 53ᵉ, chevalier de la Légion-d'Honneur. Il fut un brave soldat, et mérita un fusil d'honneur en récompense de son courage. — *Ecart :* l'ancien moulin, à 1,500 mètres.

Gizaucourt, au S.-S.-O. de Sainte-Menehould, sur la rivière d'Auve, et dans le fond d'un vallon, entre deux monticules qui le dominent au N. et au S. — Superficie 755 hectares. — Succursale dédiée à saint Pierre. — Perception de Verrières. ✉ Sainte-Menehould. — Ecole primaire mixte. — Un moulin à deux paires de meules. — Gizaucourt a un château remarquable par sa situation et ses vastes et belles dépendances. — A un kil. se trouve la contrée dite *la Lune*, à jamais fameuse dans nos annales. C'est là qu'en 1792 campèrent les armées de Prusse et d'Autriche qui, quoique trois fois plus nombreuses que l'armée française commandée par Kellermann, refusèrent le combat et bornèrent leurs opérations à une canonnade qui fit plus de bruit que d'effet. — *Ecarts :* Orbéval, à 2 kil.; la Lune, maison isolée, à 3 kilomètres.

Hans ou **Hans-le-Grand,** à l'O. de Sainte-Menehould, sur la Bionne qui traverse le territoire de l'O. à l'E. — Superficie, 1,950 hectares. — Succursale dédiée à la Nativité de la Sainte-Vierge. — Perception de Valmy. ✉ Auve. — Bureau de bienfaisance. — Ecole primaire mixte. — Moulin à vent; moulin à eau ; huilerie. — Le château de Hans avait des fortifications importantes, qui furent détruites en 1591, par ordre de Henri IV, comme servant d'appui aux Ligueurs. — Louis XIV séjourna à Hans, en 1653, pendant le siége de Sainte-Menehould, dont les Frondeurs, commandés par le prince de Condé, s'étaient emparés. — C'est aussi à Hans, devenu quartier-général du roi de Prusse et de ses alliés, que fut décidée, le 27 septembre 1792, l'attaque du camp de Dumouriez, mais cette résolution fut changée. — La terre de Hans était une baronie fort ancienne, qui rendit foi et hommage à la comtesse Blanche, en 1201. Elle fut apportée en dot avec le comté de Dampierre et les seigneuries de Somme-Bionne et de Maigneux, vers 1578, par Anne de Bossut, au seigneur Duvalk de Mondreville, d'origine écossaise, attaché à la cour de Catherine de Médicis, et gouverneur de Sainte-Menehould, qui prit alors le titre de comte de Dampierre Le plus illustre membre de cette famille fut le comte de Dampierre, généralissime des armées de l'empereur Ferdinand II d'Allemagne. Il s'illustra par ses succès sur les Turcs, et fut tué, en 1620, au siége de Presbourg. En 1669, un comte de Dampierre, général d'infanterie, fut tué, d'un coup de canon, au siége de Candie. Le 21 juin 1791, Anne-Eléazar de Dampierre périt sous les yeux de Louis XVI, à son retour de Varennes, et son frère, qui était entré dans les Ordres, devint évêque de Clermont et mourut dans un âge avancé. Le fils d'Eléazar est mort à Paris, en 1856, général de division, laissant un fils commandant dans l'armée. — *Ecarts :* Deux maisons importantes, à un kilomètre.

La Chapelle-Felcourt ou **Chapelle-sur-Auve,** au S.-O. de Sainte-Menehould, sur la rivière d'Ante qui sépare ces deux hameaux. — Superficie, 940 hectares 35 ares. — Annexe de Gizaucourt, église dédiée à Sainte-Menehould. — Perception de Verrières. ✉ Sainte-Menehould. — Ecole primaire mixte. — En 1281, la commanderie de Noirlieu exerçait des droits à la Chapelle. — *Ecarts :* Constantine et Mazagran, à 2 kilomètres.

La Croix-en-Champagne, à l'O.-N.-O. de Sainte-Menehould, sur une colline élevée de 208 mètres au-dessus du niveau de la mer, et dominant une plaine d'un aspect uniforme. De la base de cette colline sortent des sources qui se répandent dans toutes les directions, et cependant cette commune est sans eau, et justifie le proverbe : « *Saint Sylvain de La Croix, saint Quentin de Belloy, Notre-Dame de Tilloy, saint Hippolyte de Poix ne don-*

nent pas une goutte d'eau au roi. » — Superficie, 1,662 hectares, 95 ares 26 centiares. — Succursale dédiée à saint Sylvain. — Perception de Valmy. ✉ Auve. — Ecole primaire mixte. — Un télégraphe aérien, dont la suppression a eu lieu il y a quelques années, était placé à quelques centaines de mètres de La Croix, sur la ligne de Paris à Strasbourg, et communiquait d'un côté avec Tilloy, et du côté de Strasbourg avec le télégraphe de Valmy. On a découvert, en 1776, entre Auve et La Croix, deux buttes ou tombelles qu'on regarde comme la sépulture de chefs gaulois. Ces tombeaux renfermaient des urnes cinéraires, des ossements, et, de plus, des armes et des restes de bûcher. — En 1793, le nom de La Croix a été changé en celui de Bel-Air.

La Neuville-au-Pont, au N. de Sainte-Menehould. La rivière d'Aisne traverse le territoire et le village ; celle de la Bionne limite le territoire à l'O.-N. Il est encore arrosé par le ruisseau de Maffrécourt ou de Saint-Nicolas, et par celui de Wachaux, affluents de l'Aisne. La situation de ce bourg, au milieu de plaines riantes, et fertiles, entouré de longs coteaux couronnés de vignes et d'arbres fruitiers de toute espèce, près des vastes forêts de l'Argonne, est très-agréable. — Superficie, 1,511 hectares 10 ares 86 centiares. — Succursale dédiée à la Nativité de la Sainte-Vierge. — Chef-lieu de perception. ✉ Sainte-Menehould. — Bureau de bienfaisance. — Ecoles primaires des deux sexes. — Salles d'asile. — Vin rouge assez bon (123 hectares de vignes) ; deux moulins à eau ; distilleries ; briqueterie ; tannerie. — L'église est formée par trois nefs à cinq travées ; le chœur et les transepts sont du XIVe siècle, les nefs et le grand portail du XVe siècle, et les fonts appartiennent au XVIe ; le portail latéral du N. est du XVe siècle, et celui du S. du XVIe. La délicatesse et la beauté des ornements du portail gothique et des deux portes latérales, qui ont survécu aux injures du temps, font regretter les dévastations antérieures, ainsi que l'ensemble complet et parfait de ce joli morceau d'architecture.

D'après une copie latine d'une charte donnée, en 1203, par la comtesse Blanche de Champagne, ce bourg aurait été fondé au XIIIe siècle, sous le nom de *Villa Nova*. Pour attirer les habitants dans cette contrée abandonnée et inculte, la comtesse Blanche leur accorda de nombreuses et importantes franchises, et, notamment, l'usage gratuit de l'eau, du bois, du pâturage, de la cuisson du pain, etc. Une faible redevance était due, dans certains cas, au maire et aux jurés, chefs de la localité, ainsi qu'aux religieux de l'abbaye de Moiremont. Ces droits d'usage ont été, plus tard, la source d'interminables procès avec les religieux et l'Etat, puis, enfin, ont valu à la commune la propriété absolue de divers pâquis, et de plusieurs centaines d'hectares de beaux bois donnant annuellement un revenu d'environ 10,000 francs.

On remarque, à la Neuville-au-Pont, la fontaine de *Côte-à-Vignes*, située sur un coteau qui domine la commune toute entière et offre un point de vue admirable (1). On y arrive par un escalier de 117

(1) Le paysage que l'on découvre de ce point élevé est vraiment admirable. Exposée au S.-E., et dominant au loin la riche et belle vallée de l'Aisne, la Côte-à-Vignes se développe, à droite et à gauche, en un vaste demi-cercle ondulant gracieusement du N. au S., ici paraissant s'incliner sous le poids de la végétation luxuriante de la vigne, là, se cachant sournoisement dans de véritables forêts d'arbres fruitiers ; là-bas, mariant ses dernières ondulations à la jolie et gaie parure de la riante prairie qu'elle ceint comme d'un large ruban vert-tendre ; puis là-bas, plus loin, au fond du vallon, voici l'Aisne, la rivière aux mille circuits et aux gracieux détours, serpentant si gentiment au milieu de la verdure et des fleurs, qu'on croit entendre le murmure cadencé de ses eaux limpides revenant sans cesse sur elles-mêmes, et quittant comme à regret ces lieux charmants ; puis, au-delà, encore la prairie avec sa nouvelle ceinture de vignes, les vergers couronnant le coteau opposé, au flanc duquel semble suspendue la route blanche et coquette, ainsi qu'une infinité de petits chemins abrupts et rocailleux où l'œil distingue à peine le nombre des travailleurs allant, venant, montant, descendant, toujours marchant, paraissant et disparaissant tour-à-tour, pour reparaître encore, et s'évanouir bientôt sous un impénétrable ombrage ; et, dans l'éloignement, le bourg de la Neuville, assis sur l'Aisne et encadré aussi dans un horizon de bosquets de vignes et de prairies se confondant bientôt avec les accidents pittoresques, le vert sombre et le ciel brumeux de la forêt d'Argonne terminant la perspective ; tout cet ensemble de beautés naturelles que découvre et contemple avec ravissement le visiteur de Côte-à-Vignes, voyageur ou pèlerin, tout, disons-nous, dans ce gentil panorama, au-dessus duquel semble planer l'image vénérée de sainte Menehould, réjouit la vue, élève l'âme et la transporte bientôt par-delà le monde réel, jusqu'au

marches, sur la face en fonte de chacune desquelles est inscrite une des invocations des litanies de la Sainte-Vierge, de manière que l'escalier entier contient les Litanies complètes. Cette fontaine et ses accessoires, restaurés en 1842 et 1854, et embellie chaque année, est l'objet d'un pélerinage fréquenté. On y invoque sainte Menehould, qui, suivant la tradition, serait venue souvent se reposer dans cet endroit. On doit aussi remarquer, dans cette commune, un beau pont, sur l'Aisne, réunissant les deux parties du pays séparées par cette rivière, et quelques vestiges de l'ancienne voie romaine de Reims en Allemagne par Verdun.

La Neuville-au-Pont a vu naître : 1º Pierre *Buache*, gendre de Delisle, premier géographe du roi, membre de l'Académie des Sciences, auteur des *Essais de Géographie physique*, et d'autres ouvrages sur les mers du Sud, et sur le Comité de 1757. Il est mort à Paris, le 27 juillet 1773 ; 2º Jean-Nicolas *Buache*, parent et successeur du précédent, comme premier géographe du roi, jusqu'en 1792, membre du bureau des Longitudes, officier de la Légion-d'Honneur, auteur d'une *Géographie élémentaire*, né en 1741, mort en 1825 ; 3º Charles-François *Beautemps-Beaupré*, cousin et élève de Jean-Nicolas *Buache*. Il fut envoyé, à l'âge de 25 ans, à la recherche de l'infortuné Lapeyrouse, et fit plusieurs découvertes importantes dans ce voyage. Né en 1766, il était, à sa mort, arrivée en 1852, l'hydrographe en chef de la marine, membre de l'Institut, et officier de la Légion-d'Honneur. — *Ecarts :* le Grand-Moulin, à 1 kil. ; le Sougnat, briqueterie, à 3 kil. ; le Moulinet, moulin à eau, à 2 kil. ; Arrajeat, à 3 kil. ; Naviaux, fermes, à 3 kil. ; Venise, ferme, à 2 kil. ; Pont-de-l'Isle, ferme, à 1,500 mètres ; l'Isle-du-Gué, à 1 kil.

Laval, au N.-O. de Sainte-Menehould, entre deux collines et la Tourbe qui l'arrose. — Superficie, 1,458 hectares. — Annexe

---

trône du Créateur, de l'infinie beauté...... Et quand, ramenant ses pensées vers ces lieux enchanteurs, que l'on quitte toujours avec peine, il faut pourtant s'en séparer, on regrette amèrement de n'être pas peintre pour en faire le tableau, et en mieux conserver le souvenir.

(J[h] DRIART, instituteur à La Neuville-au-Pont.)

de Saint-Jean-sur-Tourbe, église dédiée à saint Pierre. — Perception de Valmy. ✉ Suippes. — Ecole primaire mixte. — Laines filées pour chaînes, pour les fabriques de Suippes et de Reims. — Cette commune est très-ancienne ; elle était plus considérable autrefois. — En 1836, M. Mainsant a découvert, dans un de ses champs, à un kilomètre, vers l'O., près de 700 pièces de monnaie d'argent, frappées sous divers empereurs romains ; elles furent achetées par M. Bourgeois, de Suippes. — Vers ce même temps, M. Mainsant fit exécuter des fouilles à l'E. de la rivière, à 500 mètres du pays, et l'on découvrit un grand nombre de squelettes très-grands, ayant près d'eux des armes de diverses formes, quelques-uns avaient des colliers, des bracelets, etc. On trouva aussi une pièce d'or, à l'effigie de Trajan, — Laval a vu naître, en 1728, Claude *Wuillème*, membre de l'Académie des Sciences, second calligraphe de France ; et, en 1744, Jean-Baptiste *Colmard*, peintre assez célèbre, qui, par l'ordre du Gouvernement, exécuta le portrait du général Travot. Colmard a fait don, à la paroisse de son pays natal, d'une parcelle de la vraie Croix, qui lui avait été donnée, à Rome, par le Souverain-Pontife.

Maffrécourt, à l'O.-N.-O. de Sainte-Menehould, sur le ruisseau de Saint-Pierre, qui prend sa source sur le territoire et se jette dans l'Aisne. — Superficie, 658 hectares 32 ares 56 centiares. — Annexe de Braux-Sainte-Cohière ; église dédiée à saint Nicolas. — Perception de La Neuville-au-Pont. ✉ Sainte-Menehould. — Ecole primaire mixte.

Moiremont, au N. de Sainte-Menehould, bâti au revers de deux côtes escarpées, a quelque chose de pittoresque. La rivière d'Aisne arrose une partie de son territoire ; quelques ruisseaux sans importance le parcourent aussi. — Superficie, 1,705 hectares. — Succursale dédiée à sainte Madeleine. — Perception de La Neuville-au-Pont. ✉ Sainte-Menehould. — Bureau de bienfaisance. — Ecole primaire mixte. — L'église est simple ; quelques piliers, en mauvais état, remontent au XIIe siècle ; le chœur est du XIVe siècle, et la nef est du XVe ; il y a d'assez belles stalles et des boiseries du XVIIe siècle.

Moiremont avait autrefois une abbaye importante fondée, vers l'an 700, par le comte de Nanterre. Ce monastère ne fut d'abord qu'un chapitre de douze chanoines. En 1078, Manassès, archevêque de Reims, y installa des Bénédictins de Saint-Vannes. Il reçut des donations de Thibault, comte de Champagne, pour terminer des différends qui s'étaient élevés entre cette abbaye et celle de la Chalade. Cette maison fut désolée par les Normands, et fut livrée en proie aux Protestants et à quatre incendies. Elle était très-riche, ses biens se composaient surtout de vastes forêts, et elle avait au château de Sainte-Menehould un prieuré, qui fut démoli sous François Ier. Il ne reste plus de cet ancien monastère que l'église, qui a été victime de la Révolution. La maison de l'abbé, démolie il y a quelques années seulement, donnait une idée de la grandeur et de la beauté de cet établissement. Placé sur une hauteur d'où la vue se reposait sur la verdure des forêts voisines, il joignait, à une distribution très-commode, l'avantage d'un immense jardin, entouré de murailles et de charmilles, et arrosé par des canaux qu'alimentaient les eaux de plusieurs fontaines prenant leur source dans l'intérieur de la maison. Tout est détruit, et les terres sont livrées à la culture.

Moiremont est la patrie de Louis *Tirlet*, général de division d'artillerie, pair de France, membre du Conseil général pour le canton de Sainte-Menehould, député de cet arrondissement, de 1831 à 1837, mort en 1841. — Un cultivateur de Moiremont, M. Chemery, a reçu, le 9 mai 1861, à la distribution des récompenses du Concours régional agricole de Châlons-sur-Marne, une somme de 5,000 fr. grand prix, et une coupe d'honneur de 3,000 fr., pour l'exploitation la mieux dirigée, et ayant réalisé, dans le département de la Marne, les améliorations les plus utiles et les plus propres à être données comme exemple. — *Ecart:* Chanvrieule, à 2,500 mètres.

Passavant, au S.-S.-E. de Sainte-Menehould, arrosé par deux petits ruisseaux, qui ont leur embouchure dans la rivière de l'Aisne, et qui prennent leur source au pied des montagnes. — Superficie, 707 hectares 74 ares. — Succursale dédiée à l'Exaltation de la Sainte-Croix. — Chef-lieu de perception. ⊠ Sainte-Menehould. — Bureau de bienfaisance. — Ecoles primaires des deux sexes. — Salle d'asile. — Vin rouge (82 hectares de vigne). — 15 tuileries ; fours à chaux ; carrières. — Cet ancien village faisait autrefois partie du domaine des comtes de Champagne, qui y avaient, à 3 hectomètres, un château-fort, où ils ont donné plusieurs chartes à cette commune et aux localités voisines. Ce château était dû à Thibault IV ; il en reste à peine quelques vestiges. — *Ecart :* Mont-Désir, à 2 kilomètres.

Saint-Jean-sur-Tourbe, au S.-O. de Sainte-Menehould, sur la Tourbe. — Superficie, 1,701 hectares 79 ares 97 centiares. — Succursale dédiée à Saint-Jean-Baptiste. — Perception de Valmy. ✉ Suippes. — Ecole primaire mixte. — L'église a trois nefs avec transepts et chœur ; le chœur et le porche qui reste du grand portail détruit, sont du XIIIe siècle ; les nefs et les transepts sont du XIVe siècle ; les portails latéraux sont du XVe siècle. Cette commune est encore entourée d'une partie de ses anciens remparts et de ses fossés, qui disparaissent insensiblement, ainsi que la plate-forme élevée qui était à l'E., et à l'extrémité de laquelle se trouvait un mamelon dont la hauteur était de 15 à 20 mètres. — La terre de Saint-Jean était une baronnie. — *Ecart :* le hameau de la Salle, à 1,200 mètres.

Somme-Bionne, à l'O. de Sainte-Menehould, dans un vallon, à la source de la Bionne. — Superficie, 908 hectares. — Annexe de Hans ; église dédiée à saint Etienne. — Perception de Valmy. ✉ Auve. — Ecole primaire mixte. — Carrière de craie, — En 1556, les dîmes étaient perçues, dans cette commune, par le chapitre de la cathédrale de Châlons.

Somme-Suippe, à l'O. de Sainte-Menehould, sur la Suippe, qui prend sa source près de l'église, et, comme l'église est dédiée à saint Pierre, la source a le nom de fontaine Saint-Pierre. — Superficie, 3,118 hectares. — Succursale dédiée à saint Pierre. — Perception de Valmy. ✉ Suippes. — Ecoles primaires des deux sexes. — Fabrique à façon de châles, de flanelles ; fabrique de bottines et capotes, pour Châlons ; briqueterie ; fabrique de blanc d'Espagne, de salpêtre ; huilerie ; carrières de craie. — L'église a de vastes proportions : elle a trois nefs de cinq travées avec deux transepts, et des fenêtres flamboyantes ; le chœur, d'un beau XIIIe siècle, est percé de sept fenêtres presque en plein-cintre ; le grand portail et les transepts sont du XIVe ; les portails du N. et du S. sont du XVe ; le clocher est carré et percé de quatre ouvertures géminées ; une corniche l'entoure, et il est surmonté d'une flèche couverte en ardoise, flanquée de quatre clochetons.

Somme-Suippe était autrefois entouré de remparts construits sous Henri III, et qui avaient coûté 333 écus 1/3 ; les dernières traces en ont disparu, il y a une trentaine d'années. — Il existe encore, à mi-chemin de Somme-Suippe à Suippes, une butte ayant 26 mètres de hauteur sur 300 de circonférence, à la base, et 15 au sommet ; on croit que c'est une ancienne place d'armes. — La dîme de la commune était affermée 4,000 livres, au profit de l'abbesse d'Avenay.

Somme-Tourbe, à l'O. de Sainte-Menehould, à la source de la Tourbe. — Superficie, 1,921 hectares 21 ares 13 centiares. — Annexe de la Croix-en-Champagne ; église dédiée à saint Martin. — Perception de Valmy. ✉ Suippes. — École primaire mixte. — Cette commune a donné naissance à *Remi*, évêque de Châlons, qui assista au Concile de Compiègne, en 1278, et mourut en 1284.

Valmy, à l'O. de Sainte-Menehould, village dont la moitié est dans la vallée, et l'autre sur le penchant d'une colline, possède un étang d'un hectare d'étendue. — Superficie, 2,440 hectares. — Succursale dédiée à saint Martin. — Chef-lieu de perception ✉ Auve. — Écoles primaires des deux sexes. — Ce fut un fief considérable donné, en 1135, à l'abbaye de la Chalade, après avoir appartenu à l'abbaye de Saint-Remi de Reims. — Le 20 septembre 1792, un mois après leur invasion sur le territoire français, les armées alliées se trouvèrent en présence des troupes françaises, sur les hauteurs de Valmy, à 200 mètres du village. Le général Kellermann, qui commandait, obligé de tenir la position où l'avait placé le général Dumouriez, engagea la lutte contre une armée bien supérieure en nombre.

Après cinq heures de combat, les Français, victorieux, obligèrent l'ennemi à quitter ses positions, et, dès le jour suivant, et à la faveur de la nuit qui suivit la bataille, les alliés commencèrent à opérer leur retraite.

Le moulin de Valmy fut vaillamment défendu par le duc de Chartres, alors âgé de 19 ans, et, depuis, roi des Français, sous le nom de Louis-Philippe Ier. — Une pierre de forme pyramidale a été élevée sur la colline, en 1821, à la mémoire du général Kellermann. — *Ecarts :* Orbéval, à 3 kil.; Maigneux, à 3 kil.

Verrières, au S. de Sainte-Menehould, est arrosé par la rivière d'Aisne et par deux de ses affluents, la rivière d'Ante et le ruisseau de Gibermée, qui y a sa source. Ce dernier, quoique peu important, acquiert parfois des proportions torrentielles. Ainsi, en 1839, il inonda une partie du village et particulièrement l'église, où il s'éleva à plus d'un mètre au-dessus du niveau du sol. — Superficie, 579 hectares 84 ares 20 centiares. — Succursale dédiée à saint Didier. — Chef-lieu de perception. ⊠ Sainte-Menehould. — Bureau de bienfaisance. — Ecoles primaires des deux sexes. — Commerce de bois, charbon et sabots. — Verrières a donné naissance à Claude-Remi *Buirette*, homme de lettres et homme de guerre, qui fut gouverneur d'Anvers en 1813.

Villers-en-Argonne, au S.-S.-E. de Sainte-Menehould, sur l'Aisne et l'Ante. — Superficie, 859 hectares. — Succursale dédiée à la Nativité de la Sainte-Vierge. — Perception de Passavant. ⊠ Sainte-Menehould. — Ecoles primaires des deux sexes. — L'église est du XVe siècle ; elle a trois nefs et cinq travées, avec fenêtres ogivales géminées, et deux chapelles dans les transepts. Les fonts baptismaux sont en fer, et proviennent de l'abbaye de Chatrices. — Villers a remplacé un ancien village, au commencement du XIIIe siècle, ainsi qu'en fait foi une charte de 1208, de la comtesse Blanche de Champagne, qui accorde certaines avantages aux habitants, et leur impose quelques servitudes. — *Ecart :* la ferme de la Cense-Brissier, à 1,500 mètres.

Voilemont, au S.-O. de Sainte-Menehould, en amphithéâtre, sur la pente d'un mont élevé de 202 mètres au-dessus du niveau de la mer, est arrosé par l'Yèvre et aussi par six sources. Les sources de Plagnicourt, de l'Etang-Puisart, de Ronde, du Prêtre, du Bat-les-Chiens, de Maupertuis. — Superficie, 581 hectares. — Annexe de Gizaucourt; église dédiée à saint Vit. — Perception de Verrières. ⊠ Sainte-Menehould. — Ecole primaire mixte. — L'église, placée presqu'au sommet du coteau sur lequel est Voilemont, renferme un vaste caveau, qui servait à la sépulture des seigneurs du lieu. On doit signaler des vitraux assez importants, avec les portraits des donataires, leurs armes et la date de 1542. — *Ecarts :* Maupertuis, à 2 kil.; Monjouy, à 500 mètres; Plagnicourt, à 1 kil.

2° CANTON DE DOMMARTIN-SUR-YÈVRE.

8,337 habitants. — 34,492 hectares. — 26 communes.

Ce canton, qui occupe la partie méridionale de l'arrondissement, et dont près de la moitié est en Champagne et l'autre en Argonne, est très-irrégulier.

Il est borné : au N., par le canton de Sainte-Menehould ; à l'E., par le département de la Meuse ; au S., par le canton d'Heiltz-le-Maurupt; à l'O., par les cantons de Marson et de Suippes.

Il est arrosé par l'Aisne, l'Ante, l'Yèvre, le Rouillat, etc., etc.

Le sol est crayeux et grèveux dans la partie occidentale ou de Champagne, argileux, sablonneux, limoneux et pierreux dans sa partie orientale.

L'agriculture est presque l'unique occupation des habitants, dont le commerce consiste principalement dans la vente des grains, bestiaux, miel, etc.

Les meilleures communes sont dans la partie orientale.

COMMUNES.	DISTANCE AU CHEF-LIEU				POPULATION
	de canton.	de l'arr.	du départ.	de Reims.	
	k.	k.	k.	k.	habitants
Dommartin-sur-Yèvre........	»	18	36	70	246
Ante.....................	10	12	42	75	184
Auve.....................	11	17	26	54	510
Belval-en-Argonne..........	19	23	63	89	289
Charmontois-l'Abbé.........	18	20	50	84	254
Charmontois-le-Roi..........	18	20	49	84	285
Contaut...................	10	26	37	69	231
Dampierre-le-Château.......	4	14	34	67	286
Eclaires...................	19	16	54	85	416
Epense...................	5	17	41	73	363
Givry-en-Argonne...........	4 6	18	31	64	562
Herpont...................	8	14	43	76	427
La Neuville-aux-Bois........	11	19	45	77	445
Le Chatelier...............	17	14	51	85	329
Le Chemin.................	9	12	42	75	278
Le Vieil-Dampierre.........	4 5	21	40	78	283
Noirlieu...................	5 5	15	36	64	242
Rapsécourt................	9	17	43	75	124
Remicourt.................	10	15	28	61	188
Saint-Mard-sur-Auve........	9	21	41	73	153
Saint-Mard-sur-le-Mont.....	20	26	20	51	607
Saint-Remy-sur-Bussy.......	20	26	20	51	491
Sivry-sur-Ante.............	8	11	40	72	353
Somme-Yèvre..............	4	22	32	64	369
Tilloy et Bellay............	14	23	20	52	382
Varimont..................	1	19	34	63	140

Dommartin-sur-Yèvre, au S.-O. de Sainte-Menehould, chef-lieu de canton, sur les bords de l'Yèvre et au pied du mont de la Serre. — Superficie, 1,350 hectares. — Annexe du Vieil-Dampierre ; église dédiée à la Nativité de la Sainte-Vierge.— Perception d'Herpont, ✉ Givry-en-Argonne. — Ecole primaire mixte. — Quoique chef-lieu du canton, ce village ne jouit d'aucun des priviléges attachés à cette qualité. — La tradition rapporte qu'un seigneur espagnol, du nom de dom Martin, s'étant fixé dans cet endroit, lui donna son nom. — L'abbaye de Monstiers, le séminaire de Châlons, les seigneurs d'Epense et d'Arzillières, percevaient la dime sur ce village.

Ante, à l'E.-N.-E. de Dommartin, sur la rive gauche de l'Ante et sur un petit ruisseau qui se jette dans cette rivière, à l'O. du pays, et sur le penchant d'une colline. — Superficie, 965 hectares. — Annexe de Sivry-sur-Ante; église dédiée à la Nativité de la Sainte-Vierge. — Perception de Givry-en-Argonne. ✉ Sainte-Menehould. — Ecole primaire mixte. — Ce village contenait les fiefs de Boncourt, des Horgues et de Millet, et avait un prieuré d'Augustins, sous le patronage de l'abbé de Toussaints de Châlons. — *Ecarts :* le Millet, à 5 kil.

Auve, au N.-N.-O. de Dommartin, arrosé par l'Auve, qui prend sa source à un kilomètre du village et lui donne son nom. — Superficie, 2,500 hectares. — Succursale dédiée à saint Martin. — Perception d'Herpont. — Bureau de poste aux lettres. — Brigade de gendarmerie. — Ecole primaire mixte. — L'église a un chœur roman, trois nefs et des collatéraux bas et étroits ; le portail, quoique mutilé, est curieux ; le chœur primitif est très-ancien ; le reste, nefs et portail, ont été ajoutés dans le XVe siècle. — On a fouillé, en 1746 et en 1806, deux tombelles existant sur le finage de cette commune, et dans lesquelles on a trouvé des vases, des cendres, du charbon et un couteau de sacrifice.

Belval, au S.-E. de Dommartin, entre les belles forêts de la Marne et de la Meuse, sur les confins du département de la Meuse, est arrosé par le ruisseau de Coubreuil, formé par la réunion des fossés : 1º l'Etang-l'Apôtre ; 2º de Princey ; 3º et du Neuf-Etang. Ce ruisseau se jette dans l'Aisne, au-dessus du territoire de Belval. Il y a quatre étangs : l'Etang-l'Apôtre, d'une contenance de 4 hectares ; 2º celui de la Putefin, de 10 hectares ; ces deux étangs sont dans la forêt ; 3º celui d'Etoges, de 16 hectares ; 4º le Grand-Etang, de 194 hectares. Les trois petits sont presque toujours en eau ; le grand y est rarement. — Superficie, 1,200 hectares. —

Succursale dédiée à la Nativité de la Sainte-Vierge. — Perception de Passavant. ✉ Givry-en-Argonne. — Ecole primaire mixte. — Cidre. — L'église est en bois ; les fenêtres du chœur, à deux baies, conservent quelques fragments de vitraux à grisailles. — Il y avait à Belval une abbaye de l'ordre de Prémontré, fondée par Adalbéron, évêque de Verdun, vers 1137 ; elle devint un prieuré du doyenné de Possesse. — *Ecarts :* une maison, à 3 hect.; une autre, à 500 mètres.

Charmontois-l'Abbé, à l'E. de Dommartin, sur la lisière du département de la Marne, touchant à celui de la Meuse, arrosé par une des sources de l'Aisne et le fossé de la vallée l'Orlan-Charmontois, forme une espèce de croissant et domine deux plaines, dont l'une est au N. et l'autre au S. — Superficie, 743 hectares 41 ares 50 centiares. — Annexe de Belval ; église dédiée à la Nativité de la Sainte-Vierge. — Perception de Passavant. ✉ Givry-en-Argonne. — Ecole primaire mixte. — Commerce de porcs de lait. — L'église, qui sert aux deux villages de Charmontois-l'Abbé et Charmontois-le-Roi, a un chœur bâti en 1560 par les moines de l'abbaye de Beaulieu ; il a cinq fenêtres flamboyantes à quatre et cinq baies ; les nefs sont en bois ; il y a trois piscines et quatre niches sculptées avec goût. — Les dîmes étaient perçues en 1338, à Charmontois, par la collégiale de la Trinité de Châlons.

Charmontois-le-Roi, à l'E. de Dommartin, dans une plaine terminée par des bois, est arrosé par l'Aisne et par le ruisseau de Coubreuil et le fossé de la vallée l'Orlan, qui y ont leur embouchure. Trois étangs ayant une étendue de 9 hectares 8 ares 90 centiares. — Superficie, 735 hectares. — Sans église, est aussi annexe de Belval. — Perception de Passavant. ✉ Givry-en-Argonne. — Ecole primaire mixte. — La collégiale de la Trinité de Châlons levait également les dîmes sur ce village.

Contault, au S. de Dommartin, dans un vallon entouré de montagnes assez hautes, excepté du côté du couchant, est alimenté par un ruisseau qui a sa source à l'extrémité du village. — Superficie, 308 hectares 22 ares 40 centiares. — Annexe de Bussy-le-Repos; église dédiée à saint Laurent. — Perception de Givry. ✉ Givry. — Ecole primaire mixte. — Il y avait autrefois un château avec pont-levis et fossés. — Les habitants de Contault, par un privilége dont on ne connaît pas l'origine, étaient exempts de tous droits féodaux. — *Ecart :* la Maison-Rouge, à 2 kil.

Dampierre-le-Château, au N. de Dommartin, sur la rive droite de l'Yèvre, qui prend sa source à 9 kil., au S., et sur le Rouillat, qui a la sienne à 5 kil., à l'O. Ces deux rivières ont leur confluent près du village, et font tourner un moulin au centre de la commune. Un étang de 21 hectares. — Superficie, 1,113 hectares 49 ares. — Succursale dédiée à saint Maurice. — Perception d'Herpont. ✉ Auve. — Ecole primaire mixte. — Dampierre avait le titre de comté. Un de ses seigneurs remporta sur les Turcs de brillants avantages, et mourut au siége de Presbourg en 1620. — Dampierre avait autrefois un château-fort, bâti sur une butte très-élevée, et qui fut dévoré par les flammes, il y a trois siècles environ. Cette commune était tributaire de l'abbaye de Montiers-en-Argonne, de l'abbaye de Toussaints de Châlons et de la cure de Saint-Loup de cette ville. — *Ecart :* Sommecourt, hameau, à 100 mètres.

Eclaires, à l'E. de Dommartin, longe le département de la Meuse, touche au canton de Sainte-Menehould; il est en amphithéâtre sur une colline ; deux ruisseaux arrosent son territoire : ce sont l'Evre et le Tabas. — Superficie, 724 hectares, 95 ares 75 centiares. — Succursale dédiée à saint Vannes. — Perception de Passavant. ✉ Sainte-Menehould. — Ecole primaire mixte. — Deux moulins à eau. — *Ecarts :* Aubercy, à 3 kil. E.; Grigny, à 700 mètres E.; Gumont, à 600 mètres S.; Vernaux-Fays, à 5 kil. S.-O.

Epense, à l'E. de Dommartin, arrosé par deux ruisseaux qui passent, l'un au N. et l'autre au S. de la commune. Ils prennent leur source au pied de la montagne la Serre, à peu de distance, se rejoignent et se jettent dans la Meuse. Deux étangs, l'un de 25 ares environ et l'autre de 10. — Superficie, 1,131 hectares 86 ares

50 centiares. — Succursale dédiée à la Conversion de saint Paul. Perception d'Herpont. ⊠ Givry-en-Argonne. — Ecole primaire mixte. — Vin blanc. — Tannerie. — L'église a été très-maltraitée dans les guerres de religion ; les fenêtres sont flamboyantes ; les fonts sont de la Renaissance et la cloche porte le millésime de 1528. — Epense était autrefois une riche seigneurie, dont les seigneurs portaient le titre de comtes d'Epense. Ils étaient puissants, avaient le droit de haute et basse justice. Le tribunal était établi au fond de la halle, qui fut détruite à l'époque de la Révolution.

Un des comtes d'Epense, Claude *Togniel d'Epense* ou d'Espence *Espencœus*, savant docteur de Sorbonne, né en 1511 et mort en 1571, fut recteur de l'Université de Paris en 1540, à 29 ans, s'attacha au cardinal de Lorraine, fut député au concile de Trente, assista aux Etats d'Orléans en 1560, et au colloque de Poissy. Il a laissé un grand nombre d'ouvrages, soit en latin, soit en français, entre autres, *l'Institution d'un Prince chrétien*, 1548; *De Continentiâ; Commentaire sur l'Epitre de saint Paul à Tite ;* ces deux derniers sont à l'*index*. Il a aussi composé en latin des poésies pieuses mystiques. Son portrait est à l'hôtel de ville de Châlons, ville dans laquelle quelques biographes prétendent qu'il prit naissance. Le général Kellermann, se rendant à Valmy, passa par Epense ; les chemins étaient si mauvais alors, qu'il fit abattre des allées du château qui n'existe plus, et en fit faire des chemins en bois pour faire passer son armée et surtout son artillerie. — *Ecart :* Epensival, ferme parfaitement exploitée, et dont les propriétés, en terres, bois et vignes, couvrent presque le tiers de la commune.

Givry-en-Argonne, au S.-E. de Dommartin, sur l'Ante, a une grande partie de son territoire couverte en bois (235 hectares 73 ares 30 centiares), et en étangs (112 hectares 50 ares 30 centiares). — Superficie, 747 hectares 81 ares 75 centiares. — Succursale dédiée à saint Laurent. — Chef-lieu de perception. — Bureau de poste et d'enregistrement. — Ecoles primaires des deux sexes. — Moulin à eau ; moulin à vent. — La tradition rapporte que Givry était autrefois un bourg considérable. — Un titre de 1229 contient un accord entre l'abbé de saint Vannes de Verdun, et le seigneur de Dampierre, pour la construction de Givry. Les droits féodaux, prélevés par les seigneurs de Givry, étaient énormes et tout-à-fait hors de proportion avec l'étendue et le produit du territoire. Outre la dîme des moissons qui appartenait aux Bénédictins de Châlons, chaque chef de famille perdait ses biens après un an d'absence. Il devait une chevauchée de dix lieues au loin pour le service du seigneur, un jour de travail par corvée, deux boisseaux de froment et deux d'avoine par chaque journel de terrain en culture, plus, une redevance en blé et en avoine sur les chevaux, redevance telle, qu'on disait communément *qu'un cheval ne pouvait porter ce qu'il devait.*

Herpont, au N.-O. de Dommartin, sur le penchant d'une colline fort longue, est arrosé par le Rouillat, qui a sa source dans la commune, et par la Grande-Goutte, qui a la sienne sur le territoire de Dommartin-sur-Yèvre. Ces deux cours d'eau se réunissent au hameau d'Herpine et vont se jeter dans l'Yèvre, près de Dampierre-le-Château. Trois étangs y ont une étendue de 11 hectares. — Superficie, 2,309 hectares. — Succursale dédiée à saint Georges. — Chef-lieu de Perception. ✉ Auve. — Ecole primaire mixte. — L'église a trois nefs simples, soutenues par des contreforts ; le portail est formé par une arcade ogivale ; le chœur est nouveau. — Herpont payait autrefois de très-onéreuses redevances aux seigneurs d'Arzillières. — *Ecarts :* Herpine, à 2 kil.; Courgain, à 1 kil.

La Neuville-aux-Bois, à l'E. de Dommartin, sur trois ou quatre petites collines, est arrosé par la Quante et la Baure, qui se réunissent au-dessous du village, au N.-E. La première a sa source à Noirlieu et la seconde à Epense. 134 hectares 73 ares 80 centiares d'étangs, alternativement en culture et en eau, couvrent le territoire, que de vastes bois entourent. — Superficie, 1,448 hectares 7 ares 20 centiares. — Succursale dédiée à saint Remi. — Perception de Givry-en-Argonne. ✉ Givry. — L'église est du XIe siècle, mais bien dégradée ; elle n'a conservé que deux nefs, les transepts et le chœur ; la porte de la sacristie est du XVIe siècle; autour de l'église, règne une corniche Renaissance ; les fenêtres du chœur sont flamboyantes et plusieurs ont quatre baies.

— La Neuville avait haute, moyenne et basse justice. Les dîmes étaient perçues par les religieux de Haute-Fontaine et par ceux de Châtrices. — Il y a neuf ans environ, on a découvert, près du village, un tombeau en pierre de taille et formé de deux pièces seulement ; il avait deux mètres de longueur et renfermait des armes et des ossements. — *Ecart :* Bournonville, hameau, à 2 kil.

Le Châtelier, au S.-E. de Dommartin, dans un petit vallon entouré de bois (710 hectares 21 ares 40 centiares), et d'étangs, qui sont au nombre de huit : l'étang *dit* Braux-Forêt, 17 hectares 34 ares ; le Bâtard, 8 hectares 26 ares ; Court-Gain, 5 hectares 5 ares ; la Tilloire, 4 hectares 40 ares ; le Bras-de-Fer, 2 hectares 15 ares ; le Grand-Guitier, 1 hectare 75 ares ; de Laie-Renauld, 1 hectare 57 ares ; Didas, 80 ares. Total, 41 hectares 32 ares. — Superficie, 1,070 hectares. — Annexe et perception de Givry-en-Argonne ; église dédiée à la Nativité de la Sainte Vierge. ⊠ Givry. — Ecole primaire mixte.

Le Chemin, à l'E.-S.-E. de Dommartin, sur l'Aisne et le Hardillon. — Superficie, 623 hectares. — Succursale dédiée à saint Claude. — Perception de Passavant. ⊠ Sainte-Menehould. — Ecole primaire mixte.

Le Vieil-Dampierre, au N. de Dommartin, sur l'Ante, qui le traverse du S. au N., et près de l'Aisne, qui le limite à l'E., est encore arrosé par quelques petits ruisseaux. On y remarque 574 hectares 94 ares de bois ; 15 étangs couvrent une étendue de 143 hectares 30 ares : l'étang de Champ-Moulin, 5 hectares 70 ares (le reste est commune de La Neuville); Thomas, 32 ares 70 centiares ; de la Caque, 53 ares 20 centiares ; du Grand-Sans-Lac, 1 hectare 30 ares ; de la Tête-de-Bois, 1 hectare 87 ares ; premier petit étang de Grand-Ru, 1 hectare 70 centiares ; deuxième petit étang de Grand-Ru, 98 ares 90 centiares ; troisième petit étang de Grand-Ru, 55 ares 20 centiares ; étang de Grand-Ru, 80 hectares 40 centiares ; d'Igny, 24 hectares 56 ares ; des Franches-Saules, 18 hectares 86 ares ; de Beaulieu, 2 hectares 54 ares ; deuxième étang de Beaulieu, 3 hectares 33 ares ; le Petit-Etang, 70 ares ; l'étang des Verriers, 1 hectare. — Superficie, 1,377 hectares 51 ares. — Succursale dédiée à saint Pierre et saint Paul. — Perception de Givry. ✉ Givry. — Ecole primaire mixte. — Commerce de bois, charbon, fourrages, chanvre et fruits. — Le Vieil-Dampierre a deux buttes élevées de main d'homme, sur l'une desquelles était le château seigneurial ou de la Motte, qui n'a été détruit que peu d'années avant 1789. — *Ecarts :* Une partie du hameau de Bournonville ; la Chayère.

Noirlieu, au S.-S.-E. de Dommartin. Une chaîne de montagnes peu élevées, située à l'extrémité occidentale du territoire, fait une ligne de démarcation entre le Vallage et la Champagne, du côté de l'E. Ces hauteurs donnent naissance à diverses sources, qui forment deux étangs et deux ruisseaux qui arrosent une partie de la commune de Noirlieu. L'un de ces ruisseaux porte le nom de Laverre, il coule de l'O. au S., et va se jeter dans la Saulx ; l'autre, sans nom particulier, coule de l'O. à l'E., rejoint la rivière d'Aulne, à Givry, pour aller se jeter dans l'Aisne. Les étangs sont ceux d'Hautrivière et de Noirlieu, le premier couvre 3 hectares, et est en culture ; le second de 43 hectares, est alternativement en culture et en eau. La Vière prend sa source à Noirlieu, elle se jette dans la Chée, à Outrepont — Superficie, 1,400 hectares. — Annexe de Somme-Yèvre ; église dédiée à la Nativité de Notre-Dame. — Perception de Givry. ✉ Givry. — Ecole primaire mixte. — Huilerie. — Avant la Révolution, les 4/5 du territoire de Noirlieu appartenaient au seigneur, à l'église, aux Bénédictins de Verdun et à ceux de Monstiers-en-Argonne. — *Ecarts :* Bouët, à 2 kil. S.-O. ; Hautrivière, à 2 kil. au S.

Rapsécourt, au N. de Dommartin, sur la rivière d'Yèvre, qui y coule du S. au N. — Superficie, 715 hectares 54 ares. — Annexe de Dampierre-le-Château ; église dédiée à saint Laurent. — Perception d'Herpont. ✉ Auve. — Ecole primaire mixte. — Les seigneurs d'Arzillières percevaient la dîme sur cette commune. — *Ecart :* Plagnicourt, à 1,500 mètres.

Remicourt, à l'E.-S.-E. de Dommartin, arrosé par le ruisseau du Poncante, affluent de l'Ante. L'étang de la Lieue couvre 18 hectares 43 ares 40 centiares. — Superficie, 923 hectares 34 ares 50 centiares. — Annexe et perception de Givry-en-Argonne; église dédiée à saint Nicolas ✉ Givry. — Ecole primaire mixte.— *Ecarts :* la Lieue et le Bel-Air, à 3 kilomètres.

Saint-Mard-sur-Auve, au N.-N.-E. de Dommartin, sur l'Auve, à l'E. de deux étangs d'une surface totale de 12 hectares. — Superficie, 2,000 hectares. — Annexe d'Auve ; église dédiée à saint Médard, — Perception d'Herpont. ✉ Auve. — Ecole primaire mixte. Les dimes étaient perçues, dans cette commune, par l'abbé de Toussaints, le chapitre de Notre-Dame de Châlons, l'abbé de Moiremont et les religieux de Monstiers.

Saint-Mard-sur-le-Mont, au S.-E. de Dommartin, village très-régulièrement construit, sur le ruisseau du Poncante et sur la Vière, cours d'eau qui ont leur source sur le territoire de Noirlieu. — Superficie, 1,500 hectares. — Cure dédiée à saint Médard. — Perception de Givry-en-Argonne. ✉ Givry. — Ecoles primaires des deux sexes. — Préparation du chanvre; fabrication de toile ; moulins à eau et à vent. — Il y avait autrefois un château dont les fossés profonds existent encore. Les droits féodaux étaient pesants, sur cette commune ; le seigneur et le curé se les partageaient, ainsi qu'une partie des dîmes ; l'autre partie appartenait aux chanoines de Châlons et à différentes abbayes.

Saint-Remy-sur-Bussy, au N.-O. de Dommartin, en pleine Champagne, à la source de la Mollette, affluent de la Vesle (1). — Superficie, 3,457 hectares — Succursale dédiée à saint Remi. — Perception d'Herpont. ✉ Auve. — Ecoles primaires des deux sexes. — Fabrication de châles (25 métiers environ). — Ce pays est entouré de fortifications qui ont été élevées du temps de la Ligue — Les seigneurs de Saint-Remy avaient des droits nombreux, dont une partie fut abolie en 1544.

(1) Voir page 115, aux Notes,

Sivry-sur-Ante, à l'E.-N.-E. de Dommartin, arrosé par l'Ante, par la rivière *dite* des marais de Sivry, et par le ruisseau *dit* des Gros-Prés et de la Basse de Sivry. — Il y a deux étangs d'une contenance totale de 3 hectares. — Sivry est un des plus beaux et des plus riches pays du canton de Dommartin. — Superficie, 1,195 hectares. — Succursale dédiée à saint Jean-Baptiste. — Perception de Givry. ✉ Givry. — Ecoles primaires des deux sexes. — Sivry, avec les fermes et censes qui en dépendaient, avait haute, moyenne et basse justice ; il était de la généralité et du présidial de Châlons, de la coutume de Vitry, de l'élection de Sainte-Menehould. — On le voit, dans un titre de 1208, contenant donation par Blanche, palatine de Troyes, de quelques paquis et des marais situés au N. Outre le droit de chasse, de pêche et de corvée, le seigneur possédait encore le terrage, sur la moitié du territoire, et le quart de toutes les dîmes. Un autre quart appartenait au prieur ou curé desservant la paroisse, et le reste à l'économat du couvent de Chatrices. — *Ecarts :* la Basse-Vavrelle, ferme très-importante, à 1,600 mètres, au N.-O., dans un vallon ; la Lochère, ferme également importante, à 700 mètres, au N.-O.; l'ancien moulin à vent, à 200 mètres, vers l'E. ; le moulin à eau, construit en 1831, à 1,600 mètres, à l'E. ; la Marengote, à 400 mètres, à l'E. ; la Basse-cour, à 300 mètres, au N.

Somme-Yèvre, au S.-S.-E. de Dommartin, à la source de l'Yèvre, et à celle d'un petit ruisseau, la Presle, son affluent, après un cours de 2 kil. — Superficie, 2,159 hectares 49 ares 60 centiares. — Succursale dédiée à saint Memmie. — Perception d'Herpont. ✉ Givry-en-Argonne. — Ecole primaire mixte. — L'église est du XIVe siècle ; elle a trois nefs avec transepts, le chœur est percé de cinq fenêtres ogivales trilobées; les transepts sont éclairés par deux grandes fenêtres avec rose et à quatre lobes ; le portail E. a des baies, avec un trumeau sans ornement. — Il a existé à Somme-Yèvre un couvent de nonnes dont les biens ont passé aux religieux de la Chalade, et dans les caves duquel on a trouvé quelques médailles, il y a 50 ans environ. — *Ecart :* le moulin à eau, à 2 kilomètres.

Tilloy & Bellay; au N.-O. de Dommartin, entre des monts élevés de 192 à 200 mètres au-dessus du niveau de la mer. — Superficie, 1,773 hectares. — Annexe de Saint-Remy-sur-Bussy ; église dédiée à la Nativité de saint Jean-Baptiste. — Perception d'Herpont. ⊠ Auve. — Ecole primaire mixte. — L'église, située sur une éminence, a un chœur et des transepts du XIVe siècle. — Tilloy appartenait autrefois à l'ordre de Malte. — Bellay fut, dit-on, en 364, le théâtre d'une bataille entre Jovin ou Jovinus, général romain, citoyen de Reims, et les Allemands, qui furent vaincus.

Varimont, au S.-S.-E. de Dommartin, sur le revers d'une côte, est arrosé par l'Yèvre et le ruisseau la Dhui, qui prend sa source sur le territoire, à un kil. du pays. — Superficie, 990 hectares. — Annexe et perception d'Herpont ; église dédiée à saint Nicolas. ⊠ Givry-en-Argonne. — Ecole primaire mixte. — Les droits féodaux, assez considérables, étaient perçus par le seigneur, par le curé de Dommartin, comme desservant, par l'abbaye de Saint-Pierre-au-Mont de Châlons, suivant des titres de 1240 ; et, en 1392, le seigneur d'Arzillières y avait aussi des redevances.

3º CANTON DE VILLE-SUR-TOURBE.

10,858 habitants. — 38,696 hectares. — 24 communes.

Ce canton, qui occupe le N. de l'arrondissement, est formé de Champagne, à l'O., et de Vallage, Argonne et Dormois, pour le reste. C'est une sorte de rectangle irrégulier.

Il est borné, au N., par le département des Ardennes; à l'E., par le département de la Meuse ; au S., par le canton de Sainte-Menehould ; à l'O., par le canton de Beine et par celui de Suippes.

Il est arrosé par l'Aisne, la Bionne, la Dormoise, la Tourbe, le canal de Biesme, etc. ; l'Ain et le Py y prennent leur source.

Le sol, très-varié, est généralement crayonneux et gréveux dans la partie de Champagne la plus considérable; argileux, plus ou moins gras, et pierreux dans le Vallage et l'Argonne.

La principale richesse du pays est l'industrie agricole; on s'y livre aussi à la préparation des laines pour les fabriques de Reims et de Suippes.

COMMUNES.	DISTANCE AU CHEF-LIEU				POPULATION
	de canton.	de l'arr.	du départ.	de Reims.	
	k.	k.	k.	k.	habitants.
Ville-sur-Tourbe...	»	15	15	56	563
Berzieux.	3	12	46	64	293
Binarville.	11	19	61	80	830
Cernay-en-Dormois	5 3	20	45	66	873
Fontaine-en-Dormois.	9	24	43	53	159
Gratreuil.	11	26	44	54	146
Hurlus.	11	25	33	45	149
Le Mesnil-lez-Hurlus.	10	23	34	46	103
Malmy.	3	15	46	66	108
Massiges.	3 1	18	42	54	235
Minaucourt.	6	19	39	51	247
Perthes-lez-Hurlus.	14	26	33	45	214
Ripont	10	24	41	52	138
Rouvroy.	8	18	40	84	163
Sainte-Marie-à-Py.	24	38	36	37	648
Saint-Thomas.	10	12	54	72	212
Servon-Melzicourt.	5 7	16	58	13	764
Somme-Py.	19	34	37	42	1,130
Souain.	20	32	29	40	780
Tahure.	11	26	39	43	244
Vienne-la-Ville.	8	10	52	71	499
Vienne-le-Château.	12	13	56	75	1,872
Virginy.	2 4	16	42	54	401
Wargemoulin.	8	19	38	55	87

Ville-sur-Tourbe, au N.-N.-O. de Sainte-Menehould, chef-lieu de canton, sur la Tourbe, au centre du canton; il y a un étang d'une contenance totale de 22 hectares. — Superficie, 1,112 hectares. — Succursale dédiée à saint Maurice. — Chef-lieu de perception. — Poste aux lettres. — Bureau d'enregistrement et de bienfaisance. — Ecoles primaires des deux sexes. — Moulin à eau. — En 1505, on creusa, au-dessus de Ville, un canal destiné à conduire la Tourbe à la ferme de la Chapelle (écart de Servon), alors propriété des ducs de Créqui. — La terre de Ville-sur-Tourbe, érigée en baronnie, dépendant du comté de Grand-Pré, appartenait, en 1509, à Antoine de Luxembourg, comte de Brienne ; elle passa ensuite à la maison de Joyeuse. — Ce pays eut beaucoup à souffrir, pendant les guerres de la Fronde. Montal, gouverneur de Sainte-Menehould pour le prince de Condé, y plaça une garnison.

Ville-sur-Tourbe a vu naître, dans son château, en 1631, le marquis J.-Armand *de Joyeuse*, fils d'Ant.-F. *de Joyeuse*, comte de Grand-Pré. Il fit ses premières armes en Flandre, sous le comte d'Harcourt, servit dans les Pays-Bas, en Allemagne et en Espagne, fut fait maréchal, en 1693. Il commandait l'aile gauche de l'armée française à la bataille de Nerwinde (Belgique, province de Liége), où il fut blessé, cette même année, 1693. Il mourut, en 1710, sans postérité. Il existe, sur le territoire de Ville-sur-Tourbe, un bois connu sous le nom du Bois-de-Ville, contenant 130 hectares environ. — *Ecart :* la ferme *dite* du Bois-de-Ville, à 2 kilomètres.

Berzieux, au S.-S.-E. de Ville-sur-Tourbe, dans une plaine assez humide, dominée au N. par un rocher isolé d'une assez grande élévation. — Superficie, 1,150 hectares. — Succursale dédiée à saint Barthélemy. — Perception de Ville-sur-Tourbe. ⊠ Ville-sur-Tourbe. — Ecole primaire mixte.

Binarville, au N.-E. de Ville-sur-Tourbe, forme l'angle du département, confine avec celui des Ardennes et celui de la Meuse, et est arrosé par deux ruisseaux : celui de l'Homme-Mort et celui de la Buironne. Ces ruisseaux prennent leur source sur le territoire qu'ils arrosent, dans la partie E. et S., et vont se jeter dans l'Aisne, sur la commune d'Autry (Ardennes). — Il y a trois étangs : l'étang de l'Homme-Mort, d'une étendue de 72 ares 90 centiares ; de Charlevaux, 72 ares 40 centiares ; Poligny, 97 ares,

— Superficie, 1,660 hectares 88 ares 70 centiares. — Succursale dédiée à saint Etienne. — Perception de Vienne-le-Château. ⊠ Vienne-le-Château. — Ecole primaire mixte. — Céréales ; fruits ; bois et charbon. — L'église est moderne et assez bien bâtie. — Les habitants de cette commune reçurent leur charte de fondation, en 1331. Louis de Grand-Pré tenait Binarville en toute justice, de l'abbaye de Saint-Remi de Reims, en 1463, et avait, sur cette paroisse, le fief de l'Echelle et les Bièvres.

Cernay-en-Dormois, au N.-N.-E. de Ville-sur-Tourbe au milieu d'une plaine riante et fertile, entre un affluent de l'Aisne, la Dormoise, qui y coule de l'O. à l'E., et l'Aisne qui arrose une faible partie du territoire. — Superficie, 2,481 hectares. — Succursale dédiée à la Sainte-Vierge. — Perception de Ville-sur-Tourbe. ⊠ Ville-sur-Tourbe. — Ecoles primaires des deux sexes — L'église est remarquable, et très-ornée à l'intérieur Elle recouvre un vaste caveau sépulcral des anciens seigneurs, et elle atteste, par ses dimensions, l'importance qu'avait cette localité. C'est une croix latine, avec trois nefs construites dans le XIIIe siècle ; on voit quelques curieux chapiteaux du XIVe et du XVe siècle ; les clefs de voûte sont ornées et portent des têtes de Christ. Cette église a des traces de restauration du XVIIe siècle. Dans une chapelle, on voit un rétable en bois peint et doré du XVIe siècle, figurant des scènes de la Passion. Le clocher, qui date de ce XVIe siècle, est surmonté d'une flèche couverte en ardoises, assez élancée ; la nef centrale est éclairée par douze jolies fenêtres ogivales soutenues par des colonnettes du XIIIe siècle. — Cernay était chef-lieu d'un doyenné du diocèse de Reims, comprenant 33 paroisses (1).

Cernay était autrefois la capitale du Dormois. En 933, ce pays

---

(1) Ces paroisses étaient celles de Vienne-le-Château, Virginy, Autry (Ardennes), Bouconville (Ardennes), Brecy (Ardennes), Corbon (Ardennes), Challerange (Ardennes), Fontaine, Gratreuil, Manre (Ardennes), Marvaux (Ardennes), Massiges, Melzicourt, Malmy, Minaucourt, Montcheuten (Ardennes), Perthes-lez-Hurlus, Rouvroy, Saint-Jean-sur-Tourbe, Saint-Morel (Ardennes), Savigny (Ardennes), Servon, Somme-Tourbe, Tahure, Vaux-Mouron (Ardennes), Vienne-la-Ville, Berzieux, Somme-Py, Sainte-Marie-à-Py, Remicourt (Ardennes), Wargemoulin, Laval, Ville-sur-Tourbe.

fut brûlé par les Hongrois, qui en furent chassés et battus dans les bois voisins, par Marc, comte de Dormois, aidé de Guérin, surnommé le Bras-de-Fer. En 1359, les Anglais levèrent le siége de Reims, pour venir s'emparer du château de Cernay, qui ne fut pris qu'après une longue et vive résistance. Les deux chevaliers qui le défendirent, et leurs gens, furent passés au fil de l'épée par les vainqueurs, qui mirent le feu à Cernay avant de retourner sous les murs de Reims. Les fossés énormes qui entouraient la commune, et un château-fort détruit dans la dernière moitié du XVIIe siècle, le défendaient puissamment. Il y avait aussi, à Cernay, un Hôtel-Dieu, qui fut brûlé pendant les guerres de religion, et dont les biens furent réunis à l'Hôtel-Dieu de Reims, en 1690.

Cernay a donné naissance à *Ulrich*, évêque de Verdun, mort en 1274 ; et à Nicolas *Boucher*, évêque et comte de Verdun, prince du Saint-Empire, mort en 1593. Son corps est dans la cathédrale de Verdun, son cœur dans le sanctuaire de l'église de Cernay. — *Ecarts :* le Bois-Rivière, à 4,150 mètres ; Bayon, à 1,760 mètres ; Chausson, à 2,360 mètres ; les Maisons de campagne à 4,240 mètres.

Fontaine-en-Dormois, au N.-N.-O. de Ville-sur-Tourbe, sur le ruisseau de Fontaine, affluent de la Dormoise, est un pays entrecoupé de coteaux et de vallons. — Superficie, 528 hectares. — Succursale dédiée à saint Remi. — Perception de Somme-Py. ⊠ Ville-sur-Tourbe. — Ecole primaire mixte. — *Ecarts :* deux, à 1 kilomètre.

Gratreuil, au N.-N.-O. de Ville-sur-Tourbe, dans une plaine élevée, est arrosé par le ruisseau le Tarègle, qui prend sa source sur le territoire. — Superficie, 475 hectares. — Annexe de Fontaine-en-Dormois ; église dédiée à saint Nicolas. — Perception de Somme-Py. ⊠ Ville-sur-Tourbe. — Ecole primaire mixte. — *Ecart :* l'Espérance, à 600 mètres.

Hurlus, à l'O. de Ville-sur-Tourbe, dans un vallon au bas de la hauteur qui porte le moulin de Perthes. — Superficie, 882 hectares. — Annexe de Perthes ; église dédiée à saint Remi — Perception de Somme-Py. ✉ Ville-sur-Tourbe. — Ecole primaire mixte. — L'église a un sanctuaire très-intéressant du xiie siècle ; le chœur est percé de sept fenêtres en plein-cintre ; la nef est en bois ; il n'y a ni clocher, ni portail. On y voit, ainsi que dans les églises voisines, des tableaux faits par *Rozet* (Nicolas), peintre, né à Hurlus, en 1722, et mort dans cette même commune, en 1788.

Le Mesnil-lez-Hurlus, à l'O. de Ville-sur-Tourbe, dans un fond, baigné par le Marson, ruisseau affluent de la Tourbe, et qui prend sa source sur le territoire, entre deux tertres assez resserrés. L'embouchure du ruisseau le Marson est entre Minaucourt et Virginy, après un cours de 4 kilomètres. — Superficie, 1,136 hectares 89 centiares. — Annexe de Perthes ; église dédiée à saint Pantaléon. — Perception de Somme-Py. ✉ Ville-sur-Tourbe. — Ecole primaire mixte. — L'église de ce village, aujourd'hui mutilée, a dû être fort belle ; elle avait trois nefs ; celle de droite a disparu ; le sanctuaire est du xiiie siècle ; le transept est très-élevé, bien conservé, et ne forme qu'une chapelle ; l'autel est surmonté de trois dais en pierre du xve siècle ; à droite, est une piscine du xviie siècle, assez bizarre ; la fenêtre de cette chapelle est du xive siècle, et conserve des fragments de vitraux en grisailles ; au-dessus de l'autel est un fort joli rétable du xve siècle ; et, à droite de l'autel une crédence très-remarquable de la même époque.

Malmy, au S.-E. de Ville-sur-Tourbe, sur le bord occidental de la forêt d'Auldzy. — Superficie, 483 hectares. — Annexe de Berzieux ; église dédiée à saint Remi. — Perception de Ville-sur-Tourbe. ✉ Ville-sur-Tourbe. — Ecole primaire mixte.

Massiges, à l'O. de Ville-sur-Tourbe, peu éloigné des monts, à 200 mètres, sur la gauche de la Tourbe, et dans une plaine, est arrosé par le ruisseau *dit* de l'Etang, qui y a sa source et qui se jette dans la Tourbe, près du village de Virginy. — Superficie, 804 hectares 77 ares 38 centiares. — Annexe de Virginy ; église dédiée à saint Maurice. — Perception de Ville-sur-Tourbe. ✉ Ville-sur-Tourbe. — Ecole primaire mixte — Le tiers du territoire de

Massiges est en Champagne, et le reste dans le Vallage. — La terre de Massiges relevait, pour la justice, du château de Sainte-Menehould, et la seigneurie était partagée entre la maison de Joyeuse et celle de Depont. — De Massiges dépendait jadis un village du nom de Buzy, qui fut ruiné en 1552, par les armées de Marie, reine de Hongrie, et gouvernante des Pays-Bas. Ce village avait titre de seigneurie et de justice. Il n'en reste plus que le cimetière et une croix où était l'église ; ces restes sont le but d'un pèlerinage, le 1er septembre.

Minaucourt, à l'O.-S.-O. de Ville-sur-Tourbe, au revers de l'une des côtes qui séparent la Champagne du Vallage, sur la Tourbe. — Superficie, 450 hectares 10 ares 30 centiares. — Succursale dédiée à la Nativité de la Sainte-Vierge. — Perception de Ville-sur-Tourbe. ✉ Ville-sur-Tourbe. — Ecole primaire mixte. — L'église est un des plus jolis monuments du pays, appartenant aux premiers jours de la transition ; elle a trois nefs bien conservées ; les fenêtres sont ogivales, quelques-unes en style flamboyant. Le chœur est roman ; une des clefs de voûte représente les armes du dauphin de France. — *Ecart* : Beau-Séjour, à 3 kilomètres.

Perthes-lez-Hurlus, à l'O. de Ville-sur-Tourbe, entre deux monts assez élevés. — Superficie, 1,270 hectares. — Succursale dédiée à saint Martin. — Perception de Somme-Py. ✉ Ville-sur-Tourbe. — Ecole primaire mixte. — L'église n'est remarquable que par les fragments de verrières que l'on y retrouve. Le chœur appartient à la fin du xive siècle ; il est vaste et percé de sept belles fenêtres de formes différentes. — Ce village, jadis assez considérable, ne doit pas être confondu avec la capitale du Perthois. — Avant la Révolution, une partie du territoire de Perthes ressortissait au présidial de Reims, et suivait la coutume de Vermandois. Une autre dépendait de la justice de Sainte-Menehould, et était soumise à la coutume de Vitry. — L'abbaye d'Avenay levait, en 1227, les dîmes de Perthes, par suite d'une donation de la comtesse de Soissons. — *Ecart* : un moulin à vent, à 600 mètres.

Ripont, au N.-O. de Ville-sur-Tourbe, presque entièrement en Champagne, sur la Dormoise, qui arrose le territoire de l'O. à l'E. — Superficie, 730 hectares 32 ares 98 centiares. — Annexe de Rouvroy ; église dédiée à saint Christophe. — Perception de Ville-sur-Tourbe. ✉ Ville-sur-Tourbe. — Ecole primaire mixte. — L'abbaye de Moiremont levait la dîme à Ripont, qui fut érigé en prévôté le 12 juillet 1587. — *Ecart :* un moulin à eau, à 2 kil.

Rouvroy, au N.-O. de Ville-sur-Tourbe, au pied des monts de Champagne, est arrosé par la Dormoise et a son territoire partie en Champagne et partie en Vallage. — Superficie, 443 hectares. — Succursale dédiée à saint Maurice. — Perception de Ville-sur-Tourbe. ✉ Ville-sur-Tourbe. — Ecole primaire mixte. — Les dîmes étaient perçues par l'abbaye d'Avenay.

Sainte-Marie-à-Py, au N.-N.-O. de Ville-sur-Tourbe, à l'extrémité occidentale du canton, dans un fond étroit, entre deux collines, sur le ruisseau de Py. — Superficie, 2,661 hectares. Succursale dédiée à la Nativité de la Sainte-Vierge. — Perception de Somme-Py. ✉ Somme-Py. — Ecoles primaires des deux sexes. — Tissage à la main des mérinos ; préparation des laines. — Moulin à eau ; moulin à vent. — Sainte-Marie-à-Py a vu naître, en 1757, Jean Deville, mort dans ce village, dans le dénuement le plus complet, en 1834. Il fut membre de la Convention (10 octobre 1792), et du conseil des Cinq-Cents (4 brumaire an IV, 1795).

Saint-Thomas, à l'E. de Ville-sur-Tourbe, en pente sur le contrefort d'un mont garni de vignes, à un kilomètre environ du confluent de l'Aisne et de la Biesme. — Superficie, 443 hectares. — Annexe de Vienne-la-Ville ; église dédiée à Saint-Maurice. — Perception de Vienne-le-Château. ✉ Vienne-le-Château. — Ecole primaire mixte. — L'église, bâtie au sommet de la montagne et sur l'emplacement de la chapelle du prieuré, est moderne. Il n'y a de curieux que les fonts baptismaux en pierre, et de l'époque romane ; ils sont formés de quatre faisceaux placés sur une base carrée. — Il existait sur cette commune un riche prieuré, élevé sur la côte, en 1096, par Robert, abbé de Saint-Remi, aidé de Manassès, archevêque de Reims.

Servon-Melzicourt. Servon, au N.-E. de Ville-sur-Tourbe, est sur la rive droite de l'Aisne, près de l'embouchure de la Tourbe et sur la pente d'une colline assez élevée. Melzicourt, qui est sur les prairies de l'Aisne et de la Tourbe, a été réuni à Servon, par ordonnance du 16 juin 1843. — Superficie, 1,374 hectares. — Succursale dédiée à saint Eloi. — Perception de Vienne-le-Château. ⊠ Ville-sur-Tourbe. — Bureau de bienfaisance. — Ecoles primaires des deux sexes. — Briqueterie, au N. de Servon ; on y fait annuellement un million de briques.

L'église de cette commune est remarquable. Placée sur un lieu élevé qui domine le village, elle paraît avoir été fortifiée et avoir servi de citadelle dans les temps de troubles et de guerres ; il existait un four dans le clocher et un puits dans le cimetière ; on voit au portail les têtes très-bien faites du Sauveur et des douze Apôtres ; dans l'intérieur, les deux autels collatéraux sont ornés de superbes cariatides représentant les Vertus cardinales ; à l'autel de la Sainte-Vierge, on voit la Justice et la Tempérance, et à l'autel de Saint-Nicolas, la Force et la Prudence. On remarque encore dans l'intérieur une statue de saint Roch ; toutes ces sculptures sont dignes de l'attention des curieux. Le chœur de cette église remonte au XIIIe siècle ; sur les côtés, sont percées de petites portes de la Renaissance et d'un assez bon style. Le corps de l'église et le portail principal sont des constructions peu avantageuses du XVIIe siècle.

A l'extrémité orientale du village se trouve une petite éminence au sommet de laquelle est une chapelle dédiée à Notre-Dame-des-Douleurs. On dit que, vers 1790, un incendie endommagea cette église et en fondit les cloches. — A 500 mètres de la commune, à la rive gauche de l'Aisne et de la Tourbe, est la ferme de La Chapelle, qui était autrefois habitée par la famille des ducs de Créqui, seigneurs de Servon. Le grand bâtiment de cette ferme est du XIVe siècle. L'intérieur est formé de salles immenses et orné d'écussons et de têtes de saints sculptés en relief, et au-dessus d'une grande plaque, jadis armoriée, s'ouvre une grande fenêtre à arceaux géminés et arrondis ; tout l'édifice est entouré d'un rempart et d'un fossé.

On trouve, au S. de Melzicourt, le bois d'Auldzy, contenant 4 à 500 hectares, et qui tire son nom d'un village ruiné depuis longtemps. — Un propriétaire du pays conserve des objets antiques, tels que des tuiles, des briques, des pierres sculptées, plusieurs armes et vases romains, qui ont été découverts en faisant des fouilles, surtout dans un lieu appelé les Mazures. — L'aéronaute Blanchard, contrarié par le vent, fit, dit-on, sa descente près de Servon, le 25 août 1786. Il était parti de Lille dans l'intention de porter au roi, à Paris, un bouquet superbe. — La commune de Servon a donné naissance, en 1733, à Nicolas *Bedigie* ou *Bedigis*, membre de l'Académie d'écriture de Paris, auteur d'un ouvrage intitulé : *les Agréments de l'Ecriture moderne* ou *Exposition du Goût actuel des Français sur l'art d'écrire*. — Ecarts : la ferme de la Noue, à 1,500 mètres de Servon ; la ferme de La Chapelle, à 500 mètres de Servon ; elle contient 490 hectares de terres labourables et 90 hectares de prés.

Somme-Py, au N.-O. de Ville-sur-Tourbe, dans un fond, à la source du ruisseau le Py, l'un des affluents de l'Aisne, et qui sort, à quelques centaines de mètres du village, d'un endroit élevé de 135 mètres au-dessus du niveau de la mer. — Superficie, 4,503 hectares 34 ares 76 centiares. — Succursale dédiée à saint Thomas. — Chef-lieu de perception. — Bureau de poste aux lettres. — Ecoles primaires des deux sexes. — Filatures de laines peignées ; carrières de craie ; briqueterie, construite en 1855, à 520 mètres. — L'église, bâtie sur une hauteur, au centre du pays, est remarquable ; elle est le plus beau monument du canton. Elle a trois nefs et cinq travées ; les piliers sont composés de neuf colonnes couronnées de jolis chapiteaux et portant un dais d'un riche travail du XVe siècle ; les fenêtres sont en ogives flamboyantes ; les clefs de voûtes sont soignées et ornées des armes de France ; la porte du côté N. est curieuse par les sculptures qui l'ornent ; la porte méridionale est plus petite ; elle est ogivale et surmontée d'un tympan trilobé ; le grand portail a été refait au XVIe siècle ;

une corniche de modillons règne tout autour de l'édifice, qui est soutenu par d'énormes contreforts.

La commune de Somme-Py fut brûlée en 923 par les Hongrois, dont Marc, comte de Dormois, débarrassa la contrée. — En 1650, pendant les guerres de la Fronde, il se livra, sur le territoire de Somme-Py, dans le lieu dit le *Blanc-Mont*, une bataille mémorable entre l'armée du roi et celle des rebelles, commandée par le vicomte de Turenne. Ce général y fut défait et perdit ses enseignes, ses canons et ses munitions. — La seigneurie de Somme-Py, érigée en baronnie, a été longtemps possédée par la maison de Luxembourg. — *Ecarts :* Medeah, à 5 kil. au N.; le moulin à vent, à 1 kil. au N.-E.; le moulin à eau, à 1 kil. à l'O.

Souain, à l'O. de Ville-sur-Tourbe, au milieu d'un large vallon, à la source du petit ruisseau de l'Ain, qui prend sa source à l'entrée E. de la commune, et, après un parcours de 7 kil., va se jeter dans la Suippe, à St-Hilaire-le-Grand. Un étang de 4 hect. 40 ares d'étendue, produit des carpes estimées. — Superficie, 4,014 hectares 89 ares 59 cent.— Succursale dédiée à saint Brice.— Perception de Somme-Py. ✉ Somme. — Ecoles primaires des deux sexes. —Tissage des flanelles pour la fabrique de Reims (de 100 à 120 métiers). — Souain était autrefois entouré de hauts remparts et de larges fossés, aujourd'hui en partie détruits. — La cure de la commune était alternativement à la nomination de l'abbé de Moiremont et de l'abbesse d'Avenay. La terre était divisée en deux seigneuries principales et subdivisée en plusieurs petits seigneurs, qui tous y jouissaient de plus ou moins de droits. Les chapelains de la congrégation de Notre-Dame de Reims exerçaient quelques droits dans la commune de Souain. — M. Savy rapporte qu'en 1835 il a été trouvé, entre Souain et Jonchery, près de la voie romaine de Reims à Metz, 800 médailles grand bronze, aux effigies de Trajan, Adrien, Sabine, Antonin, Faustine, Alexandre-Sévère, Gordin, etc. — *Ecarts :* les Wacques, à 2 kil. O; Navarin, à 3 kil. N.

Tahure, à l'O.-N.-O. de Ville-sur-Tourbe, dans une gorge dominée par des collines élevées, à la source de la Dormoise. —

Superficie, 2,311 hectares. — Succursale dédiée à l'Exaltation de la Sainte Croix. — Perception de Somme-Py. ✉ Ville-sur-Tourbe. — Ecole primaire mixte. — Ce village, qui dépendait de la baronnie de Ville-sur-Tourbe, payait des droits féodaux très-élevés.

Vienne-la-Ville, à l'E.-S.-E. de Ville-sur-Tourbe, sur la rive gauche de l'Aisne, qui le coupe en deux parties. — Superperficie, 748 hectares. — Succursale dédiée à saint Maurice. — Perception de Vienne-le-Château. ✉ Vienne-le-Château. — Ecoles primaires des deux sexes. — Briqueterie. — Vienne est un village fort ancien, qui appartenait autrefois aux ducs de Lorraine. Quelques auteurs le regardent, entre autres, Cl. Buirette (Histoire de la ville de Sainte-Menehould, 1837), comme l'*Auxuenna d'OEthicus*, de même qu'Auberive en était le *Basilia*. On l'a changé plus tard en *Via Axonœ*, d'où est venu le nom actuel. On écrivait *Viaxne* en 1300. — *Ecarts :* deux, le premier, à 1 kil.; le second, à 1,250 mètres.

Vienne-le-Château, à l'E. de Ville-sur-Tourbe, près de la forêt de l'Argonne, traversé par la Biesme, dont la source est à la côte de Biesme, et qui se jette dans l'Aisne, à 2 kil. de distance. — Superficie, 4,100 hectares environ. — Cure dédiée à saint Pierre et saint Paul. — Chef-lieu de perception. — Bureaux de poste aux lettres et de bienfaisance. — Ecoles primaires des deux sexes. — Salle d'asile. — Société de secours mutuels. — Vienne est plus industriel qu'agricole, et possède de très-importantes fabriques de bas drapés et de chaussons. — Exploitation des bois ; briqueterie dont les produits sont recherchés ; carrières de pierres.

L'église, qui date du xve siècle, a pour portail une mauvaise construction du xviiie siècle (1728); à l'intérieur, les piliers sont grands et bien conservés ; les nefs latérales sont intactes ; la voûte est un peu écrasée. On peut citer une crédence du xve siècle, et d'un assez joli travail. — Le château, qui s'élevait au sommet d'un rocher escarpé, qui s'avançait au milieu du village et le dominait, a subsisté jusqu'en 1810, époque à laquelle il fut vendu et démoli. — Un évêque de Verdun céda, en 1100, au comte de

Bar, le fief de Vienne-le-Château, qui avait appartenu jusqu'en 959 au comte de Grand-Pré. — En 1657, une peste horrible enleva les deux tiers de la population. — *Ecarts :* la Renarde, à 2 kil.; le Rondchamp, à 2 kil.; la Placardelle, à 1,500 mètres; la Harazée, à 2 kil.; le Four-de-Paris, à 3,500 mètres. Il existe une école primaire dans chacun des hameaux de la Harazée et de la Placardelle ; ces deux écoles sont dirigées par des institutrices.

Virginy, au S.-O. de Ville-sur-Tourbe, dans une plaine assez étendue, sur la Tourbe et non loin des bois. — Superficie, 1,217 hectares. — Succursale dédiée à saint Martin. — Perception de Ville-sur-Tourbe. ⊠ Ville-sur-Tourbe. — Bureau de bienfaisance. — Ecole primaire mixte. — En 1226, la sixième partie des dîmes de cette commune fut donnée à l'abbaye de la Chalade. — L'abbaye de Moiremont, l'église de Saint-Alpin de Châlons et les religieux de Saint-Menehould y avaient des propriétés.

Wargemoulin, au S.-O. de Ville-sur-Tourbe, entre des collines, sur la Tourbe. — Superficie, 630 hectares. — Annexe de Minaucourt ; église dédiée à saint Etienne. — Perception de Ville-sur-Tourbe. ⊠ Ville-sur-Tourbe. — Ecole primaire mixte. — Cette petite commune dépendait, pour la justice, de la baronnie de Saint-Jean-sur-Tourbe.

ARRONDISSEMENT DE VITRY-LE-FRANÇOIS.

Cet arrondissement, qui est au S.-E. du département, est l'un des plus beaux et des plus riches de la Marne, quoiqu'il soit des moins étendus.

Il est formé de l'ancien *Perthois* et d'une portion du *Bocage*.

Les bornes de l'arrondissement de Vitry sont : au *nord*, l'arrondissement de Châlons ; à l'*est*, le département de la Meuse ; au *sud*, celui de la Haute-Marne ; à l'*ouest*, le département de l'Aube et l'arrondissement de Châlons.

Les cours d'eau qui le baignent principalement sont :

La *Marne,* qui entre dans le département par l'arrondissement même de Vitry, près de Haute-Fontaine, arrose Hauteville, Larzicourt, Isle-sur-Marne, Montcetz, Cloyes, Norrois, Bignicourt, Frignicourt, *Vitry-le-François,* Couvrot, Loisy-sur-Marne, Drouilly, Pringy, Soulanges, Songy, Ablancourt et La Chaussée, puis entre dans l'arrondissement de Châlons. (Voir le cours entier de cette rivière, page 15.)

La *Blaise,* qui vient du département de la Haute-Marne, prenant sa source à Gillancourt, au-dessus de Juzennecourt, arrondissement de Chaumont, entre dans le département de la Marne, sur le territoire de Sainte-Livière, qu'elle arrose, se dirige du S.-E. au N.-O., baignant Blaise-sous-Hauteville, Ecollemont, et se jette dans la Marne au-dessus d'Arrigny, près d'Isle.

La *Coole* sort du village du même nom, à l'O. de Vitry-le-François, se dirige du S.-E. au N.-O., et se jette dans la Marne au-dessous de Coolus, canton et arrondissement de Châlons. Cette rivière arrose Coole, Faux-sur-Coole, puis, entre dans l'arrondissement de Châlons. (Voir page 33.)

La *Saulx*, qui naît au-dessus de Saudrupt, canton d'Ancerville, arrondissement de Bar-le-Duc (Meuse). Cette rivière traverse une partie du département de la Meuse, et entre sur le territoire de la Marne, au N.-E. de Sermaize, d'où elle se dirige du N.-E. au N.-O. jusqu'à sa chute dans la Marne, au-dessus de Vitry. Elle arrose Sermaize, Pargny, Etrepy, Bignicourt, Le Buisson, Ponthion, Merlaut et Vitry-en-Perthois. La Saulx reçoit le tribut de nombreux étangs et ruisseaux, parmi lesquels on remarque l'Ornain, la Bruxenelle et la Chée, grossis eux-même d'une multitude de rûs.

Le *Fion*, qui prend sa source à Bassu, canton d'Heiltz-le-Maurupt, se dirige du N. au S.-E., et ensuite de l'E. à l'O., un peu au N. Il arrose Bassu, Bassuet, Saint-Quentin-les-Marais, Saint-Lumier-en-Champagne, Saint-Amand, Aulnay-l'Aître, La Chaussée, et se jette dans la Marne.

L'*Isson* ou *Guenelle*, qui s'échappe au S. de Saint-Remy-en-Bouzemont et coule parallèlement à la Marne jusqu'au-dessous de Sogny-aux-Moulins, canton d'Ecury-sur-Coole, arrondissement de Châlons, où il a son embouchure. Ce cours d'eau arrose Drosnay, Bussy, Isson, Saint-Remy-en-Bouzemont, Saint-Genest, Neuville, Blaise-sous-Arzillières, Blacy, Loisy-sur-Marne, Pringy, Songy, puis entre dans l'arrondissement de Châlons. (Voir page 34.)

Le *Meldanson* ou *Sois*, qui part des environs de Brandonvillers, passe à Hancourt, Margerie et Saint-Utin ; c'est un affluent de l'Aube.

L'*Orconte*, qui prend sa source dans la forêt de Trois-Fontaines, coule de l'E. à l'O., un peu au N., et se jette dans la Marne par la rive droite, après avoir arrosé Saint-Vrain, Orconte, Goncourt et Luxémont.

Le *Puis*, qui sort de Sompuis, passe à Humbeauville, le Meix-Tiercelin, Domprot, Saint-Ouen, Saint-Etienne et Brebant, puis va, dans le département de l'Aube, se jeter dans la rivière de ce nom.

La *Soude,* qui naît à Soudé-Sainte-Croix ou le Grand, se dirige du S.-E. au N.-O. jusqu'à Bierges, canton de Vertus, arrondissement de Châlons, où elle prend la direction du S. au N., un peu à l'E., jusqu'à son embouchure. La Soude (1) arrose Soudé-Sainte-Croix, Soudé-Notre-Dame, puis entre dans l'arrondissement de Châlons. (Voir à cet arrondissement page 33.) Cette rivière reçoit, au-dessous de Soudron, la *Sous,* qui prend sa source à Sommesous,

---

(1) Parmi les nombreuses pétitions adressées au Sénat en 1862, au sujet de la dérivation des eaux de la Somme-Soude pour l'alimentation des habitants de Paris, nous sommes heureux d'en signaler à l'attention de nos lecteurs une fort piquante, et qui a été faite en mai de cette même année.

C'est un paysan qui parle, se plaint et réclame son *forum et jus.*
Voici comment il s'exprime :

« Sénateurs,

» Je suis un paysan des rives de la Somme-Soude. Je possède un pré, quelques champs et un petit moulin alimenté par les eaux de cette bienfaisante rivière.

» Ces eaux font toute ma richesse.

» Aujourd'hui, M. l'intendant nous a fait à savoir que l'on va étendre le domaines des habitants de Paris et

« *Que l'on a fait des plans fort beaux sur le papier,*
» *Où notre chétif ruisseau se perd tout entier.* »

» Veut-on donc transporter chez nous les pleurs et la misère ? Nous cultivons en paix d'heureux champs ; pourquoi venir troubler notre innocente vie ? En quoi ces habitants valent-ils mieux que nous ?

» Quel droit les a rendus maîtres de notre ruisseau ?

« *Il nous faut ton ruisseau, que veux-tu qu'on t'en donne ?* »
» Voilà ce que disent à chacun de nous leurs envoyés.

« *Eux, de prendre ce ruisseau !*
» *Oui, si nous n'avions pas des juges au Sénat !* »

» Ordonnez, Sénateurs, que l'on change ces plans funestes. Réprimez le caprice et l'avidité des habitants de la grande ville. Rien ne leur suffit :

« *La terre et le travail de l'homme*
» *Font, pour les assouvir, des efforts superflus.* »

» Dites que nous pouvons espérer, contre leurs entreprises, quelque refuge aux lois.

» Gardiens illustres des droits de la propriété, empêchez que ces droits ne soient violés.

» Notre ruisseau est à nous, et c'est lui qui nous fait vivre.

et entre immédiatement dans l'arrondissement d'Epernay. (Voir page 140) (1).

Si l'arrondissement de Vitry ne contient pas de ces magnifiques coteaux couverts de vignes, qui font la richesse de l'arrondissement de Reims et de celui d'Epernay, l'œil du voyageur y admire des moissons superbes, des prairies vastes et productives, des villages multipliés et bien bâtis; partout, en un mot, règne le bien-être.

De ses cinq cantons, celui de Thiéblemont est tout entier en Perthois, et celui de Saint-Remy, tout entier en Bocage.

Sa principale industrie est la culture de la terre, et son commerce principal consiste dans la vente des grains.

Il est composé de cinq cantons ou chefs-lieux de justices de paix, renfermant 124 communes.

Cet arrondissement fait partie de la première circonscription électorale. (Décret du 3 février 1852.)

CANTONS.	DISTANCE AU CHEF-LIEU				COMMUNES.	POPULATION.	SUPERFICIE en hectares.
	de canton	de l'arr.	du dép.	de Reims.			
	K.	K.	K.	K.		habitants.	
Vitry-le-François.....	»	»	32	76	25	17,167	30,263
Heiltz-le-Maurupt.....	»	20	43	87	23	9,485	28,051
St-Remy-en-Bouzemont	»	19	49	93	27	7,845	27,887
Sompuis............	»	17	31	75	15	4,093	32,232
Thiéblemont........	»	12	44	88	34	12,062	34,396
					124	50,652	153,830

» Sénateurs, j'ai appris dans nos lois que tout citoyen devait à la patrie abnégation et sacrifice. Existerait-il une loi qui immolerait le citoyen au citoyen, la cité à la cité, la province à la province, pour satisfaire l'intérêt égoïste ou le caprice fastueux de l'un ou de l'autre ?

» En ce temps de désolation pour notre contrée, j'ai pensé, Sénateurs, que je ne devais désespérer ni des lois ni du Sénat. — *In legibus patribusque salus*.

» (1) Il est question de créer un canal de jonction à celui de la Marne au Rhin, à partir de Saint-Dizier (Haute-Marne) jusqu'à Vitry-le-François. La dépense est évaluée à trois millions. »

1° CANTON DE VITRY-LE-FRANÇOIS.

17,167 habitants. — 30,263 hectares. — 25 communes.

Ce canton, d'une forme très-irrégulière et composé en partie des belles plaines du Perthois, touche, au N., au canton d'Heiltz-le-Maurupt; à l'E., à celui de Thiéblemont; au S., aux cantons de Sompuis et de Saint-Remy-en-Bouzemont; à l'O., à ceux de Marson, et d'Ecury-sur-Coole.

Il est arrosé par la Marne, l'Orconte, la Saulx, le Fion, l'Isson, la Chéronne, et un grand nombre de ruisseaux.

Le sol, qui est généralement crayeux et grèveux en Champagne, argileux et grèveux en Perthois, est divisé en plaines et en collines. Il y a très-peu de terrains improductifs, et il est très-fertile en céréales et en vins d'une assez bonne qualité. Les meilleures communes sont naturellement le long et dans le voisinage de la Marne, qui coupe assez exactement ce canton en deux parties égales.

Les travaux agricoles et la vente des grains sont la principale occupation des habitants et leur commerce principal.

COMMUNES.	DISTANCE AU CHEF-LIEU				POPULATION
	de canton.	de l'arr.	du départ.	de Reims.	
	k.	k.	k.	k.	habitants
Vitry-le-François.	»	»	32	76	7,622
Ablancourt.	13	13	19	63	264
Aulnay-l'Aître.	12	12	22	66	197
Bignicourt-sur-Marne.	6	6	38	82	94
Blacy.	3	3	33	77	574
Courdemanges.	7	7	36	80	334
Couvrot et Villers.	5	5	28	72	344
Drouilly.	7	7	26	70	180
Frignicourt.	3	3	35	79	368
Glannes.	6	6	36	80	295
Huiron.	7	7	36	79	345
La Chaussée	15	15	18	61	792
Lisse	12	12	27	71	262
Loisy-sur-Marne	5 3	5 3	28	72	805
Luxémont et Villotte.	5 6	5 6	38	81	203
Maisons.	7	7	30	74	379
Marolles.	4	4	36	79	155
Merlaut.	7	7	39	82	380
Pringy.	8	8	25	69	382
Saint-Amand.	11	11	24	68	1,158
Saint-Lumier-en-Champagne. . .	10	10	27	71	423
Saint-Quentin-les-Marais.	8 5	8 5	29	73	201
Songy.	11	11	22	66	423
Soulanges.	11	11	24	67	213
Vitry-en-Perthois ou le Brûlé.	4 2	4 2	32	75	774

Vitry-le-François, chef-lieu d'arrondissement, à 205 kilomètres E. de Paris (chemin de fer), est une fort jolie petite ville, sur la rive droite de la Marne et dans une position charmante, au milieu d'une plaine fertile que sillonnent plusieurs cours d'eau, et qui fournit en abondance tout ce qui est nécessaire à la vie. Le canal de la Marne au Rhin commence à Vitry. En se détachant du canal latéral à la Marne, il contourne la ville, dont il occupe les fossés, avant de s'engager dans la vallée de la Saulx.

Cette ville, qui est aussi chef-lieu de canton et de perception, est à 32 kilomètres S.-E. de Châlons. — Sa superficie est de 628 hectares. — Cure d'archiprêtré dédiée à l'Assomption de la Sainte Vierge. — Tribunal civil de première instance. — Collége communal. — Ecoles primaires des deux sexes. — Pensionnats. — Bibliothèque publique. — Salle d'asile. — Hospice. — Bureau de bienfaisance. — Inspection des forêts. — Bureau d'enregistrement. — Postes aux lettres et aux chevaux. — Station du chemin de fer de Paris à Strasbourg. — Brigade de gendarmerie. — Fabriques de bonneterie, chapellerie, tuileries ; grand commerce de grains.

Vitry est d'une grandeur médiocre et descend par une pente presque imperceptible sur la rivière de Marne. C'est l'une des plus agréables et surtout des plus régulières petites villes de France. Elle est carrée, parfaitement distribuée, très-propre, bien pavée et bien bâtie, quoique un grand nombre de ses habitations soient en bois ; mais ces maisons disparaissent chaque jour pour faire place à de coquettes constructions. Les rues, larges et tirées au cordeau, sont garnies de trottoirs. Les quatre principales, dans lesquelles s'enchevêtrent les rues plus petites, mais toujours droites, aboutissent à une vaste place carrée, servant, pour ainsi dire, de parvis à sa belle église, et au milieu de laquelle s'élève une jolie fontaine jaillissante. Des bornes-fontaines, au nombre de 33, sont posées dans tous les quartiers de la ville, où elles donnent de l'eau en abondance et répandent partout la fraîcheur.

Vitry, entourée de fossés remplis d'eau vive et de remparts en terrassements, est fermée de quatre portes, dont une seule, celle dite *du Pont*, est quelque peu monumentale.

Cette ville, qui est une petite place de guerre, se partage en quatre quartiers, dont les rues principales forment les délimitations : le *quartier Notre-Dame* ou quartier du midi, où est située l'église ; le *quartier du Lion-d'Or* ou quartier du levant ; le *quartier de la Halle* ou quartier du nord, et le *quartier Saint-Germain* ou quartier du couchant, qui renferme l'ancien village de Maucourt, dont il reste une seule rue, celle des Tanneurs, facile à reconnaître à son irrégularité et à la disparate construction des maisons.

Du côté du couchant, un bras de la Marne baigne les remparts, faits sur les dessins de l'ingénieur Marini.

Parmi les monuments de Vitry, qui sont peu nombreux, on peut citer :

L'*église Notre-Dame*. Vitry n'avait qu'une église en bois, qui avait été bâtie à la hâte, lors de la construction de la ville et consacrée le 11 juin 1557 (1). On songea à en faire une en pierre, aussitôt que les circonstances le permirent. La première pierre en fut posée le 24 juin 1629 par Henri Clausse, évêque de Châlons. Après avoir obtenu la permission de lever 4,000 livres chaque année, pendant 20 ans, on se mit à la construction de ce monument, dont le portail et les deux tours furent terminés en 1670. En 1683, on transféra la grande horloge, qui était au beffroi, dans la tour de l'église, et, il y a quelques années, on a fermé le sanctuaire sans l'avoir complété.

Ce vaste édifice, quoiqu'il soit inachevé, peut passer pour une des belles églises du département, et fait le plus bel ornement de Vitry. Son style est celui de la Renaissance, et c'est le premier monument important exécuté en France depuis la Restauration des arts sous François Ier, XVIe siècle. S'il n'a pas les formes gracieuses, hardies et aériennes du Moyen-Age, il n'en est pas moins imposant, moins majestueux. On y voit trois portes d'un bel effet. A chaque bras de la croix, est encore une porte, dont l'une regarde le nord et l'autre le midi. La nef et les bas-côtés sont d'une belle largeur, et les chapelles sont ornées avec goût et élégance. Le sanctuaire, pavé en marbre, contient un autel plaqué de marbre et non adossé. Tout le chœur, également pavé de marbre, est garni de belles stalles ; plusieurs tableaux ornent cette église et contribuent à lui donner un air de fraîcheur. On remarque celui qui représente le *Jugement dernier*. Il était, avant 1793, à droite du chœur de l'église Notre-Dame de-Châlons. Les flots de lumière se précipitent de toutes parts dans ce beau vaisseau, que l'on ne peut s'empêcher de trouver gracieux, bien qu'il soit moins propre au recueillement que le demi-jour de nos églises gothiques.

Le *Collége*, qui donne sur la place Royer-Collard, est un des monuments les plus intéressants de Vitry-le-François, surtout pour la réputation dont il n'a cessé de jouir depuis son origine.

---

(1) L'église Saint-Germain, qui fut détruite par un incendie en 1794, était celle de l'ancien village de Maucourt.

Il date de 1567, époque à laquelle sa fondation fut confirmée par Charles IX. Deux prêtres séculiers furent d'abord chargés de sa direction, qui passa entre les mains des Minimes, depuis le 7 février 1650, jusque seulement en 1651. Les anciens régents furent alors rappelés. Dans une assemblée générale, du 17 juillet 1661, il fut question d'y établir les Pères de l'Oratoire. Des préoccupations religieuses firent, en 1665, préférer les Pères de la Doctrine chrétienne, qui en ont conservé la direction jusqu'à la suppression des ordres religieux. La chapelle est vaste et possède une tribune. Son portail, style renaissance, donne sur la même place que le collége. L'enseignement, dans le collége de Vitry, est le même que dans les lycées.

La *Place centrale*, qui a quatre arpents, est plantée d'un double rang de tilleuls, et ornée d'une jolie fontaine à deux vasques en bronze, surmontée d'une statue de la Marne, en même métal, et lançant l'eau par huit jets que répète l'écoulement de chacune des vasques. On remarque, sur cette place, à la façade d'une maison appartenant à M. Bongrain, coutelier, et occupée par lui, un petit boulet emmédaillonné dans le mur, près d'une petite croisée au second étage, et au-dessous duquel on lit, sur une espèce de plaque : 2 *février* 1814.

L'*Hôtel-de-Ville*, ancien couvent des Récollets, est un bâtiment qui porte inscrit, sur deux de ses murs intérieurs, les dates de 1668 et 1682, et que les Bons-Pères, venus à Vitry en 1624, par les soins de Cosme Clausse, évêque de Châlons, qui y établit vingt-quatre religieux, trouveraient peu différent de ce qu'il était de leur temps. Il renferme la Mairie, le Palais de Justice et la Bibliothèque, qui contient 12,000 volumes environ.

La *place Royer-Collard* est un rectangle garni de deux allées; le milieu est orné de la statue en pied et en bronze de cet homme illustre, élevée en 1846. Cette petite place longe l'église Notre-Dame, en face du Collége.

La *Caserne* est très-vaste, et occupe les terrains et les bâtiments du couvent des Minimes, établi le 9 décembre 1610, par Cosme Clausse, qui y mit douze religieux.

La *Halle*, marché couvert, est grande, bien bâtie, et des plus commodes.

L'*Abattoir* est un bâtiment parfaitement approprié à son usage, et attenant à la maison du Haras, où était, autrefois, dit-on, une Commanderie.

L'*Hôpital général* ou *Hôtel-Dieu*, construit le 7 avril 1654, où il est maintenant, est un vaste bâtiment composé : 1° de l'ancien *Hôpital* de Vitry-en-Perthois, transféré, en 1567, près de l'église Saint-Germain (paroisse de Maucourt), dans le nouveau Vitry ; 2° de la *Léproserie*, supprimée en 1646, par suite de l'extinction de la lèpre dans la contrée ; 3° de la *Renfermerie*, en 1682 ; 4° de l'*Hospice de la Charité*, à l'époque de la Révolution de 1789.

La *Salle de Spectacle*, construction qui ne dit rien à l'extérieur, offre, dans l'intérieur, des décors assez frais.

Le *Lavoir public* est un vaste bâtiment en briques, qui se compose d'une grande salle bien éclairée, où se trouvent six auges ou bassins de la hauteur d'un mètre environ, et subdivisés en deux parties chacun. L'eau y est fournie par un immense réservoir en fonte, situé au-dessus, et contenant 155 mètres cubes d'eau. Une machine hydraulique appelée turbine, et placée à très-peu de distance dans la Marne, en face des Moulins, alimente ce réservoir. La machine ou engrenage, de la force de quatre chevaux, et qui fonctionne jour et nuit, fournit toute l'eau nécessaire pour le lavoir, la fontaine de la grand'place et les 33 bornes-fontaines répandues dans Vitry, sans compter les concessions. — Construite en 1841, la turbine fut remise à neuf et doublée de force, en 1851, par l'ingénieur Hubert, auteur de la machine à vapeur du Pecq, près Paris, de celle de Blois, etc. L'ensemble des dépenses faites pour la construction de la fontaine de la Place et des autres fontaines, avec les réservoirs, s'éleva à 200,000 francs environ.

La porte dite *du Pont* offre un aspect quelque peu monumental, et une architecture forte et robuste, ainsi qu'il convient à une porte de défense ou de ville fortifiée. On remarque sur la façade, à la clef de voûte, du côté de la ville, un grand écusson aux armes de Vitry, avec une banderolle sur laquelle est inscrite la devise de François Ier : *Nutrisco et Exstinguo*. Sur le couronnement se trouvent quatre cartons militaires, en pierre, surmontés d'un casque. Chacun des côtés de cette porte présente, sculptés sur le mur, des emblèmes militaires ou faisceaux d'armes. Sur la façade opposée on voit aussi, à la clef de voûte, un écusson simple, dont le champ était garni de trois fleurs de lys qui ont été enlevées ; cet écusson est surmonté d'une couronne. Le dessus de la porte, de ce côté, est orné de quatre cartons pareils à ceux de l'autre façade. La porte du Pont est creuse des deux côtés et contient l'habitation du gardien.

La *Poudrière* de Vitry est un bâtiment placé sur les bords de la Marne et toujours bien approvisionné.

Le *Couvent*, ou *Maison* des Dames religieuses, ne peut être cité que comme établissement public de grande utilité ; sous le rapport de l'art, il n'a rien de remarquable. Il en est de même de la petite *porte de Paris*, de celles de *Frignicourt*, de *Saint-Dizier* et de *Marne*, par lesquelles on entre dans la ville, et qui ont chacune un pont-levis.

On peut encore remarquer, à Vitry, vers le milieu de la rue de Frignicourt, une maison occupée par le Dr Cagnon. Les deux espèces de pavillons, aux côtés de la porte, sont ce qui reste, dit-on, de l'avenue de l'ancien château de Maucourt, village sur l'emplacement duquel est construite la ville de François Ier.

La ville de François Ier (1) n'a point d'histoire ancienne, puisque c'est une ville de construction toute moderne. Le vieux *Castrum Victoriacum* (Vitry-le-Brûlé) ayant été détruit par les troupes de Charles-Quint, en 1544, François Ier profita du premier repos que lui donna la paix pour construire, sur l'emplacement du village de Maucourt, une ville nouvelle, à laquelle il conserva son vieux nom en y ajoutant le sien. Au lieu du paon de Vitry-le-Brûlé, il fit graver, pour les armoiries de sa ville, une salamandre s'échappant des flammes, avec ces mots : *Nutrisco et Exstinguo*.

L'illustre fondateur voulut, ainsi qu'il le déclare dans ses lettres-patentes, mai 1545, faire du nouveau Vitry l'un des boulevards du royaume, sur les frontières de la Champagne (2).

(1) C'est par erreur ou par ignorance de la cause qui lui a fait donner son nom, que l'on entend dire et que l'on voit écrit presque constamment Vitry-le-Français au lieu de *Vitry-le-François*, seule appellation et orthographe véritable de la ville.

(2) Le titre pour la fondation de Vitry-le-François commence ainsi : « Lettres-patentes par lesquelles le roy a accordé à la nouvelle ville de Vitry-le-François la coupe et vente d'un canton de bois situé à Bettan-

Un célèbre architecte bolonnais, nommé Jérôme Marin ou Marini traça le plan de cette ville, cette même année 1545, et aussitôt l'ordre fut donné au comte de Nanteuil, gouverneur et bailli de Vitry-en-Perthois, de faire commencer les travaux. Les murailles, les tours, le château de l'ancien Vitry, et même jusqu'aux pavés des rues, furent démolis et enlevés, et tous ces matériaux employés à la construction de la ville de François Ier.

Pour hâter l'achèvement des travaux, les habitants des villages voisins, dans un rayon de 20 kilomètres, furent forcés d'y venir faire la corvée, et, pour aider à la construction, on eut la faculté de couper une partie du bois de Bettancourt, afin de se servir de son produit.

La première pierre des murailles fut posée, près de la porte de Vaux, par Dehappe, lieutenant du duc de Guise au gouvernement de Vitry.

On construisit à la hâte une église en bois, ainsi qu'une halle dans l'endroit destiné pour les marchés.

On joignit, à la ville, une citadelle, dans un des bastions des remparts, vers l'orient, derrière le couvent des Récollets. Cette citadelle fut détruite, en 1598, à la demande des habitants, mécontents de voir leur repos troublé par les factieux qui venaient, au moindre mouvement, se renfermer dans cette forteresse, dont l'emplacement est en partie occupé, aujourd'hui, par le pont du canal de la Marne au Rhin, contigu aux fossés de la ville.

Un palais assez remarquable s'éleva sur la grande place, mais bientôt il fut détruit par un incendie. Les soldats y mirent le feu, en 1621. Réparé en 1623, il subsista jusqu'en 1790. On le laissa tomber de lui-même, et il ne fut pas reconstruit ; il n'en est resté que la prison qui l'avoisinait et en faisait pour ainsi dire partie.

---

court, pour le prix en provenant être employé à l'édification d'un siège et auditoire, prisons, pilory, de deux ponts sur les rivières de Marne et de Saulx, avec les chaussées d'autour de la ville, de la halle, des boucheries, et autres édifices publics, comme aussi pour récompenser les habitants de Maucourt des frais qu'ils se trouveront obligés de faire pour transporter leurs maisons hors le lieu de Maucourt.

« Donné à Romorantin, le 29e jour d'avril, l'an de grâce 1545, et de notre règne le 31e. » *Signé :* FRANÇOIS.

C'est de ce palais que la foire de Pâques, à Vitry, a pris son nom.

Les portes de Vitry ne furent point élevées de suite. Celle de Saint-Dizier fut bâtie en 1608, aux frais du roi. — Le pont de la porte de Frignicourt est du 8 août 1619 ; la porte de Vaux date de 1748. Ce fut en 1746 qu'on arrêta que la porte du Pont serait alignée sur la rue de la ville, et, le 25 juillet, on en adjugea les travaux, qui furent terminés en septembre 1749. Quelques-unes de ces portes ont été refaites.

On employa bien des années pour élever les fortifications de Vitry. En 1610, elles se faisaient par les habitants, qui y travaillaient à corvée. En 1614, la ville emprunta 6,000 livres pour construire les fortifications du côté de la rivière, ce qu'elle fit encore l'année suivante. En 1619, on leva ou réclama 6,000 livres, et, en 1622, on travailla, également par corvées, pour mettre la ville à l'abri de toute surprise.

Le pavage des rues se fit lentement et commença en 1608 ; il fut général en 1671.

La population de Vitry marcha difficilement dans le principe, les habitants de l'ancien Vitry ne voulaient point quitter le sol qui les avait vus naître. Elle n'était que de 2,000 âmes, en 1620 ; mais bientôt elle s'augmenta considérablement. Plusieurs ordres religieux, les Minimes, les Récollets, puis les Dames vinrent s'y établir. Un hospice, desservi par quatre Pères de la Charité, fut fondé, en 1675, par Daniel Morel, maître de la Chambre des deniers.

Le recensement du 20 avril 1626 présenta le chiffre de 11,000 habitants, celui du 24 avril 1650, plus de 12,000. On connut, par le dénombrement des feux de la ville, fait en 1772, qu'il y avait 36 feux nobles et 1,846 feux roturiers. Depuis cette époque, la population diminua beaucoup.

En 1590, Henri IV assiégea Vitry-le-François. Le gouverneur, Jean de Matigny, l'un des chefs de la Ligue, lui opposa la plus énergique résistance, mais il tomba mortellement frappé d'un coup de lance. La citadelle fut alors emportée d'assaut. Le lendemain, Saint-Pol, lieutenant de la Ligue, reprit la ville, et les habitants ne se décidèrent à ouvrir leurs portes au roi qu'au prix de 20,000 écus. Après la mort de Henri IV, les protestants cherchèrent un refuge à Vitry-le-François contre les persécutions dont ils se croyaient menacés; ils payèrent chèrement cet asile, par les servitudes humiliantes auxquelles ils furent assujettis. Ce fut à peine si l'esprit d'hostilité des deux religions s'éteignit dans le danger commun, lors de l'affreuse peste de 1631. Le fléau sévit avec tant de fureur que les habitants épouvantés s'enfuirent de la ville.

Depuis cette époque jusqu'au XIXe siècle, nous ne rencontrons, dans l'histoire de Vitry-le-François, aucun fait important, si ce n'est le passage de Louis XIV, quand ce prince traversa la Champagne pour se rendre à Gand, dont il projetait le siége. Le 2 février 1814, Vitry fut pris par les alliés. L'empereur de Russie, le roi de Prusse et le général Schwartzemberg se trouvèrent un moment réunis dans ses murs, sous la protection d'une faible escorte, et faillirent tomber au pouvoir de Napoléon, lorsqu'il reprit la ville. En 1815, Vitry, assiégée une seconde fois par les troupes de la coalition, résista courageusement, et ne se rendit qu'après la déchéance de l'Empereur.

Les incendies de 1631, 1681, 1783, 1784, 1791 et 1794 désolèrent la ville de Vitry-le-François. Le dernier réduisit en cendres l'église de Saint-Germain, ancienne paroisse de Maucourt (1).

---

(1) Pour l'intelligence de l'histoire de Vitry, il est nécessaire de connaître en quoi consistaient les juridictions que François Ier avait transférées de Vitry-en-Perthois dans sa nouvelle ville, et qui tenaient leurs séances dans le palais construit sur la grande Place, palais dans lequel l'Hôtel-de-Ville était également installé.

Le bailliage et le siége présidial étaient composés d'un grand bailli d'épée, d'un lieutenant-général, d'un lieutenant particulier, d'un lieutenant de police, d'un lieutenant criminel, de six conseillers robins, de deux conseillers d'épée, de deux conseillers clercs, d'un avocat du roi, d'un procureur du roi, d'un greffier et de deux huissiers à verge. Ce tribunal connaissait de toutes les affaires civiles et criminelles.

Le tribunal d'élection était formé d'un président, d'un lieutenant, de six conseillers, d'un procureur du roi, d'un greffier et d'un huissier ; ce tribunal avait, dans son ressort, toutes les affaires relatives aux impositions connues sous le nom de tailles, et jugeait tous les délits relatifs au domaine royal, concernant les aides.

Le grenier à sel se composait d'un président, de deux conseillers, d'un procureur du roi, d'un greffier et d'un huissier ; ce tribunal connaissait de toutes les affaires qui regardaient les gabelles.

Parmi les personnages remarquables auxquels la ville de Vitry-le-François a donné naissance, nous citerons :

Arancey (le baron d'), général de brigade d'artillerie, mort en 1835.

La juridiction des eaux et forêts se formait d'un lieutenant particulier, d'un procureur du roi, d'un garde-marteau, d'un greffier et d'un huissier ; ce tribunal s'occupait de toutes les affaires concernant les eaux et forêts.

Il y avait un président de traites foraines.

Etaient encore attachés au bailliage, deux prévôts et deux présidents dont les charges furent supprimées, mais les titulaires conservèrent, durant toute leur vie, leur titre de conseillers au bailliage.

La mairie était composée d'un maire, d'un lieutenant-maire, de quatre échevins, de six conseillers et de huit notables, lesquels étaient pris dans toutes les classes de la société, et n'étaient appelés que pour les affaires extraordinaires ; tous les dix, maire, échevins, conseillers et notables devaient être renouvelés tous les trois ans, entre la Toussaint et la Saint-Martin.

La paroisse était une collégiale de fondation royale, et Vitry, qui était, avant 1789 le chef-lieu d'une élection comprenant 159 paroisses, avait une Coutume particulière qui s'étendait sur une partie de la Champagne.

Coutume de Vitry. — On distinguait autrefois la France en deux parties, l'une nommée la *langue d'oyl* ou *d'oil*, c'est-à-dire le pays coutumier, qui comprenait la France septentrionale : on l'appelait pays coutumier, parce que les provinces qui le composaient étaient régies par la coutume, tandis que la partie méridionale appelée *langue d'oc*, suivait le droit civil ; mais c'était la moindre portion de la France (*).

Jusqu'au règne de Charles VIII, sur la fin du xv° siècle, les coutumes de chaque province ne s'étaient conservées que par la tradition, ce qui rendait fort difficiles les jugements à prononcer dans les contestations qui s'élevaient fréquemment. Il fallait, à chaque moment, recourir aux informations et s'instruire de la loi par le témoignage des anciens. L'imprimerie avait été inventée, en 1444, mais on ne s'en était pas encore servi pour conserver d'une manière invariable les anciennes coutumes. Charles VIII ordonna qu'elles seraient rédigées par écrit, et que le Code où on les allait consigner servirait désormais de règle unique dans les jugements. On entreprit sur le champ la rédaction prescrite par le prince, et elle ne fut terminée qu'après un demi-siècle de travaux.

La ville de Vitry ne resta pas en arrière, il paraît même qu'elle devança

---

(*) Les mots *oil* et *oc* répondent à notre *oui*.

Dominé de Verzet (Jean), avocat au Parlement de Paris, un des bienfaiteurs de sa ville natale, à laquelle il a légué 400,000 fr. pour la propagation de l'instruction. Une des rues de Vitry porte son nom.

Gambey (Henri), un des plus grands mécaniciens de l'Europe

l'ordonnance de Charles VIII. Sa coutume, qui dérivait, en grande partie, du Droit romain et des Lois ecclésiastiques, fut rédigée par le célèbre avocat Durand, en 1481. Elle fut continuée, en 1515, par Salligny, savant commentateur. Cette coutume régissait, non seulement la province du Perthois, mais encore la plupart des villes de Champagne, qui formaient neuf prévôtés : Château-Thierry, Ste-Menehould, Châtillon-sur-Marne, Fismes, Epernay, Rouvroy, Passavant, Vertus, Larzicourt, et tous les bourgs et villages qui en dépendaient, au nombre de plus de trente. Saint-Dizier y fut soumis plus tard.

Fismes était de l'ancien domaine de l'église de Reims, les archevêques l'aliénèrent avec Epernay, en faveur des comtes de Champagne, qui leur en firent hommage jusqu'à la réunion de leur province à la couronne. Fismes a passé sous la puissance des comtes de Champagne connus sous le nom des trois Thibault, dont deux étaient frères et l'autre cousin. Les rois mirent la prévôté de Fismes sous le bailliage de Vitry, auquel cette petite ville resta soumise jusqu'à la Révolution de 1789. Une partie du canton de Fismes ressortissait du bailliage de Vitry, et l'autre de celui du Vermandois. Cette coutume de Vitry ne fut abrogée que par le nouveau Code Napoléon, où elle fut comme fondue ; et qui devint commune à toute la France.

Nous complétons notre notice sur Vitry, par quelques mots sur sa Compagnie de l'Arquebuse.

Compagnie de l'Arquebuse à Vitry-le-François. — L'arquebuse remonte à l'origine de la ville. Cette institution guerrière, joyeuse et même religieuse, présentait plusieurs avantages : elle entretenait l'union entre les citoyens et même entre les différentes villes ; elle formait d'habiles tireurs pour l'Etat ; elle servait de sauvegarde aux communes, et faisait l'ornement des cérémonies tant religieuses que civiles. Elle jouissait de plusieurs privilèges. Dans l'année 1605, le *Roi de l'Oiseau* fut affranchi des tailles et des droits d'entrée de la ville. Le 10 septembre 1617, le corps municipal abandonna aux Chevaliers de l'Arquebuse une place près de la porte de Marolles, où se tenait le marché aux chevaux et autre bétail, et ordonna que ce marché se tiendrait hors de la ville, du côté de Blacy.

Le 24 janvier 1621, les Chevaliers de l'Arquebuse ayant vendu un jardin et quelques places qui leur appartenaient, la ville leur en abandonna les

astronome illustre, artiste du bureau des Longitudes, chevalier de la Légion-d'Honneur, membre de l'Institut. Gambey naquit, il est vrai, aux environs de Troyes (Aube), en 1789, mais il passa son enfance à Larzicourt, et sa première jeunesse à Vitry-le-François, où son père était horloger. La spécialité de ce savant, mort en 1847, était la fabrication des instruments de précision, dont il a enrichi l'optique.

Herment (François-Roch-Amédée), lieutenant-colonel, tué en Italie, en 1859, à la bataille de Solferino.

Jacobé de Trigny, général des armées révolutionnaires, en 1793.

Jacquier (François), père religieux de l'ordre des Minimes, savant professeur de physique au Collége romain. Il jouit d'une

---

lods et ventes pour la construction d'un bâtiment pour eux et pour les Chevaliers de l'Arbalète.

Le 13 juillet 1624, au moment d'aller à Troyes pour tirer un joyau et un bouquet, ils furent autorisés à demander le même privilége pour Vitry l'année suivante, comme regardant l'honneur de leur ville. Les Chevaliers obtinrent leur demande, et la ville leur accorda 400 livres pour réparer leur maison et leur jardin.

Le 23 janvier 1625, on assigna le boulevard Saint-Jean aux Chevaliers de l'Arc pour y aller faire leur exercice au lieu et place de la citadelle, donnée aux Pères Récollets.

Le 23 mars 1667, la ville payait 300 livres au Roi de l'Arquebuse, pour ses indemnités.

Le 28 juin, on demanda des lettres-patentes pour la convocation des bandes, afin de rendre le bouquet du prix général que les Chevaliers de l'Arquebuse de Vitry avaient reçu en la ville de Bar-sur-Aube, et l'hôtel de ville s'obligea à fournir aux frais. — Le 27 juin de l'année suivante, le jour du prix général, la ville fit faire un service et une procession solennelle, où elle assista en corps avec les communautés des religieux qui y furent invités. Les frais du prix général montèrent à 439 livres.

Les Chevaliers de l'Arquebuse allaient assez loin, pour tirer ce prix dans les autres villes. Le 26 mai 1717, à leur retour de Meaux, ils se rendirent en corps à l'hôtel de ville, pour montrer les prix qu'ils avaient gagnés, et on leur offrit une collation.

Le 4 août 1756, les Chevaliers de l'Arquebuse étaient encore dans l'usage d'offrir au maire et aux échevins de la ville, la veille du tirage de l'Oiseau, une buttière d'argent pour avoir l'honneur de tirer le premier coup.

La Révolution de 1789 a détruit cette institution, qui faisait la gloire et le joie de nos aïeux.

haute considération auprès du Saint-Siége, et se distingua par des travaux utiles et estimés. Il publia le livre des *Principes mathématiques de la Philosophie naturelle*, avec un *Commentaire*, qui eut un grand succès. Il était né en 1711.

•*Moivre* (Abraham), illustre mathématicien et géomètre, fils d'un père protestant, chirurgien à Vitry-le-François. Après avoir étudié au collége de cette ville, sous les pères de la Doctrine, il devint le disciple, l'ami intime et le confident de Newton. Né en 1667, il mourut sourd et aveugle, à l'âge de 87 ans, en 1754, à Londres, où il s'était réfugié à la révocation de l'édit de Nantes. Il fut membre de la Société royale de Londres et de l'Académie des Sciences de Paris. Ses principaux ouvrages sont : *The doctrine of chances , Annuities on life ; Miscellanea analytica.*

Philippe, évêque de Meaux, né en 1333, le premier traducteur des *Métamorphoses d'Ovide*.

Ablancourt, au N.-N.-O. de Vitry, sur la rive droite de la Marne, et arrosé par le canal latéral à la Marne, sur un parcours de 3 kil. — Superficie, 707 hectares 36 ares 70 centiares. — Annexe d'Aulnay-l'Aître ; église dédiée à saint Laurent. — Perception de Saint-Amand ⊠ La Chaussée. — Ecole primaire mixte. Ce village est cité dans un titre de 1270 ; alors le chapitre de la cathédrale de Châlons était seigneur et décimateur du pays. L'abbaye de Saint-Pierre y avait des propriétés en 1287. — Ablancourt est regardé, par quelques auteurs, comme le lieu de naissance de *Perrot d'Ablancourt*, mais il est constant qu'il est né à Châlons-sur-Marne, et qu'il passa les dernières années de sa vie dans la commune à laquelle il appartient par son nom. (*Voir* page 65).

Aulnay-l'Aître, au N. de Vitry, baigné par le Rupt et le petit ruisseau le Fion, dans lequel se jette le premier de ces deux cours d'eau. — Superficie, 818 hectares 51 ares 23 centiares. — Succursale dédiée à saint Pierre et à saint Paul — Perception de Saint-Amand. ⊠ La Chaussée. — Ecole primaire mixte. — Cette commune s'est appelée aussi *Aulnay-le-Châtel*, à cause d'un château-fort, très-ancien, protégé par de doubles fossés ; il relevait du roi. — Toutes les dîmes d'Aulnay appartenaient au chapitre de Saint-Etienne de Châlons, à qui elles avaient été données, dit-on, en 1185, par les fils d'Airard, seigneur d'Aulnay et maréchal de Champagne, mort excommunié pour les brigandages qu'il avait exercés sur Saint-Amand. — Cette terre a appartenu à Antoine de Roye, tué à la bataille de Marignan, en 1515, aïeul de Léonore de Roye, femme de Louis de Bourbon, prince de Condé. Depuis 1736, elle est la propriété de la famille de Lesseville.

Bignicourt-sr-Marne, au S. de Vitry, sur la rive droite de la Marne. Il est arrosé par l'Orconte qui sépare cette commune de celle de Luxémont au N.-E. et par un petit ruisseau qui prend naissance sur le territoire, longe le village en suivant le lit de l'ancienne Marne, et va se jeter dans l'Orconte, non loin de Frignicourt. — Superficie, 283 hectares 79 ares 29 centiares. — Chapelle de secours, annexe de Frignicourt ; église dédiée à saint Louvent. — Perception de Vitry-le-François. ✉ Vitry-le-François. — Bureau de bienfaisance. — Ecole primaire mixte. — Bignicourt relevait de la baronnie de Larzicourt, et avait pour seigneur le prieur de Frignicourt ; son curé était décimateur unique. — Assez jolie maison bourgeoise, espèce de petit château appelé *Bagatelle.*

Blacy, au S. de Vitry, sur la rive gauche de l'Isson ou Guenelle, qui traverse le territoire du S. au N. — Superficie, 1,700 hectares 68 ares 49 centiares. — Succursale dédiée à saint Martin. — Perception de Loisy. ✉ Vitry-le-François. — Ecoles primaires des deux sexes. — Belles prairies naturelles et artificielles ; vignes (58 hectares) ; vin rouge et blanc, mais qui mûrit difficilement ; vergers et jardins fort beaux. — Brasserie ou hameau des Grandes-Indes. — La dîme était levée, dans cette commune, par l'abbaye de Huiron, dès 1187. — la Commanderie du Temple y exerçait des droits en 1216, et l'abbaye d'Andecy, en 1631.

Blacy a donné naissance au vice-amiral *Page*, actuellement en Chine, où il fait glorieusement connaître l'étendard de la France. — *Ecarts :* le hameau des Grandes-Indes, à 2 kil. ; la Maison-Blanche, et le hameau de Mazet, à 800 mètres.

Courdemanges, au S. de Vitry, sur la Cheronne, affluent de l'Isson, vis-à-vis de Bignicourt. Il est encore arrosé par le ruisseau des Granges. — Superficie, 1,916 hectares 15 ares 5 centiares. — Succursale dédiée à saint Denis. — Perception de Loisy. ✉ Vitry-le-François. — Bureau de bienfaisance. — Ecole primaire mixte. — Le vin blanc de cette commune est recherché par les négociants en vin de Champagne, qui en font un vin assez délicat. — Il a existé, dit-on, dans un temps très-reculé, un beau château sur le mont Moret, qui s'élève à une hauteur d'environ 50 mètres, à 2 kil. de la commune. — Les décimateurs de Courdemanges étaient l'abbé de Huiron, pour deux tiers, et ses religieux pour le reste. — *Ecarts :* La ferme du Mont-Moret, à 2 kil. à l'E.; les fermes de la Certaine, à l'O. et à 8 kil.; la ferme de la Perrière, au N,-O. et à 7 kil. Ces trois fermes exploitent environ le tiers du territoire.

Couvrot & Villers, au N. de Vitry, sur la rive droite de la Marne, au pied d'un mont très-élevé. Le canal latéral à la Marne le traverse, sur une étendue de 3,350 mètres. C'est au-dessus de Couvrot que la Saulx vient se jeter dans la Marne. — Superficie, 789 hectares 7 ares 38 centiares. — Succursale dédiée à saint Martin. — Perception de Vitry-le-François. ✉ Vitry-le-François. — Ecole primaire mixte. — 35 hectares de vignes. — On remarque sur le sommet d'une côte une espèce de *Tumulus*, du nom de *Tomelle*. On croit généralement que c'est la sépulture d'un général romain enterré dans cet endroit par ses soldats. — Le chapitre de la cathédrale de Châlons levait la dîme sur une partie de Couvrot, en 1261; l'abbaye de Trois-Fontaines y était propriétaire dès 1235. — *Ecarts :* Gravelines, à 1,400 mètres. Villers-sur-Marne est éloigné de 1,150 mètres de Couvrot.

Drouilly, au N.-N.-O. de Vitry-le-François, sur l'Isson. Superficie, 243 hectares. — Annexe de Pringy; église dédiée à saint Hilaire. — Perception de Loisy. ✉ Vitry-le-François. — Ecole primaire mixte. — Cette commune avait autrefois un château et le fief du Meix-de-la-Croix. — Le décimateur unique était le curé, dès l'an 1481; l'abbaye de Huiron y possédait divers biens et exerçait certains droits seigneuriaux, en 1457; et l'abbaye de Saint-Pierre de Châlons y était propriétaire, en 1679.

Frignicourt, au S.-E. de Vitry, sur la rive droite de la Marne, dans laquelle s'y jette l'Orconte qui arrose aussi cette commune. — Superficie, 967 hectares 45 ares. — Succursale dédiée à saint Louvent. Perception de Vitry-le-François. ✉ Vitry-le-François. — Ecoles primaires des deux sexes. — Le curé de Frignicourt était régulier et ordinairement génovéfain. L'abbé de Toussaints nommait à la cure. — Il y avait deux bans de seigneuries. — Les dîmes appartenaient au chapitre de Vitry-le-François, pour deux tiers, et à l'abbé de Toussaints pour l'autre tiers, à la charge de payer une redevance au prieur-curé, qui jouissait des novales. — *Ecart :* le moulin de l'Orconte, à 1 kilomètre.

Glannes, au S.-O. de Vitry, sur la Guenelle, dans laquelle s'y jette un petit ruisseau qui prend sa source à 2 kil. O., et qui est appelé Petite-Guenelle. — Superficie, 1,300 hectares. — Sans église ; annexe de Huiron. — Perception de Loisy. ✉ Vitry-le-François. — Ecole primaire mixte. — Vignes (46 hectares) ; le raisin rouge appelé *goy* mûrit rarement bien ; le raisin blanc appelé *pimot blanc* mûrit toujours et donne un très-bon petit vin. — La terre de Glannes, mouvante du roi, appartenait pour moitié à l'abbaye de Huiron, et pour moitié au seigneur d'Arzillières. La dîme était levée par l'abbaye de Huiron, dès 1187. — *Ecarts :* les Pertes, à 6 kil.; la Cense du Puits, à 3 kil.; le hameau de la Grenouillère.

Huiron, au S.-S.-O. de Vitry-le-François, sur une éminence. Le ruisseau des Granges limite les territoires de Huiron et de Courdemanges, pendant environ 3 kil., coulant de l'O. à l'E. Il s'y réunit à la Cheronne, pour se diriger peu après vers le N., et prendre le nom de Guenelle. — Superficie, 1,328 hectares. — Succursale dédiée à saint Martin. — Perception de Loisy. ✉ Vitry-le-François. — Ecole primaire mixte. — 15 hectares environ de vignes. — Le petit vin blanc de cette commune est recherché par les négociants en vin de Champagne.

Huiron était autrefois le chef-lieu d'un petit canton formé de quatre villages : Huiron, Courdemanges, Glannes et Champillon, qui n'existe plus depuis longtemps. Les seigneurs y avaient droit de haute justice.

Huiron possédait une abbaye de Bénédictins, fondée, en 1073, par Roger III, évêque de Châlons, et dotée par Guy, seigneur de Huiron, par les rois de France, les comtes de Champagne, les comtes de Bar, et d'autres seigneurs de la contrée. — Son second abbé, Ephrem, assistait, en 1147, à la dédicace de la Cathédrale de Châlons par le pape Eugène III. — Depuis 1135 jusqu'en 1515, elle eut vingt-cinq abbés réguliers, et depuis 1515, onze abbés commendataires. — Les religieux possédaient seize églises des environs, et de nombreuses fermes. — Cette abbaye souffrit beaucoup des Anglais, au XIVe siècle, et plus encore des Calvinistes, dans le XVIe siècle. — Au moment de la Révolution, elle avait dix religieux, et les revenus étaient de 5,000 livres (1). — *Ecarts:* le Loisclet, à 250 mètres; Champillon et route de Vitry, à 750 mètres; Crocheret, à 250 mètres; les Granges, à 2 kil.; la Borde, à 5 kil.; les fermes Lacroix, à 7 kil.; le Buisson-Grenoble, à 8 kilomètres.

La Chaussée, au N.-N.-O. de Vitry-le-François, sur la rive droite de la Marne; le Fion y a son embouchure dans cette rivière. — Superficie, 2,144 hectares. — Succursale dédiée à saint Pierre-ès-liens. — Perception de Saint-Amand. — Bureau de poste aux lettres. — Bureau de bienfaisance. — Salle d'asile. — Ecoles primaires des deux sexes. — Belles prairies; deux moulins à eau et plusieurs carrières de craie.

Cette commune était autrefois composée de trois parties : Mutigny, la plus considérable, sur la Marne; La Chaussée, qui comprenait la route; et Coulmier, à l'E. de celle-ci. — La Chaussée a deux paroisses : *Mutigny* ou la paroisse Saint-Martin, et *Coulmier* ou la paroisse Saint-Pierre. — Coulmier et Mutigny ne sont plus que des hameaux dépendant de La Chaussée. — Le Chapitre de la cathédrale de Châlons percevait les dîmes de La Chaussée et de

---

(1) On pratiquait, dans cette abbaye, des cérémonies assez bizarres : tous les dimanches, la procession se faisait jusque dans les cuisines, les greniers, les écuries, le moulin, le cellier, et avec une oraison propre à chacun de ces lieux; le Jeudi-Saint, l'abbé prononçait l'excommunication contre « *les mauvaises gens, boutteurs de feu, sorciers ou sorcières.* »

(ED. DE BARTHÉLEMY.)

Coulmier. — L'abbaye de Saint-Pierre-au-Mont était propriétaire de la ferme de Mutigny, dès 1665.

Ce fut dans la commune de La Chaussée que fut conclue, en 1544, entre François Ier et Charles-Quint, une trêve qui mit fin à la guerre dont la Champagne avait été deux fois le théâtre, et dont la partie qui forme aujourd'hui le département avait beaucoup souffert. Cette trêve prépara le fameux traité de paix de Crépy (1). — *Ecart :* Mandre, à 4 kil., ferme assez considérable.

Lisse, au N.-E. de Vitry, dans une gorge, sur le Fonteneau, qui a sa source à 100 mètres et au levant du village, dont il parcourt une partie pour se jeter dans le Fion, entre Saint-Lumier et Saint-Amand. — Superficie, 900 hectares. — Chapelle de secours de la paroisse de Saint-Lumier : église dédiée à saint Michel. — Perception de Saint-Amand. ⊠ La Chaussée. — Eoole primaire mixte. — Vignes (100 hectares environ); prairies (100 hectares); carrières de craie blanche. — La terre de Lisse appartenait aux religieux de Saint-Pierre-au-Mont, dont l'abbé nommait à la cure. — Les décimateurs étaient : lesdits religieux, ceux de Cheminon et le curé de Saint-Lumier, chacun pour un tiers. Les anciennes novales appartenaient au curé, qui, dans les nouvelles, avait droit aux deux tiers; l'autre tiers était aux religieux de Cheminon.

Loisy-sur-Marne, au N.-N.-O. de Vitry-le-François, sur la rive gauche de la Marne et sur l'Isson, dans lequel s'y jette le ruisseau des Maisons. Le canal latéral à la Marne touche à la limite du territoire. — Superficie, 1,365 hectares. — Succursale dédiée à saint Juvin. — Chef-lieu de Perception. ⊠ Vitry-le-François. — Ecoles primaires des deux sexes. — Salle d'asile. — Station du chemin de fer de Paris à Strasbourg. — 35 hectares de vigne; distillerie d'eau-de-vie de betteraves; 339 hectares de prai-

---

(1) Par ce traité, les deux rois faisaient alliance contre les Turcs; François Ier renonçait à ses prétentions sur l'Aragon, sur Naples, le comté de Flandre, l'Artois, etc. Charles-Quint renonçait au duché de Bourgogne et à ses dépendances De plus, le duc d'Orléans, second fils de François Ier, devait épouser la fille de l'Empereur, ou la seconde fille de Ferdinand, roi des Romains, et recevait en dot la Franche-Comté ou le duché de Milan.

ries. — L'église de cette commune vient d'être reconstruite au moyen d'une large subvention fournie par M. J. Haudos, maire de la commune, membre du Corps Législatif et du Conseil général du département. — Dans la charmante propriété de M. Haudos, sont de très-belles serres, parfaitement entretenues et qui donnent des produits aussi beaux que rares.

Luxémont & Villotte, au S.-S.-E. de Vitry-le-François, sur l'Orconte, affluent de la Marne, et sur le ruisseau de Villotte, qui prend sa source au centre de Villotte et se jette dans la Saulx, près de Vitry-le-Brûlé. — Superficie, 800 hectares. — Annexe de Marolles ; église dédiée à saint Etienne. — Perception de Vitry-le-François. ✉ Vitry-le-François. — Ecole primaire mixte. Villotte est à 1 kil. ; c'était un ancien prieuré, dont la seigneurie était partagée en deux bans. — En 1199, Thibaut III, comte de Champagne, donna une partie des dîmes de ce village à l'abbaye de Trois-Fontaines. — Blanche de Champagne vendit à cette même abbaye ses droits sur Luxémont, en 1211. — Les décimateurs de cette commune étaient les religieux de ce monastère, le chapitre de Saint-Etienne de Châlons et les Minimes de Vitry-le-François, chacun pour un tiers. — L'abbaye de Saint-Pierre y exerçait des droits en 1255.

Maisons, au N.-O. de Vitry-le-François, arrosé par un petit ruisseau *dit* le Moulin-de-l'Etang. — Superficie, 2,912 hectares. — Succursale dédiée à saint Pierre. — Perception de Loisy. ✉ Vitry-le-François. — Ecole primaire mixte. — 200 hectares environ de prairies artificielles. — L'église, qui est de la fin du xiie siècle, doit être restaurée dans des conditions à en faire une des plus belles du département. — On croit qu'il a existé dans cette commune un ou deux monastères, sur un emplacement nommé l'Abbaye. — Il a été trouvé, en un lieu appelé la Citadelle, des fondations qui feraient supposer que Maisons a pu être fortifié. — Avant la Révolution de 1789, il y avait encore deux châteaux : le château de Haut et le château de Bas. — Un quartier porté le nom de *Bout de la Ville*. — A quatre kilomètres est une butte, élevée de main d'homme, et appelée *Tomme*.

Marolles, à l'E.-S.-E. de Vitry-le-François, est baigné par deux ruisseaux : l'Excommunié, qui a sa source à Vauclerc, et le Rucher-de-Villotte, qui vient de Villotte, à 3 kil. ; tous les deux sont affluents de la Saulx, au-dessous de Vitry-le-Brûlé. — Superficie, 350 hectares. — Succursale dédiée à l'Assomption. — Perception de Vitry-le-François. ✉ Vitry-le-François. — Ecole primaire mixte. — La terre de Marolles appartenait aux Minimes de Vitry-le-François, qui levaient seuls la dîme.

Merlaut, à l'E.-N.-E. de Vitry-le-François, au confluent de la Saulx et de la Chée. — Superficie, 476 hectares. — Succursale dédiée à saint Martin. — Perception de Saint-Amand. ✉ Vitry-le-François. — Ecoles primaires des deux sexes. — Vin rouge et blanc ; carrières de pierre à chaux. — Cette terre relevait du roi. — Les dîmes appartenaient à l'abbaye de Saint-Memmie. — L'abbaye de Trois-Fontaines y exerçait aussi quelques droits en 1487. — *Ecart :* le Moulin, à 500 mètres ; il est important à cause de son commerce avec les boulangers de Vitry-le-François, et de sa proximité de la route de Vitry-le-François à Bar-le-Duc.

Pringy, au N.-N.-O. de Vitry-le-François, arrosé par la Guenelle et par le ruisseau de Vamont qui prend sa source sur le territoire et s'y jette dans la Guenelle, après un cours de 1,800 mètres. — Superficie, 1,340 hectares 9 ares 45 centiares. — Succursale dédiée à saint Remi. ✉ Vitry-le-François. — Ecole primaire mixte. — Carrière de craie. — La terre de Pringy relevait du roi et du château de Songy. — Son château, placé tout près de l'église, avait une certaine importance ; il était entouré de fossés qui paraissent encore. — Pendant les guerres de religion, il a été pris par les Ligueurs, et repris par les Châlonnais fidèles à Henri IV. — Les dîmes de Pringy étaient levées par le Chapitre de la cathédrale de Châlons, l'abbaye de Saint-Jacques, chacun pour un tiers, et les seigneurs de Pringy et de Drouilly, chacun pour un sixième. — *Ecart :* La ferme de la Noue-de-Chaudière.

Saint-Amand, au N.-N.-E. de Vitry-le-François, sur une colline au pied de laquelle passe le Fion. On y rencontre de nombreuses sources qui alimentent ce ruisseau ; l'une d'entre elles, *dite* la Fontaine-au-Thé, a une eau très-digestive. — Superficie, 2,764 hectares 85 ares 98 centiares. — Succursale dédiée à saint Amand. — Chef-lieu de perception. ✉ La Chaussée. — Bureau de bienfaisance. — Ecoles primaires des deux sexes. — Population active et industrielle. — Moulins et usines pour l'exploitation de la farine et des graines oléagineuses. — Commerce de grains et de bestiaux gras.

L'église, qui se trouve à l'extrémité S. du pays, le presbytère et d'autres terrains voisins ont été jadis entourés de fossés profonds. — Ces retranchements ont dû former un fort où se retiraient probablement les habitants, en temps de guerre ; car un jardin voisin porte encore le nom de Meix-du-Fort.—Cette église, de style gothique, est une des plus remarquables de l'arrondissement, et est notée par la Commission centrale d'archéologie. Elle date de trois époques : le portail est du xie siècle ; la nef et les collatéraux remontent au xiie et au xiiie siècle ; et le chœur et le sanctuaire, reconstruits par les Templiers, sont du xve siècle. Ce qu'on admire, dans ce monument, c'est l'élégance des voûtes et les piliers du chœur, du sanctuaire et des croisillons. Les voûtes, qui ont vingt mètres d'élévation, présentent plusieurs compartiments aux intersections desquels sont des culs-de-lampes ornés. Le sanctuaire est percé de vingt-cinq fenêtres doubles, terminées chacune par une rosace quadrilobée. Il ne reste plus que quelques fragments des anciennes verrières qui les ont ornées. On remarque, sur les murs des croisillons, deux jolies rosaces gothiques d'une très-grande dimension.

Saint-Amand avait une Commanderie du Temple, dont il est question dans des titres de 1189, qui devint une Commanderie servante de l'ordre de Malte, sous le titre de Saint-Jean-Baptiste. Elle exerçait des droits sur 35 communes environnantes. — Les dîmes étaient perçues par le chapitre de Saint-Etienne de Châlons, qui en était propriétaire depuis 1103, en vertu d'une donation faite par Guy de Possesse, et par le curé. — La terre de Saint-Amand relevait du roi. — *Ecarts :* la Cense-des-Prés, à 3 kil. ; le Petit-Bussy, à 4 kil. ; le moulin Usson, à 1 kilomètre.

Saint-Lumier-en-Champagne, au N.-E. de Vitry,

sur le Fion, alimenté par les nombreuses sources ou fontaines qui sortent du pied de la montagne. Cette montagne, ou plutôt cette côte élevée, commence la chaîne de collines qui sépare la Champagne du Vallage et qui est connue sous le nom de la *Serre.*—Superficie, 834 hectares. — Succursale dédiée à saint Lumier. — Perception de Saint-Amand. ✉ La Chaussée. — Ecoles primaires des deux sexes. — 69 hectares de vignes; moulin à eau, moulin à vent, usine pour faire de l'huile.

On remarque trois époques dans la construction de l'église, dont l'architecture est fort régulière. La nef est du XIIe siècle, le chœur du XIIIe; un des côtés de la nef, celui du sud, a été reconstruit au XVe siècle. Par son ensemble, cette église est une des plus belles de l'arrondissement. On peut signaler comme antiquités, dans cette commune, des débris d'inhumations que l'on trouve assez fréquemment aux abords de l'église, et qui, par leur forme et leur disposition, pourraient appartenir à l'époque mérovingienne. Ce sont ensuite des excavations pratiquées en forme de chambres dans le tuf, et qui semblent avoir été faites par les habitants d'alors, dans l'intention de se soustraire à un danger.

Le bassin dans lequel le village est placé actuellement offre un accident assez curieux en géologie : c'est un amas de sable très-fin, qui recouvre l'ancien sol sur une étendue en longueur de 3 à 4 kilomètres, et en largeur, de quelques hectomètres, à une profondeur de 3 à 4 mètres. Sur cette couche de sable il s'est formé une terre végétale très-fertile à différents endroits; entre cette couche végétale et la couche de sable, on trouve une couche de tourbe dont on pourrait tirer parti. Et ce qu'il y a de plus remarquable, c'est qu'en perçant cette couche de sable, on arrive à l'ancien sol, sur lequel on peut reconnaître les débris de la plupart des plantes qui y croissaient alors. — Saint-Lumier était une prévôté qui avait une maison ancienne, fortifiée, et qui appartenait à l'abbaye de Saint-Pierre-au-Mont. — Les dîmes étaient levées par ce couvent, par les religieux de Cheminon, en 1203, et par le curé.

Saint-Quentin-les-Marais; au N.-E. de Vitry, sur le Fion. — Superficie, 700 hectares environ. — Chapelle de secours; annexe de Merlaut; église dédiée à saint Quentin. — Perception de Saint-Amand. ✉ Vitry. — Ecole primaire mixte. — La seigneurie de Saint-Quentin relevait du roi et appartenait, en 1256, aux religieux de Saint-Pierre-au-Mont de Châlons, qui y levaient les dîmes avec les Minimes de Vitry et le prieur de Saint-Thiébault.

Songy, au S.-E. de Vitry, sur la Guenelle ou Isson, recevant, sur la rive gauche, le petit ruisseau du Cloquier, dont le cours est exclusivement sur la commune. — Superficie, 1,503 hectares 90 ares. — Succursale dédiée à saint Maurice. — Perception de Loisy. ✉ Vitry. — Ecole primaire mixte. — Carrières de craie. — En juillet 1663, Louis XIV voulant récompenser les bons et agréables services que lui avait rendus Jacques d'Espinoy, chevalier, seigneur, vicomte de Coole, baron de Songy, gentilhomme ordinaire des chambres et mestre-de-camp d'un des régiments à pied français, établit deux foires par an à Songy et un marché chaque semaine, pour être tenus, savoir : la première foire, le mercredi d'après la Pentecôte ; la seconde, le premier mercredi d'après la Toussaint, et le marché, le mercredi de chaque semaine. — Les dîmes étaient levées par le seigneur, le curé et l'abbé de Toussaints. — *Ecart :* le moulin, à 300 mètres.

Soulanges, au N.-N.-O. de Vitry, entre deux collines, sur la rive droite de la Marne, et arrosé, pendant cinq kilomètres, par le canal de la Marne au Rhin. — Superficie, 1,195 hectares 9 ares 31 centiares. — Succursale dédiée à saint Hilaire. — Perception de Saint-Amand. ✉ La Chaussée. — Ecole primaire mixte. — Carrières de pierre à chaux et four à chaux. — La terre de Soulanges avait trois seigneurs : M. de Loisson, M. de Parchappe et M. Jacobé. — En 1200, l'abbé de Saint-Pierre levait les grosses et menues dîmes de Soulanges, et le curé avait les novales. — *Ecarts :* Bayarne, à 1 kil.; le Petit-Bayarne, à 4 kil.

Vitry-en-Perthois ou le **Brûlé,** au N.-E. de Vitry-le-François, arrosé par deux rivières et un ruisseau : la Saulx, affluent de la Marne, la Bruxenelle, qui se jette dans la Saulx, près du moulin de la commune, et le ruisseau de Jercourt, qui se jette aussi dans la Saulx, à peu de distance du village. Le canal de la Marne au Rhin traverse le territoire, au S., dans un parcours de trois kilomètres au moins. — Superficie, 1,676 hectares 59 ares 9 centiares. — Succursale dédiée à saint Memmie. — Perception de Vitry-le-François. ✉ Vitry-le-François. — Salle d'asile. — Ecoles primaires des deux sexes. — 260 hectares environ de vignes donnant du vin rouge qui se conserve bien et du vin blanc qui est renommé. — Carrières de pierres à chaux et de craie ; four à chaux. — Trois moulins, dont deux sur la Bruxenelle et un très-important sur la Saulx. — Betteraves en quantité, dont une grande partie pour la Sucrerie de Sermaize.

Vitry-en-Perthois est aujourd'hui un joli village assis sur deux rives de la Saulx, au pied de charmantes collines qui le ceignent au N., et qui offrent les sites les plus remarquables. Si l'on gravit une des collines, l'œil s'étend avec plaisir sur le cours sinueux de la Saulx, qui se déroule à travers des bois de saules, d'ormes, de peupliers, et sur cette belle plaine du Perthois, couverte de la plus belle verdure et d'innombrables bosquets au milieu desquels s'élèvent de nombreux villages.

Les seuls monuments qui existent à Vitry-en-Perthois sont : 1º l'église Saint-Memmie ; 2º une croix sur la place ; 3º les débris de l'ancienne chapelle Sainte-Geneviève, sur un monticule, à un kilomètre N.-O. de la commune. — L'église paroissiale est sur l'emplacement même de celle qui fut brûlée par Louis VII en 1143. — Après l'incendie de Vitry par ce prince, les comtes de Champagne s'empressèrent de relever Vitry de ses ruines. Blanche de Champagne, qui vivait au commencement du XIIIe siècle, fit rebâtir l'église. Elle voulut que ce monument fût magnifique et d'une grande hardiesse. Il avait cinq autels de front, était de style gothique, ayant 44 mètres de longueur sur 28 de largeur. Quand Vitry fut incendié pour la seconde fois, en 1420 ou 1421, et que les tourbillons de flammes, qui s'élançaient de ses édifices embrasés se faisaient voir à plus de 60 villages, l'église ne dut assurément pas être épargnée, et comme les murs du N. et de l'E., seuls vestiges qui restent de l'ancienne église, ne montrent pas ce style gothique si pur du XIIIe siècle, on doit conjecturer que l'église Saint-Memmie fut incendiée, comme la ville, en 1421, et qu'elle fut reconstruite vers le milieu du XVe siècle, probablement sur le modèle de celle de Blanche de Champagne.

Lors du troisième incendie de Vitry-en-Perthois, en 1544, on dit qu'elle fut saccagée en grande partie. Elle resta dans cet état de désastre jusqu'en 1784, époque à laquelle on la rétablit comme nous la voyons aujourd'hui. On rasa les piliers extérieurs du S., ceux de l'O. et deux rangs de colonnes; on abaissa d'un tiers la hauteur des trois nefs qu'on conserva. Elle n'a plus aujourd'hui que 30 mètres de longueur et environ 18 de largeur. Des fenêtres ornées de vitraux peints s'ouvraient au fond de chaque nef; elles sont fermées aujourd'hui. Les voûtes primitives sont remplacées par des voûtes en planches, d'une couleur grisâtre. Le nouveau portail n'est point dans le style du reste de l'église. Un clocher, ayant la forme d'une pyramide, s'élève à l'extrémité O. de l'église, dont la hauteur totale est d'environ 35 mètres. C'est aussi vers le milieu du xve siècle qu'il faut faire remonter l'établissement de la croix qui s'élève sur la place. Ce petit monument d'architecture gothique, modifié aussi par les inspirations du xve siècle, fut érigé, selon les uns, pour conserver la mémoire de l'endroit où furent brûlés les 40 juifs (1321), selon d'autres, pour marquer la place qu'occupait autrefois l'hôpital Saint-Jacques, détruit par les Anglais. Il est en pierre de taille. Son piédestal, de la forme d'un prisme, repose sur un escalier de forme octogonale qui l'entoure. Le corps de la croix ou le fût, qui a aussi la forme d'un prisme, a environ 2 mètres de hauteur. Les bras et le sommet de la croix n'existent plus; la foudre les a détruits. Les faces du piédestal sont décorées de sculptures, et chaque face du tronc est ornée des statues des saints qu'on honore dans le pays, de quelques rois de France et d'un comte de Champagne. Cette croix, détruite par la Révolution, fut restaurée en 1816 sur l'ancien dessin qu'on trouva dans les archives de Saint-Jacques. La foudre renversa, il y a quelques années, la statue de Clovis, qui couronnait le sommet et abattit un des bras de la croix. Le drapeau tricolore qu'on y arbora en 1830 causa la chute de l'autre bras, qui entraîna une partie du tronc.

Les débris de la chapelle Sainte-Geneviève, que l'on voit encore aujourd'hui au N.-O. du village, consistent en un reste de sanctuaire de quelques mètres carrés, au-devant duquel s'élève une espèce de petit portail de forme ogivale. C'était là que finissait le chœur. Pour prévenir la chute des pierres et la destruction de l'ogive, on a adossé aux anciens piliers de nouveaux piliers d'architecture grecque, ce qui fait qu'on dirait un petit portail. On remarque encore à Vitry-en-Perthois la *montagne* ou plutôt le *petit mont*, appelé le Château ou le Donjon, où s'élevait autrefois la célèbre forteresse, et où l'on voit encore les issues des souterrains qui s'étendaient en divers sens sous toute la ville.

L'ancienne ville de Vitry-en-Perthois occupe une place distinguée dans l'histoire ; cependant son origine est un peu obscure. On lui donne différents noms : on l'appelle Vitry-en-Perthois, parce qu'elle fut la capitale du Perthois ; Vitry-le-Château, à cause de son château qui était remarquable ; Vitry-l'Ancien, Vitry-en-Parthois, Vitry-le-Ponthois, et enfin, Vitry-le-Brûlé, nom le plus ordinaire et qui rappelle les grands incendies dont elle fut la proie. Le nom de Victry ou Vitry lui vient, selon les chroniqueurs, d'une légion romaine, la Victorieuse, *Victrix*, qui vint camper en ces lieux vers l'an 49 ou 50 avant l'ère chrétienne, pour protéger la ville.

Les soldats romains construisirent, au pied de la forteresse, une ville à l'image de Rome, dont le Capitole et le Forum se trouvent rappelés dans quelques vieilles chartes. Des fouilles faites à des époques différentes et sur différents points, ont montré partout des vestiges de l'occupation romaine. Saint Memmie, après avoir converti Châlons, dont il fut le premier évêque, parcourut le reste de la province et vint par conséquent, prêcher le christianisme dans le Perthois, et alors une chapelle s'éleva sur les débris des autels du paganisme.

Attila ayant détruit en 451, la ville de Perthes, située à quelque distance au S., les ruines de cette capitale vinrent agrandir Vitry, qui devint ainsi la ville la plus considérable de toute la contrée et la capitale du Perthois.

La bataille de Soissons et la mort de Syagrius venaient d'anéantir la puissance romaine dans les Gaules, la ville de Vitry passa alors sous la domination des rois francs. Sigebert Ier, troisième fils de Clotaire Ier, roi de Metz et d'Austrasie, fut proclamé roi dans Vitry et y fut assassiné, en 575, par les satellites de Frédégonde.

Il n'y eut rien de remarquable à Vitry sous les rois fainéants ;

seulement, comme ils avaient à Ponthion, éloigné de 6 kil. à l'E., un château qu'ils habitaient fréquemment, Vitry les vit souvent dans ses murs, car ils suivaient la route de Châlons à Langres, qui passait par Vitry.

Cette ville eut aussi, dit-on, l'honneur de recevoir le Souverain Pontife dans ses murs. Etienne III, menacé par les Lombards, vint en France implorer les secours de Pépin, alors roi. La cour était au château de Ponthion. Etienne s'y rendit et traversa la ville de Vitry-en-Perthois, où il reçut les plus grandes marques de respect. Les habitants de Vitry et des villages voisins l'accompagnèrent, en chantant des hymnes et des cantiques jusqu'à Ponthion, où le cortége arriva le jour de l'Epiphanie, 754. Le Pape tomba aux pieds de Pépin ; le roi lui prodigua les plus grands honneurs et lui promit avec serment de le défendre contre les Lombards. On sait qu'il tint glorieusement sa parole et fonda ainsi la puissance temporelle des papes.

Les comtes de Vitry-en-Perthois devinrent puissants sous les Carlovingiens. Boson II, mécontent de Bovon II, quarantième évêque de Châlons, auquel il reprochait d'avoir embrassé le parti du comte de Vermandois contre lui, emporta Châlons d'assaut, livra cette ville aux flammes, fit Bovon prisonnier et le remit entre les mains de son frère, le comte Hugues, 931.

En 953, Vitry-en-Perthois fut réuni au domaine des comtes de Champagne. Rien d'important ne se passa dans cette ville jusqu'au règne de Louis VII. En 1143, ce prince, voulant punir Thibault, comte de Champagne, qui avait manqué à ses devoirs de vassal, rassembla une armée et s'avnaça contre Vitry. Un corps de troupes défendait la ville, qui était bien approvisionnée. Louis livre plusieurs assauts et est toujours repoussé. Furieux de cette résistance opiniâtre des soldats et des habitants, il tente un dernier effort, emporte la place, passe au fil de l'épée tout ce qu'il rencontre et livre la ville aux flammes. L'église, où 1,300, selon d'autres 1,500 personnes de tout âge, de tout sexe s'étaient refugiées, fut brûlée, dit-on, par les soldats eux-mêmes, et les ruines en ensevelirent les malheureuses victimes. Le lendemain il attaqua le château qui tenait encore, et cette forteresse tomba sous ses coups. Louis fit alors la paix avec Thibault, qui s'appliqua à réparer les désastres de la guerre, surtout à Vitry.

Cette ville acheva de se relever de ses ruines sous les successeurs de Thibault, mort à Lagny (Seine-et-Marne), en 1151. L'église fut reconstruite sous le gouvernement de Blanche, épouse de Thibault III. Cette comtesse établit aussi, en 1212, un collége de chanoines, au nombre de cent. Cet établissement fut autorisé en 1222 par Thibault IV et par les bulles du pape Alexandre III. Leur église était une collégiale sous l'invocation de Notre-Dame. Elle était placée dans le quartier de Rachapt, et la rue où Blanche l'avait fait élever s'appelle encore aujourd'hui la rue Notre-Dame. Il y eut encore, à Vitry-en-Perthois, d'autres établissements; c'étaient des couvents, un hôpital, une maladrerie, sous l'invocation de Saint-Lazare. — Le comté de Vitry, ainsi que le comté de Champagne, furent réunis à la couronne en 1284 par le mariage de Jeanne, héritière de ces deux comtés, avec Philippe IV, *dit* le Bel, roi de France, et Vitry demeura constamment fidèle aux rois de France, ce qui lui attira encore de grands désastres.

En 1321, sous le règne de Philippe-le-Long, les juifs furent accusés d'avoir, de complicité avec les lépreux, empoisonné les eaux du royaume. Ils étaient en assez grand nombre à Vitry, où ils avaient une synagogue. A cette nouvelle, le peuple se rua sur eux avec fureur, et 40 furent brûlés sur la place publique. C'est en mémoire ou en expiation de la mort de ces juifs, que l'on éleva, dit-on, la croix en pierre, dont on voit encore les restes au milieu de la place de cette ville ruinée (1).

(1) Ce fait est aussi raconté de la manière suivante :
« Sous le règne de Philippe-le-Long (1321), les habitants de Vitry-en-Perthois exercèrent contre les juifs, accusés d'avoir empoisonné les fleuves du royaume, des persécutions dont le récit fait frémir. Soixante-sept de ces malheureux étaient déjà tombés sous leurs coups ; quarante avaient été jetés dans un cachot. Tandis qu'on délibère sur le genre de supplice qu'on leur infligera, le plus jeune des prisonniers, assisté du plus vieux, coupe la gorge à tous les autres; le vieillard reçoit ensuite la mort du jeune homme. Au moment de se frapper lui-même, le dernier survivant sent se réveiller dans son cœur l'amour de la vie. Il essaie de s'échapper au moyen d'une corde faite avec les vêtements de ses compagnons. La corde rompt, il tombe et se casse une jambe. On s'empare de lui, et

Une nouvelle calamité vint fondre sur Vitry en 1420. Le traité de Troyes venait de livrer la France aux Anglais; la Champagne alors tomba en leur pouvoir. Salisbury, qui en fut nommé gouverneur, s'empara de toutes les places fortes; Vitry fut assiégée. Les habitants repoussèrent les assiégeants avec intrépidité; mais abandonnés à leurs seules forces, ils ne purent lutter longtemps contre des forces supérieures, et surtout contre l'artillerie qui les foudroyait du haut des côtes voisines. La ville fut emportée d'assaut, livrée au pillage et à l'incendie. Les flammes, dit le Livre des *Antiquités de France*, se faisaient voir à plus de 60 villages des environs. La magnifique abbaye de Saint-Jacques fut détruite, ainsi que la plupart des autres monuments. Les Anglais restèrent les maîtres de presque tout le pays, jusqu'en 1429.

Vitry-en-Perthois sortit de ses ruines après la victoire de la Croisette, que le général français Barbazan, gouverneur de la Champagne, remporta sur les Anglo-Bourguignons en 1430.

La prospérité de cette ville, qui se divisait en ville haute et ville basse, devint grande alors, et son orgueil éclatait dans ses armoiries, où l'on voyait un paon couronné regardant sa queue, avec cette légende : *Honni soit qui mal y pense*. Mais toute cette splendeur fut détruite pendant les guerres que se firent François Ier et Charles-Quint. Ce dernier ayant, en 1544, pénétré dans la Champagne, s'empara de Saint-Dizier et vint attaquer Vitry. Il éleva des batteries sur les montagnes qui la dominaient et la foudroya impitoyablement. Cette ville, réduite en un monceau de décombres, disparut du territoire français et n'appartint plus qu'à l'histoire. L'église, qui se trouvait sous le feu du canon ennemi, fut ruinée en grande partie. On cite cinq ou six maisons qui échappèrent seules à l'incendie.

François Ier ayant conclu la paix avec l'empereur, songea à reconstruire Vitry ; mais comme l'emplacement de l'ancienne ville ne valait rien, étant dominé par des montagnes, le roi choisit le village de Maucourt, où est aujourd'hui Vitry-le-François.

quelques heures après il est brûlé vif au milieu des cadavres des prisonniers. Si l'on en croit la tradition, une femme juive, condamnée au bûcher avec ses fils, s'écria : « *Malheur à toi, ville maudite ! ces flammes qui semblent s'éteindre se rallumeront à plusieurs reprises et te consumeront un jour tout entière.* »

Pour construire cette nouvelle ville, il fit démanteler l'ancienne. Les murailles, les tours, le château et jusqu'aux pavés des rues, tout fut enlevé pour construire le nouveau Vitry. Aujourd'hui, on ne voit plus que de modestes sapins, là où s'élevaient autrefois des tours formidables et des remparts crénelés.

François Ier voulut aussi transporter au nouveau Vitry les habitants de l'ancien ; mais ils refusèrent, et la plupart se mirent à reconstruire leurs maisons, et à bâtir même d'assez beaux monuments. Quand le roi en fut instruit, il en fut irrité et donna commission de les détruire. Il ordonna aux habitants de venir se fixer dans sa nouvelle ville ; mais leurs prières et leurs représentations touchèrent le monarque qui leur permit, en 1546, de rester dans leur ville. Il leur accorda même le droit de tenir un marché, et, donna à leurs débris le titre de bourg, le fit ériger en doyenné (1), et leur désigna un lieutenant de prévôté qui résida parmi eux. Ainsi s'est formé ce bourg que l'on a surnommé avec raison Vitry-le-Brûlé. — Henri IV lui accorda une légère consolation d'avoir perdu ses titres de cité : il lui envoya des lettres-patentes portant création à Vitry-en-Perthois d'une Compagnie de l'Arquebuse, qui subsista avec honneur jusqu'à la Révolution.

La Maladrerie de saint Lazare dura encore cent ans au moins après la translation de Vitry-en-Perthois au village de Maucourt, et possédait des revenus considérables. La lèpre ayant tout-à-fait disparu du royaume, le roi supprima la Léproserie, le 24 octobre 1648, et les revenus de cet hôpital passèrent à l'hôpital de Vitry-le-François, à charge par cet établissement de fournir cent lits pour les pauvres malades de Vitry-en-Perthois. — On ne supprima point le couvent des Trinitaires, religieux mendiants qui consacraient le produit des aumônes au rachat des captifs des Infidèles.

---

(1) Ce doyenné comprenait les paroisses de Soulanges, Saint-Quentin, Vavray, Rozay, Ablancourt, Sogny-en-l'Angle, Saint-Amand, Couvrot, Ponthion, Plichancourt, Blesmes, Heiltz-l'Évèque, Minecourt, Jussecourt, Heiltz-le-Maurupt, Pargny, Etrepy, Sermaize, Cheminon, Maurupt, Favresse, Changy, Reims-la-Brûlée, Scrupt, Domremy, Bassu, Bignicourt, Le Buisson, Trois-Fontaines, Saint-Lumier, Lisse, Outrepont, Merlaut, Aulnay-l'Aître, Doucey et Bassuet. — Vitry-en-Perthois était le chef-lieu d'un des bailliages les plus étendus et les plus populeux de la Champagne.

Vitry-en-Perthois fut ravagé par deux épidémies, l'une en 1668, le 13 juin ; la seconde, le 25 mai 1742. — Son église fut reconstruite en 1784, telle que nous la voyons aujourd'hui. — Il subit, lui aussi, la tourmente révolutionnaire. Les couvents, l'abbaye Saint-Jacques, qui avait été transportée, après le premier incendie, hors de l'enceinte des murs, tout fut démoli.

Vitry-en-Perthois eut encore à souffrir de la présence des troupes alliées, en 1814. L'avant-garde de l'armée prussienne y fut fort maltraitée, le 28 janvier de cette même année, par des lanciers polonais que le commandant de Vitry-le-François, prévenu par les habitants de Vitry-en-Perthois, avait envoyés. Quelques habitants de cette dernière commune s'étaient joints à eux. Cet exploit faillit attirer sur ce bourg un quatrième incendie. Ce n'était que l'avant-garde que l'on avait battue : le lendemain, 3,000 hommes campaient autour de Vitry-en-Perthois, et se préparaient à venger leurs compatriotes. Les habitants s'enfuirent épouvantés. Le duc d'York, informé des faits, et apprenant que la majeure partie des habitants n'avait pas pris part au massacre, épargna les maisons, mais frappa le bourg de fortes contributions en nature et en argent.

Vitry-en-Perthois a donné naissance à plusieurs hommes remarquables :

Conon, qui occupa le siége épiscopal de Châlons, de 1263 à 1269.

Durand, avocat, jurisconsulte célèbre, qui rédigea la *Coutume de Vitry*, en 1481.

Robert de Lenoncourt, évêque de Châlons, élevé au cardinalat par le pape Paul III, en 1538, et qui mourut en 1561.

Saligny, savant commentateur et jurisconsulte, qui continua la *Coutume de Vitry* en 1505, etc.

Les *écarts* de Vitry-le-Brûlé sont : le hameau de Saint-Etienne, autrefois faubourg de la ville, à 500 mètres ; la ferme de Saint-Jacques, autrefois couvent, à 1 kil. au S.

2° CANTON D'HEILTZ-LE-MAURUPT.

9,485 habitants. — 28,051 hectares. — 23 communes.

Ce canton, un des plus considérables de l'arrondissement de

Vitry-le-François, dans une des plus riantes contrées de l'ancien Perthois, est borné, au N., par le canton de Dommartin-sur-Yèvre, à l'E., par le département de la Meuse, et, des deux autres côtés, par les cantons de Thiéblemont et de Vitry-le-François.

Il est arrosé par la Chée, l'Ornain, la Vière, le Flançon, etc.; la Saulx y pénètre un peu, et le Fion y prend sa source.

Le sol, humide en beaucoup d'endroits, produit des céréales en abondance, et l'agriculture est à peu près la seule industrie de ses habitants.

COMMUNES.	DISTANCE AU CHEF-LIEU				POPULATION
	de canton.	de l'arr.	du départ.	de Reims.	
	k.	k.	k.	k.	habitants.
Heiltz-le-Maurupt............	»	20	43	87	808
Alliancelles.................	7	26	48	84	417
Bassu.....................	15	16	32	76	332
Bassuet...................	15	12	30	74	625
Bettancourt................	7	27	48	92	338
Bussy-le-Repos.............	15	24	30	74	375
Changy....................	12	9	32	76	279
Charmont..................	12	31	40	83	1,084
Doucey....................	12	16	36	80	217
Heiltz-l'Evèque.............	5	14	38	82	361
Jussecourt-Minecourt.......	2	18	42	86	395
Outrepont.................	11	9	32	76	217
Possesse-Monthiers..........	15	26	35	79	639
Rosay.....................	8	18	40	84	201
Saint-Jean-devant-Possesse...	12	24	37	79	107
Sogny-en-l'Angle...........	3	21	41	85	232
Vanault-le-Châtel...........	12	24	32	76	581
Vanault-les-Dames..........	8	20	36	80	585
Vavray-le-Grand............	9	13	34	77	377
Vavray-le-Petit.............	9	14	34	77	165
Vernancourt...............	10	25	40	84	279
Villers-le-Sec..............	4	24	45	89	369
Vroïl.....................	10	30	45	89	502

Heiltz-le-Maurupt (prononcez Helmauru), à l'E.-N.-E. de Vitry-le-François, chef-lieu de canton, a son territoire arrosé par la Chée, l'Ornain et la Vière, et aussi par quatre ruisseaux qui portent le nom de Flançon ; trois y ont leur source, et, après un certain parcours, ils se réunissent au quatrième, qui traverse ensuite le territoire de Maurupt. — Un canal, connu sous le nom de *Fossé-Neuf*, conduit le trop plein des eaux de la Chée dans l'Ornain, en traversant les territoires d'Heiltz-le-Maurupt, Jussecourt, Minecourt et Bignicourt. — Superficie, 1589 hectares 78 ares 70 centiares. — Cure dédiée à saint Maurice. — Chef-lieu de perception. — Bureau de poste aux lettres. — Bureau d'enregistrement et de bienfaisance. — Ecoles primaires des deux sexes. — Huilerie et moulin, sur la Chée. — Commerce d'objets d'habillement, notamment de chapeaux et de chaussures, pour les deux sexes. — Fabrication de fromages justement estimés. — La filature ne fonctionne plus depuis quelques années. Heiltz-le-Maurupt est agréablement situé dans une des plus riches plaines du Perthois. — L'église, qui date du xe siècle, est assez remarquable. Le clocher, élevé, est placé sur une ancienne tour romane.

On attribue la fondation de cette commune à des protestants bannis d'un faubourg de Dantzig, qui portait son nom. — C'est dans une auberge de Heiltz-le-Maurupt que Louis-Philippe Ier reçut, quelques jours avant la bataille de Valmy, en 1792, son brevet de général de brigade, lorsqu'il faisait partie de l'armée commandée par Kellermann. — Il y avait à Ulmoy, écart de cette commune, un monastère qui possédait les plus riches terres des environs. — Le savant professeur Nicolas-Eloi *Lemaire*, né en 1767, à Triaucourt (Meuse), et mort à Paris en 1832, auteur de la belle collection des *Classiques latins* (152 vol. in-8°), publiée sous les auspices du Gouvernement et imprimée par Didot, passait régulièrement une partie de ses vacances dans le bourg d'Heiltz-le-Maurupt, d'où son père était originaire. — *Ecart :* Ulmoy, à 500 mètres.

Alliancelles, au N.-N.-E. d'Heiltz-le-Maurupt, baigné par la Chée, l'Ornain, et son affluent le ruisseau des Fontaines, qui y a un parcours d'un kil. — C'est sur cette commune que le Flançon prend sa source pour aller se jeter dans la Vière à Vavray-le-Grand. — La position de ce village est magnifique. — Superficie, 693 hectares. — Succursale dédiée à saint Remi. — Perception d'Heiltz-le-Maurupt. ✉ Heiltz-le-Maurupt. — Ecoles primaires des deux sexes. — Les religieux de Trois-Fontaines étaient propriétaires sur Alliancelles en 1284.

Bassu, au N. d'Heiltz-le-Maurupt, sur le Fion qui y prend sa source sous l'église, au fond d'une belle gorge étroitement resserrée par deux collines, les plus élevées du canton et qui le couvrent au N. et à l'E. — Superficie, 1,028 hectares 65 ares 45 centiares. — Succursale dédiée à saint Hilaire — Perception de Bassuet· ✉ Heiltz-le-Maurupt. — Ecole primaire mixte. — Ce village était défendu par un fort dont il reste quelques vestiges sur la route de Vitry. — Bassu fut détruit, dit-on, par le major hollandais Growesteins, en 1712. — De l'écart de Grammont, situé sur une éminence, on découvre au loin la vaste plaine du Perthois. — Ce lieu fut choisi pour station télégraphique correspondant, en 1828, avec Lépine et Beaulieu. — *Ecarts :* Bellevue, à 1 kil. ; Grammont, à 5 ou 600 mètres, avec un moulin à vent.

Bassuet, au N.-N.-O. d'Heiltz-le-Maurupt, dans une belle position, sur la rive gauche du Fion, qui le traverse de l'E. à l'O. — Superficie, 756 hectares. — Succursale dédiée à saint Nicolas. — Chef-lieu de perception. ✉ Heiltz-le-Maurupt. — Bureau de bienfaisance. — Ecoles primaires des deux sexes. — Cette commune fait de bon vin (144 hectares de vignes) ; les vergers donnent de bons fruits, et les jardins d'excellents légumes. — L'abbaye de Saint-Pierre-au-Mont de Châlons exerçait des droits sur cette commune en 1414.

Bettancourt, au N.-E. d'Heiltz-le-Maurupt, sur la Chée. Superficie, 609 hectares. — Succursale dédiée à saint Pierre et saint Paul. — Perception d'Heiltz-le-Maurupt. ✉ Heiltz-le-Maurupt. — Ecole primaire mixte. — Briqueterie. — Joli château de construction moderne, au milieu d'un bosquet, à 100 mètres du pays, sur la Chée. — Bettancourt, qui appartenait, en 1100, à Gobert de Montchablon, fut reconstruit par ce seigneur, de concert avec la dame de Vitry, Blanche, comtesse palatine de Troyes, qu'il associa à ses droits seigneuriaux. — *Ecarts :* les terres du Bois, ferme à 1 kil. ; la Tuilerie, à 500 mètres.

Bussy-le-Repos, au N.-N.-O. d'Heiltz-le-Maurupt, dans un vallon, est arrosé par un petit ruisseau qui prend sa source à l'O. de la commune, qu'il coupe en deux parties, va se perdre sur le territoire de Contault. — Superficie, 2,263 hectares. — Succursale dédiée à saint Pierre et saint Paul. — Perception de Vanault-les-Dames. ⊠ Heiltz-le-Maurupt. — Ecole primaire mixte. — Huilerie ; fabrique de toiles de chanvre. — *Ecarts :* La Saulx, ferme, à 5 kil., à l'O.•; Frécu, ferme à 3 kil. ; Berzieux, à 3 kil., au N.-O, ; Toboso, à 4 kil. ; moulin à vent, à 1 kilomètre.

Changy, à l'O.-S.-O. d'Heiltz-le-Maurupt, sur une colline qui domine le Perthois et le Bas-Vallage, est arrosé par la Vière et la Chée. — Superficie, 606 hectares. — Succursale dédiée à saint Etienne. — Perception de Bassuet. ⊠ Heiltz-le-Maurupt. — Ecole primaire mixte. — Bureau de bienfaisance. — Briqueterie, depuis 1846; vin rouge et blanc, le blanc est assez estimé (100 hectares de vignes). — Ce pays a eu plusieurs couvents et une Maladrerie dont il ne reste aucun vestige. — Il y avait aussi un château qui a été démoli en 1809.

Charmont, au N.-N.-E. d'Heiltz-le-Maurupt, arrosé, en partie, par le Jardon, car le village est situé sur une montagne d'où la vue s'étend sur une campagne fertile. — Le Jardon y a sa source, et est affluent de la Vière, à Vernancourt. — Etang d'une étendue de 7 hectares environ. — Superficie, 2,279 hectares 43 ares 75 centiares. — Succursale dédiée à la Nativité de la Sainte-Vierge. — Perception de Vanault-les-Dames. ⊠ Heiltz-le-Maurupt. — Ecoles primaires des deux sexes. — Vin de qualité médiocre (100 hectares de vignes) ; distillerie de marc de raisin. — Les dîmes étaient levées à Charmont par l'abbaye de Trois-Fontaines, par un prieuré dépendant de Huiron et par le chapitre de la cathédrale de Châlons. — *Ecarts :* Charmontel, hameau à 1,500 mètres ; la ferme de Mangarnie, à 3 kil. ; la ferme de Donjeux, à 3,500 mètres ; le château des Bourgeois, à 2 kilomètres.

Doucey, à l'O.-N.-O. d'Heiltz-le-Maurupt, sur un terrain plat, baigné par la Vière, le Flançon et le ruisseau le Moulinet. — Superficie, 667 hectares. — Succursale dédiée à l'Assomption de la Sainte-Vierge, — Perception de Bassuet. ✉ Heiltz-le-Maurupt. — Ecole primaire mixte. — Nombreuses vignes donnant un vin assez bon, 1/3 en blanc, 2/3 en rouge. — Doucey payait des dîmes au couvent de Saint-Pierre-au-Mont de Châlons, à celui de Sainte-Bénigne de Dijon, et aux religieux de Saint-Paul de Verdun.

Heiltz-l'Evêque (prononcez Elvêque), à l'O.-S.-O. d'Heiltz-le-Maurupt, sur la Chée. — Superficie 940 hectares. — Succursale dédiée à saint Maurice. — Perception d'Heiltz-le-Maurupt. ✉ Heiltz-le-Maurupt. — Bureau de bienfaisance. — Ecole primaire mixte. — Une église du xiie siècle témoigne de l'ancienneté du pays. — Les évêques de Châlons furent seigneurs de cette commune, et conservèrent ce titre jusqu'à la Révolution de 1789. Leur château, qui fut détruit vers le xviie siècle, n'était séparé de l'église que par un ruisseau.

Jussecourt-Minecourt, à l'O.-S.-O. d'Heiltz-le-Maurupt, sur la Chée. — Minecourt a été réuni à Jussecourt par décret du 9 juillet 1852. — Superficie, 867 hectares 47 ares 30 centiares. — Succursale dédiée à saint Laurent, et Minecourt à sainte Menehould. — Perception d'Heiltz-le-Maurupt. ✉ Heiltz-le-Maurupt. — Ecoles primaires des deux sexes. — Moulin à Minecourt. — Grand nombre de tisserands. — La cure de Lépine possédait une partie des seigneuries de Jussecourt et Minecourt. — L'abbaye de Trois-Fontaines et l'ordre du Temple y exercèrent aussi quelques droits.

Outrepont, au S.-O. d'Heiltz-le-Maurupt, sur la Saulx et la Chée, qui le sépare de Changy. — Superficie, 356 hectares 42 ares. — Sans église, annexe de Changy. — Perception de Bassuet. ✉ Heiltz-le-Maurupt. — Bureau de bienfaisance. — Ecole primaire mixte. — Vastes prairies. — Vin rouge et blanc. — Avant la Révolution, Outrepont était une annexe de Changy. — Le territoire de ce village commençait le Bas-Perthois, que la rivière de Saulx séparait du Haut-Perthois.

Possesse, au N. d'Heiltz-le-Maurupt, agréablement situé dans une vaste plaine divisée en petits coteaux et en collines, et arrosé par la Vière, qui traverse le territoire au N. et au S., et par le Vincenot, arrivant de Contault, du N.-O. au centre, mêler ses eaux à celles de la Vière. — 76 hectares 75 ares 30 centiares sont couverts d'étangs, dont une partie est, de 4 ans en 4 ans, mise en culture pour redevenir étangs. — La vaste prairie qui occupe le centre sur les deux rives de la rivière, dans une étendue de plus de 10 kil., les bouquets de bois situés çà et là dans la plaine, forment un riche, vaste et riant paysage. — Superficie, 3,586 hectares 87 ares 75 centiares. — Succursale dédiée à saint Symphorien. — Perception de Vanault-les-Dames. ⊠ Heiltz-le-Maurupt. — Ecoles primaires des deux sexes. — Moulin à eau ; briqueterie ; carrières de craie.

Possesse est une commune fort ancienne, autrefois considérable, et qui fut la capitale de la contrée appelée le Vallage-Argonnais. Il s'y tint un concile en 862. — Ses seigneurs, qui se qualifiaient au moyen-âge de *comtes de Possesse et marquis d'Argonne*, occupaient un rang distingué dans la haute noblesse. — Plus de vingt terres, la plupart titrées, relevaient de leur suzeraineté. — Possesse fut une ville enceinte de larges fossés en terrasses, de forts et de bastions ; les fossés sont encore bien conservés, dans la partie du N.-O., de l'O. et de l'E. Au S., ils servent actuellement de lit à la rivière. Au S., vers le centre, se voit un cavalier élevé de plus de 20 mètres, et assez bien conservé, malgré les dégradations et les empiètements des propriétaires voisins. Le sommet est planté et couronné d'une vingtaine de beaux ormes.

Quelques auteurs prétendent que Possesse fut détruite dans le XVe siècle, lors de l'irruption des Allemands en Champagne, sous Charles-Quint ; mais cette assertion est fort contestée. On croit plutôt qu'elle fut assiégée en 1712, par Growesteins, major hollandais, au moment où Louis XIV était en guerre avec la Hollande. Le prince Eugène reprenait alors l'offensive (1).

Possesse, devenu bourg depuis, conserva encore une certaine importance, car il obtint en 1571, par lettres-patentes de Charles IX, l'établissement d'un marché le jeudi de chaque semaine, et trois foires dans l'année. — Il avait, avant la Révolution, son boisseau particulier, dont le contenu était de 13 litres 1/2 ; il faisait partie aussi alors de l'élection et du bailliage royal de Vitry; c'était un des neuf doyennés qui composaient l'ancien évêché de Châlons (2).

L'abbaye de Monthiers-en-Argonne fut fondée en ce pays, en 1134, par Adam de Tornes, comte de Possesse, marquis d'Argonne, qui la dota richement. — Manassès de Tornes, frère d'Adam, y fonda aussi, en 1168, une chapelle et un hôpital pour les pauvres, qui, en 1600, fut réuni à l'hôpital de Vitry. — En 1224, Anceau ou Anselme de Galrande, héritier des comtes de Tornes, y fonda le prieuré de Saint-Crépin, de l'ordre des Bénédictins. — Et, en 1265, son fils Réné de Galrande y établit et dota une commanderie de Templiers (3). — Monthiers n'est plus qu'un hameau.

Possesse a eu beaucoup à souffrir, en 1814 et en 1815, du passage des troupes étrangères. — Pendant trois mois, il fut le centre d'appui, de rendez-vous et des correspondances avec la capitale et avec les autres cantonnements. — *Ecarts :* Yonval, à 4,600 mètres ; La Saussaie, à 5,000 mètres ; Rotonchamp, à 6,500 mètres ; Monthiers, à 6,600 mètres ; La Tuilerie, à 7,280 mètres.

(1) Un poeme en patois du pays, que l'exiguité de notre cadre ne nous permet pas de reproduire ici, et qui nous a été fourni par l'ancien instituteur de Prosnes, M. Andruette, confirme cette opinion.

(2) Ce doyenné comprenait les paroisses de Ante, Alliancelles, Charmont, Vroil, Nettancourt (Meuse), Noyers (Meuse), Eclaires, Noirlieu, Le Vieil-Dampierre, Epense, Saint-Mard-sur-le-Mont, Somme-Aisne (Meuse), Triaucourt (Meuse), Vernancourt, Villers-le-Sec, Charmontois, Riaucourt (Meuse), Sivry, Bussy-le-Repos, Saint-Jean, Givry, Saint-Hilaire (Meuse), Contault, Sommeil (Meuse), La Neuville-aux-Bois, Le Châtelier, Remicourt, Vanault-les-Dames et Vanault-le-Châtel.

(3) L'abbaye de Monthiers, qui eut de nombreux territoires, les fiefs de Sainte-Marie et de Saint-Remi, les champs de Possesse, de riches forêts, prospéra jusqu'à la Révolution, qui la renversa comme toutes ses compagnes. — Elle rapportait 15,000 livres à l'abbé, et 6,000 livres aux dix religieux qui l'habitaient.

(ED. DE BARTHÉLEMY.)

Rosay, au N.-O. d'Heiltz-le-Maurupt, a son territoire coupé par plusieurs hauteurs qui se réunissent à la côte du Haut-Mont. Il y a quatre étangs d'une étendue de 20 hectares 34 ares 30 centiares, que l'on met alternativement en eau et en culture. — Superficie, 1,160 hectares 29 ares 50 centiares. — Annexe de Doucey ; église dédiée à saint Hubert. — Perception de Bassuet. ✉ Heiltz-le-Maurupt. — Ecole primaire mixte. — De ce village, la vue s'étend sur les florissantes campagnes du Perthois et découvre, dans un rayon de 20 à 25 kil., plus de 40 communes dispersées au milieu de prairies superbes, d'étangs, de vignes, de plantations et de bouquets de bois formant une charmante perspective. — En 1147, les religieux de Trois-Fontaines exerçaient des droits à Rosay, et ceux de Saint-Pierre-au-Mont de Châlons en étaient seigneurs en 1294 ; ces derniers y avaient des propriétés dès 1077. — *Ecarts* : le moulin de Bulmont ; deux maisons, à 1,500 mètres.

Saint-Jean-devant-Possesse, au N. d'Heiltz-le-Maurupt, sur la Vière. — Superficie, 533 hectares. — Annexe de Vernancourt ; église sous le vocable de la Décollation de saint Jean-Baptiste. — Perception de Vanault-les-Dames. ✉ Heiltz-le-Maurupt. — Ecole primaire mixte. — L'abbaye de Saint-Pierre de Châlons y exerçait des droits en 1079. — En 1131, les religieux de Toussaints de Châlons y avaient des propriétés.

Sogny-en-l'Angle, au N. d'Heiltz-le-Maurupt, arrosé par trois ruisseaux. La Vière, qui le sépare de Vanault-les-Dames ; le ruisseau de Cru, qui divise son territoire en deux parties presque égales ; le Flançon, qui le limite d'Heiltz-le-Maurupt et de Jussecourt-Minecourt. — Superficie, 666 hectares. — Succursale dédiée à la Conversion de saint Paul. — Perception d'Heiltz-le-Maurupt. ✉ Heiltz-le-Maurupt. — Ecole primaire mixte. — En 1199, l'abbaye de Saint-Pierre-au-Mont était propriétaire de Sogny.

Vanault-le-Châtel, au N.-N.-O. d'Heiltz-le-Maurupt, sur le Vanichon, formé de quatre ruisseaux qui ont leurs sources sur le territoire et se réunissent à environ un kilomètre au-dessous du village. Vanault est situé dans une petite vallée très-fertile, au bas des pentes douces de divers petits monticules qui l'environnent. — Superficie, 3,478 hectares 70 ares 15 centiares. — Succursale dédiée à sainte Libaire. — Perception de Vanault-les-Dames. ✉ Heiltz-le-Maurupt. — Bureau de bienfaisance. — Ecole primaire mixte. — La Motte ou le Mont-Hériton, sur un point très-élevé, à 4 kilomètres du village, était jadis un fort assez considérable, où Charles VII mit des troupes en 1423, et que les Anglais prirent et détruisirent. — La ferme de la Serre, écart, dans un large ravin, a reçu, en 1815, le roi de Prusse, qui y a déjeûné avec sa suite. — Vanault-le-Châtel payait quelques redevances à l'abbaye de Trois-Fontaines. — *Ecarts :* la ferme de Maigneux, à 6 kil., entre deux collines; la ferme de Bertauval, à 2,500 mètres ; moulin à eau, à 2 kil.; la ferme de la Serre, à 3 kil.; le Mont-Hériton, ferme, à 4 kil. N.-N.-E.; le hameau de Bronne, à 4 kil.

Vanault-les-Dames, au N.-N.-O. d'Heiltz-le-Maurupt, sur le Vanichon, qui va se jeter dans la Vière, après avoir traversé le territoire, renferme deux étangs couvrant 52 hectares. Il est sur un point élevé, et présente un aspect peu régulier. — Superficie, 1,997 hectares. — Succursale dédiée à saint Remi. — Chef-lieu de perception. ✉ Heiltz-le-Maurupt. — Bureau de bienfaisance. — Ecoles primaires des deux sexes. — La maison commune a été construite en 1832 et 1833, et la campanille qui contient l'horloge en 1845. — Prairies naturelles, 142 hectares. — Le surnom de cette commune lui vient d'une abbaye de dames qui en était voisine. — Outre une très-belle forêt que se partagent l'Etat, la commune et quelques propriétaires, on remarque une éminence faite de main d'homme, et devant laquelle se déploie un panorama de 15 communes que l'on distingue de son sommet. — Les religieux de Trois-Fontaines avaient divers droits sur ce territoire. — *Ecarts :* moulin à eau, à 500 mètres ; une ferme, à 2 kil.

Vavray-le-Grand, à l'O.-N.-O. d'Heiltz-le-Maurupt, arrosé par la Vière et ses affluents, le Flançon et un petit ruisseau qui a sa source au centre du village, est assis sur un terrain très-accidenté ; le site en est très-pittoresque. Des maisons situées sur la hauteur, et surtout de la cure, on découvre une partie du Bocage, le Haut et le Bas-Perthois, ainsi qu'une partie du Barrois. —

Superficie, 699 hectares. — Succursale dédiée à saint Sulpice. — Perception de Bassuet. ✉ Heiltz-le-Maurupt. — Ecole primaire mixte. — Vins rouge et blanc assez bons (122 hectares de vignes); tuilerie, moulin à eau. — Dès l'an 1234, les religieux de Saint-Benigne de Dijon, ceux de Saint-Paul de Verdun, le prieuré d'Ulmoy et le couvent de Saint-Pierre-au-Mont de Châlons percevaient diverses redevances à Vavray. — *Ecarts :* le moulin, à 1 kil.; l'Espérance, à 1 kil.

Vavray-le-Petit, à l'O.-N.-O. d'Heiltz-le-Maurupt, sur une rivière et un ruisseau qui prend sa source dans la commune. — Superficie, 539 hectares. — Annexe de Vavray-le-Grand ; église dédiée à saint Patrice. — Perception de Bassuet. ✉ Heiltz-le-Maurupt. — Ecole primaire mixte. — Vins rouge et blanc assez bons (70 hectares de vignes). — Il y avait autrefois un château, démoli au commencement du xixe siècle. — L'abbaye de Saint-Pierre-au-Mont de Châlons prélevait des droits sur ce pays.

Vernancourt, au N. d'Heiltz-le-Maurupt, sur la Vière, qui le traverse dans toute sa longueur. Il y a un étang dont l'étendue est de 15 hectares. — Superficie, 897 hectares. — Succursale dédiée à saint Martin. — Perception de Vanault-les-Dames. ✉ Heiltz-le-Maurupt. — Ecole primaire mixte. — Fabriques de machines à battre le grain. — Ce village est désigné sous le nom de *Vernaucourt*, dans une bulle d'Eugène III, de 1147, confirmant à l'abbaye de Trois-Fontaines divers droits sur Vernancourt. — *Ecart :* les Brousses, hameau, à 3 kil.

Villers-le-Sec, au N.-E. d'Heiltz-le-Maurupt, sur une hauteur, et arrosé par le ruisseau le Cru. Une fontaine, qui alimentait autrefois un château situé à 100 mètres au N., sert à fournir aujourd'hui de l'eau à l'abreuvoir de la commune. — Superficie, 567 hectares 40 ares 70 centiares. — Succursale dédiée à l'Assomption. — Perception d'Heiltz-le-Maurupt. ✉ Heiltz-le-Maurupt. — Ecole primaire mixte. — Vins rouge et blanc de qualité médiocre (15 hectares de vignes); carrières de graviers pour l'entretien des routes. — Cette commune dépendait de l'abbaye de Trois-Fontaines. — *Ecart :* le moulin, remplacé par une maison,

Vroil, au N.-E. d'Heiltz-le-Maurupt, baigné par la Chée et un grand nombre de petits ruisseaux.— Superficie, 1,033 hectares 61 ares 80 centiares. — Succursale dédiée à saint Pierre et saint Paul. — Perception d'Heiltz-le-Maurupt. ✉ Heiltz-le-Maurupt. — Ecoles primaires des deux sexes. — Vin d'assez bonne qualité (49 hectares de vignes). — L'église est assez curieuse par sa construction bizarre ; elle est en style roman du XIIe siècle. Auprès de son portail, se trouve une source qui ne tarit jamais.

Vroil était, dit-on, une station romaine du temps de Jules César, et appartenait à la seconde Belgique. Son nom était *Ariola*. — En février 1858, un habitant de la commune y a trouvé, en cultivant le sol, 55 pièces en argent renfermées dans un vase ; ces pièces appartiennent aux règnes de Henri II, Henri III, le cardinal de Bourbon ou Charles X, et Henri IV. Toutes ces pièces ont été données à l'offrande et conservées dans un médailler de M. le curé.— A un kilomètre du village se trouvent les restes d'un aqueduc se dirigeant vers les habitations ; cet aqueduc, enfoui à deux mètres du sol, ne conduit plus les eaux. A quelques pas plus loin, on a découvert, il y a une douzaines d'années, un puits de construction romaine. Ce puits était rempli de têtes de bœuf; il y avait deux mètres de terre à la superficie. — L'église Saint-Nicolas de Châlons et la collégiale de la Trinité de la même ville exerçaient des droits sur la commune de Vroil. — *Ecarts :* une ferme, à 2 kil.; une maison, à 2 kil.; un moulin à eau, à 5 hectom.

3° CANTON DE SAINT-REMY-EN-BOUZEMONT.

7,845 habitants. — 27,887 hectares. — 26 communes.

Ce canton, borné au N. par les cantons de Vitry-le-François et de Thiéblemont ; à l'E., par le département de la Haute-Marne ; au S., par celui de l'Aube, et à l'O., par le canton de Sompuis, est en Bocage et d'une forme très-irrégulière.

Il est arrosé par la Marne, la Blaise, l'Isson, la Droye, la Chéronne, le Meldenson ou Meldançon et quelques autres petites rivières ou ruisseaux.

Le sol est généralement argileux, grèveux, sablonneux, froid et humide.

C'est l'un des plus fertiles du département. Il est cultivé avec le plus grand soin, et produit abondamment d'excellentes céréales. L'industrie particulière consiste dans l'exploitation du bois.

Ses meilleures communes sont dans la partie orientale.

COMMUNES.	DISTANCE AU CHEF-LIEU				POPULATION.
	de canton.	de l'arr.	du départ.	de Reims.	
	k.	k.	k.	k.	habitants
Saint-Remy-en-Bouzemont, Saint-Genest et Isson.....	»	19	49	93	767
Ambrières.................	17	22	54	98	361
Arrigny..................	5 7	16	48	92	127
Arzilières................	4 6	13	43	87	330
Blaise-sous-Arzillières......	7	11	41	85	224
Blaise-sous-Hauteville......	11	21	53	97	194
Brandonvillers.............	11	20	50	94	290
Bussy-aux-Bois............	7	17	47	90	136
Champaubert-aux-Bois......	16	26	59	102	336
Chantecoq................	13	23	55	99	97
Châtel-Raould-Louvent......	10	9	38	81	310
Châtillon-sur-Broué........	19	30	62	106	162
Drosnay.................	7	21	53	91	507
Ecollemont...............	7	18	51	94	106
Giffaumont...............	16	26	58	102	570
Gigny-aux-Bois............	9	18	47	91	298
Hauteville................	11	21	53	97	458
Les Grandes-Côtes, Les Petites-Côtes et la Petite-Ville.....	11	22	54	98	339
Les Rivières-Henruel........	7	12	43	87	168
Landricourt..............	12	24	56	100	206
Lignon..................	13	21	51	95	205
Margerie-Hancourt.........	16	24	54	98	440
Neuville-sous-Arzillières.....	4	16	43	87	78
Nuisement-aux-Bois........	11	21	54	97	121
Outines.................	10	24	54	98	505
Saint-Chéron.............	7	15	45	88	192
Sainte-Livière............	15	25	57	101	318

Saint-Remy-en-Bouzemont, au S. de Vitry-le-François, chef-lieu de canton, sur l'Isson. Il y a un ruisseau, le Radet, qui est à sec une grande partie de l'année. La fontaine de l'Isse paraît être la source de la rivière *dite* l'Isson, formée des eaux du Radet, qui se réunit à la Marne, près de Vitry-la-Ville. Les hameaux de Saint-Genest-en-Folie et d'Isson ont été réunis à Saint-Remy en 1836. On compte 27 hectares 3 ares 89 centiares d'étangs dans cette commune. — Superficie, 2,184 hectares 61 ares. Cure dédiée à saint Remi. — Chef-lieu de perception. — Bureaux de poste, d'enregistrement et de bienfaisance. — Ecoles primaires des deux sexes. — Vin rouge.

L'église est assez remarquable. Son vaste château, un peu à l'écart, était sur une éminence et entouré de fossés, avec parc et jardins ; il a été détruit et remplacé sur un autre point par un château moderne, d'architecture gothique, construit par la famille de Bouvet, à laquelle il appartient. — La terre de Saint-Remy appartenait à la famille du Hamel (1) depuis 1683 ; elle relevait du roi, et le château relevait de la seigneurie d'Arzillières. — Les décimateurs étaient : l'abbé de Moncetz, l'abbé de Huiron et le curé du lieu, chacun pour un tiers. Les propriétaires forains étaient : le chapitre et le collége de Vitry, et l'abbaye de Moncetz. — *Ecarts :* le hameau d'Isson, à 2 kil.; le hameau de Saint-Genest, à 3 kil.; la ferme de la Folie, à 4 kil.; les deux fermes des Landres, à 5 kil.; la première faisait partie de la commune de Saint-Genest ; les deux autres de Saint-Remy.

Ambrières, à l'E. de Saint-Remy, sur une colline élevée de 142 mètres au-dessus du niveau de la Marne, qui coule au pied, et dont elle ravine sans cesse les coteaux, dont l'un, au N. de l'église, s'est affaissé promptement il y a environ 20 ans, à angle droit de plus de 50 mètres. Le territoire de cette commune confine au département de la Haute-Marne. — Superficie, 1,008 hectares. — Succursale dédiée à Notre-Dame. — Perception des

---

(1) Cette famille du Hamel a donné un ambassadeur en Suède, le gouverneur des ville et château de Saint-Dizier, qui a soutenu un siége mémorable sous François Ier, et un général de la République, Jacques, vicomte du Hamel.

Grandes-Côtes. ✉ Saint-Remy. — Ecole primaire mixte. — Vins rouge et blanc (42 hectares de vignes). — Au hameau de Haute-Fontaine, il y eut un monastère fondé en 1136 par Isambert de Vitry; saint Bernard y établit les premiers religieux, qu'il tira de Clairvaux. En 1789, ce monastère n'avait plus qu'un très-petit nombre de moines et rapportait 6 à 7,000 livres ; les bâtiments étaient vastes et remarquables. Le couvent et les cloîtres ont été conservés et servent d'habitation ; la chapelle a été démolie en 1840. On possède une charte de 1221, concernant cette abbaye, ainsi que le cartulaire des abbés. — Haute-Fontaine a été paroisse jusqu'en 1792, époque de sa réunion à Ambrières. — *Ecarts :* quatre fermes; une maison isolée (auberge), de l'autre côté de la Marne; l'ancienne abbaye, à 2 kil.

Arrigny, au S.-E. de Saint-Remy, sur la rive droite de la Blaise. Il y a trois étangs d'une étendue totale de 53 hectares 10 ares 44 centiares. — Superficie, 664 hectares 65 ares 24 centiares. — Succursale dédiée à saint Maurice. — Perception de Saint-Remy. ✉ Saint-Remy. — Bureau de bienfaisance. — Ecoles primaires des deux sexes. — Vin rouge (12 hectares de vignes); commerce de bois de charpente et de chauffage. — Une bulle du pape Urbain III, de 1187, cite la terre d'Arrigny comme dépendance de l'abbaye de Huiron. — Gui de Dampierre a fondé dans ce pays, en 1174, une abbaye de filles de l'ordre de Prémontré, qui a disparu par suite des guerres. — L'abbaye de Haute-Fontaine exerçait, en 1219, des droits sur Arrigny, qui payait aussi certaines redevances à l'abbaye de Moncetz en 1380. — *Ecart :* le Chamrupt, à 2 kil.

Arzillières, à l'O.-N.-O. de Saint-Remy, sur le revers d'une colline, à gauche de la Marne. Etang de 12 hectares. — Superficie, 897 hectares. — Succursale dédiée à saint Antoine. — Perception de Saint-Remy. ✉ Saint-Remy. — Bureau de bienfaisance. — Ecoles primaires des deux sexes. — Arzillières était autrefois une baronnie importante de laquelle dépendaient 26 fiefs; c'était une des plus anciennes et des plus puissantes de la Champagne. Elle possédait un château qui a été démoli en 1838, et qui contenait une chapelle desservie par quatre prêtres rétribués par les seigneurs. — Il y avait haute et basse justice, et une place où était dressé le carcan ; on y tranchait même la tête. — Le duc de Guise était seigneur de la terre d'Arzillières en 1587. — Cette commune a donné naissance au général Sausset, sous l'Empire ; ce brave militaire était parti simple soldat.

Blaise-sous-Arzillières, au N.-N.-E. de Saint-Remy, arrosé par la Marne, qui y a un cours de 1,138 mètres; par l'Isson, sur une longueur de 1,692 mètres; par le canal du Cavé, pendant 325 mètres, et par le canal de la Blaise, qui y parcourt 1,340 mètres. — Superficie, 766 hectares 99 ares. — Succursale dédiée à saint Louvent. — Perception de Saint-Remy. ✉ Saint-Remy. Ecoles primaires des deux sexes. — Cette commune était autrefois une dépendance de la baronnie d'Arzillières. Elle payait aussi au chapitre de Saint-Etienne, en 1140; à l'abbaye de Moncetz, en 1243; au prieur de Margerie, en 1305.

Blaise-sous-Hauteville, à l'E.-S.-E. de Saint-Remy, baigné au S. par la Blaise. — Superficie, 339 hectares 70 ares 45 centiares. — Sans église ; annexe de Hauteville. — Perception des Grandes-Côtes. ✉ Saint-Remy. — Bureau de bienfaisance. — Ecoles primaires des deux sexes. — Deux moulins. — *Ecart :* le moulin du Gué-la-Pierre.

Brandonvillers, au S.-O. de Saint-Remy, sur un terrain plat qu'arrose un petit ruisseau appelé l'Egout-de-Ville, qui prend sa source sur le territoire, et a son embouchure dans le Meldenson ou le Meldanson, petit ruisseau traversant le finage de Lignon. Il y a 112 hectares 81 ares 61 centiares d'étangs. — Superficie, 1,166 hectares 84 ares 32 centiares. — Annexe de Lignon ; église dédiée à saint Michel. — Perception de Drosnay. ✉ Saint-Remy. — Ecole primaire mixte. — Les dîmes étaient levées par l'abbesse de Saint-Dizier et le prieur de Margerie. — *Ecarts :* la ferme d'Arpeval, à 3 kil.; le Petit-Paris, à 1 kil.; la Fosse-au-Bois, à 2 kil.

Bussy-aux-Bois, au S.-O. de Saint-Remy, au milieu

d'un territoire fertilisé par plusieurs ruisseaux sans importance. 43 hectares 85 ares 33 centiares d'étangs. — Superficie, 1,077 hectares 87 ares 13 centiares. — Annexe de Gigny-aux-Bois ; église dédiée à saint Denis. — Perception de Saint-Remy. ⊠ Saint-Remy. — Ecole primaire mixte. — *Ecart :* le Pâquis de Bussy, à 500 mètres.

Champaubert-aux-Bois, au S.-E. de Saint-Remy, dans une petite vallée, et enclavé dans le département de la Haute-Marne, est arrosé par la Droye et le Rupt, affluent de la Droye. Ces deux ruisseaux sont à sec en été. Cinq étangs d'une étendue totale de 54 hectares 45 ares 13 centiares. L'un de ces étangs occupe une partie de l'ancien village de Bonnevais et porte le nom de l'Etang-Brûlé. — Superficie, 1,220 hectares. — Succursale dédiée à saint Laurent. — Perception des Grandes-Côtes. ⊠ Saint-Remy. — Ecoles primaires des deux sexes. — Tuilerie dont les produits sont recherchés. — Champaubert dépendait de la seigneurie d'Arzillières, que possédait le duc de Guise en 1587. — *Ecarts :* Bonnevais, à 2 kil. ; la Malmaison, à 1 kil. ; la Haie-des-Bergers, à 1 kil. ; la Druelle, à 1 kil.

Chantecoq, au S.-E. de Saint-Remy, au milieu des bois, possède un étang de 42 hectares. — Superficie, 265 hectares. — Annexe de Nuisement-aux-Bois ; église dédiée à saint Michel. — Perception des Grandes-Côtes. ⊠ Saint-Remy. — Ecole primaire mixte. On s'y occupe beaucoup de la chasse aux canards sur les étangs qui avoisinent le pays. — La ferme de Saint-Lazare, écart à 1 kil., appartient à l'hospice civil de Vitry-le-François.

Châtel-Raould & Saint-Louvent, au N.-O. de Saint-Remy, sur la Chéronne. La commune de Saint-Louvent est réunie à Châtel-Raould depuis 1851, elle est également sur la Chéronne, et tire son nom d'un prêtre qui y vivait au VIᵉ siècle, et qui fut assassiné par ordre de Brunehaud, 584, pour avoir osé blâmer ses désordres. — Superficie générale, 1,691 hectares 35 ares 80 centiares. — Succursale dédiée à Notre-Dame. — Perception de Saint-Remy. ⊠ Vitry-le-François. — Bureau de bienfai-

sance. — Ecole primaire mixte. — Vin rouge. — Moulin à eau.
— Le chapitre de la cathédrale de Châlons levait des dîmes et exerçait des droits seigneuriaux sur Châtel-Raould en 1449. — Saint-Louvent payait certaines redevances à l'abbaye d'Huiron en 1274. — *Ecarts :* les fermes des Perthes, Petites-Perthes et Perthes-Sauvées, à 4 kil.; Beaucamp, château ; Bellesaux, maison.

Châtillon-sur-Broué, au S.-E. de Saint-Remy, dont le territoire est borné au S. par le département de l'Aube, est arrosé par le rû de Braux, qui reçoit sa source de plusieurs étangs, et va se jeter dans la rivière Varane, à Droye (Haute-Marne). Les étangs sont : le Grand-Broué, le Petit-Broué, et la Carpière-des-Rayons, d'une contenance totale de 16 hectares 28 ares 32 centiares. — Superficie, 663 hectares. — Annexe d'Outines ; église dédiée à Notre-Dame. — Perception de Drosnay. ✉ Saint-Remy. — Ecole primaire mixte. — Le curé retirait 500 fr. de la dîme. — L'abbaye de la Chapelle-aux-Planches, celle de Saint-Jacques de Vitry et le chapitre de Saint-Etienne de Troyes étaient propriétaires à Châtillon, qui reconnaissait comme seigneur le duc de Luxembourg. — *Ecart :* les Bourgeois.

Drosnay, au S.-S.-O. de Saint-Remy, dans les bois, baigné par le ruisseau des Etangs. Il y a six étangs formant une étendue de 93 hectares 49 ares 99 centiares, alternativement rendus à l'agriculture tous les six ou sept ans. — Superficie, 1,946 hectares 30 ares 11 centiares. — Succursale et chef-lieu de perception ; église dédiée à l'Assomption. ✉ Saint-Remy. — Ecoles primaires des deux sexes. — Drosnay est un village connu dès le xiie siècle, et plus considérable qu'aujourd'hui. Son territoire relevait de Rosnay. Dans un temps, les seigneurs de Drosnay prétendirent avoir le droit de parcourir les rues du village, *de ruer bâtons sur les poulailles et de les tuer pour eux vivre, en payant six deniers pour chaque pièce.* Les habitants, qui contestaient ce droit, s'arrogeaient celui d'abreuver et de faire paître leurs bestiaux sur certaines propriétés des seigneurs. La lutte fut longue, et ne se termina que par une transaction de 1526. — Les religieux de Trois-Fontaines étaient propriétaires sur cette commune avant 1157. —

Un titre de 1392 nous apprend que les seigneurs d'Arzillières avaient pour serfs une partie des habitants du village, qui comptait sept seigneurs. On croit qu'il y eut une abbaye aux Laires. — *Ecarts :* le hameau de la Guêpière, à 3 kil.; l'Echelle, à 1 kil. 200 mètres ; les Forêts, à 400 mètres ; les Gallichons, à 310 mètres ; la Haute-Rue, à 920 mètres ; les Laires et les Salzards, à 2,500 mètres.

Ecollemont, à l'E.-S.-E. de Saint-Remy, sur la Blaise. — Superficie 281 hectares. — Annexe d'Arrigny ; église sous le vocable de la Transfiguration. — Perception des Grandes-Côtes. ✉ Saint-Remy.— Ecole primaire mixte. — Vin rouge médiocre, et blanc assez bon (23 hectares de vignes). — Cette terre, avant la Révolution, faisait partie de la baronnie de Larzicourt. — Le chapitre de Saint-Etienne de Châlons levait la dîme, qui lui valait 300 fr. — *Ecarts :* le moulin du Charme, à 1,800 mètres ; la ferme de la Côte-Saint-Pierre, à 1,100 mètres.

Giffaumont, au S.-E. de Saint-Remy, entouré de petites montagnes, sur la Droye, qui a pour affluent le rû alimenté par les six étangs et carpière : les Cloies, les Bauchets, le Grand-Etang, le Moyen, la Ragle et la Conge, formant une superficie totale de 259 hectares. — Superficie, 1,694 hectares. — Succursale dédiée à sainte Madeleine. — Perception des Grandes-Côtes. ✉ Saint-Remy. — Bureau de bienfaisance. — Ecoles primaires des deux sexes. — L'église, du XIIe siècle, est remarquable par son élégance et la richesse de ses boiseries.

Ce village appartenait autrefois au chapitre de Saint-Etienne de Troyes. Il obtint, en 1548, des lettres royales pour l'établissement de deux foires annuelles, qui avaient lieu à l'exclusion de toutes les autres, à 16 kil. à la ronde. Sur un plateau situé à 1 kil. S.-E. de Giffaumont et appelé le Haut-Viau (Haute-Vue), on remarque un amas de terre fait de main d'homme ; c'est, dit-on, le lieu où étaient campés François Ier et son armée, en 1540, contre Charles-Quint, qui se trouvait dans les plaines de Troyes ; il y gagna une bataille qui amena la paix ; aussi la plaine porte-t-elle le nom de Gagnage-de-la-Paix.

La terre et seigneurie de Giffaumont fut donnée en 1173 par Henri Ier dit *le Libéral*, comte de Champagne, aux chapitre et chanoines de Saint-Etienne de Troyes, qui sont ainsi devenus décimateurs, et qui payaient 550 livres au curé, lequel avait en outre la moitié des menues dîmes. Cette donation a été confirmée par Thibault, fils de Henri, en 1199, et approuvée par Charles VII à Champigny, en 1448. (Les chartes et pièces existent aux archives de Troyes et à la Bibliothèque Impériale, à Paris, dans le *Regestum principum*, 13e vol. in-folio). — Giffaumont a vu naître, en 1770, le baron Lefol, général de division, mort en 1840. Son nom est l'un de ceux qui sont inscrits sur l'arc de triomphe de l'Etoile, à Paris. Une rue de Giffaumont porte son nom. — *Ecarts :* la Druelle, à 2 kil.; les Saussurets, à 2 kil.; la Loge, à 3 kil.; les Petits-Pars, à 5 kil.; les Machelignots, à 4 kil.; le Buisson, à 2 kil.; le Pont-Hurlin, à 3 kil.

Gigny-aux-Bois, à l'O.-S.-O. de Saint-Remy, arrosé par plusieurs petits ruisseaux. — Superficie, 1,136 hectares 92 ares 24 centiares. — Succursale dédiée à sainte Julienne. — Perception de Drosnay. ✉ Saint-Remy. — Ecole primaire mixte. — Carrière de pierres à chaux ; deux fours à chaux. — Restes d'un ancien château-fort, dans lequel logent le curé et l'instituteur. — Gigny-aux-Bois relevait du château de Rosnay et de la seigneurie du château d'Arzillières. — *Ecarts :* la Maison-aux-Bois, à 4 kil.; les Pâquis, à 1 kil.; la Malmaison, à 1,500 mètres ; le moulin à vent, à 1 kil.

Hauteville, à l'E. de Saint-Remy, sur un lieu très-élevé, et borné au N., dans toute son étendue, par la Marne. — Superficie, 1,027 hectares. — Succursale dédiée à saint Louvent. — Perception des Grandes-Côtes. ✉ Saint-Remy. — Bureau de bienfaisance. — Ecoles primaires des deux sexes. — Vins blancs. — Les dîmes étaient perçues par le prieur de Perthes, les Minimes de Vitry et le chapitre de Saint-Etienne de Châlons. — *Ecarts :* les Ilots, à 1 kil.; les Bousses, à 1 kil.

Landricourt, à l'E. de Saint-Remy, sur la Blaise. — Superficie, 587 hectares. — Succursale dédiée à saint Cyriaque. —

Perception des Grandes-Côtes. ✉ Saint-Remy. — Bureau de bienfaisance. — Ecole primaire mixte. — Bétail ; fromages estimés. — La terre de Landricourt relevait du roi, et avait haute, moyenne et basse justice. — Le chapitre de Saint-Etienne de Châlons levait, dès 1218, les deux tiers des grosses dîmes et toutes les menues. Les religieux de Haute-Fontaine, le chapitre de Saint-Etienne, de la Trinité, et les religieux de Châlons, ainsi que les Minimes de Vitry, étaient propriétaires à Landricourt, qui payait les droits seigneuriaux et possédait les fiefs de la Héronnière, de la Grande-Tranchée, du Pré-Bavard et du Bois-Lambert.

Les Grandes-Côtes, à l'E.-S.-E. de Saint-Remy, dans la vallée de la Blaise. La petite rivière n'est qu'un bras de la Blaise ; elle se sépare de cette dernière à 1 kil. environ du territoire des Petites-Côtes. Depuis l'ordonnance royale du 14 septembre 1836, les trois communes : les Grandes-Côtes, les Petites-Côtes, à 1 kil., et la Petite-Ville, à 600 mètres, ont été réunies sous le nom *les Grandes-Côtes*. — Superficie, 554 hectares 13 ares 42 centiares. — Succursale dédiée à l'Assomption. — Chef-lieu de perception. ✉ Saint-Remy. — Bureau de bienfaisance. — Ecole primaire mixte. — La terre des Grandes-Côtes appartenait au duc d'Orléans, comme baron d'Eclaron. Le fief des Petites-Côtes payait des dîmes au chapitre de la cathédrale de Châlons. — A la Petite-Ville, le curé était le seul décimateur.

Les Rivières-Henruel, à l'O.-N.-O. de Saint-Remy, sur la Chéronne. Deux étangs y ont une étendue totale de 5 hectares. La commune de Henruel a été réunie par décret du 9 avril 1852. — Superficie, 1,009 hectares. — Annexe de Saint-Cheron, dédiée à sainte Madeleine. — Perception de Saint-Remy. ✉ Saint-Remy. — Ecole primaire mixte. — Carrière de pierre à chaux ; four à chaux. — Cette terre relevait du roi. — En 1115, Thibault donna à l'abbaye des Bois des droits que son fils Henri lui retira pour en gratifier l'abbaye de Huiron. — Les dîmes d'Henruel appartenaient au prieur, curé de Saint-Cheron. — Le chapitre de Saint-Etienne et l'abbaye de Toussaints de Châlons avaient des droits sur ce pays dès 1249.

Lignon, au S.-O. de Saint-Remy, dans une plaine immense, au pied des monts, est arrosé par le ruisseau du Vieil-Etang, le ruisseau de la fontaine Ad'huy, le Meldenson, qui y a sa source et dont l'embouchure est dans l'Aube, le ruisseau de la Noue-Chaudron. — Superficie, 751 hectares 46 ares 16 centiares. — Succursale dédiée à saint Remi. — Perception de Drosnay. ✉ Saint-Remy. — Bureau de bienfaisance. — Ecole primaire mixte. — La terre de Lignon, avec titre de vicomté, appartenait au XVIe siècle à la famille d'Aulnay; elle passa ensuite dans d'autres maisons. — L'ancienne église de cette commune passait pour une des plus belles des environs, surtout par sa flèche recouverte en plomb et qui était d'une hauteur prodigieuse. Le défaut de réparation la fit tomber en ruines. — On voit dans Lignon les restes d'un monument élevé au-dessus de la fontaine Saint-Maur. Cette fontaine était jadis le lieu d'un pélerinage ; son eau était salutaire aux malades (1). — *Ecarts :* le moulin à vent, à 2 kil.; le Petit-Paris, ferme, à 1 kil.

Margerie-Hancourt, au S.-S.-O. de Saint-Remy, sur le sommet d'une petite montagne élevée de 166 mètres au-dessus du niveau de la mer, et d'où la vue se promène avec plaisir sur l'immense plaine du Vallage, couverte de sites riants et boisés, de villages industrieux et agricoles, de forêts et de pâturages. Il est arrosé par le Meldenson et le ruisseau des Marais, qui a sa source dans l'étang des grandes Couées et son embouchure dans le Meldenson. Les étangs sont maintenant tous en culture. — Superficie,

---

(1) An. ab orbe per Virginis partum restaurato,
　　　M. D. C. L. III
M R et Jon Perin, germanæ Virgines
Ligniacæ, moris et sanguinis nexu, habitatione,
Bonis, dum viverent, tumulo, cœlo
Corporibus, animabus post mortem sociatæ,
Hunc fontem, obscuro antea latentem anfractu,
Pium devotionis suæ anathema, ægris asylon
Sospitale, quadrario saxo,
　　Dies claudendo suos,
Illustrius aperiri curavere.　　W^d.

2,134 hectares, y compris Hancourt, situé sur la Sous, et qui fut réuni par une loi du 23 mai 1851. — Succursale dédiée à la sainte Croix. — Perception de Drosnay. — Bureau de poste. — Ecole primaire mixte.

L'église, par son style ogival, la richesse, la magnificence de son ornementation, peut passer pour un monument historique qui mérite de fixer l'attention de l'archéologue. Cette église appartenait au prieuré, qui en fit concession à la commune en 1769. Elle doit dater de la fin du XIIe siècle. L'extérieur en est simple; mais le chevet surtout est fort beau et d'une excellente exécution; il est à désirer que les efforts du pays soient secondés pour en retarder la ruine.

Margerie était autrefois le chef-lieu d'un archidiaconé du diocèse de Troyes et doyenné de son nom (1). Il y avait un prieuré de l'ordre de Cluny, qui fut établi avant 1198, époque à laquelle le pape Innocent III approuva la dotation de Merkelicourt (Mericourt ou Meix-Ericourt), que lui avait faite le comte de Champagne Thibault III (2). Les religieux, appartenant à cet ordre, devaient être au nombre de huit, sans compter le prieur. Il y avait encore une Maladrerie de fondation commune, à la collation du grand aumônier de France. Les Clunites habitèrent d'abord à quatre kilomètres de Margerie, en un lieu qui est maintenant couvert de bois, et fait partie du bois *dit* de Margerie. On y voit en-

---

(1) Ce doyenné comprenait les paroisses de Arembécourt, Aunoy, Brillecourt, Beaufort, Betignicourt, Beurville, Brandonvillers (Marne), Lignon (Marne), Braux-le-Comté-Chalette, Châtillon-sous-Droyes (Marne), Chavanges, Corbeil (Marne), Breban (Marne), Dampierre, Domprot (Marne), Donnement, Drosnay (Marne), Droyes, Puellemontier, Gigny (Marne), Bussy (Marne), Hancourt (Marne), Chapelaine (Marne), Jaffenes, Dommartin-le-Coq, Joncreuil, Bailly-le-Franc, Outines (Marne), Longeville, Magnicourt, Le Meix-Tiercelin (Marne), Humbeauville (Marne), Villuet, Lentille, Neuilly, Pars, Poivres, La Mothe, Rambécourt, Chassericourt, Rosnay, Saint-Léger, Saint-Ouën (Marne), Saint-Etienne (Marne), Saint-Utin (Marne), Sauvage, Cefonds, Tilleul, Sommevoire, Somsois (Marne), Trémilly, Valentigny, Hampigny, Vaucoque, Mosambert, Yèvre, Romain et Courcelles.

(2) L'ancien fief de Meix-Ericourt appartient à M. le chevalier de Bouvet, de Saint-Remy-en-Bouzemont.

core un large fossé que l'on appelle le *Grand-Vivier*, et qui doit avoir servi à former une partie de l'enceinte du monastère. Les bois de ces religieux étaient immenses; mais il y en a eu une partie d'usurpée, une partie cédée à quelques communautés et une partie vendue pour la rançon de François Ier.

La maison ou plutôt le château du comte de Champagne a servi de monastère et était un lieu fortifié. On y trouve des souterrains creusés dans la craie, à une assez grande profondeur, et taillés en forme de voûte. — Les dîmes étaient levées à Margerie par le prieur, par le chapitre de Saint-Maclou de Bar-sur-Aube, par les Bénédictins de Montier-en-Der (Haute-Marne) et les fabriques d'Outines et de Margerie. — Le hameau de Hancourt était une seigneurie appartenant à la famille de Coucy dès le XVIe siècle. — *Ecarts :* les Chênes, à 4,400 mètres; Verseuil, à 3,600 mètres; la Cence-Neuve, à 3,600 mètres; Branjon, à 1,200 mètres; Meix-Ericourt, à 3,700 mètres; Charbottel à 1,350 mètres; les Nouës, à 4,700 mètres; la Doutre, à 1,520 mètres; le moulin, à 800 mètres.

Neuville-sous-Arzillières, au N.-N.-O. de Saint-Remy, sur l'Isson, à peu de distance de la Marne, qui traverse le territoire dans un canal construit en 1816. — Superficie, 234 hectares. — Annexe de Blaise-sous-Arzillières; église dédiée à saint Martin. — Perception de Saint-Remy. ⊠ Saint-Remy. — Ecole primaire mixte. — Il existe, dans cette commune, une chapelle qui a été donnée en 1791 par l'abbaye de Saint-Pierre de Reims; on ne connaît pas l'époque de sa fondation.

Nuisement-aux-Bois, au S.-E. de Saint-Remy, sans rivière ni ruisseau. Petite source souvent sans eau, sur le domaine de Ponthon. Deux étangs d'une étendue totale de 58 hect. 24 ares 38 centiares; trois carpières de 20 hectares 23 ares 46 centiares, pour déposer les poissons destinés à repeupler les étangs, quand on les remet en eau, tous les six ans. — Superficie, 850 hectares 98 ares 29 centiares. — Succursale dédiée à saint Jean-Baptiste. — Perception des Grandes-Côtes. ⊠ Saint-Remy. — Ecole primaire mixte. — La ferme nommée Ponthon a toujours eu le titre de domaine, et encore maintenant; elle est composée de plus de

210 hectares ne formant qu'un seul gazon, limités de toutes parts par une haie vive ; le corps de ferme est au milieu, avec une belle maison pour le propriétaire. Cette ferme était autrefois ceinte de fossés. Un autre écart est une maison qui avait titre de château et dont le propriétaire portait celui de seigneur de Nuisement. — *Ecarts :* le Perlet, à 1,200 mètres ; Ponthon, à 1,500 mètres ; une maison, à 300 mètres.

Outines, au S. de Saint-Remy, au centre du Bocage, à l'extrémité du département, et touchant, à l'E., au département de la Haute-Marne, et, au S., à celui de l'Aube, est arrosé par le ruisseau des Gros-Prés, formé par la réunion des eaux de plusieurs fossés. Il y a plusieurs étangs cultivés alternativement, et formant un ensemble de 207 hectares ; le plus grand a 100 hectares à lui seul. — Superficie, 1,412 hectares. Succursale dédiée à saint Nicolas. — Perception de Drosnay. ⊠ Saint-Remy. — Ecoles primaires des deux sexes. — L'église est assez remarquable dans son genre. Elle est construite en bois de chêne, avec voûte fort bien faite et surmontée d'une belle flèche. Le genre de charpente indique qu'elle fut construite du XIVe au XVe siècle. — La seigneurie d'Outines appartenait au maréchal de l'Hôpital et relevait du duché de Montmorency. — Les dîmes y étaient levées par le curé de Joncreuil (Aube), l'abbaye de la Chapelle et le prieur de Rosnay. — *Ecarts :* trois fermes très-éloignées ; deux hameaux, l'un à 500 mètres, l'autre à 1,200.

Saint-Cheron, à l'O.-N.-O. de Saint-Remy, sur un ruisseau, à la source de la Chéronne. — Superficie, 915 hectares 96 ares 61 centiares. — Succursale dédiée à saint Cheron. — Perception de Saint-Remy. ⊠ Saint-Remy. — Ecole primaire mixte. — La terre de Saint-Cheron relevait du château de Rosnay. — L'abbaye de Moncetz percevait les dîmes en 1512. Elle les partageait avec le prieur-curé pour l'abbaye de la Chapelle-aux-Planches et pour la chapelle du château. — *Ecarts :* deux fermes, l'une à 2 kil. et l'autre à 3.

Sainte-Livière, à l'E.-S.-E. de Saint-Remy, sur la Blaise.

— Superficie, 818 hectares 50 ares. — Succursale dédiée à sainte Libaire. — Perception des Grandes-Côtes. ✉ Saint-Remy. — Ecole primaire mixte. — Corderie. — Il existait autrefois, dans cette commune, un couvent d'Ursulines, dont sainte Livière fut, dit-on, la patronne. Cette sainte passe pour avoir été contemporaine de saint Memmie, et martyrisée avec ses propres frères. — La terre de Sainte-Livière relevait du roi et avait six seigneurs, au nombre desquels les jésuites de Châlons. — L'abbé de Moncetz, l'abbaye de Huiron y levaient la dîme, l'un pour un tiers et l'autre pour deux tiers. Le curé avait les novales. L'abbaye de Haute-Fontaine y exerçait aussi des droits.

4° CANTON DE SOMPUIS.

4,093 habitants. — 33,252 hectares. — 15 communes.

Ce canton, borné au N. par le canton d'Ecury-sur-Coole, arrondissement de Châlons ; à l'E., par le canton de Vitry-le-François et celui de Saint-Remy-en-Bouzemont ; au S., par le département de l'Aube ; à l'O., par le canton de Fère-Champenoise et le département de l'Aube, est l'un des plus méridionaux et des plus arides du département ; sa forme est irrégulière.

Il est arrosé par la Coole, la Soude, la Sous, le Puis, le Sois, etc.

Le sol, généralement crayeux et grèveux, est stérile, et malgré tous les soins que ses laborieux habitants apportent à la culture, il ne produit pas abondamment.

COMMUNES.	DISTANCE AU CHEF-LIEU				POPULATION
	de canton.	de l'arr.	du départ.	de Reims.	
	k.	k.	k.	k.	habitants
Sompuis............	»	17	31	75	486
Brebant............. ;..........	13	24	43	87	167
Chapelaine................	17	24	46	90	161
Coole.............	7	15	25	69	283
Corbeil.....................	13	24	43	87	195
Dommartin-Lettrée......... .	12	23	23	66	264
Faux-sur-Coole.	12	15	21	65	81
Humbeauville...	4	17	34	78	154
Meix-Tiercelin (le).,..........	6	18	36	80	481
Saint-Ouen et Domprot.......	10	22	40	84	481
Saint-Utin.................	20	26	55	99	152
Sommesous.................	16	29	28	71	511
Somsois....................	14	22	44	88	487
Soudé-Notre-Dame (ou le Petit).	9	21	24	68	96
Soudé-Ste-Croix (ou le Grand)..	8	20	25	69	316

Sompuis ou **Somme-Puis**, à l'O.-S.-O. de Vitry-le-François, chef-lieu de canton, arrosé, pendant 1 kil., par le Puis, ruisseau qui prend sa source dans la commune, et reste à sec les 3/4 de l'année. — Le Puis est formé du ruisseau de ce nom, et d'un second qui sort de la belle fontaine de Loiselet, à 4 kil. plus bas. — Le Puis se jette dans l'Aube, après un parcours de 18 kil. — Superficie, 4,382 hectares, dont le 1/4 est planté en pins, sapins et vordes. — Cure dédiée à saint André. — Chef-lieu de perception. — Bureaux de poste, d'enregistrement et de bienfaisance. — Ecoles primaires des deux sexes. — Pays exclusivement agricole. — Commerce de cordes, cordeaux et sabots.

Cette commune est une ancienne baronnie importante relevant de la seigneurie de Dampierre et de la maison de Châtillon. — Son territoire fut, au XVIe siècle, sous Henri IV, le théâtre de luttes sanglantes entre les catholiques et le prince de Condé, à la tête des protestants, maîtres d'une partie du diocèse de Troyes.

Le nom de la *Fosse-Dieu*, donné à un ancien cimetière, à 500 mètres de Sompuis, rappelle une épidémie qui fit de grands ravages dans ce pays en septembre et en octobre 1750. — En février 1814, cette commune souffrit beaucoup du passage des troupes alliées. Le mois de mars fut plus terrible encore, et après la bataille d'Arcis-sur-Aube, Napoléon Ier coucha dans la maison de Royer-Collard, la nuit du 21 au 22 mars, pendant que son état-major remplissait les habitations de Sompuis.

Sompuis a donné naissance aux deux frères *Royer-Collard* (Pierre-Paul et Antoine-Athanase). Le plus jeune, Athanase, né en 1767, d'abord élève, comme son frère, né en 1763, des Pères de la Doctrine, au collège de Vitry-le-François, enseigna chez les Oratoriens de Lyon, étudia ensuite la médecine, et devint professeur à la Faculté de Paris. Cet fut un homme distingué ; mais son frère aîné fut un homme illustre, un philosophe profond, un puissant orateur, un grand citoyen. Professeur à la Faculté des Lettres de Paris, membre de l'Académie française, président de la Chambre des Députés, il fut chef d'école en philosophie, chef de parti en politique. Il mourut en 1845, vingt ans après son frère. Sa statue en bronze décore, à Vitry-le-François, la petite place près du collège ; et, il y a, à Sompuis, une rue qui porte son nom : rue de Vitry ou de Royer-Collard.

La dîme était levée, à Sompuis, par le chapitre de la cathédrale de Châlons et par l'abbaye de la Charmoye. — *Ecarts :* les fermes de la Galbaudine, à 3 kil. E. ; les Custonnes, à 5 kil. O.; Rivelet, à 4 kil. S.-O. ; les Pimbraux, à 5 kil. S.-O. ; Vauhalaise, à 4 kil. N.-E.

Brebant ou **Breban**, au S. de Sompuis, sur la rive gauche du Puis. — Superficie, 1,047 hectares 43 ares 57 centiares. — Annexe de Corbeil ; église dédiée à saint Léonard. — Perception de Sompuis. ⊠ Somsois. — Ecole primaire mixte. — Brebant dépendait de la seigneurie de Dampierre.

Chapelaine, au S.-S.-E. de Sompuis, sur un coteau, près de la rivière la Sois, qui borne le territoire à l'E. — Superficie, 896 hectares 94 ares 97 centiares. — Succursale dédiée à saint Eusèbe. — Perception de Sompuis. ⊠ Somsois. — Bureau de bienfaisance. — Ecoles primaires des deux sexes. — Chapelaine est une ancienne baronnie qui appartenait, en 1200, à la maison de Chavanges, et qui passa, en 1590, à celle d'Anglure, et plus tard à celle de Chassepot. — Ce village a beaucoup souffert de la première invasion. Du 24 au 28 mars 1814, il fut livré à toutes les horreurs du pillage. — *Ecarts :* les Valençaux, à 3 kil. 500 mètres ; le Moulin, sur la Sois, à 800 mètres ; le Château, à 450 mètres.

Coole, au N.-N.-E. de Sompuis, joli village au pied du Mont-Etain, et à la source de la Coole, affluent de la Marne. — Superficie, 2,937 hectares. — Succursale dédiée à saint Memmie. — Perception de Sompuis. — Ecole primaire mixte. — On trouve, sur cette commune, les restes d'un ancien château-fort qui appartenait aux religieux de Saint-Pierre de Châlons. — Au XVIe siècle, les huguenots campèrent pendant six semaines à Coole, que les habitants avaient abandonné.

L'ancienne voie romaine de Langres à Reims traversait Coole du N. au S. — Dans plusieurs endroits de ce village, on trouve des souterrains appelés *Bauves* par les habitants, et qui ont sans doute servi de cachettes lors de l'invasion des calvinistes.

Des pièces de petite dimension, frappées à Meaux, à Troyes et à Provins, au nom de Henri, comte de Champagne, ont été trouvées en très-grande quantité dans cette commune, en ouvrant des fondations. — Coole, ancienne vicomté, était le chef-lieu d'un doyenné de Châlons, qui comprenait 24 paroisses (1). — Les grosses dîmes se partageaient par tiers, entre l'abbé de Huiron, l'abbé et les religieux de Cheminon ; et les menues dîmes entre l'abbé de Huiron, le chapitre de Vitry et le seigneur.

Corbeil, au S. de Sompuis, au fond d'une vallée circulaire, entouré de coteaux élevés, est traversé par l'ancienne voie romaine de Reims à Langres. — Superficie, 905 hectares 61 ares 97

---

(1) Les paroisses de Cernon, Courdemanges, Congy, Drouilly, Fontaine, Soudron, Sompuis, Maisons, Loisy, Pringy, Faux, Vesigneul, Cheppes, Saint-Martin-aux-Champs, Mairy, Dommartin-Lettrée, Saint-Quentin, Huiron, Vitry-la-Ville, Togny, Sogny-aux-Moulins, Breuvery, Grand-Soudé, Petit-Soudé.

centiares. — Succursale dédiée à saint Pierre. — Perception de Sompuis. ⊠ Somsois. — Ecole primaire mixte. — Carrière à 200 mètres de la commune. — La seigneurie de Corbeil appartint longtemps à la famille de Dampierre et les dîmes étaient levées par le chapitre de la cathédrale de Troyes — On a trouvé, dans la voie romaine, deux fers à cheval très-curieux ; ils s'adaptaient sans clous au moyen d'oreilles rabattues sur le sabot ; l'un des deux porte aux extrémités de ses oreilles des anneaux dans lesquels on passait sans doute une courroie. (Ces fers ont été recueillis par M. Savy, agent-voyer en chef du département, qui en a fait hommage à l'Empereur, au camp de Châlons.)

Dommartin-Lettrée, au N.-N.-O. de Sompuis, au milieu d'un territoire fort inégal, traversé par la Soude. — Superficie, 3,214 hectares 37 ares 24 centiares. — Succursale dédiée à saint Martin. — Perception de Sompuis. ⊠ Sommesous. — Ecole primaire mixte. — Moulin à vent ; carrière de pierre à bâtir. — Les dîmes étaient perçues par la collégiale de la Trinité de Châlons. — *Ecart :* Le hameau de Lettrée, à 2 kilomètres.

Faux-sur-Coole, au N.-N.-E. de Sompuis, est traversé dans sa largeur par la Coole. — Superficie, 1,221 hectares. — Annexe de Coole ; église dédiée à l'Assomption. — Perception de Sompuis. ⊠ Sompuis. — Ecole primaire mixte.

Humbeauville, au S.-S.-E. de Sompuis. C'est dans cette commune que commence à couler le Loiselet, qui se confond, non loin de là, avec le Puis, et qui pourrait rigoureusement être pris pour le Puis lui-même. — Superficie, 1,645 hectares. — Annexe du Meix-Tiercelin ; église dédiée à la Nativité de la Sainte-Vierge. — Perception de Sompuis. ⊠ Sompuis. — Ecole primaire mixte. — Carrière de pierre à bâtir. — Cette commune faisait partie de la Champagne Troyenne. — Avant 1789, la ferme du Loiselet était un fief du finage et paroisse du Meix-Tiercelin. — Il relevait, au XVIe et au XVIIe siècle, de la baronnie de Sompuis, et au XVIIIe siècle du comté de Rosnay. Les seigneurs y possédaient le droit de haute, moyenne et basse justice. — *Ecarts :* la ferme du Loiselet, à 1 kil. ; la ferme du Villat, à 4 kilomètres.

Meix-Tiercelin (Le), au S.-S.-E. de Sompuis, sur le Puis. — Superficie, 3,593 hectares. — Succursale dédiée à saint Quentin. — Perception de Sompuis. ⊠ Sompuis. — Bureau de bienfaisance.—Ecoles primaires des deux sexes.—L'église, quoique construite à différentes époques, est assez remarquable par la hardiesse de ses voûtes et l'unité de son ensemble. — Le Meix-Tiercelin a possédé une abbaye de Bénédictins ; c'est leur église qui est paroissiale aujourd'hui. — Cette terre relevait du roi, à cause de son château de Saint-Dizier. — Les gros décimateurs étaient : le chapitre de Saint-Pierre de Troyes ; l'abbé de Toussaints, et l'abbé de Saint-Pierre de Châlons, chacun pour un tiers. — *Ecart :* Quieville, à 500 mètres.

Saint-Ouën & Domprot, au S. de Sompuis, arrosé par le Puis et le rû ou ruisseau de la Selle, son affluent. — Superficie, 4,626 hectares 57 ares 60 centiares. — Succursale dédiée à saint Barthélemi. — Perception de Sompuis. ⊠ Sompuis. — Bureau de bienfaisance. — Ecole primaire mixte.

Domprot, sur le Puis, à 500 mètres, était un prieuré desservi par un chanoine régulier de Prémontré, décimateur unique, et a eu des seigneurs. — Le fief du Relais en dépendait. — Sa fête patronale était saint Pierre. — L'abbé de Montcetz avait droit de présentation à cette cure.

Les décimateurs de Saint-Ouën étaient : le prieur de Sainte-Colombe de Bailly, pour 2/3, et l'abbé de la Chapelle-aux-Planches, pour le reste. — Le carcan de justice de Saint-Ouën n'a été abattu qu'en 1789. — *Ecarts :* Saint-Etienne, à 500 mètres; les fermes de l'Epine, à 3 kil. ; des Essertis, à 5 kil. ; des Montmarrins, à 7 kil. ; de Laval-le-Comte, à 6 kil. ; la Ferme-Neuve, à 2 kil., et la Ferme-des-Moineaux, à 3 kilomètres.

Saint-Utin, au S.-S.-E. de Sompuis, sur le Sois. — Superficie, 1,017 hectares. — Annexe de Chapelaine ; église dédiée à saint Augustin. — Perception de Sompuis. ⊠ Margerie. — Ecole primaire mixte. — La seigneurie de Saint-Utin relevait de la baronnie de Ville-Bertin, et le fief de Morampont, de Rosnay. — Le prieur de Margerie y levait le tiers des dîmes, et le curé les deux autres tiers.

Somsois ou **Somme-Sois**, au S.-E. de Sompuis, sur un coteau, du pied duquel sort un affluent de l'Aube, le ruisseau la Sois, auquel on donne quelquefois le nom de Meldenson, qui est celui qu'il reçoit et qui vient de Hancourt. — Superficie, 2,140 hectares. — Succursale dédiée à saint Martin. — Perception de Sompuis.— Bureau de poste. — Bureau de bienfaisance. — Ecoles primaires des deux sexes. — Vin rouge et blanc très-agréable (15 hectares de vignes). — Somsois a été beaucoup plus considérable qu'il ne l'est aujourd'hui. — Comme tant d'autres communes, il a souffert sous Charles VII et dans les guerres de la Ligue.

L'église, dont on fait remonter la construction au XIIe siècle, a, dit-on, appartenu aux Templiers. — Il y avait dans cette commune un hôpital dont les biens ont été réunis à celui de Troyes, et une Maladrerie en lieudit *la Maladrerie*, à quelques centaines de mètres de la fontaine qui porte le nom de Fontaine-des-Ladres. Le château date de 1585 ; il est mal bâti, mais dans une situation agréable. — Somsois a souffert pendant les invasions de 1814 et 1815.

Sommesous ou **Somsous,** au N.-O. de Sompuis, à la source d'un affluent de la Soude, le ruisseau de la Sous, qui sort de terre à 200 mètres en amont du village. — Superficie, 3,615 hectares. — Succursale dédiée à saint Denis. — Perception de Sompuis. — Bureau de poste aux lettres. — Ecoles primaires des deux sexes. — Bancs de craie. — Cette commune eut à supporter, en 1814 et en 1815, le passage des armées coalisées, qui dévastèrent le pays. — D'après M. de Ségur, dans son *Histoire de Napoléon Ier et de la Grande-Armée*, trois divisions de la Garde, sous les ordres des maréchaux Marmont et Mortier, engagèrent, près de ce village, une vive canonnade contre la cavalerie Palhen, qui parvint à enfoncer les cuirassiers. A la suite de ce combat, les maréchaux regagnèrent les hauteurs de Fère-Champenoise par les ravins de Connantray. — L'église de Sommesous est du XIe siècle, de style roman pur et bien conservé.

Sommesous a vu naître : 1° *Compère*, d'abord général de brigade sous l'Empire, et qui devint général de division au service de Murat, roi de Naples, puis inspecteur de la gendarmerie du premier Empire. Il fut tué à la bataille de la Moscowa, le 7 septembre 1812 ;

2º le général *Celliez ; Prieur*, dit *de la Marne*, député à la Convention, et qui, dans le jugement de Louis XVI, vota la mort du roi.

Soudé-Notre-Dame ou **Le Petit**, au N.-N.-O. de Sompuis, d'une construction irrégulière, sur plusieurs éminences de craie. — Il est arrosé par la Soude. — Superficie, 1,034 hectares. — Annexe de Soudé-Sainte-Croix ; église dédiée à la Nativité de la Sainte-Vierge. — Perception de Sompuis. ⊠ Somsois. — Ecole primaire mixte. — L'église est assez remarquable, tant par son ancienneté que par sa structure gothique. — Dès l'année 1629, le chapelain de la cathédrale de Châlons et le couvent de la Trinité percevaient les dîmes aux deux Soudé.

Soudé-Sainte-Croix ou **Le Grand**, au N.-N.-O. de Sompuis, dans un fond, à la source de la Soude, dans une plaine entrecoupée de coteaux assez élevés. — Superficie, 2,134 hectares 61 ares 8 centiares. — Succursale dédiée à saint Quentin. — Perception de Sompuis. ⊠ Sommesous. — Bureau de bienfaisance. — Ecole primaire mixte. — Craie propre à bâtir et dont on se sert pour fabriquer de la chaux.

5º CANTON DE THIÉBLEMONT.

8,611 habitants. — 34,397 hectares. — 34 communes.

Ce canton, formé d'une grande partie de l'ancien Perthois, est fort étendu et présente une forme assez irrégulière.

Il est borné au N. par le canton d'Heiltz-le-Maurupt et par celui de Vitry ; à l'E. par le département de la Meuse ; au S. par le canton de Saint-Remy-en-Bouzemont et par le département de la Haute-Marne ; à l'O. par le canton de Vitry-le-François et celui de Saint-Remy-en-Bouzemont.

Il est arrosé par la Marne, qui le traverse du S. au N.-O., par la Saulx, la Bruxenelle ou rivière des Trois-Fontaines, l'Ornain, l'Orconte, et un grand nombre de ruisseaux plus ou moins importants.

Le canal de la Marne au Rhin le traverse aussi dans le voisinage de la Saulx.

Peu de cantons sont aussi favorisés que celui-ci ; le sud est d'une admirable fécondité ; aussi les villages sont-ils nombreux, et offrent-ils tous un aspect d'aisance et de bien-être remarquable.

Toute industrie autre que l'industrie agricole est peu saillante.

COMMUNES	DISTANCE AU CHEF-LIEU				POPULATION
	de canton.	de l'arr.	du départ.	de Reims.	
	k.	k.	k.	k.	habitants.
Thiéblemont.	»	12	44	88	307
Bignicourt-sur-Saulx	10	16	43	87	360
Blesmes.	6	15	44	88	322
Brusson.	8	10	38	82	195
Cheminon.	15	27	53	97	1,235
Cloyes.	8	9	41	85	169
Domremy	5	14	40	84	123
Ecriennes.	4	9	41	85	254
Etrepy.	12	18	45	89	323
Farémont.	1	11	43	87	95
Favresse.	3 2	12	44	88	249
Haussignémont.	4	13	45	89	153
Heiltz-le-Hutier.	3	15	47	91	299
Isle-sur-Marne.	7	13	46	89	205
Larzicourt.	7	15	47	91	1,000
Le Buisson.	8	14	42	86	243
Matignicourt et Goncourt	4 5	11	43	87	161
Maurupt et le Montois.	12	23	48	92	734
Moncetz-l'Abbaye.	9	11	43	86	165
Norrois.	9	8	40	83	174
Orconte.	2 5	14	47	90	425
Pargny-sur-Saulx.	14	20	47	91	585
Plichancourt.	9	8	40	84	152
Ponthion.	9	11	39	83	270
Reims-la-Brûlée.	6 5	7	39	83	159
Saint-Eulien.	12	24	50	100	159
Saint-Lumier-la-Populeuse.	7	17	14	88	102
Saint-Vrain.	6	18	50	94	300
Sapignicourt.	8	20	52	96	292
Scrupt.	6	16	44	88	264
Sermaize.	20	26	52	96	1,981
Trois-Fontaines.	18	32	57	101	221
Vauclerc.	6	6	38	82	161
Vouillers.	8	20	52	96	225

Thiéblemont, au S.-E. de Vitry-le-François, chef-lieu de canton, situé sur une hauteur, est un des pays les plus riches du Perthois. — Superficie, 647 hectares. — Succursale (doyenné de Sermaize) dédiée à saint Laurent. — Chef-lieu de perception. — Bureaux de poste aux lettres et d'enregistrement. — Ecole primaire mixte. — L'église est assez remarquable par la hauteur de sa nef et par l'élévation des fenêtres du sanctuaire. Son clocher a quatre faces terminées en pointe et renferme une assez belle cloche pesant 1,197 kilogrammes. — Les gros décimateurs de ce pays étaient les abbés de Huiron et de Beaulieu, et le curé de Froissy-lez-Troyes, chacun pour un tiers. Les menues dîmes appartenaient, pour deux tiers audit abbé de Huiron, et, pour un tiers, au curé du lieu, qui avait aussi les novales.

Bignicourt-sur-Saulx, au N.-N.-E. de Thiéblemont, sur la Saulx, est encore arrosé par le canal de la Marne au Rhin. — Superficie, 1,040 hectares. — Succursale dédiée à saint Mathieu. — Perception de Sermaize. ⊠ Heiltz-le-Maurupt. — Ecole primaire mixte. — Bignicourt était un domaine relevant du roi, et qui fut aliéné en 1620, année où cette commune était encore annexe d'Etrepy. — Le curé était seul décimateur, et le prieur de Sermaize nommait à la cure. — Saint-Etienne et l'Hôtel-Dieu de Châlons, les Dames-Régentes, et la chapelle de la Vierge de Vitry étaient propriétaires dans ce village.

Blesmes, au N.-E. de Thiéblemont, près de la Bruxenelle et de son confluent avec le Scrupt. — Superficie, 665 hect. 84 centiares. — Succursale dédiée à l'Assomption. — Chef-lieu de perception. ⊠ Thiéblemont. — Ecoles primaires des deux sexes. — Station du chemin de fer de Paris à Strasbourg ; gare importante par la bifurcation qui se dirige sur Saint-Dizier et Langres. — Ce pays, fort ancien avec une église ancienne, avait autrefois un château qui est devenu ferme. — La terre de Blesmes appartenait en grande partie à l'abbaye de Cheminon. — Les décimateurs étaient, dès 1243, le chapitre de Saint-Etienne, l'abbé de Cheminon et le curé, chacun pour un tiers.

Brusson, au N. de Thiéblemont, sur la Bruxenelle. — Superficie, 469 hectares 81 ares 10 centiares. — Sans église, annexe de Ponthion. — Perception de Blesmes. ✉ Vitry-le-François. — Ecole primaire mixte. — Deux moulins à eau. — La seigneurie de Brusson était divisée en neuf parts. — Les dames du Val-de-Grâce prélevaient les deux tiers de la dîme, et le chapitre de Saint-Etienne de Châlons l'autre tiers. — La fabrique de Ponthion, les religieuses et l'hôpital de Vitry-le-François, les Mathurins de Vitry-en-Perthois, et le chapitre de Notre-Dame de Châlons étaient propriétaires dans cette commune. — *Ecart :* Arrigny (moulin à eau), à 3 kilomètres.

Cheminon, au N.-E. de Thiéblemont, sur la pente d'une colline et près de la Bruxenelle, qui vient de sa source dans la forêt de Trois-fontaines, traverse le territoire de l'E. à l'O., ayant une moyenne de 2 mètres de largeur et se jette dans la Saulx, auprès de Vitry-le-Brûlé. — Superficie, 2,910 hectares 42 centiares. — Cure dédiée à saint Nicolas. — Perception de Sermaize. ✉ Sermaize. — Ecoles primaires des deux sexes. — Vin rouge de qualité médiocre (40 hectares environ de vigne).

Ce bourg, très-important, avait autrefois une abbaye d'hommes de l'ordre de Citeaux et de la filiation de Clairvaux. Fondée en 1092, selon les uns, et 1103, selon les autres, par Alix, comtesse de Champagne, cette maison reçut en 1110, de Hugues, fils d'Alix, en dotation, le village de Cheminon. Cette même année, Richard d'Albane, cardinal-légat, vint avec une cour nombreuse célébrer la dédicace de l'église. L'abbaye de Cheminon possédait les deux tiers du territoire, et ses biens étaient exempts de dîme. Le curé était le seul décimateur dans cette commune ; l'abbé avait neuf fermes, les religieux en avaient douze et un moulin. L'étendue des possessions de ce monastère porta ombrage à l'abbaye de Trois-Fontaines.

En 1220, il y avait 50 moines avec 40 novices. On en réduisit le nombre à 20 et 8 novices. Une trentaine de villages alors lui payaient la dîme. Un incendie réduisit cette maison en cendres l'an 1628. On la réédifia sur un nouveau plan, et elle fut consacrée en 1633. Il n'en reste plus que quelques vestiges insignifiants. A la fin du siècle dernier, Cheminon comptait huit religieux et rapportait 10,000 livres à l'abbé. — Il y a une quinzaine d'années, deux hauts-fourneaux étaient en activité dans les ruines de cette abbaye ; ils ont disparu et sont remplacés par tout le matériel nécessaire à l'exploitation de deux fermes. — Au hameau de Brusson-les-Forges, se trouve une petite fontaine non entretenue et dont les eaux, soumises à l'analyse, présentent les mêmes propriétés que celles de la fontaine minérale de Sermaize.

Cheminon a vu naître, en 1631, Pierre-César *Richelet*, grammairien. Il fut d'abord régent au collège de Vitry-le-François, puis précepteur à Dijon, avocat à Paris. Il abandonna les affaires pour les lettres, et s'occupa spécialement de la langue française. On a de lui : un *dictionnaire français*; un *dictionnaire des rimes*, etc. Richelet mourut en 1698. — *Ecarts :* les Bossards, à 1 kil.; Brusson-les-Forges, à 1,300 mètres (trois fermes importantes et un moulin); Bredée, à 2 kil. (deux fermes); l'Abbaye, à 2 kil. 560 mètres (trois fermes); le Bruant, ferme, à 3 kil.; le Fays, à 1 kil. 740 mètres, hameau, dont les habitants fréquentent l'église et l'école de Trois-Fontaines ; la Loge-Colotte, à 5 kil., dans la forêt ; la Verrerie, deux fermes, à 6 kil.

Cloyes, au S.-O. de Thiéblemont, arrosé par la Marne, qui traverse son territoire du S.-E. au N.-O., et le divise en deux parties presque égales. — Superficie, 628 hectares 83 ares 40 centiares. — Annexe de Norrois ; église dédiée à saint Louvent. — Perception de Thiéblemont. ⊠ Vitry. — Ecole primaire mixte. — Les chapelains de Saint-Etienne de Châlons, les moines de Saint-Pantaléon de Saint-Dizier levaient, dans cette commune, les grosses dîmes par moitié, dès 1255. Les menues dîmes appartenaient auxdits chapelains et autres pour deux tiers, et au curé du lieu pour l'autre tiers. La fabrique de Notre-Dame de Châlons, les hôpitaux de cette ville et de Vitry, et l'abbaye de Moncetz avaient des propriétés à Cloyes.

Domremy, au N. de Thiéblemont, sur la Bruxenelle. — Superficie, 364 hectares 69 ares 50 centiares. — Annexe de Faveresse ; église dédiée à saint Remi. — Perception de Blesmes. ⊠ Thiéblemont. — Ecole primaire mixte. — 125 hectares de prés.

— Domremy est cité dans un titre de 1218. Cette terre relevait du roi et appartenait à l'abbaye de Saint-Memmie, qui y levait la dîme. Les novales étaient au curé de Favresse. Elle a possédé un château, un prieuré, et une chapelle qui a été démolie en 1751. Il y avait, en outre, un couvent de chanoines, près de la rivière.

Ecriennes, à l'O. de Thiéblemont, sur une hauteur, arrosé en petite partie par l'Orconte. — Superficie, 613 hectares 16 ares. — Succursale dédiée à saint Hilaire. — Perception de Thiéblemont. ⊠ Thiéblemont. — Ecole primaire mixte. — Ecriennes, qui appartenait à plusieurs seigneurs, avait un château entouré de fossés, qu'emplissait la fontaine qui est près de l'église. Dans le château, était une chapelle fondée et dotée en 1280, et que desservait un chapelain. — Les dîmes appartenaient pour deux tiers à l'abbé de Trois-Fontaines, et pour le reste au chapitre de Châlons.

Etrepy, au N.-N.-E. de Thiéblemont, baigné par la Saulx et l'Ornain, qui se réunissent près du pont canal, à 100 mètres environ du village. Le canal latéral de la Marne au Rhin et le chemin de fer de Paris à Strasbourg traversent le territoire dans le sens de sa largeur, sur un parcours de 2 kil. — Superficie, 733 hectares 78 ares 20 centiares. — Succursale dédiée à saint Maurice. — Perception de Sermaize. ⊠ Heiltz-le-Maurupt. — Ecole primaire mixte. — Bureau de bienfaisance. — L'église, qui a subi diverses transformations, est remarquable par la richesse de ses trois autels et l'élégance de son intérieur en général. Elle est du commencement du XIe siècle. — On trouve, dans la commune, des mares dont quelques-unes, qui sont communales, ne tarissent jamais. L'une d'elles serait très-poissonneuse, si l'on n'avait pas la liberté d'y pêcher à sa guise ; c'est par milliers que, dans certaines années, on y enlève des carpes et des carpeaux.

Etrepy possède un beau pont, construit sur la Saulx en 1857, et qui rend de grands services à la localité. Sa construction est due à l'initiative du maire, M. Davy de Chavigné, propriétaire d'un domaine qui faisait partie de l'ancienne forteresse ou château du pays. Il reste encore de ce château, outre quelques pièces d'habitation demeurées intactes, un des fossés d'enceinte, tel qu'il existait jadis, et surtout la chapelle de Saint-Hubert, parfaitement entretenue. — Etrepy avait autrefois un port assez considérable, où l'on déposait les bois destinés à la marine, et une fabrique de bateaux. — Etrepy relevait du roi et avait six seigneurs en 1709. Les fiefs de Mouton, de Morillon, du Montois, de Branvillers, du Sorton, du Chenoy et de la Jacquette-Allard en dépendaient. Les décimateurs étaient l'abbé de Cheminon, pour deux tiers, et le prieur de Sermaize pour le reste. Le chapitre et l'hôpital de Vitry, le chapitre de Notre-Dame et la chapelle Sainte-Marguerite de Châlons étaient propriétaires à Etrepy.

Farémont, au S.-O. de Thiéblemont. — Superficie, 260 hectares. — Annexe et perception de Thiéblemont; église dédiée à l'Assomption. ⊠ Thiéblemont. — Cette commune a été réunie à celle de Thiéblemont pour l'instruction primaire. — L'église est remarquable par son autel à quatre colonnes entourées de ceps de vigne portant des pampres et des raisins. La chaire a quatre faces sculptées, représentant les quatre Evangélistes. On comptait six seigneurs à Farémont en 1702. Les décimateurs étaient : l'abbé de Huiron, celui de Beaulieu et l'abbesse de Froissy-lez-Vroil, chacun pour un tiers.

Favresse, au N. de Thiéblemont, dans une plaine vaste et fertile, a la partie septentrionale de son territoire arrosée par la Bruxenelle, qui coule de l'E. à l'O., et sépare cette commune de celles de Brusson et de Domremy. — Superficie, 1,030 hectares. — Succursale dédiée à saint Martin. — Perception de Blesmes. ⊠ Thiéblemont. — Ecole primaire mixte. — Une grande partie des dîmes de Favresse étaient levées par l'abbaye de Cheminon, à qui elles avaient été données en 1218 et 1254 par les seigneurs du lieu, partant pour la Terre-Sainte. — *Ecarts :* les fermes de Tournay, à 2 kil. (800 hectares), et de Nuisement, à 1,500 mètres (80 hectares).

Heiltz-le-Hutier (prononcez Heluthier), à l'E. de Thiéblemont, sur le penchant d'une colline, est arrosé par l'Orconte. — Superficie, 1,065 hectares 93 ares 70 centiares. — Succursale dédiée à saint Remi. — Perception de Blesmes. ✉ Thiéblemont. — Ecole primaire mixte. — On a la liste des seigneurs de cette commune, depuis 1173, jusqu'en 1701. — Les décimateurs étaient : l'abbé de Huiron, l'abbé de Trois-Fontaines et le seigneur, chacun pour un tiers. — *Ecarts :* le château du Tronc, à 2 kil.; le hameau de la Gravière, à 1 kil.

Isle-sur-Marne, au S.-O. de Thiéblemont, sur la Marne et la Blaise, qui y a sa source à 515 mètres du village. — Superficie, 515 hectares 54 ares 80 centiares. — Succursale dédiée à saint Denis. — Perception de Thiéblemont. ✉ Vitry-le-François. — Bureau de bienfaisance. — Ecole primaire mixte. — Céréales et vin. — Les jésuites de Châlons possédaient des terres à Isle, qui eut jadis des seigneurs, et relevait de Larzicourt. L'abbé de Huiron était collateur de la cure et avait le tiers des dîmes; les deux autres tiers appartenaient à l'abbaye de Saint-Jacques-lez-Vitry. — *Ecarts :* le moulin, à 868 mètres; les fermes, à 370 mètres.

Larzicourt, au S. de Thiéblemont, sur la rive droite de la Marne et sur la Blaise. Les étangs couvrent une étendue totale de 41 hectares. — Superficie, 1,290 hectares, dont 758 en bois. — Succursale dédiée à saint Georges. — Perception de Thiéblemont. ✉ Vitry-le-François. — Bureau de bienfaisance. — Ecoles primaires des deux sexes. — Salle d'asile. — Vins rouges assez estimés (52 hectares de vignes). — L'église est du XIIe siècle ou du XIIIe, pour le chœur et les nefs (plein-cintre, piliers carrés); le chœur et le sanctuaire sont seuls voûtés. Les transepts, reconstruits après un incendie, sont du XIVe siècle. Les débordements prodigieux de la Marne, en 1741, ont détruit la rue qui était autour de cette église, de sorte que la rivière s'en est approchée à une toise. La cure était riche et fort recherchée autrefois; elle était ordinairement occupée par un docteur en théologie, ou au moins par un licencié.

Le beau pont de 100 mètres de longueur, construit en 1830 sur la Marne, à Larzicourt, a coûté 60,000 fr. à la commune. — La mairie est d'ordre ionique; élevée en 1846, elle a coûté 50,000 fr.

— Le presbytère est un des plus beaux de l'arrondissement de Vitry. — Larzicourt jouait, dès le xɪᵉ siècle, un rôle important dans la contrée. On trouve son nom mêlé à une foule de chartes de cette époque et des siècles suivants. Il appartenait aux comtes de Champagne dès la création de ce comté. En 1361, il entra dans le domaine royal, avec le domaine de ces comtes. En 1507, il sortit du domaine de la Couronne, et commença alors la longue chaîne de ses seigneurs, dont tous furent de hauts personnages. — Par un traité du 15 novembre 1507, Louis XII le donna à Gaston de Foix, en échange du vicomté de Narbonne. Ce Gaston de Foix était fils de Jean de Foix et de Marie d'Orléans, sœur de Louis XII. Il appartint à cette famille, savoir : en 1512, à Germaine de Foix, sœur de Gaston, épouse de Ferdinand V, roi d'Aragon, dit *le Catholique*. Sous cette princesse, Larzicourt devint membre du comté de Beaufort (Aube), suivant lettres-patentes du 13 août, données après la mort de Gaston de Foix, mais pour Germaine, et durant sa vie seulement. En 1539, à Henri de Foix, sous la tutelle de Menault de Marthois, évêque de Coutances. En 1544, à Claude de Foix, *dit* Guy XVII, comte de Laval. En 1556, Larzicourt passa à François Iᵉʳ de Clèves, duc de Nivernais, l'un des plus grands capitaines de l'époque, qui avait épousé Marguerite de Bourbon, sœur d'Antoine de Bourbon, roi de Navarre, père de Henri IV. Après leur mort, Larzicourt fut possédé par Henri de Bourbon, premier prince de Condé, duc d'Enghien, et ensuite par Catherine de Bourbon, leur fille, morte non mariée en 1585.

En 1597, la baronnie de Larzicourt fut acquise par Henri IV et jointe à Beaufort pour en favoriser le duché de Beaufort, en faveur de Gabrielle d'Estrées, en 1631. Elle en fit don à César de Vendôme, leur fils, et à Louis-Joseph de Vendôme, qui, en 1688, vendit cette baronnie à Charles-François-Frédéric de *Montmorency-Luxembourg*, dont la famille, encore existante, est demeurée propriétaire de Larzicourt jusqu'en 1789.

Larzicourt avait une maladrerie qui possédait 135 journels de terre et 10 fauchées de prés ; elle fut réunie avec tous ses biens et revenus à l'hôpital de Vitry, par édit de Louis XIV, en date du 3 décembre 1695, à charge par ledit hôpital de recevoir les pauvres malades de la commune. — Il y avait à Larzicourt haute, moyenne et basse justice. — Le prieuré de Larzicourt fut fondé par Hugues, comte de Champagne, en 1114; il était, par conséquent, plus ancien que les abbayes les plus célèbres du Perthois. — En 1623, le 3 novembre, une bulle d'Urbain VIII unit le prieuré, avec toutes ses dépendances, au collége de la Compagnie de Jésus, établi à Reims, suivant toutes les clauses de la fondation. — L'institut des Jésuites ayant été supprimé en 1763, et un nouveau collége ayant été établi à Châlons, le prieuré, ainsi que celui de Vassy, passèrent à ce Collége. La Révolution, le 25 juillet 1792, vendit, avec tous les autres établissements religieux, le prieuré, qui comptait sept chanoines, et avait, en 1621, pour prieur, Claude Boucher, chapelain ordinaire de la chapelle de Louis XIII. Le prieuré possédait, dans la commune de Larzicourt, 16 fauchées de prés, 226 journels de terre, estimés 23,245 livres. Au XIIe siècle et au XIIIe, le prieuré possédait la plus grande partie de la ferme de Ponthon, dépendance de Nuisement-aux-Bois, et, en outre, le moulin de l'Epicier, sur la Blaise, loué 60 livres.

Le célèbre astronome Gambey a passé son enfance à Larzicourt. Dès 1116, il y avait, à Larzicourt, une prévôté qui étendait sa juridiction sur 17 communes. — En 1509, il fut créé un bailliage seigneurial qui embrassait le même ressort que la prévôté. — Les Jésuites de Reims étaient propriétaires des deux tiers des dîmes grosses et petites; le reste appartenait au curé. On levait la 13e gerbe; il y avait dîme de chômage. — *Ecarts :* la Rue-sur-Blaise; la Cense de Saint-Jacques, dans les bois; un moulin à eau; le moulin de l'Epicier.

Le Buisson, au N.-N.-E. de Thiéblemont, sur la Saulx, est aussi parcouru par le canal de la Marne au Rhin. — Superficie, 678 hectares. — Annexe de Bignicourt; église dédiée à la Nativité de la Sainte-Vierge. — Perception de Blesmes. ✉ Vitry-le-François. — Ecole primaire mixte. — Ce village est de la plus haute antiquité, puisqu'il est cité dans plusieurs actes signés par les rois de la première race dans leur château de Ponthion. — Les dîmes étaient levées au Buisson par le chapitre de la cathédrale de Châlons, pour un tiers, et par les religieux du Val-de-Grâce de Paris, pour les autres tiers. — *Ecart :* la ferme de Braux, à 2 kil.

Matignicourt, au S.-O. de Thiéblemont, sur un terrain plat et sur l'Orconte. — Superficie 910 hectares. — Succursale dédiée à saint Pierre. — Perception de Vitry-le-François. ✉ Thiéblemont. — Ecole primaire mixte. — Château. — La seigneurie de Matignicourt relevait de la baronnie de Larzicourt ; le prieur en était le seul décimateur ; il en est parlé dans un titre de 1115. — *Ecart :* Goncourt, à 3 kil.

Maurupt-le-Montois, au N.-N.-E. de Thiéblemont, sur une hauteur, a son territoire baigné par la Bruxenelle. Il y a 5 hectares 28 ares 30 centiares d'étangs. Montois est éloigné de 2 kil. — Surperficie, 1,780 hectares 85 ares 30 centiares. — Succursale dédiée à saint Pierre-ès-Liens. — Perception de Sermaize. ✉ Heiltz-le-Maurupt. — Ecoles primaires des deux sexes. — Cette commune possédait trois briqueteries-tuileries, et une poterie qui existe depuis deux siècles environ. — Les tuileries confectionnent en moyenne et annuellement près de 400,000 briques et un million 600 tuiles. — Pour être habitant de cette commune, il fallait faire preuve de probité par certificat, prêter serment devant le seigneur ou le juge, payer un sou, etc. (transaction de 1612 à 1620). — Dès le XIIe siècle, l'abbaye de Saint-Pierre-du-Mont de Châlons possédait la seigneurie de Maurupt, qui avait haute, moyenne et basse justice, qui relevait du roi et qui avait le curé pour décimateur unique. — L'abbaye de Cheminon, en 1168, et l'abbaye de Trois-Fontaines, en 1318, possédaient des biens assez étendus sur son territoire.

Moncetz-l'Abbaye, au S.-O. de Thiéblemont, sur la Marne. — Superficie, 693 hectares 94 ares 80 centiares. — Succursale dédiée à saint Calixte. — Perception de Thiéblemont. ✉ Vitry-le-François. — Ecole primaire mixte. — Moncetz contenait une abbaye de l'ordre de Prémontré, la seule de cet ordre dans le diocèse. Il ne reste plus qu'une partie des anciens cloîtres ; elle a été convertie en habitation bourgeoise. — Cette abbaye n'avait été d'abord qu'une chapelle construite sur un emplacement nommé Bertignicourt et dédiée à saint Maurice, à saint Nicolas et à tous les saints, et appelée depuis Notre-Dame de Moncel. — Le lieu où le monastère fut bâti, avait été donné par Anselme, chevalier de Moncetz, du consentement de Thibault-le-Grand, comte de Champagne, en 1142. Une bulle d'Eugène III, en 1147, confirma les donations faites à cette abbaye, qui fut enrichie dans la suite, et qui reconnaissait pour mère l'abbaye de Braisne, de même ordre, dans le diocèse de Soissons (Aisne). — Cette abbaye comptait, en 1789, cinq religieux et rapportait 4,000 livres. Ses abbés restèrent réguliers. — Ni les guerres du Moyen Age, ni celles de la Ligue ne nuisirent à ce couvent. — Nicolas Canelle refit le chœur de l'église, la nef et les bas-côtés, 1709-1728. — Les religieux de l'abbaye de Saint-Pierre de Châlons étaient seigneurs d'une partie de ce village en 1352, et y exerçaient des droits de justice. — *Ecart :* l'Abbaye, à 1 kil.

Norrois, à l'O.-S.-O. de Thiéblemont, au bord de la Marne. — Superficie, 414 hectares. — Succursale dédiée à saint Martin. — Perception de Thiéblemont. ✉ Vitry-le-François. — Ecole primaire mixte. — La terre de Norrois relevait en partie du roi et en partie de la baronnie de Larzicourt. — Les décimateurs étaient le prieur de Sermaize et le curé du lieu. — En 1464, le curé de Frignicourt possédait, à Norrois, un ban à haute, moyenne et basse justice.

Orconte, au S. de Thiéblemont, sur l'Orconte, ruisseau assez profondément encaissé et qui baigne le village dans toute sa longueur au N. Il vient de Trois-Fontaines et se jette dans la Marne au-dessus de Frignicourt. — Superficie, 1,365 hectares. — Succursale dédiée à saint Georges. — Perception de Thiéblemont. ✉ Thiéblemont. — Ecole primaire mixte. — La jolie église d'Orconte date, pour le sanctuaire et le portail, du XIIIe siècle ; on ajouta un collatéral, et l'on refit les croisées des deux côtés et en gothique fleuri. Du côté méridional, il y a des restes de jolis vitraux du XVe siècle. Il y a quelques années, on a trouvé, dans un coin de la sacristie, au milieu de vieux débris, un Christ de l'époque byzantine. Il est en cuivre doré, au repoussé, à quatre clous. Un diadème royal couronne la tête ; les yeux sont en émail ; une draperie, également en émail bien conservé, entoure les reins et descend jusqu'aux genoux. L'église possède aussi deux pièces de broderies de la Renaissance, et d'un riche dessin. Ces objets sont entre les mains de M. l'abbé Biltz, curé desservant de la paroisse d'Orconte, qui a un recueil de notes manuscrites très-intéressantes sur la contrée.

Orconte renferme un château de construction élégante et gracieuse, appartenant à M. Camille de Felcourt, qui l'a acheté, ainsi que ses dépendances, de la famille du Plessis. — En 1814, la commune fut le théâtre de quelques escarmouches entre l'armée française et les alliés. Le 22 mars, Napoléon avait établi son quartier-général au château du Plessis, et y couchait ; dans le même moment l'empereur de Russie recevait à Vitry-le-François l'hospitalité chez Mme du Plessis. C'est au même château du Plessis, à Orconte, que Napoléon Ier signa le décret sur la propriété des halles et des marchés aux grains. Près du château on voit des fossés larges et profonds destinés à contenir un ruisseau qui, autrefois, causait des inondations aussi subites que désastreuses. — Avant 1737, la terre de la commune d'Orconte relevait de la baronnie de Larzicourt ; à cette époque, elle releva du roi, à cause de son château de Vitry-le-Brûlé. Elle avait haute, moyenne et basse justice, et était de la coutume et du bailliage de Vitry (1). — *Ecarts* : la ferme des Bruyères, à 2 kil. S.-E. (140 hectares); la Vignotte, à 1 kil. (75 hectares).

Pargny-sur-Saulx, à l'E. de Thiéblemont, dans une situation fort agréable, entre la Saulx et l'Ornain, et près du canal

---

(1) Avant 1789, le territoire était divisé :

1° Le *seigneur*, 300 journels de terres labourables, 39 fauchées de prés, 12 journels de bois ;

2° Les *habitants*, 40 journels d'usages en pâturage ; le ruisseau loué 17 livres ;

3° La *cure*, 2 journels de terre ;

4° La *fabrique*, 51 journels 1/2 de terre et 4 fauchées 1/2 de prés ;

5° Une *école de filles*, 11 journels de terre ;

6° La *Charité d'Orconte*, 21 journels de terre, 3 fauchées de prés ;

7° L'*abbaye de Haute-Fontaine*, 228 journels de terre, 25 fauchées de prés ; 180 journels de terre et 21 fauchées de prés appartenaient à divers établissements de bienfaisance de Vitry.

de la Marne au Rhin, qui y a un parcours de trois kilomètres. Un hectare d'étangs. — Superficie, 1,198 hectares. — Succursale dédiée à l'Assomption. — Perception de Sermaize. ✉ Heiltz-le-Maurupt. — Ecoles primaires des deux sexes. — Station du chemin de fer de Paris à Strasbourg. — Terre à poterie en abondance dans plusieurs contrées du territoire. — Port important sur le canal, où la plupart des manouvriers du pays sont occupés pendant huit mois de l'année au flottage des bois, etc. — Il existe à Pargny une poterie et seize tuileries. Les seize tuileries produisent annuellement sept millions cinq cent mille tuiles de plusieurs modèles, environ trois millions de briques et carreaux, et deux cent mille tuyaux de drainage de quatre dimensions. Un four à chaux y cuit chaque année 200 mètres cubes de pierre calcaire, provenant des carrières de Soulanges (canton et arrondissement de Vitry).

L'église de Pargny renferme un chœur assez remarquable. — On prétend que cette commune a été autrefois un pays assez considérable. — Plusieurs découvertes d'antiquités, faites en 1776 et 1850, semblent appuyer cette probabilité. — La terre de Pargny relevait du roi et composait quatre fiefs : la Maison-aux-Bois, l'Ajot, Jacquette-Allard et la Haute et Basse-Chaîne. Les décimateurs étaient : deux particuliers pour un tiers ; le chapitre d'Aulnay-l'Aître pour un tiers ; le prieur de Sermaize et le curé de Pargny, chacun pour 1/6. L'abbaye de Saint-Jacques de Vitry-en-Perthois jouissait de ces dîmes en 1291. — *Ecart* : l'Ajot, ferme considérable, à 2 kil.

Plichancourt, au N.-N.-O. de Thiéblemont, dans un fond, sur la Saulx et la Bruxenelle ; le canal de la Marne au Rhin y a un parcours de 3,074 mètres 80 centimètres. — Superficie, 587 hectares 80 ares. — Annexe de Ponthion ; église dédiée à saint Remi. — Perception de Blesmes. ✉ Vitry. — Ecole primaire mixte. — Les grosses et menues dîmes de Plichancourt, qui faisait partie du domaine de Ponthion, appartenaient aux chanoines du chapitre de Saint-Etienne de Châlons, qui était propriétaire forain, avec beaucoup d'autres, sur ce territoire. — *Ecart* : Decourt, à 1,100 mètres.

Ponthion, au N. de Thiéblemont, arrosé par la Saulx, la Bruxenelle et le canal de la Marne au Rhin, qui y a une longueur de 3,180 mètres 80 centimètres. — Superficie, 727 hectares. — Succursale dédiée à saint Symphorien. — Perception de Blesmes. ⊠ Vitry. — Ecoles primaires des deux sexes. — On remarque, dans l'église de Ponthion, deux genres d'architecture bien distincts. Le parvis et la grande nef sont de style roman pur et paraissent remonter au siècle de Charlemagne, ou sont une copie des édifices religieux de ce temps. Le chœur et le sanctuaire, ainsi que les chapelles collatérales, appartiennent au style gothique de la fin du XVIe siècle. On y voit du flamboyant et du rayonnant. Les voûtes sont soutenues par des arceaux prismatiques, aboutissant à des culs-de-lampe très-ouvragés ; mais la voûte du sanctuaire a été remplacée par un plafond qui ôte de la grâce à l'édifice, et les meneaux de quelques fenêtres ont fait place à des fragments mal ajustés.

Ponthion est très-ancien. Il y a peu de communes, dans le département, qui présentent des souvenirs historiques aussi intéressants. Il y avait un palais, dont quelques chroniqueurs attribuent la construction à Thierry Ier, roi d'Austrasie, vers 530, et qui devint une de ces grandes métairies habitées par les Mérovingiens et par les Maires du palais (1). Pépin d'Héristal s'étant rendu maître de l'Austrasie en 683, s'établit au palais de Ponthion et y convoqua un concile en 689. Charles-Martel et Pépin-le-Bref continuèrent à résider à Ponthion, et c'est dans ce château que ce dernier reçut, le 6 janvier 754, le pape Etienne II, venant lui demander sa protection contre le roi des Lombards (2). Les empe-

---

(1) L'historien Flodoard nous apprend qu'en 564, Sigebert, roi d'Austrasie, s'empara de Soissons, fit prisonnier le fils de Chilpéric et le retint prisonnier pendant un an dans le château de Ponthion. Grégoire de Tours raconte que, vers l'an 584, saint Louvent, accusé d'avoir attaqué la réputation de la reine Brunehaut, fut arrêté et conduit au château de Ponthion, où il fut torturé et mis à mort.

(2) Les Francs, dans un Champ-de-Mars tenu à Braisne (Aisne), consentirent à la guerre contre les Lombards. Astolphe fut défait et se soumit à tout ce qu'on exigeait de lui ; il promit de remettre au pape les villes de l'Exarchat de Ravenne (l'Exarchat de Ravenne ou d'Italie dura 184 ans, sous

reurs carlovingiens y fixèrent aussi leur résidence, et Charles-le-Chauve y fut déposé dans une assemblée convoquée par Louis-le-Germanique.

En 1358 et 1365, Ponthion fut pillé par les seigneurs, dont le peuple avait voulu secouer le joug, et par les bandes dites *Grandes-Compagnies*. — En 1544, Ponthion fut ravagé par les troupes de Charles-Quint. François Ier fit détruire les moulins pour affamer l'empereur. Enfin, le dernier seigneur de la maison d'Anglure, Charles-Nicolas d'Anglure de Braux de Savigny vendit ce domaine en 1693. Alors disparurent les restes antiques de l'ancien palais de nos rois ; la forteresse, bâtie sur une élévation, dont les murs avaient 5 mètres 33 centimètres d'épaisseur, qui était ceinte de doubles fossés larges et profonds, en partie remplis par les eaux de la Saulx, fut démolie et remplacée par un petit castel flanqué de trois tours. — Le dernier seigneur ayant émigré en 1791, ses biens furent confisqués et Ponthion vendu et démoli. L'emplacement de l'ancienne forteresse est aujourd'hui planté de vignes, et le terrain sur lequel était bâti le palais de Charlemagne est en culture. Les gros et menus décimateurs de Ponthion étaient : les dames du Val-de-Grâce de Paris, pour deux tiers, et le chapitre

---

18 princes, depuis Narsès, l'an 568, jusqu'à Astolphe, l'an 752); il paya 30,000 écus d'or à Pépin, et s'obligea à un tribut de 5,000 sous par an. Mais le traité fut violé. Les Francs, sur l'avis et la prière d'Etienne II, s'élancèrent de nouveau sur le Mont-Cenis, culbutèrent les Lombards, et leur roi fut trop heureux d'acheter la paix en sacrifiant ses trésors. L'abbé de Saint-Denis fut chargé d'aller recevoir les clefs des villes de l'Exarchat et de les porter au tombeau de saint Pierre, à Rome. Pépin fit rédiger la fameuse donation par laquelle il transférait au siége apostolique les cités devenues siennes par le droit de la victoire; c'étaient *Ravenne*, Rimini, Pesano, Sesi, Fano, Cesena, Sinigaglia, Forli, Monte-Feltro, Saint-Marin, Bobbio, Urbino, Comachio, Narin, etc., c'est-à-dire la Romagne, le duché d'Urbin et une partie de la Marche d'Ancône.

Tel fut l'acte célèbre qui posa le pontife romain parmi les souverains temporels, qui acheva de lui assigner une position politique à part entre les évêques, et qui l'aida à obtenir dans Rome, en fait, sinon en droit, la même domination qu'il exerçait dans les vingt-deux cités données par Pépin.

de Saint-Etienne, collateur de la cure, pour un tiers. Les propriétaires forains, titrés, étaient nombreux.

Reims-la-Brûlée, au N.-O. de Thiéblemont, dans un pays fort plat, sur le ruisseau de Jercourt. — Superficie, 179 hectares. — Annexe de Vauclerc ; église dédiée à saint Martin. — Perception de Thiéblemont. ✉ Vitry. — Ecole primaire mixte. — Les dîmes étaient perçues par l'abbesse de Saint-Jacques, les prieurs d'Ulmoy et de Saint-Thiébault, chacun pour un tiers. — *Ecarts :* Tournizet, à 1 kil.; Verset, à la même distance.

Saint-Eulien, à l'E. de Thiéblemont, sur la limite du département, touche à celui de la Haute-Marne. Le territoire est arrosé par la rivière des Gelenaux, qui prend sa source dans la forêt de Trois-Fontaines, par le ruisseau de Rupt-de-Souris, qui ne coule que pendant les grandes eaux, par le ruisseau du village, qui vient de la forêt de Saint-Eulien et se jette dans le précédent, par le ruisseau de la Fontaine, qui naît dans le pays et coule du côté de Perthes (Haute-Marne). Cinq étangs d'une étendue totale de 9 hectares 58 ares 89 centiares. — Superficie, 492 hectares. — Succursale dédiée à la Décollation de saint Jean-Baptiste. — Perception de Blesmes. ✉ Perthes-en-Perthois (Haute-Marne). — Ecole primaire mixte. — La commune est traversée de l'E. à l'O. par le chemin de fer de Saint Dizier à Gray, sans qu'il y ait aucune station. — Il y avait autrefois un château à Saint-Eulien ; le curé y était décimateur unique.

Saint-Lumier-la-Populeuse, au N.-E. de Thiéblemont, sur la Bruxenelle. — Superficie, 238 hectares 22 ares 80 centiares. — Annexe et perception de Blesmes. ✉ Thiéblemont. — Cette commune est réunie à Blesmes pour l'instruction primaire. — La terre de Saint-Lumier relevait du roi ; l'abbé de Cheminon, qui en était le seigneur, en était aussi l'unique décimateur. — *Ecart :* Bussemont, château, à 500 mètres.

Saint-Vrain, à l'E. de Thiéblemont, sur l'Orconte. Un étang, le Gris-Mansart, d'une étendue de 8 ares 80 centiares. —

Superficie, 1,156 hectares 78 ares 20 centiares. — Annexe de Vouillers; église dédiée à saint Vrain. — Perception de Blesmes. ✉ Perthes (Haute-Marne). — Ecole primaire mixte. — L'église est ancienne et assez remarquable. — Saint Vrain était un des frères de saint Gibrien, patron de la commune de ce nom (située à 6 kil. de Châlons). — La commune de Saint-Vrain possédait autrefois cinq châteaux féodaux ayant de larges fossés et des ponts à bascule; il n'en reste plus que quelques traces, c'est-à-dire des fossés et deux fermes. — Près d'un des châteaux, appelé le château de Saint-Vrain, était un étang qui est converti en pré depuis un demi-siècle environ. Une tradition de cet étang a revêtu toute la forme d'une légende dont le récit court encore aujourd'hui dans le pays, où elle est acceptée avec une certaine crédulité, et sur laquelle on a composé en patois et en vers un morceau qui se trouve dans les archives de la commune.

Sur le cimetière de Saint-Vrain, vis-à-vis de la principale porte de l'église, se trouvait une maison dans laquelle on renfermait les insensés et les obsédés qui venaient faire une neuvaine, pèlerinage autorisé par une patente accordée en 1515 par Gilles de Luxembourg, évêque de Châlons. Cette maison a été vendue en 1793. — Saint-Vrain relevait du roi et avait plusieurs seigneurs. Les décimateurs étaient : l'abbé de Saint-Pierre-au-Mont, le chapitre de Saint-Etienne et le curé du lieu, chacun pour un tiers. Ce dernier avait, en outre, les menues dîmes et les novales. — *Ecarts :* le Moulin, à 800 mètres; les maisons des gardes-ligne du chemin de fer, à 2 kil.

Sapignicourt, au S.-E. de Thiéblemont, touche au département de la Haute-Marne, et est arrosé par le ruisseau de Villers-en-Lieu, qui va se jeter dans la Marne, à quelques centaines de mètres de la dernière maison du village. — Superficie, 482 hect. 62 ares 10 cent. — Succursale dédiée à saint Alpin. — Perception de Vouillers. ✉ Perthes (Haute-Marne). — Ecole primaire mixte. — Excellente terre glaise dont on fait à Perthes de la tuile et de la brique. — L'hôpital de Saint-Dizier, la fabrique de Landricourt et les religieux de Haute-Fontaine avaient des propriétés à Sapignicourt. Les grosses et menues dîmes y étaient levées par les chanoines de Saint-Etienne de Châlons.

Scrupt, au N.-E. de Thiéblemont, au centre du canton, près du ruisseau de son nom, qui y a sa source. — Superficie, 1,149 hectares 27 ares 50 centiares. — Annexe et perception de Blesmes ; église dédiée à saint Remi et saint Luc. ⊠ Thiéblemont. — Ecole primaire mixte. — Commerce de grains. — Scrupt relevait du roi. La seigneurie appartenait à l'abbaye de Cheminon. Les décimateurs étaient : le chapitre de Notre-Dame de Châlons, l'abbaye de Cheminon et le curé (1). — *Ecart :* la ferme de la Caure, à 4 kil.

Sermaize, au N.-E. de Thiéblemont, sur la Saulx. — Superficie, 1,768 hectares. — Cure dédiée à la Nativité de la Sainte-Vierge. — Chef-lieu de perception. — Poste aux lettres. — Bureau de bienfaisance. — Ecoles primaires des deux sexes. — Salle d'asile. — Société de secours mutuels. — Station du chemin de fer de Paris à Strasbourg. — L'importance de cette commune prend chaque jour de l'accroissement, tant par les établissements qui s'y forment que par les industries qui s'y créent. On y trouve une très-importante sucrerie-distillerie, une forge, deux tanneries-corroieries, une pointerie, une tréfilerie, deux fabriques de ressorts de montres, etc.

Son église, bâtie sur pilotis, est assez curieuse, en ce sens surtout qu'elle date de la fin du XIe siècle. — Sermaize, bourg considérable, était autrefois une ville importante du Perthois ; ses habitants rendirent de grands services militaires aux comtes de

---

(1) En fouillant un champ contigu aux maisons qui sont à l'entrée nord du village, pour en extraire du gravier, on trouve depuis plusieurs années, un grand nombre de squelettes qui indiquent l'existence d'un cimetière Des petits vases en poterie grise, des armes, des colliers en verroteries auxquels sont appendus, en forme d'amulettes, des coquillages qu'on suppose être des porcelaines, accompagnent ces squelettes ; on y a trouvé aussi quelques cyathes (verres sans pied) bien conservés. On pense que ces débris appartiennent à l'époque Gallo-Romaine.

M. SAVY.

Champagne, et jouèrent un rôle actif dans les guerres de religion, pendant lesquelles ils virent plusieurs fois leur pays dévasté. Sermaize était fortifié et renfermait un monastère dont la fondation remontait à 1157, ainsi qu'un prieuré, fondé en 1092, qui possédait des bâtiments considérables attenant à l'église paroissiale. Le prieur était le seul décimateur du pays ; seulement les oignons et les haricots ne payaient point la dîme.

C'est dans les environs de cette jolie commune, à un kilomètre, que se trouve la source connue sous le nom de Fontaine-des-Sarrasins et qui a acquis une certaine célébrité par ses propriétés minérales. Ses eaux ont été analysées par plusieurs chimistes, et il résulte qu'elles peuvent être placées, par la nature et l'abondance des principes qu'elles renferment, près des eaux du Mont-Dore (Puy-de-Dôme, S.-O. de Clermont). Une foule de malades viennent boire ses eaux, qui ont une vertu purgative, agissant sensiblement sur la plupart des personnes qui en font usage avec quelque suite ; elles sont propres à rétablir les forces digestives de l'estomac, et bonnes dans les maladies qui proviennent du trop de relâchement.

Trois-Fontaines, à l'E.-N.-O. de Thiéblemont, dans un vallon, au milieu des bois, et arrosé par trois sources de la forêt, dont la réunion forme la Bruxenelle. — Superficie, 674 hectares 33 ares 25 centiares. — Succursale dédiée au Sacré-Cœur de Marie. — Perception de Sermaize. ⊠ Sermaize. — Ecole primaire mixte. — Un moulin. — Trois-Fontaines renferme une église remarquable par son élégante simplicité, et dont le péristyle offre un coup-d'œil agréable. — Beau château de Mme veuve Du Plessy d'Arancey ; belles propriétés de M. Dubois.

Trois-Fontaines était le siége d'une abbaye d'hommes de l'ordre de Citeaux, et l'une des plus belles et des plus riches de la province de Champagne. Cette abbaye fut fondée en 1114, près de trois fontaines formant le ruisseau de la Bruxenelle, par Hugues, comte de Champagne, sous l'épiscopat de Guillaume Ier de Champeaux, évêque de Châlons et ami de saint Bernard, qui lui donnait le titre de fille aînée de Clairvaux, et plaça Cheminon sous sa filiation. La juridiction temporelle et la juridiction spirituelle de ce monastère étaient excessivement étendues. Son premier abbé commendataire fut le cardinal-abbé de Guise, promu en 1536 et mort en 1576. De 1181 à 1519, douze papes confirmèrent par des bulles aux religieux de cette abbaye des droits et des possessions immenses, souvent contestés par les religieux de Cheminon. En 1529, le pape Léon X permit à Louis de Dommange, 38e abbé, l'usage de la mître et de la crosse. Jusqu'en 1789, elle s'éleva à ce rang distingué, qui en fit demander l'investiture par les personnages les plus éminents.

L'abbé jouissait de plusieurs priviléges remarquables. Il n'était point obligé d'exécuter les excommunications lancées contre les bienfaiteurs du monastère; il ne pouvait être excommunié, ainsi que ses religieux, que par l'ordre exprès du pape. Il pouvait refuser aux évêques et à leurs gens, en passage chez lui, jusqu'aux choses les plus nécessaires, de peur que, par suite, un tel précédent ne donnât lieu à l'établissement d'une servitude. Enfin, il avait l'autorisation de faire célébrer la messe dans toutes les fermes de l'abbaye. — 98 villes ou villages étaient tributaires de cette opulente maison, dans le Perthois, le Barrois, le Vallage, la Champagne, et l'on évalue à 20,000 arpents ses possessions, tant en terres qu'en bois; elle rapportait annuellement 50,000 livres à l'abbé. Des grandes constructions de cette abbaye, qui fut entièrement rebâtie en 1741, il ne reste plus que les ruines encore imposantes de la chapelle abbatiale et une porte monumentale, qui est devenue la porte d'entrée d'un château moderne. — *Ecarts :* les fermes; le hameau des Fays, à 1 kil.; Trois-Fontaines-la-Grange, à 1 kil.; Beaulieu, à 2 kil.; Lombroye, à 4 kil.; la Neuve-Grange, à 2 kil.; les Quatre-Bras, à 2,500 mètres; la Chausse, à 3 kil.; Jean-le-Grand, à 4 kil.; la Sabotière, à 1 kil.; la Reculée-Fontaine, à 3 kil.; la Baraque-Hilaire, à 4 kil.; la Loge-Brassa, à 4 kil.

Vauclerc, à l'O.-N.-O. de Thiéblemont, arrosé par le ruisseau le Moulinet, qui a ses principales sources sur la commune. — Superficie, 614 hectares 68 ares. — Succursale dédiée à saint Louvent. — Perception de Thiéblemont. ⊠ Vitry-le-François. — Ecole primaire mixte. — Le village de Vauclerc est cité dans un titre de 1200. — Vauclerc appartenait au chapitre de la cathédrale de Reims et relevait du château du lieu. L'abbé de Trois-Fontaines était décimateur unique.

Vouillers, à l'E. de Thiéblemont, sur un terrain plat et sur le ruisseau de la Censière, qui prend sa source à 400 mètres E. du village, le divise en deux parties égales, l'un au S., l'autre au N., et se jette dans l'Orconte. — Superficie, 809 hectares. — Succursale dédiée à saint Pierre-ès-Liens. — Perception de Blesmes. ✉ Perthes (Haute-Marne). — Ecole primaire mixte. — La terre de Vouillers relevait de la baronnie de Larzicourt. — Les gros décimateurs étaient : le chapitre de la cathédrale de Châlons, l'abbé de Moncetz et le curé du lieu, chacun pour un tiers ; les menues dîmes appartenaient : deux tiers à l'abbé de Moncetz et un tiers au curé, qui avait en outre la dîme du charnage ou des bestiaux.

ARCHEVÊQUES DE REIMS. — ÉVÊQUES DE CHALONS.

Dès le milieu du IIIe siècle, Reims possédait un siége épiscopal. A l'époque où fut rédigée la *Notice des provinces de la Gaule* (de 395 à 423), les onze cités qui suivent dépendaient de la métropole de Reims : *Soissons, Châlons, Vermand* (1), *Arras, Cambrai, Tournai, Senlis, Beauvais, Amiens, Térouane* et *Boulogne*, et il est vraisemblable que chacune de ces villes avait son évêque particulier. A la fin du Ve siècle, saint Remi ajouta une douzième cité aux onze précédentes, en érigeant un siége épiscopal à Laon, dont il forma le diocèse au moyen d'un démembrement de son diocèse métropolitain. — Mais, dans le cours des deux siècles qui suivirent, le nombre des suffragants de la métropole de Reims diminua par la réunion successive de l'évêché d'Arras à celui de Cambrai, de l'évêché de Tournai à celui de Noyon, enfin, de l'évêché de Boulogne à celui de Térouane. Les deux siéges d'Arras et de Tournai ayant été rétablis, le premier en 1094, le second en 1146, la province ecclésiastique de Reims se composa, pendant la seconde moitié du Moyen-Age, des évêchés de Soissons, Laon, Châlons-sur-Marne, Beauvais, Noyon, Amiens, Senlis, Cambrai, Arras, Térouane et Tournai.

En 1559, l'érection de l'évêché de Cambrai en siége archiépiscopal détacha de la métropole de Reims les évêchés de Cambrai, d'Arras et de Tournai. En même temps, l'ancien siége épiscopal de Térouane fut supprimé, et de ses débris furent formés trois nouveaux diocèses, dont l'un, celui de Boulogne, demeura soumis à la métropole primitive, tandis que les deux autres, ceux de Saint-Omer et d'Ypres, furent soumis, le premier à la métropole de Cambrai, le second à la métropole de Malines. A partir de 1559, la province ecclésiastique de Reims se composa des évêchés de Laon, Soissons, Beauvais, Châlons-sur-Marne, Noyon, Amiens, Senlis et Boulogne.

La Constitution de 1790 donna à l'église de Reims le titre de

(1) La cité de Vermand fut détruite de fond en comble par les barbares, au milieu du Ve siècle, et le siége épiscopal qui y était fixé fut transféré à Noyon. Vermand est aujourd'hui un petit village près de Saint-Quentin.
(Jean Hubert, *Géographie des Ardennes*.)

métropole de l'arrondissement du N.-E., et lui assigna pour suffragants les siéges de Soissons, Verdun, Metz, Nancy et Cambrai, auxquels on ajouta l'évêché de Sedan, créé par le nouveau département des Ardennes, et détaché du diocèse métropolitain. Au rétablissement du culte, en 1802, le siége de Sedan fut supprimé, et le département des Ardennes, qui formait sa circonscription, fut réuni au diocèse de Metz, auquel il appartint jusqu'en 1822, époque à laquelle il fut restitué au diocèse de Reims. Quant au siége archiépiscopal de Reims, le concordat de 1802 le supprima entièrement, et comme métropole, et même comme simple évêché, et l'incorpora au diocèse de Meaux. Il a été rétabli par le concordat de 1821, et, depuis lors, il comprend, dans sa juridiction métropolitaine, les quatre évêchés de Soissons, Châlons, Beauvais et Amiens.

Archevêques de Reims.

1. S. Sixte, vers 290 (1).
2. S. Sinice, vers 295.
3. S. Amantius.
4. Betausius, 314.
5. Aper, vers 320-340.
6. Dyscolius, vers 340-348.
7. S Maternien, vers 350-370.
8. S. Donatien.
9. S. Vivant.
10. S. Sévère.
11. S. Nicaise, 407.
12. Baruc ou Baruccius.
13. Barnabé.
14. Bennagius ou Bennadius.
15. S. Remi, 459-533.
16. Romain, 533-535.
17. Flavius, 535.
18. Mapinius, 549-550.
19. Ægidius, vers 560-590.
20. Romulf, 590-593.
21. Sonnatius, vers 594-631.
22. Leudegisil, 631-641.
23. Angelbert, 642-645.
24. Landon, 645-649.
25. S. Nivard, vers 650-665.
26. S. Rieul, vers 670-693.
27. S. Rigobert, vers 693-733.
28. Abel, 745-752.
29. Tilpin ou Turpin, 753-794.
30. Vulfaire, 804 ou 808-816.
31. Ebbon, 816-841.
32. Hincmar, 845-882.
33. Foulques, 883-900.
34. Hervée, 900-922.
35. Seulfus, 922-926.
36. Hugues 1er de Vermandois, 926-932.
37. Artauld, 934-940.
    Hugues de Vermandois, *de nouveau*, 940-946.
    Artauld, *de nouveau*, 946-961.
38. Odotric ou Ulric, 962-969.
39. Adalberon d'Ardennes, 969-988.
40. Arnoult, 988-990.
41. Gerbert, 992-994.
    Arnoult, *de nouveau*, 996-1021.
42. Eble ou Ebale de Rouci, 1021-1033.
43. Gui 1er de Châtillon, 1033-1055.
44. Gervais de Château du Loir, 1055-1067.
45. Manassès 1er de Gournai, 1069-1081.
46. Rainauld 1er du Bellay, 1083-1096 (2).

(1) S. Sixte est le premier évêque de Reims connu. Mais tous les auteurs sont d'accord pour penser que l'église de Reims avait déjà eu plusieurs évêques avant lui.

(2) Le diocèse de Reims fut administré, de 1081 à 1083, par Elinand, évêque de Laon, malgré les réclamations de Manassès, qui avait été déposé par le pape Grégoire VII.

ARCHEVÊQUES DE REIMS.

47. Manassès II de Châtillon, 1096-1106.
48. Raoul-le-Verd, 1108-1124.
49. Rainauld II de Martigny ou des Prés, 1124-1139.
50. Samson de Mauvoisin, 1140-1161.
51. Henri Ier de France, 1162-1175.
52. Guillaume Ier, cardinal de Champagne, surnommé *aux blanches mains*, 1176-1206.
53. Gui II, cardinal Paré, 1204-1206.
54. Albéric Humbert de Hautvillier, 1207-1218.
55. Guillaume II de Joinville, 1219-1226.
56. Henri II de Dreux ou de Brenne, 1227-1240.
57. Juhel de Mathefelon, 1244-1250.
58. Thomas de Beaumetz, 1251-1263.
59. Jean Ier de Courtenai, 1266-1270.
60. Pierre Ier Barbet, 1274-1298.
61. Robert Ier de Courtenai, 1299-1324.
62. Guillaume III de Trie, 1324-1334.
63. Jean II de Vienne, 1334-1350.
64. Hugues II d'Arci, 1er janv.-18 fév. 1352.
65. Humbert de Viennois, 1352-1355.
66. Jean III de Craon, 1355-1373.
67. Louis 1er Tezart, mars-oct. 1374.
68. Richard Picque, 1375-1389.
69. Frédéric Cassinel, janv-26 mai 1390.
70. Gui III de Roye, 1390-1409.
71. Simon, cardinal de Cramand, 1409-1413.
72. Pierre II Trousseau, 2 mai-16 décembre 1413.
73. Rainauld III de Chartres, 1414-1444.
74. Jacques Jouvenel des Ursins, 1444-1449.
75. Jean IV Jouvenel des Ursins, 1449-1473.
76. Pierre II de Laval, 1473-1493.
77. Robert II Briçonnet, 1493-1497.
78. Guillaume IV, cardinal Briçonnet, 1497-1507.
79. Charles-Dominique, cardinal de Carretto, 1507-1508.
80. Robert III de Lenoncourt, 1509-1532.
81. Jean V, cardinal de Lorraine, 1533-1538.
82. Charles, cardinal de Lorraine, 1538-1574.
83. Louis II, cardinal de Guise, 1575-1588.
84. Nicolas, cardinal de Pellevé, 1592-1598.
85. Philippe du Bec, 1598-1605.
86. Louis III de Lorraine, cardinal de Guise, 1605-1621.
87. Guillaume V Giffard, 1623-1629.
88. Henri III de Lorraine-Guise, 1629-1641.
89. Léonor d'Etampes de Valençay, 1643-1651.
90. Henri IV de Savoie-Nemours, 1651-1657.
91. Antoine, cardinal Barberini, 1667-1671 (1),
92. Charles-Maurice Le Tellier, 1671-1710.
93. François, cardinal de Mailly, 1711-1721.
94. Armand Jules de Rohan, 1722-1761.
95. Charles-Antoine de La Roche-Aimon, 1762-1776.
96. Alexandre-Angélique, cardinal de Talleyrand-Périgord, 1777-1790.
Nicolas Diot, archevêque constitutionnel, 1er mai 1791-1793
Nicolas Philbert, évêque constitutionnel de Sedan, 1791-1793
97. Jean-Charles de Coucy, 1821-1823.
98. Jean-Baptiste-Marie-Anne-Antoine, cardinal de Latil, 1824-1839 (2).
99. Thomas Gousset, cardinal, 26 mai 1840.

(1) Le cardinal Barberini, nommé, en 1657, à l'archevêché de Reims, ne put obtenir ses bulles d'institution qu'après la mort du pape Alexandre VII, auquel il avait déplu.

(2) M. de Latil eut pour coadjuteur, du 14 janvier au mois d'octobre 1839, Romain-Frédéric Gallard, ancien évêque de Meaux, archevêque *in partibus* d'Anazarbe (ville de Silésie, Asie Mineure).

Évêques de Châlons.

	Date de la mort.
1. S. Memmie	»
2. S. Donatien	»
3. S. Domitien	»
4. Amable	»
5. Didier	»
6. Sanctissime	»
7. Provinctus	»

Ces cinq évêques siégèrent successivement depuis l'an 300 jusqu'à l'an 451.

	Date de la mort.
8. S. Alpin	455
9. Amandinus	»
10. Florendus	»
11. Providerius	»
12. Productor	»
13. Loup Ier	»
14. Papion	»
15. Euchair	»
16. Testinode	»
17. S. Elaphe	584
18. S. Lumier	589
19. Félix Ier	»
20. Regnauld Ier	»
21. Landebert	»
22. Arnould Ier	»
23. Berthœnd	»
24. Félix II	»
25. Bladier	»
26. Scarie	»
27. Ricaire	770
28. Gillebaud	784
29. Bovon Ier	804
30. S. Hildegrin	»
31. Aderin	»
32. Loup II	856
33. Erchanré	868
34. Guillebert	877
35. Bernon	»
36. Rodoald	893
37. Mancion	908
38. Letolde	»
39. Bovon II	947
40. Gibuin Ier	898
41. Gibuin II	1004
42. Guy Ier	1008
43. Roger Ier	1042
44. Roger II	1065
45. Roger III	1093
46. Philippe Ier	1100
47. Hugues	1113
48. Guillaume Ier de Champeaux	1122
49. Ebalus	1126
50. Elbert	1132
51. Geoffroy	1142
52. Guy II	1147
53. Barthelemy de Senlis	1151
54. Haimond de Bazoches	1153
55. Bozon	1161
56. Guy III de Joinville	1190
57. Rothard du Perche	1201
58. Gérard de Douay	1216
59. Guillaume II du Perche	1226
60. Philippe II de Nemours	1237
61. Geoffroy II de Grandpré	1247
62. Pierre Ier de Hans	1261
63. Conon de Vitry	1269
64. Arnould II	1273
65. Remy de Somme-Tourbe	1284
66. Jean Ier de Châteauvillain	1313
67. Pierre II de Latilly	1327
68. Simon de Châteauvillain	1334
69. Philippe III de Melun	»
70. Jean II de Mandevilain	1339
71. Jean III de Happe	1351
72. Regnault II	1356
73. Archambault de Lautrec	1389
74. Charles de Poitiers	»
75. Louis de Bar	1430
76. Jean IV de Sarrebruck	1438
77. Guillaume III le Tur	1453
78. Geoffroi III de St-Géran	1503
79. Gilles de Luxembourg	1535
80. Robert de Lénoncourt	»
81. Philippe IV de Lénoncourt	»
82. Jérôme de Burge ou Bourgeois	1573
83. Nicolas-Clausse de Marchaumont	1574
84. Cosme Clausse	1624
85. Henri Clausse	1640

ÉVÊQUES DE CHALONS. 611

	Date de la mort.		Date de la mort.
86. Félix Vialart de Herse	1680	92. Anne-Antoine-Jules de Clermont-Tonnerre. (*)	»
87. Louis-Antoine de Noailles.	»	93. Marie-Joseph-François-Victor Monyer de Prilly.	1860
88. Gaston de Noailles	1720	94. Jean-Honoré Bara	
89. Nicolas de Saulx Tavannes	»		
90. Claude-Antoine de Choiseul-Beaupré	1763		
91. Antoine-Eléonore-Léon Leclerc de Juigné	»		

(*) Voir plus haut, avant la liste des archevêques de Reims.

LISTE des Notabilités qui ont administré ou représenté le département.

Députés.

ASSEMBLÉE NATIONALE (1789-1791).

Bailliage de Châlons.

CLERGÉ.

De Clermont-Tonnerre, évêque.

NOBLESSE.

De Cernon (baron).

TIERS-ÉTAT.

Prieur, avocat à Châlons.
Choisy d'Arcefay.

Bailliage de Reims.

CLERGÉ.

De Talleyrand-Périgord.
La Gouille de Roche-Fontaine.

NOBLESSE,

D'Ambly (marquis).
Bruslart, marquis de Sillery.

TIERS-ÉTAT.

Raux, maître de forges.
Vieillard, docteur.
Labeste, propriétaire à Cumières.
Baron, avocat.

Bailliage de Sézanne.

CLERGÉ.

Hurault, curé de Broyes.

NOBLESSE.

De Pleurre (marquis).

TIERS-ÉTAT.

Moutier.
Pruche, maire de Dormans.

Bailliage de Vitry-le-François.

CLERGÉ.

Damont, curé de Villers.
Brouillet, curé d'Avize.

NOBLESSE.

De Ballidart, procureur du roi.
De Failly.

TIERS-ÉTAT.

Le Sure, lieut^t-gén^l de Ste-Menehould.
Dubois de Crançay, écuyer.
Barbier, lieutenant-général à Vitry.
Poulain de Bettancourt, m^{tre} de forges

ASSEMBLÉE LÉGISLATIVE (1791-1792).

Besançon-Perrier (de Reims).
Brulley (de Sézanne).
Chartier (de Châlons).
Debranges (de Vitry).
Deliége (de Sainte-Menehould).
Derizy (de Vitry).
Gobillard (de La Chaussée).
Morel (d'Epernay).
Pierret (de Reims).
Thuriot La Rosière (de Sézanne).

CONVENTION (10 octobre 1792).

Armonville (de Reims).

Batelier (de Vitry).
Blanc.
Charlier.
Deville.
Drouet, maître de poste.
La Croix de Constant (Charles).
Poulain de Boutancourt.
Prieur.
Thuriot.

CONSEIL DES CINQ CENTS
(4 brumaire an IV, 27 octobre 1797).

Beaucheton.
Blanc.
Deville.
Drouet (de Sainte-Menehould).
Hemart, ancien notaire.
Leroy.
Moignon-Salmon.
Morel.
Poulain de Boutancourt.
Royer-Collard.
Colas.

CONSEIL DES ANCIENS
(même époque).

Baron, juge à Reims.
Charlier.
Delacroix.
De Torcy, sous-préfet.

CORPS LÉGISLATIF (an VIII à 1814).

Barbier de Saligny.
Baron.
Becquey.
De Coulogne (de Pierry).
Hémart.
Mauclerc (de Sainte-Menehould).
Morel.
Poulain de Boutancourt.
Thomas (de Vitry).
Tronsson (comte).

CHAMBRE DES CENT JOURS (1815).

De Chamorin, maire de Châlons.
Drouet (de Sainte-Menehould).
Durand (d'Epernay).
Froc de la Boullaye.
Gillet-Barba.
Jobert, maire de Châlons.
Lefèvre, maire de Mauroy.
Ponsardin, maire de Reims.

LÉGISLATURES DE 1815 à 1830
(réunies).

De Chamorin.
Froc de la Boullaye.
Gillet (de Vitry).
De Guéhéneuc (comte).
Jobert-Lucas.
De Lalot.

De Larochefoucault.
Loisson de Guinaumont.
Royer-Collard.
Ruinart de Brimont.
De Saint-Chamans.
De Tirlet (vicomte).

LÉGISLATURE DE 1830.

De Guéhéneuc.
Jobert-Lucas.
Chaix-d'Est-Ange.
Royer-Collard.
Ruinart de Brimont.

LÉGISLATURES DE 1831 à 1846.

Collége de Châlons.

1831. — Dozon
1834. — Id.
1837. — Id.
1839. — Id.
1842. — Id.
1846. — Id.

Collége d'Epernay.

1831. — Perrier (Casimir).
1834. — Perrier (Joseph).
1837. — Id.
1839. — Id.
1842. — Id.
1846. — Id

1er Collége de Reims.

1831. — Leroy-Mion.
1834. — Id.
1837. — Id
1839. — Chaix-d'Est-Ange.
1842. — Id.
1846. — Faucher (Léon).

2e Collége de Reims.

1831. — Levesque de Pouilly.
1834. — Brocard de Bussières.
1837. — Houzeau-Muiron.
1839. — De Bussières.
1842. — Id.
1846. — Id.

Collége de Sainte-Menehould.

1831. — De Tirlet (vicomte)
1834. — Id.
1837 — Pérignon.
1839. — Id.
1842. — Id.
1846. — Id.

Collége de Vitry.

1831. — Royer-Collard.
1834. — Id.
1837. — Id.
1839. — Id.
1842. — Lenoble.
1846. — Id.

DÉPUTÉS. — PRÉFETS.   613

1848. — *Au scrutin de Liste, sans désignation d'arrondissement.*
Soullié. — Leblond - Ferrand. — Léon Faucher. — Pérignon. — Jean Bertrand. — Bailly. — Dérodé. — Ed. Aubertin.

1850. — *Scrutin de Liste.*
Aubertin. — J. Bertrand. — Carteret. — Léon Faucher. — Lannes de Montebello. — Thuriot de la Rosière. — Tirlet. — Souillé.

1852. Godart (1er arrondis^t : Sainte-Menehould, Vitry et partie de Châlons),

1852. Général Parchappe (arrond^t d'Epernay).
Soullié (arrondis^t de Reims).

1857. J. Haudos (1er arrondis^t).
Général Parchappe (arrondis^t d'Epernay).
Soullié (arrondis^t de Reims).

1858. J. Haudos (1er arrondis^t).
Général Parchappe (arrondis^t d'Epernay).
Carteret, mort en 1862, et remplacé par Werlé, maire de Reims.

Préfets.

Bourgeois de Jessaint (vicomte), installé le 24 germinal an VIII (29 mars 1800), créé pair de France en novembre 1838.
Bourlon de Sarty, du 1er novembre 1838 au 1er mars 1848.
Lecureux, d'abord commissaire du Gouvernement provisoire, et ensuite préfet du département jusqu'au 19 novembre 1848.
Caylus, du 20 novembre 1848 au 15 décembre 1848.
Boselli, jusqu'en 1854.
M. Chassaigne-Goyon, préfet actuel, depuis le 14 mars 1854.

FOIRES ET MARCHÉS DU DÉPARTEMENT DE LA MARNE.

Ablois, le lundi avant le 4 juillet et le lundi avant le 11 novembre. — *Marché* : le lundi de chaque semaine.

Anglure, 29 juin, 11 novembre. — *Marché* : le jeudi de chaque semaine.

Aumenancourt-le-Grand, le 25 septembre.

Avenay, 1er lundi de mai et 25 novembre. — *Marché* : le vendredi de chaque semaine.

Ay, le 22 avril, 8 septembre. — *Marché* : le mercredi de chaque semaine.

Bassuet, 12 septembre.

Baye, le 1er vendredi de février, le vendredi qui suit l'Ascension, le 3e vendredi de juillet et le dernier vendredi de novembre. — *Marché* : le vendredi de chaque semaine.

Beine, 30 avril, 18 octobre.

Bergères-Vertus, le jeudi avant le dimanche de la Passion, dernier jeudi de décembre.

Boult-sur-Suippe, 30 août.

Bourgogne, 3 février, 24 juin.

CHALONS, samedi avant le 1er dimanche de Carême (8 jours), 15e jour après le mardi de Pâques (8 jours), la veille de la Pentecôte (8 jours), le 15 juin, le 1er août (3 jours), le 1er samedi après le 1er septembre, *pour chevaux et bestiaux*, le 1er ou le 2e samedi après la Saint-Denis, le 1er samedi après la Saint-Martin (8 jours), et le 2e quand le Saint-Martin arrive le vendredi. — *Marchés* : le mercredi, le vendredi et le samedi de chaque semaine.

Charmont, 4e lundi de Carême, 15 mai, 9 septembre et 7 décembre.

Châtillon-sur-Marne, 1er mercredi de Carême, 11 juin, 1er mercredi de septembre, 12 novembre. — *Marché* : le mercredi de chaque semaine.

Chaumuzy, 25 mai, 15 décembre.

Chigny, le lundi qui suit le 9 mai.

Congy, jeudi avant la Saint-Mathias, jeudi avant l'Ascension, jeudi avant la Saint-Remi, jeudi avant la Saint-Martin. — *Marché* : le jeudi de chaque semaine.

Cormicy, le 1er mardi de chaque mois.

Cormontreuil, 1er lundi de Carême et le lundi après le 15 août.

Courgivaux, 9 mai, 21 septembre. — *Marché* : le mardi de chaque semaine.

Cheppes, le 28 mai et le 28 octobre.

Condé-sur-Marne, 16 mai, 7 décembre.

Courtisols, le jeudi de la Passion, 2ᵉ jeudi de juin, 3ᵉ jeudi d'août, 3ᵉ jeudi d'octobre, 2ᵉ jeudi de décembre (toutes de deux jours).
Coupéville, 1ᵉʳ avril et 19 septembre.
Crugny, le 15 mars et le 15 octobre.
Damery, Mardi-Saint, lundi de la semaine avant la Pentecôte, 30 août, 6 décembre. — *Marché* : le vendredi de chaque semaine.
Dormans, 23 janvier, 3ᵉ lundi après Pâques, 19 juin et 29 octobre.
ÉPERNAY, samedi de la 3ᵉ semaine de Carême, 22 juillet, 14 septembre (3 jours), samedi avant la Toussaint (2 jours). — *Marchés* : les mardi et samedi de chaque semaine.
Esternay, le 6 avril, 19 juin, 2 octobre, 31 décembre (3 jours). — *Marché* : le lundi de chaque mois
Etoges, le 2ᵉ lundi des mois de janvier, avril, juillet et octobre. — *Marché* : le jeudi de chaque semaine.
Fère-Champenoise, 15 janvier, 1ᵉʳ mars, le 1ᵉʳ mai, le 15 juin, le 1ᵉʳ septembre et le 25 novembre. — *Marché* : le mercredi de chaque semaine.
Fismes, 1ᵉʳ lundi de Carême, 30 juin, 9 septembre, 1ᵉʳ décembre. — *Marché* : le samedi de chaque semaine.
Fleury-la-Rivière, la Mardi-Gras.
Givry-en-Argonne, 8 février, 9 mai, 30 novembre.
Heiltz-le-Maurupt, 25 mai et 26 octobre.
Hautvillers, le lundi de la Pentecôte et le 18 août.
Hermonville, le lundi de la 4ᵉ semaine de Carême, 8 septembre et 24 décembre. — *Marché* : le vendredi de chaque semaine.
Igny-le-Jard, lundi après le 9 mai, lundi après le 10 décembre.
Joncherg-sur-Vesle, 1ᵉʳ février, la veille de la Pentecôte, le 31 août, 25 novembre. — *Marché* : le jeudi de chaque semaine.
Juvigny, 10 septembre, 25 novembre (bestiaux).
La Chaussée, 25 janvier et 15 septembre.
Lagery, 31 mai, 4 juillet, 24 septembre et 26 septembre.
La Neuville-au-Pont, le lundi de la Pentecôte.
Le Mesnil-sur-Oger, le 6 janvier et le lundi qui suit l'octave de l'Ascension.
Livry. — *Marché* : le jeudi de chaque semaine.
Loisy-en-Brie, le mercredi avant le 23 avril et le 22 décembre.
Ludes, 24 juin et le 29 août.
Mareuil-sur-Ay, le 24 février, le dimanche qui suit le 27 août. — *Marché* : le lundi de chaque semaine.
Margerie, mardi après Pâques et le lundi après la Pentecôte.
Montmirail, 3ᵉ lundi de février, 3ᵉ lundi de mars, 29 juin, 16 août, 3ᵉ lundi de septembre, 29 octobre et le 3ᵉ lundi de décemb. — *Marchés* : le mercredi et le samedi de chaque semaine.
Montmort, le mardi de la 3ᵉ semaine de Carême, le mardi après le 29 juin, le mardi avant le 11 novembre, le mardi avant le 25 décembre. — *Marché* : le mardi de chaque semaine.
Mourmelon-le-Grand, 20 mai, 4 octobre. — *Marchés* : le lundi et le mercredi de chaque semaine.

Mourmelon-le-Petit. — *Marchés* : le mardi et le vendredi de chaque semaine.
Orbais, 1ᵉʳ samedi de Carême, le samedi avant la Saint-Remi, le samedi avant la Saint-Clément. — *Marché* : le samedi de chaque semaine.
Pogny, 29 avril et 27 septembre.
Pontfaverger, 4 mai, le mardi de la 4ᵉ semaine après la Pentecôte, 23 septembre, 11 novembre.
Port-à-Binson (commune de Mareuil-le-Port), lundi de Pâques, 25 novembre. — *Marché* : le vendredi de chaque semaine.
Prosnes, le 4 mai et 23 septembre.
REIMS, 7 janvier (3 jours), 1ᵉʳ mardi après Pâques (8 jours), 23 juillet, veille de la Saint-Remi (3 jours). Six nouvelles foires (de 2 jours chacune), les 1ᵉʳ et 3ᵉ jeudi de juin, juillet et août. — *Marchés* : le mercredi, le vendredi et le samedi de chaque semaine ; marchés aux bestiaux : le 1ᵉʳ et le 3ᵉ mardi de chaque mois, marchés aux veaux et aux porcs, le vendredi de chaque semaine.
SAINTE-MENEHOULD, 22 février, veille de l'Ascension, 24 août, 11 novembre (durée de chacune 3 jours). — *Marché* : le samedi de chaque semaine.
Saint-Amand, le lundi de la 3ᵉ semaine de Carême et le 18 octobre.
Saint-Germain-la-Ville, 16 mai, le 1ᵉʳ mardi d'octobre.
Saint-Jean-sur-Tourbe, le 24 juin (2 jours).
Saint-Just, le lundi de la Quasimodo et le 19 octobre.
Saint-Mard-sur-le-Mont, 15 novembre.
Saint-Remy-en-Bouzemont, le 22 mars et le 22 septembre.
Saint-Souplet, le 8 juin et le 8 octobre.
Sermaize, 6 mars, 4 juin, 21 octobre.— *Marché* : le jeudi de chaque semaine.
Sermiers, le jeudi avant la Mi-Carême et le 12 septembre.
Sézanne, le 1ᵉʳ samedi de février, avril, juin, septembre et novembre, 6 décembre. — *Marché* : le samedi de chaque semaine.
Sillery, le 1ᵉʳ lundi après la Pentecôte et le 19 septembre.
Somme-Py, 18 janvier, 20 mars, 13 juin et 20 octobre.
Soudron, 2ᵉ lundi de mars, 1ᵉʳ lundi d'octobre.
Sommesous, 1ᵉʳ juin, le 6 octobre.
Sommevesle, le Jeudi-Saint et 12 septembre.
Suippes, 12 mars, 9 mai, 4 juillet, 29 août, 21 septembre et le 3 novembre. — *Marché* : le mercredi et le vendredi de chaque semaine. Ce dernier est spécialement consacré à la vente des grains, fruits légumes, volailles, comestibles de toute espèce.
Somsois, le lundi après la Passion, 16 novembre. — *Marché* : le mercredi de chaque semaine.
Tours-sur-Marne, 29 juin.
Trépail, dimanche après le 4 juillet, 14 octobre.
Trigny, le 20 février, le 20 juin et le 20 septembre.

Troissy, le 1ᵉʳ lundi après l'Ascension, 11 novembre.
Vanault-le-Châtel, 1ᵉʳ juin, 9 octobre.
Vanault-les-Dames, 15 février.
Verzy, le 2ᵉ lundi après Pâques, 3 septembre.
Vertus, dernier samedi de février, 3 mai, 25 juin, 9 septembre et 12 novembre. — *Marché* : le samedi de chaque semaine.
Vienne-le-Château, 15 août (3 jours). — *Marché* : le vendredi de chaque semaine.
Ville-en-Tardenois, 9 mai, 11 août, et 3 novembre. — *Marché* : le jeudi de chaque semaine.
Vitry-le-François, le 24 février, 8 jours après l'ouverture de la foire de Pâques à Châlons (15 jours); 15 avril, 22 juillet, 1ᵉʳ septembre, 1ᵉʳ octobre, 11 novembre, 1ᵉʳ décembre. — *Marchés* : le jeudi et le samedi de chaque semaine.
Vitry-en-Perthois, 25 juin.
Venteuil, 25 janvier et 15 juillet.
Warmeriville, le samedi après l'Ascension.
Witry-lez-Reims, le 22 janvier, le 3ᵉ lundi de Carême, le 2 juin et le 11 novembre.

TABLE DES MATIÈRES.

	PAGES :
Épître dédicatoire...	V
Avant-propos...	VII
La Champagne. — *Notions préliminaires*...	5
Département de la Marne, ses bornes, sa division, sa population...	13
Histoire de la vigne et du vin mousseux...	20
Tableau du mouvement commercial des vins mousseux depuis 1844 jusqu'en 1862...	26
Division administrative de la Marne...	29
Histoire du département de la Marne...	30
Arrondissement de Châlons, ses bornes, ses cours d'eau, ses divisions...	33
Canton de Chalons...	35
Histoire de la ville de Châlons, de ses monuments, etc...	36
Histoire des 16 communes du canton de Châlons...	71
Canton d'Ecury-sur-Coole : Histoire de ses 28 communes...	80
Canton de Marson : Histoire de ses 18 communes...	91
Histoire de Notre-Dame de L'Épine...	95
Canton de Suippes : Histoire de ses 16 communes...	106
Camp d'Attila...	113
Camp de Châlons...	118
Canton de Vertus : Histoire de ses 27 communes...	122
Arrondissement d'Epernay, ses bornes, ses cours d'eau, ses divisions...	139
Canton d'Epernay...	143
Histoire de la ville d'Epernay, de ses monuments, etc...	144
Histoire des 11 communes du canton d'Epernay...	157
Canton d'Anglure : Histoire de ses 19 communes...	167
Canton d'Avize : Histoire de ses 18 communes...	178
Canton de Dormans : Histoire de ses 16 communes...	191
Château de Boursault...	196
Canton d'Esternay : Histoire de ses 23 communes...	207
Canton de Fère-Champenoise : Histoire de ses 20 communes...	220
Canton de Montmirail : Histoire de ses 23 communes...	228
Canton de Montmort : Histoire de ses 23 communes...	242
Château de Montmort...	244
Abbaye de la Charmoye...	247
Abbaye d'Orbais...	258
Canton de Sézanne : Histoire de ses 24 communes...	261
Arrondissement de Reims, ses bornes, ses cours d'eau, ses divisions...	277
Canton de Reims : Histoire de la ville de Reims, de sa cathédrale, de Saint-Remi, de ses monuments, etc., et tableau du mouvement de son industrie...	280
Histoire des communes des trois cantons de Reims...	350

TABLE DES MATIÈRES.

PAGES :

CANTON D'AY : Histoire de ses 19 communes......................	357
Abbaye d'Avenay...	363
Abbaye d'Hautvillers..	369
CANTON DE BEINE : Histoire de ses 19 communes.................	374
CANTON DE BOURGOGNE : Histoire de ses 25 communes..............	385
CANTON DE CHATILLON-SUR-MARNE : Histoire de ses 19 communes. .	400
CANTON DE FISMES : Histoire de ses 23 communes.................	412
CANTON DE VERZY : Histoire de ses 24 communes.................	430
CANTON DE VILLE-EN-TARDENOIS : Histoire de ses 40 communes....	449
Arrondissement de Sainte-Menehould, ses bornes, ses cours d'eau, ses divisions..	467
CANTON DE SAINTE-MENEHOULD...............................	470
Histoire de la ville de Sainte-Menehould, de ses monuments, etc.	471
Histoire des 30 communes du canton de Sainte-Menehould.....	480
Abbaye de Moiremont..	490
CANTON DE DOMMARTIN-SUR-YÈVRE : Histoire de ses 26 communes...	494
CANTON DE VILLE-SUR-TOURBE : Histoire de ses 24 communes......	505
Arrondissement de Vitry-le-François, ses bornes, ses cours d'eau, ses divisions..	518
CANTON DE VITRY-LE-FRANÇOIS.................................	522
Histoire de la ville de Vitry-le-François, de ses monuments, etc.	523
Histoire des 25 communes du canton de Vitry................	535
Abbaye d'Huiron...	539
Vitry-en-Perthois...	545
CANTON D'HEILTZ-LE-MAURUPT : Histoire de ses 23 communes.......	553
Possesse. — Abbaye de Monthiers....................... 559	560
CANTON DE SAINT-REMY-EN-BOUZEMONT : Histoire de ses 27 communes.	564
CANTON DE SOMPUIS : Histoire de ses 15 communes................	578
CANTON DE THIÉBLEMONT : Histoire de ses 34 communes...........	585
Abbaye de Cheminon...	588
Larzicourt. — Son prieuré......................... 592	594
Château ou Palais de Ponthion...............................	599
Sermaize. — Fontaine des Sarrasins................... 603	604
Abbaye de Trois-Fontaines...................................	604
Tableau des archevêques de Reims............................	608
Tableau des évêques de Châlons..............................	610
Tableau des députés qui ont représenté le département de la Marne, depuis l'Assemblée Nationale, 1789, jusqu'en 1862.....	611
Liste des Préfets qui ont administré le département........	613
Foires et marchés du département de la Marne................	614

Châlons, imp. de T. Martin.

www.ingramcontent.com/pod-product-compliance
Lightning Source LLC
Chambersburg PA
CBHW060400230426
43663CB00008B/1336